庄子今注今译

（最新修订版）

（上 册）

陈鼓应　注译

北京商务重排版说明

本书初版于1974年，由台湾商务印书馆印行。1980年，在旅居美国加州大学柏克莱分校从事研究期间，对旧版作了大幅度修订，并交由北京中华书局于1984年出版。1995年略作修订，由台湾商务印书馆重排。

此次出版横排简体字本，我又对书中所引资料进行校勘修正，对白话翻译及注文作了润饰。为方便读者起见，《庄子》原文仍保留繁体字，而白话翻译、注释等使用简体字。近年学术发展甚速，庄子研究方面屡有新见。闲暇当对全书再作彻底修订，以不负读者及同仁多年的厚爱。

蒙杨德炎总经理支持，北京商务印书馆近年陆续出版了我的多种著述，这对我是莫大的鼓励。有关排印等各项事宜，获著作室主任常绍民先生等费心协助，一并感谢。

陈鼓应
2007年6月于北京海淀寓所

修订版序

我接触《庄子》，是经由尼采和存在主义的引导。一直到现在，尼采的代表作《查拉图斯特拉如是说》和《庄子》仍是我最为激赏的两部著作。他们两者间的异和同，都深深地吸引着我，尼采的"冲创意志"和庄子宁静致远的意境，对立而又并存地蓄藏在我心底。青年时代，我在写完《悲剧哲学家尼采》、《庄子哲学》（香港版改为《庄子浅说》）、《耶稣新画像》三本小书之后，大约从1967年开始，便将全部心力投入到《老》、《庄》的译注中，终于在1974年前后，完成了撰写工作。比较而言，老子的哲学思想较容易概念化，而庄子的哲学就较难将它系统性地概括把握，在《庄子》的诠释上我花费了比探讨《老子》更多的时间和精力。

从1966年开始，我的生命之旅就步入了一段坎坷之途，其间尤以1973年台大哲学系事件我之遭受波折为甚。由于多年钻研《庄子》，他的哲学思想不仅是我学术研究的重要对象，也逐渐内化，成为我内心世界的重要部分。每当人生跌入困顿之谷，庄子的理念总是成为我最大的精神支柱，支撑我继续前行。

二十多年来，随着年龄的增长，越发感到庄子的哲学和智慧的可贵，进入庄子的世界，赞叹于他的思想视野的开阔、精神空间的宽广；也许是由于个人人生经历的缘故，我对于《庄子》文中表现出的知识分子的悲剧使命感和悲剧命运产生了巨大的共鸣；尤其是他的由"游心"心境所达致的美感经验和艺术情怀，令我心向往之，却力有不逮。

中国哲学的主体部分为宇宙论和人生哲学，其建构者主要是道家，道家的宇宙论在汉代《淮南子》中得到了更为完善的发展，而其本体论到魏晋有了突破性的建树。在人生哲学方面，庄子的成就是空前的，在后代也是无人可及的。

"内圣外王"的理想是庄子首先提出的，而庄子的"内圣"之学，无论其心学、气论以及天人之学，都对后代哲学产生了无可比拟的影响，可以说庄子的"内圣"之学决定了中国哲学史的主要内涵和方向。个人深以为，庄子思想的原创性和内涵的丰富性，在中国哲学史上的重要地位是无人能及的。

本书自1974年出版后，不断地发现今译部分中的欠妥之处，但一直无暇修改。最近因病住院，在医院中根据王师叔岷先生的《庄子校诠》等著作，对这本书进行了修订，感谢台湾商务印书馆为本书重排再版，令我可以稍解多年来对读者的负疚，也了却我的一件心事。

陈 鼓 应

1995年12月修订于北京大学哲学系

1999年8月校稿于台湾大学哲学系

目　录

前　言 …………………………………………………… 1

内　篇

逍遥游 …………………………………………………… 5
齐物论 …………………………………………………… 41
养生主 …………………………………………………… 111
人间世 …………………………………………………… 127
德充符 …………………………………………………… 169
大宗师 …………………………………………………… 197
应帝王 …………………………………………………… 245

外　篇

骈　拇 …………………………………………………… 271
马　蹄 …………………………………………………… 287
胠　箧 …………………………………………………… 297
在　宥 …………………………………………………… 315
天　地 …………………………………………………… 345

天　道	391
天　运	419
刻　意	455
缮　性	465
秋　水	475
至　乐	517

前　言

一、本书所用《庄子》原文，为根据王孝鱼点校的郭庆藩《庄子集释》本。郭庆藩《集释》收录了郭象《注》、成玄英《疏》和陆德明《音义》三书的全文，摘引了清代王念孙、俞樾等人的训诂考证，并附有郭嵩焘和他自己的意见。《集释》原根据黎庶昌《古逸丛书》覆宋本，王校又根据《续古逸丛书》影宋本、明世德堂本、《道藏》成玄英《疏》本以及《四部丛刊》所附孙毓修《宋赵谏议本校记》、近人王叔岷《校释》、刘文典《庄子补正》等书加以校正。本书凡有增补或删改原文时，均于"注释"中说明。

二、本书的"今译"依据"注释"，并参考目前已译成之中英文译本，为使译文畅晓与切近原意，别人译得好的语句我尽量采用。有许多地方与别人的译法不同，乃是出于我个人对《庄》文之解释观点所致。

三、本书"注释"部分花费的时间最多，经常为了一个字词或一句话，查遍了古注而找不到恰当的解释。注解之外，还要顾到考证校勘，例如〈大宗师〉篇"其心忘"，今本误作"其心志"；"不以心损道"，"损"字今本缺坏为"捐"字，古人依误字作注，因而常附会其辞。"注释"部分，我前后易稿多次，起初用白话文解释，然而发觉今注容易把前人的见解混成了自己的意见。为了表明今注有所根据,于是在后面又附上前人的注解。这样除了达到解释原著难句的目的之外,还可把历代各家注《庄》的成绩列示出来。但有时要确定一个注解究竟出自于何人之手,还需做一番查证的工作,因为前人注书常互相因袭,把自己的意见和别人的意见混在一起而不加说明。例如清代陈寿昌《南华真经正义》,时而也有自己独到的见解,但抄录宣颖《南华经解》之处颇多。宣颖的注解简洁精到,很受近代人推崇,宣解中偶尔也可发现和林云铭《庄子因》注语相同处,进一步核对,可发现林宣之注受宋代林希逸《口义》影响很大,有时注文也直接引自《口义》。这样,要选注和标明出处,注释一段原文往往要花上许多时间,全书就这样牛步地工作了好几年才脱稿。

四、《庄》书极为庞杂,而杂篇中尤为杂乱。为了明晰起见,将全书标上数字号码以分章次段落。

五、本书注译时,除参考古今校注外,还参考英、日文和内地学者有关《庄子》的专述。本书的参考,只限于考据字义的解释,这是据于学术上的需要,不涉及政治思想问题。

六、本书撰写期间,值严灵峰先生先后印出《庄子集成初编》与《庄子集成续编》(艺文印书馆发行),使本书在注释工作上得到许多的方便。书稿出版之前,复蒙严先生阅正,甚为感谢。罗其云同学帮忙校对,一并致谢。

陈 鼓 应

1974年于台湾省台北市景美寓所

内篇

逍遥游

〈逍遥游〉篇，主旨是说一个人当透破功名利禄、权势尊位的束缚，而使精神活动臻于优游自在、无挂无碍的境地。

本篇可分三章，首章起笔描绘一个广大无穷的世界；次写"小知不及大知"，点出"小大之辩"；接着写无功、无名及破除自我中心，而与天地精神往来。第二章借"让天下"写去名去功，借"肩吾问连叔"一段写至人无己的精神境界。篇末借惠施与庄子的对话，说到用大与"无用之用"的意义。

许多脍炙人口的成语出自本篇，如鲲鹏展翅、鹏程万里、凌云之志、扶摇直上、一飞冲天、越俎代庖、河汉斯言、吸风饮露、尘垢秕糠、劳而无功、大而无当、孟浪之言、不近人情、大相径庭、心智聋盲等。

一

北冥⊖有魚,其名爲鯤⊜。鯤之大,不知其幾千里也⊜。化而爲鳥,其名爲鵬。鵬之背,不知其幾千里也;怒⑲而飛,其翼若垂天之雲⑮。是鳥也,海運⑯則將徙於南冥。南冥者,天池⑰也。

【注释】

⊖ 北冥:"冥",通溟,训海。近人刘文典《庄子补正》、王师叔岷《校释》举例多本古书注引"冥"作"溟"。下文"南冥"之"冥"同。

唐陆德明说:"'冥',本亦作'溟'。嵇康云:'取其溟漠无涯也。'"(《经典释文·庄子音义》,简称《释文》)

明代释德清说:"'北冥',即北海,以旷远非世人所见之地,以喻玄冥大道。海中之鲲,以喻大道体中,养成大圣之胚胎,喻如大鲲,非北海之大不能养成也。"(《庄子内篇注》)

方师东美说:"庄子之形上学,将'道'投射到无穷之时空范畴,俾其作用发挥淋漓尽致,成为精神生命之极诣。这是蕴藏在《庄子·逍遥游》一篇寓言之中之形上学意涵,通篇以诗兼隐喻的比兴语言表达之。宛若一只大鹏神鸟、庄子之精神……'逍遥游乎无限之中,遍历层层生命境界'乙旨,乃是庄子主张于现实生活中求精神上彻底大解脱之人生哲学全部精义之所在也。此种道家心灵,曾经激发中国诗艺创造中无数第一流优美作品、而为其创作灵感之源泉。"(《原始儒家道家哲学》第五章庄子部分)

⑵ 鲲:鱼子(《尔雅·释鱼》)。

　　明末方以智说:"鲲本小鱼之名,庄用大鱼之名。"(《药地炮庄》)

⑶ 鲲之大,不知其几千里也:总点出"大"。"大"字是一篇之纲(林云铭《庄子因》)。

⑷ 怒:同努,振奋的意思。这里形容鼓动翅膀。

　　宋褚伯秀说:"怒犹勇也。勇动疾举,有若怒然,非愤怒不平之谓也。"(《南华真经·义海纂微》)

　　清林云铭说:"怒,即怒号、怒生之怒,乃用力之意。"(《庄子因》)

　　近人马叙伦说:"《方言》曰:'南楚之外,谓勉曰薄努。'庄子宋人,宋楚邻,故亦用楚语。"(《庄子义证》)

⑸ 垂天之云:"垂",犹边(《释文》引崔譔《注》)。

　　近人蒋锡昌说:"按《说文》:'垂,远边也。'俗书边垂字作'陲'。《广韵》:'陲,边也。'此言其翼之大,有如边天之云也。"(《庄子哲学·逍遥游校释》)

⑹ 海运:谓海风动(陈启天《庄子浅说》)。

　　宋林希逸说:"'海运'者,海动也。今海濒之俚歌,犹有'六月海动'之语。海动必有大风,其水涌沸,自海底而起,声闻数里。"(《南华真经口义》)

　　清王闿运说:"海运,今飓风也。"(《庄子内篇注》,在《王湘绮全集》内)

⑺ 天池:天然大池。

【今译】

北海有一条鱼,它的名字叫做鲲。鲲的巨大,不知道有几千里。化成为鸟,它的名字叫做鹏。鹏的背,不知道有几千里;奋起而飞,它的翅膀就像天边的云。这只鸟,海动风起时就迁往南海。那南海,就是天然大池。

《齊諧》㈠者,志怪者也。《諧》之言曰:"鵬之徙於南冥也,水擊㈡三千里,摶㈢扶搖㈣而上者九萬里。去以六月息者也㈤。"野馬也,塵埃也,生物之以息相吹也㈥。天之蒼蒼,其正色邪?其遠而無所至極邪?其視下也,亦若是則已矣㈦。

【注释】

㈠ 齐谐:一说为人名(如司马彪、崔譔、俞樾等);一说是书名(如梁简文帝,见《释文》引)。当从后一说。下句"志怪者也","志"即誌,乃说它是记载怪异的书。

　　近人林纾说:"既名为谐,为誌,则言书为当。"(《庄子浅说》)

　　近人朱桂曜说:"谐即讔也,亦作隐,《文心雕龙》有《谐隐篇》,以为文辞之有谐讔,譬九流之有小说;《汉书·艺文志》杂

赋末,列隐书十二篇,盖以其辞夸诞,于赋为近。'《齐谐》'者,盖即齐国谐隐之书。"(《庄子内篇证补》)

㊁ 水击:通"水激"。

马叙伦说:"'击'借为'激',音同见纽,《汉书·贾谊传》:'遥增击',《文选·鹏鸟赋》:'击'作'激',是其例证。"

朱桂曜说:"击盖通激。《淮南子·齐俗训》:'水击则波兴',《群书治要》作'水激'。水击三千里,犹言水激起三千里也。"

王叔岷说:"《一切经音义》七八,《御览》九二七,引'击'并作'激'。李白《大鹏赋》:'激三千以崛起。'即用此文,亦作'激'。"(《庄子校释》)

㊂ 搏(bó):通"拍"。郭象本及通行本作"搏"。当依世德堂本作"搏"。后文"搏扶摇"同。

近人章炳麟说:"字当从'搏',崔说得之。《考工记注》:'搏之言拍也。'作'搏'者形误,风不可搏。'"(《庄子解故》)

蒋锡昌说:"章说是。《四部丛刊》影世德堂本及《御览》天部九风均作'搏',可证。陆引崔云:'拊翼徘徊而上也。'盖崔本亦作'搏',故以'拊'释之。"

王叔岷先生说:"《释文》:'搏,一音博。'则字当作'搏'。赵谏议本、世德堂本并作'搏'。"按:当依章、王等说改"搏"为"搏"。

㊃ 扶摇:海中飓风,为庄子所创名词(张默生《庄子新释》)。

陆德明说:"司马云:'上行风谓之扶摇。'《尔雅》:'扶摇谓之飙。'郭璞云:'暴风从下上也。'"

㊄ 去以六月息者也:乘着六月风而去。"去",指飞去南海。"六

月息"，即六月风。"息"，谓风。六月间的风最大，鹏便乘大风而南飞。

　　按："息"有两种讲法：(一)作休息、止息讲；如郭象《注》："夫大鸟一去半岁，至天池而息。"成玄英《疏》："时隔半年，方言息止。"(二)作风讲，如释德清说："周六月，即夏之四月，谓盛阳开发，风始大而有力，乃能鼓其翼。'息'，即风。"宣颖说："息是气息，大块噫气也，即风也。六月气盛多风，大鹏便于鼓翼，此正明上六月海运则徙之说也。"(《南华经解》)又如郭嵩焘说："去以六月息，犹言乘长风也。"(郭庆藩《庄子集释》引)按俗多从郭《注》，不妥，当依释德清及宣颖等说。下文"生物之以息相吹也"的"息"，正指"风"。

㈥ 野马也，尘埃也，生物之以息相吹也："野马"，谓空中游气。"尘埃"，谓空中游尘。"生物"，谓空中活动之物。此句，犹谓空中之游气、游尘以及活动之物，皆由风相吹而动(陈启天《庄子浅说》)。

㈦ 则已矣：作"而已矣"。"则"，犹"而"(见王引之《经传释词》)。陈碧虚(景元)《庄子阙误》引文如海本"则已矣"作"而已矣"。

【今译】

　　《齐谐》这本书，是记载怪异之事的。《谐》书上说："当鹏迁往南海的时候，水花激起达三千里，翼拍旋风而直上九万里高空。它是乘着六月大风而飞去的。"野马般的游气，飞扬的游尘，以及活动的生物被风相吹而飘动。天色苍苍茫茫，那是它的本色吗？它的高远是没有穷极的吗？大鹏往下看，也就是这样的光景。

　　且夫水之積也不厚，則其負大舟也無力㊀。覆杯水於坳堂之上㊁，則芥㊂爲之舟；置杯焉則膠㊃，水淺而舟大也。風之積也不厚，則其負大翼也無力。故九萬里，則風斯在下矣，而後乃今培風㊄；背負青天而莫之夭閼㊅者，而後乃今將圖南。

【注释】

㊀ 且夫水之积也不厚，则其负大舟也无力：这一段在说"积厚"的意义。

　　释德清说："此一节总结上鲲鹏变化图南之意，以暗喻大圣必深畜厚养而可致用也。意谓北海之水不厚，则不能养大鲲，及鲲化为鹏，虽欲远举，非大风培负鼓送，必不能远至南冥，以喻非大道之渊深广大，不能涵养大圣之胚胎。纵养成大体，若不变化，亦不能致大用；纵有大圣之作用，若不乘世道交兴之大运，亦不能应运出兴，以成广大光明之事业。是必深畜厚养，待时而动，方尽大圣之体用。故就在水上风上以形容其厚积。然水积本意说在鲲上，今不说养鱼，则变其文曰负舟，乃是文之变化处。"

㊁ 坳（ào）堂之上：堂上凹处。

㊂ 芥：小草。

㊃ 胶：粘住，滞停。

㊄ 而后乃今培风："而后乃今"，即"乃今而后"之倒文（姚永朴

说)。"培风",冯风,乘风。《释文》训"培"为"重",误。

　　清王念孙说:"'培'之言'冯'也。'冯',乘也(见《周官》冯相氏《注》)。'冯'与'培'声近,故义亦相通。"(《读书杂志·余编上》)

　　近人刘文典说:"王说是也。'培'、'冯'一声之转,训'培'为'乘',亦正合大鹏御风而飞之状。"(《庄子补正》,下引同)

　　清末胡林翼说:"办大事,以集才集气集势为要。《庄子》所谓'而后乃今培风也'。"(马其昶《庄子故》引)

㈥ 莫之夭阏(è):无所窒碍(浦起龙《庄子钞》)。

　　陆德明说:"'夭',司马云:'折也'。'阏',李云:'塞也'。"

　　朱桂曜说:"'阏'读若'遏'。《吕氏春秋·古乐篇》:'民气郁阏而滞着。'注:'读遏止之遏。''夭阏'即'夭遏'也。"

【今译】

　　水的聚积不深厚,那么就没有足够的力量负载大船。倒一杯水在堂前洼地,那么放一根小草可当作船;放上一个杯子就胶着住了,这是水浅而船大的缘故。风的强度如果不大,那么就没有力量承负巨大的翅膀。所以鹏飞九万里,那厚积的风就在它的下面,然后才乘着风力,背负青天而没有阻碍,然后准备飞往南海。

　　蜩與學鳩笑之㈠曰:"我決起而飛㈡,搶榆枋㈢,時則㈣不至而控㈤於地而已矣,奚以之九萬里而南爲㈥?"適莽蒼⑭者,三飡而反⑮,腹猶果然⑯;適百里者,宿舂糧⑰;適千里者,三月聚糧。之二蟲又何知⑱!

【注释】

㊀ 蜩(tiáo)与学鸠笑之:"蜩",蝉。"学鸠",小鸠(司马彪《注》)。"学",别本又作"鷽",音同(《释文》)。

　　清王夫之说:"蜩与鷽鸠之笑,知之不及也。"(《庄子解》)

　　清刘凤苞说:"二虫伎俩,本来有限,不说他不能到九万里,转笑大鹏何必定到九万里。所谓下士笑如苍蝇也。"(《南华雪心编》)

　　王叔岷说:"案此以小笑大也。"(《庄子校诠》)

　　王仲镛说:"逍遥游,是指的明道者——从必然王国进入自由王国以后所具有的最高精神境界。大鹏就是这种人的形象。蜩与学鸠、斥鷃,指世俗的人。在庄子看来,一般世俗的人,由于视野狭窄,知识有限,是不可能了解明道者的精神境界的。"(〈庄子逍遥游新探〉,见《中国哲学》第4辑,下引同)

　　日本福永光司说:"蜩与学鸠,总是嘲笑一切伟大者,它们到底只是些'侏儒之群'而已。"(《庄子》第五章〈自由的人〉,陈冠学中译)

㊁ 决起而飞:奋起而飞(林希逸说);尽力而飞(释德清《注》)。"决起",不遗余力。即上文怒而飞(林云铭说)。

㊂ 抢榆枋:"抢",撞,碰到。世德堂本作"枪","抢"字依《释文》原本改(王孝鱼校)。"榆枋",两种小树名。"枋",当读为"枌"(王闿运说)。陈碧虚《庄子阙误》引文如海本及江南古藏本"枋"下有"而止"二字。

㈣ 则:训"或"(俞樾说)。

㈤ 控:投。

㈥ 奚以之九万里而南为:"以",用。"为",语助(王引之《经传释词》)。案这句话总结蜩与学鸠的讥笑大鹏,这以小笑大,实出于二虫的浅见无知,后文"之二虫又何知!"并申述"小知不及大知"。

㈦ 莽苍:指一片苍色草莽的郊野。

㈧ 三飡(cān)而反:"飡",同餐。"反",同返。往返近郊,只需预备一日三餐之粮(陈启天说)。

㈨ 果然:饱然。

㈩ 宿舂粮:舂捣粮食,为一宿之借(成〈疏〉);此言往百里者,舂一宿之粮。"舂"字倒装在下(蒋锡昌说)。

⑪ 之二虫又何知:"之",此。"二虫",指蜩与学鸠。鸟类称为羽虫,所以鸠也可以称为虫。

明陈深说:"自'二虫何知'上生下'小知''大知';又自'小知''大知'上生下'小年''大年'。二句意亦相承,教人把胸襟识见,扩充一步,不得以所知所历者而自足也。"(《庄子品节》)

释德清说:"庄子因言世人小见,不知圣人者,以其志不远大,故所畜不深厚,各随其量而已。故如往一望之地,则不必畜粮,此喻小人以目前而自足也。适百里者,其志少远。若往千里,则三月聚粮,其志渐远,所养渐厚。比二虫者,生长榆枋,本无所知,亦无远举之志,宜乎其笑大鹏之飞也。举世小知之人盖若此。"

刘凤苞说:"适近者不能知远;彼二虫岂足以知大鹏?便是小知不及大知榜样。"

清俞樾说:"郭象注曰:'二虫谓鹏蜩也。'此恐失之。二虫当为蜩与鸴鸠。下文曰:'奚以知其然也?朝菌不知晦朔,蟪蛄不知春秋。'是所谓不知者,谓小不足以知大也。然则此云:'之二虫又何知!'其谓蜩、鸠二虫明矣。"(《庄子平议》)

【今译】

蝉和小鸠讥笑大鹏说:"我尽全力而飞,碰到榆树和檀树就停下来,有时飞不上去而投落地面就是了,何必要飞九万里而往南海去呢?"到郊野去的,只带三餐粮食而当天回来,肚子还饱饱的;到百里路远地方去的,要准备一宿的粮食;到千里路远地方去的,就要预备三个月的粮食。这两只虫鸟又哪里知道呢?

小知不及大知,小年不及大年。奚以知其然也?朝菌不知晦朔⊖,蟪蛄不知春秋⊜,此小年也。楚之南有冥靈⊜者,以五百歲爲春,五百歲爲秋;上古有大椿者,以八千歲爲春,八千歲爲秋,此大年也⑳。而彭祖㊄乃今以久特聞,衆人匹之,不亦悲乎!

【注释】

⊖ 朝菌不知晦朔:"朝菌",《淮南子·道应训》引作"朝秀",或说《庄子》旧本作"朝秀"(详见王念孙《读书杂志余编》王引之说及郭庆藩《庄子集释》、马叙伦《庄子义证》、王叔岷《校释》等说)。高诱《注》:"朝秀,朝生暮死之虫。""晦朔",月的终始,指一个月的时光。另一说:"朔",旦(《释文》)。"晦",夜(王先谦《注》)。指一日的时光。今译从前说。

② 蟪蛄不知春秋:"蟪蛄",寒蝉,春生夏死,夏生秋死(司马彪《注》)。蟪蛄当是蝉之别名(王懋竑《庄子存校》)。

③ 冥灵:溟海灵龟。

　　宋末罗勉道说:"麟、凤、龟、龙谓之四灵。'冥灵'者,冥海之灵龟也。"(《南华真经循本》)案:罗说是,李颐注"木名",非。

④ 此大年也:这四字通行本脱落。陈碧虚《阙误》引成玄英本有"此大年也"四字,与上文"此小年也"正相对文,当据补上。

　　刘文典说:"'此大年也'四字旧挩。……案此四字,所以结'楚之南有冥灵者'之义,正与上文'此小年也'相对。《疏》:'故谓之大年也。'是成所见本,确有'此大年也'四字,今据补。"

　　案刘说可从。王叔岷亦说:"今本挩此四字,则文意不完。"

⑤ 彭祖:传说上有名的长寿人物。各家记闻不一,或说年七百岁,或说八百岁。

【今译】

　　小智不能比匹大智,寿命短的不能比匹寿命长的。怎么知道是这样呢?朝生暮死的虫子不知道一个月的时光,春生夏死、夏生秋死的寒蝉,不知道一年的时光,这就是"小年"。楚国南边有一只灵龟,以五百年为一个春季,五百年为一个秋季;上古时代有一棵大椿树,更以八千年为一个春季，八千年为一个秋季，这就是"大年"。彭祖到现在还以长寿而传闻于世，众人都想比附他，岂不是可悲叹吗？

湯之問棘㊀也是已：

湯問棘曰："上下四方有極乎？"

棘曰："無極之外，復無極也㊁。窮髮㊂之北有冥海者，天池也。有魚焉，其廣數千里，未有知其修㊃者，其名爲鯤。有鳥焉，其名爲鵬，背若太山㊄，翼若垂天之雲，搏扶搖羊角㊅而上者九萬里，絕雲氣，負青天，然後圖南，〔且適南冥也〕㊆。斥鴳㊇笑之曰：'彼且奚適也？我騰躍而上，不過數仞㊈而下，翱翔蓬蒿之間，此亦飛之至也。而彼且奚適也？'"此小大之辯也㊉。

【注释】

㊀ 汤之问棘(jí)：棘，汤时贤人。汤之问棘的故事，见于《列子·汤问篇》，作夏革。"革""棘"古同声通用（郭庆藩说）。

清马其昶说："案'汤问棘'，详《列子·汤问篇》。凡冥灵、大椿及鲲鹏云云，乃是总括其说，略同于《谐》而再见者，以汤棘皆古贤圣，言足取信。〈寓言篇〉所谓重言者，此其例也。述《谐》意在积厚，述汤问意在小大之辩。"（《庄子故》）

近人闻一多说："此句与下文语意不属，当脱汤问棘事一

㈠ 段。唐僧神清《北山录》曰:'汤问革曰:"上下四方有极乎?"革曰:"无极之外,复无极也。"'僧慧宝注曰:'语在《庄子》,与《列子》小异。'案革、棘古字通,《列子·汤问篇》正作'革'。神清所引,其即此处佚文无疑。惜句多省略,无从补入。"(《庄子内篇校释》,在《古典新义》内)

㈡ 汤问棘曰:"上下四方有极乎?"棘曰:"无极之外,复无极也":这二十一字原缺,依闻一多之说,据唐僧神清《北山录》引增补。关锋《内篇译解》本即依闻说据神清所引佚文补入。"穷发之北"以下(至"彼且奚适也"一段)承"复无极也"句,皆为棘语,关本标点略误。

㈢ 穷发:不毛之地。"发",指草木。

㈣ 修:长。

㈤ 太山:世德堂本作"泰山",在山东泰安县北。

㈥ 扶摇羊角:"羊角",旋风。

　　马叙伦说:"按《御览》九引此文,注曰:'扶摇,羊角风也。今旋风上如羖羊角也。'不知何家《庄子》注语。其义则以'旋风'释'羊角',以'羊角'释'扶摇'。'扶摇'与'羊角'均为回旋之风,疑'羊角'是古注文,误入正文。《音义》独引司马说,疑崔、李诸家无之。"马说可存。

㈦ 然后图南,〔且适南冥也〕:按"且适南冥也"五字,当系后人据成《疏》"图度南海"(注"图南")误入正文,当删。其证有四:前两言"徙于南冥",而不复言"图南",因"图南"即徙南冥,其证一。前文言"而后乃今图南",而不复言"徙于南冥",其证二。"图南"与"适南冥"义复。"图南",成《疏》"图度南海",何须复言适南海? 其证三。从文势看,"彼且奚适也"正承"图南"而

⑧ 斥鷃(yàn):指池泽中小麻雀。"斥",池(《广雅·释地》);小泽(司马《注》)。"鷃",字亦作鴳(《释文》),即雀。
⑨ 仞(rèn):周人以七尺为一仞。
⑩ 此小大之辩也:本书多借"辩"为"辨"(奚侗《庄子补注》)。后文"辩乎荣辱之境"的"辩",亦借为"辨"。

　　朱桂曜说:"徐幹《中论》云:'辩者别也。'大与小有别,蜩鷃之不知大鹏,正如《秋水篇》'坎井之蛙'不知'东海之鳖',皆以喻'小知不及大知'。……宋玉答楚襄王问亦以鲲鹢不知鲲凤,喻世俗之民不知臣之所为。……而郭象以为无小无大,各安其天性,正与庄意相反。主旨既缪,徒逞游说,使《庄子》之书愈解而愈晦者,郭象清谈之过也。"

　　王仲镛说:"大鹏的形象高大雄伟,翱翔天海;蜩与学鸠、斥鷃的形象微末委琐,上下蓬蒿,这本是以鲜明的'小大之辩'(同辨,区别)来说明'小知(智)不及大知(智)'。可是,向秀、郭象却从这里歪曲了庄子的原意,附会'齐大小'、'均异趣'的道理。"

【今译】

　　汤问棘也有这样的话:

　　汤问棘说:"上下四方有极限吗?"

　　棘说:"无极之外,又是无极!不毛之地的北方,有一个广漠无涯的大海,就是天然的大池。那里有一条鱼,它的宽度有几千里,没有人知道它有多长,它的名字叫做鲲。有只鸟,它的名字叫做鹏,鹏的背像泰山,翅膀像天边的云,乘着旋风而直上九万里的高空,超绝云气,背负青天,然后向南飞翔。小泽里的麻雀讥笑它说:'它要到哪里去呢?我腾跃而上,不过几丈就落下来,在蓬蒿丛中飞来飞去,这也是尽了飞跃的能事。而它究竟要飞到哪里去呢?'"这就是小和大的分别。

故夫知效一官,行比⊖一鄉,德合一君而徵一國⊜者,其自視也亦若此矣⊜。而宋榮子⑭猶然㊄笑之。且舉世而譽之而不加勸,舉世而非之而不加沮,定乎內外之分,辯乎榮辱之境,斯已矣。彼其於世未數數然㊅也。雖然,猶有未樹也。夫列子御風而行㊆,冷然㊇善也,旬有五日而後反㊈。彼於致福者,未數數然也。此雖免乎行,猶有所待⊕者也。

若夫乘天地之正⊕,而御六氣之辯⊕,以游無窮者,彼且惡乎待哉⊕!

故曰,至人無己⊕,神人無功,聖人無名。

【注释】

⊖ 比:犹庇(马其昶《庄子故》引吴汝纶之说)。案"比"借为庇,《说文》:"庇,荫也。"(王叔岷《庄子校诠》)

⊜ 德合一君而征一国:"而"字郭庆藩认为当读为"能"(详见《庄

子集释》)。"而"、"能"古字固通用,然此处"而"字不必作"能"字解,仍当依成《疏》读"而"为转语。"征",取信,证明于。

㈢ 其自视也亦若此矣:"其"指上述三等人,"此"指上文蜩鸠、斥鴳囿于一隅而沾沾自喜。

  郭象说:"亦犹鸟之自得于一方。"

  清周拱辰说:"不独鸟有斥鴳也;儒之斥鴳多矣! 各怀其是而沾沾自喜。"(《南华真经影史》)

  福永光司说:"这些人就是那抢上榆枋又投回地面的学鸠,就是那在习惯与惰性之中频频鼓着翅膀的蜩。他们安住在常识层面的价值与规范之世界,将这一角世界当作世界之全,而埋没其中。他们毕竟与自己原系何种存在? 人之'应然'为何? 人之根源真实的生涯是何物这等问题全不相及。"

㈣ 宋荣子:为稷下早期人物,生当齐威、宣时代,大约是公元前400至前320年间人(汪奠基《中国逻辑思想史料分析宋钘的名辩思想》,第50页)。本书〈天下〉篇、《荀子·非十二子篇》作宋钘(jiān),《孟子·告子篇》作宋牼(kēng)。《韩非子·显学篇》作宋荣。宋钘、宋牼、宋荣是一个人(见唐钺〈尹文和尹文子〉,收在《古史辨》第六册),"牼"与"钘"声固相近,"荣"与"钘"声亦相近(俞樾《春在堂全书·俞楼杂纂·庄子人名考》)。根据《天下篇》,宋牼学派的思想要点是:倡导上下均平;去除人心的固蔽;"见侮不辱,救民之斗";"情欲寡浅";"禁攻寝兵"。是位杰出的反战思想家。

㈤ 犹然:神态轻松的样子。"犹",即"繇",古今字(郭璞注《礼记·乐记》)。《尔雅·释诂》:"繇,喜也。"(见马叙伦、蒋锡昌引)

㈥ 数数然:汲汲然,急促的样子。

⑦ 列子御风而行:故事见于《列子·黄帝篇》。列子,即列御寇,为春秋时代郑国思想家。先秦典籍,如《庄子》、《尸子》、《韩非子》、《吕氏春秋》、《战国策》并称其言举其事。《吕氏春秋·不二篇》说:"子列子贵虚。"《汉书·艺文志》:道家有《列子》八篇。今所存本乃刘向所校"新书"之残缺、杂乱者,其书非御寇自著,为其门人与私淑弟子所记述;非全为后人所伪托(严灵峰《列子章句新编·自序》)。

严灵峰先生说:"按:《列子·黄帝篇》云:'列子师老商氏友伯高子,进二子之道;乘风而归。''随风东西,犹木叶干壳,竟不知风之乘我邪?我乘风邪?'这显然地,《庄子》引《列子》'乘风'之事以为说,借明有待与无所待之理。足证此文亦系《列子》先于《庄子》。"(《列子新书辨惑——辩列子书不后于庄子书》)案:近人多误现存《列子》为晋人伪托,严著长文驳斥,论据充足,可澄清梁启超、马叙伦、胡适诸臆说。

⑧ 泠(líng)然:飘然(林希逸《注》);轻妙之貌(郭象《注》)。

⑨ 反:同"返"。《御览》九引"反"作"返"(见刘文典《补正》、王叔岷《校释》)。

⑩ 有所待:有所依待。即有所拘束,致精神不得自主,心灵不得安放。

徐复观先生说:"人生之所以受压迫,不自由,乃由于自己不能支配自己,而须受外力的牵连。受外力的牵连,即会受到外力的限制甚至支配。这种牵连,称之为'待'。"(《中国人性论史》,第389页)

王兴华说:"'有待'就是指人的某种愿望和要求的实现,需要具备一定的客观条件,这些条件往往成为对人们'自由'

的束缚。"(〈相对主义是庄子哲学思想的核心〉,见《哲学研究》1981年第3期)

⑪ 乘天地之正:即是顺万物之性(郭《注》);即自然之道(蒋锡昌说)。"正",指自然之性(王力《古代汉语》,第354页)。案"正"亦犹今所谓规律、法则。"天地之正",即天地的法则,亦即自然的规律。

徐复观先生说:"乘天地之正,郭象以为'即是顺万物之性',……人所以不能顺万物之性,主要是来自物我之对立;在物我对立中,人情总是以自己作衡量万物的标准,因而发生是非好恶之情,给万物以有形无形的干扰,自己也会同时感到处处受到外物的牵挂、滞碍。有自我的封界,才会形成我与物的对立;自我的封界取消了(无己),则我与物冥,自然取消了以我为主的衡量标准,而觉得我以外之物的活动,都是顺其性之自然。"(《中国人性论史》,第394页)

⑫ 六气之辩:六气的变化。

司马彪说:"六气,阴阳风雨晦明也。"

郭庆藩说:"辩读为变。《广雅》:'辩,变也。''辩''变'古通用。"

⑬ 恶乎待哉:有什么依待的呢?

方东美先生说:"一个人要真正获得精神自由,必须'无待'!那么怎么样可以无待呢?就是从事这个生活的人自己要有一个使命,要在自己的生命宇宙里面,自做精神主宰。"

⑭ 无己:意指没有偏执的我见;即去除自我中心;亦即扬弃为功名束缚的小我,而臻至与天地精神往来的境界。

徐复观先生说:"庄子的'无己',与慎到的'去己',是有分别的。总说一句，慎到的'去己'，是一去百去；而庄子的'无己'，让自己的精神，从形骸中突破出来，而上升到自己与万物相通的根源之地。"(《中国人性论史》，第 395 页)

方东美先生说："庄子同一般世俗的英雄不同，他所谓的'真人'、'至人'、'神人'，并没有这种精神的优越感，也没有这种'小我'的观点；也就是说他并没有划一道鸿沟，把自己和宇宙隔开来，把自己和一般人隔开来。这也就是所谓的'至人无己、神人无功、圣人无名'！"

【今译】

有些人才智可以担任一官的职守，品行可以顺应一乡的志趣，德性可以投合一君的心意而取得一国的信任，他们自鸣得意也就好像小麻雀一样。而宋荣子不禁嗤笑他们。宋荣子能够做到整个世界都夸赞他却不感到奋勉，整个世界都非议他却不感到沮丧。他能认定内我和外物的分际，辨别光荣和耻辱的界限。如此而已！他对于世俗的声誉并没有急切去追求。虽然这样，但他还有未曾树立的。

列子乘风游行，轻巧极了，过了十五天而后回来。他对于求得幸福，也并未显得很急迫。这样虽然可免于奔波，但毕竟有所依待。

若能顺着自然的规律，而把握六气的变化，以游于无穷的境域，他还有什么可依赖的呢！

所以说:"至人无己","神人无功","圣人无名"。

二

堯讓天下⊖於許由⊜,曰:"日月出矣,而爟火⊜不息,其於光也,不亦難乎!時雨降矣,而猶浸灌㊃,其於澤也,不亦勞乎!夫子立㊄,而天下治,而我猶尸㊅之,吾自視缺然㊆。請致天下。"

許由曰:"子治天下,天下既已治也。而我猶代子,吾將爲名乎?名者實之賓也㊇。吾將爲賓乎?鷦鷯㊈巢於深林,不過一枝;偃鼠㊉飲河,不過滿腹。歸休乎君,予無所用天下爲!庖人雖不治庖,尸祝㊀不越樽俎㊁而代之矣。"

【注释】

⊖ 尧让天下:"尧",儒家理想的圣王。号陶唐氏(《汉书》臣瓒〈注〉:"尧初居唐后居陶,故曰陶唐。")关于尧号陶唐,古来注解纷歧,近人更疑是战国儒家臆说,可参看杨宽《中国上古史导论》第九编(收入《古史辨》第七册)、童书业〈帝尧陶唐氏名号溯源〉(《古史辨》第七册下编)等文。顾颉刚不仅怀疑尧和唐的关系,且进一步认为"尧、舜、禹都是冥漠中独立的个人,非各装在一个着实的地方,不足以使得他们的地位巩固"。(见《古史辨》第一册)顾氏之言,引发了多人讨论。关于尧让之事,最早见于《尚书·尧典》,然近人多疑〈尧典〉为后儒托造。禅让之说,早自荀子已大加批评,今人疑风尤盛。

荀子说:"世俗之为说者曰:'尧舜擅让。'是不然:天子者,势位至尊,无敌于天下,夫有谁与让矣!……夫曰尧舜擅让,是虚言也,是浅者之传,陋者之说也。"(〈正论篇〉)

韩非子说:"舜逼尧,禹逼舜,汤放桀,武王伐纣,此四王者,人臣弑其君者也,而天下誉之!"(〈说疑篇〉)案韩非以为尧舜只是逼伐,并非禅让。

顾颉刚说:"《诗经》中有若干禹,但尧舜不曾一见。《尚书》中除了后出的〈尧典〉、〈皋陶谟〉有若干禹,但尧舜也不曾一见。故尧舜的传说,禹先起,尧舜后起,是无疑义的。"(《古史辨》第一册,第127页)

童书业说:"尧舜禅让说经墨家的鼓吹,渐渐成熟,流入了儒家的学说中,儒家本来是富于整齐增饰故事的本领的,他们既漆出舜禹禅让的故事来,于是尧、舜、禹成为禅让故事中的三尊偶像。"(〈帝尧陶唐氏名号溯源〉,《古史辨》第七册下编,第22页)

㈢ 许由:传说中人物。隐人,隐于箕山(《释文》)。箕山在今河南登封县南。司马迁曾登箕山,上有许由冢(《史记·伯夷列传》)。

近人杨宽说:"〈徐无鬼〉篇云:'啮缺遇许由,曰:"子将奚之?"曰:"将逃尧。"'〈外物篇〉云:'尧以天下让许由,许由不受。'此许由辞让天下之说,为前此载籍所不见。《庄子》寓言

十九,论者以此为寓言,非事实。"(《中国上古史导论》第十三篇,见《古史辨》上编,第345页)

③ 爝(jué)火:小火。

　　陆德明说:"本亦作'燋',一云:燋火,谓小火也。"

④ 浸(jìn)灌:浸润渐渍之谓(郭庆藩说);灌溉的意思。

⑤ 立:即初文"位"字(马叙伦说)。

⑥ 尸:此处指空占其位而不干事。

⑦ 缺然:歉然(陈启天说)。

⑧ 名者实之宾也:名是实的宾位(张默生《新释》);指名是实的从属者。

⑨ 鹪(jiāo)鹩(liáo):小鸟(李颐《注》);俗名"巧妇鸟"(成《疏》)。

⑩ 偃(yǎn)鼠:一名隐鼠,又名鼢鼠,即田野地行鼠。

　　王叔岷先生说:"《初学记》二九引'偃'作'鼹','鼹'即'偃'之俗。"

⑪ 尸祝:对神主掌祝的人;即主祭的人。

⑫ 樽(zūn)俎(zǔ):"樽",酒器。"俎",肉器。"樽俎"指厨事。

【今译】

　　尧把天下让给许由,说:"日月都出来了,而烛火还不熄灭,要和日月比光,不是很难么!及时雨都降落了,而还在挑水灌溉,对于润泽禾苗,岂不是徒劳么!先生一在位,天下便可安定,而我还占着这个位子,自己觉得很惭愧,请容我把天下让给你。"

　　许由说:"你治理天下,天下已经安定了。而我还来代替你,我难道为着名吗?名是实的宾位,我难道为着求宾位吗？小鸟在深林里筑巢，所需不过一枝；偃鼠到河里饮水，所需不过满腹。你请回吧！我要天下做什么呢？厨子虽不下厨，主祭的人也不越位去代他来烹调。"

肩吾問於連叔㊀曰："吾聞言於接輿㊁，大而無當，往而不返。吾驚怖其言，猶河漢而無極也；大有逕庭㊂，不近人情㊃焉。"

連叔曰："其言謂何哉？"

"曰：'藐㊄姑射之山㊅，有神人居焉，肌膚若冰雪，綽約㊆若處子㊇；不食五穀，吸風飲露；乘雲氣，御飛龍，而遊乎四海之外㊈。其神凝㊉，使物不疵癘㊊而年穀熟。'吾以是狂㊋而不信也。"

連叔曰："然！瞽者㊌無以與乎文章之觀，聾者無以與乎鐘鼓之聲。豈唯形骸有聾盲哉㊍？夫知亦有之。是其言也㊎，猶時女㊏也。之人也，之德也，將旁礴萬物以爲一㊐，世蘄乎亂㊑，孰弊弊焉以天下爲事！之人也，物莫之傷，大浸稽天㊒而不溺，大旱金石流、土山焦而不熱。是其塵垢粃穅，將猶陶鑄堯舜者也，孰肯分分然以物爲事㊓。"

【注释】

① 肩吾问于连叔：肩吾、连叔，古时修道之士。历史上是否实有其人，已不可考。在庄子笔下出现的人物，都经他尽意刻画过的，或凭空塑造，或根据一点史实线索加以装扮。《庄子》这本书，"寓言十九"，举凡山川人物，鸟兽虫鱼，无一不是他手中的素材。许多历史名人都成了他导演的工具，例如孔子，这位儒家的泰斗，在庄子笔下却经常变成了一个道家的门徒（有些人还以为庄子在扬孔）。其实任何人、物都只是借来表达庄子自己哲学思想的传声具罢了！本书中的人名，仍依旧注略作简介，读者不必考虑他们的真实性问题。

　　林希逸说："肩吾、连叔，皆未必实有此人，此皆寓言，亦不必就名字上求义理，中间虽有一二亦可解说，而实不皆然也。"

② 接舆：楚国隐士，〈高士传〉以为姓陆名通，字接舆。《论语·微子篇》曾录他的言行。这里作为庄子笔下的理想人物。

　　唐成玄英说："接舆者，姓陆，名通，字接舆，楚之贤人隐者也，与孔子同时。而佯狂不仕，常以躬耕为务，楚王知其贤，聘以黄金百镒，车驷二乘，并不受。于是夫负妻载，以游山海，莫知所终。"

③ 大有径庭：太过度，太离题。

　　林希逸说："'径庭'，只言疆界遥远也。'大有'，甚有也。"

　　清宣颖说："'径'，门外路也。'庭'，堂前地也。势相远隔。今言'大有径庭'，则相远之甚也。"（《南华真经》）

④ 不近人情：不附世情（成《疏》）；言非世俗所常有（林希逸说）。

⑤ 藐：遥远的样子。

⑥ 姑射之山：神话中的山名。

⑦ 绰约:轻盈柔美。

⑧ 处子:处女。

⑨ 乘云气,御飞龙,而游乎四海之外:谓与天地精神往来(陈启天说)。

⑩ 神凝:精神专注。

⑪ 疵疠(lì):灾害疾病。

⑫ 狂:通"诳"。

⑬ 瞽(gǔ)者:没有眼珠的瞎子。

⑭ 岂唯形骸有聋盲哉:《阙误》引天台山方瀛观古藏本"盲"作"瞽"(马叙伦说)。

　　福永光司说:"他们称肉体上视觉机能的障碍者为瞽,听觉机能障碍者为聋;但瞽与聋并不只限于肉体上才有,精神上也一样有,他们正是精神上的瞽者、精神上的聋者。……他们的精神对于至大的世界是瞎了眼的,对于根源的'一'的世界是聋了耳的;因之,他们只能固执事象之表面的差别与对立,系情于词令之修饰等末端的变换。"(《庄子》第三章《迷惑的世人》,陈冠学中译)

⑮ 是其言也:指上文"心智亦有聋盲"几句话。

　　清武延绪说:"按'其'字,即指上瞽聋云云而言。"(《庄子札记》)

⑯ 时女:"时",同是。"女",同"汝",指肩吾。

　　林希逸说:"'时',是也。'女',与汝同。前后解者,皆以此'时女'为'处子',故牵强不通其意。盖谓如此言语,岂是汝一等人能之。"

　　明焦竑说:"'时',是也。'女',即汝字。谓智有聋盲,即

汝之狂而不信者是也。"(《庄子翼》)

　　近人奚侗说:"《释文》引司马云:'时女犹处女也。'向云:'时女,虚静柔顺,和而不喧,未尝求人而为人所求也。'两说皆谬。'时',借作'之','女'读为'汝',肩吾也。'是其言也',乃指上'岂唯形骸有聋盲哉,夫知亦有之'之语,犹之汝也。'之'为助词,谓是言乃似汝也。"(《庄子补注》)

　　王叔岷先生说:"《尔雅·释诂》:'时,是也。'此谓〔心〕知亦有聋瞽,即是汝肩吾耳。"(《庄子校诠》)按旧注多误,以上各说为是。

⑤ 旁礴万物以为一:"旁",字又作"磅"(《释文》)。吴澄《内篇订正》本"旁"亦作"磅"。"旁礴",犹混同(司马彪说);一说广被之意(李桢说)。近人有以"旁礴万物以为一世"为读,"一世"连读,不妥。

　　奚侗说:"近人治《庄子》者,如李桢、王先谦均以'一世'连读,而读'为'为去声(宣颖亦如此读),然上文既言神人将为一世蕲乎乱,下文言孰弊弊焉以天下为事,则上下文自矛盾矣。郭《注》:'世以乱故求我',《释文》出'世蕲'二字为之音义,《文选·吴都赋》刘渊林注引《庄子》曰:'将磅礴万物以为一',可见古无有以'一世'连读者。"按:奚说可取。《淮南子·俶真训》:"旁薄为一,而万物大优。"正引自本文"旁礴万物以为一"之语。

⑥ 世蕲乎乱:"乱"字,宜从郭《注》作常义解。近人多训"乱"为"治",似不合《庄子》原意(陈启天说)。按近人姚鼐(《庄子章义》)、王先谦(《集解》)、马叙伦(《义证》)、于省吾(《新证》)、张默生(《新释》)等均训"乱"为"治"。然作常义解,于义为长。"世蕲乎乱",意指世人争功求名,纷纷扰扰;党派倾轧,钩心斗

⑨ 大浸稽天:大水滔天。"浸",水。"稽",及。
⑩ 孰肯分分然以物为事:"分分然"三字原缺,依《淮南子·俶真训》补上。

　　王叔岷先生说:"此与上文'孰弊弊焉以天下为事'对言,'孰肯'下疑有挩文,《淮南子·俶真训》:'孰肯分分然以物为事也。'即用此文,当补'分分然'三字与上文句法一律。"王说可从,当据《淮南·俶真训》增补。

【今译】

　　肩吾问连叔说:"我听接舆谈话,言语夸大不着边际,一发议论便不可收拾。我惊骇他的言论,好像银河一般漫无边际;和常理差别太大,不合世情。"

　　连叔说:"他说的是什么呢?"

　　〔肩吾说:〕"他说:'在遥远的姑射山上,住了一个神人,肌肤有若冰雪一般洁白,容态有如处女一般柔美;不吃五谷,吸清风饮露水;乘着云气,驾驭飞龙,而遨游于四海之外。他的精神凝聚,使物不受灾害,谷物丰熟。'我认为是发诳言,所以不以为信。"

　　连叔说:"当然啦!'瞎子无法和他共赏文采的美观;聋子无法和他共赏钟鼓的乐声。岂只是形骸有聋有瞎吗?心智也有的啊!'——这个话,就是指你而言的呀!那个神人,他的德量,广被万物合为一体,人世喜纷扰,他怎肯劳形伤神去管世间的俗事呢！这种人，外物伤害不了他，洪水滔天而不会被溺毙，大旱使金石熔化、土山枯焦而他不会感到热。他的尘垢秕糠，也可以造成尧舜，他怎肯纷纷扰扰以俗物为务呢！"

宋㊀人资章甫㊁而適諸越㊂，越人斷髮文身，無所用之。堯治天下之民，平海內之政，往見四子㊃藐姑射之山，汾水之陽㊄，窅然㊅喪其天下焉。

【注释】

㊀ 宋：今河南睢县。周初以其地封与殷之遗臣微子。
㊁ 资章甫："资"，货，卖。"章甫"，殷冠（李颐说）。
㊂ 诸越：今浙江绍兴一带。"诸"、"于"古通，越人自称"于越"。《御览》六八五引"诸"作"于"（马叙伦说）。

  李桢说："'诸越'，犹云'于越'。《广雅·释言》：'诸，于也。'《礼记·射义》注：'诸，犹于也。'是叠韵假借。"（见郭庆藩《集释》引）

㊃ 四子：旧注以"四子"为王倪、啮缺、被衣、许由（司马彪、李颐《注》）。这是寓言，不必指特定的人物。

  李桢说："四子本无其人，征名以实之则凿矣。"

㊄ 汾水之阳：汾水出太原，今《庄子》寓言（《释文》）。"阳"，指水之北。
㊅ 窅（yǎo）然：犹怅然（李颐说）；茫茫之意（林希逸说）。

【今译】

宋国人到越国贩卖帽子，越人剪光头发，身刺花纹，用不着它。

尧治理天下的人民，安定海内的政事，往遥远的姑射山上，汾水的北面，拜见四位得道之士，不禁茫然忘其身居天下之位。

三

惠子㊀謂莊子曰："魏王㊁貽我大瓠㊂之種，我樹之成而實五石㊃，以盛水漿，其堅不能自舉也；剖之以爲瓢，則瓠落無所容㊄。非不呺然㊅大也，吾爲其無用而掊之。"

莊子曰："夫子固拙於用大矣。宋人有善爲不龜手㊆之藥者，世世以洴澼絖㊇爲事。客聞之，請買其方以百金㊈。聚族而謀曰：'我世世爲洴澼絖，不過數金；今一朝而鬻技百金，請與之。'客得之，以說㊉吳王。越有難㊋，吳王使之將，冬與越人水戰，大敗越人，裂地而封之。能不龜手，一也；或以封，或不免於洴澼絖，則所用之異也。今子有五石之瓠，何不慮㊌以爲大樽㊍而浮乎江湖，而憂其瓠落無所容？則夫子猶有蓬之心㊎也夫！"

【注释】

㈠ 惠子：姓惠名施，宋人，做过梁惠王宰相，是庄子的好友。他认为万物流变无常，因此一个东西不可能有相当固定的时候；他说："日方中方睨，物方生方死。"他认为任何东西的性质都是相对的，因此事物之间，也就没有绝对的区别；他说："天和地一样低，山和湖一样平。"（"天与地卑，山与泽平。"）他用诡论的方式说明天地万物是一体的；他主张："泛爱万物，天地一体。"惠施的著作没有传下来，仅《庄子·天下篇》中记述了他十项的论点。惠施是"名家"的重要人物。在本书中，常记述他和庄子在观点上的论辩。

㈡ 魏王：即魏惠王，姓魏名䓨，因魏都迁大梁，所以又称梁惠王。惠是谥号。

㈢ 瓠（hù户）：葫芦。

㈣ 石（dàn）：为"䄷"省。《说文》："䄷，百二十斤。"

㈤ 瓠落无所容：指瓠太大无处可容。"瓠落"，犹廓落（《释文》引简文帝说），大。

㈥ 呺（xiāo）然：虚大的样子。

　　俞樾说："《文选》谢灵运《初发都诗》李善〈注〉引此文作'枵'，当从之。《尔雅·释天》：'玄枵，虚也。'虚则有'大'义，故曰：'枵然大也。'《释文》引李云：'号然，虚大貌。'是固以'枵'字之义说之。"

㈦ 龟手：气候严寒，手皮冻裂如龟纹。

㈧ 洴（píng）澼（pì）絖（kuàng）：漂洗丝絮。

　　成玄英《疏》："'洴'，浮；'澼'，漂也。'絖'，絮也。"

清卢文弨说:"疑'洴澼'是击絮之声。'洴澼'二字本双声,盖亦象其声也。"(引自郭庆藩《庄子集释》)

⑨ 请买其方以百金:"以"字原缺。碧虚子校引江南古藏本"百"上有"以"字。旧阙,有"以"字文较顺(刘文典说)。当据补。

⑩ 说(shuì):游说。

⑪ 越有难:越国兵难侵吴(成《疏》)。"难",乱事,指军事行动。"越有难",等于说越入侵(王力《古代汉语》,第355页)。

　　王叔岷先生说:"案'有'犹为也,谓越为兵难侵吴也。"(《庄子校诠》)

⑫ 虑:为"摅"省(马叙伦说)。《文选》谢灵运《永初三年七月十六日之郡初发都诗》注引"虑"作"摅"(刘文典、王叔岷说);作"虑"是故书。"虑",犹结缀(司马《注》),即缚系之意。旧注有作思、谋解,非。

　　朱桂曜说:"〈天道〉篇:'知虽落天地,不自虑也。''虑'亦'落'也。'落'同'络'。"

⑬ 樽:南人所谓腰舟(成《疏》)。

　　司马彪说:"樽如酒器,缚之于身,浮于江湖,可以自渡。"

⑭ 蓬之心:喻心灵茅塞不通。

【今译】

　　惠子对庄子说:"魏王送我一颗大葫芦的种子,我种植成长而结出果实有五石之大;用来盛水,它的坚固程度却经不起自身所盛水的压力;把它割开来做瓢,则瓢大无处可容。不是不大,我认为它没有用处,就把它打碎了。"

庄子说："你真是不善于使用大的东西啊！有个宋国人善于制造不龟裂手的药物，他家世世代代都以漂洗丝絮为业。有一个客人听说这种药品，愿意出百金收买他的药方。于是聚合全家来商量说：'我家世世代代漂洗丝絮，只得到很少的钱，现在一旦卖出这个药方就可获得百金，就卖了吧！'这个客人得到药方，便去游说吴王。这时越国犯难，吴王就派他将兵，冬天和越人水战，大败越人，于是割地封赏他。同样一个不龟裂手的药方，有人因此得到封赏，有人却只是用来漂洗丝絮，这就是使用方法的不同。现在你有五石容量的葫芦，为什么不系着当作腰舟而浮游于江湖之上，反而愁它太大无处可容呢？可见你的心还是茅塞不通啊！"

惠子謂莊子曰："吾有大樹，人謂之樗㊀。其大本擁腫㊁而不中繩墨，其小枝卷曲而不中規矩，立之塗，匠者不顧。今子之言，大而無用，衆所同去也。"

莊子曰："子獨不見狸狌㊂乎？卑身而伏，以候敖者㊃；東西跳梁㊄，不辟㊅高下；中於機辟㊆，死於罔罟。今夫斄牛，其大若垂天之雲。此能爲大矣，而不能執鼠。今子有大樹，患其無用，何不樹之於無何有之鄉，廣莫之野，彷徨㊇乎無爲其側，逍遙㊈乎寢臥其下。不夭斤斧，物無害者，無所可用，安所困苦哉！"

【注释】

⊖ 樗(chū)：落叶乔木，木材皮粗质劣。

  成玄英《疏》："樗，栲漆之类，嗅之甚臭，恶木者也。"

⊜ 拥肿：木瘤盘结。

  奚侗说："'拥'当作痈。《说文》：'痈，肿也。'言其形盘结如痈肿然。"

⊜ 狸狌(shēng)："狸"，即猫。"狌"，同鼪，即鼬鼠，俗名黄鼠狼。

  司马彪说："狌，貂也。"按"貂"即鼬。

  朱桂曜说："'狸'可训猫，若'狌'则训貂矣。'狸'亦作貍，《广雅·释兽》：'貍，猫也。'《秋水篇》：'麒骥骅骝，一日而驰千里，捕鼠不如狸狌。'《御览》引《尸子》：'使牛捕鼠不如猫狌之捷。'狸狌即猫狌也。"

四 敖者："敖"，音遨(司马彪说)；遨即敖之俗(王叔岷说)。"敖者"，遨翔之物，指鸡鼠之类。

  近人杨树达说："《说文》六篇下出部云：'敖，出游也。从出，从放。'此'敖'字正用本义。"(《庄子拾遗》)

五 跳梁：犹走蹿(成《疏》)。

  蒋锡昌说："按'梁'与'掠'通。《尚书大传》'故尔梁远'注：'梁读为掠。'是其证。《左氏昭二十年传》'输掠其聚'注：'掠，夺取也。'……此言狸狌东西跳跃，夺取鸡鼠之类也。"

六 不辟："辟"，同避。

七 机辟：捕兽器。

成玄英《疏》:"谓机关之类也。"

郭庆藩说:"辟疑为檗之借字。"

王先谦说:"辟,所以陷物。《盐铁论·刑法篇》:'"辟"陷设而当其蹊。'与此同义。"(《庄子集解》)

⑧ 彷徨:徘徊,游衍自得。

王叔岷先生说:"成《疏》释'彷徨'为'纵任',与'游戏'意略近。"(《庄子校诠》)

⑨ 逍遥:优游自在。

【今译】

惠子对庄子说:"我有一棵大树,人家都叫它做'樗'。它的树干木瘤盘结而不合绳墨,它的小枝弯弯曲曲而不合规矩,生长在路上,匠人都不看它。现在你的言论,大而无用,大家都抛弃。"

庄子说:"你没有看见猫和黄鼠狼吗?卑伏着身子,等待出游的小动物;东西跳跃掠夺,不避高低;往往踏中机关,死于网罗之中。再看那犛牛,庞大的身子好像天边的云,虽然不能捉老鼠,但它的功能可大了。现在你有这么一棵大树,还愁它无用,为什么不把它种在虚寂的乡土,广漠的旷野,任意地徘徊在树旁,自在地躺在树下。不遭受斧头砍伐,没有东西来侵害它。无所可用,又会有什么祸害呢?"

齐 物 论

〈齐物论〉篇，主旨是肯定一切人与物的独特意义内容及其价值。齐物论，包括齐、物论（即人物之论平等观）与齐物——论（即申论万物平等观）。全篇共分七章。第一章，劈头提示"吾丧我"的境界，"丧我"即去除"成心"（成见）、扬弃我执、打破自我中心。接着写"三籁"，述自然的音响。第二章，评"百家争鸣"——学派间的争论，以至众人役役，迷失自我。第三章，指出学派辩论、人物争论，乃由"成心"作祟，因此产生种种主观的是非争执、意气之见，因而提出"以明"的认识方法。并申论事物的相对性与流变性，以及价值判断的相对性与流变性，因而提出"照之于天"的认识态度。第四章，归结到"道通为一"；各家各派所见，不是宇宙之全，不是物如之真，只是主观给予外界的偏见。再提出"以明"的认识方法。第五章，再度申说："天地与我并生，而万物与我为一。"第六章，列举三个寓言故事，引申前义。第一个故事"尧问舜"一段，写自我中心之排他性与开放心灵之涵容性的不同。第二个故事"啮缺问乎王倪"一段，提出"万物没有共同的标准"的命题,申说价值标准不定于一处,并指出人群习于"人类自我中心"之非。第三个故事"瞿鹊子问乎长梧"一段,描述体道之士的死生一如观及其精神境界。篇末第七章,例举二则寓言"罔两问景"一段,喻"无待"之旨。"庄周梦胡蝶"一段,写"物化"之旨。

许多有名成语出自本篇,如槁木死灰、万窍怒号、朝三暮四、狙公赋芧、十日并出、栩栩如生、妄言妄听、存而不论、心如死灰、恢恑憰怪、沉鱼落雁。

一

南郭子綦⊖隱机㊁而坐,仰天而噓㊂,荅焉㊃似喪其耦㊄。顏成子游㊅立侍乎前,曰:"何居㊆乎?形固可使如槁木,而心固可使如死灰乎?今之隱机者,非昔之隱机者也㊇。"

子綦曰:"偃,不亦善乎,而㊈問之也!今者吾喪我㊉,汝知之乎?汝聞人籟而未聞地籟;汝聞地籟而未聞天籟夫㊋!"

子游曰:"敢問其方。"

子綦曰:"夫大塊㊌噫氣㊍,其名爲風。是唯無作,作則萬竅怒呺㊎。而獨不聞之翏翏㊏乎?山陵之畏佳㊐,大木百圍之竅穴,似鼻,似口,似耳,似枅㊑,似圈,似臼,似洼㊒者,似污㊓者;激㊔者,謞㊕者,叱者,吸者,叫者,譹㊖者,宎㊗者,咬㊘者。前者唱于而隨者唱喁。泠風㊙則小和,飄風則大和,厲風濟㊚則衆竅爲虛。而獨不見之調調之刁刁乎㊛?"

子游曰:"地籟則衆竅是已,人籟則比竹㊜是已。敢問天籟。"

子綦曰:"夫天籟者⑩,吹萬不同,而使其自己也,咸其自取⑪,怒者其誰邪⑫!"

【注释】

㈠ 南郭子綦(qí):子綦,人名。住在城郭南端,因以为号。古人多以居处为号,如市南宜僚(〈山木〉篇)、东郭顺子(〈田子方〉)。成《疏》以子綦为楚人,近人朱桂曜引〈徐无鬼〉篇证其为齐人(《庄子内篇证补》)。盖庄子寓托的得道者。

　　近人蒋锡昌说:"〈人间世〉及〈徐无鬼〉作'南伯',《寓言》作'东郭'。盖名本假设,故随兴所写,并无一定也。"(《庄子哲学·齐物论校释》)

㈡ 隐机:凭几坐忘(成《疏》)。"隐",凭,倚。"机",今本作"几"。

　　奚侗说:"'隐',正当作'㒱'。《说文》'㒱,有所依也'。今则'隐'行,'㒱'废矣。"(《庄子补注》)

　　近人李勉说:"'机'为靠椅,似床,可以靠背而坐卧。《礼记》曾子问:'遂舆机而往。'《疏》云:'机者,状如床。'可资为证。"(《庄子总论及分篇评注》,第63页)

㈢ 嘘:吐气为嘘(《释文》)。成《疏》解"嘘"为"叹",不妥。"嘘"即缓吐出气,当非叹息。

㈣ 荅(tà)焉:相忘貌(林云铭《庄子因》)。

㈤ 似丧其耦:"丧",失,犹忘。谓似忘我与物之相对(陈启天《浅说》)。按"耦"作"偶",即匹对;通常解释为精神与肉体为偶,或物与我为偶。"似丧其耦",即意指心灵活动不为形躯所牵制,亦即意指精神活动超越于匹对的关系而达到独立自由的境界。

⑥ 颜成子游：南郭子綦的弟子，颜成是复姓，名偃字子游。李颐说姓颜（《释文》引），误。《广韵》十四清'成'字注文以颜成为复姓（见刘师培《庄子斠补》引）。〈徐无鬼〉篇作"颜成子"。

⑦ 何居：何故。

司马彪说："居，犹故也。"（《释文》引）

王引之说："案'居'犹'乎'也。'居'下不当复有'乎'字，疑因下文而衍。《释文》：出'何居'二字，无'乎'字。"（《经传释词》"其"部）

⑧ 今之隐机者，非昔之隐机者也：有两种讲法：一说子綦的"隐机"和以前所见的别人不同；如郭象《注》："子游尝见隐机者，而未见若子綦也。"另一说，子綦现在的"隐机"和从前大不相同，如成玄英《疏》："子綦昔见坐忘，未尽玄妙；今逢隐机，实异曩时。"当以后说为是。

吕惠卿说："昔之隐几，应物时也；今之隐几，遗物时也。"（庄子义）

严灵峰先生说："'今之隐几'与'昔之隐几'乃指子綦在同地所行之事，不过在时间上稍有距离。《庄子》的'坐忘'，犹如佛家的'入定'。子綦由'隐机'至于'吾丧我'，就像和尚由'打坐'至于'入定'。'昔之隐机'指"打坐"时言，'今之隐几'指'入定'时言。"

⑨ 而：同"尔"，汝。下文"而独不见之调调之刁刁乎"的"而"字同。

⑩ 吾丧我：摒弃我见。"丧我"的"我"，指偏执的我。"吾"，指真我。由"丧我"而达到忘我、臻于万物一体的境界。与篇末"物

化"一节相对应。

　　释德清说:"此〈齐物〉以'丧我'发端,要显世人是非都是我见。"(《庄子内篇注》)

　　方东美说:"庄子在〈齐物论〉里,要把真正的自由精神,变做广大性的平等,普遍的精神平等。然后对第一个必要条件,他说:'今日吾丧我',这个'我'是什么呢？它有不同的意义。一种是'小我',乃是因为在思想上或情操上,每个人都常以自我为中心,同于己者就是之,异于己者就非之,所以造成许多隔阂,把和自己不同的看法排斥掉,或隔绝起来,而自以为是！这点是道家认为最忌讳的一件事。

　　所以以庄子继承老子的精神,第一步讲精神平等就是要'丧我',也就是要丧小我,忘小我,而成就大我。"(《原始儒家道家哲学》第五章〈庄子部分〉)

☺ 汝闻人籁而未闻地籁；汝闻地籁而未闻天籁夫:"籁",即箫,这里意指空虚地方发出的声响。"人籁"是人吹箫管发出的声音,譬喻无主观成见的言论。"地籁"是指风吹各种窍孔所发出的声音,"天籁"是指各物因其各己的自然状态而鸣。可见三籁并无不同,它们都是天地间自然的音响。

　　释德清说:"将要齐物论,而以三籁发端者,要人悟自己言之所出,乃天机所发。果能忘机,无心之言,如风吹窍号,又何是非之有哉！"

　　宣颖说:"待风而鸣者,地籁也。而风之使窍自鸣者,即天籁也。"(《南华经解》)

☺ 大块:大地。

　　王懋竑说:"块然有形者,地也,风起溪谷间。"(《庄子存

校》)

俞樾说:"大块者,地也。块乃凷之或体。《说文》土部:'凷,墣也。'盖即《中庸》所谓一撮土之多者,积而至于广大,则成地矣,故以地为大块也。司马云大朴之貌,郭注曰大块者无物也,并失其义。此本说地籁,然则大块者,非地而何?"

奚侗说:"俞樾云:'大块者,地也。此本说地籁,大块非地而何?'《文选》张华《答何劭诗》:'大块禀群生。'注:'大块谓地也。'"按俞说是。另一说"大块"指天地之间(见林希逸《口义》、褚伯秀《义海纂微》、朱桂曜《证补》),亦通。

⑬ 噫(yì)气:吐气出声。

杨树达说:"《说文》二篇上口部云:'噫,饱食息也。'此谓大块出息声。"

⑭ 呺:借为"号"。《文选·月赋》注引正作"号"(奚侗说);《御览》九引亦作"号";《道藏》林希逸《口义》本、褚伯秀《义海纂微》本并作"号"(王叔岷说)。

⑮ 翏翏(liù):长风声。李本作"飂",音同(《释文》)。按"翏"为"飂"省(马叙伦《庄子义证》)。

⑯ 山陵之畏佳(cuī):形容山势的高下盘回。"陵",各本作"林",依奚侗之说改。"畏佳",顾野王《玉篇》山部引作"崴崔"。"畏",崔譔本作"嵔"(《释文》引)。

奚侗说:"'林'当为'陵'。《六韬·绝粮》第三十九:'依山林险阻、水泉林木而为之固。'《通典》五十七引作'山陵';是'陵'误为'林'之例证。"案:奚说为是。闻一多《庄子内篇校释》、严灵峰《庄子章句新编》及日本金谷治《庄子》均据奚说改正本文。

马叙伦说:"'佳'为'崔'之省,《说文》曰:'崔,大高也。''崣''嵬'一字,《说文》曰:'嵬,山石崔嵬,高而不平也。'此言'畏佳',义重不平。"

王叔岷说:"卷子本《玉篇》山部引'畏佳'作'崔嶉',并引司马《注》:'山高下槃回之形也。'"

⑰ 枅(jī):柱上方木(《字林》)。

⑱ 圈:杯圈(《释文》);圆窍(王敔《注》)。

⑲ 洼(wā):深池,指深窍。

朱桂曜说:"《说文》水部:'洼,深池也。'"

⑳ 污:同"洿",不流动的浊水坑,指浅窍。按上文:"似鼻,似口,似耳,似枅,似圈,似臼,似洼,似污者",都是形容众窍的形状。

释德清说:"有浅孔似水之污者。"

朱桂曜说:"《说文》水部:'污薉也,一曰小池为汙。'……'哇'与'污'皆有污薉污下之义;若析言之,则一为深池,一为小池耳。"

马叙伦说:"小池为'污'者,字当作'洿'。《说文》曰:'洿,浊水不流池也。'此与'洼'连文,当是借'污'为'洿'也。"

㉑ 激:如水激(《释文》);如水湍激声(成《疏》)。一说"激"借为"噭"。《说文》曰:"噭,吼。"(奚侗说)

㉒ 謞(xiāo):若箭去之声(《释文》引简文帝说)。另一说"謞"与"号"同(详见奚侗《庄子补注》)。

㉓ 叱:若嚎哭声(司马彪说)。

㉔ 宎(yāo):像风吹到深谷的声音。一说"宎"为"笑"之讹字(奚侗说)。今译仍依成《疏》。

成玄英说:"宎者,深也,若深谷然。"

㊶ 咬(jiāo):哀切声(成《疏》)。上文:"激者,謞者,叱者,吸者,叫者,譹者,宎者,咬者",都是形容众窍所发出的声音。

㊷ 泠风:小风(李颐《注》)。

马叙伦说:"'泠'借为'零'。《说文》曰:'零,徐雨也。'零风谓徐风。"

㊸ 厉风济:"厉风",烈风(向、郭《注》)。"济",止(郭《注》)。

马叙伦说:"按'厉'借为'颲'读若'烈'。《礼记·祭法篇》:'厉山氏',《春秋昭二十九年左传》作'烈山氏'。《诗·思齐篇》:'烈假不遐。'郑'烈'作'厉',是其例证。"

杨树达说:"郭训'济'为'止',是也;字实假为'泲'。《说文》六篇下沝部云:'泲,止也'。'泲'、'济'古音同,故姊水通作沸水。郭释'厉'为'烈','厉'、'烈'音同字通。"

㊹ 调调之刁刁乎:"调调"、"刁刁",皆动摇貌(向秀《注》)。"调调",是树枝大动。"刁刁",是树叶微动(胡文英《庄子独见》)。"刁刁",赵谏议本、世德堂本作"刀刀"。

释德清说:"调调刁刁,乃草木摇动之余也。意谓风虽止,而草木尚摇动不止。此暗喻世人是非之言论,唱者已亡,而人人以绪论各执为是非者。"

㊺ 比竹:箫管之类(成《疏》);笙簧之类(林希逸说)。

李勉说:"按'比',并也。'比竹',谓并列众竹管于一排作为箫而吹之,古之排箫是也。排箫者云箫也。《朱子语类》云:'云箫方是古之箫,云箫者排箫也。'今世以单管为箫,而古箫则以二十三管或十六管编列于一排而为之,古箫排比之形见《尔雅·释乐》《注》。"

㊻ 夫天籁者:"天籁者"三字原缺,依王叔岷《校释》,据《世说新

语》《注》补。

　　王叔岷先生说:"《世说新语·文学篇》注引'吹万不同'上,有'天籁者'三字;文意较明。"

　　严灵峰先生说:"王说是也。按:'夫天籁者'及下文乃子綦应子游上句之问:'敢问天籁'之答语。郭《注》:'此天籁也。"夫天籁者",岂复别有一物哉?'依注文观之,郭本当有此三字。兹据《世说新语》注补。"(《道家四子新编》,第487页)

⑬ 使其自己也,咸其自取:意指使它们自己发出千差万别的声音,乃是各个窍孔的自然状态所致。

　　林云铭说:"使其为窍如此,则为吹如此。"

　　宣颖说:"使声由窍自出,每窍皆各成一声。"

　　陈寿昌说:"'咸其自取',有是窍即有是声,是声本窍之自取也。"

⑭ 怒者其谁邪:发动者还有谁呢? 这话意指万窍怒号乃是自取而然的,并没有其他的东西来发动它们。

　　马其昶说:"万窍怒号,非有怒之者,任其自然,即天籁也。"(引自马著《庄子故》)

　　冯友兰说:"〈齐物论〉对于大风不同的声音,作了很生动的描写。它是用一种形象化的方式,说明自然界中有各种不同的现象。归结它说:'夫吹万不同,而使其自己也,咸其自取,怒者其谁耶?'在这里并不是提出这个问题寻求回答,而是要取消这个问题,认为无需回答。……'自己'和'自取'都表示不需要另外一个发动者。"(引自《庄子哲学讨论集》,第148页)

【今译】

　　南郭子綦凭着几案而坐,仰头向天而缓缓地呼吸,进入了超越对待关系的忘我境界。颜成子游侍立在跟前,问说:"怎么一回事呀?形体安定固然可以使它像干枯的枝木,心灵寂静固然可以使它像熄灭的灰烬吗?你今天凭案而坐的神情和从前凭案而坐的神情不一样。"

　　子綦回答说:"偃,你问得正好!今天我摒弃了偏执的我,你知道吗?你听说过'人籁',而没有听说'地籁';你听说过'地籁',而没有听说过'天籁'吧!"

　　子游说:"请问三籁的究竟?"

　　子綦说:"大地发出来的气,叫做风。这风不发作则已,一发作则万种不同的窍孔都怒号起来。你没有听过长风呼啸的声音吗?山陵中高下盘回的地方,百围大树上的窍穴,有的像鼻子,有的像嘴巴,有的像耳朵,有的像梁上的方孔,有的像杯圈,有的像舂臼,有的像深池,有的像浅洼;〔这些窍穴中发出的声音〕有的像湍水冲激的声音,有的像羽箭发射的声音,有的像叱咄的声音,有的像呼吸的声音,有的像叫喊的声音,有的像号哭的声音,有些像深谷发出的声音,有些像哀切感叹的声音。前面的风声呜呜地唱着,后面的窍孔呼呼地和着。小风则相和的声音小,大风则相和的声音大。大风吹过去了,则所有的窍孔都空寂无声。你不见草木还在摇摇曳曳地摆动子游说:"'地籁'是众窍孔发出的风声,'人籁'则是竹箫所吹出的乐声。请问'天籁'是什么?"

子綦说:"所谓天籁,乃是风吹万种窍孔发出了各种不同的声音,使这些声音之所以千差万别,乃是由于各个窍孔的自然状态所致,鼓动它们发声的还有谁呢?"

二

大知閑閑,小知閒閒[⊖];大言炎炎[⊜],小言詹詹[⊜]。其寐也魂交^㉔,其覺也形開^㊄,與接爲搆^㊅,日以心鬭。縵者,窖者,密者^㊆。小恐惴惴^㊇,大恐縵縵^㊈。其發若機栝^㊉,其司是非之謂也^㊀;其留如詛盟^㊁,其守勝之謂也;其殺^㊂若秋冬,以言其日消^㊃也;其溺之所爲之,不可使復之也^㊄;其厭也如緘^㊅,以言其老洫^㊆也;近死之心,莫使復陽^㊇也。喜怒哀樂,慮嘆變慹^㊈,姚佚啓態^㊉;樂出虛,蒸成菌^㊀。日夜相代乎前,而莫知其所萌。已乎,已乎!旦暮得此^㊁,其所由以生乎!

【注释】

㊀ 大知闲闲,小知閒閒:"闲闲",广博之貌(《释文》引简文帝说)。"閒閒",细别的样子。

　　冯友兰说:"'大知闲闲,小知閒閒'以下是另外一段。这一段所谈的跟上一段所谈的,有分别而又有联系。上面讲大风一段,是用形象化的语言描写自然界中事物的千变万化;这一段是用形象化的语言写心理现象的千变万化。上一段讲的是客观世界;这一段讲的是主观世界。"(见〈三论庄子〉,收入《庄子·讨论集》中)

　　明陈深说:"此下模写人心许多变态,与上风木形声同一意旨。"(《庄子品节》)

　　宣颖说:"此节是与地籁节相配文字。'大知''小知'以下,点次物态三十余种,与众窍怒呺一段配读之。"按:前段地籁"万窍怒呺",虽映射本段"大知"、"小知"百家争鸣,所不同的是,万窍为空虚,所以风止则归寂静,而百家有"成心",所以争论不休。

　　明释德清说:"此一节形容举世古今之人,未明大道,未得无心。故矜其小知以为是,故其言若仁义、若是非,凡所出言皆机心所发,人人执之,至死而不悟。言其人之形器,虽似众窍之不一,其音声亦众响之不同,但彼地籁无心,而人言有心,故后文云:'言非吹也';因此各封己见,故有是非。"案:憨山说"地籁无心,而人言有心",点出了前后两段文字异义的关键所在。所谓"人言有心","有心"即后文所说的有"成心";"成心"即成见,乃是引起物论的根源。

㊁ 炎炎:气焰盛人。

成玄英《疏》:"炎炎,猛烈也。"
㈢ 詹詹:言辩不休。
　　朱桂曜说:"案《说文》八部:'詹,多言也。'"
㈣ 魂交:精神交错。
㈤ 形开:指形体不宁。
　　蒋锡昌说:"'形开'盖意识常在过度紧张之谊。"
㈥ 与接为构:与外界接触,发生交构。
　　释德清说:"接,谓心与境接。心境内外交构发生,种种好恶取舍,不能暂止,则境与心,交相斗构。"
㈦ 缦者,窖者,密者:"缦",借为"慢",引申为迟缓之义。"窖",指设下圈套。"密",即谨密。
　　林希逸说:"'缦'者,有一种人,做事缦怛怛地。又有一种人,出着言语,便有机阱,故曰'窖'。又有一种人,思前算后,不漏落一线路,故曰'密'。此皆言世之应物用心者,然皆不得自在,皆有忧苦畏惧之心,所谓小人长戚戚是也。"
　　释德清说:"此下形容心境交构之心机也。'缦',谓软缓,乃柔奸之人也。'窖',谓如掘地为阱以限人,乃阴险之人也。'密',谓心机绵密,不易露也。"
　　李勉说:"案'缦者,窖者,密者',皆喻致辩者所生三种不安之情态。'缦'与'茫'一音之转,可通借,谓茫然昏乱也。'窖','郁',谓郁于心也。《说文》及《月令》皆可伸解其义。'密','默'也,与'默'字一音之转,可通借,谓闷于心也。有此三态,故大恐缦缦,小恐惴惴。"姑备一说。
㈧ 惴惴(zhuì):忧惧的样子。
㈨ 缦缦:迷漫失神,惊魂失魄的神情。

⑪ 其发若机栝：形容辩者骤然发言，速度之快有如飞箭一般。"栝"，箭尾扣弦的部位。

　　成玄英《疏》："机，弩牙也。栝，箭栝也。言发心逐境，速如箭栝。"

⑫ 其司是非之谓也："司"，同"伺"。

　　明周拱辰说："前写种种风声，皆是非错出影子；此节画出是非种种变态，恰与风声相似。'司是非之谓'，指出是非源头，人只为是非源头不清，所以愈起愈乱，愈禁愈多，而莫之止也。大知、小知，大言、小言，总是非国中人。"（《南华真经影史》）

⑬ 其留如诅盟：形容心藏主见不肯吐露，好像咒过誓一样。

　　林云铭说："执拘不移。"

　　王敔《注》："坚持己见。"

⑭ 杀（shài）：犹"衰"，喻凋萎。

⑮ 日消：指天真日丧。

⑯ 其溺之所为之，不可使复之也：沉溺于所为，无法恢复真性。

　　清吴汝纶说："案王伯申：'之，犹于也。'此'溺之'当训'溺于'。"（《庄子点勘》）

⑰ 其厌也如缄："厌"，塞，闭藏。"缄"，滕箧。形容心灵闭塞，如受缄滕束缚。

　　林云铭说："既以心斗，则在内之闭藏，若受缄滕束缚。"

⑱ 老洫："洫"，枯竭。谓老朽枯竭（黄锦铉《注译》）。

　　林希逸说："至老而不可救拔，故曰：'老洫'。'洫'者，谓其如坠于沟壑也。"

　　胡文英说："'老洫'，犹旧洫，虽有水而不能流动也。"

杨树达说:"'老洫',义颇难明。'洫',疑当读为'或',《说文》十二篇上门部:'阈'或作'闃',是'或'、'洫'字通之证。古'或'、'惑'字同,'老洫'即'老惑',犹言'老誖'也。"姑备一说。

⑱ 莫使复阳:不能再恢复生气。

成玄英《疏》:"'莫',无也。'阳',生也。耽滞之心,邻乎死地,欲使及于生道,无由得之。"

⑲ 虑叹变慹(zhí):忧虑、感叹、反复、惧怕。形容辩者们的情绪反应。

褚伯秀说:"'慹'则畏惧而不敢动。"

宣颖说:"'虑',多思。'叹',多悲。'变',反复。'慹',怖也。"

⑳ 姚佚(yì)启态:浮躁,放纵,张狂,作态。形容辩者们的行为状态。

成玄英《疏》:"'姚'则轻浮躁动,'佚'则奢华纵放。"

林希逸说:"'启',开放不收敛之貌。'态',做模打样也。"

㉑ 乐出虚,蒸成菌:乐声从虚器中发出来,菌类由地气的蒸发产生。

陆长庚说:"如乐之出虚,乍作乍止。如蒸之成菌,倏生倏死。"(《南华副墨》)

王敔说:"无定,无根。"

方潜说:"乐出虚,幻声也。蒸成菌,幻形也。"(《南华经解》)

刘武说:"盖此两句,系插喻。言以上所举心斗各种之情态,如乐之于虚而无形,如气之蒸成菌而无根。"(《庄子内篇注》)

㉒ 此:指上述种种反复无常的情态。

【今译】

大知广博，小知精细；大言气焰盛人，小言则论辩不休。他们睡觉的时候精神交错，醒来的时候形体不宁，和外界接触纠缠不清，整天钩心斗角。有的出语迟缓，有的发言设下圈套，有的用辞机谨严密。小的恐惧垂头丧气，大的恐惧惊魂失魄。他们发言好像放出利箭一般，专心窥伺别人的是非来攻击；他们不发言的时候就好像咒过誓一样，只是默默不语等待致胜的机会；他们衰败如同秋冬景物凋零，这是说他们一天天地在消毁；他们沉溺在所作所为当中，无法使他们恢复生意；他们心灵闭塞如受绳索束缚，这是说愈老愈差劲；走向死亡道路的心灵，再也没有办法使他们恢复活泼的生气了。他们时而欣喜，时而愤怒，时而悲哀，时而快乐，时而忧虑，时而嗟叹，时而反复，时而怖惧，时而浮躁，时而放纵，时而张狂，时而作态；好像音乐从中空之器中发出来，又像菌类由地气的蒸发而成一样。这种种情态日夜在心中交侵不已，但不知道它们是怎样发生的。算了吧！算了吧！旦暮之间，岂能找出这些情态变化所以产生的根由呢！

非彼无我⊖，非我无所取⊜。是亦近矣，而不知其所爲使。若有眞宰⊜，而特不得其朕㊃；可行已信㊄；而不见其形。有情而无形㊅。

百骸、九竅、六藏⊕，賅而存焉，吾誰與爲親？汝皆說⊗之乎？其有私⊕焉？如是皆有爲臣妾乎？其臣妾不足以相治乎？其遞相爲君臣乎？其有眞君⊕存焉？如求得其情與不得，無益損乎其眞。

一受其成形，不亡以待盡⊕。與物相刃相靡⊕，其行進如馳⊕，而莫之能止，不亦悲乎！終身役役而不見其成功，苶然⊕疲役而不知其所歸，可不哀邪！人謂之不死，奚益！其形化，其心與之然，可不謂大哀乎？人之生也，固若是芒⊕乎？其我獨芒，而人亦有不芒者乎？

【注释】

㊀ 非彼无我："彼"，即上之"此"（宜颖《注》）；指上述各种情态。众解多从郭《注》（彼，自然也。）误。

英译本也多误解，Herbert A. Giles 英译："these emotions"（*Chuang Tuz*，p.14）及陈荣捷英译："these feelings mentioned above"（*A Source Book of Chinese Philosophy*，p.181）为确。

㊁ 非我无所取："取"，资（蒋锡昌说）；禀受，体现。

㊂ 真宰：即真心（身的主宰）；亦即真我。各家解"真宰"为"造物"、"自然"或"道"，误。上文"非彼无我"，由种种情态形成的"我"，乃是假我；后文"终身役役"即是假我的活动，"吾丧我"的"丧我"即是去除假我，而求真心、真我（"吾"）的存在。

④ 朕（zhèn）：通"朕"，迹兆，端倪。
⑤ 可行已信：可通过实践来验证。"已"，通"以"。
⑥ 有情而无形："情"，实。谓有真实存在而不见其形。
⑦ 六藏："藏"，通"脏"。心、肝、脾、肺、肾，称为五脏。肾有两脏，所以又合称六脏。

　　李桢说："《释文》云：'此云六脏，未见所出。'成《疏》遂穿凿以六为六腑。按《难经》三十九难：'五藏亦有六藏者，谓肾有两藏也。其左为肾，右为命门。命门者，谓精神之所舍也。其气与肾通，故言藏有六也。'"

⑧ 说：通"悦"。
⑨ 私：偏爱。
⑩ 真君：即真心、真我。和"真宰"同义。《管子·心术篇上》说："心之在体，君之位也"可证。

　　冯友兰说："'真宰'或'真君'，是就人的主观世界说的。在先秦哲学里，还没有称宗教所说的自然界的主宰，为'君'或'宰'的，认为有这样主宰的人称之为'天'或'帝'。'心'是人的身体的宰和君，这倒是常说的。荀子就说，人的心是'天君'（〈天论篇〉）。不过下文说：'其形化，其心与之然'；可见〈齐物论〉也不是认为心可以永恒存在。"

　　方东美先生说："还有一种我，叫真实的自我，庄子名之曰：'真君。'所谓的真君，拿近代的哲学名词来说，可以叫做心灵的普遍位格（universal persons of mind），或者是像德国黑格尔（Hegel）所谓'普遍的心灵'（universal mind）或者是叫做绝对心灵（absolute mind）。这一种精神状态在宇宙里面，不是仅仅陷于主观，而是通乎主体之际的（intersubjective）。

这种精神状态是人人可得而体验的,当人们体验或论及此种普遍精神时,一切宇宙万象、宇宙万物都是在此普遍精神里面。也就是说透过普遍精神将宇宙万象、万物显现出来。此种真实的自我便是一种通乎主体之际的心灵(intersubjective mind)。假使人人都可以分享这个共有的精神,一切偏私、一切骄奋、一切主观,便可一一化除掉。庄子所谓的'真君'也相当于柏拉图(Plato)在物质世界里面,或在精神世界里面的一个'精神的灵光'(exhilarating light),逐步贯彻了一切宇宙的层级,揭露了宇宙一切的秘密,同时也把黑暗都驱遣掉,而照耀出来成为普遍的真理。"

㊆ 不亡以待尽:成《疏》:"不中途亡失",言一旦禀承天地之气成形,便要不失其真性以尽天年。下文"不知其所归",即亡失其真性之谓。

　　刘师培说:"〈田子方〉篇作'不化'。窃以'亡'即'化'讹。'不化'犹云弗变。下云:'其形化',即蒙此言。郭《注》以'中易其性'为诠,'易','化'义,符是郭本亦弗作'亡'也。盖'化'、'亡'形近,'化'讹为'亡'。俗本竟以'忘'易之。"(《庄子斠补》)案:严灵峰《庄子章句新编》及日本金谷治《庄子》本均依刘说据《田子方篇》改"不亡"为"不化"。

㊇ 相靡:"靡",借作"䃺"。《说文》:"䃺,石硙也。"今省作"磨"(奚侗说)。此句应上"心斗"(刘武说)。

㊈ 其行进如驰:"进"原作"尽"。古书"进"、"尽"通用,依严灵峰之说改。

　　严灵峰先生说:"马叙伦曰:'"尽"字涉上文而羡。'按:'尽'字无义。《列子·天瑞篇》:'终进乎不知也。'张湛《注》:

""进"当为"尽",此书"尽"字例多作"进"也。'又：'进乎本不久',注'无有故不尽'。《黄帝篇》'内外进矣',注：'故曰：内外尽矣。'《列子》既有'进'、'尽'通用之例,则此'尽'字义当作'进'。'其行进如驰',乃应上文：'其发若机栝'也。亦即《天下篇》：'逐万物而不反。'是也,因依《列子》文例改。"

㊾ 茶（nié）然：疲病困之状（《释文》引简文说）。

㊿ 芒：芒昧（《释文》）；昏昧；迷糊。

马叙伦说："按'芒'借为"懵"。《说文》曰：'懵,不明也。'《周礼·遂人》注曰：'氓犹懵懵,无知貌。'可为例证。"

陈深说："'芒',昏惑也。此段言人迷失'真君',至死而不知所归者,令人惕然有深省处。"

【今译】

没有它（种种情态）就没有我,没有我那它就无从呈现。我和它是近似的,但不知道是由什么东西指使的。仿佛有'真宰',然而又寻不着它的端倪；可通过实践来验证；虽然不见它的形体,它本是真实存在而不具形象的。

百骸、九窍、六脏,都很完备地存在我的身上,我和哪一个部分最亲近呢？你都一样地喜欢它们吗？还是有所偏爱呢？如果同等看待,那么都把它们当成臣妾吗？难道仆从就谁也不能支配谁吗？难道它们是轮流做主仆吗？或者有'真君'存在其间呢？无论求得真君的真实情况与否,对它本身的真实存在都不会有什么影响。

人一旦禀受成形体，便要不失其真性以尽天年，和外物接触便互相摩擦，驰骋追逐于其中，而不能止步，这不是很可悲的吗！终生劳劳碌碌而不见得有什么成就，疲惫困苦不知道究竟为的是什么，这不是很可哀的吗！这样的人生虽然不死，但又有什么意思呢！人的形体逐渐枯竭衰老，人的精神又困缚于其中随之消毁，这可不是莫大的悲哀吗？人生在世，本来是这样的昏昧吗？难道只有我一个人这样地昏昧，而别人也有不昏昧的呢？

三

夫隨其成心⊖而師⊜之，誰獨且無師乎⊜？奚必知代⑩而心自取者有之？愚者與有焉。未成乎心而有是非，是今日適越而昔至⑤也。是以無有爲有。無有爲有，雖有神禹，且不能知，吾獨且奈何哉！

夫言非吹也⑥，言者有言，其所言者特未定也⑫。果有言邪？其未嘗有言邪？其以爲異於鷇音⑧，亦有辯⑨乎，其無辯乎？

道惡乎隱⊕而有眞僞？言惡乎隱而有是非？道惡乎往而不存？言惡乎存而不可？道隱於小成⑤，言隱於榮華⑮。故有儒墨之是非，以是其所非而非其所是⑯。欲是其所非而非其所是，則莫若以明⑰。

【注释】

㈠ 成心：成见之心。"成心"在〈齐物论〉中是个很重要的观念，物论之所以以自我为中心，引发无数主观是是非非的争执，产生武断的态度与排他的现象，归根究柢是由于"成心"作祟。然历代解者多误，或说"有此心天理浑然"（宋林希逸说），或释为"现成本有之真心"（明释德清说），或谓"成心之中有妙道存焉"（清宣颖说），或解为"真君所成之心""天然自成之心"（近人蒋锡昌说），皆大误。以成《疏》为确。

成玄英说："域情滞着，执一家之偏见者，谓之'成心'。"

林云铭说："'成心'，谓人心之所至，便有成见在胸中，牢不可破，无知愚皆然。"

王闿运说："成心，己是之见。"

㈡ 师：取法。

㈢ 谁独且无师乎："且"，句中语助（王引之《经传释词》）。后文"果且有彼是乎哉！果且无彼是乎哉！"及"果且有成与亏乎哉？果且无成与亏乎哉？""且"字都作语助词。

㈣ 知代："代"，指自然变化之相代。

林希逸说："'知代'，古贤者之称也。'代'，变化也。言其知变化之理也。"

㈤ 今日适越而昔至：今天到越国去而昨天就已经到了。这句话有两种解释：㈠这是惠子之说（见〈天下〉篇"惠施多方……今日适越而昔来"），意在泯除今昔之分。而庄子则借惠子之说来比喻今日之有是非,正是由于成心在昔日已形成(昔至);成心在昔日已形成,则今日的是非,不过是成心的表现而已。

(二)庄子认为"今日适越而昔至"是绝对没有的事(是"以无为有"的),意思是说:没有成心是不会有是非的,即是说,人的是非,都是由于成心先已形成。

㊅ 言非吹也:言论和风吹不同。意指言论出于成见,风吹乃发于自然。

　　罗勉道说:"人之言,非如天籁之吹万物,一以无心也。"(《南华真经循本》)

　　释德清说:"谓世人之言,乃机心所发,非若风之吹窍也。"

　　王敔注:"吹无成响,言则因成心而立言。"

㊆ 言者有言,其所言者特未定也:犹谓辩者各有所说,但其所说者尚不足为定准(陈启天《庄子浅说》)。

"特未定",不可为准(罗勉道《循本》);生是生非,未足据(宣颖说)。

　　释德清说:"所言者,非任真宰,乃有机心之言,以任一己偏见之言,故其所言者,特未定其果是果非也。"

　　劳思光说:"此谓一言论重在其意义,即言之所指,即'所言'。有无意义,乃决定一言论是否成为一言论。如离开'意义',则文字仅为一串符号,议论亦仅为一串声音。"(《中国哲学史》第四章〈道家学说〉,下引同)。

㊇ 鷇(gòu)音:"鷇",初生之鸟(陈寿昌说)。鸟子欲出卵中而鸣,谓之"鷇音"(成《疏》)。

㊈ 辩:通"辨",别。

㊉ 隐:隐蔽。

释德清说:"隐,谓晦而不明。"

㊉ 小成:片面的成就;指局部认识所得的成果。

成玄英说:"小道而有所成得者,谓之小成也。"

林云铭说:"小成,谓安于一察以自好。"

劳思光说:"一切理论之建立,皆必受一定之限制。无论思考中之解析,或知觉中之综合,皆为永不完成者。故任何一项知识,皆可为补充者,可修正者,亦即无绝对性者。故每一理论皆表一有限之知识,亦为一未完成之知识。依此,每一理论既有所肯定,有所否定,而本身又为未完成者,则此种肯定及否定亦依此有限而未完成之知识而安立。此种知识既无绝对性,则依之而立之肯定与否定自亦无绝对性。故任何一理论成立时,所显示之'是非'(肯定与否定)皆不能与'最后之真'相符。理论建立是一'小成',而如此之'小成',正足使心灵局限于此,而不能观最后之真或全体之真。此即所谓'道隐于小成'。盖有一理论固是一'成',但由此生一局限;此局限即使'道'蔽隐不显矣。"

㊋ 言隐于荣华:言论被浮华之词所蔽。

劳思光说:"所谓'言隐于荣华',意谓虚矫之言,因求粉饰而起;此点在理论上,似与'道隐于小成'并非同一层次之事。因'道隐于小成'可看作知识之不可免之问题。'言隐于荣华'则至多只是一部分言论之问题。而是非之事,与巧辩伪饰之关系,似亦只在特殊条件下成立。但庄子否定认知活动之意义时,确对'辩'甚为重视。此当与庄子之时代有关,盖庄子时,名家墨家之徒,皆喜用诡辩以炫其智。故庄子乃视'辩'为一大智障。"

㊣ 有儒墨之是非,以是其所非而非其所是:儒墨各家的是非争论,他们各从自己的主观成见出发,是对方的所非,非对方的所是(关说)。

蒋锡昌说:"此处儒墨,乃统兼其他各派辩士言之;以二派势力最大,可为各派之代表也。各派各有是非,以是其所非,而非其所是,故物论永不能齐焉。此句实为本篇所作之动机。"

劳思光说:"一切理论上之肯定与否定,皆无绝对性;故认为'是非'皆属成见。儒墨等学派之学说,庄子认为皆属一定限制下之成见。'所非'与'所是'皆就主观成见而言。"

㊣ 莫若以明:不如用明静之心去观照。

王先谦说:"莫若以明者,言莫若即以本然之明照之。"(《庄子集解》)

宗白华说:"'以明',如实地反映多彩的世界。"(《美学散步》)

【今译】

如果依据自己的成见作为判断的标准,那么谁没有一个标准呢?何必一定要了解自然变化之理而心有见地的人?就是愚人也是同样有的。如果说还没有成见就已经存有是非,那就好比"今天到越国去而昨天就已经到了"。这种说法是把没有看成有。如果要把没有看成有,就是神明的大禹,尚且无法理解,我又有什么办法呢!

言论并不像风的吹动,发言的人议论纷纷,只不过他们所说的却得不出个定准。这果真算是发了言呢？还是不曾发言呢？他们都自以为自己的发言不同于小鸟的叫声，到底有分别呢？还是没有分别呢？

"道"是怎样被隐蔽而有真伪的分别？言论是怎样被隐蔽而有是非的争辩？道如何出现而又不复存在呢？言论如何展现过而又不被承认呢？道是被小的成就隐蔽了，言论是被浮华之词隐蔽了。所以才有儒家墨家的是非争辩，他们各自肯定对方所非的，而非议对方所肯定的，如要肯定对方所非的而非议对方所肯定的，则不如以空明的心境去观照事物本然的情形。

物無非彼，物無非是㊀。自彼則不見，自是則知之㊁。故曰彼出於是，是亦因彼。彼是方生㊂之說也，雖然，方生方死，方死方生㊃；方可方不可，方不可方可㊄。因是因非，因非因是㊅。是以聖人不由㊆，而照之於天㊇，亦因是也㊈。

是亦彼也，彼亦是也。彼亦一是非，此亦一是非㊉。果且有彼是乎哉？果且無彼是乎哉？彼是莫得其偶，謂之道樞㊋。樞始得其環中，以應無窮㊌。是亦一無窮，非亦一無窮㊍也。故曰莫若以明。

【注释】

㊀ 物无非彼,物无非是:物象,没有不是作为他物的"彼",作为自己的"此"而存在的(关锋今译);"彼"是"那方面","是"是"这方面"。凡物有"那方面",即有"这方面"(蒋锡昌说)。

　　王先谦说:"有对立皆有彼此。"

　　陈启天说:"'彼'、'是',犹言彼此,或人我,指相对之两方言。"

㊁ 自彼则不见,自是则知之:"是"众本原作"知"。依严灵峰《庄子章句新编》校改。

　　严灵峰先生说:"'是'字原作'知'。按:作'知'于义不合。本节上下文并以'彼'、'是'对文,此不当独作'知'。疑涉下'知'而误。上句'自彼则不见',则下句作'自是则知之';'彼'与'是'对,'见'与'知'对,文法井然。因依上下文义臆改。"按观上下文,当以严说为是,可据改,唯作'自知'解亦通。

　　陈启天说:"'自是'原作'自知',兹依严灵峰校改。'自彼则不见,自是则知之',谓自彼方则不见此方之是,自此方则知此方之是也。"

　　蒋锡昌说:"如从'那方面'的观点去观察,则所见无非是'那方面';如从'这方面'去观察,则所见无非是'这方面'。见了那面,则不见这面。自己知道的一面,总认为是真的一面。"

㊂ 彼是方生:《说文》:"方,并船。"(马叙伦《庄子义证》引);"方"有"并"义,"方生",两方并生(张默生《庄子新释》)。"彼是方生",谓"彼"、"此"的观念是相对而生、相依而存的。

㊃ 方生方死,方死方生:随起亦随仆,随仆又随起(宣颖说);起灭无端(马其昶《庄子故》)。此中"方"字视为进行时式之动词;

盖谓:相反之理论有一面在生长中,则另一面即在消亡中;反之亦然(劳思光说)。按这是惠施的哲学命题之一(见〈天下〉篇),此处就相对主义的观点说明事物的相对转换。

王先谦说:"随生随灭,随灭随生,浮游无定。郭以此言死生之变,非是。"按:王说是。郭象《注》固非,旧注有以此为《庄子》含轮回思想,更误。

㈤ 方可方不可,方不可方可:按"可",即"是";"不可",即"非"。这命题说明价值判断的无穷相对性。

㈥ 因是因非,因非因是:谓是非相因而生,有是即有非,有非即有是(陈启天说)。

王先谦说:"有因而是者,即因而非者;有因而非者,即有因而是者。既有彼此,则是非之生无穷。"

㈦ 不由:指不走是非对立的路子。

宣颖说:"不由是非之途。"

㈧ 照之于天:观照于事物的本然。

蒋锡昌说:"'天',即自然。此言圣人不由'彼''是'之途,而唯明之自然,亦可谓因自然而是也。"

王治心说:"'照之于天',鉴之于自然而不为世人之是非所混。"(《庄子研究及浅释》)

劳思光说:"'照之于天'与'莫若以明'相类。'明'就自觉之朗照言,排斥成见之封闭性。'天'则就超验意义之主体言,排斥人为之条件性。"

㈨ 亦因是也:也就因着(顺着)这样子。"是",指上文"照之于天"。"亦因是",即谓这也是因任自然的道理。

㈩ 是亦彼也,彼亦是也。彼亦一是非,此亦一是非:谓相对之双方可以互易,此方可为彼方,彼方亦可为此方。彼方有所是非,此方亦有所是非(陈启天说)。

劳思光说:"一切理论系统相依相映而生,又互为消长,永远循环;如此,则理论系统之追求,永是'形与影竞走',自溺于概念之游戏中。倘心灵超越此种执着、而一体平看,则一切理论系统皆为一概念下之封闭系统,彼此实无价值之分别。故曰:'是亦彼也,彼亦是也。彼亦一是非,此亦一是非。'前二语表一切封闭性理论系统皆无上下之别;后二语补释之,谓其所以无上下之别者,因 A 概念下系统有一套系统内之肯定与否定;非 A 概念之系统亦复如是。"

㊁ 彼是莫得其偶,谓之道枢:"彼""此"不成对待,就是"道"的枢纽。"枢"是门轴,这里用来形容重要关键的意思。"道枢"就是指世界的实况、事物的本然。谓"彼""此"、"可""不可"的差别对立与纷争,乃是人的主观作用,并非客体的实在。

方东美先生说:"在这个一切的观点及角度(all of perspectives)里面,我们可以找出一个共同的焦点,再在这焦点上面,把一切思想对立的差异,统统汇集到此一共同焦点,然后从这个共同点再回看各种理论系统,而后发现:各种理论系统都有它存在的价值,都有它的相对理由,也因而可以容纳各种不同系统的见解。庄子从相对性看起来称之为'两行',从共同的真理焦点看起来,称之为'道枢'。"

㊂ 枢始得其环中,以应无穷:合乎道枢才像得入环的中心,可以顺应无穷的流变。

郭象说:"夫是非反复,相寻无穷,故谓之环。环中,空矣;今以是非为环而得其中者,无是无非也。"

蒋锡昌说:"'环'者乃门上下两横槛之洞;圆空如环,所以承受枢之旋转者也。枢一得环中,便可旋转自如,而应无穷。此谓今如以无对待之道为枢,使入天下之环,以对一切是非,则其应亦无穷也。"(《庄子哲学·齐物论校释》)

　　劳思光说:"'环中'乃喻语,表心灵在一切流转中,独居中心不变之地;'以应无穷'则言心灵顺应一切流转之事象观念。"

⑬ 是亦一无穷,非亦一无穷:指"彼""此"人物、环象、事态的转换对立中产生无穷的是非判断。

　　刘武说:"世情之是非,两相倚伏,而循环相生。有是之者,则必有非之者;有今日以为是,而他日以为非者;今日以为非,而他日以为是者。故是之无穷,非之亦无穷也。"

【今译】

　　世界上的事物没有不是"彼"的,也没有不是"此"的。从他物那方面看不见,从自己这方面来了解就知道了。所以说彼方是出于此方对立而来的,此方也是凭借彼方对立而成的。彼和此是相对而生的,虽然这样,但是任何事物随起就随灭,随灭就随起;刚说可就转向不可,刚说不可就转向可了。有因而认为是的就有因而认为非的,有因而认为非的就有因而认为是的。所以圣人不走这条路子,而观照于事物的本然,这也是因任自然的道理。

"此"也就是"彼","彼"也就是"此"。彼有它的是非,此也有它的是非。果真有彼此的分别吗?果真没有彼此的分别吗?彼此不相对立,就是道的枢纽。合于道枢才像得入环的中心,以顺应无穷的流变。"是"的变化是没有穷尽的,"非"的变化也是没有穷尽的。所以说不如用明静的心境去观照事物的实际。

四

以指喻指之非指,不若以非指喻指之非指也;以馬喻馬之非馬,不若以非馬喻馬之非馬也㊀。

天地一指也,萬物一馬也㊁。

【注释】

㊀ 以指喻指之非指,不若以非指喻指之非指也;以马喻马之非马,不若以非马喻马之非马也:这两个对等语句,意义相同。先解释"以马喻马之非马,不若以非马喻马之非马也"。在这两句中,"马"的同一符号形式出现六次,但在不同的语义场中,意指不同;即其中有四个"马"字是指白马而略去了"白"字。其句义当是:"以白马解说白马不是马,不如以非白马来解说白马不是马。"同样的,"以指喻指之非指,不若以非指喻指之非指",可解释为:以大拇指来解说大拇指不是手指,不如

以非大拇指（即手指）来解说大拇指不是手指（这和"白马"非"马"的说词一样，意指"大拇指"和"手指"两个类概念的内涵与外延有所不同。不过，公孙龙所说的"指"是"概念"的意思，这里我举"大拇指"和"手指"为例，说明两者类概念的不同）。如果用符号来代替，就显得清楚些，其意为：从 A 的观点来解说 A 不是 B，不如从 B 的观点来解说 A 不是 B。从上文看来，A 即"此"或个我，B 即"彼"或他人。那么庄子的意思不外是说：从"此"的一方作衡量的起点，不如反过来从"彼"的一方作衡量的起点，如同郭象所说的彼和此能"反复相明"，就可减少许多争论。

"指""马"是当时辩者辩论的一个重要主题，尤以公孙龙的指物论和白马论最著名。庄子只不过用"指""马"的概念作喻说，原义乃在于提醒大家不必斤斤计较于彼此、人我的是非争论，更不必执着于一己的观点去判断他人。

历来各家的解说含混而分歧，下面列举数家的注解供作参考。

郭象《注》："夫自是而非彼，彼我之常情也。故以我指喻彼指，则彼指于我指独为非指矣。此以指喻指之非指也。若复以彼指还喻我指，则我指于彼指复为非指矣。此以非指喻指之非指也。将明无是无非，莫若反复相喻。"

林希逸说："以我而非彼，不若就他人身上思量，他又非我，物我对立，则是非不可定也。"

赵以夫说："'指''马'，有形者也。'非指''非马'，无形者也。以有形喻形之非形，不若以无形喻形之非形。"（引自焦竑《庄子翼》）

释德清说:"以我之触指,喻彼之中指为非我之触指,不若以彼中指,倒喻我之触指又非彼之中指矣。……若以彼黑马,喻我之白马非彼之黑马,不若以彼黑马,倒喻我之白马又非彼之黑马矣。"又说:"此一节,发挥圣人照破,则泯绝是非。"

王先谦说:"今曰指非指,马非马,人必不信。以指马喻之,不能明也。以非指非马者喻之,则指之非指,马之非马,可以悟矣。"

钱穆说:"'指',百体之一,'马',万类之一,此盖泛就指马说之。谓以我喻彼之非我,不若以彼喻我之非彼耳。"(《庄子纂笺》)

王叔岷说:"钱穆云:'公孙龙在庄子后,此不当以公孙龙为说。指,百体之一。马,万类之一(二句本马其昶说)。此盖泛就指、马说之。谓以我喻彼之非我,不若以彼喻我之非彼耳。'案〈秋水〉篇:'公孙龙问于魏牟曰。'钱先生云:'公孙龙犹可及见庄子,详见拙著《先秦诸子系年》。'与此谓'公孙龙在庄子后'不符。〈秋水〉篇说是。《韩非子·外储说左上篇》谓儿说持白马非马之辩,《战国策·赵策》二称苏子(秦)曰:'夫刑名之家,皆曰白马非马。'验以庄子此言指、马,则指、马之喻,当属周季恒言。然庄书之文,则不必据《公孙龙子》为说(今传《公孙龙子》盖晚出)。庄子盖借指、马以喻儒、墨之是非。其意盖谓以儒是喻墨是之非是,不若以所非之墨是还喻儒是亦非是也;或以墨是喻儒是之非是,不若以所非之儒是还喻墨是亦非是也。"

陈启天说:"兹就《庄子》书而释之,则指盖谓手指。'以指喻指之非指,不若以非指喻指之非指',犹谓以此指说明彼指之非此指,不如以非此指说明彼指之非此指也。'以马喻马之非马,不若以非马喻马之非马',犹谓以白马说明白马非马之通称,不如以非白马说明白马非马之通称也。就彼此分别言之,则有指与非指,马与非马之别。然就大道统观之,则天地如同一指,万物如同一马,而不可分也。"

㊁ 天地一指也,万物一马也:"一指"、"一马"是用以代表天地万物同质的共通概念。意指从相同的观点来看,天地万物都有它们的共同性。〈德充符〉上说:"自其同者视之,万物皆一也。"就是这个意思。

【今译】

以大拇指来说明大拇指不是手指,不如以非大拇指来说明大拇指不是手指;以白马来说明白马不是马,不如以非白马来说明白马不是马。

〔其实从事理相同的观点来看,〕天地就是"一指",万物就是"一马"。

道行之而成,物謂之而然。有自也而可,有自也而不可。有自也而然,有自也而不然。惡乎然?然於然。惡乎不然?不然於不然。惡乎可?可於可。惡乎不可?不可於不可。物固有所然,物固有所可。無物不然,無物不可㊀。故爲是舉莛與楹㊁,厲㊂與西施,恢恑憰怪㊃,道通爲一。其分也，成也；其成也，毀也㈥。凡物無成與毀，復通爲一。

唯達者知通爲一，爲是不用㈥，而寓諸庸㈦；因是已㈧。已而不知其然㈨，謂之道。

勞神明㈩爲一，而不知其同也，謂之朝三。何謂朝三？狙公⑪賦芧⑫曰："朝三而暮四。"衆狙皆怒。曰："然則朝四而暮三。"衆狙皆悅。名實未虧而喜怒爲用，亦因是也。是以聖人和之以是非而休乎天鈞⑬，是之謂兩行⑭。

【注释】

㈠ 道行之而成，物谓之而然。有自也而可，有自也而不可。有自也而然，有自也而不然。恶乎然？然于然。恶乎不然？不然于不然。恶乎可？可于可。恶乎不可？不可于不可。物固有所然，物固有所可。无物不然，无物不可：这段文今本作："可乎可，不可乎不可。道行之而成，物谓之而然。恶乎然？然于然。恶乎不然？不然于不然。物固有所然，物固有所可。无物不然，无物不可。"今本文句脱落错乱，于义难通。陆德明《释文》在"无物不然，无物不可"句下注说："崔本此下更有'可于可而不可于不可，不可于不可而可于可也'。"足证现存本文字有脱误。兹依严灵峰校订改正。

严灵峰先生说："王先谦曰：'又见〈寓言〉篇。此是非可否并举,以〈寓言〉篇证之,"不然于不然"下,似应更有"恶乎可?可于可。恶乎不可?不可于不可"四句,而今本夺之。'王说是也。此'道行之而成'句上'可乎可不可乎不可'八字,实即'不然于不然'句下之文,因中夺去上'恶乎可'及下'恶乎不可'七字,而又错入上文;并在'恶乎然'上又脱'有自也而可有自也而不可有自也而然有自也而不然'二十二字,致错乱不可解说。幸此全文羼入〈寓言篇〉内,得以完整无误,因据以补正。"(《道家四子新编》,第532页)按:刘文典、王叔岷等据崔譔本考订这段文句,然以严说为优。

　　劳思光说:"'物'成为'如此如此之物',并非客观存在是如此,实是在认知活动中被心灵认知为如此;故说'物谓之而然'。某物是如此,或不是如此,皆依一定条件而成立。故说'恶乎然?然于然'。即是说:万物何以如此?乃因在如此之条件下故成为如此。'恶乎不然'二句亦同。"

㊁ 莛(tíng)与楹:"莛",草茎。"楹",木柱。茎小而柱大,古人往往以莛柱比小大。

　　俞樾说:"司马以莛为屋梁,楹为屋柱,故郭云莛横而楹纵。案《说文》:'莛,茎也。'屋梁之说,初非本义。《汉书·东方朔传》以莛撞钟,《文选·答客难篇》莛作筳。李注引《说苑》曰:'建天下之鸣钟,撞之以筳,岂能发其音声哉!筳与莛通。'是古书言莛者,谓其小也。莛楹以大小言,厉西施以好丑言。旧说非是。"旧注皆误,当从俞说。

㊂ 厉:借为疠(朱骏声说);病癞(司马彪说)。

㊃ 恢恑憰怪:犹言千形万状(胡方《庄子辩正》);谓形形色色之怪异(陈启天说)。"恢恑",即下文"吊诡"("恢",简文本作

"吊"),"憰怪"同义,都是奇异、怪异的意思。

朱桂曜说:"曜案恑与诡同,憰与谲同。《易·睽卦》王弼《注》:'至睽将合,至殊将通,恢诡谲怪,道将为一。'《正义》引《庄子》此文,字并作诡谲。《一切经音义》引三仓'诡谲也',盖四字义并相近。"

蒋锡昌说:"《释文》谓简文本'恢'作'吊',当从之。'吊恑'即下文之'吊诡',亦即天下之'诙诡'。……'吊恑憰怪'并与〈德充符〉之'诙诡幻怪'同,而'吊恑'亦即'憰怪',皆奇异之义。"

⑤ 其分也,成也;其成也,毁也:任何事物的分散,必定有所生成(即成就另一新物);任何事物的生成,必定有所毁灭(即毁灭了原有的状态)。好比木材的分散,造成了器物;器物的造成,〔对于木材来说〕就有了毁坏的因素。

⑥ 不用:指不用固执自己的成见,或不用分别"分"与"成"的观念。

⑦ 寓诸庸:句下原有"庸也者,用也;用也者,通也;通也者,得也,适得而几矣"。这二十字疑是衍文,依严灵峰之说删去。"寓诸庸",即寄寓于各物的功用上。

徐复观先生说:"《庄子》不从物的分、成、毁的分别变化中来看物,而只从物之'用'的这一方面来看物,则物各有其用,亦即各得其性,而各物一律归于平等,这便谓之'寓诸庸'。〈秋水〉篇:'以功观之,因其所有而有之,则万物莫不有。因其所无而无之,则万物莫不无。知东西之相反而不可以相无,则功分定矣。'按〈秋水〉篇之所谓'功',即〈齐物论〉之所谓'庸';'以功用观之',即'寓诸庸'。"(《中国人性论史》,第402页)

按:旧注多含混不明。今人多依宣颖、王先谦注解,宣释"用"为"无用之用";王解"寓诸庸"为"寓诸于寻常之理"。然《庄子》的原意是说,从各物相同的功分上来看,都可通为一体。故以"功分"释"庸",较合原义。

　　严灵峰先生说:"'庸也者用也用也者通也通也者得也适得而几矣'二十字,按:上云:'不用',……疑此数句,原系前人为'用'字作注,而混入正文者。又本篇前章:'为是不用而寓诸庸;此之谓以明。'正无此二十字,兹删去。"(《道家四子新编》,第536页)按:删去这二十字后,成"为是不用,而寓诸庸;因是已",正和前段"圣人不由,而照之于天;亦因是也",以及后段"为是不用,而寓诸庸;此之谓以明",句法一律。

⑧ 因是已:"因",谓因物自然。"是"字,为同动词。"已"字,为语末助词(陈启天说)。

⑨ 已而不知其然:"已"字承上文而言,言"此而不知其然"(王引之说)。

　　蒋锡昌说:"'已'上承上文而省'因是'二字,犹言'因是已,而不知其然,谓之道',此乃《庄子》省字法也。〈养生主〉:'有涯随无涯,殆已;已而为知者,殆而已矣。'犹言'殆已而为知者,殆而已矣'也。词例与此一律。"

⑩ 神明:犹精神(林希逸说);指心思、心神。

⑪ 狙(jū)公:养猴的人。这段故事见于《列子·黄帝篇》。

⑫ 芧(xù):小栗。

　　林希逸说:"芧,山栗也,一名橡也。"

⑬ 天钧:自然均衡的道理。〈寓言〉篇作"天均"。"钧"与"均"通。《道藏》成玄英《疏》,林希逸《口义》,褚伯秀《义海纂微》,罗勉

道《循本》,吴澄《内篇订正》诸本都作"均"。

成玄英《疏》:"天均者,自然均平之理也。"

冯友兰说:"'天钧'者,〈寓言〉篇亦言'天钧''天倪'。'天钧''天倪'皆谓万物自然之变化;'休乎天钧',即听万物之自然也。"(《中国哲学史》,第291页)

⑭ 两行:两端都可行,即两端都能观照到。

王先谦说:'物与我各得其所,是两行也。'

方东美先生说:"每一个人的观点都是彼此有限制,各自都有论点,因此彼此都应当互相容忍,这就是庄子所谓'两行'之说。'两行'就是把一切对于真理的陈述,落到无穷的相对系统里面去。然后,在这个无穷的相对系统里,每一个理论都有它独特的观点,每一个理论都有它成立的理由,每一个理论都得到真理的一面。若能如此想,则当我们在参加学术讨论时,才可以拿出一个'公心',而不是拿'私心'来表现自己的偏见。也就是要能容纳别人的立场与见解,容纳并承认别人的理由。"

【今译】

道路是人走出来的,事物的名称是人叫出来的。可有它可的原因,不可有它不可的原因;是有它是的原因,不是有它不是的原因;为什么是?自有它是的道理。为什么不是?自有它不是的道理。为什么可?自有它可的道理。为什么不可?自有它不可的道理。一切事物本来都有它是的地方,一切事物本来都有它可的地方。没有什么东西不是，没有什么东西不可。所以举凡小草和大木，生癞的丑女和美貌的西施，以及一切稀奇古怪的事物，从道的角度来看都可通而为一。万事有所分，必有所成；有所成必有所毁。所以一切事物从通体来看就无所谓完成和毁坏，都是复归于一个整体。

只有通达之士才能了解这个通而为一的道理，因此他不用自己的成见而寄托在各物的功用上；这就是因任自然的道理。顺着自然的路径行走而不知道它的所以然，这就叫做"道"。

〔辩者们〕竭尽心智去求"一致"，而不知道它本来就是相同的，这就是所谓"朝三"。什么叫做"朝三"？有一个养猴的人，喂猴子吃橡子，对这群猴子说："早上给你们三升而晚上给你们四升。"这些猴子听了都很生气。养猴的人又说："那么早上给你们四升而晚上给你们三升。"这些猴子听了都高兴起来。名和实都没有改变而猴子的喜怒却因而不同，这也是顺着猴子主观的心理作用罢了！所以圣人不执着于是非的争论而依顺自然均衡之理，这就叫做"两行"。

古之人，其知有所至矣。惡乎生？有以爲未始有物者，至矣，盡矣，不可以加矣。其次，以爲有物矣，而未始有封○也。其次，以爲有封焉，而未始有是非也。是非之彰也,道之所以虧也。道之所以虧,愛之所以成⑵。果且有成與虧乎哉?果且無成與虧乎哉?有成與虧,故昭氏之鼓琴也;無成與虧,故昭氏之不鼓琴也⑶。昭文之鼓琴也,師曠⑷之枝策⑸也,惠子之據梧⑹也,三子之知,幾乎皆其盛者也⑺,故載之末年⑻。唯其好之也,以異於彼⑼;其好之也,欲以明之。彼非所明而明之⑽,故以堅白之昧終⑾。而其子又以文之綸終⑿,終身無成。若是而可謂成乎?雖我無成,亦可謂成矣⒀。若是而不可謂成乎?物與我無成也。是故滑疑之耀,聖人之所圖也⒁。為是不用而寓諸庸,此之謂以明。

【注释】

⑴ 封:界域。

⑵ 爱之所以成:按所谓"道隐于小成"(王叔岷《庄子校诠》)。爱,指私爱,即偏好。

⑶ 有成与亏,故昭氏之鼓琴也;无成与亏,故昭氏之不鼓琴也:"故",犹"则"(王引之《经传释词》)。"昭氏",姓昭名文,善于弹琴。

　　郭象说:"夫声不可胜举也。故吹管操弦,虽有繁手,遗声多矣。而执籥鸣弦者,欲以彰声也,彰声而声遗,不彰声而声全。故欲成而亏之者,昭文之鼓琴也;不成而无亏者,昭文之不鼓琴也。"

冯友兰说："郭象在这里注说……这就是说,无论多么大的管弦乐队,总不能一下子就把所有的声音全奏出来,总有些声音被遗漏了。就奏出来的声音说,这是有所成;就被遗漏的声音说,这是有所亏。所以一鼓琴就有成有亏,不鼓琴就无成无亏。像郭象的说法,作乐是要实现声音（"彰声"）,可是因为实现声音,所以有些声音被遗漏了,不实现声音,声音倒是能全。据说,陶潜在他的房子里挂着一张无弦琴。他的意思大概就是像郭象所说的。"（见《庄子哲学讨论集》,第124页）

㈣ 师旷:晋平公的乐师。

㈤ 枝策:举杖以击节（《释文》引崔譔说）。

林希逸说："'策',击乐器之物也。今马鞭亦曰'策'。'枝',犹持也,持而击曰'枝'。师旷枝策,即言师旷击乐器也。"

蒋锡昌说："'枝'借为'支'。《世说》二五注引'枝'作'支',可证。《说文》:'支,去竹之枝也,从手持半竹。'支有持义,故可训持。"

㈥ 据梧:旧注有两解释:㈠"梧"作琴;如司马彪说:"梧,琴也。"㈡"据梧"作倚梧几;如成玄英《疏》:"昭文已能鼓琴,何容二人共同一伎?况检典籍,无惠子善琴之文。而言据梧者,只是以梧几而据之谈话,犹隐几者也。"按:"据梧"当是据梧树。

刘师培说："今考《德充符篇》述:'庄语惠子云:今子外乎子之神,劳乎子之形,倚树而吟,据槁梧而瞑。'与此文符。'槁梧'与'树'并文,似非乐器。……〈天运〉篇云:'倚于槁梧而吟。'亦非琴及瑟也。"

刘武说："据〈德充符〉篇所言,'梧'义自见;吟既倚"树",

瞑自可据'梧'。"按："倚树"与"据梧"二句，实为一事（严灵峰说）。

⑦ 三子之知，几乎皆其盛者也：三个人的技艺都算得上登峰造极的了。

　　这里向来有两种断句法：㈠ 三子之知几乎，皆其盛也：郭象《注》："几，尽也。"意即这三个人的技艺达到了顶点。依郭《注》则以"几乎"断句。㈡ 三子之知，几乎皆其盛也：武延绪说："'几乎'二字，疑当连下句读。"释德清注本与林云铭注本等正以"几乎"二字连下文为读。若依郭《注》断句，则前后两句意义重复，故当从㈡。

⑧ 载之末年：这句有多种解释：㈠ 流传于后世；如崔譔《注》："书之于今也。"㈡ 从事此业终身；如林希逸说："'载'，事也。'末年'，晚年。言从事于此终其身也。"释德清说："言从事以终身也。"林云铭说："三人皆以其知近精，故为终身笃好。"㈢ "载"，指载誉；如李勉说："'载'谓载誉于晚年也。以其知盛，故能载誉于晚年也。但庄子认为此乃世俗间之虚誉耳。"按：㈡㈢说皆可通。

⑨ 异于彼：炫异于他人。"彼"，指他人、众人。

⑩ 彼非所明而明之：非人所必明，而强欲共明之（王先谦说）；谓以我之偏好，晓喻无此偏好之他人（陈启天说）。按这里指惠子而言。

⑪ 以坚白之昧终：谓惠子终身迷于坚白之说（陈启天说）。"昧"，偏蔽。

　　王叔岷先生说："'故以坚白之昧终。'专就惠施而言。〈德充符篇〉庄子亦谓惠施'以坚白鸣'。坚白之论，盖即白马非马

之类,战国诸子持此论者不乏其人,此不必涉及公孙龙。"(《庄子校诠》)

⑫ 其子又以文之纶终:"纶"有二说:一说琴瑟的弦(如崔𫍯说:"琴瑟弦也");一说纶绪,即绪业(如成《疏》:"纶,绪也")。"其子"有二说:一说昭文的儿子;二说惠施的儿子。James Legge(理雅各)在英译 *The Writings of Chuang Tze* 中,译成"他们的儿子"(即昭文、师旷、惠施三人的儿子),但又加注说:这里也许应指惠施的儿子。因而这句话可以有不同的解释:㈠ 昭文的儿子又终身从事于昭文的余绪;如郭象《注》:"昭文之子又乃终文之绪。"㈡ 惠施的儿子又继承他的学识之余绪;如林云铭说:"惠施既终,而其子又将坚白之载于书者,寻其纶绪,竟无所得。"一般学者多依郭象注解。今译从众。

⑬ 虽我无成,亦可谓成矣:原作"虽我亦成也",根据陈碧虚《庄子阙误》补正。

王叔岷先生说:"陈碧虚《阙误》引江南古藏书:'虽我亦成也',作'虽我无成,亦可谓成矣。'文意较完,当从之。《注》:'则虽我之不成,亦可谓成也。'是郭本'亦'上原有'无成'二字,'亦'下原有'可谓'二字。"按:"虽我无成"的"我",是泛称,不是特指庄子自己。

⑭ 滑(gǔ)疑之耀,圣人之所图也:这句有两种对立的解释,引述如下:

㈠ 一说:含蓄的光明,乃是圣人所希图的。如释德清说:"滑疑之耀者,乃韬晦和光,不炫己见之意。言光而不耀,乃圣人所图也。"

㈡ 另一说:迷乱人心的炫耀,乃是圣人所要摒去的。如蒋锡昌说："《释文》引司马云：'滑，乱也。''滑疑'即指辩者之说而言，谓其说足以使人之心乱与疑也。下文：'置其"滑涽"。'〈徐无鬼〉：'"颉滑"有实。'下文郭《注》：'"滑涽"纷乱。'《徐无鬼》向《注》：'"颉滑"谓错乱也。'是'滑疑'之义。'图'借作'啚'，《说文》：'啬也。''啬'即爱濇，省啬之义。郭《注》：'图而域之。'亦即省啬。此谓辩说之炫耀，乃圣人之所省啬也。下文'不用'二字即承此'图'而言。可证'图'即省啬或不用之义。"如闻一多说："'鄙'古只作'啚'，校者误为'图'字，遂改为图也。"（《庄子内篇校释》）马叙伦说："图借为否。"按当从㈡说。下文"为是不用"，正是承这迷乱人心的辩说而言的。

【今译】

古时候的人，他们的知识有个究极。究极在哪里？有人认为宇宙初始并不存在万物，这便是知识的究极，到达尽头了，不能再增加了。次一等的人，认为宇宙初始存在万物，只是万物之间并不严分界域。再次一等的人，认为宇宙初始不但已存在万物，并且事物之间有分界，只是不计较是非。是非的造作，道就有了亏损。道的亏损，是由于私好所形成。果然有完成和亏损吗？还是没有完成和亏损呢？有完成和亏损，好比昭文弹琴；没有完成和亏损，好比昭文不弹琴。昭文弹琴，师旷持杖击节，惠子倚在梧桐树下辩论，他们三个人的技艺，几乎都算得上登峰造极的了，所以载誉于晚年。正因他们各有所好，以炫异于别人；他们各以所好，而想彰显于他人。不是别人所非了解不可的而勉强要人了解，因此终身迷于"坚白论"的偏蔽。而昭文的儿子又终身从事于昭文的余绪，以至于终身没有什么成就。像这样子可以说有成就吗？那么虽然我们没有成就，也可算有成就了。如果这样不能算有成就，那么人与我都谈不上有什么成就。所以迷乱世人的炫耀，乃是圣人所要摒弃的。所以圣人不用〔知见辩说〕夸示于人而寄寓在各物自身的功分上，这就叫做"以明"。

五

今且有言於此，不知其與是類乎？其與是不類乎？類與不類，相與爲類，則與彼無以異矣。

雖然，請嘗言之。有始也者○，有未始有始也者○，有未始有夫未始有始也者○。有有也者，有無也者○，有未始有無也者○，有未始有夫未始有無也者○。俄而有無矣，而未知有無之果孰有孰無也。今我則已有謂矣，而未知吾所謂之其果有謂乎，其果無謂乎？

天下莫大於秋毫之末，而大山爲小；莫壽於殤子，而彭祖爲夭⑦。天地與我並生，而萬物與我爲一。既已爲一矣，且得有言乎？既已謂之一矣，且得無言乎？一與言爲二，二與一爲三。自此以往，巧曆⑧不能得，而況其凡⑨乎！故自無適有⑩以至於三，而況自有適有乎！無適焉⑪，因是已。

【注释】

㊀ 有始也者：宇宙有个开始。
㊁ 有未始有始也者：有未曾开始的开始。
㊂ 有未始有夫未始有始也者：更有未曾开始那"未曾开始"的开始（《庄子内篇译解》）；谓天地之始以前之再前（蒋锡昌说）。

　　陈启天说："吾人思及天地之原始时，已撤消物我之对立。若追溯至天地之原始以前及其更前，则意境益无限，尚何有是非可言哉！"

㊃ 有有也者，有无也者：宇宙有"有"，有"无"。"无"、"有"观念来自《老子》，见《老子》第一章、第四十章。
㊄ 有未始有无也者：有未曾有"无"的"无"。
㊅ 有未始有夫未始有无也者：更有未曾有那"未曾有'无'"的"无"（《庄子内篇译解》）。

　　陈启天："吾人由物思及道时，已通万物为一。若追溯至有道以前及其更前，则意境益无涯，亦无是非可言也。"

㊆ 天下莫大于秋毫之末，而大山为小；莫寿于殇子，而彭祖为夭：天下没有比秋天毫毛的末端更大的东西，而泰山却是小的；没有比夭折的婴儿更长寿的，而彭祖却是短命的。在庄子看来，

大小长短是相对、比较而言的，不是绝对的。每一个东西都比它小的东西大，也都比它大的东西小，所以每一个东西都是大的，也都是小的。依此而得出这种诡论来。

在经验世界中，一个常人认为极大的东西，若从更广阔的空间上来衡量，却显得十分微小。相反的，一个常人认为极细微的东西，逼近了看，却可发现其中含藏着无尽丰富的内容。庄子虽然有意忽略相对事物中的绝对性（即在特定的关系中，大和小的区分是绝对的；如在狗和蚂蚁的特定关系中，狗为大而蚂蚁为小是绝对的），然而庄子的目的，却不在对现象界作区别，乃在于扩展人的视野，以透破现象界中的时空界线。若能将现象界中时空的界线一一透破，心灵才能从锁闭的境域中超拔出来。

严北溟说："'天下莫大于秋毫之末而泰山为小，莫寿于殇子而彭祖为夭。'看来这不仅是相对主义，而且是诡辩。而庄子说这话的用意，则在于论证不要局限在感官认识上去比较事物表面上的数量差别，而要通过抽象思维去认识一切空间的大小都是相对的，只有无限大无限小，才是绝对的，时间的久暂也一样。这一看法，是包含有合理的因素的。"(〈从道家思想演变看庄子哲学〉，刊在《社会科学战线》1981年第1期）

⑧ 巧历：善于计算的人。
⑨ 凡：凡夫，普通人。
⑩ 自无适有：从"无"（没有语言的机心）到"有"（有语言的机心）。
⑪ 无适焉：即无往矣；指不必再往前计算，意谓不如消除语言的机心。

【今译】

现在在这里说一些话，不知道其他人的言论和我这些话是同一类呢，还是不同一类？无论是同一类还是不同类，尽管发了言都算是一类了，那么和其他的论者便没有什么分别了。

既然如此，还是容我说说：宇宙有一个"开始"，有一个未曾开始的"开始"，更有一个未曾开始那"未曾开始"的"开始"。宇宙最初的形态有它的"有"，有它的"无"，更有未曾有"无"的"无"，更有未曾有那"未曾有无"的"无"。忽然间发生了"有""无"，然而不知道这个"有"、"无"果真是"有"果真是"无"。现在我已经说了这些话，但不知道我果真说了呢，还是没有说？

天下没有比秋毫毛的末端更大的东西，而泰山却是小的；没有比夭折的婴儿更长寿的，而彭祖却是短命的。天地和我并存，而万物和我合为一体。既然合为一体，还需要言论吗？既然已经说了"合为一体"，还能说没有言论吗？万物一体加上我所说的就成了"二"，"二"再加上"一"就成了"三"，这样继续往下算，就是最巧善的计算家也不能得出最后的数目，何况普通人呢？从无到有已经生出三个名称了，何况从有到有呢！不必再往前计算了，因任自然就是了。

夫道未始有封㊀,言未始有常㊁,爲是而有畛㊂也,請言其畛:有左,有右,有倫,有義,有分,有辯,有競,有爭,此之謂八德㊃。六合㊄之外,聖人存而不論;六合之內,聖人論而不議。春秋經世先王之志㊅,聖人議而不辯。故分也者,有不分也;辯也者,有不辯也。曰:何也?聖人懷之㊆,衆人辯之以相示㊇也。故曰辯也者,有不見也㊈。

夫大道不稱,大辯不言,大仁不仁㊉,大廉不嗛㈠,大勇不忮㈡。道昭而不道,言辯而不及,仁常而不周㈢,廉清而不信㈣,勇忮而不成。五者無棄而幾向方矣㈤。

故知止其所不知,至矣。孰知不言之辯,不道之道?若有能知,此之謂天府㈥。注焉而不滿,酌焉而不竭,而不知其所由來,此之謂葆光㈦。

【注释】

㊀ 道未始有封:谓道无所不在,而未曾有彼此之分(陈启天说)。

　　崔譔说:"〈齐物〉七章,此连上章,而班固说在外篇。"(《释文》引)

㊁ 言未始有常:谓言未曾有定说(陈启天说)。按"常"谓是非标准。

㊂ 为是而有畛:有两种解释:㈠ 犹言因此而有是非之分别(陈启天说)。"为是"作为此、因此讲。㈡ 为了争执一个"是"字而

划出界线。"为是"作为"是"讲。依上文句义,以后说为优。

　　释德清说:"只因执了一个'是'字,故有是非分别之辩。"

　　蒋锡昌说:"儒墨之间,只缘为了争一个'是'字,故有彼此人我之界,以致辩论不休也。"

④ 有左,有右,有伦,有义,有分,有辩,有竞,有争,此之谓八德:这是指儒墨等派所执持争论的八种。"伦",犹纪。"义",仪,法度礼数。"伦义"指纲纪法度。

　　成玄英《疏》:"'德'者,功用之名也。略而陈之,有此八种。"

　　林希逸说:"此段又自'是'字上生起,有封即有彼也。至道至言本无彼此,因人心之私,有个'是'字,故生出许多疆界。八德之名,只是物我对立之意,却鼓舞其文,做出四句。"

　　罗勉道说:"'伦',次序也。'义',合宜也。既次序之而又逐事要合宜。'分',别也。'辩'又详矣。'竞',主心言,'争',主力言,《左氏传》曰:'不必心竞而力争。'"(《南华真经循本》)

　　蒋锡昌说:"'左'指卑或下言,'右'指尊或上言;'伦'对疏戚言,'义'对贵贱言;此谓儒家所述人类关系,有此四种大别也。……'分'者谓分析万物,'辩'者谓辩其所是,'竞'者谓竞说不休,'争'者谓争得胜利,此谓墨家(包括其他各派辩士)之术,有此四种大别也。此谓儒墨之'畛',合而计之,有此八种也。"

⑤ 六合:指天地四方。

⑥ 春秋经世先王之志:古史上有关先王治世的记载。

　　王先谦说:"春秋经世,谓有年时以经纬世事,非孔子所作《春秋》也。"

蒋锡昌说："'春秋经世先王之志',即'春秋先王经世之志';与上文'大木百围之窍穴'即'百围大木之窍穴'词例相仿,皆《庄子》倒句法也。此谓一切古史乃先王陈迹已行于世之记载。"
⑦ 怀之:指在心中默默体会一切事理。
　　郭象《注》:"以不辩为怀。"
　　王先谦说:"存之于心。"
⑧ 相示:互相夸耀。"示",犹今言"显摆"。
⑨ 辩也者,有不见也:谓凡争辩者,只见自己之是,而不见自己之非（陈启天说）。
⑩ 大仁不仁:大仁是没有偏爱的。和《老子》五章"天地不仁"及《庚桑楚》"至仁无亲"同义。
　　林希逸说:"无仁之迹而后为大仁。"
⑪ 大廉不嗛（qiǎn）:大廉是不逊让的。
　　马其昶说:"嗛,与赚同,《说文》:'赚,崖也。'谓廉者不自显崖岸。"
　　李勉说:"案嗛应作噞,噞字从口,谓口自言廉也,谓大廉不噞,谓大廉者口不自言其廉以邀誉也,犹如采字作採以示用手采也。然此皆汉后所改易之字,原字应作廉作采,原句应作'大廉不廉',与上句'大仁不仁'句法同,下'廉'字动词,谓大廉者不自言其廉也。魏晋注者加口旁作噞,又误作嗛。"
⑫ 大勇不忮（zhì）:大勇是不伤害的。忮,害（《释文》）。
⑬ 仁常而不周:"常",指固定在一方。"周"原作"成",据江南古藏本改。这句话是说"仁"守滞一处便不能周遍。
　　奚侗说:"《庄子阙误》云:'江南古藏本作"周"。'是也。郭

《注》：'物无常爱，而常必不周。'是郭本亦作'周'不作'成'，'成'字涉下'勇忮而不成'而误。"

⑭ 廉清而不信：廉洁过分而不真实。

　　释德清说："矫矫以自清立名，则无实德矣。"

⑮ 五者无弃而几向方矣：原作"五者圆而几向方"，根据奚侗之说，依《淮南子》改正。

　　奚侗说："《淮南子·诠言训》载此文作'五者无弃而几向方矣'。高《注》：'方，道也，庶几向于道也。'《尔雅·释诂》：'弃，忘也。'意谓能无忘此五者，其庶几乎向于道矣。疑古本《庄子》'无'作'无'，'弃'字破烂不可辨，钞者乃作□以识之。后人不察，误'无'为'元'，又与□相合为'园'。解者遂以为'圆'之俗字，而误'方'为'圆'之对文，而书旨大晦。是当据《淮南子》订正之。"

⑯ 天府：自然的府库。这是形容心灵涵摄量的广大。

⑰ 葆光：潜藏的光明。

　　林希逸说："葆，藏也。藏其光而不露，故曰葆光。"

　　劳思光说："万说纷纭，皆由有'言'而起，'言'又不能接触真相，在其本身限制下，徒增烦扰。道家之理想，则为息言说以养虚灵之自觉，即所谓'葆光'是也。"

【今译】

　　道原本是没有分界的，语言原本是没有定说的，为了争一个"是"字而划出许多的界线，如有左，有右，有伦常，有法度，有分别，有辩论，有竞言，有争持，这是界线的八种表现。天地以外的事,圣人是置而不论的;天地以内的事,圣人只论说而不评议。春秋史实乃是先王治世的记载,圣人只议评而不争辩。天下事理有分别,就有不分别;有辩论,就有不辩论。这是怎么讲呢?圣人默默体会一切事理,众人则纷纷争辩而竞相夸耀。所以说:凡是争辩,就有见不到的地方。

大道是不可称名的,大辩是不可言说的,大仁是无所偏爱的,大廉是不逊让的,大勇是不伤害的。"道"浅显易知就不是真道,言语争辩就有所不及,仁常拘守一处就不能周遍,正直过分就不真实,意含伤人的勇敢就不能成为真正的勇敢。这五者不要疏忽,那就差不多近于道了。

一个人能止于所不知的境域,就是极点了。谁能知道不用语言的辩论,不用称说的大道呢?若有能知道,就够得上称为天然的府库,这里无论注入多少都不会满溢,无论倾出多少也不会枯竭,不知道源流来自何处,这就叫做潜藏的光明。

六

故㊀昔者堯問於舜曰:"我欲伐宗、膾、胥敖㊁,南面而不釋然㊂。其故何也?"舜曰:"夫三子者㊃,猶存乎蓬艾之間⑤。若⑥不釋然,何哉?昔者十日並出⑦,萬物皆照,而況德之進⑧乎日者乎!"

【注释】

① 故:发语词,作用同"夫"。

　　张默生说:"'故',作'夫'字用,古书中有此用法。"
② 宗、脍(kuài)、胥敖:三个小国名。〈人间世〉作丛、枝、胥敖。

　　林希逸说:"宗、脍、胥敖之事,无经见,亦寓言耳。"
③ 不释然:耿耿于怀,芥蒂于心。
④ 三子者:指三国的君主。
⑤ 存乎蓬艾之间:生存于蓬蒿艾草中间。

　　林云铭说:"蓬艾之间,言其存国于卑微褊小之地,不足与较也。"

　　宣颖说:"托生小处。"
⑥ 若:汝,指尧。
⑦ 十日并出:这也是寓言,借来譬喻光明广大,普照万物。

　　林希逸说:"十日并出,亦见《淮南子》,此盖庄子寓言,《淮南子》又因之而妆撰也。"
⑧ 进:胜过。

【今译】

　　从前尧问舜说:"我想讨伐宗、脍、胥敖,每当临朝,总是放在心里感到不安,为什么呢?"

　　舜说:"这三个小国的君主,就如同生存在蓬蒿艾草中间一样，为什么还要放在心里呢？从前据说有十个太阳同时并出，普照万物，何况道德的光芒更胜过太阳的呢！"

啮缺問乎王倪○曰："子知物之所同是○乎？"

曰："吾惡乎知之！"

"子知子之所不知邪？"

曰："吾惡乎知之！"

"然則物無知邪？"

曰："吾惡乎知之！雖然，嘗試言之。庸詎知○吾所謂知之非不知邪？庸詎知吾所謂不知之非知邪？且吾嘗試問乎汝：民濕寢則腰疾偏死○，鰌○然乎哉？木處則惴慄恂○懼，猨猴然乎哉？三者孰知正處？民食芻豢○，麋鹿食薦○，蝍蛆甘帶○，鴟○鴉嗜鼠，四者孰知正味？猨猵狙○以爲雌，麋與鹿交，鰌與魚游。毛嬙、西施○，人之所美也；魚見之深入，鳥見之高飛，麋鹿見之決驟○。四者孰知天下之正色哉？自我觀之，仁義之端，是非之塗，樊然殽亂○，吾惡能知其辯！"

啮缺曰："子不知利害，則至人固不知利害乎？"

王倪曰："至人神矣！大澤焚而不能熱,河漢冱㊄而不能寒,疾雷破山而不能傷,飄風振海而不能驚㊅。若然者,乘雲氣,騎日月,而遊乎四海之外。死生無變於己,而況利害之端乎！"

【注释】

㊀ 啮（niè）缺问乎王倪：啮缺、王倪，撰造的名字（林希逸说）。《天地篇》说："啮缺之师王倪。"

王元泽说："'啮缺'者,道之不全也。'王倪'者,道之端也。庄子欲明道全与不全而与端本,所以寓言于二子也。"（《南华真经新传》）

㊁ 同是：共同所认可的；共同标准。

㊂ 庸讵知：安知，何知。

王引之《经传释词》说："'庸'犹'何'也,'安'也,'讵'也。'庸'与'讵'同意,故亦称'庸讵'。"

㊃ 偏死：半身不遂。

马叙伦说："'偏'借为'瘺'。《说文》曰：'瘺,半枯也。'"

㊄ 鳅（qiū）：泥鳅。

㊅ 恂：眩。

朱桂曜说："《尔雅》云：'恂栗也',恂谓眩也。"

㊆ 刍豢（huàn）：用草喂的叫刍,指牛羊；用谷子喂的叫豢,指家畜。

司马彪说："牛羊曰刍,犬豕曰豢,以所食得名。"

㊇ 荐：美草（司马彪说）。

㊈ 蝍蛆（jū）甘带：蜈蚣喜欢吃蛇。"蝍蛆",蜈蚣。"带",小蛇。

蒋锡昌说:"《本草》蜈蚣下注云:'一名蝍蛆,其性能制蛇,见大蛇便缘而啖其脑。'"

朱桂曜说:"案《关尹子·三极篇》:'《御览》引《春秋考·异邮》':'土胜水,故蝍蛆搏蛇。'《淮南子·说林训》:'腾蛇游雾而殆于蝍蛆。'是带即蛇也。"

⑩ 鸱(chī):猫头鹰。

⑪ 猵狙:似猨(猿),同形而类别。

⑫ 毛嫱(qiáng)、西施:古代美人。"西施",今本作"丽姬",依朱桂曜说,据崔譔本改。

朱桂曜说:"古书多言'毛嫱西施',鲜有言'毛嫱丽姬'者。《管子·小称》第三十三'毛嫱西施天下之美人也';《韩非子·显学篇》'故善毛啬西施之美';《淮南子·本经训》'虽有毛嫱西施之色不知悦也';又〈修务训〉'今夫毛嫱西施天下美人';〈齐俗训〉'待西施毛嫱而为配,则终身不家矣',注'西施毛嫱古好女也';《说苑·尊贤篇》'古者有毛嫱西施今无有';《文选·神女赋》注引《慎子》'毛嫱先施天下之姣也',注'先施西施一也,嫱音墙';《御览》七十七引《尸子》'人之欲见毛嫱西施,美其面也',此言毛嫱丽姬者,盖因下又'丽之姬,艾封人之子'而误改耳。"案朱说可从,崔譔本正作"西施。"

⑬ 决骤:快速奔走。

崔譔说:"疾走不顾为决。"

⑭ 樊然殽乱,纷然错乱。

⑮ 沍(hù):冻。

⑯ 疾雷破山而不能伤,飘风振海而不能惊:今本作"疾雷破山,风振海,而不能惊"。脱落"而不能伤飘"五字。根据王叔岷先生

之说补上。

奚侗说:"案'风'上挩'飘'字,当据《阙误》引江南李氏本补之。'疾雷破山''飘风振海',耦语也。成《疏》:'雷霆奋发而破山,飘风涛荡而振海。'是成本亦作'飘风'。"

王叔岷说:"《淮南子·精神训》:'大泽焚而不能热,河汉涸而不能寒也,大雷毁山而不能惊也,大风晦日而不能伤也。'即袭用此文,上下二句,文各成对,则此文'疾雷破山'下,尚有挩文,疑原作'疾雷破山而不能伤,飘风振海而不能惊。'今本挩'而不能伤飘'五字,下二句遂不成对矣。"

【今译】

啮缺问王倪说:"你知道万物有共同的标准吗?"

王倪说:"我怎么知道呢!"

啮缺又问:"你知道你所不明白的东西吗?"

王倪说:"我怎么知道呢!"

啮缺再问:"那么万物就无法知道了吗?"

王倪说:"我怎么知道呢!虽然这样,姑且让我说说看。怎么知道我所说的'知'不是'不知'呢?怎么知道我所说的'不知'并不是'知'呢?我且问你:'人睡在潮湿的地方,就会患腰痛或半身不遂,泥鳅也会这样吗?人爬上高树就会惊惧不安,猿猴也会这样吗?这三种动物到底谁的生活习惯才合标准呢?人吃肉类,麋鹿吃草,蜈蚣喜欢吃小蛇,猫头鹰和乌鸦却喜欢吃老鼠,这四种动物到底谁的口味才合标准呢？猵狙和雌猿作配偶，麋和鹿交合，泥鳅和鱼相交。毛嫱和西施是世人认为最美的；但是鱼见了就要深入水底，鸟见了就要飞向高空，麋鹿见了就要急速奔跑；这四种动物究竟哪一种美色才算最高标准呢！依我看来，仁义的论点，是非的途径，纷然错乱，我哪里有法子加以分别呢？"

啮缺说："你不顾利害，那么至人也不顾利害吗？"

王倪说："啊！至人神妙极了！山林焚烧而不能使他感到热，江河冻结而不能使他感到冷，雷霆撼山岳而不能使他受到伤害，狂风激起海浪而不能使他感到惊恐。这样的至人，驾着云气，骑着日月，而游于四海之外。生死的变化都对他没有影响，何况利害的观念呢？"

瞿鹊子問乎長梧子㊀曰："吾聞諸夫子㊁：'聖人不從事於務，不就利，不違害，不喜求，不緣道㊂；無謂有謂㊃，有謂無謂㊄，而游乎塵垢之外。'夫子以爲孟浪㊅之言，而我以爲妙道之行也。吾子以爲奚若？"

長梧子曰："是黃帝之所聽熒㊆也，而丘也何足以知之！且汝亦大早計，見卵而求時夜㊈，見彈而求鴞炙㊉。

"予嘗爲女妄言之，女以妄聽之奚？旁日月，挾宇宙，爲其脗合㊀，置其滑涽㊁，以隸相尊㊂。衆人役役，聖人愚苞,參萬歲而一成純⑬。萬物盡然,而以是相蘊⑭。

"予惡乎知說先之非惑邪!予惡乎知惡死之非弱喪⑮而不知歸者邪!麗之姬,艾封人⑯之子也,晉國之始得之也,涕泣沾襟;及其至於王所,與王同筐牀,食芻豢,而後悔其泣也。予惡乎知夫死者不悔其始之蘄生乎!

"夢飲酒者,旦而哭泣;夢哭泣者,旦而田獵。方其夢也,不知其夢也。夢之中又占其夢焉,覺而後知其夢也。且有大覺而後知此其大夢也。而愚者自以為覺,竊竊然⑰知之。君乎,牧乎,固哉⑱!丘也與女,皆夢也;予謂女夢,亦夢也。是其言也,其名為弔詭⑲。萬世之後而一遇大聖,知其解者,是旦暮遇之也。"

【注释】

㈠ 瞿鹊子问乎长梧子:人名为杜撰。

㈡ 夫子:指孔子(林希逸说)。

  俞樾说:"所称闻之夫子,谓闻之孔子也。下文:长梧子曰:'是黄帝之所听荧也,而丘也何足以知之?'丘即是孔子名,因瞿鹊子述孔子之言,故曰'丘也何足以知之也'。而读者不达其意,误以丘也为长梧子自称其名。"

㈢ 不缘道:无行道之迹(林希逸说);不拘泥于道。

㈣ 无谓有谓:无言如同有言(没有说话却好像说了)。即《寓言篇》"终身不言,未尝不言"的意思。

㈤ 有谓无谓:有言如同无言(说了话好像没有说)。即《寓言篇》"言无言,终身言,未尝言"的意思。

㈥ 孟浪:夸诞,漫无边际。

㈦ 听荧:疑惑(向秀《注》)。

㈧ 时夜:即司夜,指鸡。

㈨ 鸮(xiāo)炙(zhì 挚):烤吃鸮鸟。

司马彪说:"小鸠,可炙。"

㈩ 为其吻合:和宇宙万物合为一体。

成玄英《疏》:"吻,无分别之貌也。"

⑪ 置其滑涽:任其纷乱之不顾。

成玄英《疏》:"'置',任也。'滑',乱也,滑乱昏杂随而任之。"

宣颖说:"是非殽乱置之不问。"

⑫ 以隶相尊:把世俗上尊卑看作是一样的。

成玄英《疏》:"'隶',卑仆之类也,盖贱称也。'以隶相尊',一于贵贱也。"

⑬ 参万岁而一成纯:"参",糅合。"万岁",指古今无数变异。谓糅合古今无数变异而成一精纯之体。

⑭ 相蕴:意指互相蕴含于精纯浑朴之中。

⑮ 弱丧:自幼流落。

⑯ 艾封人:艾地守封疆的人。

⑰ 窃窃然:察察然,自知的样子。

⑱ 君乎,牧乎,固哉:君呀,臣呀的,固陋极了。

林希逸说:"'君',贵也。'牧',围贱也。愚人处世方在梦中切切自分贵贱,岂非固蔽乎!"

㊾ 吊诡:怪异。和上文"恢诡""憰怪"同义。

【今译】

瞿鹊子问长梧子说:"我听孔夫子说过:'圣人不去营谋那些世俗的事,不贪图利益,不躲避危害,不喜欢妄求,不拘泥于道;没有说话好像说了,说了话又好像没有说,而心神遨游于尘俗世界之外。'孔夫子认为这些都是不着实际的无稽之言,我认为这正是妙道的行径。你认为怎样?"

长梧子说:"这些话黄帝听了都犹惑不解,而孔丘怎能了解呢?你未免操之过急,就像见到鸡蛋就想得到报晓的公鸡,见到弹丸就想煮吃鸮鸟。现在我姑且说说,你姑且听听,怎么样?圣人同日月并明,怀抱宇宙,和万物吻合一体,是非殽乱置之不问,把世俗上尊卑贵贱的分别看作是一样的。众人熙熙攘攘,圣人浑朴相安,他糅合古今无数变异而成一精纯之体。万物都是一样,而互相蕴含于精纯浑朴之中。

"我怎么知道贪生不是迷惑呢?我怎么知道怕死不是像自幼流落在外而不知返回家乡那样呢?丽姬是艾地守封疆人的女儿,当晋国刚迎娶她的时候,哭得衣服都湿透了;等她到了晋王的宫里,和国王同睡一床,同吃美味的鱼肉,这才后悔当初不该哭泣。我怎能知道死了不后悔当初不该恋生呢?

"梦见饮酒作乐的人,醒后或许会遇到不如意的事而哭泣;梦见伤心痛哭的人,醒后或许会有一场打猎的快乐。当人在梦中,却不知道是在做梦。有时梦中还在做梦,醒了以后才知道是做梦,只有非常清醒的人才知道人的一生就像是一场大梦。可是愚人却自以为清醒,自以为什么都知道。什么皇上呀,臣子呀,真是浅陋极了!我看孔丘和你,也都在做梦;我说你在做梦,也是在做梦。这些话,称为奇异的言谈。也许经过万世之后能遇到一个大圣人,了悟这个道理,也如同朝夕相遇一样平常。"

"既使我與若㊀辯矣,若勝我,我不若勝,若果是也,我果非也邪?我勝若,若不吾勝,我果是也,而果非也邪?其或是也,其或非也邪?其俱是也,其俱非也邪?我與若不能相知也,則人固受黮闇㊁,吾誰使正之?使同乎若者正之?既與若同矣,惡能正之!使同乎我者正之?既同乎我矣,惡能正之!使異乎我與若者正之?既異乎我與若矣,惡能正之!使同乎我與若者正之?既同乎我與若矣,惡能正之!然則我與若與人俱不能相知也,而待彼也邪?

"化聲之相待㊂,若其不相待,和之以天倪㊃,因之以曼衍㊄,所以窮年也㊅。何謂和之以天倪?曰:是不是,然不然。是若果是也,則是之異乎不是也,亦無辯;然若果然也,則然之異乎不然也亦無辯。忘年忘義⑦,振於無竟⑧,故寓諸無竟。"

【注释】

① 我与若:"我",长梧子自称。后文同。"若",汝。
② 黮(dǎn)暗:暗昧不明,所见偏蔽。

　　朱桂曜说:"'黮'有黑义;'暗'同黯,同黵,亦有黑义。"
③ 化声之相待:是非之辩互相对待而成。

　　郭象《注》:"是非之辩为化声。"
④ 天倪:自然的分际。
⑤ 曼衍:散漫的流衍,不拘常规。
⑥ 化声之相待,若其不相待,和之以天倪,因之以曼衍,所以穷年也:这五句今本在"忘年忘义"句上。根据吕惠卿本及宣颖本改正。

　　蒋锡昌说:"吕惠卿本移'何谓和之以天倪'至'则然之异乎不然也亦无辩'一段文字在'所以穷年也'下,当从之。盖此为后人所误倒也。"

　　王叔岷先生说:"此二十五字,与上下文义,似不相属,褚伯秀《义海纂微》引吕惠卿注后附说云:'"化声之相待"至"所以穷年也",合在"何谓和之以天倪"之上,简编脱略,误次于此,观文意可知。'其说极是。宣颖《南华真经解》,直迻此二十五字于上文'何谓和之以天倪'上,王先谦《集解》亦从之。"
⑦ 忘年忘义:忘生死忘是非。按:安适之至谓之"忘"。

　　郭象《注》:"忘年故玄同死生,忘义故弥贯是非。"

⑧ 振于无竟：遨游于无穷的境地。"竟"，崔本作"境"（《释文》）。"竟"、"境"古今字，作"竟"是故书（王叔岷说）。

林希逸说："振动鼓舞于无物之境。此'振'字便是逍遥之意。"

释德清说："无竟者，乃绝疆界之境。即大道之实际，所言广莫之乡，圹埌之野，皆无竟之义。"

【今译】

"假使我和你辩论，你胜了我，我没有胜你，你果然对吗？我果然错吗？我胜了你，你没有胜我，我果然对吗？你果然错吗？是我们两人有一人对，有一人错呢？还是我们两人都对，或者都错呢？我和你都不知道，凡人都有偏见，我们请谁来评判是非？假使请意见和你相同的人来评判，他已经和你相同了，怎么评判呢？假使请意见和我相同的人来评判，他已经和我相同了，怎么能够评判呢？假使请意见和你我都不同的人来评判，他已经跟你和我相异了，怎么能评判呢？假使请意见和你我都相同的人评判，他已经跟你我相同了，怎么能评判呢？那么，我和你及其他的人都不能评定谁是谁非了，还等待谁呢？

"变化的声音是互相对立而成的，如果要使它们不相对立，就要用自然的分际来调和它，我的言论顺应万物的流变从而悠游一生。什么叫做用'自然的分际'来调和一切是非？任何东西有'是'便有'不是'，有'然'便有'不然'。'是'果真是'是',就和'不是'有区别,这样就不须辩论;'然'果真是'然',就和'不然'有区别,这样也不须辩论。安适于生死年岁,安适于是非仁义,遨游于无穷的境域,这样也就能寄寓于无穷的境域。"

七

罔兩㊀問景㊁曰:"曩子行,今子止;曩子坐,今子起;何其無特操與?"

景曰:"吾有待而然者邪?吾所待又有待而然者邪?吾待蛇蚹蜩翼㊂邪?惡識所以然!惡識所以不然㊃!"

【注释】

㊀ 罔兩:景外之微阴(郭《注》)。另一说作"蜩蛃",据《说文》解作"山川之精物"(蒋锡昌说)。

㊁ 景:影的古字。一本或作"影"(《释文》)。

㊂ 待蛇蚹(fù)蜩(tiáo)翼:意谓蛇凭借腹下鳞皮而爬行,蝉凭借翼羽而起飞。

㊃ 恶识所以然,恶识所以不然:既不识其所以然与其所以不然,则是非不必辩矣(陈启天说)。

【今译】

影外淡影问影子说:"刚才你移动,现在你又停止下来;刚才你坐着,现在你又站起来;你怎么这样没有独立的意志呢?"

影子回答说:"我因为有所依靠才会这样子吗?我所依靠的东西又有所依靠才会这个样子吗?我所依靠的就像蛇有依靠于腹下鳞皮、蝉有待于翅膀吗?我怎能知道为什么会这样!怎能知道为什么不会这样呢!"

昔者㊀莊周夢爲胡蝶,栩栩㊁然胡蝶也,自喻適志與㊂!不知周也。俄然覺,則蘧蘧然㊃周也。不知周之夢爲胡蝶與,胡蝶之夢爲周與?周與胡蝶,則必有分矣。此之謂"物化"㊄。

【注释】

㊀ 昔者:犹"夕者"。

　　王叔岷先生说:"昔者,犹夜者。古谓夜为昔。《田方子篇》:'昔者寡人梦见良人。'《疏》:'我昨夜梦见贤良之人。'亦同此例。"

㊁ 栩栩:即翩翩。形容蝴蝶飞舞的样子。崔譔本"栩"作"翩"。

㊂ 自喻适与:"喻",同愉。"适志",快意。

　　刘文典说:"案'自喻适志与'五字隔断文义,'与'字同'欤'。详其语意,似是后人注羼入正文。《艺文类聚》虫豸部、

《太平御览》九百四十五引并无此五字,三百九十七引有,盖唐代犹有无此五字之本。"刘说可存。
四 遽遽然:僵直之貌(林希逸说);僵卧之貌(释德清说)。
五 物化:万物的转化。

【今译】

　　从前庄周梦见自己变成蝴蝶,翩翩飞舞的一只蝴蝶,遨游各处悠游自在,根本不知道自己原来是庄周。忽然醒过来,自己分明是庄周。不知道是庄周做梦化为蝴蝶呢,还是蝴蝶做梦化为庄周呢?庄周和蝴蝶必定是有所分别的。这种转变就叫做"物化"。

养 生 主

〈养生主〉篇，主旨在说护养生之主——精神，提示养神的方法莫过于顺任自然。外篇〈达生〉篇，通篇发挥养神之理。

本篇分三章，首章提出"缘督以为经"，是为全篇的总纲。指出人生有涯而知无涯的境况中，当顺循中虚之道，即顺任自然之理。第二章，借"庖丁解牛"的故事，以喻社会的复杂如牛的筋骨盘结；处理世事当"因其固然"、"依乎天理"（顺着自然的纹理），并怀着"怵然为戒"的审慎、关注的态度，且以藏敛（"善刀而'藏'之"）为自处之道。"庖丁解牛"的意旨在〈人间世〉篇中得到更具体、更细微的发挥。第三章分三段作喻，写右师之介，乃属自然之貌。这段要在破除形骸残全的观念。〈德充符〉全篇发挥这一主题。泽雉一小段，写水泽里的野鸡，逍遥自在，若关在樊中，则神虽旺，却不自遂。后一段"秦失吊老聃"，写人生在世，当"安时处顺"，视生死为一如，不为哀乐之情所困扰、所拘着。篇末结语说："指穷于为薪，火传也。"喻精神生命在人类历史中具有延续的意义与延展的价值。

许多耳熟能详的成语,出自本篇,如:庖丁解牛、目无全牛、批却导窾、游刃有余、恢恢有余、刃发若新、踌躇满志、一饮一啄、官止神行、泽雉啄饮、安时处顺、薪尽火传等。

一

吾生也有涯㊀,而知㊁也無涯。以有涯隨無涯,殆已㊂;已而爲知者㊃,殆而已矣。爲善無近名,爲惡無近刑㊄。緣督以爲經㊅,可以保身,可以全生㊆,可以養親㊇,可以盡年。

【注释】

㊀ 涯:本亦作"崖"。边际,界限。
㊁ 知:犹愿望(林纾《庄子浅说》)。按"知"音智,作心思讲。

　　林希逸说:"知,思也。心思却无穷尽,以有尽之身随无尽之思,纷纷扰扰,何时而止。"(《南华真经口义》)

　　宣颖说:"心思逐物无边。"
㊂ 殆已:殆矣,形容疲困。
㊃ 已而为知者:言"此而为知者"(王引之《经传释词》);《尔雅·释诂》云:"已,此也。""已而为知"犹云"如此而为知"(杨树达《庄子拾遗》);意思是说〔既然〕这样还要去从事求知活动。
㊄ 为善无近名,为恶无近刑:做〔世俗上所认为的〕善事不要有求名之心,做〔世俗上所认为的〕恶事不要遭受刑戮之害。

　　成玄英说:"为善也无不近乎名誉,为恶也无不邻乎刑戮。是知俗智俗学,未足以救前知,适有疲役心灵,更增危殆。"(《庄子疏》)

王叔岷先生说:"案此二句,以善、恶对言,上句犹易明,下句最难解,似有引人为恶之嫌。自郭象、司马彪《注》以来,或曲说强通;或妄加非议,恐皆未达庄子之旨。岷曾试作新解云:'所谓善、恶,乃就养生言之。"为善",谓"善养生"。"为恶",谓"不善养生"。"为善无近名",谓"善养生无近于浮虚"。益生、长寿之类,所谓浮虚也。"为恶无近刑",谓"不善养生无近于伤残"。劳形、亏精之类,所谓伤残也。如此解释,或较切实。篇名〈养生主〉,则善、恶二字自当就养生而言,如不就养生而言,则曲说、歧见滋多矣。'"(《庄子校诠》)

周策纵说:"此二句必须依'养生'主题和全篇推理来解释,却是不刊之论。照我前文分析,此篇开始是要指出两种最基本、最重要足以妨害养生的事情,即在知识、道德追求两方面都走极端。所以'已而为知'是危殆,'为善近名'、'为恶近刑'也是危殆,都足以伤生。他在这里只是要人不伤生。〈骈拇〉篇末说:'余愧乎道德,是以上不敢为仁义之操,而下不敢为淫僻之行也。'因为都可'残生损性'。大致可以注此。至于'不'伤生的善、恶是否该为,本不是他在这里所要讨论的范围。他所说的只是:假如你要去为恶,可切不可弄到受刑伤生;至于这假设的,不致受刑伤生的恶事,你该不该去做,他在这里并未表示意见。这正如'不近名'的善,不'已而为知'的知,你该不该去做,他在这里也都没有表示可否。我看庄子一定会要先看看那是什么知,什么善、恶了。"(《〈庄子·养生主篇〉本义复原》,一九九二年《中央研究院中国文哲研究集刊》第二期)

㈥ 缘督以为经:顺虚以为常法的意思。"缘督",含有顺着自然之道的意思。

林云铭说:"缘督以为经,喻凡事皆有自然之理解。"(《庄子因》)

郭嵩焘说:"船山云:'奇经八脉,以任督主呼吸之息,身前之中脉曰"任",身后之中脉曰"督"。''缘督'者,……循虚而行。"(郭庆藩《集释》引)

张默生说:"'督'既有中空之义,则'缘督以为经',即是凡事当处之以虚,作为养生的常法。"(《庄子新释》)

王孝鱼说:"督脉居于身后,是以精神流通灌注的总枢纽。'缘督'就是说,人的行为要顺其精神的指导。"(《庄子内篇新解》)

⑦ 生:读为性(吴汝纶《庄子点勘》)。

⑧ 可以养亲:前后文看与"养亲"无关。"亲"或为"身"的借字。《礼记·祭义篇》"亲"字释文:别本作"身"。有此一例(日本金谷治说)。按"养亲"与《养生主》思想无关。今译依"养身"意译。

【今译】

我们的生命是有限度的,而智识是没有限度的,以有限度的生命去追求没有限度的智识,就会弄得很疲困;既然这样还要去汲汲追求智识,就会弄得更加疲困不堪了!

做世俗上的人所认为的"善"事不要有求名之心,做世俗上的人所认为的"恶"事不要遭到刑戮之害。顺着自然的理路以为常法,就可以保护生命,可以保全天性,可以养护身体，可以享尽寿命。

二

庖丁⊖爲文惠君⊜解牛，手之所觸，肩之所倚，足之所履，膝之所踦⊜，砉㊃然㊄然，奏刀騞㊅然，莫不中音；合于《桑林》㊆之舞，乃中《經首》㊇之會㊈。文惠君曰："譆，善哉！技蓋至此乎？"

庖丁釋刀對曰："臣之所好者道也，進乎技矣。始臣之解牛之時，所見無非全牛者㊉。三年之后，未嘗見全牛也。方今之時，臣以神遇而不以目視，官知止而神欲行㊀。依乎天理㊁，批大郤㊂導大窾㊃因其固然㊄，枝經肯綮之未嘗微礙㊅，而况大軱㊆乎！良庖歲更刀，割也；族庖㊇月更刀，折㊈也。今臣之刀十九年矣，所解數千牛矣，而刀刃若新發於硎㊉。彼節者有閒，而刀刃者無厚；以無厚入有閒，恢恢乎其於遊刃必有餘地矣。是以十九年而刀刃若新發於硎。雖然，每至於族㊀，吾見其難爲，怵然爲戒，視爲止㊁，行爲遲。動刀甚微，謋㊂然已解，牛不知其死也㊃，如土委地。提刀而立，爲之四顧，爲之躊躇滿志,善刀㉒而藏之。"

　　文惠君曰:"善哉! 吾聞庖丁之言,得養生焉。"

【注释】

㈠ 庖丁:一说名叫丁的庖人,一说掌厨丁役之人。

　　王孝鱼说:"〈逍遥游〉篇的大鹏高飞,〈齐物论〉的风吹众窍,这篇的庖丁解牛,是内篇中最有名的三篇寓言奇文,古今传诵不绝。"

㈡ 文惠君:人名,不知何许人。旧注说是梁惠王,王懋竑认为是附会。王懋竑说:"未详何人,注以为梁惠王,因此'惠'字附会。"(《庄子存校》)

㈢ 踦(yǐ):通倚。

　　林云铭说:"以一足跪而抵之。"

　　马其昶说:"膝之所踦,谓屈一足之膝,以案之也。"(《庄子故》)

㈣ 砉(xū,又读 huā):皮肉相离的声音。

㈤ 騞(huō):同于"砉",都是形容刀砍物所发出的声音,或说声音大于"砉"。

　　崔譔说:"'騞',音近'获',声大于砉也。"

㈥ 《桑林》:殷汤乐名。

㈦ 《经首》:尧乐,《咸池》乐章名。

㈧ 会:韵律,节奏。

㈨ 所见无非全牛者:"全"字原缺。下文:"三年之后,未尝见全牛也。""牛"上当脱落"全"字。根据赵谏议本补上。

㈩ 官知止而神欲行:器官的作用都停止了,只是运用心神。

"官",指耳目之官。"神欲行",喻心神自运,而随心所欲。

⑪ 天理:自然的纹理。

⑫ 批大却:"批",击。"却",指筋骨的间隙。

⑬ 导大窾(kuǎn):"导",引刀而入。"窾",空,指骨节空处。

⑭ 因其固然:顺着牛的自然结构。

⑮ 枝经肯綮(qìng)之未尝微碍:"枝",即枝脉,原误作"技",根据俞樾之说改正。"经",即经脉。"枝经",犹言经络。"肯",着骨肉(《释文》)。"綮",盘结处。"微碍"二字原缺,依严灵峰先生之说,据郭《注》成《疏》补。

俞樾说:"郭《注》以'技经'为'技之所经',殊不成义。'技经肯綮'四字,必当平列。《释文》曰:'肯《说文》作肎,《字林》同,着骨肉也。一曰:骨无肉也。綮,司马云:犹结处也。'是'肯綮'并就牛身言,'技经'亦当同之。'技'疑'枝'字之误。《素问》三部〈九候论〉'治其经络',王《注》引《灵枢经》曰:'经脉为里,支而横者为络。'古字'支'与'枝'通,'枝',谓枝脉;'经',谓经脉。'枝经',犹言经络也。经络相连之处,亦必有碍于游刃。庖丁惟因其固然,故未尝碍也。"(《诸子平议》)

李桢说:"俞氏改'技'为'枝',训为经络,说信确矣。'未尝'二字须补训义。"(郭庆藩《庄子集释》引)

严灵峰先生说:"'微碍'二字原阙。按'未尝'二字,义犹未足,下当有脱文。郭《注》:'常游刃于空,未尝经概于微碍也。'成《疏》:'游刃于空,微碍尚未曾经。'依《注》、《疏》,'未尝'下当有'微碍'二字;否则,说不可通。"(《道家四子新编》,第670页)

⑯ 軱:音孤,大骨。

⑦ 族庖：指一般的庖丁。

　　崔譔《注》："族，众也。"

⑧ 折：犹斫（释德清说）。

　　俞樾说："郭《注》曰：'中骨而折刀也。'此于文义未合。上文云：'良庖岁更刀，割也。'割以用刀言，则折亦以用刀言。折，谓折骨，非谓刀折也。哀元年《左传》曰：'无折骨。'"

⑨ 新发于硎（xíng）："发"，犹言磨（陈启天说）。"硎"，砥石（郭《注》）；音刑，磨石（《释文》）。

⑩ 族：交错聚结为族（郭《注》）。

⑪ 视为止：喻眼神专注。

⑫ 謋（huò）：解散。

　　王闿运说："謋，当作磔。"（《庄子注》）

　　奚侗说："疑'謋'系'磔'字之误，《广雅释诂》三：'磔开也。'与'已解'义相应。"（《庄子补注》）

　　杨树达说："'謋'疑当假为'捇'，《说文》十二篇上手部云：'捇，裂也。从手，赤声。'宣六年《公羊传》云：'赵盾就而视之，则赫然死人也。赵盾曰："是何也？"曰："膳宰也。熊蹯不熟，公怒，以斗擎而杀之，支解，将使我弃之。"'《传》文'赫'亦'捇'字之假。何注云：'赫然，已支解之貌。'是也。'已支解之貌'为'赫然'，与庄称'謋然已解'义正同。"

⑬ 牛不知其死也：这句通行本缺遗，陈碧虚《阙误》引文如海、刘得一本有"牛不知其死也"六字。据以补上，文意较完美。

⑭ 善刀："善"，犹拭（《释文》）。言好好收拾其刀（林希逸说）。

【今译】

庖丁替文惠君宰牛,手所触及的,肩所倚着的,足所踩到的,膝所抵住的,划然响声,进刀割解发出哗啦响声,没有不合于音节;合于《桑林》乐章的舞步,合于《经首》乐章的韵律。

文惠君说:"啊!好极了!技术怎能到达这般的地步?"

庖丁放下屠刀回答说:"我所爱好的是道,已经超过技术了。我开始宰牛的时候,所见不过是浑沦一牛。三年以后,就未尝看见浑沦的整只牛了。到了现在,我只用心神来领会而不用眼睛去观看,器官的作用停止而只是心神在运用。顺着牛身上自然的纹理,劈开筋肉的间隙,导向骨节的空隙,顺着牛的自然结构去用刀,即连经络相连的地方都没有一点妨碍,何况那大骨头呢!好的厨子一年换一把刀,他们是用刀去割筋肉;普通的厨子一个月换一把刀,他们是用刀去砍骨头。现在我这把刀已经用过十九年了,所解的牛有几千头了,可是刀口还是像在磨刀石上新磨的一样锋利。因为牛骨节是有间隙的,而刀刃是没有厚度的;以没有厚度的刀刃切入有间隙的骨节,当然是游刃恢恢而宽大有余了。所以这把刀用了十九年还是像新磨的一样。虽然这样,可是每遇到筋骨盘结的地方,我知道不容易下手,小心谨慎,眼神专注,手脚缓慢,刀子微微一动,牛就哗啦解体了,如同泥土溃散落地一般,牛还不知道自己已经死了呢!这时我提刀站立,张望四方,感到心满意足,把刀子揩干净收藏起来。"

文惠君说:"好啊!我听了厨夫这一番话,得着养生的道理了。"

三

公文轩㊀見右師㊁而驚曰:"是何人也?惡乎介也㊂?天與,其人與㊃?"曰㊄:"天也,非人也。天之生是使獨也,人之貌有與也㊅。以是知其天也,非人也。"

【注释】

㊀ 公文轩:姓公文氏,名轩,宋人(《释文》引司马彪说)。

㊁ 右师:官名(《释文》引简文帝说)。按诸史籍,当为官名无疑,"左师""右师"之称,《左传》屡见(关锋说)。

㊂ 是何人也?恶乎介也:"介",指一足。"也",犹邪(王引之《经传释词》)。

　　林云铭说:"'介',特也。特足故谓之'介'。"

㊃ 天与,其人与:天生下来就这样呢,还是由于人为造成的呢?"其",犹言抑。"与",读为欤(陈启天说)。

㊄ 曰:指公文轩自答(释德清《注》:"复自应之曰"),并不是右师

的回答。

张默生说:"'曰'字,非右师答语,乃公文轩惊疑后自悟之语。"(《庄子新释》)

⑥ 人之貌有与也:人的形貌是天所赋予的。"与"即赋予。旧解历来皆误从郭《注》:"两足共行曰'有与'。"实非。

马其昶说:"形全形独,皆天所与。《德充符》云:'道与之貌,天与之形。'"(《庄子故》)

近人刘武说:"《周礼·春官》太卜注:'与,谓予人物也。'〈德充符〉篇:'道与之貌,天与之行。'此句言人之貌有赋与之者。即天与之,非人为也。"(《庄子内篇注》)按:今人严灵峰《庄子章句新编》、李勉《庄子总论及分篇评注》及日本福永光司《庄子》、金谷治《庄子》所解"与"字,与刘说同,为是。

【今译】

公文轩看见右师惊奇地说:"这是什么人?怎么只有一只脚呢?是生下来就这样,还是人为才这样?"他〔自言自语〕说:"生下来就这样,并不是人为才这样的。天生下来就只有一只脚,人的形貌是天赋予的。所以知道是天生的,而不是人为的。"

澤雉⊖十步一啄,百步一飮,不蘄⊜畜乎樊中。神雖王⊜,不善⑭也。

【注释】

㊀ 泽雉:草泽里的野鸡。

《韩诗外传》:"君不见大泽中雉乎?五步一啄,终日乃饱;羽毛泽悦,光照于日月,奋翼争鸣,声响于陵泽者,何?彼乐其志也。援置之困仓中,常啄粱粟,不旦时而饱;然独羽毛憔悴,志气益下,低头不鸣,夫食岂不善哉?彼不得其志故也。"按:《韩传》这段可作为本文的注解。

㊁ 蕲(qí):祈,求。

㊂ 王:音旺(林希逸说)。

朱桂曜说:"'王'当即'旺'字,古无'旺'字。"

㊃ 不善:不乐(林希逸说);不能自遂(林云铭说)。

【今译】

水泽里的野鸡走十步才啄到一口食,走百步才饮到一口水,可是它并不祈求被养在笼子里。〔养在笼子里〕神态虽然旺盛,但它并不自在。

老聃㊀死,秦失㊁弔之,三號而出。

弟子曰:"非夫子之友邪?"

曰:"然。"

"然則弔焉若此,可乎?"

曰:"然。始也吾以爲至人㊂也,而今非也。向吾入而弔焉,有老者哭之,如哭其子;少者哭之,如哭其母。彼其所以會㈣之,必有不蘄言而言,不蘄哭而哭者㈤。是遁天㈥倍情㈦,忘其所受,古者謂之遁天之刑。適來,夫子時也;適去,夫子順也㈧。安時而處順,哀樂不能入也,古者謂是帝之懸解㈨。"

指窮於為薪㈩,火傳也,不知其盡也。

【注釋】

㈠ 老聃:即老子。司馬遷說,老聃是楚苦縣(河南鹿邑縣東)厲鄉曲仁里人(《史記·老莊申韓列傳》)。本書〈天下〉篇對關尹、老聃思想視為同一學派而加以評述。

㈡ 秦失:"失",本又作"佚",皆音逸(《釋文》)。按"失"為"佚"之初文(馬敘倫說)。秦失是老聃的朋友,也可能是莊子杜撰的人名。

㈢ 至人:原作"其人"。"其"疑是"至"字之誤,《闕誤》引文如海本"其"作"至"(王孝魚點校)。據以改正。

㈣ 會:感會。

㈤ 必有不蘄言而言,不蘄哭而哭者:"言",作常義解,或借為唁(高亨引王念孫《疏證》及章炳麟《文始》卷一證"言"、"唁"通用)。

㈥ 遁天:逃避自然。

㈦ 倍情:有兩種解釋:一說增益人情,如成玄英《疏》:"加添流俗之情。"一說背情,如林希逸說:"背棄其情實。倍與背同。"按古書"倍""背"通用,應從後說。

⑧ 适来，夫子时也；适去，夫子顺也：两"夫子"字疑衍文，或是秦佚对弟子称老子之语。言夫子之适来，时也；夫子之适去，顺也（王懋竑说）。

⑨ 帝之悬解：自然的解除倒悬。

　　成玄英《疏》："帝者，天也。……天然之解脱也。"

　　陈深说："'悬'，如倒悬之悬，困缚之义。"

　　宣颖说："人为生死所苦，犹如倒悬，忘生死，则悬解矣。"

⑩ 指穷于为薪：烛薪的燃烧是有穷尽的。"指"，当是"脂"字。"穷于为薪"，为薪火而烧尽的意思。

　　朱桂曜说："'指'为'脂'之误，或假。"（《庄子内篇证补》）

　　闻一多说："古所谓薪，有爨薪，有烛薪。爨薪所以取热，烛薪所以取光。古无蜡烛，以薪裹动物脂肪而燃之，谓之曰烛，一曰薪。烛之言照也，所以照物者，故谓之曰烛。此曰'脂穷于为薪'，即烛薪也。"（《庄子内篇校释》）按：朱、闻之说胜旧注，可从。

　　陈启天说："按'指'字，疑当读为'脂'。'脂'谓脂膏，可用以燃烧。旧注均以'指'为手指，似不恰。'穷'谓烧尽也。……此文，犹谓以脂膏为薪火而烧尽，乃一转化，非消灭也。此喻人由生而死，亦不过一种转化，不必悲也。如此解释，始与上文'安时处顺'之说相应。"（《庄子浅说》）

　　李存山说："'指穷于为薪'，这是指个体生命（包括个体精神）的结束；'火传也，不知其尽也'，这是指宇宙大化的继续，而非指个体精神的遗留和传续。换言之，薪火之喻不是讲形神关系，而是讲个体生命与宇宙大化的关系。所谓'悬解'，最终的意义是将个体生命（小我）融入整个宇宙的过程（大我），达到'天地与我并生,而万物与我为一'(〈齐物论〉)的思想境界,这样才能'安时而处顺,哀乐不能入','不为生死所系'。"(〈庄子的薪火之喻与"悬解"〉,刊于陈鼓应主编《道家文化研究》第6辑)

【今译】

老聃死了,秦失去吊丧,号了三声就出来了。

弟子问说:"他不是你的朋友吗?"

回说:"是的。"

问说:"那么这样子吊唁,可以吗?"

秦失说:"可以的。原先,我以为他是至人,现在才知道并不是。刚才我进去吊唁的时候,看见有老年人哭他,如同哭自己的儿子一样;有少年人哭他,如同哭自己的母亲一样。老少哭他这样悲伤,一定是〔情感执着〕不必哭诉而哭诉。这是逃避自然违背实情,忘掉了我们所禀赋的生命长短,古时候称这为逃避自然的刑法。正该来时,老聃应时而生;正该去时,老聃顺理而死。安心适时而顺应变化,哀乐的情绪便不能侵入心中,古时候把这叫做解除倒悬。"

烛薪的燃烧是有穷尽的,火却传续下去,没有穷尽的时候。

人　间　世

〈人间世〉篇，主旨在描述人际关系的纷争纠结，以及处人与自处之道。处于一个权谋狯诈的战乱时代，无辜者横遭杀戮，社会成了人兽化的陷阱，一部血淋淋的历史，惨不忍睹地暴露在眼前，庄子揭露了人间世的险恶面，而他所提供的处世与自处之道却是无奈的。

本篇可分为七章，首章假借颜回与孔子的对话，描述与统治者相处的艰难。这里，以卫国的暴乱喻人间的纷争，借卫君描写出当权者专横独断，一意孤行，"轻用其国"，"轻用民死"，全国死于权力斗争之下的人民满沟遍野，多如蕉草。面对这样的一位君主，颜回提出了"端虚勉一"、"内直外曲"、"成而上比"三种方法。然而这几种方法都被指出不足以用来感化卫君。最后提出"心斋"一法。人间种种纷争，追根究柢，在于求名用智。"名"、"智"为造成人间纠纷的根源，去除求名斗智的心念，使心境达于空明的境地，是为"心斋"。第二章，借叶公子高出使齐国一事，道出臣子与君主相处的艰难。这里写出臣子面对君主时的疑惧之情，接受使命时,或不免于"人道之患",或不免于"阴阳之患"。进而写传言的困难及使用语言不慎所造成的祸害。解除"阴阳之患",唯有虚心安命,消极地提出"忘身"。最后由"人道之患"说到"乘物以游心"、"养中",这也是"托不得已"的事。"养中"、"游心",其要乃在顺任自然。第三章,假借颜阖为卫灵公太子师,写出与储君相处的艰难。这里提出了引达("达之")顺导("顺")的教育方法。第四章,以社树为喻,写有才者"以其能苦其生",遭斧斤之患,而转出全生远害在于以无用为大用。"无用",即不被当道者所役用。不沦于工具价值,乃可保全自己,进而发展自己。这与〈逍遥游〉篇末欲避"机辟""斤斧"之害,而求"无所可用",具有相同的"困苦"处境与沉痛感。第五章,借异木瓯言有"材""用"者被"斩"遇害,中道而"夭于斧斤",警世之意颇深。第六章,借支离疏写残形者无所可用于当政者,乃得全生免害。篇末一章,借《楚狂接舆》唱出乱世景象,"方今之时,仅免刑焉",在重税与苦役下喘息的人民,能免于刑便是福。"祸重于地"、"殆乎殆乎",写出人民所遭受的重压与危难。"迷阳迷阳"(荆棘满地),"无伤吾行","无伤吾足",处世之艰,当慎戒留意!

出自本篇的流行成语,有螳臂挡车、以火救火、以水救水、吉祥止止、与古为徒、虚室生白、执而不化、巧言偏辞、画地而趋、无用之用、终其天年、山木自寇、膏火自煎等。

一

顏回見仲尼㊀,請行。

曰:"奚之?"

曰:"將之衛。"

曰:"奚爲焉?"

曰:"回聞衛君㊁,其年壯,其行獨㊂,輕用其國,而不見其過;輕用民死,死者以〔國〕量乎澤,若蕉㊃,民其無如矣㊄,回嘗聞之夫子曰:'治國去之,亂國就之,醫門多疾。'願以所聞,思其所行,則庶幾其國有瘳乎㊅!"

仲尼曰:"譆!若殆㊆往而刑耳!夫道不欲雜,雜則多,多則擾,擾而憂,憂而不救。古之至人,先存諸己而後存諸人。所存於己者未定,何暇至於暴人之所行!

"且若亦知夫德之所蕩而知之所爲出㊇乎哉?德蕩乎名,知出乎爭。名也者,相軋也;知也者,爭之器也。二者凶器,非所以盡行也。

"且德厚信矼㊈,未達人氣,名聞不爭,未達人心。而強以仁義繩墨之言衒暴人之前者㊉,是以人惡育其美也⑫,命之曰菑⑬人。菑人者,人必反菑之,若殆爲人菑夫!且苟爲悅賢而惡不肖,惡用而⑭求有以異?若唯無詔⑮,王公必將乘人而鬥其捷。而目將熒⑯之,而色將平之,口將營之⑰,容將形之,心且成之。是以火救火,以水救水,名之曰益多。順始無窮,若殆以不信厚言,必死於暴人之前矣!

"且昔者桀殺關龍逢⑱,紂殺王子比干⑲,是皆修其身以下傴拊⑳人之民,以下拂其上者也,故其君因其修以擠之。是好名者也。昔者堯攻叢、枝、胥敖㉑,禹攻有扈㉒,國爲虛厲㉓,身爲刑戮,其用兵不止,其求實無已㉔。是皆求名實者也㉕。而獨不聞之乎?名實者,聖人之所不能勝也,而況若乎!雖然,若必有以也,嘗以語我來㉖!"

【注释】

⊖ 颜回见仲尼:颜回是孔子最欢心的学生,有关他的言行,见于《论语·公冶长》、〈述而〉、〈子罕〉、〈先进〉、〈颜渊〉及〈卫灵公〉等篇。颜回和孔子这段问答,自然是虚构的。孔子这位儒家的泰斗,变成了宣扬庄子学说的道家人物。

⊜ 卫君:一说指卫庄公蒯(kuǎi)聩(司马彪说)。一说卫庄公以鲁哀公十五年冬始入国,时颜回已死,不得为庄公,盖是出公辄(《释文》)。按:庄子寓托故事人物以抨击时君的残民自暴。

这是寄寓之言,无需考订其为特定某时代的某君。

清姚鼐说:"卫君,托词以指时王糜烂其民者。"(《庄子章义》)

㈢ 行独:行为专断。

㈣ 死者以〔国〕量乎泽,若蕉:死者满国,弃野而不葬者,亦如蕉之枕藉而不可计(胡文英《庄子独见》);犹云死人如麻(章炳麟《庄子解故》)。以:通"已"。量:作"满"(详见朱桂曜《庄子内篇证补》)。国:衍文,依奚侗的说法。

奚侗说:"'国'字涉上'轻用其国'而衍,当断'死者以量乎泽'为句,'以'犹'已'也。《吕览·期贤篇》:'死者量于泽矣。'高注:'量,犹满也。'此言死者已量乎泽,义与彼同。若蕉二字为句。"(庄子补注)

㈤ 民其无如矣:无所依归(郭象《注》)。

㈥ 愿以所闻,思其所行,则庶几其国有瘳乎:"思其"下通行本缺"所行"二字,陈碧虚《庄子阙误》引江南李氏本"其"下有"所行"二字,"则"字属下句,较他本为胜,当据以补上。

近人刘文典说:"碧虚子校引江南李氏本'思其'下有'所行'二字。'愿以所闻,思其所行',文义甚明。'则'字当属下读,崔、李以'思其则'绝句,盖不如'思其'下有敚文,姑就阙字之本读之耳。"(《庄子补正》)

㈦ 殆:恐怕,将要。

㈧ 荡:毁损,毁坏。出:外露。

㈨ 信矼(gāng):信誉着实。"矼",坚,实的意思。

㈩ 炫暴人之前者:"炫"旧本笔误为"术"。当是"炫"字(释德清说)。陈碧虚《阙误》引江南古藏本"术"作"炫",当据以改正。

刘文典说:"'术暴人之前者',义不可通。'术'……作'炫',义较长。今本'术'字疑是形近而误。"

⑪ 是以人恶育其美也:这是以别人的过恶来炫耀自己的美德。"其",即"己"。"育",原作"有",依俞樾之说,据崔谱本改。

　　俞樾说:"'有'者,'育'字之误。《释文》云:'崔本作育,云卖也。'《说文》贝部:'卖也,读若育。'此'育'字即'卖'之假字,《经传》每以'鬻'为之,'鬻'亦音'育'也。'以人恶育其美',谓以人之恶鬻己之美也。"(《诸子平议》)

　　奚侗说:"'育'与'炫'相应。"

⑫ 菑:音灾。

⑬ 恶用而:何用汝。下文"而目将荧之"、"而色将平之"的"而",亦如汝。

⑭ 若唯无诏:"若",汝。"诏",崔谱本作"诺"(è 扼),争辩、谏诤之意。

⑮ 荧:眩(成《疏》)。

　　郭庆藩说:"荧,䁝之借字也。《说文》:'䁝,惑也。'"(《庄子集释》)

⑯ 口将营之:口里只顾得营救自己。

⑰ 关龙逢:夏桀的贤臣,尽诚而遭斩首。

⑱ 王子比干:殷纣的叔父,忠谏而被割心。

⑲ 伛(yǔ)拊:犹爱养(成《疏》)。

⑳ 丛、枝、胥敖:三小国。〈齐物论〉作宗、脍、胥敖。

㉑ 有扈:国名,在今陕西鄠县。

㉒ 国为虚厉:国土变成废墟,人民成为厉鬼(即人民死灭)。

　　李颐说:"居宅无人曰'虚',死而无后为'厉'。"(《释文》引)

⑬ 求实无已：贪利不已（关锋今译）。"实"，犹言利、得（陈启天说）。

⑭ 是皆求名实者也：这都是贪求名利的。

李勉说："言尧禹皆求名利者也，'名实'，即名利。王先谦、苏舆等谓'三国求名求实，好兵不止'，其解误甚。非三国好名实而用兵不止，乃谓尧禹好名实而用兵不止。"

⑮ 若必有以也，尝以语我来："以"犹谓（王引之《经传释词》），这句话是说：你一定有你的说法。"来"，句末语助（王引之《经传释词》）。《孟子·离娄》："盍归乎来！""来"字亦为语末助词，无义。

【今译】

颜回拜见孔子，向他辞行。

孔子问："到哪里去？"

颜回说："要到卫国去。"

孔子问："去做什么？"

颜回说："我听说卫国的君主，年壮气盛，行为专断，处理国事轻举妄动，而不知过错；轻于用兵不恤人民的生命，死的人积满了山泽，好像干枯的草芥一般，人民真是无所依归了。我曾听先生说过：'安定的国家可以离开，危乱的国家可以前往，好像医生的门前有很多的病人。'希望根据先生所说的去实行，或许这个国家还可免于疾苦吧！"

孔子说:"唉!你去了只怕要遭受杀害啊!'道'是不宜喧杂的,喧杂就多事,多事就受到搅扰,搅扰就引致忧患,忧患来到时自救也来不及了。古时候的'至人',先求充实自己然后才去扶助别人。如果自己都还立不稳,怎能去纠正暴人的行为呢?

"你知道'德'之所以失真而'智'之所以外露的原因吗?'德'的失真是由于好名,'智'的外露是由于争胜。'名'是人们互相倾轧的原因,'智'是人们互相争斗的工具;这两者都是凶器,不可尽行于世。

"而且,一个人虽然德性纯厚信誉着实,但还不能达到别人了解的程度,即使不和别人争夺名誉,但别人并不明白。如果你强用仁义规范的言论在暴人的面前夸耀,他就会以为你有意揭露别人的过恶来显扬自己的美德,而认为你是害人。害别人的,别人一定反过来害他,你恐怕要被人害了!如果说卫君喜爱贤才而厌恶不肖之徒,何用你去显异于人呢?除非你不向他谏诤,否则卫君一定会抓着你说话的漏洞而展开他的辩才。这时候你会眼目眩惑,面色平和,口里只顾得营营自救,于是容貌迁就,内心无主也就依顺他的主张了。这是用火去救火,用水去救水,这就叫做帮凶。开始时依顺他,以后就永远没个完了。如果他不相信厚言谏诤,那就必定会死在暴人的面前了!

"从前桀杀关龙逢,纣杀王子比干,都是因为他们修身蓄德以在下的地位爱抚人君的民众,以在下的地位违逆了上位君主的心意,所以君主因为他们的德行修养而迫害他们。这就是好名的结果。从前,尧攻丛、枝和胥敖,禹攻有扈,这些国家变为废墟,人民死灭,国君被杀,这是因为他们不断用兵,贪利不已,这都是求名好利的结果,你没有听说过吗?名利的心念,连圣人都不能克制,何况你呢!

"虽然这样,你一定有你的想法,且说给我听听!"

顏回曰:"端而虛㊀,勉而一㊁,則可乎?"

曰:"惡!惡可!夫以陽爲充孔揚㊂,采色不定㊃,常人之所不違,因案人之所感㊄,以求容與其心㊅。名之曰日漸之德㊆不成,而況大德乎!將執而不化,外合而內不訾㊇,其庸詎可乎!"

"然則我內直而外曲,成而上比㊈;內直者,與天爲徒㊉,與天爲徒者,知天子之與己皆天之所子㊊,而獨以己言蘄乎而人善之,蘄乎而人不善之邪?若然者,人謂之童子,是之謂與天爲徒。外曲者,與人爲徒㊋也。擎跽曲拳㊌,人臣之禮也,人皆爲之,吾敢不爲邪!爲人之所爲者,人亦無疵焉,是之謂與人爲徒。成而上比者,與古爲徒。其言雖教,讁之實也,古之有也,非吾有也。若然者,雖直而不病,是之謂與古爲徒。若是則可乎?"

仲尼曰:"惡!惡可!大多政法而不諜⊕,雖固亦無罪。雖然,止是耳矣,夫胡可以及化!猶師心⊕者也。"

【注释】

㊀ 端而虚:外表端谨而内心谦虚。
㊁ 勉而一:勉力行事而专意执着。
㊂ 以阳为充孔扬:"阳",盛气。"充",满。"孔",甚。"孔扬",甚为扬扬自得。即是说:骄盛之气充满于内,显扬于外。
　　郭象《注》:"言卫君亢阳之性充张于内而甚扬于外。"
㊃ 采色不定:喜怒无常。
㊄ 案人之所感:压抑别人的谏劝。
　　成玄英说:"'案',抑也。人以箴规感动,君乃因而抑挫之。"
　　曹础基说:"'案',压抑。'感',思想活动。"
㊅ 求容与其心:求自己内心的畅快。"容与",自快之意(林希逸说)。
㊆ 日渐之德:小德,谓使渐悟之教。下文"大德",乃使顿悟之教。
　　马其昶说:"日渐,犹日积也。谓细行。"(《庄子故》)
㊇ 外合而内不訾(zī):表面附和,内心并不采纳。
　　姚鼐说:"訾,量也。闻君子之言,外若不违,而内不度量其义。"

王闿运说:"訾,资借字也。外与之合,内而不见取也。"(《庄子注》)
⑨ 成而上比:陈述成说而上比于古人。

林希逸说:"以自己之成说而上合于古人;言古人以为证也。"

⑩ 与天为徒:和自然同类。
⑪ 天之所子:属于天生的。

王孝鱼说:"'与天为徒'四字已流露出人人平等的思想。"(《庄子内篇新解》)

⑫ 与人为徒:通行本作"与人之为徒"。观上下文例,"之"字衍。赵谏议本无"之"字(王孝鱼点校)。依闻一多之说,据赵本删去。

闻一多说:"'之'字衍。'与人为徒'与上'与天为徒',下'与古为徒',文同一例,下文'是之谓与人为徒',是其确证。"(《庄子内篇校释》)

⑬ 擎(qíng)跽(jì)曲拳:"擎",执笏。"跽",跪拜。"曲拳",鞠躬。
⑭ 大多政法而不谍:法则太多,犹不稳当(释德清说)。"大",读太,《释文》引《崔谲》本作"太"。

"政",同"正"(宣颖、王先谦说)。"谍",当。

⑮ 师心:师法自己的成心,执着于自己的成见。

【今译】

颜回说:"外貌端肃而内心谦虚,勉力行事而意志专一,这样可以吗?"

孔子说:"唉!这怎么可以呢!卫君骄气横溢,喜怒无常,平常人都不敢违背他,压抑别人对他的劝告,以求自己内心的畅快。这种人每天用小德慢慢感化他都不成,何况用大德来规劝呢?他必定固执不化,即使表面附和而内心也必不如此。你用的方法怎么可以呢?"

颜回说:"那么我'内心诚直而外表恭敬','引用成说上比于古人'。所谓'内心诚直',即是和自然同类。和自然同类的,便知道人君和我,在本性上都属于天生的,这样我对自己所讲的话何必要求人家称赞为善,又何必管人指责为不对呢?这样,人家都以我为赤子之心,这就叫做'和自然同类'了。所谓'外表恭敬',是和一般人一样。执笏跪拜,这是人臣应尽的礼节,人家都这样做,我敢不这样做吗?做大家所做的事,别人也不会责怪我,这就叫做'和人家同类'。所谓'引用成说上比于古人',是和古时候同类。我所引用的成说虽然都是教训,但是这些诤言都是有根据的,是古时候就有的,并不是我自己造的,像这样,言语虽然直率却也不会招来怨恨,这就叫做'和古时同类'。这样可以吗?"

孔子说:"唉!这怎么可以呢?要去纠正人家的法子太多而并不妥当。这些法子虽然固陋,倒也可以免罪。然而,只不过如此而已,怎么能够感化他呢!你太执着自己的成见了。"

顔回曰:"吾無以進矣,敢問其方。"

仲尼曰:"齋,吾將語若! 有心○而爲之,其易邪? 易之者,皞天不宜○。"

顔回曰:"回之家貧,唯不飲酒不茹葷者數月矣。如此,則可以爲齋乎?"

曰:"是祭祀之齋,非心齋也。"

回曰:"敢問心齋。"

仲尼曰:"若一志,無聽之以耳而聽之以心,無聽之以心而聽之以氣○! 耳止於聽○,心止於符。氣也者,虛而待物者也。唯道集虛○。虛者,心齋也。"

顔回曰:"回之未始得使○,實有○回也;得使之也,未始有回也;可謂虛乎?"

夫子曰:"盡矣。吾語若! 若能入遊其樊而無感其名○,入則鳴,不入則止○。無門無毒○,一宅○而寓於不得已○,則幾矣。

"絶迹易,無行地難○。爲人使易以僞,爲天使難以僞。聞以有翼飛者矣,未聞以無翼飛者也;聞以有知知者矣,未聞以無知知者也。瞻彼闋者○,虛室生白○,吉祥止止○。夫且不止,是之謂坐馳○。夫徇○耳目内通而外于心知⑫,鬼神將來舍,而況人乎！是萬物之化也,禹舜之所紐也⑬,伏羲几蘧⑭之所行終,而況散焉者⑮乎！"

【注释】

㊀ 心：今本缺"心"字。郭象《注》："夫有其心而为之者,诚未易也。"可知郭本原有"心"字。兹据《阙误》引张君房本及注文补上(王孝鱼点校)。

㊁ 暤(gāo)天不宜：与自然之理不合(阮毓崧说)。"暤天",自然(向秀《注》)。

㊂ 气：在这里"气"当指心灵活动到达极纯精的境地。换言之,"气"即是高度修养境界的空灵明觉之心。所以说："气也者,虚而待物者也。""虚而待物者"显然是指"心"而言。

徐复观先生说："气,实际只是心的某种状态的比拟之词,与《老子》所说的纯生理之气不同。"(《中国人性论史》第十二章《庄子的心》,第 382 页)

㊃ 耳止于听：今本作"听止于耳",为传写误倒。"耳止于听",与下句"心止于符",正相对文。成《疏》："不着声尘,止于听。此释无听之以耳也。"可见成本原作"耳止于听"。今据俞樾之说改正。

俞樾说："'听止于耳',当作'耳止于听',传写误倒也,乃申说无听之以耳之义。"

㊄ 虚：喻空明的心境。

㊅ 得使：言得教诲(林希逸说)。

王懋竑说："'使'字不甚协。林云：'得使',言得教诲。只以意言之。"

㊆ 有：今本作"自",为"有"之误。根据奚侗之说改。

奚侗说："'自'系'有'字之误,形相近也。下文'得使之也,未始有回也',正与此文反应。"

⑧ 无感其名:不为名位所动。

⑨ 入则鸣,不入则止:能接纳你的意见就说,不能接纳你的意见就不说。

⑩ 无门无毒:"毒"字注释颇纷歧;旧注有几种说法:㈠郭《注》"毒"为"治"。㈡林希逸训"毒"为"药"(释德清、林云铭、宣颖等从之)。㈢李桢说"毒"乃"壔"之假借。"壔"者,累土为台以传信;壔是保卫之所(详见郭庆藩《集释》引)。案旧注均未妥;近人的今译是:㈠没有间隙让人可乘(叶玉麟译,关锋今译从叶译)。㈡不立门户,不施壁垒(李钟豫今译)。㈢勿固闭勿暴怒(杨柳桥译诂)。从后说。

叶玉麟说："'门'者可以沿为行路,'毒'者可以望为标的。'无门无毒',使人无可窥寻指目之意。"(《白话庄子读本注》)按叶从李桢之说作解,然恐非《庄》书原意。

奚侗说："'毒'当作'窦',音同相假。《左襄十年传》王叔之宰曰:'荜门闺窦之人。'是'门''窦'连文之证。〈知北游〉篇:'无门无房',与此同义。"

陈启天说："'无门',谓不由门路营求也。'毒',当读为纛,音道,古代官吏仪从之大旗。'无纛',谓不用旗帜招摇也。"

杨柳桥说："按:《白虎通·五祀篇》:'门,以闭藏自固也。'《广雅》:'门,守也。'王逸《楚辞注》:'毒,恚也。'韦昭《国语》注:'毒,犹暴也。'无门、无毒,犹言勿固闭、勿暴怒也。"(《庄子译诂》)按各说以杨说为优。

⑪ 一宅:"宅"是指心灵的位置。"一"是形容心灵凝聚的状态。

　　释德清说:"一宅者,谓安心于一,了无二念。"
⑫ 寓于不得已:指应事寄托于不得已。

　　释德清说:"寓意于不得而应之,切不可有心强焉。"
⑬ 绝迹易,无行地难:不走路容易,走路不留行迹就困难。

　　释德清说:"逃人绝世尚易,独有涉世无心,不着形迹为难。"
⑭ 瞻彼阕者:"瞻",观照。"阕",空。观照那个空明心境。
⑮ 虚室生白:空明的心境生出光明。

　　司马彪说:"'室'比喻心,心能空虚,则纯白独生也。"(《释文》引)
⑯ 吉祥止止:"止止",前面的"止"字是动词,后面的"止"字是名词,喻凝静之心。意即:吉祥善福,止在凝静之心(成《疏》)。

　　俞樾说:"'止止'连文,于义无取。《淮南子·俶真训》作'虚室生白,吉祥止也',疑此文下'止'字亦'也'字之误。卢重元注《列子·天瑞篇》曰:'虚室生白,吉祥止耳。'亦可证'止止'连文之误。"俞说可供参考。

　　奚侗说:"下'止'字当作'之'。'止'、'之'篆形相似,易误。《陈风》:'歌以讯止',今本'止'讹作'之'。《小雅》:'高山仰止,景行行止',《史记·孔子世家》引并作'之',皆其证。"按奚说可存。句作"吉祥止止",可通。
⑰ 坐驰:形坐而心驰(成《疏》)。
⑱ 徇:使(李颐说)。
⑲ 外于心知:排除心机。
⑳ 纽:纲纽,关键。

⑭ 几蘧：传说中的古代帝王。

成玄英《疏》："三皇以前无文字之君。"

闻一多说："案古帝王无号几蘧者，当是遂人，遂讹为蘧（《左传·桓公十三年》'遂见楚子'，《汉书·五行志》中之上作遱见）。人讹为几，又误倒其文，因为'几蘧'耳。今乙正。遂人即燧人（《路史·前纪》五注引《尸子》及《礼含文嘉》并作遂人）。〈缮性篇〉曰'及燧人伏羲始为天下'，亦二王并举，例与此同。"（《庄子内篇校释》）

⑮ 散焉者：疏散之人，指普通一般人。

【今译】

颜回说："我没有更好的办法了，请问有什么方法？"

孔子说："你先斋戒，我再告诉你。你有了成心去做事，哪里有这么容易呢？如果你以为容易，那就不合自然的道理了。"

颜回说："我家里贫穷，不饮酒、不吃荤已经有好几个月了。这样子，可算是斋戒了吗？"

孔子说："这是祭祀的斋戒，并不是'心斋'。"

颜回说："请问什么是'心斋'？"

孔子说："你心志专一，不用耳去听而用心去体会，不用心去体会而用气去感应。耳的作用止于聆听外物，心的作用止于感应现象。气乃是空明而能容纳外物的，只要你到达空明的心境，道理自然与你相合。'虚'（空明的心境），就是'心斋'。"

颜回说："我在没有听到'心斋'道理的时候，实在不能忘我；听到'心斋'道理之后，顿然忘去自己，这样可算达到空明的心境吗？"

孔子说："对了，我告诉你！如能悠游于藩篱之内而不为名位所动，能够接纳你的意见就说，不能接纳你的意见就不说。自己不要固闭，也不要暴躁，心灵凝聚而处理事情寄托于不得已，这样就差不多了。

"不走路还容易，走路而不留行迹就困难了。为情欲所驱使容易造伪，顺其自然而行便难以造伪。只听说过有翅膀才能飞，没有听说过没有翅膀而能飞的；只听说过用心智去求得知识，没有听说过不用心智而可求得知识的。观照那个空明的心境，空明的心境可以生出光明来。福善之事止于凝静之心，如果心境不能宁静，这就叫做'坐驰'。使耳目感官向内通达而排除心机，鬼神也会来依附，何况是人呢！这样万物都可以感化，这是禹、舜处世的关键，伏羲、几蘧行为的准则，何况普通的人呢！"

二

葉公子高⊖將使於齊，問於仲尼曰："王使諸梁也甚重,齊之待使者,蓋將甚敬而不急。匹夫猶未可動,而況諸侯乎!吾甚慄之。子常語諸梁也曰:'凡事若小若大,寡不道以懽成㊀。事若不成,則必有人道之患㊁;事若成,則必有陰陽之患㊂。若成若不成而後無患者,唯有德者能之。'吾食也執粗而不臧,爨無欲清之人㊄。今吾朝受命而夕飲冰,我其內熱與㊅!吾未至乎事之情,而既有陰陽之患矣;事若不成,必有人道之患。是兩也,為人臣者不足以任之,子其有以語我來!"

仲尼曰:"天下有大戒㊆二:其一,命也;其一,義也㊇。子之愛親,命也,不可解於心;臣之事君,義也,無適而非君也,無所逃於天地之間。是之謂大戒,是以夫事其親者,不擇地而安之,孝之至也;夫事其君者,不擇事而安之,忠之盛也;自事其心者,哀樂不易施乎前,知其不可奈何而安之若命,德之至也。為人臣子者,固有所不得已。行事之情而忘其身,何暇至於悅生而惡死!夫子其行可矣。

"丘請復以所聞:凡交近則必相靡㊈以信,交遠則必忠之以言㊉,言必或傳之。夫傳兩喜兩怒之言,天下之難者也。夫兩喜必多溢美之言,兩怒必多溢惡之言。凡溢之類妄,妄則其信之也莫㊊,莫則傳言者殃。故法言㊋曰:

'傳其常情,無傳其溢言,則幾乎全。'

"且以巧鬭力者,始乎陽,常卒乎陰㊺,泰至則多奇巧;以禮飲酒者,始乎治,常卒乎亂,泰至則多奇樂。凡事亦然。始乎諒,常卒乎鄙㊻;其作始也簡,其將畢也必巨。

"言者,風波也;行者,實喪㊼也。夫風波易以動,實喪易以危。故忿設無由,巧言偏辭。獸死不擇音,氣息茀然,於是並生厲心㊽。剋核太至㊾,則必有不肖之心應之,而不知其然也。苟為不知其然也,孰知其所終!故法言曰:'無遷令,無勸成㊿,過度益㊼也。'遷令勸成殆事,美成在久,惡成不及改,可不慎與!

"且夫乘物以遊心㊼,託不得已以養中㊼,至矣。何作為報也㊼!莫若為致命㊼,此其難者㊼。"

【注释】

㊀ 叶公子高:楚大夫,为叶县令,僭称公,姓沈,名诸梁,字子高(《释文》)。

㊁ 寡不道以欢成:未有不依道而能使美满成就(刘须溪点校《庄子》,焦竑《庄子翼》引);"欢成",陈碧虚《阙误》引江南古藏本作"成欢"。

㊂ 人道之患:人为的祸患,指人君的惩罚。

㊃ 阴阳之患:阴阳之气激荡而致失调患病。

李勉说:"言事若成,则胸中阴阳之气因喜而激动,不得平静,易以伤神,此亦患也,是谓之阴阳之患。阴阳者,人体内阴阳之气也。各家解此句为喜欢交战于胸中,然事既成矣,喜则有之,何欢之有?故不当解为喜欢交战于胸中。"按李说是。各家都从郭《注》成《疏》,未妥。

㊄ 吾食也执粗而不臧,爨(cuàn)无欲清之人:依《释文》,有两种断句法,一至"臧"绝句,一至"爨"绝句。通行本以"执粗而不臧"为句,可从。

李勉说:"言叶公之于食,持粗而不求精。因叶公于食不求精,故为之爨者(厨者),不必大事烹饪,自不深受火之热,故无欲清凉之人。"

㊅ 内热:内心烦焦。

成玄英说:"怖欢忧愁,内心熏灼。"

㊆ 大戒:"戒",法(成《疏》)。指人生足以为戒的大法。

㊇ 其一,命也;其一,义也:"命",犹天性(李勉说)。"义",一种应然的社会生活的存在规范(日本金谷治说)。

㊈ 靡:縻通,维系(王敔说)。

㊉ 交远则必忠之以言:"交"字原缺。《御览》四三〇引"远"上有"交"字。"交远"与"交近"对言(王叔岷《校释》)。依补。

武延绪说:"'忠'或疑为'忞'。'忞'古'固'字。"(《庄子札记》)武说可供参考。

㊀㊀ 信之也莫:"莫",薄。信之也薄,犹言信之不笃(奚侗说)。

㊀㊁ 法言:有两个解释:㈠格言:成《疏》:"先圣之格言,为当来者之轨辙也。"㈡古书:林希逸说:"《法言》者,古有此书也。"今译从㈠。

㊂ 始乎阳，常卒乎阴：指以巧斗力者，始于明斗，而常终于阴谋。

　　郭嵩焘说："凡显见谓之阳，隐伏谓之阴。斗巧者必多阴谋，极其心思之用以求相胜也。"（见郭庆藩《庄子集释》引）按：旧注"阳""阴"多作"喜""怒"讲，郭说于义为长。《淮南子·诠言训》："故以巧斗力者，始于阳，常卒于阴，以慧治国者，始于治，常卒于乱。"许注："言知巧之所施，始于阳善，终于阴恶也。"同于郭解。"阴"作"阴谋"、"阴恶"，与下句"多奇巧"正相应。

㊃ 始乎谅，常卒乎鄙：始则诚信，终则鄙恶（成《疏》）。"谅"，见谅，取信之意。"鄙"，欺诈。俞樾说"谅"字为"都"字之误，与"鄙"字相对为文（详见《庄子平议》）。按"都"、"鄙"亦含有美恶之意（陈启天说）。

㊄ 实丧：犹言得失（郭嵩焘说）。

㊅ 厉心：狠戾之心。"厉心"原作"心厉"，根据武延绪之说改。

　　武延绪说："'心厉'二字倒，疑当作'厉心'，即下文不肖之心也。"武说可从。

㊆ 克核太至：逼迫太甚。

㊇ 无迁令，无劝成：不要改变所受的使命，不要强求事情的成功。

㊈ 益："溢"之初文（马叙伦说）。

　　刘师培说："'益'乃'溢'省。上云'溢美''溢恶'，又言'溢之类妄'及'无传其溢'，此冢彼言，因以过度诠'溢'诂，成《疏》以'添益'解之，非也。"（《庄子斠补》）

㊉ 乘物以游心：意即顺任事物的自然而悠游自适。"游心"，即心灵自由活动。

㊊ 托不得已以养中："托不得已"，寄于不得已，亦谓顺自然（李勉

⑫ 何作为报也：何必作意去报效国君呢！"也"，同"耶"。

焦竑说："何必有所作为以还报哉！"（《庄子翼》）

方潜说："何必作意以求报命！"（《南华经解》）

⑬ 致命：致其君之命（林希逸说），意指真实无妄地传达君令。成《疏》："直致率情，任于天命。"则"致命"似为顺任自然分际之意。James Legge 英译："to be prepared to sacrifice your life"为误。

⑭ 此其难者：指完成君主的使命是很困难的事。按成《疏》以"其"作"岂"，谓"言不难"，误。

【今译】

叶公子高将要出使齐国，问孔子说："楚王交给我的使命是很重大的，齐国对待外来的使者，总是表面恭敬而实际怠慢。一个普通人尚且不可轻动，何况是诸侯呢！我很害怕。先生曾经对我说：'凡事无论大小，很少有不合乎道而结果是好的。事情若是办不成功，就必定会遭受惩罚；事情若是成功，就必定会受阴阳之气激荡之致失调患病。无论是成功或不成功而不会遭到祸患的，那只有盛德的人才能做到。'我平时吃粗食而不求精美，家中没有求清凉的人。现在我早晨接到使命而晚上就要喝冰水，我是心中焦灼了吧！我还没有了解事实的真相，就已经阴阳之气激荡而致患病；事情如果再办不成功，必定要遭受到人君的惩罚。这两种灾患降临在身，为人臣的实在承受不了，先生可以教导我吗？"

孔子说："世间有两个足以为戒的大法：一个是'命'（自然的），一个是'义'（人为的）。子女爱父母，这是人的天性，无法解释的；臣子事君主，这是不得不然的，无论任何国家都不会没有君主，这是没法逃避得了的。这就是所谓足以为戒的大法。所以子女养父母，无论什么境地都要使他们安适，这是行孝的极点了；臣子事君主，无论任何事情都要安然处之，这是尽忠的极点了；从事内心修养的人，不受哀乐情绪的影响，知道事情的艰难无可奈何而能安心去做，这就是德性的极点了。为人臣子的，当然有不得已的事，但是遇事能如实地去做而忘记自己，这样哪里会有贪生怕死的念头呢？你这样去做就行了！

"我还把所听到的再告诉你：大凡国与国相交，邻近的国家就以信用来往，远途的国家就用忠实的语言维系，用语言来建立邦交就要靠使臣去传达。传达两国国君喜怒的言词，是天下最难的事情。两国国君喜悦的言词必定过度地添加许多好话，两国国君愤怒的言词必定过度地添加许多坏话。凡是过度添加的话都是失真的，失真就双方都不相信，不相信则传话的使臣要遭殃了。所以古语说：'要传达真实的言词，不要传达过甚的言词，这样

就可以保全自己。'

"那些以技巧角力的人,开始的时候明来明去,到最后往往使出阴谋,太过分时就诡计百出了;以礼饮酒的人,开始的时候规规矩矩,到最后往往迷乱昏醉,太过分时就放荡狂乐了。任何事情都是这样。开始的时候彼此见谅,到最后就往往互相欺诈了。许多事情开始的时候很单纯,到后来就变得艰难了。

"语言就像风波;传达语言,有得有失。风波容易兴作,得失之间容易发生危难。所以忿怒的发作没有别的原因,就是由于花言巧语偏辞失当。困兽要死的时候就尖声乱叫,呼吸急促,于是产生了噬人的恶念。凡事逼迫太过分时,别人就会兴起恶念来报复他,而他自己还不知道为什么缘故。如果自己都还不知道怎么回事,谁能知道他会遭到什么结果呢!所以古语说:'不要改变所受的使命,不要强求事情的成功。过度就是"溢"了。'改变成命强求事成都会败事,成就一件好事需要很久的时间,做成一件坏事就后悔不及了。这可以不谨慎吗?

"顺着事物的自然而悠游自适,寄托于不得已而蓄养心中的精气,这就是最好的了。何必作意去完成国君的使命呢!不如顺乎自然的分际,这是很困难的。"

三

顏闔㊀將傅衛靈公太子,而問於蘧伯玉㊁曰:"有人於此,其德天殺㊂。與之爲無方,則危吾國;與之爲有方,則危吾身。其知適足以知人之過,而不知其所以過。若然者,吾奈之何?"

蘧伯玉曰:"善哉問乎!戒之,愼之,正汝身也哉!形莫若就㊃,心莫若和㊄。雖然,之二者有患。就不欲入㊅,和不欲出㊆。形就而入,且爲顛爲滅,爲崩爲蹶。心和而出,且爲聲爲名,爲妖爲孽㊇。彼且爲嬰兒,亦與之爲嬰兒;彼且爲無町畦㊈,亦與之爲無町畦;彼且爲無崖㊉,亦與之爲無崖。達之,入於無疵。

"汝不知夫螳螂乎?怒其臂以當車轍,不知其不勝任也,是其才之美者也。戒之,愼之!積伐而美者㊋以犯之,幾㊌矣。

"汝不知夫養虎者乎?不敢以生物與之,爲其殺之之怒也;不敢以全物與之,爲其決之之怒也;時其饑飽,達其怒心。虎之與人異類而媚養己者,順也;故其殺之㊍者,逆也。

"夫愛馬者,以筐盛矢⑤,以蜄盛溺。適有蚉䖟僕緣⑥,而拊之不時,則缺銜毀首碎胸⑦。意有所至而愛有所亡,可不慎邪!"

【注释】

㊀ 颜阖:姓颜名阖,鲁国的贤人。

㊁ 蘧(qú)伯玉:姓蘧,名瑗,字伯玉,卫国的贤大夫。

㊂ 其德天杀:言天性刻薄人(刘须溪说);天资劣薄(浦起龙说)。"杀",音衰。

㊃ 形莫若就:外貌不如表现亲近之态。

㊄ 心莫若和:内心不如存着诱导之意。

　　林希逸说:"和,调和也,诱导之也。"

㊅ 就不欲入:亲附他不要太过度。

㊆ 和不欲出:诱导之意不要太显露。

㊇ 为妖为孽:"孽",灾。谓招致灾祸。

㊈ 町(tǐng)畦(qí):皆田区(陈寿昌说);即界限。

㊉ 无崖:无拘束。

⑪ 积伐而美者:"积",屡;"伐",夸(林希逸说)。"而",汝(成《疏》)。

⑫ 几:危殆(郭《注》)。

　　马叙伦说:"'几'借为'危'。《尔雅·释诂》曰:'几,危也。'即借'几'为'危'也。"

⑬ 杀之:"之"字今本缺漏,根据《列子·黄帝篇》补上。

王叔岷先生说："《列子·黄帝篇》'杀者'作'杀之'，疑此文本作'故其杀之者逆也'。今本此文脱'之'字，《列子·黄帝篇》挩'者'字，文意并不完。"

㉔ 矢：同"屎"。

㉕ 仆缘：附着。

　　王念孙说："'仆'之言'附'也，言蚤虱附缘于马体也。'仆'与'附'，声近而义同。"

㉖ 拊（fǔ）：拍打，轻拍。毁首碎胸：毁碎口勒与胸上的络辔。

【今译】

　　颜阖被请去做卫灵公太子的师傅，他去请教蘧伯玉说："现在有一个人，天性残酷，如果放纵他，就会危害我们的国家；如果用法度来规谏他，就会危及自身。他的聪明足以知道别人的过错，但不知道自己为什么会犯过错。遇到这种情形，我怎么办呢？"

　　蘧伯玉说："你问得很好，要小心谨慎，首先你要立得稳。外貌不如表现亲近之态，内心存着诱导之意。虽然这样，这两者仍有累患。亲附他不要太过分，诱导他不要太显露。外貌亲附太深，就要颠败毁灭；内心诱导太显露，他以为你为了争声名，就会招致灾祸。他如果像婴孩那样烂漫，你也姑且随着他像婴孩那样烂漫；他如果没有界限，那么你也姑且随着他那样不分界限；他如果无拘无束，那么你也姑且随着他那样无拘无束。这样引达他，入于无过失的正途上。

"你不知道那螳螂吗？奋力举起臂膀去阻挡车轮，不知道自己的力量不能胜任，这就是太自信自己能力强了。要小心，谨慎啊！你若总是夸耀自己的长处去触犯他，就危险了。

"你不晓得那养老虎的吗？不敢拿活物给它吃，怕它扑杀活物时会激起它残杀的天性；不敢拿完整的食物给它吃，怕它撕裂食物时会激起它残杀的天性。知道它饥饱的时刻，顺着它喜怒的性情。虎和人虽是异类却驯服于养它的人，因为能顺着它的性子。至于它要伤害人，是因为触犯了它的性子。

"喜欢马的人，用别致的竹筐去接马粪，用珍贵的盛水器去接马尿。恰巧有蚊虻叮在马身上，爱马的人出其不意扑打蚊虻，马就会受惊咬断口勒、毁坏头上胸上的络辔。本意出于爱而结果适得其反，这可不谨慎吗？"

四

匠石之齊，至於曲轅，見櫟社樹○。其大蔽數千牛，絜之百圍○，其高臨山，十仞而後有枝○，其可以爲舟者旁○十數。觀者如市，匠伯○不顧，遂行不輟。弟子厭觀㊧之，走及匠石，曰："自吾執斧斤以隨夫子，未嘗見材如此其美也。先生不肯視，行不輟，何邪？"

曰："已矣，勿言之矣！散木也，以爲舟則沈，以爲棺槨則速腐，以爲器則速毀，以爲門戶則液樠，以爲柱則蠹。是不材之木也，無所可用，故能若是之壽。"

匠石歸，櫟社見夢曰："女將惡乎比予哉？若將比予於文木邪？夫柤梨橘柚，果蓏之屬㊦，實熟則剝，剝則辱㊨；大枝折，小枝泄㊩。此以其能苦其生者也，故不終其天年而中道夭，自掊擊於世俗者也。物莫不若是。且予求無所可用久矣，幾死，乃今得之，爲予大用。使予也而有用，且得有此大也邪？且也若與予也皆物也，奈何哉其相物也㊩？而幾死之散人，又惡知散木！"

匠石覺而診㊩其夢。弟子曰："趣取㊩無用，則無社何邪？"

曰："密！若無言！彼亦直寄焉，以爲不知己者詬厲㊩也。不爲社者，且幾有翦乎！且也彼其所保與衆異，而以義喻㊩之，不亦遠乎！"

【注釋】

㊀ 櫟(lì)社樹：以櫟樹爲社神。

林云铭说:"以栎树为土神而祀之,此二十五家之私社也。"

朱桂曜说:"古时恒择木之大者以为社而祀之。"

㊁ 絜之百围:"絜",量。"围",圆周一尺。

李颐说:"径尺为围,盖十丈也。"(《释文》引)按:或说一抱曰围,"百围"是形容树之大。

㊂ 其高临山,十仞而后有枝:树身高达山头,树干七八十尺以上才生枝。这是形容树的高大。

㊃ 旁:旁枝(《释文》引崔譔说)。

㊄ 匠伯:"伯",《释文》引崔本作"石"。按石是工匠之名,"伯"指工匠之长。

㊅ 厌观:饱看。

㊆ 果蓏(luǒ)之属:果瓜之类。

成玄英说:"在树曰'果',柤梨之类;在地曰'蓏',瓜瓠之徒。"

㊇ 辱:扭折。

章炳麟说:"《释名》:'辱,衄也。'言折衄也。此'辱'字借为'衄'义,为折衄。"

㊈ 泄:当读为曳,牵引(俞樾说)。

㊉ 奈何哉其相物也:为什么还要拿我去类比文木呢?此承上"若将比予于文木邪"而言。"相",相互。"物",类(《左传》:"与吾同物",注:"物",类也)。"相物",即相互类比。

⑪ 诊:通"畛",告。

王念孙说:"向秀司马彪并云:'诊,占梦也。'案下文皆匠石与弟子论栎社之事,无占梦之事。'诊'当读为'畛'。《尔雅》云:'畛,告也。'郭《注》引《礼》曰:'畛于鬼神。''畛'与

'诊',古字通。此谓匠石觉而告其梦于弟子,非谓占梦也。"
⑫ 趣取:意在求取。
　　　　释德清说:"趣,乃意趣,犹言意思也。"
⑬ 诟厉:辱骂。
⑭ 义喻:"义"有两解:一训为仪,即外观;一作常理(宣颖《注》)。"喻",通行本作"誉",依世德堂本及卢文弨校改。"义喻"可解释为:㈠从外观来了解;㈡从常理来衡量。今译取后者。

【今译】

　　有个名叫石的木匠往齐国去,到了曲辕,看见有一棵为社神的栎树。这棵树大到可以供几千头牛遮阴,量一量树干有百尺粗宽,树身高达山头,好几丈以上才生枝,可以造船的旁枝就有十几枝。观赏的人群好像集市一样,匠伯不瞧一眼,直往前走。

　　他的徒弟站在那儿看了个饱,追上匠石,问说:"自从我拿了斧头跟随先生,没有见过这么大的木材。先生不肯看一眼,直往前走,为什么呢?"

　　回说:"算了吧,不要再说了!那是没有用的散木,用它做船很快就会沉没,用它做棺椁很快就会腐烂,用它做器具很快就会折毁,用它做门户就会流污浆,用它做屋柱就会被虫蛀,这是不材之木,没有一点用处,所以才能有这么长的寿命。"

　　匠石回到家,夜里梦见栎社树对他说:"你要拿什么东西和我相比呢？把我和有用之木相比吗？那柤梨橘柚，瓜果之类，果实熟了就被打下来，打下来后树身也会被糟蹋；大枝被折断，小枝被拉下来。这都是由于它们的才能害苦了自己的一生，所以不能享尽天赋的寿命而中途就夭折，这都是自己显露有用招来世俗的打击。一切东西没有不是这样的。我求做到无所可用的地步，已经很久了，几乎被砍死，到现在我才保全了自己，这正是我的大用。假使我有用，我还能长得这么大吗？而且你和我都是物，为什么还要拿我去类比文木呢？你是将要死的散人，又怎能知道散木呢？"

匠石醒来把梦告诉他的徒弟。徒弟说："它意在求取无用，为什么要做社树呢？"

匠石说："停！你别说了！栎树也不过是寄托于社，使那些不了解它的人訾议它。假使它不做社树，岂不就遭到砍伐之害吗，况且它用以保全自己的方法与众不同，你只从常理来度量它，不是相差太远了吗？"

五

南伯子綦㊀遊乎商之丘㊁，見大木焉，有異，結駟千乘，將隱芘其所藾㊂。子綦曰："此何木也哉？此必有異材夫?"仰而視其細枝,則拳曲而不可以爲棟梁;俯而視其大根,則軸解㉔而不可以爲棺槨;咶其葉,則口爛而爲傷;嗅之,則使人狂酲㉕,三日而不已。

子綦曰:"此果不材之木也,以至於此其大也。嗟乎神人,以此不材!

"宋有荊氏者㉖,宜楸柏桑。其拱把㉗而上者,求狙猴之杙㉘者斬之;三圍四圍,求高名之麗者㉙斬之;七圍八圍,貴人富商之家求樿傍㉚者斬之。故未終其天年,而中道之夭於斧斤,此材之患也。故解之㉛以牛之白顙㉜者與豚之亢鼻㉝者,與人有痔病者不可以適河㉞。此皆巫祝以知之矣,所以爲不祥也。此乃神人之所以爲大祥也。"

【注释】

㊀ 南伯子綦:庄子杜撰的人物,即〈齐物论〉南郭子綦。

　　李颐说:"即南郭也。'伯',长也。"

㊁ 商之丘:今河南商丘县。

㊂ 将隐芘其所藾:"将隐",今本误倒为"隐将"。根据张君房本改正。"藾",即荫。

　　奚侗说:"此文当作'将隐芘其所藾','芘'借作'庇','隐''庇'同义,所以用作连词。盖谓结驷千乘,将隐蔽于其所荫之下也。郭《注》:'其枝所阴,可以隐芘千乘。'可证郭所见本,正作将隐芘其所藾也。《阙误》引张君房本亦作'将隐芘其所荫',今本'将隐'误倒,当据以乙正。"按:疑本作"将比其所荫"。"比"通庇,注《庄》者于"比"旁注"隐"字,后误入正文。

④ 轴解:谓木心分裂(陈启天说)。

　　陈寿昌说:"轴解,木纹旋散也。"

　　严复说:"轴解者,木横截时,则见其由心而裂,至于外也。"

⑤ 咶(shì):通"舐"。舔。酲(chéng):酒醉。

⑥ 荆氏:地名,在宋国境内。

⑦ 拱把:两手相合谓"拱",一手能握谓"把"。

⑧ 杙(yì):栓。

⑨ 高名之丽:即高名之家,荣华高屋。"丽",同"欐",屋栋。

⑩ 樿傍:棺之全一边者(司马彪说);独板棺木(李钟豫今译)。

⑪ 解之:犹禳除(王懋竑说);即祭神求福解罪。

⑫ 白颡:白额。意即非纯色牲,故不与祭。

⑬ 亢鼻:仰鼻,鼻孔翻上。

⑭ 适河:把童男童女沉入河中祭神。

　　成玄英说:"古者将人沉河以祭河伯,西门豹为邺令,方断之,即其类是也。"

【今译】

　　南伯子綦到商丘去游玩,看到一棵大树与众不同,可供千乘的车马隐息于树荫下。子綦说:"这是什么树木啊!这树必定有奇特的材质。"仰起头来看看它的细枝,却只见弯弯曲曲而不能做栋梁;低下头去看看它的大干,却见木纹旋散而不能做棺椁；舔舔它的叶子，嘴就溃烂受伤；嗅嗅它，就会使人狂醉，三天醒不过来。

子綦说："这是不材之木，所以才能长得这么大。唉！神人也是这样显示自己的不材呀！

"宋国荆氏那个地方，适宜种植楸、柏、桑树。一握两握粗的，想用做系猴子木桩的人就把它砍了去；三围四围粗的，想用做高大屋栋的人就把它砍了去；七围八围粗的，富贵人家想用做棺材的就把它砍了去。所以不能享尽天赋的寿命，而中途就被斧头砍死，这就是有用之材的祸患。所以古时禳除的祭祀，凡是白额的牛和鼻孔翻上的猪，以及生痔疮的人，都不可以用来祭河神，这是巫祝都知道的，认为那是不吉祥的。但这正是神人以为最吉祥的。"

六

支離疏⊖者，頤隱於臍，肩高於頂，會撮⊜指天，五管⊜在上，兩髀爲脇⑲。挫鍼治𦂅⑮，足以餬口；鼓筴播精㊅，足以食十人。上徵武士，則支離攘臂而遊於其間；上有大役，則支離以有常疾不受功；上與病者粟，則受三鍾⊕與十束薪。夫支離其形者，猶足以養其身，終其天年，又况支离其德者⑩乎！

【注释】

㊀ 支离疏：寓托的人名。

　　释德清说："此假设人之名也。'支离'者，谓隳其形。'疏'者，谓泯其智也。乃忘形去智之喻。"

㊁ 会撮：发髻。

　　司马彪说："会撮，髻也。古者髻在顶中，脊曲头低，故髻指天也。"

　　李桢说："……以'会撮'为髻，当亦是小撮持其发，故名之。……'会'与'鬠'亦通。《集韵》有'鬠'字，音撮，髻也。当是俗因'会撮'造为头髻专字。"（郭庆藩《集释》引）

㊂ 五管：五脏腧穴。另一说"五管"即五官（高亨《新笺》）。

㊃ 两髀（bì）为胁："髀"，股，膝以上的腿骨。"胁"，胸旁的肋骨。

　　释德清说："髀，大腿也。言大腿为两胁，则形曲可知。"

㊄ 挫针治繲：缝衣洗衣。"鍼"，同针。

　　司马彪说："'挫针'，缝衣也。'治繲'，浣衣也。"

㊅ 鼓筴播精："鼓"，簸。小箕曰"筴"。简米曰"精"（司马彪说）。谓以簸箕筛米去糠。按崔譔以"鼓筴"为揲蓍钻龟，以"播精"为卜卦占兆，非。"播精"，《文选》注作"播糈"（王应麟说）。

　　郭庆藩说："案'精'当为'糈'之误。《说文》：'糈，粮也。'"

　　奚侗说："'精'当作'糈'，《说文》：'糈，粮也。'《楚辞》王注：'糈，精米，所以享神。''精''糈'形近易误。《文选》孝若《东方朔画赞》注引此文正作'糈'。"按：作"糈"可，作"精"亦通。

⑦ 钟：六斛四斗为一钟。古时官吏俸禄多以钟计。
⑧ 支离其德：犹忘德（成《疏》）。

林希逸说："言至人之德亦如此支离者，以无用为大用也。此与不材之木亦同意。"

【今译】

有一个支离疏（形体支离不全的人），脸部隐藏在肚脐下，肩膀高过于头顶，颈后的发髻朝天，五脏腧穴向上，两条大腿和胸旁肋骨相并。替人家缝衣洗服，足够过活；替人家簸米筛糠，足够养十口人。政府征兵的时候，则支离摇摆而游于其间；政府征夫的时候，则支离因残废而免去劳役；政府放赈救济贫病的时候，他可以领到三钟米和十捆柴。形体残缺不全的人，还能够养身，享尽天赋的寿命，又何况那忘德的人呢！

七

孔子適楚，楚狂接輿遊其門曰：

"鳳兮鳳兮，何如德之衰也！

來世不可待，往世不可追也。

天下有道，聖人成⊖焉；

天下無道,聖人生㊁焉。

方今之時,僅免刑焉。

福輕乎羽,莫之知載;禍重乎地,莫之知避。

已乎已乎,臨人以德!

殆乎殆乎,畫地而趨!

迷陽迷陽㊂,無傷吾行!郤曲郤曲㊃,無傷吾足!"

【注释】

㊀ 成:指成就事业。

㊁ 生:指求生,保全生命。

㊂ 迷阳:即荆棘。

> 王应麟说:"胡明仲云:荆楚有草,丛生修条,四时发颖,春夏之交,花亦繁丽,条之腴者,大如巨擘,剥而食之,其味甘美,野人乎为迷阳,其肤多刺。"(见奚侗《庄子补注》及马叙伦《庄子义证》引)

> 王先谦说:"谓棘刺也。生于山野,践之伤足,至今吾楚舆夫遇之,犹乎迷阳。"

㊃ 郤曲郤曲:言回护避就(林希逸说)。"郤曲",郤行曲行,意即转弯行走。"郤曲郤曲",今本作"吾行郤曲",据《阙误》引张君房本改。

> 明焦竑说:"'吾行郤曲',当从碧虚作'郤曲郤曲,无伤吾足',庶与上文相协。盖由传写者误叠'吾行'二字耳。"

> 王叔岷先生说:"陈碧虚《阙误》引张君房本:'吾行郤曲',作'郤曲郤曲'。《高士传》载此文同。'郤曲郤曲,无伤吾足',

与上文'迷阳迷阳，无伤吾行'，句法一律当从之。今本挩'郤曲'二字，'吾行'二字，又涉上文而衍。"

【今译】

孔子到楚国，楚国狂人接舆走过孔子门前唱着：

"凤啊！凤啊！你的德行为什么衰败！

来世是不可期待的，往世是不可追回的。

天下有道，圣人可以成就事业；

天下无道，圣人只能保全生命。

今天这个时代，只求避免遭受刑害。

幸福比羽毛还要轻，却不知道摘取，

灾祸比大地还要重，却不知道回避。

罢了！罢了！在人的面前用德来炫耀自己，

危险啊！危险啊！固守一条道走下去。

荆棘啊！荆棘啊！不要妨害我的行走！

转个弯儿走，转个弯儿走，不要刺伤了自己的脚啊！"

山木自寇㊀也，膏火自煎也。桂可食㊁，故伐之；漆可用，故割之。人皆知有用之用，而莫知无用之用也。

【注释】

㊀ 自寇：自取寇伐。

㊁ 桂可食：桂皮可做药和作料，所以说可食。

【今译】

　　山木自招砍伐,膏火自招煎熬。桂树因为可以吃,所以就遭砍伐;漆树因为可以用,所以就遭刀割。世人都知道有用的用处,而不知道无用的用处。

德　充　符

〈德充符〉篇，主旨在于破除外形残全的观念，而重视人的内在性，借许多残畸之人为德行充足的验证。能体现宇宙人生的根源性与整体性的谓之"德"。有"德"的人，生命自然流露出一种精神力量吸引着人。

本篇分为六章，首章写兀者王骀，行不言之教，而有潜移默化之功。王骀的弟子与孔子相若，孔子也要拜他为师。王骀能"守宗"，"保始"，把握事物的本质；"物视其所一"，把万物看成一个不可分割的整体。心灵能作整体观，则不拘限于一隅。王骀之过人处，在于他具有统一的世界观。第二章，为兀者申徒嘉与子产合堂同师的寓言。这寓言表现出执政不仅不体恤有残疾的人，还以其高位而傲视有残疾的人。这写出一般权高位重者君临人民的面貌。而申徒嘉的残废是遭刑逼的，"游于羿中、中央者，中地也。""羿中""中地"，则人间世如一刑网。再由形的残全问题，见出有人形体虽残缺而心智却完善，有人形体虽完好而心智却残缺。执政与申徒嘉同窗，"游于形骸之内"，所求者道德学问，然而执政却以貌取人,以势凌人,而索人于"形骸之外",这种价值取向显然是极浮薄的。第三章,为兀者叔山无趾见孔子的故事。这与申徒嘉一节写法相似。孔子蔽于形而不知德,见叔山遭刑致残而歧视他,叔山说他虽亡足,"犹有尊足者存"。责孔子"蕲以諔诡幻怪之名闻",而不知死生一如,是非平齐之理。第四章,写哀骀它无权势、无利禄、无色貌、无言说。有内涵的人却不外扬,所谓"内保之而外不荡"。第五章,闉跂支离无脤与瓮㼜大瘿,也是奇形怪状的人,他们"德有所长,而形有所忘"。篇末一章,为庄子与惠子的对话,谈论人情的问题。"不以好恶内伤其身",庄子所批判的是纵情肆欲,劳神焦思以至于斫伤性命,涂灭性灵。庄子要人"常因自然",遮拨俗情,以体悟天地之大美。

出自本篇的著名成语,有肝胆楚越、虚往实归、无可奈何、废然而反(返)、无形心成、死生一条、和而不唱等。

一

魯有兀⊖者王駘⊜,從之遊者,與仲尼相若,常季⊜問於仲尼曰:"王駘,兀者也,從之遊者,與夫子中分魯。立不教,坐不議,虛而往,實而歸。固有不言之教,無形而心成㉔者邪? 是何人也?"

仲尼曰:"夫子,聖人也,丘也直後而未往耳。丘將以爲師,而況不若丘者乎! 奚假㊄魯國! 丘將引天下而與從之。"

常季曰:"彼兀者也,而王㊅先生,其與庸㊆亦遠矣。若然者,其用心也獨若之何?"

仲尼曰:"死生亦大矣,而不得與之變,雖天地覆墜,亦將不與之遺㊇。審乎無假㊈而不與物遷,命物之化㊉而守其宗㊀也。"

常季曰:"何謂也?"

仲尼曰:"自其異者視之,肝膽楚越也;自其同者視之,萬物皆一也。夫若然者,且不知耳目之所宜㊁而遊心乎德之和;物視其所一而不見其所喪㊂,視喪其足猶遺土也。"

常季曰："彼爲己㊅。以其知得其心，以其心得其常心㊆，物何爲最㊇之哉？"

仲尼曰："人莫鑑於流水，而鑑於止水，唯止能止衆止㊈。受命於地，唯松柏獨也正；在冬夏青青；受命於天，唯堯舜獨也正，在萬物之首㊉。幸能正生㊊，以正衆生。夫保始之徵㊋，不懼之實。勇士一人，雄入於九軍㊌。將求名而能自要者，而猶若是，而況官天地，府萬物，直寓六骸㊍，象耳目，一知之所知㊎，而心未嘗死者㊏乎！彼且擇日而登假㊐，人則從是也。彼且何肯以物爲事乎！"

【注釋】
㊀ 兀（wù）：通"介"，斷足。
㊁ 王駘（tái）：庄子寓托的理想人物。"王"，取爲人所敬崇之義。"駘"，即駑，含有"大智若愚"的意思。
㊂ 常季：孔子的弟子。
㊃ 无形而心成：潜移默化之功。

林希逸說："'无形'，无所見也。'心成'，心感之而自化成也。"（《庄子口义》）

释德清說："謂教人不見于形容言語，而但以心相印成者。"
㊄ 奚假：何但（成《疏》）；何止。

吴汝纶說："《爾雅》曰：'假，已也。已，止也。'"

⑥ 王：音"旺"，胜。

⑦ 庸：常人。

⑧ 不与之遗：不会随着遗落。

⑨ 审乎无假：处于无待。"审"，处。"无假"，无所假借，即无所待。

⑩ 命物之化：顺任事物的变化。

⑪ 守其宗：执守事物的枢纽。

⑫ 不知耳目之所宜：指不知耳目宜于声色是非。

  陈启天说："谓如此观物之人，将不知耳目之所闻见者何谓是或非。"

⑬ 物视其所一而不见其所丧：把万物看成一体，则不感到有什么遗失。"物视"，犹视物。

⑭ 彼为己："彼"，指王骀。"为己"，修身，谓王骀修己。

⑮ 以其知得其心，以其心得其常心：用他的智慧去领悟"心"，再根据这个"心"返回到"常心"。"心"，指具有分别作用的心。"常心"，指不起分别作用的心，领悟道的真谛。

⑯ 最：聚（司马彪《注》），归依。

⑰ 唯止能止众止：唯有静止之物，才能止住一切求静止者。

⑱ 受命于地，唯松柏独也正，在冬夏青青；受命于天，唯尧舜独也正，在万物之首：今本作"受命于地，唯松柏独也在，冬夏青青；受命于天，唯舜独也正"。根据陈碧虚引张君房本补正。

  焦竑说："'受命于地'至'唯舜独也正'，文句不齐，似有脱略。张君房校本作'受命于地，唯松柏独也正，在冬夏青青；受命于天，唯尧舜独也正，在万物之首'。补亡七字。因郭《注》有'下首唯松柏，上首唯圣人'故也。"（引自焦著《庄子翼》）

  俞樾说："'在'疑'正'字之误。"（《诸子平议》）按俞说可从,当据张君房本改正;其他缺字,亦可据张本补上。
⑨ 正生:即正性,指尧、舜自正性命。

　　林希逸说:"此'生'字只是'性'字。"

　　陆长庚说:"正生即正性也;正性即守宗也;守宗即保始也。"(焦竑《庄子翼》引)
⑩ 保始之征:保全本始的征验。

　　宣颖说:"保始即守宗也。保始者必有征验,譬如养勇者自有不惧之实也。"
⑪ 雄入于九军:"雄入",犹言冲入。"九军",犹言大军(陈启天说)。九军为合天子六军与诸侯三军,一军是一万二千五百人(日本金谷治说)。
⑫ 官天地,府万物:主宰天地,包藏万物。"官"、"府"两字作动词用。
⑬ 直寓六骸:把六骸视为旅舍。

　　宣颖说:"直,犹特也。以六骸为吾寄寓。"
⑭ 象耳目:把耳目视为迹象。
⑮ 一知之所知:天赋的智慧烛照所知的境域。

　　成玄英《疏》:"'一知',智也。'所知',境也。能知之智照所知之境。"
⑯ 心未尝死者:心中未尝有死生变化的观念(《诸子平议》)。

　　释德清说:"死,犹丧失也。谓众人丧失本真之心,唯圣人未丧本有,故能视万物为一己也。"
⑰ 彼且择日而登假:"且",将。"择日",指日。"登假",升于高远。形容超尘绝俗的精神。

　　释德清说:"假,犹遐也。谓彼人且将择日而登遐,而超出尘凡也。'"

奚侗说:"'假'借作'遐',《尔雅·释诂》:'遐,远也。'……〈大宗师〉篇:'登假于道'则'假'当训'至',与此不同。"

【今译】

　　鲁国有一个断了脚的人名叫王骀,跟他求学的弟子和孔子相等,常季问孔子说:"王骀是断了脚的人,跟他学的弟子和先生在鲁国各占一半。他立不施教,坐不议论,跟他学的人空虚而来,满载而归。果真有不用语言的教导,无形感化而达到潜移默化之功吗?这是什么样的人呢?"

　　孔子说:"这位先生是圣人,我也落在后面还没有去请教他。我准备拜他为师,何况不如我的人呢!何止鲁国,我将要引导天下的人去跟他学。"

　　常季说:"他是一个断了脚的人,而能胜过你,那么他与普通人相比,其间的距离就太大了。果真这样,他是怎样去运用他的心智呢?"

　　孔子说:"死生是一件极大的事,却不会使他随之变化,就是天覆地坠,他也不会随着遗落毁灭。他处于无所待的境界而不受外物变迁的影响,主宰事物的变化而执守事物的枢纽。"

　　常季说:"这是什么意思呢?"

孔子说："从万物相异的一面去看，肝胆毗邻却如远隔，这就像楚国和越国一样；从它们相同的一面去看，万物都是一样的。如果了解这一点，就不会去关心耳目适宜于何种声色，只求心灵游放于德的和谐的境地；从万物相同的一面去看就看不见有什么丧失，所以看自己断了一只脚就好像失落了一块泥土一般。"

常季说："王骀修己罢了，他用智慧去理解分别一切的心，再根据这个心返回到不起分别作用的'常心'，为什么众人会归依他呢？"

孔子说："人不在流动的水面上照自己的影子，而在静止的水面照自己的影子，唯有静止的东西才能使他物静止。接受生命于地，唯有松柏禀自然之正，无分冬夏枝叶常青；接受生命于天，唯有尧、舜得性命之正，在万物之中为首长。幸而他们能自正性命，才能去引导众人。能保全本始的征验，才会有勇者的无所畏惧。勇敢的武士，一个人冲入千军万马之中。想要追求功名而能自制的人尚且能够这样，何况主宰天地，包藏万物，只认身体形骸为寓所，以耳目为表象，（能够）通过所知的各别万物而掌握大道，而心中未尝有死的观点的人呢！他能从容地选定吉日而超尘绝俗，大家都乐意随从他。他哪里肯以吸引众人为事呢？"

二

申徒嘉㊀,兀者也,而與鄭子產同師於伯昏無人㊁。子產謂申徒嘉曰:"我先出則子止,子先出則我止。"其明日,又與合堂同席而坐。子產謂申徒嘉曰:"我先出則子止,子先出則我止。今我將出,子可以止乎,其未邪?且子見執政㊂而不違㊃,子齊執政乎?"

申徒嘉曰:"先生之門,固有執政焉如此哉?子而悅子之執政而後人㊄者也?聞之曰:'鑑明則塵垢不止,止則不明也。久與賢人處則無過。'今子之所取大者㊅,先生也,而猶出言若是,不亦過乎!"

子產曰:"子既若是矣,猶與堯爭善,計子之德,不足以自反邪?"

申徒嘉曰:"自狀其過,以不當亡者眾㊆,不狀其過,以不當存者寡,知不可奈何,而安之若命,唯有德者能之。遊於羿㊇之彀中㊈。中央者,中地也;然而不中者,命也。人以其全足笑吾不全足者多矣,我怫然而怒;而適先生之所,則廢然而反㊉。不知先生之洗我以善㊋邪?吾與夫子遊十九年矣，而未嘗知吾兀者也。今子與我遊於形骸之內，而子索我於形骸之外，不亦過乎！"

子產蹴然⑬改容更貌曰："子無乃稱⑭！"

【注释】

① 申徒嘉：姓申徒，名嘉，郑国贤人。
② 伯昏无人："昏"是道家所崇尚的一种人生境界，以"无人"为名，可见是庄子所寓托。
③ 执政：子产为郑国执政大臣，这里是子产的自称。
④ 不违：不避。
⑤ 后人：瞧不起人。
⑥ 所取大者："取"，求。"大"，指学问德性。谓求广见识，培养德性。
⑦ 自状其过，以不当亡者众：自己辩说过错以为不应当残形的人很多。
⑧ 羿：上古时人，精于射，每发必中。
⑨ 彀（gòu）中：张弓弩的射程内。
　　林希逸说："彀中乃必中之地，喻世之危如此，况在战国之时，此语尤切。"
　　王先谦说："以羿彀喻刑网。言同居刑网之中，孰能自信无过，其不为刑罚所加，亦命之偶直耳。"
⑩ 废然而反：喻怒气全消。
　　郭象《注》："废向者之怒而复常。"
⑪ 洗我以善：指用善道来教导我。陈碧虚《庄子阙误》依张君房本在此句下补"吾之自寤邪句。"

㉓ 蹴(cù)然：惭愧不安的样子。
㉔ 子无乃称："乃"，读为"仍"。"乃称"犹复言（王闿运《庄子内篇注》）。

【今译】

申徒嘉是一个断了脚的人，和郑子产同做伯昏无人的弟子。子产对申徒嘉说："我先出去，你就停下，你先出去，我就停下。"到了第二天，他们又合堂同席坐在一起。子产对申徒嘉说："我先出去，你就停下，你先出去，我就停下。现在我要出去，你可以稍停一下吗？还是不能呢？你见我这执政大臣还不回避，你把自己看成和我一样的执政大臣吗？"

申徒嘉说："先生的门下，有这样的执政吗？你炫耀你的执政而瞧不起人吗？听说：'镜子明亮就不落灰尘，落上灰尘就不明亮。常和贤人在一起就没有过失。'你今天来先生这里求学修德，还说出这种话来，不是太过分吗！"

子产说："你已经是这样了，还要和尧争善，你计量一下自己的德行，还不够你自我反省吗？"

申徒嘉说："一个人自己辩说自己的过错，认为不应当残形的人很多，既残形后，不辩说自己的过错，以为自己不当全形的人很少。知道事情的无可奈何而能安下心来视如自然的命运，这只有有德的人才能做得到。走进羿的射程之中，正是当中的地方，进入了必中的境地；然而有时不被射中，那是命。别人因为两脚完全而笑我残废的很多，我听了非常生气；等到来了先生这里，我的怒气全消，回复了常态。你还不明白这是先生用善来教化我吗？我在先生门下已经十九年了，可是他从来没有感觉到我是断了脚的人。现在你和我游于'形骸之内'以德相交，但你却在'形骸之外'用外貌来衡量我，不是很错误的吗？"

子产觉得很惭愧，立刻改变面容说："请你不要再说了。"

三

鲁有兀者叔山无趾㊀，踵见㊁仲尼，仲尼曰："子不谨，前既犯患若是矣。雖今來，何及矣！"

無趾曰："吾唯不知務而輕用吾身，吾是以亡足。今吾來也，猶有尊足者存焉㊂，吾是以務全之也。夫天無不覆，地無不載，吾以夫子為天地，安知夫子之猶若是也！"

孔子曰："丘則陋矣。夫子胡不入乎，請講以所聞！"

無趾出。孔子曰："弟子勉之！夫無趾，兀者也，猶務學以複補前行之惡，而況全德㉕之人乎！"

無趾語老聃曰："孔丘之於至人，其未邪？彼何賓賓以學子爲㉕？彼且蘄以諔詭幻怪㉖之名聞，不知至人之以是爲己桎梏邪？"

老聃曰："胡不直使彼以死生爲一條，以可不可爲一貫者，解其桎梏，其可乎？"

無趾曰："天刑之㉗，安可解！"

【注释】

㊀ 叔山无趾："叔山"是字，遭刖足，所以称号为"无趾"。这又是虚构的名字。

㊁ 踵见：踵行而求见。

㊂ 犹有尊足者存焉："尊足"，谓尊于足，犹言贵于足（陈启天说）。"焉"字原缺，依刘文典之说补增。

　　刘文典说："《御览》六百七引'存'下有'焉'字，文义较完。《御览》引书多削，少增益，此必旧有'焉'字，而今本敚之也。"

㊃ 全德：犹全体（释德清说）。按谓道德完美、内德充足。

　　张默生说："'德'者，得也。按此全德之人，犹言全形之人。"（《庄子新释》）

㊄ 宾宾以学子为：总是把自己当成个学者。"宾宾"，犹频频、缤缤。"学子"，犹〈盗跖〉篇之"学士"。"为"，助语词。

　　俞樾说："案'宾宾'之义，《释文》引司马云：'恭貌。'张云：

'犹贤贤也。'崔云:'有所亲疏也。'简文云:'好名貌。'皆望文生义,未达古训。'宾宾',犹频频也。《汉书·司马相如传》:'仁频并闾。'颜注曰:'频字或作宾。'是其例也。"

朱桂曜说:"案'宾'盖'缤'字,'缤缤',往来貌也。又'缤缤'与'纷纷'相近,《汉书·扬雄传》:'缤纷往来',盖以缤为往来貌也。"

⑥ 諔诡幻怪:奇异怪诞。同于〈齐物论〉:"恢恑憰怪。"
⑦ 天刑之:天然刑罚,指孔子天生根器如此。

林云铭说:"此意其受好名之累,犹天加刑。"

王先谦说:"言其根器如此。"

【今译】

鲁国有一个断了脚趾的人名叫叔山无趾,用脚后跟走路去见孔子。孔子说:"你不谨慎,早先已犯了这样的过错。现在虽然来请教,怎么来得及呢!"

无趾说:"我只因不知时务而轻用我的身子,所以才断了脚。现在我来这里,还有比脚更尊贵的东西存在,我想要保全它。天是无所不覆的,地是无所不载的,我把先生当作天地,哪里知道先生是这样的啊!"

孔子说:"我实在浅陋。你为什么不进来呢!请说说你的看法!"

无趾走了。孔子说:"弟子们勉励啊!无趾是一个断了脚趾的人,还努力求学以补过前非,何况没有犯过的全德之人呢!"

无趾对老聃说:"孔子还没有到达'至人'的境地吧!他为什么总是把自己当成个学者呢?而他还要企求以奇异的名声传闻天下,他不知道至人把名声当作是一种枷锁呢!"

老聃说:"你为什么不使他了解死生为一致,可和不可为平齐的道理,解除他的束缚,这样可以吗?"

无趾说:"这是天然加给他的刑罚,怎么可以解除呢?"

四

魯哀公問於仲尼曰:"衞有惡⊖人焉,曰哀駘它⊜。丈夫與之處者,思而不能去也。婦人見之,請於父母曰'與爲人妻,寧爲夫子妾'者,十數而未止也。未嘗有聞其唱者也,常和人而矣。無君人之位以濟乎人之死,無聚祿以望⊜人之腹。又以惡駭天下,和而不唱,知不出乎四域㊃,且而雌雄合乎前㊄。是必有異乎人者也。寡人召而觀之,果以惡駭天下。與寡人處,不至以月數,而寡人有意乎其爲人也;不至乎期年,而寡人信之。國無宰,寡人傳國焉。悶然而後應，氾然而若辭㉝。寡人醜乎㉞，卒授之國。無幾何也，去寡人而行，寡人卹㉟焉若有亡也，若無與樂是國也。是何人者也？"

仲尼曰："丘也嘗使㊱於楚矣，適見㹠子㊲食於其死母者，少焉眴若㊳皆棄之而走。不見己焉爾，不得類焉爾㊴。所愛其母者，非愛其形也，愛使其形者㊵也。戰而死者，其人之葬也不以翣資㊶；刖者之屨，無為愛之；皆無其本矣㊷。為天子之諸御㊸，不翦爪㊹，不穿耳；取妻者止於外，不得復使。形全猶足以為爾，而況全德之人乎！今哀駘它未言而信，無功而親，使人授己國，唯恐其不受也，是必才全㊺而德不形㊻者也。"

哀公曰："何謂才全？"

仲尼曰："死生存亡，窮達貧富，賢與不肖毀譽，飢渴寒暑，是事之變，命之行也；日夜相代乎前，而知不能規㊼乎其始者也。故不足以滑和㊽，不可入於靈府㊾。使之和豫通㊿而不失於兌㉛；使日夜無郤㉜而與物為春㉝，是接而生時於心者也㉞。是之謂才全。"

"何為德不形？"

曰："平者，水停之盛也。其可以為法也，內保之而外不蕩也。德者，成和之修⑫也。德不形者，物不能離也。"

哀公異日以告閔子⑬曰："始也吾以南面而君天下，執民之紀而憂其死，吾自以為至通矣。今吾聞至人之言，恐吾無其實，輕用吾身而亡其國。吾與孔丘，非君臣也，德友而已矣。"

【注释】

㊀ 恶：丑。
㊁ 哀骀它：虚构的人名。
　　宣颖说："'哀骀'，丑貌。'它'，名也。'骀'乃驽劣之省，又加以'哀'，为可哀之劣人也。'它'者他也。泛有所指，大抵皆子虚乌有之类。"
㊂ 望：如月望，饱满的意思。
㊃ 不出乎四域：不超出人世。
㊄ 雌雄合乎前："雌雄"，指妇人丈夫。成玄英《疏》："雌雄，禽兽。"郭《注》成《疏》皆误解。
　　褚伯秀说："按'雌雄'之义，所解不一，或以为禽兽者，本于《列子》'雌雄在前，挚尾成群'之说。窃考经意：丈夫兴处，思而不能去，妇人愿为妾之语，则'雌雄合乎前'，言丈夫妇人归之者众也。"（《南华真经义海纂微》）
　　林云铭说："即上文丈夫之思，妇人之请。用'雌雄'二字，新辟。"
　　宣颖说："丈夫妇人皆来亲之。"
㊅ 泛然而若辞："泛然"，形容漫不经心的样子。"泛"下原缺"然"

字，依武延绪之见增补。

　　武延绪说："'泛'下疑亦有'然'字。"(《庄子札记》)武说可从。"泛然而若辞"与上句"闷然而后应"正相对文。

⑦ 寡人丑乎："丑"，惭愧。喻鲁哀公感自愧不如。

⑧ 恤：忧闷的样子。

　　朱桂曜说："'恤'，有'亡失'义。"

⑨ 使：作游。

　　陆德明说："本亦作'游'。"

　　马叙伦说："孔子无使楚事。本作'游'者是也。"(《庄子义证》)

⑩ 㹠子：小猪。"㹠"，即"豚"。林希逸本作"豚"。

⑪ 眴若：惊慌的样子。

　　俞樾说："'眴若'，犹眴然也。〈徐无鬼〉篇：'众狙见之，恂然弃而走。'此云'眴若'，彼云'恂然'，文异义同。"

⑫ 不得类焉尔：不同一类，意指不像活着的样子。

⑬ 使其形者，指主宰形体的精神。

⑭ 战而死者，其人之葬也不以翣（shà）资：谓在战场埋葬死者无棺，则不用棺饰送葬（陈启天说）。"翣"，古时棺上的装饰品，形如扇。"资"，送。

　　朱桂曜说："战而能死，不可谓'无武'，郭说非也。古未有以翣为'武饰'者。《说文》羽部：'翣，棺羽饰也。天子八，诸侯六，大夫四，士二。'……翣乃自天子诸侯以至于大夫士所通有，非武人所独有也。是以古人仅谓翣为'棺饰'，不云'武饰'。"按朱驳郭《注》，甚是。

⑮ 刖者之屦，无为爱之；皆无其本矣：谓刖者无足，无须爱屦。有

棺而后用棺饰,有足而后用屦。今战死者无棺,刖者无足,故曰皆无其本(陈启天说)。

⑯ 诸御:指宫女。

⑰ 不剪爪:今本作"不爪剪"。虽说古人有倒装句法,但与下句不对文,应据武延绪之说改正。

　　武延绪说:"'爪剪'疑当作'剪爪',与下'穿耳'对文。后人据《礼记》改。"武说可从,"剪"与"穿"为动词,"爪"与"耳"为名词,正相对文。

⑱ 才全:才质完备。

　　林希逸说:"才全,犹言全其质性也。"

　　释德清说:"才全者,谓不以外物伤戕其性,乃天性全然未坏,故曰全。"

⑲ 德不形:德不显露。

⑳ 规:为"窥"省(马叙伦说)。按"规"读为"揆",揆度之意。

㉑ 滑和:滑,乱。指扰乱本性的平和。

　　王孝鱼说:"《齐物论》中列举心理人情的喜、怒、哀、乐、虑、叹、变、慹八种情态,说他们'日夜相代乎前而莫知其所萌。'此处则列举外界人事之变的死生、存亡、穷达、贫富、贤不肖、毁誉、饥渴、寒暑等十六种人生遭遇,也说它们'日夜相代乎前而不知其所始',文情笔法与〈齐物论〉完全相似。……庄子以为,这十六种外部人事之变,不可让它们滑乱了自己本心的天和。"

㉒ 灵府:指心灵。

　　郭象《注》:"灵府者,精神之宅也。"

㉓ 和豫通:"和"按上文"滑和"之"和"谓和柔之性。"豫通",谓安

适通畅。

⑭ 兑：悦（《释文》引李颐说）。

⑮ 日夜无郤：日夜没有间断，意谓经常保持怡悦的心情。"郤"，与隙同（王懋竑说）。

⑯ 与物为春：应物之际，春然和气（释德清说）；随物所在皆同游于春和之中（宣颖说）。"春"，指和气之时，即万物欣欣向荣之意（王治心说）。

　　林希逸说："'与物为春'者，随所寓而皆为乐也。此'春'字，与'兑'字同。"

　　章炳麟说："《说文》：'春，推也。''与物为春'者，与物相推移也。"备一说。

⑰ 是接而生时于心者也：谓是以接物而生与时推移之心（陈启天说）。

⑱ 成和之修：完满纯和的修养。

⑲ 闵子：孔子弟子闵子骞。

【今译】

　　鲁哀公问孔子说："卫国有一个面貌丑陋的人，名叫哀骀它。男人和他相处，想念他不舍得离开。女人见了他，请求父母说：'与其做别人的妻子，不如做这位先生的妾。'这样的女人不止有十几个。没有听到他倡导什么，只见他应和而已。他没有权位去救济别人的灾难，也没有钱财去养饱别人的肚子。而且又面貌丑恶使天下人见了都感惊骇，他应和而不倡导，他的知见不超出人世以外，然而妇人男子都亲附他。这必定有异于常人之处。我召他来，果然见他面貌丑陋可以惊骇天下人。但是和我相处，不到一个月，我就觉得他有过人之处；不到一年，我就很信任他。这时国内正没有宰相，我就把国事委托给他，他却淡淡然而无意承应，漫漫然而未加推辞。我觉得很惭愧，终于把国事委托给他。没有好久，他就离开我走了，我忧闷得很，好像失落了什么似的，好像国中再没有人可以共欢乐似的，他究竟是怎样的人呢？"

孔子说："我曾经到楚国去，恰巧看见一群小猪在刚死的母猪身上吃乳，一会儿都惊慌地抛开母猪逃走。因为母猪已经失去知觉了，不像活着的样子了。可见它们所以爱母亲的，不是爱它的形体，乃是爱主宰它形体的精神。疆场上战败而死的人，行葬时不用棺饰，砍断了脚的人，不会爱惜原先的鞋子；这都是因为失去了根本啊！做天子嫔妃的，不剪指甲，不穿耳眼；娶妻的人留在宫外，不得再为役使。为求形体的完整尚且如此，何况德性完整的人呢！现在哀骀它没有开口就取得人的信任，没有功业就赢得人的亲敬，能使别人要把自己的国政委托给他，还怕他不肯接受，这一定是'才全'而'德不形'的人。"

哀公说："什么叫做'才全'？"

孔子说："死、生、得、失、穷、达、贫、富，贤和不肖、毁、誉、饥、渴、寒、暑，这都是事物的变化，运命的流行；好像昼夜的轮转一般,而人的知见不能揆度它们的起始。了解这点就不足以让它们扰乱了本性的平和,不至于让它们侵入我们的心灵。使心灵是安逸自得而不失怡悦的心情;使日夜不间断地随物所在保持着春和之气,这样就能萌生出在接触外物时与时推移的心灵。这就叫做'才全'。"

哀公说:"什么叫做'德不形'?"

孔子说:"水平是极端的静止状态。它可以为我们取法的准绳,内心保持极端的静止状态就可以不为外境所摇荡。德,乃是最纯美的修养。德不着形迹,万物自然亲附而不肯离去。"

有一天哀公告诉闵子说:"起初,我以国君的地位治理天下,执掌法纪而忧虑人民的死亡,我自以为尽善尽美了。现在,我听了至人的言论,恐怕我没有实绩,只是轻用我的身体,以致危亡我的国家。我和孔子并不是君臣,而是以德相交的朋友。"

五

闉跂支离无脤⊖說衞靈公,靈公說之;而視全人,其脰肩肩⊜。甕瓷大癭⊜說齊桓公,桓公說之;而視全人,其脰肩肩。

故德有所長，而形有所忘。人不忘其所忘，而忘其所不忘，此謂誠忘。

故聖人有所遊，而知爲孽㊃，約爲膠㊄，德爲接㊅，工爲商㊆。聖人不謀，惡用知？不斲，惡用膠？無喪，惡用德？不貨，惡用商？四者，天鬻㊇也；天鬻者，天食㊈也。既受食於天，又惡用人！有人之形，無人之情。有人之形，故群於人，無人之情，故是非不得於身。眇乎小哉，所以屬於人也！警㊉乎大哉，獨成其天！

【注释】

㊀ 闉（yīn）跂支離無脤：曲足、傴背、無唇（"脤"同"唇"），形容殘形貌醜的人。

　　司馬彪說："'闉'，曲；'跂'，企也。'闉跂支離'，言腳常曲，行體不正卷縮也。"

㊁ 其脰（dòu）肩肩："脰"，頸項。"肩肩"，形容細小的樣子。

㊂ 甕（wèng）瓷大癭：形容頸瘤大如盆。

㊃ 知為孽：指智巧為災孽。

㊄ 約為膠：以約束為膠漆。

　　宣穎說："約束之禮，乃膠漆也，非自然而合者。"

㊅ 德為接："德"，小惠施人。"接"，交接。以施惠為交接手段（王治心說）。

释德清注:"以小惠要买人心,谓之'德'。'接',应接于人也。"

⑦ 工为商:工巧是商贾的行为。

王孝鱼说:"所举知、约、德、工四项,暗中即在指儒家圣人所倡言的智礼仁义四端。知即智,不必说了。约者约束,当即礼。德字,此处不是'才全而德不形',有特定涵义的德,而是泛言,当即仁德之德。工者工巧之工,不可因'工为商'三字而误认为我们普通所说的工商之工。以工巧之心来对待人事,或迎或拒,当即制之以义的义。庄子以为,儒家之智,不过如同草木旁出的支孽,无可大用;儒家之礼,不过如同用胶漆来硬为黏合,不太可靠;儒家之仁,不过如同中断之树,而强为联结,只重外表;儒家之义,不过如同垄断居奇的商人,巧用手段,只求售出其货。"(《庄子内篇新解》)

⑧ 天鬻:"天",自然。"鬻",音育,养。

⑨ 天食:受自然的饲食。

⑩ 鳌(áo):高大的形容。

【今译】

有一个跛脚、伛背、缺唇的人去游说卫灵公,卫灵公很喜欢他;看到形体完整的人,反而觉得他们脖子太细长了。有一个脖子生大瘤的人去游说齐桓公,齐桓公很喜欢他;看到形体完整的人,反而觉得他们脖子过于细小了。

所以只要有过人的德性,形体上的残缺就会被人遗忘。人们如果不遗忘所应当遗忘的〔形体〕,而遗忘所不应当遗忘的〔德性〕,这才是真正的遗忘。

所以圣人悠游自适,而智巧是灾孽,誓约是胶执,施惠为交接的手段,工巧是商贾的行径。圣人不图谋虑,哪里还用智巧呢？不斫削,哪里还用胶执？浑然无缺,哪里还用德行呢？不求谋利,哪里还用通商？这四者就是天养；天养就是受自然的饲养。既然受自然的饲养,又哪里还用人为的！有人的形体,而没有人的偏情。有人的形体,所以和人相处,没有人的偏情,所以一般人的是非都影响不了他。渺小啊,从属于人类的东西！伟大啊！和自然同体！

六

惠子謂莊子曰:"人故無情乎？"

莊子曰:"然。"

惠子曰:"人而無情,何以謂之人？"

莊子曰:"道與之貌,天與之形,惡得不謂之人？"

惠子曰:"既謂之人,惡得無情？"

莊子曰:"是非吾所謂情也。吾所謂無情者,言人之不以好惡內傷其身,常因自然而不益生也。"

惠子曰："不益生，何以有其身？"

莊子曰："道與之貌，天與之形，無以好惡內傷其身。今子外乎子之神，勞乎子之精，倚樹而吟，據〔槁〕梧而瞑㊀。天選㊁之形，子以堅白鳴㊂！"

【注释】

㊀ 据〔槁〕梧而瞑：依字面"槁梧"当是枯的梧桐树，王叔岷引证古书多本无"槁"字，似可从。"瞑"，古"眠"字。

　　王叔岷先生说："《事类赋》二五木部二引，'梧'上无'槁'字。《艺文类聚》八八，《御览》九五六，《事文类聚后集》二三，《合璧事类别集》五二，引亦并无'槁'。《注》：'坐则据梧而睡'，疑郭本原无'槁'字。〈齐物论〉篇：'惠子之据梧也。'《注》：'或据梧而瞑'，即用此文，亦无'槁'字。'倚树而吟，据梧而瞑'文正相耦。"

㊁ 天选：天授。

㊂ 坚白鸣：指惠施唱盈坚白的论调。"坚白"，已见于〈齐物论〉。

【今译】

惠子对庄子说："人确实是没有情的吗？"

庄子说："是的。"

惠子说："人若没有情，怎么能称为人？"

庄子说："道给了人容貌，天给了人形体，怎么不能称为人？"

惠子说:"既然称为人,怎么没有情?"

庄子说:"这不是我所说的'情'。我所说的无情,乃是说人不以好恶损害自己的本性,经常顺任自然而不用人为去增益。"

惠子说:"不用人为去增益,怎么能够保存自己的身体?"

庄子说:"道给了人容貌,天给了人形体,不以好恶损害自己的本性。现在你驰散你的心神,劳费你的精力,倚在树下歌吟,靠着几案休息。天给了你形体,你却自鸣得意于坚白之论。"

大　宗　师

〈大宗师〉篇，主旨在于写真人悟道的境界。"大宗师"——即宗大道为师。宇宙为一生生不息的大生命；宇宙整体就是道；道亦即是宇宙大生命所散发的万物之生命。"天人合一"的自然观，"死生一如"的人生观，"安化"的人生态度，"相忘"的生活境界，是本篇的主题思想。

本篇分为十章，首章提出天人的关系，即讨论自然与人的关系。其观点为天人作用本不分，"天与人不相胜"，人与自然为息息相关而不可分割的整体，人与自然是亲和的关系。庄子天人一体的观念，表达了人和宇宙的一体感，人对宇宙的认同感与融合感。能了解人与自然的这种关系的，便是"真人"。在这一章里，对于真人的精神面貌有诸多的描绘。第二章，要人认识死生是自然而不可免的事，正如昼夜的变化一样，乃是自然的规律。人不当局限于形躯之我，当与大化同流；在自然万化中求生命的安顿。第三章写"道"，简略地描述道体的无形、永存及无限性。第四章，借南伯子葵对女偊的对话，述学道的进程。第五章，子祀、子舆、子犁、子来四人相与为友，体认"死生存亡之一体"。第六章，子桑户、孟子反、子琴张三人相与为友，"相忘以生，无所终穷"，不为死生之情所束缚。生来死归，为自然变化的必然现象，能安于所化，精神才能获得大解放。这里，对于生之无系感与死之无惧感作了许多的描述。子桑户死，二友"临尸而歌"的泰然神态，拘于礼教的儒家人物见了大为惊异。儒家"愦愦然为世俗之礼"，以饰众人的视听而已，故二友笑儒者"恶知礼意"！第七章，写孟孙才善处丧，孟孙氏不受儒家烦琐礼节所拘，他能了解生死的真相，了解变化的道理。第八章，意而子与许由的对话，指责尧以仁义是非刑残于人，这是对儒家传统主义的道德规范、理论价值进行批判。指出在儒家道德规范、理论价值的束缚下，人类精神便无自由活动的可能。第九章写"坐忘"。"离形去知，同于大通，此谓坐忘。""离形"，即消除由生理所激起的贪欲。"去知"，即去除由心智作用所产生的伪诈。如此，心灵才能开敞无碍，无所羁绊，而通向广大的外境。篇末一章，由子桑的困境，写其安命的思想。自然变化即是"命"，"安命"亦即安于自然的变化流行。

许多富有哲理性的成语出自本篇，如泉涸之鱼、相濡以沫、相忘江湖、自适其适、藏舟于壑、藏山于泽、善始善终、莫逆之交、游方之外、不生不死、相视莫逆、决疣溃痈、息黥补劓、鼠肝虫臂等。

一

　　知天之所爲，知人之所爲者，至矣。知天之所爲者，天而生也㊀；知人之所爲者，以其知之所知，以養其知之所不知㊁，終其天年而不中道夭者，是知之盛也。

　　雖然，有患㊂。夫知有所待㊃而後當，其所待者特未定也。庸詎知吾所謂天之非人乎？所謂人之非天乎？

　　且有眞人而後有眞知。何謂眞人？古之眞人，不逆寡，不雄成，不謨士㊄。若然者，過而弗悔，當而不自得也；若然者，登高不慄，入水不濡，入火不熱。是知之能登假㊅於道者也若此。

　　古之眞人，其寢不夢，其覺無憂，其食不甘，其息深深。眞人之息以踵，衆人之息以喉。屈服者，其嗌言若哇㊆。其耆欲深者，其天機㊇淺。

　　古之眞人，不知說生，不知惡死；其出不訢㊈，其入不距㊉；翛然㊋而往，翛然而來而已矣。不忘其所始，不求其所終；受而喜之，忘而復之，是之謂不以心損㊌道，不以人助天。是之謂眞人。

若然者,其心忘㊅,其容寂,其顙頯㊆;淒然似秋,煖然似春,喜怒通四時,與物有宜而莫知其極。

〔故聖人之用兵也,亡國而不失人心;利澤施乎萬世,不爲愛人,故樂通物,非聖人也;有親,非仁也;天時,非賢也;利害不通,非君子也;行名失己,非士也;亡身不眞,非役人也。若狐不偕、務光、伯夷、叔齊、箕子、胥餘、紀他、申徒狄,是役人之役,適人之適,而不自適其適者也。〕㊇

古之眞人,其狀義而不朋㊈,若不足而不承;與乎其觚而不堅也㊉,張乎其虛而不華也㊋;邴乎其似喜也㊌!崔乎其不得已也㊍!滀乎進我色也㊎,與乎止我德也㊏;厲乎其似世也㊐!警乎其未可制也㊑;連乎㊒其似好閉也,悗乎其忘言也㊓。〔以刑爲體,以禮爲翼,以知爲時,以德爲循。以刑爲體者,綽乎其殺也;以禮爲翼者,所以行於世也;以知爲時者,不得已於事也;以德爲循者,言其與有足者至於丘也;而人眞以爲勤行者也。〕㊔故其好之也一,其弗好之也一㊕。其一也一,其不一也一㊖。其一與天爲徒,其不一與人爲徒。天與人不相勝也,是之謂眞人。

【注释】

㊀ 知天之所爲者,天而生也:知道天的所爲,是順着自然而生的。

郭象说:"'天'者,自然之谓。"

陈启天说:"天之所为如何？不外无为而已,自然而已。故郭《注》以'自然'释天。'知天之所为者,天而生也',谓知天之无为而自然者,亦当无为自然而生也。"(《庄子浅说》)

㊁ 以其知之所知,以养其知之所不知:"其知"的"知",读智。"其知之所知",人的智力所能知道的。"其知之所不知",人的智力所难知的,这是指人的智力所难知的自然之规律与生死变化之理。

㊂ 虽然,有患:谓虽如此云云,然有弊病(陈启天说);按上下文,似说:这种观点还有困难或还有问题(关锋说)。

㊃ 所待:对境(成《疏》);所待的对象(张默生今译);具备条件(陈启天说)。

日本金谷治说:"'所待'——成为认识的必须条件,没有这个条件则不能成为认识,这是认识判断的准则。"(《庄子》第一册,第 174 页,《岩波文库》)

㊄ 谟士:"谋事"的同音借字。

林希逸说:"'士'与'事'同,古字通用。如《东山诗》曰:'勿士行枚也。''谟',谋也。无心而为之,故曰:'不谟事。'"(《南华真经口义》)

朱桂曜说:"不谟士,即不谋事也。《管子·君臣上》:'官谋士。'注:'"士","事"也,官各谋其职事也。'盖'士''事'义通,《说文》士部:'士,事也。'……又'谟'与谋通,《尔雅·释诂》:'谟,谋也。'"(《庄子内篇证补》)

王孝鱼说:"不以士之附己不附己而谋虑乎争取扩大自己的阵营。"此说可存。

⑥ 登假：登至。"假"，至。"登假"已见〈德充符〉。

　　林希逸说："知之能登假于道，言其所见深造于道也。"

⑦ 其嗌（ài）言若哇（huá）："嗌"，咽喉。"哇"，碍。谓言语吞吐喉头好像受到阻碍一般。按此句疑他处之文误入。上句"真人之息已踵，众人之息以喉"似为后世养生服气者所篡。本段文字"古之真人，其寝不梦，其觉无忧，其食不甘，其息深深。……其嗜欲深者，其天机浅"，文势顺贯。

⑧ 天机：自然之生机（陈启天说）。当指天然的根器。

⑨ 䜣：与"欣"同，即古"欣"字。

　　朱桂曜说："'䜣'与'欣'同，《汉书·万石君传》：'僮仆䜣䜣然也。'晋灼曰：'许慎云，古欣字也。'"

⑩ 距：同"拒"字。

　　朱桂曜说："'距'与'拒'同，《荀子·仲尼篇》：'与之书社三百而富人莫之敢距也。'杨注：'距与拒同。'《汉书·扬雄传》：'距连卷。'师古曰：'距即拒字也。'"

⑪ 翛（xiāo）然：无系貌（成《疏》）；无拘束的样子。

　　唐陆德明说："'翛'，音萧。李音'悠'。向云：'翛然，自然无心而自尔之谓。'"

⑫ 损：今本缺坏误作"捐"。

　　武延绪说："'捐'乃'损'字之讹，与下句'助'字反对，王本作'损'。"

　　朱桂曜说："'捐'盖'损'之坏字，〈则阳篇〉郭《注》'损其名也'，《释文》'捐本亦作损'，卢文弨曰'今书捐作损'；《荀子·大略》篇'是异国捐身之道也'，'捐'宋本作'损'。'不以心损道'，犹言不以心害道也。"

王叔岷先生说:"'捐'盖'损'之坏字。下文'不以人助天',一'损'一'助',相对而言,意甚明白。《史记·贾谊列传·索隐》引此文正作'损'。〈山木篇〉:'无受天损易。'唐写本坏作'捐',与此同例。"

㊂ 忘:俗本形误为"志",依褚伯秀等说,据赵以夫订正。

褚伯秀说:"'志'字诸解多牵强不通,赵氏正为'忘'字,与'容寂'义协,所论甚当,原本应是如此,传写小差耳。"(《南华真经义海纂微》)

林云铭说:"'其心忘'三字是通篇扼要语,俗本作'志',非也。"(《庄子因》)

陆树芝说:"'忘'字上括'以所知养所不知'二句,下通'坐忘'一段,乃一篇要旨。"(《庄子雪》)

王懋竑说:"'志'当作'忘'。郭解误。'其心忘,其容寂',文义之显然者,'志'字明是误文。"(《庄子存校》)

王叔岷先生说:"〈徐无鬼〉篇'上忘而下畔',《吕氏春秋·贵公篇》作'志',即'志''忘'形近相乱之证。"案"志"确为"忘"字的形误,今本多已订正。

㊃ 頯(kuí):音魁,宽大的样子。

㊄ 〔故圣人之用兵也……而不自适其适者也〕:这一百零一字是别处错入,应删去。

闻一多说:"案自篇首至'天与人不相胜也,是之谓真人。'中间凡四言'古之真人',两言'是之谓真人',文意一贯,自为片段,惟此一百一字与上下词指不类,疑系错简。且'圣人之用兵也,亡国而不失人心',宁得为庄子语,可疑者一也。务光事与许由同科,许由者〈逍遥游〉篇既拟之于圣人,此于务光乃反讥之为

'役人之役，适人之适，而不自适其适者。'可疑者二也。……'利泽施于万世'，又见《天运》，'适人之适而不自适其适者也'，又见〈骈拇〉，并在外篇中。以彼例此，则此一百一字盖亦庄子后学之言，退之外篇可耳。"闻说可从。上下段文字都在描述真人，突然插进这一段文字，隔断了上下段文意的一贯性，应予删除。现在把这段文字译在这里，而不放到今译部分：

"所以圣人用兵，灭亡了敌国而不失掉人心；恩泽施及万世，对人却无偏心。所以有心和人交往，就不是圣人；有私爱，就不是仁人；揣度时势，就不是贤人；利害不能相通为一，就不是君子；求名而迷失自己，就不是求学之士；丧身忘性，就不是主宰世人的人。例如狐不偕、务光、伯夷、叔齐、箕子、胥余、纪他、申徒狄，都是被人役使，使别人安适，而不自求安适的人。"

㊅ 义而不朋：巍峨而不畏缩。惟成《疏》"随物所移而无偏倚"为是，今译从之。

俞樾说："郭《注》训'义'为'宜'，'朋'为'党'，望文生训，殊为失之。此言其状，岂言其德乎？'义'当读为'峨'，'峨'与'义'并从'我'声，故得通用。〈天道〉篇'而状义然'，义然即峨然也。'朋'读为'堋'。《易复·象辞》'朋来无咎'，《汉书·五行志》引作'堋来无咎'，是也。其状峨而不堋者，言其状峨然高大，而不崩坏也。"俞说备存。

陈启天说："'状'，谓真人之精神态度，非谓其身体形状。本节各句多言真人之精神态度，不仅限于'其状义而不朋'一句也。'其状义而不朋'，犹言真人之精神态度，高而无比也。"

㊆ 与乎其觚而不坚也："与乎"，容与(林希逸说)；自然貌(林云铭说)。或说"与"如字无义(王懋竑说)。"觚"，音孤(《释文》)，

特立不群(《释文》引王穆夜说)。

郭象说:"常游于独而非固守。"

李桢说:"据《注》《疏》,'觚'训独。……所据本必皆作'孤','觚'是假借。……'与乎'……,注云:'常游于独',就'游'字义求之,或原是'赵'字,《说文》:'赵,安行也。'并与'游'义合。"

⑧ 张乎其虚而不华也:谓真人之精神广大中虚而不浮华(陈启天说)。

⑨ 邴乎其似喜也:谓真人之精神开朗,似有喜色(陈启天说)。"邴乎",欣喜的样子。"邴"上原叠"邴"字,疑系传写误加,依严灵峰之说删去。"喜也"旧作"喜乎",与上下文不一律,今依陈碧虚《庄子阙误》引文如海、成玄英、张君房本改。下文"崔乎其不得已也"、"厉乎其似世也"同。刘文典《庄子补注》、王叔岷《庄子校释》亦谓当依《阙误》所引改。

严灵峰先生说:"'邴'上原叠'邴'字,作'邴邴乎'。按上、下并作:'与乎'、'崔乎'、'滀乎'、'厉乎'、'警乎'、'连乎'、'挽乎',俱不叠字,依例似不应有,兹依上下文例删去一字。"严说可从。

⑩ 崔乎其不得已也:意思是说举动出于不得已。

成玄英《疏》:"迫而后动,不得已而应之。"

向秀说:"崔乎,动貌。"

陈启天说:"'崔',当读为'催',促,迫。"

⑪ 滀乎进我色也:形容内心充实而面色可亲。"滀",聚(《释文》引简文帝说)。

释德清说:"谓中心湛滀,而和气日见于颜面之间。"

⑪ 与乎止我德也:"与"通"豫",宽舒的样子。"止",归止,归依。即是说,宽厚的德行,令人归依。

⑫ 厉乎其似世也:"厉",即严厉,严肃的意思。但另一说"厉"作"广"疑形近致误。崔譔本正作"广",谓"苞罗者广"。"广乎其似世也",谓真人精神之广,如世界之广(陈启天说)。

郭庆藩说:"'厉'当从崔本作'广'者是。郭《注》训'与世同行',则有广大之义。经传中'厉''广'二字,往往而混。如《礼·月令》:'天子乃厉饰',《淮南子·时则训》作'广饰'。《史记·平津侯传》:'厉贤予禄',徐广曰:'厉亦作广。'〈儒林传〉:'以广贤材',《汉书》'广'作'厉'。《汉书·地理志》齐郡广,《说文》水部注'广'讹为'厉'。皆其证。"(《庄子集释》)

马叙伦说:"按'厉''广'形近而讹。"

⑬ 謷乎其未可制也:高迈敖放而不可制止。

郭象说:"高放而自得。"

朱桂曜说:"'謷',盖'敖'之假字,'敖'与'放'同义;唯其放敖,故不可制止。"

⑭ 连乎:形容沉默不语。

林希逸说:"连,合也,密也。方其未言似不欲言。"

释德清《注》:"连者,收摄检束之意。"

⑮ 悗乎其忘言也:形容无心而忘言。今本作"悗乎忘其言也",高亨以为当作"悗乎其忘言也"。高说为是。

成玄英《疏》:"悗,无心貌也。"

⑯ 〔以刑为体……而人真以为勤行者也〕:这十三句主张"以刑为体,以礼为翼"的话,和庄子思想极不相类,和〈大宗师〉主旨更相违,当删除。

张默生说:"自'以刑为体'至'而人真以为勤行者也'若干句,在本节中虽可勉强解释,终觉不类庄子思想,时人已有疑者,或为他书错简。若删去此若干句,则上下文义悉顺。"按张说甚是。

㉚ 其好之也一,其弗好之也一:天和人是合而为一的,无论人们喜好或不喜好,它们都是合而为一的。

㉛ 其一也一,其不一也一:无论人们认为天和人是合一或不合一,它们都是合而为一的。

【今译】

知道哪些是属于天然的,哪些是属于人为的,这就是认识的最高境界。知道天的所为,是出于自然的;知道人的作为,是用自己的智力所知的,去生发培养自己智力所不能知的,使自己享尽天然的年寿而不至于中途夭亡,这是知识的能事了。

虽然这样,但是还有问题。知识必定要有依凭的对象而后才能判断它是否正确,然而依凭的对象却是变化无定的。怎么知道我所谓属于天然的不也是属于人为的?所谓属于人为的不也是属于天然的呢?

有真人才能有真知。什么叫做真人?古时候的真人,不拒绝微少,不自恃成功,不谋虑事情;若是这样,错过了时机而不后悔,顺利得时而不自得。像这样子,登高不发抖,下水不觉湿,入火不觉热。只有知识能到达与道相合的境界才能这样。

古时候的真人，睡觉时不做梦，醒来时不忧愁，饮食不求精美，呼吸来得深沉。真人的呼吸是从脚跟运气，普通人的呼吸用咽喉吐纳。议论被人屈服时，言语吞吐喉头好像受到阻碍一般。凡是嗜欲深的人，他的天然的根器就浅了。

古时候的真人，不知道悦生，不知道恶死；出生不欣喜，入死不拒绝，无拘无束地去，无拘无束地来而已。不忘记他自己的来源，也不追求他自己的归宿；事情来了欣然接受，忘掉死生任其复返自然，这就是不用心智去损害道，不用人的作为去辅助天然。这就是真人了。

这样子，他心里忘怀了一切，他的容貌静寂安闲，他的额头宽大恢宏；冷肃得像秋天一样，温暖得像春天一样，一喜一怒如四时运行一样的自然，对于任何事物都适宜而无法测知他的底蕴。

古时候的真人，其行状随物所宜而不偏倚，好像不足却无所承受；介然不群并非坚执，心志开阔而不浮华；舒畅自适好像很欢喜，一举一动好像不得已；内心充实而面色可亲，德行宽厚而令人归依；精神辽阔犹如世界的广大；高速超迈而不拘礼法；沉默不语好像封闭了感觉，不用心机好像忘了要说的话。

〔天和人是合一的，〕不管人喜好或不喜好，都是合一的。不管人认为合一或不合一,它们也都是合一的。认为天和人是合一的就和自然同类,认为天和人是不合一的就和人同类。把天和人看作不是互相对立,这就叫做真人。

二

死生,命⊖也,其有宜且之常,天⊖也。人之有所不得與,皆物之情也。彼特以天爲父,而身猶愛之,而況其卓⊜乎!人特以有君爲愈乎己,而身猶死之,而況其眞⑲乎!

泉涸,魚相與處於陸,相呴㊄以濕,相濡㊅以沫,不如相忘於江湖,與其譽堯而非桀也,不如兩忘而化其道。〔夫大塊載我以形,勞我以生,佚我以老,息我以死。故善吾生者,乃所以善吾死也。〕㊆

夫藏舟於壑,藏山㊇於澤,謂之固矣。然而夜半㊈有力者負之而走,昧者不知也㊉。藏小大有宜,猶有所遯㊊。若夫藏天下於天下而不得所遯,是恆物之大情也。〔特犯人之形而猶喜之。若人之形者,萬化而未始有極也,其爲樂可勝計邪!〕㊋故聖人將遊於物之所不得遯而皆存。善夭⑨善老,善始善終,人猶效之,又況萬物之所係,而一化之所待⑫乎!

【注释】

① 命:自然而不可免者(释德清说);事物变化的自然过程(《鶡冠子·环流》:"命者,自然也")。

　　林希逸说:"人力所不得而预,此则天地万物之实理也。曰'命'、曰'天',即此实理也。"

② 天:自然的规律(张默生说)。

③ 卓:独化(郭《注》),即指"道"。

④ 真:指"道"。按"真"字《老子》三见:"其精甚真"、"质真若渝"、"其德乃真"。

⑤ 呴(xū):嘘吸。

⑥ 濡(rú):湿润。

⑦ 〔夫大块载我以形……乃所以善吾死也〕:这六句插入,和上下文不连贯。在后面子来的对话中有这六句,王懋竑疑是错简重出,据删。

　　王懋竑说:"'大块载我以形'六语,又见后子祀章,其为错简重出无疑也。"

　　马叙伦说:"此节疑为下文错简,校者以未错者对之,未敢删除,遂成羡文。"

　　王孝鱼说:"开头数句三十字,又见于大段子祀、子舆、子犁、子来一节,重见迭出,置于此处反觉前后文义不相连贯,兹予删去,直接由'夫藏舟于壑,藏山于泽'句起。后面'特犯人之形而犹喜之'数句二十九字,在此亦颇不伦,亦并删去,移于子祀、子舆、子犁、子来一节。"按所说甚是。后文"特犯人之形而犹喜之"数句凡二十九字，亦当依王孝鱼之说删移。

⑧ 山：或说当作"汕"，即渔网。

俞樾说："'山'，疑当读为'汕'。藏舟藏汕，疑皆以渔者言，恐为人所窃，故藏之，乃世俗常有之事，故庄子以为喻耳。"俞说可供参考，但译文仍依"山"字。

⑨ 夜半：即半夜，引申为不知不觉的意思。

⑩ 昧者不知也："昧"，愚昧，一说当读为"寐"。《淮南子·俶真训》作"寐"。

杨树达说："'昧'，郭《注》如字读之，非也。当读为'寐'。负走者以夜半，故卧者不知，义正相贯。'昧'、'寐'声类同，故得通假。如字读之，则失义矣。《淮南子·俶真训》作'寐'，其明证也。"(《庄子拾遗》)按审文义，郭《注》成《疏》如字读解于义为深。杨说可供参考。

⑪ 藏小大：即藏小于大。

林希逸说："小大，舟壑山泽也。壑之大可以藏舟，泽之大可以藏山，以大藏小。"

⑫ 遁(dùn)：亡失。

⑬ 〔特犯人之形而犹喜之。若人之形者，万化而未始有极也，其为乐可胜计邪〕：此数句二十九字为后文子祀、子舆、子犁、子来一节错入，遂使上下文义不连贯，删去后上下文势顺通。今移回原处，并据王孝鱼《庄子内篇新解》删去此数语。

朱桂曜说："案《俶真训》(《淮南子》)：'一范人之形而犹喜。'高注：'范，犹遇也，遭也。'"

⑭ 夭：陈碧虚《阙误》引张君房本作"少"。

㉒ 一化之所待：一切变化之所依待的，即指道。

林希逸说："一化之所待者，道也。此所谓大宗师也。"

【今译】

人的死生是必然而不可免的，就像永远有黑夜和白天一般，是自然的规律。许多事情是人力所不能干预的，这都是物理的实情。人们认为天是生命之父，而终身敬爱它，何况那独立超绝的道呢？人们认为君主的势位超过自己，而舍身效忠，何况那独立超绝的道呢？

泉水干了，鱼就一同困在陆地上，用湿气互相嘘吸，用口沫互相湿润，倒不如在江湖里彼此相忘。与其赞美尧而非议桀，不如忘却两者的是是非非而融化于大道。

把船藏在山谷里面，把山藏在深泽之中，可以说是很牢固了，但是夜深人静时造化的大力士还是把它背走了，沉睡的人还丝毫不觉察。把小的东西藏在大的地方是适宜的，但是仍不免于亡失。如果把天下付托给天下，就不会亡失了，这乃是万物常在的真实情形。所以圣人要游于不得亡失的境地而和大道共存。对于老少生死都善于安顺的人，大家尚且效法他，又何况那决定着万物的生成转化的道呢？

三

　　夫道，有情有信，無爲無形；可傳而不可受，可得而不可見㊀；自本自根，未有天地，自古以固存；神鬼神帝㊁，生天生地；在太極之上而不爲高，在六極之下而不爲深㊂，先天地生而不爲久，長於上古而不爲老㊃。〔狶韋氏得之，以挈天地；伏戲氏得之，以襲氣母；維斗得之，終古不忒；日月得之，終古不息；堪坏得之，以襲崑崙；馮夷得之，以遊大川；肩吾得之，以處大山；黄帝得之，以登雲天；顓頊得之，以處玄宮；禺強得之，立乎北極；西王母得之，坐乎少廣，莫知其始，莫知其終；彭祖得之，上及有虞，下及五伯；傅說得之，以相武丁，奄有天下，乘東維，騎箕尾，而比於列星。〕㊄

【注释】

㊀ 可传而不可受，可得而不可见："受"，与"授"通。谓道可以心传而不可以口授，可以心得而不可目见（陈启天说）。

　　释德清说："以心印心，故可传可得；妙契忘言，故无受无见。"

㊁ 神鬼神帝："神"，与"生"义同（章炳麟说）。

章炳麟说:"'神',与'生'义同。《说文》:'神,天神引出万物者也。''神鬼'者,引出鬼;'神帝'者,引出帝。"(《庄子解故》)

　　朱桂曜说:"案章说是,神从申,故《风俗通·怪神篇》:'神者申也。'《白虎通·五行篇》释名释天并云:'申者身也。'《广雅·释诂》四:'身,侽也。'侽即有身孕,'生'之意也。"

㈢ 在太极之上而不为高,在六极之下而不为深:谓道弥宇内,无所不在(陈启天说)。"太极",通常指天地没有形成以前,阴阳未分的那股元气,这里或当指天。"六极",即六合。"太极之上",原作"太极之先",依俞樾之说改。

　　俞樾说:"按下云:'在六极之下,而不为深',则此当云:'在太极之上',方与'高'义相应。今作'在太极之先',则不与'高'义相应,而转与下文'先天地生而不为久',其义相复矣。《周易·系辞传》曰:'易有太极。'《释文》曰:'太极,天也。'然则《庄子》原文,疑本作在'太极之上',犹云在天之上也。后来说《周易》者,皆以太极谓天地未分之前,于是疑太极当以先后言,不当以上下言,乃改'太极之上'为'太极之先',而于义不可通矣。《淮南子·览冥训》曰:'引类于太极之上。'"按:俞说可从。日本金谷治译注《庄子》本亦依俞说改正为"太极之上"。

　　马叙伦说:"按郭象《注》曰:'且上下无不格者,不得以高卑称也。'成玄英《疏》曰:'道在五气之上,不为高远。'是郭、成二本'先'并作'上'。"

　　王孝鱼说:"太极与六极并言,可见太极二字非由《周易·系辞》而来,反倒可说,《系辞传》的太极二字,或乃袭用了《庄子》,那么《系辞传》可能出现在《庄子》之后。"

④ 先天地生而不为久,长于上古而不为老:谓道贯古今,无时不在(陈启天说)。

⑤ 〔狶韦氏得之……而比于列星〕:这一节神话,疑是后人添加,亦无深意,无妨删去。施天侔著《庄子疑检》,已认为此节非庄周之学。

宣颖说:"以上诸神半出荒唐,庄子但取以寓意不暇论也。"

严复说:"自'夫道'以下数百言,皆颂叹道妙之词,然是《庄》文最无内心处,不必深加研究。"按:自"狶韦氏得之,以挈天地"至"比于列星"一段,确无深意,然自"夫道"至"长于上古而不为老"一段,承老子之'道'义,有其深意,不得谓为"无内心处"。

钱穆说:"此章言'伏羲'、'黄帝'、'颛顼'云云,似颇晚出。"(《庄子纂笺》)

【今译】

道是真实有信验的,没有作为也没有形迹的;可以心传而不可以口授,可以心得而不可以目见;它自为本自为根,没有天地以前,从古以来就已存在;它产生了鬼神和上帝,产生了天和地;它在太极之上却不算高,在六合之下却不算深,先天地存在却不算久,长于上古却不算老。〔狶韦氏得到它,用来整顿天地;伏羲氏得到它,用来调和元气;北斗星得到它,永远不会改变方位;日月得到它,永远运行不息；堪坏（山神）得到它，可以掌管昆仑；冯夷（河神）得到它，就可以游于大川；肩吾（山神）得到它，可以主持泰山；黄帝得到它，可以登上云天，颛顼得到它，可以居住玄宫；禺强（北海神，人面鸟形）得到它，可以立于北极；西王母得到它，可以安居少广山上；没有人知道他年代的始终；彭祖得到它，可以上及有虞的时代，下及五伯朝代；傅说得到它，可以做武丁的宰相，包有天下（死后成为天上的星宿），乘驾着东维星和箕尾星，而和众星并列。〕

四

南伯子葵㊀問乎女偊㊁曰："子之年長矣，而色若孺子，何也？"

曰："吾聞道矣。"

南伯子葵曰："道可得學邪？"

曰："惡！惡可！子非其人也。夫卜梁倚有聖人之才而無聖人之道，我有聖人之道而無聖人之才，吾欲以教之，庶幾其果爲聖人乎！不然，以聖人之道告聖人之才，亦易矣。吾猶告而守之㊂，三日而後能外天下㊃；已外天下矣,吾又守之,七日而後能外物;已外物矣,吾又守之,九日而後能外生;已外生矣,而後能朝徹⑫;朝徹,而後能見獨⑬;見獨,而後能無古今;無古今,而後能入於不死不生⑭。殺生者不死,生生者不生⑮。其爲物,無不將也,無不迎也;無不毀也,無不成也⑯。其名爲攖寧⑰。攖寧也者,攖而後成者也。"

南伯子葵曰:"子獨惡乎聞之?"

曰:"聞諸副墨之子⑱,副墨之子聞諸洛誦⑲之孫,洛誦之孫聞之瞻明⑳,瞻明聞之聶許㉑,聶許聞之需役㉒,需役聞之於謳㉓,於謳聞之玄冥㉔,玄冥聞之參寥㉕,參寥聞之疑始㉖。"

【注释】

㊀ 南伯子葵:〈齐物论〉作"南郭子綦",〈人间世〉作"南伯子綦"。"伯",是尊称之辞。"葵",李颐说:当为"綦",声之误。按庄子笔下人物,有真名真姓的,亦有杜撰寓托的,"子綦"、"子葵"迹近隐者,或为架空人物亦未可知,故作"葵"亦可,不得谓为误。

　　林希逸说:"子葵、子綦,皆是寓言。"

㊁ 女偊:寓托的得道之士。

㊂ 告而守之:今本作"守而告之",根据闻一多校改。

　　闻一多说:"《疏》曰:'告示甚易,为须修守,所以成难。'又曰:'今欲传告,犹自守之。'是成本正作'告而守之'。今据乙

㈣ 外天下：忘世故（宣颖说）。"外"，犹遗、忘。
㈤ 朝彻：形容心境清明洞彻。

　　成玄英《疏》："死生一观，物我兼忘，惠照豁然，如朝阳初启，故谓之朝彻也。"

　　林希逸说："朝彻者，胸中朗然，如在天平旦澄彻之气也。"
㈥ 见独：指洞见独立无待的道。"道"为绝对无待，因以"独"来称它。

　　徐复观先生说："《庄子》一书，最重视'独'的观念。老子对道的形容是'独立而不改'，'独立'即是在一般因果系列之上，不与他物对待，不受其他因素的影响的意思。不过老子所说的是客观的道，而庄子则指的是人见道以后的精神境界。"（引自徐著《中国人性论史》，第390页）
㈦ 无古今，而后能入于不死不生："无古今"，指突破时间的限制。意谓突破时间的限制才能进入不受死生观念拘执的精神境界。
㈧ 杀生者不死，生生者不生："杀生者"（死灭生命的）和"生生者"（产生生命的）都是指"道"。谓"道"的本身是不死不生的。
㈨ 其为物，无不将也，无不迎也；无不毁也，无不成也："将"，送。道之于物，无不一面有所送，又一面有所迎；一面有所毁，又一面有所成（陈启天说）。按指就整体宇宙而言，万物无时不在生成往来的变化运动中。
㈩ 撄宁：扰乱中保持安宁。

　　林希逸说："'撄'者拂也。虽撄扰汩乱之中而其定者常在。'宁'，定也。撄扰而后见其宁定，故曰撄宁。"

释德清说:"撄者,尘劳杂乱,困横拂郁,挠动其心,曰'撄',言学道之人,全从逆顺境界中做出,只到一切境界不动其心,宁定湛然,故曰'撄宁'。"

杨文会说:"即将、即迎、即毁、即成,合四句为一'撄'字;朝彻、见独、无古今、不死生,合四句为一'宁'字。"(张默生《庄子新释》引)

⑪ 闻诸副墨之子:"副墨",指文字。"子""孙"世代相传,故本文借用为流传之意,"闻诸副墨之子",谓闻道于文字之流传(陈启天说)。

林希逸说:"'副墨',文字也。因有言而后书之简册,故曰'副墨'。形之言,正也;书之墨,副也。"

陈寿昌说:"文字生于语言,故以书之墨本者为'副'。"

⑫ 洛诵:诵读的意思。

王先谦说:"谓连络诵之,犹言反复读之。'洛'、'络'同音借字。"

陈启天说:"'洛诵',记诵也,犹言语言也。'副墨之子闻诸洛诵之孙',谓文字之流传得之于语言之流传也。"

⑬ 瞻明:见解洞彻(王先谦说)。"瞻",见。

陈启天说:"'洛诵之孙闻之瞻明',谓语言之流传得之于目见也。"

⑭ 聂(niè)许:目聂而心许(林云铭说)。

陈启天说:"'聂许',谓耳听。'瞻明闻之聂许',谓目见得之于耳听也。"

⑮ 需役:"需",须。"役",行;勤行勿怠(成《疏》)。"需役",即实践(金谷治说)。

陈启天说："'需役',谓修行。'聂许闻之需役',谓耳听得之于修行也。"
⑯ 于讴(ōu)：咏叹歌吟(宣颖说)。"于"，音乌。"讴"，歌谣。
⑰ 玄冥：深远幽寂。
　　陈启天说："谓赞叹得之于玄同杳冥无形之境界。"
　　王孝鱼说："'玄冥'就是学道过程中所说的慧悟。"
⑱ 参寥：空廓(陆长庚《副墨》)；"参寥"者，参悟空虚，〈人间世〉所谓的"集虚"(王孝鱼说)。
　　李颐说："'参'，高也。高邈寥旷，不可名也。"(《释文》引)
　　陈启天说："谓玄冥之境界得之于寥廓无极之境界。"
⑲ 疑始：迷茫之始(罗勉道《循本》)。
　　唐卢重玄说："'疑'者，不敢决言以明深妙者。"(《列子解》，注解《列子·天瑞篇》"疑独"句)
　　宣颖说："似有始而未尝有始。"

【今译】

　　南伯子葵问女偊说："你的年龄很大了，而面色如孩童，为什么呢？"
　　女偊说："我闻道了。"
　　南伯子葵说："道可以学得到吗？"
　　女偊说："不！不可以！你不是学道的人。卜梁倚有圣人的才质而没有圣人的根器，我有圣人的根器而没有圣人的才质，我想教他，或许他可以成为圣人了吧！不是这样的，以圣人之道告诉具有圣人才质的人，也容易领悟的。我告诉他而持守着,持守三天而后能遗忘世故;已经遗忘世故了,我再持守,七天以后就能不被物役;心灵已经不被物役了,我又持守着,九天以后就能无虑于生死;已经把生死置之度外,心境就能清明洞彻;心境清明洞彻,而后能体悟绝对的道;体悟绝对的道,而后能不受时间的限制;不受时间的限制,而后才能没有死生的观念。大道流行能使万物生息死灭,而它自身是不死不生的。道之为物,无不一面有所送,无不一面有所迎;无不一面有所毁,无不一面有所成,这就叫做'撄宁'。'撄宁'的意思,就是在万物生死成毁的纷纭烦乱中保持宁静的心境。"

南伯子葵说:"你从哪里听得道呢?"

女偊说:"我从副墨(文字)的儿子那里得来的,副墨的儿子从洛诵(诵读)的孙子那里得来的,洛诵的孙子从瞻明(见解明彻)那里得来的,瞻明从聂许(心得)那里得来的,聂许从需役(实行)那里得来的,需役从于讴(咏叹歌吟)那里得来的,于讴从玄冥(静默)那里得来的,玄冥从参寥(高邈寥旷)那里得来的,参寥从疑始(迷茫之始)那里得来的。"

五

子祀、子輿、子犁、子來⊖四人相與語曰："孰能以無爲首,以生爲脊,以死爲尻⊜,孰知死生存亡之一體者,吾與之友矣。"四人相視而笑,莫逆於心⊜,遂相與爲友。

俄而子輿有病,子祀往問之。曰："偉哉夫造物者⑩,將以予爲此拘拘也⑪!曲僂發背⑥,上有五管,頤隱於齊⑦,肩高於頂,句贅⑧指天。"陰陽之氣有沴⑨,其心閒而無事,跰𨇤⑩而鑑於井,曰:"嗟乎!夫造物者又將以予爲此拘拘也!"

子祀曰:"女惡之乎?"

曰:"亡,予何惡!浸假⑪而化予之左臂以爲雞,予因以求時夜⑫;浸假而化予之右臂以爲彈,予因以求鴞炙⑬;浸假而化予之尻以爲輪,以神爲馬,予因以乘之,豈更駕哉!且夫得者,時也,失者,順也;安時而處順,哀樂不能入也。此古之所謂縣解也。而不能自解者,物有結之。且夫物不勝天久矣,吾又何惡焉!"

俄而子來有病,喘喘然將死,其妻子環而泣之。子犁往問之,曰:"叱!避!無怛⑥化!"倚其戶與之語曰:"偉哉造化⑦!又將奚以汝爲,將奚以汝適?以汝爲鼠肝乎?以汝爲蟲臂乎?"

子來曰:"父母於子⑧,東西南北,唯命之從。陰陽⑨於人,不翅於父母⑩;彼⑪近吾死而我不聽,我則悍矣,彼何罪焉!夫大塊載我以形,勞我以生,佚我以老,息我以死。故善吾生者,乃所以善吾死也。今之大冶鑄金,金踊躍曰'我且必爲鏌鋣⑫',大冶必以爲不祥之金。今一犯人之形⑬,而曰'人耳人耳',夫造化者必以爲不祥之人。特犯人之形而猶喜之。若人之形者,萬化而未始有極也,其爲樂可勝計邪?⑭今一以天地爲大鑪,以造化爲大冶,惡乎往而不可哉!"成然寐⑮,蘧然覺。

【注释】

① 子祀、子輿、子犁、子来:寓言,虚构的人物。

② 尻(kāo):尾、终之意。指背脊骨尽的地方。

③ 莫逆于心:内心相契。"莫逆之交"的成语出自这里。

④ 造物者:指道。后文的"造化",亦系指道,因道能生物、化物。"造化"、"造物者"成为现在哲学上常用词,即出于此。

⑤ 拘拘也:形容曲屈不伸的样子。"也",犹"邪"。《淮南子·精神训》"也"作"邪"(王引之《经传释词》)。

⑥ 曲偻发背：形容弯腰驼背。
⑦ 齐：古脐字。
⑧ 句赘：发髻。〈人间世〉作"会撮"。"赘"与"撮"古通（武延绪说）。"句"，音义同"髻"。
⑨ 沴（lì）：陵乱（郭《注》）。

奚侗说："《汉书·五行志》：'气相伤谓之沴。''沴'，临莅不和意也。"
⑩ 跰䠔：形容蹒跚的步子。
⑪ 浸假：假令（成《疏》）；假使（宣颖说）。
⑫ 时夜：训"司夜"，指公鸡报晓。
⑬ 鸮（xiāo）炙（zhì）：烤斑鸠。
⑭ 怛（dá）：惊动。
⑮ 造化：谓道，以一切物化皆为道所造（陈启天说）。
⑯ 父母于子：倒装句法，言子于父母（宣颖说）。
⑰ 阴阳：指自然。
⑱ 不翅于父母："于"犹"如"，"翅"与"啻"同。言"不啻如父母"（王引之说）。
⑲ 彼：指阴阳言（陈启天说）。彼近我死：它（自然）使我走近死亡。
⑳ 镆铘：良剑名。

成玄英说："昔吴人干将为吴王造剑，妻名镆铘，因名雄剑曰'干将'，雌剑曰'镆铘'。"
㉑ 今一犯人之形：现在造化者刚开始范铸人的形体。"一"，犹始。
㉒〔特犯人之形而犹喜之。若人之形者，万化而未始有极也，其为乐可胜计邪〕：此数句二十九字，原在上文第二大段，兹依王孝鱼《庄子内篇新解》之说移此，文意语气前后贯通。

㊼成然寐:酣睡。"成","熟"义。

【今译】

　　子祀、子舆、子犁、子来四个人互相谈说:"谁能把'无'当作头颅,把'生'当作脊梁,把'死'当作尻骨,谁能知道生死存亡是一体的,我们就和他做朋友。"四个人相视而笑,内心相契,就一同做了朋友。

　　一会儿子舆生病了,子祀去看他。子舆说:"伟大啊!造物者,把我变成这样一个拘挛的人啊!"子舆腰弯背驼,五脏血管向上,面颊隐在肚脐下,肩膀高过头顶,颈后发髻朝天。阴阳二气错乱不和,可是他心中闲适而若无其事,他蹒跚地走到井边照见自己的影子,说:"哎呀!造物者又把我变成这样一个拘挛的人啊!"

　　子祀说:"你嫌恶吗?"

　　子舆说:"不,我为什么嫌恶!假使把我的左臂变做鸡,我就用它来报晓;假使把我的右臂变做弹弓,我就用它去打斑鸠烤了吃;假使把我的尻骨变做车轮,把我的精神化为马,我就乘着它走,哪里还要另外的车马呢!再说人的得生,乃是适时;死去,乃是顺应。能够安心适时而顺应变化的人,哀乐的情绪就不会侵入到心中,这就是古来所说的解除束缚。那些不能自求解脱的人,是被外物束缚住的。人力不能胜天然由来已久,我又有什么嫌恶的呢？"

一会儿子来生病了，喘气急促快要死了，他的妻子儿女围着啼哭。子犁去探望他，对子来的家属说："去，走开！不要惊动将变化的人！"他靠着门向子来说："伟大啊！造化者，又要把你变成什么东西，要把你送到哪里？要把你变成老鼠的肝吗？要把你变成小虫的膀子吗？"

子来说："儿子对于父母，无论要到东西南北，都是听从吩咐。自然对于人，无异于父母；它要我死，而我不听从，我就悍违不顺，它有什么罪过呢？大自然给我形体，用生使我勤劳，用老使我清闲，用死使我安息。因而以生为安善的，也应该以死为安善了！譬如现在有一个铁匠正在铸造金属器物，那金属忽然从炉里跳起来说：'一定要把我造成镆铘宝剑'，铁匠必定会认为这是不祥的金属。现在造化者开始范铸人的形体，那模型就喊着：'变成人罢，变成人罢'，造化者必定会认为这是不祥的人。人们只获得形体就欣然自喜。如果知道人的形体，千变万化而未曾有穷尽，那么这种欢乐岂可计算得清的吗！如果现在就开始把天地当作大熔炉，把造化看作大铁匠，那么到哪里而不可呢！"子来说完话，酣然睡去，又自在地醒来。

六

子桑戶、孟子反、子琴張㊀三人相與語㊁曰："孰能相與於無相與㊂，相爲於無相爲㊃？孰能登天遊霧㊄，撓挑無極㊅；相忘以生，無所終窮？"

三人相視而笑，莫逆於心，遂相與爲友。

莫然有間㊆而子桑戶死，未葬。孔子聞之，使子貢往侍事㊇焉。或編曲㊈，或鼓琴，相和而歌曰："嗟來㊉桑戶乎！嗟來桑戶乎！而已反其眞㊊，而我猶爲人猗㊋！"子貢趨而進曰："敢問臨尸而歌，禮乎？"

二人相視而笑曰："是惡知禮意！"

子貢反，以告孔子，曰："彼何人者邪？修行無有㊌，而外其形骸，臨尸而歌，顏色不變，無以命之㊍，彼何人者邪？"

孔子曰："彼，遊方之外㊎者也；而丘，遊方之內者也。外內不相及，而丘使女往弔之，丘則陋矣。彼方且與造物者爲人㊏，而遊乎天地之一氣。彼以生爲附贅縣疣，以死爲決𤴯潰癰㊐，夫若然者，又惡知死生先後之所在！假於異物，托於同體㊲；忘其肝膽，遺其耳目；反覆終始，不知端倪；芒然㊳彷徨乎塵垢之外，逍遙乎無爲之業。彼又惡能憒憒㊴然爲世俗之禮，以觀㊵衆人之耳目哉！"

子貢曰："然則夫子何方之依？"

孔子曰："丘，天之戮民也。雖然，吾與汝共之。"

子貢曰："敢問其方。"

孔子曰："魚相造乎水，人相造乎道。相造乎水者，穿池而養給；相造乎道者，無事而生定㊶。故曰，魚相忘乎江湖，人相忘乎道術。"

子貢曰："敢問畸人㊷。"

曰："畸人者，畸於人而侔於天。故曰，天之小人，人之君子；天之君子，人之小人㊸也。"

【注释】

㊀ 子桑戶、孟子反、子琴张：方外之士，寓言人物。
㊁ 相与语：原文作"相与友"。依前章例，"友"为"语"之误（金谷治说）。按前章作"四人相与语曰"，本章当作"三人相与语曰"，而后互相期许，莫逆于心，"遂相与为友"。文例相同，依金谷治《庄子》本改正。
㊂ 相与于无相与：形容相交而出于自然。
㊃ 相为于无相为：形容相助而不着形迹。

⑤登天游雾：形容精神超然物外。
⑥挑挑无极：跳跃于无极。

　　林希逸说："'挑挑'，踊跃之意。"
⑦莫然有间："莫然"，漠然。

　　成玄英说："寂尔无言，俄顷之间。"

　　宣颖说："'莫然'，犹漠漠然。形容淡交也。"

　　陈启天说："奚侗云：'莫，漠也。莫然，谓寂漠无言。''莫然有间'，谓三人寂漠无言而有顷也。"
⑧侍事：助治丧事（宣颖说）。世德堂本"侍"作"待"（王孝鱼校）。
⑨编曲：编挽歌（陈启天说）。

　　宣颖说："编次歌曲。旧云织簿，非是。"
⑩嗟来："来"，句中语助。"嗟来"，犹嗟乎（王引之《经传释词》）。

　　杨树达说："庄子恒用'来'为语已词。〈人间世〉篇云：'尝以语我来。'又云：'子其有以语我来。'与此'来'字皆是。"然"嗟来"，疑是指魂之语。
⑪而已反其真：谓尔已反归自然。"真"，谓道，或自然（陈启天说）。
⑫我犹为人猗（yī）：我们还是做凡人的事，按指编挽曲，歌唱吊魂之事。"猗"，犹"兮"，语助词。
⑬修行无有：言不修饰礼文（刘凤苞《庄子雪心编》）。
⑭无以命之：即无以名之。
⑮方之外：方域之外；形容超脱礼教之外，不受礼教的束缚。
⑯为人：为偶。

　　王引之说："〈应帝王〉篇：'予方将与造物者为人'，郭象曰：'任人之自为。'〈天运〉篇：'久矣夫，丘不与化为人'，郭曰：'夫与化为人者，任其自化者也。'郭未晓人字之义。人者，偶也；为人，犹为偶。《中庸》'仁者人也'，郑《注》：'读如相人偶之人，以人意相存偶之言。'《诗·匪风笺》：'人偶能割亨者，人偶能辅周道治民者'，《聘礼·注》：'每门辄揖者，以相人偶为敬也。'《公食大夫礼注》：'每曲揖及当碑揖相人偶。'是'人'与'偶'同义，故汉世有相人偶之语。《淮南子·原道训》'与造化者为人'，义与此同（高《注》：为治也，非是。互见《淮南子》）。〈齐俗〉篇曰：'上与神明为友，下与造化为人。'是其证明也。"（见王念孙《读书杂志余编》内）

⑮ 决疣（huán）溃痈（yōng）："疣"，疽。"痈"，红肿出脓的疮。

⑯ 假于异物，托于同体：借着不同的原质，聚合而成一个形体。

成玄英《疏》："水火金木，异物相假，众诸寄托，共成一身。"

曹础基说："'假'、'托'，都是寄托的意思。'异物'，从一个个的人、一件件的事说则互相不同，故称异物。'同体'，从大道说则为一体，故说同体。"

⑰ 芒然：同茫然。

李颐说："无系之貌。"（《释文》引）

⑱ 愤愤：烦乱。

⑲ 观：示；炫耀。

⑳ 生定："生"通"性"。"生定"，性分静定而安乐（成《疏》）。或说"定"为"足"字之误。生足，即性分自足。

俞樾说："'定'疑'足'字之误。'穿池而养给，无事而生足'，两句一律。'给'，亦'足'也。'足'与'定'，字形相似而误。"俞说有理，译文从此。

㉑ 畸（jī）人：同奇人，指不合于俗的人。

㉘天之君子,人之小人:今本作"人之君子,天之小人"。上两句为"天之小人,人之君子",与此两句重复。王先谦说:"疑复语无义,当作'天之君子,人之小人'。"今据王说校改。

奚侗说:"此文四句义复,下二句'人'字'天'字互误。"

王叔岷说:"旧钞本《文选》江文通《杂体诗》注引,下二句正作'天之君子,民之小人'。今本'民'作'人',唐人避太宗讳改。"

【今译】

子桑户、孟子反、子琴张三人互相谈说:"谁能够相交而出于无心,相助而不着形迹?谁能超然于物外,跳跃于无极之中;忘了生死,而没有穷极?"三个人相视而笑,内心相契,就一同做了朋友。

这样不久子桑户死了,还没有下葬。孔子听到了,就叫子贡去助理丧事。子贡看到一个在编歌曲,一个在弹琴,二人合唱着:"哎呀桑户啊!哎呀桑户啊!你已经还归本真了,而我们还在做凡人的事啊!"

子贡赶上去问说:"请问对着尸体歌唱,合礼吗?"

二人望望笑着说:"他哪里懂得礼的真意!"

子贡回去以后,把所见的告诉孔子,问说:"他们是什么人啊,不用礼仪来修饰德行,而把形骸置于度外,对着尸体歌唱,无悲哀之色,简直无法形容,他们究竟是什么人啊!"

孔子说:"他们是游于方域之外的人,而我是游于方域之内的人。方域之外和方域之内彼此不相干，而我竟然叫你去吊唁，这是我的浅陋啊！他们正和造物者为伴侣，而遨游于天地之间。他们把生命看作是气的凝结，像身上的赘瘤一般，把死亡看作〔是气的消散，〕像脓疮溃破了一样，像这样子，又哪里知道死生先后的分别呢！借着不同的元素，聚合而成一个形体；遗忘里面的肝胆，遗忘外面的耳目；让生命随着自然而循环变化，不管它们的分际；安闲无系地神游于尘世之外，逍遥自在于自然的境地。他们又怎能忍受厌烦而拘守世俗的礼节，表演给众人观看呢！"

子贡说："那么您是依从哪一方呢？"

孔子说："从自然的道理看来我就像受着刑戮的人。虽然这样，我们应该共同追求方外之道。"

子贡说："请问有什么方法。"

孔子说："鱼相适于水，人相适于道。相适于水的，挖个池子来供养；相适于道的，泰然无事而性分自足。所以说，鱼在江湖之中就忘记一切而悠悠哉哉，人游于大道之中就忘了一切而逍遥自适。"

子贡说："请问那些不合于俗的异人是什么人。"

孔子说："异人是异于世俗人而应合于自然。所以说，从自然的观点看来是小人的，却成为人间的君子；从自然的观点看来是君子的，却成为人间的小人。"

七

颜回問仲尼曰："孟孫才⊖，其母死，哭泣無涕，中心不戚，居喪不哀。無是三者，以善處喪蓋魯國。固有無其實而得其名者乎？回壹怪之⊜。"

仲尼曰："夫孟孫氏盡之矣，進於知矣，唯簡之而不得，夫已有所簡矣。孟孫氏不知所以生，不知所以死；不知孰先，不知孰後⊜；若化爲物，以待其所不知之化㊣已乎！且方將化，惡知不化哉？方將不化，惡知已化哉？吾特與汝，其夢未始覺者邪！且彼有駭形㊄而無損心，有旦宅而無耗精㊅。孟孫氏特覺㊆，人哭亦哭，是自其所以乃㊇。且也相與吾之耳㊈矣，庸詎知吾所謂吾之非吾乎㊉？且汝夢爲鳥而厲㊋乎天，夢爲魚而沒於淵。不識今之言者，其覺者乎，其夢者乎？造適不及笑㊌，獻笑不及排㊍，安排而去化㊎，乃入於寥天一㊏。"

【注释】

⊖孟孙才：姓孟孙，名才。鲁国人。
⊜回壹怪之："壹"，语助（王引之《经传释词》）。

㊂ 不知孰先，不知孰后："先""后"，指生前死后。"孰"今本作"就"，疑形近致误。

　　林云铭说："'就'字，疑'孰'字之误。"按林说是，"两就"字并作"孰"。

㊃ 以待其所不知之化：以应付那不可知的变化。

㊄ 有骇形："骇"，当读为"改"，谓形态有变易（杨树达说）。

㊅ 有旦宅而无耗精："旦"，即嬗、禅等字之借（章炳麟说）。"旦宅"，形骸之变（郭《注》）。按"旦"借嬗，即变化之意；"宅"为"神之舍"（成《疏》）；指躯体而言。"耗精"，今本作"情死"，依刘师培之说，据《淮南子·精神训》改。

　　刘师培说："今考《淮南子·精神训》云：'有戒形而无损于心，有缀宅而无耗精'，语本《庄》书。而'损'、'耗'；'心'、'精'，词咸偶列。古籍'耗'恒作'眊'，'眊'、'死'；'精'、'情'，形近互讹，倒书则为'情死'。"按：刘说可从。"有旦宅而无耗精"与上句"有骇形而无损心"，正相对文。

㊆ 特觉：独觉。

㊇ 是自其所以乃：这就是他所以这个样子的缘故。按指孟孙才依世情随众哭而哭泣无涕。

　　林希逸说："欲简不得简而乃随众以哭也。此句最难解，故数本以上句'乃'字与下句'且'字，合为'宜也'两字，良可笑也。"

　　宣颖说："'乃'，犹那等样。言孟孙氏之哭泣，亦不过见人如此，随之如此。"

　　章炳麟说："'乃'，以双声借为'然'，如此也。"

㊈ 相与吾之耳：互相称说这是我。

　　宣颖说："世人但知有一我耳。"

王先谦说:"人每见吾暂有身,则相与吾之。"
⑪庸讵知吾所谓吾之非吾乎:"非吾"两字原缺,根据朱桂曜等说补。

朱桂曜说:"案此句殊不成语,'之'下疑落'非吾'二字,本作'庸讵知吾所谓吾之非吾乎?'上文'庸讵知吾所谓天之非人乎?'〈齐物论〉篇'庸讵知吾所谓知之非不知邪',句法并同也。"按朱说是。刘文典《补注》、王叔岷《校释》引证相同。
⑫厉:"戾"同声通用,至(王先谦《注》)。《淮南子·俶真训》作"飞"。
⑬造适不及笑:形容内心达到最适意的境界(李勉说)。

林希逸说:"意有所适,有时而不及笑者,言适之甚也。亦犹杜诗所谓:'惊定乃拭泪。'乐轩先生亦曰:'及我能哭,惊已定矣。'此言惊也,造适言喜也,惊喜虽异,而不及之意同。"

王孝鱼说:"'造适不及笑'句是说,喜者必笑,然而自适其适者,忽逢适意之境,内心自造其乐,不必待笑而后乐。"
⑭献笑不及排:形容内心适意自得而于自然中露出笑容。

林希逸说:"此笑出于自然,何待安排。此'排'字与下句'排'字虽同,而文势异,不可联上字说。"

王孝鱼说:"'献笑不及排'句是说,笑而献以悦人,就得人为地布置安排而后使之笑;至于自适其适,自乐其乐者,则一切出于无心,不必待布置安排才能献出笑来。"
⑮安排而去化:任听自然的安排而顺任变化。
⑯寥天一:即道(宣颖说)。

【今译】

　　颜回问孔子说:"孟孙才的母亲死了,他哭泣没有眼泪,心中不悲戚,居丧不哀痛。没有眼泪、悲戚、哀痛这三点,却以善处丧而闻名鲁国。怎么有不具其实而得到虚名的吗?我觉得很奇怪。"

　　孔子说:"孟孙氏已经尽了居丧之道,他比知道丧礼的人超过多了。丧事应该简化,只是世俗相因无法做到,然而他已经有所简化了。孟孙氏不知道什么是生,也不知道什么是死;不知道什么是占先,不知道什么是居后;他顺任自然的变化,以应付那不可知的变化而已!再说如今将要变化,怎么知道那不变化的情形呢?如今未曾变化,怎么知道那已经变化的情形呢?我和你现在正在做梦,还没有觉醒过来啊!孟孙氏认为,人有体形的变化而没有心神的损伤;有躯体的转化而没有精神的死亡。孟孙氏尤其彻悟,人家哭泣他也哭泣,这就是他所以那个样子的原因了。世人互相称说这是我,然而哪里知道我所谓我果真不是我呢!像你梦作鸟在天空飞翔,梦作鱼在水底游玩。不知道现在谈话的我们,是醒着呢?还是做梦呢?忽然达到适意的境界而来不及笑出来,从内心自然地发出笑声而来不及事先安排。听任自然的安排而顺应变化,就可进入寥远之处的纯一境界。"

八

意而子㈠見許由。許由曰:"堯何以資㈡汝?"

意而子曰:"堯謂我:'汝必躬服仁義而明言是非。'"

許由曰:"而奚來為軹㈢?夫堯既已黥㈣汝以仁義,而劓㈤汝以是非矣,汝將何以遊夫遙蕩恣睢轉徙㈥之塗乎?"

意而子曰:"雖然,吾願遊於其藩。"

許由曰:"不然。夫瞽者無以與乎眉目顏色之好,盲者無以與乎青黃黼黻之觀㈦。"

意而子曰:"夫無莊㈧之失其美,據梁㈨之失其力,黃帝之亡其知,皆在鑪捶㈩之間耳。庸詎知夫造物者之不息我黥而補我劓,使我乘成㈪以隨先生邪?"

許由曰:"噫!未可知也。我為汝言其大略。吾師乎㈫!吾師乎!韲萬物而不為義㈬,澤及萬世而不為仁,長於上古而不為老,覆載天地刻雕眾形而不為巧。此所遊已㈭。"

【注释】

㈠意而子:假托的寓言人物。

㊁资:资助,教益。

㊂而奚来为轵:"而",汝。"轵",同"只",语助词。

㊃黥(qíng):古时刑罚,刺在额上,也叫墨刑。

㊄劓(yì):割鼻的一种刑罚。

　　陈启天说:"'黥'、'劓',本为两种肉刑,此借用为破坏自然之意。"

㊅遥荡恣睢转徙:"遥荡",逍遥放荡。"恣睢",无所拘束,自得的样子。"转徙",指变化。

㊆瞽者无以与乎眉目颜色之好,盲者无以与乎青黄黼黻之观:各本"瞽""盲"倒置,于义欠当。"瞽"是瞎子,故云"无以与乎眉目颜色之好"。"盲"有二义,其一谓瞎子(《说文》:"盲,目无眸子")。其二,色盲,是一种眼疾。《解老》:"目不能决黑白之色谓之盲",《论衡·别通》:"目不见青黄曰盲。"黼(fǔ)黻(fú),古礼服,喻华美的衣饰。

㊇无庄:古时美人。无庄是没有装饰的意思。

㊈据梁:古时力士。据梁是强梁的意思。

　　王懋竑说:"'无庄'、'据梁',前无所考,或亦寓言耳。"

㊉炉捶:陶冶锻炼。

㊉㊀乘成:"乘",犹载。"成",犹备(郭庆藩说)。按"乘成",意谓使形体完全,对黥劓而言(张默生说)。

㊉㊁吾师乎:庄子以"道"为宗师,所以称"道"为吾师。

㊉㊂𩛙(jī)万物而不为义:调和万物而不以为义(王治心《庄子研究及注释》)。

　　陆树芝说:"'𩛙',和也,凡醯酱之酿和曰'𩛙',借言调和万物也。"

㈣此所游已:"游"字,承上文"游夫遥荡恣睢转徙之涂"而来。

林希逸说:"言吾之所游者如此。"

【今译】

意而子去见许由。许由说:"尧教你什么?"

意而子说:"尧对我说:'你一定要实行仁义而明辨是非。'"

许由说:"你还来这里做什么?尧既然用仁义给你行墨刑,用是非给你行劓刑,你怎么能够逍遥放荡,无拘无束地游于变化的境界呢?"

意而子说:"虽然这样,我还是希望游于这个境地的边缘。"

许由说:"不行。瞎子无从欣赏眉目颜色的美好,盲人无从欣赏彩色锦绣的华丽。"

意而子说:"无庄忘记自己的美丽,据梁忘记自己的力气,黄帝忘记自己的聪明,都是在大道的陶冶锻炼中而成的。怎么知道造物者不会护养我受了黥刑的伤痕,修补我受了劓刑的残缺,使我形体复恢完整,随从先生呢?"

许由说:"唉!这是不可知的啊!不过我说个大略给你听听:我的大宗师啊!我的大宗师啊!调和万物却不以为义,泽及万世却不以为仁,长于上古却不算老,覆天载地、雕刻各种物体的形象却不以为灵巧,这是游心的境地啊!"

九

颜回曰:"回益矣。"

仲尼曰:"何谓也?"

曰:"回忘礼乐㊀矣。"

曰:"可矣,犹未也。"

他日,复见,曰:"回益矣。"

曰:"何谓也?"

曰:"回忘仁义矣。"

曰:"可矣,犹未也。"

他日,复见,曰:"回益矣。"

曰:"何谓也?"

曰:"回坐忘矣。"

仲尼蹴然㊁曰:"何谓坐忘?"

颜回曰:"堕肢体,黜聪明,离形去知㊂,同于大通㊃,此谓坐忘。"

仲尼曰："同則無好⑩也，化則無常㉑也。而果其賢乎！丘也請從而後也。"

【注释】

㊀ 回忘礼乐："忘"，达于安适状态的心境。"礼乐"，今本作"仁义"。依刘文典等说，据《淮南子·道应训》"仁义"两字与下文"礼乐"两字互调。

刘文典说："《淮南子·道应训》：'仁义'作'礼乐'，下'礼乐'作'仁义'，当从之。礼乐有形，固当先忘；仁义无形，次之；坐忘最上。今'仁义'、'礼乐'互倒，非道家之指矣。"

王叔岷先生说："《淮南子·道应训》：'仁义'与'礼乐'二字互错。审文义，当从之。《老子》云：'失道而后德，失德而后仁，失仁而后义，失义而后礼。'《淮南子·本经训》：'知道德，然后知仁义之不足行也；知仁义，然后知礼乐之不足修也。'道家以礼乐为仁义之次；礼乐，外也。仁义，内也。忘外及内，以至于坐忘。若先言忘'仁义'，则乖厥旨矣。"

㊁ 蹴(cù)然：惊异不安的样子。

㊂ 堕肢体，黜聪明，离形去知：意思是不受形骸、智巧的束缚。

徐复观先生说："'堕肢体'、'离形'，实指的是摆脱由生理而来的欲望。'黜聪明'、'去知'，实指的是摆脱普通所谓的知识活动。庄子的'离形'，并不是根本否定欲望，而是不让欲望得到知识的推波助澜，以致溢出于各自性分之外。在性分之内的欲望，庄子即视为性分之自身，同样加以承认的。所以在坐忘的境界中，以'忘知'最为枢要。忘知，是忘掉分解性的、概念性的知识活动。"(《中国艺术精神》，第72—73页)

㉔ 大通：一切无碍（刘凤苞说）。
㉕ 同则无好：和同万物就没有偏好。

　　刘凤苞说："与物玄同，则无不适矣。无不适则忘适矣。又何好何恶哉！"
㉖ 化则无常：参与变化而不执滞。"常"，意指执滞而不变通。

【今译】

　　颜回说："我进步了。"

　　孔子说："怎样进步呢？"

　　颜回说："我安然相忘于礼乐了。"

　　孔子说："很好，但是还不够。"

　　过了几天，颜回又见孔子说："我进步了。"

　　孔子说："怎样进步呢？"

　　颜回说："我安然相忘于仁义了。"

　　孔子说："很好，但是还不够。"

　　过了几天，颜回又见孔子说："我进步了。"

　　孔子说："怎样进步呢？"

　　颜回说："我坐忘了。"

　　孔子惊奇地说："什么叫坐忘？"

　　颜回说："不着意自己的肢体，不摆弄自己的聪明，超脱形体的拘执、去掉智巧的束缚，和大道融通为一，这就是坐忘。"

　　孔子说："和万物同一体就没有偏私了，参与万物的变化不偏执于固定之理。你果真是贤人啊！我愿意追随在你的后边。"

一〇

子舆与子桑友,而霖雨㊀十日。子舆曰:"子桑殆病矣!"裹饭而往食之。至子桑之门,则若歌若哭,鼓琴曰:"父邪！母邪！天乎！人乎!"有不任其声㊁而趋举其诗焉㊂。

子舆入,曰:"子之歌诗,何故若是?"

曰:"吾思夫使我至此极者而弗得也。父母岂欲吾贫哉？天无私覆,地无私载,天地岂私贫我哉？求其为之者而不得也。然而至此极者,命也夫!"

【注释】

㊀霖雨:凡雨自三日以上为霖(《左传·隐公九年》)。
㊁不任其声:"不任",不堪、不胜。形容心力疲惫,发出的歌声极其微弱。
㊂趋举其诗:诗句急促,不成调子。"趋",通"促"。
　　崔譔《注》:"趋举其诗,无音曲也。"
　　林希逸说:"'趋举其诗',所谓情隘而其词蹙是也。歌得不成头绪,故曰'趋举'。"

【今译】

　　子舆和子桑做朋友。淫雨霏霏一连下了十天,子舆说:"子桑恐怕要饿病了吧!"于是就带着饭送给他吃。到了子桑的门前,就听到里面又像歌唱又像哭泣,听见弹着琴唱着:"父亲啊!母亲啊!天啊!人啊!"歌声微弱而诗句急促。

　　子舆进门去,问说:"你唱诗歌,为什么这种调子?"

　　子桑说:"我正想着使我到这般窘困地步的原因而不得解。父母难道要我贫困吗?天是没有偏私地覆盖着,地是没有偏私地承载着,天地哪里单单会使我贫困呢?追究使我贫困的道理而得不出来,然而我到这般绝境,这是由于命吧!"

应 帝 王

〈应帝王〉篇,主旨在说为政当无治。本篇表达了庄子无治主义的思想,主张为政之道,毋庸干涉,当顺人性之自然,以百姓的意志为意志。

本篇分七章。第一章,借寓言人物蒲衣子道出理想的治者:心胸舒泰,纯真质朴;不用权谋智巧,也不假借任何仁义名目去要结人心。第二章,狂接舆与肩吾的对话,认为"君人者以己出于经式义度"是"欺德"的行为。这里,对于独裁者以私意("以己")厘定法律("经式义度")的行径,作了有力的批判。法度条规必须以人民的利益为准则,必须以人民的意见为依归,若仅为统治者个人及其政权利益为目的,则虽有武力做后盾,使人"孰敢不听",但终难使人心顺服。如用这种方式来治国,"犹涉海凿河而使蚊负山",注定要失败。为政之道,要在"正而后行,确乎能其事者";不以我强人,任人各尽所能就是了。第三章,天根遇无名人,问"为天下"之道。无名人说:"去!汝鄙人也,何问之不豫也!"对于政治权力之厌恶感,在这里表露无遗。彻底打消治人的观念,以为治人不如不治,不治天下反倒安宁,治人的历史是一部砍杀的历史,一片血肉横飞的惨景历历眼前。天根又问,无名人最后说:"顺物自然而无容私焉,则天下治矣。""顺物自然",则人民可享有自由的生活。治者去私("无容私"),才能走向为民为公的路途。第四章谈明王之治,不张扬表露,"化贷万物而民弗恃",使百姓不知帝力何所加。第五章,写神巫替壶子看相的故事,主题在写"虚"写"藏"。推之于为政,则虚己无为,人民乃可无扰;含藏己意而无容私,百姓乃得以自安。第六章,"无为名尸"一段,再度提出为政在于不自专,勿独断,亦不用智巧计算人民。最后仍归结到"虚"。"至人用心若镜",则"虚"为形容空明如镜的心境。此心境能如实反映外在客观的景象,亦即能客观如实地反映民心意向。为政在"虚",则治者去私,而能收纳广大人民的意见,且以广大民众的利益为前提。篇末最后一章,为有名的浑沌的故事。浑沌喻真朴的人民。"日凿一窍,七日而浑沌死",为政者今天设一法,明天立一政,繁扰的政举屡屡置民于死地。庄子目击战国时代的惨景,运用高度的艺术手笔描绘浑沌之死,以喻"有为"之政给人民带来的灾害。

出自本篇的流行成语有:蚊虻负山、涉海凿河、虚与委蛇、用心若镜、混沌凿窍等。

一

　　齧缺問於王倪,四問而四不知○。齧缺因躍而大喜,行以告蒲衣子○。

　　蒲衣子曰:"而乃今知之乎?有虞氏不及泰氏⊜。有虞氏,其猶藏仁以要@人;亦得人矣,而未始出於非人㊄。泰氏,其卧徐徐⊗,其覺于于㊀;一以己爲馬,一以己爲牛;其知情信,其德甚眞,而未始入於非人⊗。"

【注释】

○四问而四不知:事见〈齐物论〉。"四问"即:一问:"知物之所同是乎?"二问:"知子之所不知邪?"三问:"物无知邪?"四问:"知利害乎?"王倪都答称不知。
○蒲衣子:寓言人物。
　　林希逸说:"蒲衣或曰即被衣。庄子所言人物名字,多是虚言,即乌有亡是公之类,不必致辨。"
⊜有虞氏不及泰氏:有虞氏,舜(成《疏》)。泰氏,上古帝王(《释文》引司马彪说);无名之君(《释文》引李颐说)。按舜为儒家构想的圣王天子,庄子则有意创造出另一种形态的人物,以破除世俗的政治观。
　　吕惠卿说:"'有虞',亦训忧虞。'泰氏',亦泰定之义,谓有

知有虞,不若无知而泰定。"(《庄子义》)

　　王懋竑说:"此类皆率意言之,不必有据。"

④ 要:音邀,要结。

⑤ 非人:有两说:一指"天"(林希逸《注》),一指"物"(宣颖说),译文从后者。

　　宣颖说:"非人者,物也。有心要人,则犹系于物,是未能超然出于物之外也。"

⑥ 徐徐:安闲,舒缓。

⑦ 于于:为"迂迂"之借字,"迂迂"谓迂缓(胡怀琛《庄子集解补正》);形容自得的样子。

⑧ 未始入于非人:意即从来没有受外物的牵累。

　　宣颖说:"浑同自然毫无物累,是未始陷入于物之中。"

【今译】

　　啮缺问王倪,问了四次而四次都回说不知道。啮缺喜欢得跳跃起来,走去告诉蒲衣子。

　　蒲衣子说:"你现在知道了吗?有虞氏不如泰氏。有虞氏还标榜仁义以要结人心;虽然也能得人心,但是还没有超脱外物的牵累。泰氏睡时安闲舒缓,醒时逍遥自适;任人把自己称为马,任人把自己称为牛;他的知见信实,他的德性真实,而从来没有受外物的牵累。"

二

肩吾見狂接輿，狂接輿曰："日中始㊀何以語女？"

肩吾曰："告我君人者以己出經式義度㊁，人孰敢不聽而化諸㊂！"

狂接輿曰："是欺德㊃也。其於治天下也，猶涉海鑿河，而使蚊虻負山也。夫聖人之治也，治外㊄乎？正而後行㊅，確乎能其事者㊆而已矣。且㊇鳥高飛以避矰弋㊈之害，鼷鼠深穴乎神丘㊉之下，以避熏鑿㊊之患，而曾二蟲之無如㊋！"

【注释】

㊀ 日中始：假托的寓言人物。有两说：一说日中始，人姓名（李颐说）。一说中始，人名。"日"，犹云日者（详见俞樾《庄子平议》），谓往日（见朱桂曜《庄子内篇证补》）。两说皆可通，这里取前说。

㊁ 经式义度："义"读为"仪"。"经式""义度"，都指法度。

王念孙说："'义'读为'仪'（义与仪，古字通。《说文》：'义，己之威仪也'）。仪，法也（见《周语注》、《淮南子·精神训注》，《楚词·九叹注》）。经式仪度，皆谓法度也。"（见王著《读书杂志余编》）

㊂ 诸:同"乎",句末助字(日本金谷治说)。

㊃ 欺德:欺诳之德(成《疏》)。指虚伪不实的言行。

㊄ 治外:"外",指上面所说的"经式义度"。"治外",指用经式仪度绳之于外。

㊅ 正而后行:自正而后行化。

　　陈深说:"以无事为'正',以自然为'行'。"

㊆ 确乎能其事者:指任人各尽所能。

　　成玄英说:"顺其实性,于事有能者,因而任之。"

　　宣颖说:"不强人以性之所难为。"

㊇ 且:《御览》引作"百"。

　　王叔岷先生说:"《御览》九一一引'且'作'百'。'且'疑'百'之形误。"此说可存。

㊈ 矰(zēng)弋(yì):古时射飞鸟的器具,把箭系在生丝上。

㊉ 神丘:社坛。

㊋ 熏凿:烟熏铲掘。

㊌ 无如:今本作"无知"。从文义上看,应作"无如"。疑是"知""如"形近改误,根据奚侗之说改。

　　奚侗说:"'知'当作'如',其义较长。'无如'犹言'不如'也。郭《注》言曾不如此二虫之各存而不待教乎?是郭本'知'正作'如'。"

【今译】

　　肩吾见狂接舆,狂接舆问说:"日中始对你说了些什么?"

肩吾说:"他告诉我做国君的凭己意制定法度,人民谁敢不听从而被感化呢?"

狂接舆说:"这完全是欺骗人的。这样去治理天下,就如同在大海里凿河,使蚊虫负山一样。圣人治理天下,是用法度绳之于外吗? 圣人是先正自己的性命而后感化他人,任人各尽所能就是了。鸟儿尚且知道高飞以躲避罗网弓箭的伤害,鼷鼠尚且知道深藏在社坛底下,以避开烟熏铲掘的祸害,难道人还不如这两种虫子吗?"

三

天根㊀遊於殷陽㊁,至蓼水㊂之上,適遭無名人而問焉,曰:"請問爲天下。"

無名人曰:"去! 汝鄙人也,何問之不豫㊃也! 予方將與造物者爲人㊄,厭,則又乘夫莽眇之鳥㊅,以出六極之外,而遊無何有之鄉,以處壙埌之野㊆。汝又何帠㊇以治天下感予之心爲?"

又復問。

無名人曰:"汝遊心於淡,合氣於漠㊈,順物自然而無容私㊉焉,而天下治矣。"

【注释】

㊀ 天根：和下文无名人同是寓名。

㊁ 殷阳：殷山之阳（成《疏》）；喻言阴阳主宰（刘凤苞说）。按为庄子杜撰的地名。

㊂ 蓼水：疑是庄子自设的水名。

㊃ 何问之不豫："豫"，悦（《释文》引简文说）。按："豫"，适，谓妥当。言所问何其不当。

㊄ 予方将与造物者为人：谓予方将与大道为友。即正要和大道同游的意思。"为人"，训为偶，已见〈大宗师〉。

㊅ 莽眇（miǎo）之鸟：轻虚之状（《释文》）。喻以清虚之气为鸟，游于太空。

㊆ 圹埌之野："圹"，与旷同。"埌"，音浪，与"圹"同义（朱桂曜说）。"圹埌之野"与〈逍遥游〉所谓"广莫之野"同义，皆庄子创词（张默生说）。

㊇ 何帠（yì）："帠"字字书所无，疑当为"叚"（孙诒让说）。"何叚"犹"何假"、"何暇"（朱桂曜说）。"叚"即"暇"之借（王叔岷说）。另一说："帠"乃"臬"字之误，"臬"当读为"寱"。《一切经音义》引《通俗文》曰：梦语谓之"寱"。无名人盖谓天根所问皆梦语（俞樾说）。按两说都可解。崔譔本"帠"作"为"，亦可通。

㊈ 游心于淡，合气于漠："淡"与"漠"都是说清静无为。

成玄英《疏》："游汝心神于恬淡之域，合汝形气于寂寞之乡。"

㊉ 无容私：不参以私意。

【今译】

　　天根游于殷阳，走到蓼水之上，恰巧遇着无名人而问说："请问治理天下的方法。"

　　无名人说："去吧！你这个鄙陋的人，为什么问这不妥当的问题！我正要和造物者交游；厌烦了，就乘着'莽眇之鸟'，飞出天地四方之外，而游于无何有之乡，处在广阔无边的旷野。你又为什么拿治理天下的梦话来扰乱我的心呢？"

　　天根又再问。

　　无名人说："游心于恬淡之境，清静无为，顺着事物自然的本性而不用私意，天下就可以治理好了。"

四

　　陽子居㊀見老聃，曰："有人於此，嚮疾強梁㊁，物徹疏明㊂，學道不勌。如是者，可比明王乎？"

　　老聃曰："是於聖人也，胥易技係㊃，勞形怵心者也。且也虎豹之文來田，猨狙之便來藉㊄。如是者，可比明王乎？"

　　陽子居蹵然曰："敢問明王之治。"

　　老聃曰："明王之治：功蓋天下而似不自己，化貸萬物而民弗恃⑤;有莫舉名⑦,使物自喜;立乎不測,而遊於無有者也⑧。"

【注釋】

① 陽子居:"居",名。"子",男子通稱(《釋文》引李頤說)。莊子制名寓意(王元澤說)。歷來都以陽子居作楊朱,今人唐鉞寫〈楊朱考〉一文,認為楊子居與為我主義的楊朱毫無關涉(詳見《古史辨》第四冊下編)。按楊朱"貴己"(《呂氏春秋·不二篇》),"為輕物重生之士"(《韓非子·顯學篇》),倡"全生保真,不以物累形"。《莊》書上所寫陽子居的言行,與楊朱思想不僅不相同,且相反。唐鉞所疑,可存。

② 向疾強梁:敏捷果干的意思。"向疾",敏捷如向(李頤說)。"向"與響通。"強梁",強干果決(成《疏》)。

③ 物徹疏明:鑒物洞徹,疏通明敏(成《疏》)。

> 李勉說:"《詩》云:'天命不徹',《毛傳》:'徹,道也。'《爾雅·釋訓》:'不徹,不道也。'是'徹'之訓'道'已無疑問。案'徹'通'轍',車所行之道。故'物徹'即物道也;'物道'猶物理也;言其物理疏明也。'疏明'即通明。"按:"物徹疏明"一語,"徹疏明"三字為形容詞,"物"字則為名詞,似可疑。或說"物"乃"徇"字訛(武延緒說)。另說:"物"為"易"字之誤(章炳麟說)。若作"徇徹疏明",亦可通。古字假借"徇"為"浚"(孫詒讓《墨子閒詁·公孟篇注》)。

④ 胥易技系:"胥易"兩字,頗費解,舊注以"胥"為"胥徒",以"易"為改易或輕易,都不妥。近人解釋較為可取的兩說:(一)"胥"即"諝",有才智。"易",治。謂胥吏更迭治事(孫詒讓說)。依

此说,"胥易技系"意即胥吏治事为技能所系累。(二)"胥"谓"大胥"之官,"易"为占卜之官,其据在《礼记》;为"胥"必精习乐舞之技,为"易"必精习占卜之技,皆为所缠系而不能移(刘武说)。依此说,"胥易技系"译为"胥"(掌乐舞之官)"易"(掌占卜之官)为技能所累。按两说皆可通,今译姑取前说。

㊄ 虎豹之文来田,猿狙之便来藉:"来田",招来田猎。"来借",致受拘系(崔譔注:"借,系也")。"猿狙之便"句下今本有"执嫠之狗"(嫠,音狸)四字,根据王叔岷《校释》删去。

　　王叔岷说:"'执嫠之狗'四字,疑涉〈天地〉篇文窜入。'虎豹之文来田,猿狙之便来藉',文正相耦。《淮南子·缪称训》:'虎豹之文来射,猿狖之捷来措。'(注:'措,刺也。')《诠言训》:'故虎豹之强来射,猿狖之捷来措。'《说林训》:'虎豹之文来射,猿狖之捷来乍。'(王念孙云:'措与乍古同声通用',亦籍之借字。)凡三用此文,皆无'执嫠之狗'四字,是其明证。"

㊅ 化贷万物而民弗恃:施化普及于万物而民不觉有所依恃。"贷",施(林希逸说)。

　　成玄英说:"百姓皆谓我自然,不赖君之能。"

　　林希逸说:"此朝野不知而帝力何加之意。"

　　严复说:"'而民弗恃'最关治要,今所谓去其依赖心也。"

㊆ 有莫举名:有功德而不能用名称说出来。

㊇ 立乎不测,而游于无有者也:形容明王清静幽隐,而游心于自然无为的境地。"游于无有",行所无事(宣颖说)。

【今译】

　　阳子居去见老聃,问说:"假如有这样的一个人,敏捷果干,透彻明达,学道精勤不倦。这样可以和明王相比吗?"

老聃说:"在圣人看来,胥吏治事为技能所累,劳苦形骸扰乱心神。而且虎豹因为皮有纹所以招人来田猎,猿猴因为敏捷所以被人捉来拴住。这样,可以和明王相比吗?"

阳子居惭愧地说:"请问明王怎样治理政事?"

老聃说:"明王治理政事:功迹广被天下却像和自己不相干,教化施及万物而人民不觉得有所依恃,他虽有功德却不能用名称说出来,他使万物各得其所;而自己立于不可测识的地位,而行所无事。"

五

鄭有神巫㊀曰季咸㊁,知人之死生存亡,禍福壽夭,期以歲月旬日,若神㊂。鄭人見之,皆棄而走㊃。列子見之而心醉,歸,以告壺子㊄,曰:"始吾以夫子之道爲至矣,則又有至焉者矣。"

壺子曰:"吾與汝旣其文,未旣其實㊅,而固得道與?衆雌而無雄,而又奚卵焉㊆!而以道與世亢,必信㊇,夫故使人得而相汝。嘗試與來,以予示之。"

明日,列子與之見壺子。出而謂列子曰:"嘻!子之先生死矣！弗活矣！不以旬數矣！吾見怪焉，見濕灰㉛焉。"

列子入，泣涕沾襟以告壺子。壺子曰："鄉㉜吾示之以地文㉝，萌乎㉞不震不止㉟。是殆見吾杜德機㊱也。嘗又與來。"

明日，又與之見壺子。出而謂列子曰："幸矣，子之先生遇我也！有瘳矣，全然有生矣！吾見其杜權㊲矣。"

列子入，以告壺子。壺子曰："鄉吾示之以天壤㊳，名實不入，而機發於踵。是殆見吾善者機㊴也。嘗又與來。"

明日，又與之見壺子。出而謂列子曰："子之先生不齊㊵，吾無得而相焉。試齊，且復相之。"

列子入，以告壺子。壺子曰："鄉吾示之以太沖莫勝㊶。是殆見吾衡氣機㊷也。鯢桓之審㊸爲淵，止水之審爲淵，流水之審爲淵。淵有九名，此處三焉㊹。嘗又與來。"

明日，又與之見壺子。立未定，自失而走。壺子曰："追之！"列子追之不及。反，以報壺子曰："已滅矣，已失矣，吾弗及已。"

壺子曰："鄉吾示之以未始出吾宗⑭。吾與之虛而委蛇⑮，不知其誰何⑯，因以為弟靡，因以為波流，故逃也⑰。"

然後列子自以為未始學而歸，三年不出。為其妻爨⑱，食豕如食人⑲。於事無與親⑳，雕琢復樸㉑，塊然獨以其形立㉒。紛而封哉㉓，一以是終㉔。

【注释】
㊀神巫：精于巫术和相术者。
㊁季咸：这个故事亦出现于《列子》。《列子·黄帝篇》说："有神巫自齐来，處于郑，命曰季咸。"
㊂期以岁月旬日，若神：指预言年、月、旬、日，准确如神。
㊃郑人见之，皆弃而走：因为郑国人怕预闻到有凶祸的事，所以都弃而走避。
㊄壶子：郑国人，名林，号壶子。壶子为列子师，屡见于《列子》书中。
㊅吾与汝既其文，未既其实：犹言吾为汝讲究道之名相，尚未讲究道之究竟（陈启天说）。"既"，尽（李颐《注》）。"文"，外表。

　　王叔岷先生说："《列子·黄帝篇》：颜回问津人操舟章：'与若玩其文也久矣，而未达其实。'亦袭用此文。'玩'字义长，疑'既'即'玩'之形误。"按姑备一说。仍作'既'字为宜。
㊆众雌而无雄，而又奚卵焉：有雌无雄，无以生卵，以喻有文无实，不得谓之道（陈寿昌说）。
㊇而以道与世亢，必信：这个"道"字非指实道，因列子所学只"既

其文",因而所得的只是道之表。"亢",同抗,《列子·黄帝篇》作"抗"。

宣颖说:"此'道'字就列子所能言之,言汝扬其能以取信于人,自处先已浅露矣。"

王先谦说:"'而',汝也。'信',读曰伸。言汝之道尚浅而乃与世亢,以求必伸。"

⑨湿灰:喻其毫无生气。

林云铭说:"死灰尚有或燃之时,湿灰则不能。"

⑩乡:本作"罗",亦作"向"(《释文》)。

⑪地文:块然若土(张湛《列子注》引向秀说);"文",象。以不动为地文(成《疏》);犹大地寂然(林云铭说)。按"地文"为形容心境寂静。

⑫萌乎:"萌"犹"芒"(朱桂曜说),喻昏昧的样子。

⑬不震不止:不动不止。"震",动。"止",今本作"正",形近而误。按《释文》引崔本作"不谆不止"。《阙误》引江南古藏本"正"作"止"。《列子·黄帝篇》亦作"止"。

⑭杜德机:杜塞生机。"杜",闭塞。"德机",犹生机。

⑮杜权:"权",变,动。谓闭塞中有变动。

林云铭说:"闭藏之中,稍灵动变端倪。"

⑯示之以天壤:示之以天地间生气(李勉说)。"壤",地。

⑰善者机:即生机。"善"即生意(宣颖说)。

⑱不齐:形容变化无定,精神恍惚。

王叔岷先生说:"案《释文》:'"齐",侧皆反,本又作"齐",下同。'但审文义,当以作'齐'为是。无迹可相故谓'不齐'。俞樾云:'"齐",向郭皆谈如本字,音侧皆反者,非是。'其说是也。"按

"齐"当读为"济",止。"不齐"言形神变化不定。

⑨乡吾示之以太冲莫胜:"乡吾"今本误倒为"吾乡"。上文"乡吾示之以地文","乡吾示之以天壤",下文"乡吾示之以未始出吾宗",并作"乡吾",是其明证。《列子·黄帝篇》作:"向吾示之以太冲莫朕。""向"与"乡"同(本字作"嚮"),"胜"与"朕"通(王叔岷说)。按"太冲",即太虚。"莫胜",即无朕。"太冲莫胜",喻太虚而无朕兆之象。

⑩衡气机:"衡",平。谓气度持平的机兆。

⑪鲵(ní)桓之审:大鲸鱼盘旋之深处。"桓",犹旋,古音相近。《列子》正作"旋"。"审",渖的省字,假为"沈",深意。

奚侗说:"'渖','沈'之叚字,引申之则有深意。沈为渊,尤言深为渊。"(见杨伯峻《列子集释》所引)

李勉说:"'审'者深也。深所以成渊。其所以云深者,以喻壶子之道深沉如渊。"

⑫渊有九名,此处三焉:九渊之名见于《列子·黄帝篇》:"鲵旋之潘为渊,止水之潘为渊,流水之潘为渊,滥水之潘为渊,沃水之潘为渊,氿水之潘为渊,雍水之潘为渊,汧水之潘为渊,肥水之潘为渊,是为九渊焉。"

陈深说:"'此三处焉',谓杜德机,善者机,衡气机,是为三者渊也。'渊',谓道之静深不测也。"

陈寿昌说:"鲵桓之水,非静非动,喻衡气机。止水静,喻杜德机。流水动,喻善者机。三者不同,其渊深莫测则一也。"

⑬未始出吾宗:未曾出示我的根本大道。"宗",大道之根宗(释德清说)。

⑭虚而委蛇:"虚",谓无所执着,无所表示(陈启天说)。"蛇"读为

移。"委蛇",随顺应变的意思。

㉒ 不知其谁何:不知道我是怎么回事。

　　林云铭说:"彼此摸不定。"

㉓ 因以为弟靡,因以为波流,故逃也:"弟",即稊,茅草类。"稊靡",《列子·黄帝篇》作"茅靡"。"弟靡"、"波流",都是形容无所执着,描写随顺应变之状。

　　宣颖说:"'弟靡',一无所恃也。'波流',一无所滞也。"

　　胡文英说:"'弟靡'、'波流',俱是季咸眼中看见壶子委蛇之象。"

　　陈启天说:"谓我既如草之随风而靡,如水之随波而流,则无定相可相。"

㉔ 爨(cuàn):炊。

㉕ 食豕如食人:"食",读饲。"饲豕如饲人",忘贵贱(郭《注》);无分别矜张意(林云铭说);人、物平视(陈寿昌说)。

　　陈任中说:"'豕'应作'我',盖'豕''豕'二文篆隶章草并因近似而误也。"(见吕惠卿《庄子义》陈校)姑备一说。

㉖ 于事无与亲:谓于事无所偏私(陈启天说)。

㉗ 雕琢复朴:指去雕琢而复归于朴。

　　成玄英说:"雕琢华饰之务,悉皆弃除,直置任真,复于朴素之道。"

　　宣颖说:"雕去巧琢,归于真也。"

　　李勉说:"'雕'字误,应作'去'。言雕琢之事,悉皆废去,复归于朴。"

㉘ 块然独以其形立:"块然",如土块,形容去琢复朴之状。

㉙ 纷而封哉:意指在纷纭的世事中持守真朴。"封",守(成《疏》)。

㉝一以是终:言终身常如此。"一",常如此之意(林希逸说)。

【今译】

郑国有一个善于相面的巫人名叫季咸,能够占出人的生死存亡,祸福寿夭,所预言的年、月、日,准确如神。郑国人见了他,都惊慌地逃开。列子见了为他心醉,回来告诉壶子说:"原先我以为先生的道理最高深了,现在才知道还有更高深的。"

壶子说:"我教你的只是名相,真实的道理并没有传授给你,你就以为得道了吗?雌鸟如果没有雄鸟,怎能生出卵来呢?你以表面的道去和世人周旋,而求人的信任,所以被人窥测到你的心思。把他请来,看看我的相。"

第二天,列子邀季咸来看壶子的相。出来对列子说:"唉!你的先生快要死了,不能活了,过不了十天!我看他形色怪异,面如湿灰。"

列子进去,哭得衣服都湿了,把情形告诉壶子。壶子说:"刚才我显示给他看的是心境寂静,不动又不止,他看到我闭塞生机。再请他来看看。"

第二天,列子又邀季咸来看壶子,季咸出来对列子说:"你的先生幸亏遇上了我!有救了,全然有生气了!我大概看到他闭塞的生机开始活动了。"

列子进去,告诉壶子。壶子说:"刚才我显示给他看的是天地间的生气，名实不入于心，一线生机从脚后跟升起，他大概看到我这线生机了。你再请他来看看。"

第二天，列子又邀季咸来看壶子。季咸出来对列子说："你的先生精神恍惚不定，我无从给他看相。等他心神安宁的时候，我再来给他相面。"

列子进去，告诉壶子。壶子说："我刚才显示给他看的是没有朕兆可见的太虚境界，他看到我气度持平的机兆。鲸鱼盘旋之处成为深渊，止水之处成为深渊，流水之处成为深渊。渊有九种，我给他看的只有三种。你再请他来看看。"

第二天，又邀了季咸来看壶子。季咸还没有站定，就不能自控地逃走了。壶子说："追上他！"

列子追赶不上。回来告诉壶子说："不见踪影了，不知去向了，我追不上他。"

壶子说："刚才我显示给他看的是〔万象俱空的境界〕未曾出示我的根本大道。我和他随顺应变，他捉摸不定，如草遇风披靡，如水随波逐流，所以就逃去了。"

列子这才知道自己没有学到什么，返回家中，三年不出门。替他妻子烧饭、喂猪就像侍候人一般。对于事物无所偏私，弃浮华而复归真朴，安然静默地以其身独立于世，在纷纭的世界中持守真朴，终身如此。

六

　　無爲名尸㊀,無爲謀府㊁;無爲事任㊂,無爲知主㊃。體盡無窮,而遊無朕㊄;盡其所受乎天㊅,而無見得㊆,亦虛㊇而已。至人之用心若鏡,不將不迎,應而不藏㊈,故能勝物而不傷。

【注释】

㊀无为名尸:不为名之主。"尸",主。

㊁无为谋府:勿为谋之府,犹言计策不可专由一人独定(陈启天说)。

　　释德清说:"智谋所聚曰'谋府'。"

㊂无为事任:不可强行任事(释德清说)。

㊃无为知主:"知主",以知巧为主。言不可主于智巧(释德清说)。

　　陈启天说:"上四句,谓帝王顺物自然,则不可居名,任事,主谋也。"

㊄体尽无穷,而游无朕:谓体悟广大无边之道的境界而行所无事(陈启天说)。

　　释德清说:"'体',言体会于大道,应化无有穷尽。'朕',兆也。谓游于无物之初。"

㊅尽其所受乎天:承受着自然的本性。

㊆无见得:不自现其所得,即不自我夸矜。

⑧虚：形容空明的心境。
⑨不将不迎，应而不藏：形容顺任自然，不怀私意。

　　成玄英说："'将'，送。物有去来而镜无迎送，来者即照，必不隐藏。"

【今译】

　　绝弃求名的心思，绝弃策谋的智虑；绝弃专断的行为，绝弃智巧的作为。体会着无穷的大道，游心于寂静的境域；承受着自然的本性，而不自我夸矜，这也是达到空明的心境。至人的用心有如镜子，任物的来去而不加迎送，如实反映而无所隐藏，所以能够胜物而不被物所损伤。

　　南海之帝爲儵，北海之帝爲忽，中央之帝爲渾沌㊀。儵與忽時相與遇於渾沌之地，渾沌待之甚善。儵與忽謀報渾沌之德，曰："人皆有七竅㊁以視聽食息，此獨無有，嘗試鑿之。"日鑿一竅，七日而渾沌死。

【注释】

㊀南海之帝为儵（shū），北海之帝为忽，中央之帝为浑沌："儵"、"忽"、"浑沌"，皆是寓言（林希逸说）。按，混沌寓言涵义颇丰。其一喻纯朴自然为美；其二，喻各适其性（《至乐》所谓："义设于适"），混沌之死，如鲁侯饲鸟，"三日而死，此以己养养鸟也，非以鸟养养鸟也"；其三，南海为阳，北海为阴，中央为阴阳之合，

《易传·系辞》所谓"一阴一阳之谓道"。

简文帝说:"'儵''忽'取神速为名,浑沌以合和为貌。神速譬有为,合和譬无为。"

朱桂曜说:"案'儵忽'乃同声连词,李分二字异训,非也。《楚辞·远游》'神儵忽而不反兮',《九辩》'羌儵,忽而难当',《九歌》'儵而来兮忽而逝',《九章》'遂儵忽而扪天',注:'儵音叔。'《招魂》'往来儵忽',注:'儵忽,疾忽貌也。'《九怀》'儵忽兮容裔',注:'儵忽往来亟疾若鬼神也。'洪兴祖补曰:'儵音叔。'《天问》'儵忽焉在',《天对》'儵忽之帝居南北海',《吕氏春秋·决胜篇》'德勇无常,儵忽往来',〈君守篇〉'故至神逍遥,儵忽而不见其容',并以'儵忽'连文也。"

王叔岷先生说:"'儵'借为'儵'。《艺文类聚》八引作'儵','儵'即'儵'之误。《说文》:'儵,犬走疾也。'"按:"儵",有疾速义。"忽",亦借为速。简文及朱说为是。李《注》成《疏》以"儵""忽"二字异训为非。

李勉说:"'儵''忽'皆取其敏捷有为之义,与'浑沌'反,'浑沌'则譬其纯朴自然。'儵忽'有为,反伤'浑沌'之自然。"

陈深说:"三者称帝,谓帝王之道,以纯朴未散自然之为贵也。"

㈡ 七窍:指一口、两耳、两目、两鼻孔。

【今译】

南海的帝王名叫儵,北海的帝王名叫忽,中央的帝王名叫浑沌。儵和忽常常到浑沌的境地里相会,浑沌待他们很好。儵和忽商量报答浑沌的美意,说:"人都有七窍,用来看、听、饮食、呼吸,唯独他没有,我们试着替他凿开。"一天凿一窍,到了第七天浑沌就死了。

外篇

骈　　拇

〈骈拇〉篇，主旨阐扬人的行为当合于自然，顺人情之常。"骈拇"，即并生的足趾。取篇首二字作为篇名。

本篇的要点：首章指出滥用聪明，矫饰仁义的行为，并不是自然的正道。自然的正道，要在"不失其性命之情"。仁义的行为，须合于人情，如不合人情，则成"胶漆缠索"一般，束缚人的行为。末章批评自三代以下，"奔命于仁义"、"招仁义以挠天下"；为了追逐仁义之名，弄得"残生伤性"，这种现象，都是悖违"性命之情"的。

出自本篇的成语有：骈拇枝指、附赘县疣、累瓦结绳、鹤长凫短等。

一

駢拇㊀枝指㊁，出乎性哉㊂！而侈於德㊃。附贅縣疣㊄，出乎形哉！而侈於性。多方㊅乎仁義而用之者，列於五藏哉！而非道德之正㊆也。是故駢於足者，連無用之肉也；枝於手者，樹無用之指也；駢枝於五藏之情者㊇，淫僻於仁義之行，而多方於聰明之用也。

是故駢於明者，亂五色㊈，淫文章㊉，青黃黼黻㊊之煌煌㊋非乎？而離朱是已㊌。多於聰者，亂五聲㊍，淫六律㊎，金石絲竹黃鐘大呂㊏之聲非乎？而師曠㊐是已。枝於仁者，擢德塞性㊑以收名聲，使天下簧鼓㊒以奉不及之法非乎？而曾史㊓是已。駢於辯者，纍瓦結繩㊔竄句棰辭㊕，遊心㊖於堅白同異之閒，而敝跬譽㊗無用之言非乎？而楊墨是已。故此皆多駢旁枝之道，非天下之至正㊘也。

【注释】

㊀駢拇：谓足拇指连第二指（《释文》引司马彪说）。"骈"，并（《释文》引李颐说）。"拇"，音母，足大指（《释文》）。

㊁枝指：旁生的手指。

○ 崔譔说:"'枝',音歧,谓指有歧。"(《释文》引)

⊜ 出乎性哉:出于本性吗?

　　李勉说:"此句疑问,言不出乎自然之本性。盖一手只有五指,此自然之本性,今有六指,则是不出乎自然之本性,所谓畸性者。"

四 侈于德:"侈",多,剩余。"德",通"得"。

　　林希逸说:"人所同得曰'德'。"(《南华真经口义》)

　　宣颖说:"比于人所同得则为剩余矣。"(《南华经解》)

㈤ 附赘县疣:附悬的赘疣。赘疣是身上所生的肉瘤。语见〈大宗师〉。

㈥ 多方:"方",旁。"多方",多生枝节。(曹础基说)

㈦ 正:有自然、本然的意思。

㈧ 骈枝于五藏之情者:"骈枝"上原衍"多方"两字,依焦竑之说删去。

　　焦竑说:"'多方骈枝于仁义之情',此'多方'字疑衍。"按明朱得之亦持此说(见日本福永光司《庄子外篇》引)。宣颖并从之。删去"多方"两字,与下两句正相对文。

㈨ 五色:青、黄、赤、白、黑。(成《疏》)

㈩ 淫文章:青与赤为"文",赤与白为章(成《疏》)。谓耽溺于文采。

⑪ 黼黻:白与黑谓之"黼",黑与青谓之"黻"(《释文》引《周礼》)。"黼黻"两字已见于《大宗师》。

⑫ 煌煌:形容光耀眩目。

⑬ 而离朱是已:"而"、"如"古通用。"而离朱是已",犹云"如离朱是已"。下文"而师旷"、"而曾史"、"而杨墨"并同(俞樾)说。离朱,《孟子》作离娄。《淮南子·原道训》说:"离朱之明,察箴末于百步之外。"

⑭ 五声：指宫、商、角、徵、羽。古乐中的五个音节。
⑮ 六律：指黄钟、大吕、姑洗、蕤宾、无射、夹钟。古乐中的六个谐音。
⑯ 金、石、丝、竹、黄钟、大吕：都是古乐中的音调。
⑰ 师旷：晋平公乐师，精于音律。见〈齐物论〉。
⑱ 擢德塞性：炫耀德行、蔽塞本性。"擢"，当读为"耀"。
⑲ 簧鼓：笙簧鼓动，意指喧嚷。
⑳ 曾史：指曾参和史䲡。史䲡即史鱼，卫灵公臣子。
㉑ 累瓦结绳：聚无用之语，如瓦之累，绳之结（崔譔说）。

  林希逸说："辩者之多言，连牵不已，累叠无穷而无意味，故以累瓦结绳比之。"

  陈寿昌说："'累瓦'，喻砌词之巧。'结绳'，喻串说之工。"

㉒ 窜句棰辞："窜句"，穿凿文句（司马彪说）。"棰辞"两字原缺，依王叔岷《校释》增补。

  王叔岷先生说："案唐写本《释文》所出'窜句'下有'棰辞'二字，当从之。'累瓦结绳、窜句棰辞'，文正相耦。'游心'二字属下读。《后汉书·张衡传》注引作：'窜句籀辞'，亦可证今本之有挩文。"（《庄子校释》）

㉓ 游心：游荡心思（宣颖说）；驰骛心思（刘凤苞说）

㉔ 跬誉：一时的名誉。

  郭嵩焘说："《释文》：'敝跬'，分外用力之貌。今案'跬誉'犹云呫言。《方言》：'半步为跬'。《司马法》：'一举足曰跬。''跬'，三尺也。'跬誉'者，邀一时之近誉也。"（见郭庆藩《庄子集释》所引）

㉕ 至正：至道正理（成《疏》）；本然之理（林希逸说）。

【今译】

并生的足趾和岐生的手指，是出于本性么？却超过了应得。附生的肉瘤，是出于形体么？却超过了本性。多端造作仁义来施用，比列于身体本有的五脏么？却不是道德的本然。因而并生在脚上的，只是接连了一块无用的肉；岐生在手上的，只是长了一个无用的指头；超出了内在的真性，矫饰仁义的行为，而多方滥用了聪明。

因而纵情于视觉的，就迷乱五色，混淆文采，岂不像彩色华丽的服饰之耀人眼目吗？像离朱就是这类人的代表。纵情于听觉的，就混乱了五声，放任于六律，岂不是金、石、丝、竹和黄钟大吕的音调吗？像师旷就是这类人的代表。标榜仁义的，炫耀德行、蔽塞本性来求沽名钓誉，岂不是使天下人喧嚷着去奉守不可从的法式吗？像曾参和史䲡就是这类人的代表。多言诡辩的，说了一大套空话，穿凿文句，游荡心思于坚白同异的论题上，岂不是疲敝精神求一时的名誉而争执着无益的言论吗？像杨朱墨翟就是这类人的代表。可见这些都是旁门左道，不是天下的正途。

彼至正⊖者，不失其性命之情。故合者不爲駢，而枝者不爲岐⊜；長者不爲有餘，短者不爲不足。是故鳧脛⊜雖短，續之則憂；鶴脛雖長，斷之則悲。故性長非所斷，性短非所續，無所去憂也④。意仁義其非人情乎⑤！彼仁人何其多憂也？

且夫駢於拇者，決之則泣；枝於手者，齕⑥之則啼。二者，或有餘於數，或不足於數，其於憂一也。今世之仁人，蒿目⑦而憂世之患；不仁之人，決性命之情而饕貴富⑧。故曰仁義其非人情乎⑨！自三代以下者，天下何其囂囂⑩也？

【注释】

① 至正：通行本误作"正正"。依褚伯秀等说改正。

褚伯秀说："'彼正正者'，宜照上文作'至正'。"（《南华真经义海纂微》）

宣颖说："接上'至正'说来。'至'字旧俱误作'正'。"按宣本已改正为"至正"。清刘凤苞《南华雪心编》亦作"至正"。

俞樾说："'正'字乃'至'字之误。上文云：'故此皆多骈旁枝之道，非天下之至正也。'此云：'彼至正者，不失其性命之情'，两文相承。今误作'正正'，义不可通。郭曲为之说，非是。"

② 枝者不为岐："岐"，旧误作"跂"（宣颖说）。碧虚子校引江南古藏本"跂"作"岐"。义较长（刘文典《补正》）。

③ 凫（fú）胫：野鸭小腿。

④ 无所去忧也：没有什么可忧虑。"去"，或作常义解，一说借为怯（高亨说）。

林希逸说:"长短出于本然之性也。长短性所安,无忧可去也。"

　　宣颖说:"率其本然,则自无忧,何待于去。"

　　吴汝纶说:"案'去'当为'云'。"(《庄子点勘》)吴说可存。

⑤ 意仁义其非人情乎:"意",成《疏》作"噫",嗟叹之声。

　　日本万治四年刊成玄英《疏》本正作"噫"(严灵峰《道家四子新编》,第 595 页)。"人情",性命之情,谓本来面目(胡文英说)。

⑥ 齕(hē):咬断。

⑦ 蒿目:"蒿",借为"眊"。《说文》曰:"眊,目少精。"(马叙伦《义证》引朱骏声说)

　　林希逸说:"'蒿目'者,半闭其目也。欲闭而不闭,则其睫蒙茸然。'蒿目'有独坐忧愁之意。"

　　宣颖说:"愁视则睫毛蒙茸如蒿。"按"蒙茸"是形容散乱的样子。

　　吴汝纶说:"崔云:'忧世之貌。'当是此文'蒿目'之注。"

⑧ 决性命之情而饕贵富:"决",溃乱。"饕"(tāo),贪。

⑨ 故曰仁义其非人情乎:"曰"原作"意"。依严灵峰先生之说改。

　　严灵峰先生说:"按:成《疏》:'此重结前旨也。'接上云:'意!仁义其非人情乎!'前旨云云,即'仁义非人之情'。'意'为叹词,上不当有'故'字。疑'意'字乃'曰'字之误,校者因疏有'重结前旨'之语,乃照录之,因衍'意'字,遂不词。兹依义改'意'作'曰'。"

⑩ 嚣嚣:嘈杂;喧嚣。

【今译】

那些合于事物本然实况的,不违失性命的真情。所以结合的并不是骈联,分枝的并不是有余,长的并不是多余,短的并不是不足。所以野鸭的腿虽然短,接上一段便造成了痛苦;野鹤的腿虽然长,切断一节便造成了悲哀。所以原本是长的,却不能切断;原本是短的,却不必接长,没有什么可忧虑的。噫!仁义难道不合于人情吗!那班仁人为什么这样多忧呢?

并生的足趾,决裂它便要哭泣;岐生的手指,咬去它便要哀啼。这两种或多于应有的数目,或不足于应有的数目,却同样感到痛苦。当代的仁人,忧虑世间的祸患;不仁的人,溃乱性命实情而贪图富贵。所以说仁义难道不合于人情吗?然而从三代以下,天下为什么这样喧嚣奔竞呢?

二

且夫待鉤繩規矩而正者,是削其性者也;待繩索膠漆而固者⊖,是侵其德者也;屈折⊜禮樂,呴俞⊜仁義,以慰天下之心者,此失其常然也。天下有常然。常然者,曲者不以鉤,直者不以繩,圓者不以規,方者不以矩,附離㊣不以膠漆,約束不以纆⑤索。故天下誘然皆生而不知其所以生,同焉皆得而不知其所以得。故古今不二,不可虧也。則仁義又奚連連如膠漆纆索而遊乎道德之間爲哉,使天下惑也!

【注释】
㈠待纆索胶漆而固者:"纆索"今本作"绳约",依马叙伦《义证》改。

马叙伦说:"案下文曰:'附离不以胶漆,约束不以纆索。'又曰:'仁义又奚连连如胶漆纆索而游乎道德之间为哉。'并'胶漆''纆索'对文。此亦宜然。且上文曰:'待钩绳规矩而正。'则此不作'绳'字尤显。"按马说是。然作"绳约"亦可通,但文不一律,故依马说改。"绳约"即绳索,"约"通绳,成《疏》以"约"解为"束缚"误。

㈡屈折:屈肢折体。"屈折礼乐",是举乐行礼的形象化的说法。(曹础基《庄子浅注》)

马叙伦说:"案'屈',当依崔本作'诎'。'折',借为'诘'。……'诘',问。"

㈢呴(xū)俞:爱抚。

成玄英说:"呴俞,犹妪抚。"

㈣附离:"离",通丽,依。

成玄英说:"'离',依也。故《汉书》云:'哀帝时附离董氏者,皆起家至二千石。'注云:'离,依之也。'"

㈤纆:即索;三股合成的绳索。

【今译】

要等待钩、绳、规、矩来修正的,却是削损了事物的本性;要等待绳索胶漆来固着的,却是侵蚀了事物的本然;用礼乐来周旋,用仁义来劝勉,以安慰天下人心的,这是违背了事物的本然真性。天下事物有它的本然真性。这本然真性就是:曲的不用钩,直的不用绳,圆的不用规,方的不用矩,黏合的不用胶漆,捆缚的不用绳索。所以天下事物自然生长却不知道怎样生长,各有所得却不知道怎样的原因。所以古今的道理一样,不能用强力去亏损。那么又何必连续地使用仁义如同使用胶漆绳索一般施加在道德之间呢?这使天下人感到迷惑呀!

夫小惑易方⊖,大惑易性。何以知其然邪?有虞氏招仁義以撓天下⊜也,天下莫不奔命於仁義,是非以仁義易其性與?故嘗試論之,自三代以下者,天下莫不以物易其性矣。小人則以身殉利,士則以身殉名,大夫則以身殉家,聖人則以身殉天下。故此數子者,事業不同,名聲異號,其於傷性以身爲殉,一也。臧⊜與穀⑲二人相與牧羊而俱亡其羊。問臧奚事,則挾筴⑤讀書;問穀奚事,則博塞⑥以遊。二人者,事業不同,其於亡羊均也。伯夷死名於首陽⑬之下,盜跖⑭死利於東陵⑮之上,二人者,所死不同,其於殘生傷性均也。奚必伯夷之是而盜跖之非乎!天下盡殉也,彼其所殉仁義也,則俗謂之君子;其所殉貨財也,則俗謂之小人。其殉一也,則有君子焉,有小人焉;若其殘生損性,則盜跖亦伯夷已,又惡取君子小人於其間哉!

【注释】

㈠ 小惑易方:"惑",迷。"方",四方。小迷則東西南北易位(林希逸说)。

㈡ 有虞氏招仁義以撓天下:"有"原作"自"。依严灵峰先生之说改。"有虞氏"之名屡见于《庄》书,旧说指舜。若作"虞氏",则与全书例不合。

　　严灵峰先生说:"成《疏》:'虞氏,舜也。'按:《庄子》书中无有称舜为'虞氏'者。〈应帝王〉篇:'有虞氏不及泰氏。'又:'有虞氏其犹藏仁以要人。'〈天地〉篇:'不及有虞氏乎?'又:'天下均治而有虞氏治之邪?'又:'而何计以有虞氏为?'又:'有虞氏之药疡也。'〈田子方〉篇:'有虞氏死生不入于心。'〈知北游〉篇:'有虞氏之宫。'俱称'有虞氏'。此独称'虞氏',与全书例不合。《列子·说符篇》:'虞氏者,梁之富人也。'此则别有所指。此'自'字当系'有'字之阙坏,并涉下文'自三代以下者'句而讹。因据全书例改'自'作'有'。又疑'自'下夺一'有'字,当作:'自有虞氏招仁義以挠天下也。'然〈在宥〉篇云:'昔者黄帝始以仁义撄人之心,尧、舜于是股无胈,胫无毛,以养天下之形;愁其五藏以为仁义。'则言'仁义'不自尧、舜始矣。"

(《道家四子新编》,第596页)

③ 臧:古时候北方的风俗,娶婢女的男仆叫"臧"。

　　陈德明说:"《方言》云:齐之北鄙,燕之北郊,凡民男而婿婢谓之'臧'。"

④ 谷:童仆。

　　陆德明说:"崔本作'穀'。云:孺子曰'穀'。"

⑤ 挟筴:即执卷(林希逸说)。

　　陆德明说:"'筴'字又作策。李云:竹简也。古以写书,长二尺四寸。"

⑥ 博塞:"簙簺"的省字,犹掷骰子。

　　林希逸说:"投琼曰'博',不投琼曰'塞'。琼犹今骰子也。"

⑦ 首阳:山名,在河东蒲坂县(《释文》)。

⑧ 盗跖(zhí):春秋时代的大盗。《杂篇》有〈盗跖〉篇,谓"柳下季之弟,名曰盗跖,盗跖从卒九千人",恐是寓言。然跖之反叛为盗,或实有其人其事。《孟子·尽心篇》说:"孳孳为利者,跖之徒也。"《荀子·不苟篇》说:"盗跖吟口,名声若日月,与舜禹俱传而不息。"《吕氏春秋·当务篇》说:"跖……备说非六王五伯,以为尧有不慈之名,舜有不孝之行,禹有淫湎之意,汤武有放杀之事,五伯有暴乱之谋,世皆誉之,人皆讳之,惑也。故死而操金椎以葬曰:'下见六王五伯,将敲其头矣。'"

⑨ 东陵:陵名,济南境内。

【今译】

　　小的迷惑会错乱方向,大的迷惑会错乱本性。怎样知道是这样呢？虞舜标榜仁义来挠扰天下，天下没有不奔命于仁义，这不是用仁义来错乱本性吗？现在试作申论：自三代以后，天下没有不用外物来错乱本性的。小人牺牲自己来求利，士人牺牲自己来求名，大夫牺牲自己来为家，圣人则牺牲自己来为天下。这几种人，事业不同，名号各异，但是伤害本性、牺牲自己，却是一样。男仆和童仆两个人一同去放羊，把羊全丢了。问男仆在做什么？他却手执竹简读书；问童仆在做什么？他却掷骰子游玩。这两个人所做的事不同，却同样地丢失了羊。伯夷为了名，死于首阳山下；盗跖为了利，死于东陵山上，这两个人所死的原由不同，却同样地残生伤性。何必认定伯夷是对而盗跖是错呢！天下人尽都在牺牲呀！有的为仁义而牺牲，而世俗却称他为君子；有的为货财而牺牲，而世俗却称他为小人。他们同样地在牺牲，而有的是君子，有的是小人；若就残生伤性看来，则盗跖也和伯夷一样，又何从分别君子小人呢？

且夫屬其性乎仁義者，雖通如曾史，非吾所謂臧○也；屬其性於五味，雖通如俞兒⊖，非吾所謂甘⊖也；屬其性乎五聲，雖通如師曠，非吾所謂聰也；屬其性乎五色，雖通如離朱，非吾所謂明也。吾所謂臧者，非仁義之謂也，臧於其德而已矣；吾所謂臧者，非所謂仁義之謂也，任其性命之情而已矣；吾所謂聰者，非謂其聞彼也，自聞而已矣；吾所謂明者，非謂其見彼也，自見而已矣。夫不自見而見彼，不自得而得彼者，是得人之得而不自得其得者也，適人之適而不自適其適者也㊃。夫適人之適而不自適其適，雖盜跖與伯夷，是同爲淫僻也。余愧乎道德，是以上不敢爲仁義之操，而下不敢爲淫僻之行也。

【注释】

㊀臧：善。

㊁俞儿：古时善于识味的人。

㊂甘：通行本作"臧"，疑本作"甘"，涉上文"臧"字而误。"甘"，知味。《外物》："目彻为明、耳彻为聪、口彻为甘"，即其证，文例与此正相同。

㊃适人之适而不自适其适者也：语见〈大宗师〉篇。

【今译】

　　改变本性去从属于仁义，虽然像曾参、史鱼那样精通，却不是我所认为的完善；改变本性去从属于五味，虽然像俞儿那样知味，却不是我所认为的完善；改变本性从属于五声，虽然像师旷那样精通，却不是我所认为的聪敏；改变本性去从属于五色，虽然像离朱那样精通，却不是我所认为的明达。我所认为的完善,不是所谓仁义之称,而是在于自得就是了;我所认为的完善,并不是所谓仁义之称,而是在于率性任情就是了;我所认为的聪敏,并不是指听闻别人,而是省察自己罢了;我所认为的明达,并不是指看清别人,而是内视自己罢了。要是只看清别人而不内视自己,只羡慕别人而不欣悦自己,这是求别人的有所得不自求欣悦的人,适于别人的安适而不自求安适的人。若是适于别人而不自求安适的人,无论盗跖和伯夷,都同是偏僻的行径。我愧对"道德",所以上不敢为仁义的节操,而下不敢作偏僻的行径。

马　　蹄

〈马蹄〉篇，主旨在于抨击政治权力所造成的灾害，并描绘自然放任生活之适性。"马蹄"，就是马的蹄子。取篇首二字作为篇名。

本篇的要点：首章指出"治天下之过"，刑法杀伐、规范束缚，如同马儿遭到烧剔刻雒。治权施于民，如马的遭受"橛饰之患"、"鞭筴之威"。种种政教措施，都有违"真性"。人当自然放任（"天放"），依"常性"而生活。进而描绘"至德之世"，这是对于反礼教的自由人生活情境的一种憧憬。

出自本篇的成语有：伯乐治马、诡衔窃辔、鼓腹而游等。

一

馬，蹄可以踐霜雪，毛可以禦風寒，齕草飲水，翹足而陸⊖，此馬之眞性也。雖有義臺路寢⊜，無所用之。及至伯樂⊜，曰："我善治馬。"燒之，剔之㊃，刻之㊄，雒㊅之，連之以羈馽㊆，編之以皁棧㊇，馬之死者十二三矣；飢之，渴之，馳之，驟之，整之，齊之，前有橛飾之患㊈，而後有鞭筴㊉之威，而馬之死者已過半矣。陶者曰："我善治埴㊀，圓者中規，方者中矩。"匠人曰："我善治木，曲者中鉤，直者應繩。"夫埴木之性，豈欲中規矩鉤繩哉？然且世世稱之曰"伯樂善治馬，而陶匠善治埴木"，此亦治天下者之過也。

【注释】

⊖陆：跳（《释文》引司马彪说）。

　　王叔岷先生说："《文选·江赋》注引作'踛'。郭庆藩、奚侗并谓'陆'为'踛'之误，非也。'陆'亦有跳义。"

⊜义台路寝：高台大殿（成〈疏〉）。"义"，借为"巍"，《说文》："巍，高也。"（章炳麟《解故》）案："义"与峨古通，高。"路"，大（《释文》）。

李勉说："案'路'，大也（见《尔雅·释诂》），'大寝'者，谓其寝卧之榻宽大舒适。'大寝'与'高台'对文。"
㊂ 伯乐:姓孙,名阳,字伯乐,秦穆公时人,善于识马。
㊃ 剔(tī)之:剪马毛。
㊄ 刻之:削马蹄。
㊅ 雒(luò):谓印烙(郭嵩焘说,郭庆藩《集释》引)。

　　王念孙说:"此云烧之、剔之、刻之、雒之,语意相似。司马以'雒'为羁络,非也。下文连之以羁絷,乃始言羁络耳。"(见《读书杂志余编》)
㊆ 羁絷:络首曰"羁",络足曰"絷"(林云铭《庄子因》)。按"絷"(zhí),读蛰,绊。
㊇ 皁栈:"皁"(zào),槽枥(成《疏》)。"栈",编木作似床,以御湿(《释文》);所谓马床(成《疏》)。
㊈ 橛饰之患:"橛",衔。"饰",谓加饰于马镳(司马彪说)。
㊉ 鞭筴:带皮曰"鞭",无皮曰"筴",俱是马杖(成《疏》)。
㊉㊀ 埴:黏土。

【今译】

　　马蹄可以践踏霜雪,毛可以抵御风寒,吃草饮水,翘足跳跃,这是马的真性。纵使有高台大殿,对它并没有用处。到了伯乐出现,他说:"我会管理马。"于是用铁烧它,剪它的毛,削它的蹄,烙上印记,络首绊脚把它拴连起来,编入马槽,马便死去十分之二三了;然后将它饿着,渴着,驱驰,奔跑,训练,修饰,先有口衔镳缨的祸患,而后有皮鞭竹筴的威胁,马就死掉大半了。泥匠说:"我会捏陶土,使圆的合于规,方的合于矩。"木匠说:"我会削木,使曲的合于钩,直的合于绳。"陶土树木的本性,难道要合于圆规方矩钩绳墨吗?然而世世代代称说:"伯乐会管理马,而陶工木匠会制作黏土木材。"这也和治理天下的人一样的过错啊!

吾意善治天下者不然。彼民有常性,織而衣,耕而食,是謂同德㊀;一而不黨㊁,命曰天放㊂。故至德之世,其行塡塡㊃,其視顚顚㊄。當是時也,山無蹊隧㊅,澤無舟梁;萬物群生,連屬其鄉;禽獸成群,草木遂長。是故禽獸可係羈而遊,鳥鵲之巢可攀援而闚㊆。

夫至德之世,同與禽獸居,族與萬物並,惡乎知君子小人哉!同乎無知,其德不離;同乎無欲,是謂素樸;素樸而民性得矣。及至聖人,蹩躠爲仁,踶跂爲義㊇,而天下始疑矣;澶漫㊈爲樂,摘僻㊉爲禮,而天下始分矣。故純樸不殘㊋,孰爲犧樽㊌!白玉不毀,孰爲珪璋㊍!道德不廢,安取仁義㊎!性情不離,安用禮樂!五色不亂,孰爲文采!五聲不亂,孰應六律!夫殘樸以爲器,工匠之罪也;毀道德以爲仁義,聖人之過也。

【注释】

㊀ 同德:共同的本能。

　　成玄英说:"'德'者,得也。率其真常之性,物各自足,故同德。"

㊁ 一而不党:浑然一体而不偏私。"党",偏(成《疏》)。

　　宣颖说:"浑一无偏。"

㊂ 命曰天放:"命",名。"天放",自然放任。

　　林希逸说:"放肆自乐于自然之中。〈齐物论〉之'天行','天钧','天游',与此'天放',皆是庄子做此名字以形容自然之乐。"

㊃ 填填:质重貌(《释文》)。

㊄ 颠颠:专一(《释文》引崔𫍯说)。

　　林希逸说:"颠颠,直视之貌。形容其人朴拙无心之意。"

　　李勉说:"'填填'、'颠颠'押韵,同一意义,当时口头语也,自在而得意之词。言民之真性。"

㊅ 蹊隧:"蹊",小径。"隧",隧道。

㊆ 鸟鹊之巢可攀援而窥:西晋时代有一个"攀援鹊巢"的故事,"八达"之一的王澄(字平子),为荆州刺史,友人相送赴任,"时庭中有大树,上有鹊巢,平子脱衣巾,径上树取鹊子;凉衣拘阁树枝,便复脱去。得鹊子还,下弄,神色自若。"(《世说新语·简傲篇》)

㊇ 蹩(bié)躠(xuè)为仁,踶(zhì)跂(qǐ)为义:"蹩躠"、"踶跂",形容勉强力行的样子。

　　李颐说:"'蹩躠'、'踶跂',皆用心为仁义之貌。"(《释文》引)

刘师培说:"'踶跂',当作'踶趹',为疾驰之貌,若云奔趋赴义耳。下云:'分背相踶','踶'亦疾驰。下文又云:'而民乃始踶跂好知','跂'字亦当作'趹',谓民人驰骛外知也。"(《庄子斠补》)

⑨ 澶(dàn)漫:犹纵逸(李颐《注》)。

⑩ 摘僻:烦琐。

郭嵩焘说:"'擿僻',当作'摘擗'。王逸注《楚辞》:'擗,析也。''摘'者,摘取之;'擗'者,分之;谓其烦碎也。"按姑取郭说。

李勉说:"'摘僻'者,谓摘取怪僻之行以求誉。"备一说。

⑪ 纯朴不残:"纯朴",全木。"不残",未雕(成《疏》)。

⑫ 牺樽:酒器。

司马彪说:"画牺牛象以饰樽也。"

⑬ 珪璋:玉器。上尖下方的玉器为"珪",形像半珪为"璋"。

⑭ 道德不废,安取仁义:《老子》十八章有言:"大道废,有仁义。"

【今译】

我认为会治理天下的不是这样。人民有真常的本性,纺织而衣,耕耘而食,这是共同的本能;浑然一体而不偏私,名为自然放任。所以盛德的世代,人民行为迟重,朴拙无心。在那时候,山中没有路径通道,水上没有船只桥梁;万物众生,比邻而居;禽兽众多,草木滋长。因而禽兽可以牵引着游玩,鸟鹊的窠巢可以攀援上去窥望。

盛德的世代,和鸟兽同居,和万物并聚,何从区分君子小人呢!大家都不用智巧,本性就不致离失;大家都不贪欲,所以都纯真朴实;纯真朴实便能保持人民的本性了。等到圣人出现,急急于求仁,汲汲于为义,天下才开始迷惑;纵逸求乐,烦琐为礼,天下才开始分离了。所以完整的树木不被雕刻,怎会有酒器!洁白的玉不毁坏,怎会有珪璋!"道德"不被废弛,哪会有仁义!真性不被离弃,哪会要礼乐!五色不被散乱,怎会有文采!五声不被错乱,怎会合六律!残破原木来做器具,这是工匠的罪过;毁坏道德来求仁义,这是圣人的过失。

二

夫馬,陸居則食草飲水,喜則交頸相靡○,怒則分背相踶○。馬知已此矣。夫加之以衡扼○,齊之以月題○,而馬知介倪○、闉扼○、鷙曼○、詭銜○、竊轡○。故馬之知而態至盜者○,伯樂之罪也。

夫赫胥氏○之時,民居不知所爲,行不知所之,含哺而熙○,鼓腹而遊,民能以此矣○。及至聖人,屈折禮樂以匡天下之形,縣跂○仁義以慰天下之心,而民乃始踶跂好知○,爭歸於利,不可止也。此亦聖人之過也。

【注释】

㊀ 靡:通摩,亲顺之意。

㊁ 蹄:踢,踏。

㊂ 衡扼:横木颈扼。"扼",通"轭"。

　　陆德明说:"'衡',辕前横木,缚轭者也。'扼',叉马颈者也。"

㊃ 齐:修饰,装饰。月题:马额上的佩饰,形状如月。

　　林希逸说:"月题,今所谓额镜也。"

㊄ 介倪:有几种解释:(一)怒视;如李颐说:"介倪,犹睥睨也。"陈寿昌说:"'介',独也。马独立而怒视也。"(二)加上马甲;如郭嵩焘说:"案成二年《左传》'不介马而驰之',杜预《注》:'介,马甲也。'《说文》:'倪,益也。'倪,俾。言马知甲之加其身。"(三)折輗;如马叙伦说:"孙诒让曰:'倪借为輗。'伦案:'介'者,兀之讹字,'兀'为'机'省。机輗,言折輗也。"通常都依(一)说,但因下文都在描写马的挣脱束缚,所以今译从(三)解。

㊅ 闉(yīn)扼:"闉",曲(李颐〈注〉)。"扼",通"轭"。"闉扼",即曲颈脱轭。

㊆ 鸷(zhì)曼:"鸷","抵(李颐〈注〉);案"鸷"借为摯。《说文》曰:"摯,抵。"(马叙伦《义证》)"曼"为镘省(朱骏声说),《说文》:"镘,衣车盖。""鸷曼",抗击车盖。

㊇ 诡衔:吐出衔(《释文》),即吐出口勒。

㊈ 窃辔:啮辔(《释文》)。"窃"借为"啮",声同脂类(马叙伦说)。

　　孙诒让说:"'倪'、'扼'、'曼'、'衔'、'辔',皆车马被具之物,而马介之,闉之,鸷之,诡之,窃之也。"

李勉说:"按'倪'借为輗,大车持衡者。'扼'通軛,叉马颈之物也。'曼'借为幔,车覆也。'衔',横贯马口中者;'辔',马缰绳也,所以御马者。'介'、'闉'、'鸷'三字义相近,均为抗拒之意,谓抗輗,抗軛,抗幔也。"

⑪ 马之知而态至盗者:与人抗敌者曰"盗"。马之知,至于抗敌人(林希逸说)。"知",通"智"。

⑫ 赫胥氏:疑即《列子》书所称华胥氏(俞樾说)。盖为假托的古代人物。

⑬ 熙:同"嬉"。

⑭ 民能以此矣:言人民意态举止安然自适地生活。"能",当读为"态"。"能"、"态"古通。

⑮ 县跂:高揭而提起之意(林希逸说);如悬物相示,使人跂足以视(陈寿昌说)。

⑯ 踶跂好知:相竞相高,逞其私智(陈寿昌说)。

【今译】

马生活在陆地,吃草饮水,高兴时交颈相摩,发怒时转身相踢。马所晓得的仅止于此。等到加上了车衡颈扼,装上了额前佩饰,马就懂得折毁车輗、曲颈脱扼、抗击车盖、吐出口勒、咬断笼头。所以马的机智而形成和人抗拒的动作,这是伯乐的罪过啊!

上古帝王赫胥氏的时代,人民安居而无所为,悠游而无所往,口含食物而嬉戏,挺胸饱腹而遨游,人民意态安然自适如此。等到圣人出现,用做作矫饰的礼乐以匡正天下人的形态，用仁义作标榜来安慰天下人的心，人民才开始奔竞用智，汲汲争利，而不可制止。这也是圣人的过失啊！

胠　　箧

〈胠箧〉篇，写出圣智礼法的创设，本用以防盗制贼，却反被盗贼所窃，用为护身的名器，张其恣肆之欲，而为害民众。所以主张莫若绝弃圣智礼法，以免为大盗所乘。"胠箧"，就是开箱的意思。取篇首二字为篇名。

本篇起笔便描绘大盗小贼的窃用圣智礼法。最显著的，莫过于当世田成子之流，不但盗了国家，连"圣知之法"也一并窃了去。"彼窃钩者诛，窃国者为诸侯，诸侯之门而仁义存焉。"礼法终究为强有力者所独占，用以装修门面，维护既得权益。礼法绳小民有余，防大盗不足。本篇自开头到"是乃圣人之过"一章止，雄论滔滔，文辞激昂有力，余文则为复赘。篇中有"圣人生而大盗起"、"圣人不死，大盗不止"的名句，顺文而读，有其深意在，并非故作惊人之语。

出自本篇的成语，有盗亦有道、唇竭齿寒、窃钩窃国、绝圣弃智、掊斗折衡、延颈举踵等。

一

　　將爲胠篋⊖探囊發匱⊜之盜而爲守備，則必攝緘縢⊜固扃鐍⑩，此世俗之所謂知也。然而巨盜至，則負匱揭⑮篋擔囊而趨，唯恐緘縢扃鐍之不固也。然則鄉⑧之所謂知者，不乃爲大盜積者也？

　　故嘗試論之。世俗之所謂知者，有不爲大盜積者乎？所謂聖者，有不爲大盜守者乎？何以知其然邪？昔者齊國鄰邑相望，雞狗之音相聞⑪，罔罟之所布⑧，耒耨⑨之所刺，方二千餘里。闔四竟之內⑪，所以立宗廟社稷⑫，治邑屋州閭鄉曲⑬者，曷嘗不法聖人哉！然而田成子⑭一旦殺齊君而盜其國。所盜者豈獨其國邪？並與其聖知之法而盜之。故田成子有乎盜賊之名，而身處堯舜之安，小國不敢非，大國不敢誅，專有齊國⑮。則是不乃竊齊國並與其聖知之法以守其盜賊之身乎？

【注釋】

⊖ 胠（qū）篋（qiè）：从旁开为"胠"（引司马彪说）。"篋"，箱子。
⊜ 探囊發匱：掏布袋开柜子。"匱"，同"柜"。

〔三〕摄缄縢:"摄",结(《释文》引李颐《注》);缠绕(林希逸《口义》)。"缄"、"縢",皆绳(《释文》引《广雅》)。

〔四〕固扃(jiōng)鐍(jué):坚固扃鐍。"扃",关钮;"鐍",锁钥(成玄英《疏》)。

〔五〕揭:举起。

〔六〕乡:本又作"向",亦作"曏",同(《释文》)。当以作"曏"为正(王叔岷《校释》)。

〔七〕邻邑相望,鸡狗之音相闻:《老子》八十章:"邻国相望,鸡犬之声相闻。"

〔八〕罔罟之所布:网罟所及之处,指水上的面积(黄锦鋐注释)。"罔",同网。"罟",网的总称。

〔九〕耒(lěi)耨(nòu):"耒",犁。"耨",锄头。

〔十〕阖四竟之内:"阖",合。"四竟",四境。

〔十一〕宗庙社稷:"宗庙",祭祀祖先的地方。"社稷"祭祀土地神、五谷神的场所。

〔十二〕邑屋州闾乡曲:都是古代大小不同的地方行政区域。

成玄英说:"《司马法》云:'六尺为步,步百为亩,亩百为夫,夫三为屋,屋三为井,井四为邑。'又云:'五家为比,五比为闾,五闾为族,五族为党,五党为州,五州为乡。'郑玄云:'二十五家为闾,二千五百家为州,万二千五百家为乡也。'"(《庄子疏》)

〔十三〕田成子:齐国大夫陈恒。鲁哀公十四年,杀齐简公,夺取了齐国。

〔十四〕专有齐国:今本作"十二世有齐国"。俞樾疑是"世世有齐国"。今依严灵峰之说改为"专有齐国"。

俞樾说:"《释文》曰:'自敬仲至庄子九世,知齐政;自太公和至威王，三世为齐侯；故云十二世。'此说非也。本文是说田成子，不当追从敬仲数起。疑《庄子》原文本作'世世有齐国'，言自田成子之后，世有齐国也。古书遇重字，止于字下作'二'字以识之，应作'世二有齐国'。传写者误倒之，则为'二世有齐国'。于是其文不可通，而从田成子追数至敬仲适得十二世，遂臆加十字于其上耳。"（《诸子平议》内《庄子平议》）俞说可存。

严灵峰先生说："上明言：'田成子一旦杀齐君而盗其国'，彼既于'一旦'得之，则简公被杀之日，即陈恒窃国之时；奚必待'十二世'之久邪？《列子·杨朱篇》：'田恒专有齐国。'当是此文所本。疑《庄子》原文亦作'专'，因漫漶残缺分而为三；校者不察，以其形近，遂改作'十二世'，驯致讹误。且作'十二世'既乖史实，因据《列子》文臆改。"（《道家四子新编》，第579页）案：上文说："田成子一旦杀齐君而盗其国"，则田成子杀君窃国之日，便"专有齐国"，不必等待"十二世"之久。严说有理，兹依严说据《列子》文改。

【今译】

为了防备撬箱、掏布袋、开柜子的小贼，就捆紧绳索，关紧锁钮，这是世俗上所谓的聪明。但是大盗一来，便背起柜子、举起箱箧、挑起囊袋而走，唯恐绳索锁钮不够牢固。那么以前所谓的聪明，不就是替大盗储聚的吗？

让我们试作申论。世俗上所谓的聪明，能有不替大盗储聚的吗？所谓的圣人，能有不替大盗守备的吗？怎么知道是这样的呢？从前的齐国，邻里相望，鸡鸣狗吠之声相闻,网罟所散布到的范围,犁锄所耕作的地方,方圆有二千多里。统括四境之内,凡是建立宗庙社稷,以及治理大小不同的行政区域,何尝不是效法圣人的呢!但是田成子一旦杀了齐君而盗取了齐国,所盗取的岂止是那个国家呢?连齐国圣智的法制也一起盗取了去。所以田成子虽然有盗贼的名称,却身处尧舜一般的安稳;小国不敢非议他,大国不敢诛讨他,擅据齐国。这岂不是不仅窃取了齐国,并且把圣智的法制也窃取了去,保护他那盗贼之身吗?

嘗試論之。世俗之所謂至知者,有不爲大盜積者乎?所謂至聖者,有不爲大盜守者乎?何以知其然邪?昔者龍逢斬,比干剖,萇弘胣,子胥靡,故四子之賢而身不免乎戮㊀。故跖之徒問於跖曰:"盜亦有道乎?"跖曰:"何適而無有道邪!夫妄意㊁室中之藏,聖也;入先,勇也;出後,義也;知可否,知也;分均,仁也。五者不備而能成大盜者,天下未之有也。"由是觀之,善人不得聖人之道不立,跖不得聖人之道不行;天下之善人少而不善人多,則聖人之利天下也少而害天下也多。故曰,脣竭則齒寒㊂,魯酒薄而邯鄲圍㊃,聖人生而大盜起。掊擊聖人,縱舍㊄盜賊,而天下始治矣。夫谷虛而川竭⑨,丘夷而淵實。聖人已死,則大盜不起,天下平而無故矣。

聖人不死,大盜不止。雖重聖人而治天下,則是重利⑩盜跖也。爲之斗斛⑪以量之,則並與斗斛而竊之;爲之權衡⑫以稱之,則並與權衡而竊之;爲之符璽⑬以信之,則並與符璽而竊之;爲之仁義以矯之,則並與仁義而竊之。何以知其然邪?彼竊鉤者誅,竊國者爲諸侯,諸侯之門而仁義存焉⑭,則是非竊仁義聖知邪?故逐於⑮大盜,揭諸侯⑯,竊仁義並斗斛權衡符璽之利者,雖有軒冕⑰之賞弗能勸,斧鉞之威⑱弗能禁。此重利盜跖而使不可禁者,是乃聖人之過也。

【注释】

㈠龙逢斩,比干剖,苌弘肔,子胥靡,故四子之贤而身不免乎戮:"龙逢"、"比干"已见于〈人间世〉篇。"苌弘",春秋末期周灵王的贤臣,被国君所杀害,事见《左传·哀公三年》。"肔"(tuō),车裂之刑,一说剔肠。"子胥靡",伍子胥向吴王夫差诤谏遭杀,尸首糜烂于江中。

李勉说:"'身不免乎戮',言暴君之戮贤人而莫之敢抗者,皆孔子圣法所谓尊君之故,此圣法之罪也。向无圣法,则桀纣焉得守斯位而放其毒,故黄宗羲曰:'为天下之大害者,君而已矣。'何况暴君乎!圣法称国君如天如父,使民不敢诛淫乱之君,国君更得借此任意屠戮贤臣,此亦圣法之罪也。"

㊁妄意:猜测。

㊂唇竭则齿寒:有两解:(一)"竭",当从《战国策》作"揭"(孙诒让《札迻》)。"唇竭",谓反举其唇向上(俞樾说)。(二)《春秋左传》云:"唇亡齿寒。""竭",与亡义通。唇亡谓唇缺,唇缺则齿寒(李勉说)。按两说均可通。

㊃鲁酒薄而邯郸围:这件事有两种说法:(一)楚宣王会合诸侯,鲁恭公后到,而所献的酒也淡薄。楚宣王就不高兴,想侮辱他。鲁恭公说:"我是周公的后代,行天子的礼乐,现在我送酒已经失礼了,还要怪我的酒不好,这不是太过分了吗?"于是不告而别。楚宣王生气,遂出兵攻打鲁国。以前,梁惠王一直就想攻伐赵国,但是恐怕楚国援救而迟迟不敢出兵,现在正逢楚国和鲁国相争,梁惠王就乘机围攻赵城邯郸(根据成玄英《疏》);(二)另一种说法是:楚国会同诸侯,鲁国和赵国都献酒给楚王。鲁国的酒淡薄而赵国的酒浓。楚国管酒的人向赵国讨酒,赵国不给他,于是管酒的人就把赵国的好酒和鲁国的薄酒相调换,楚王因赵国的酒淡薄,就围攻邯郸(根据许慎注《淮南子》所说的)。

㊄纵舍:释放。"舍",同"捨"。

㊅谷虚而川竭:原作"川竭而谷虚"。应作"谷虚而川竭",与下句"丘夷而渊实"对文,谓谷虚则川亦竭,盖川之水由众谷而来(李勉说)。

㊆重利:谓增益其利。《汉书·文帝纪》:"是重吾不德也。"注云:"重,谓增益。"(陶鸿庆《札记》)

㊇斛(hú):量器;可容五斗。

⑨权衡:"权",称锤(李颐说)。"衡",称梁(成《疏》)。
⑩符玺(xǐ):印章。

　　成玄英说:"'符'者,分为两片,合而成一,即铜鱼木契也。'玺'者,是王者之玉印,握之所以摄召天下也。"
⑪彼窃钩者诛,窃国者为诸侯,诸侯之门而仁义存焉:〈杂篇·盗跖篇〉:"小盗者拘,大盗者为诸侯,诸侯之门,义士存焉。"《史记游侠传》引作:"窃钩者诛,窃国者侯,侯之门,仁义存。""钩",即腰带环。
⑫逐于:随(成《疏》)。按"逐",争。"于",为。
⑬揭诸侯:"揭",同〈达生〉篇"揭日月而行"之"揭",谓举帜立为诸侯。
⑭轩冕:高车冠冕。"轩"是古时大夫以上所乘的车子。"冕"是古时大夫以上所戴的帽子。
⑮斧钺之威:指死刑的威吓。"钺"(yuè),大斧。

【今译】

　　让我们来试作申论。世俗上所谓最聪明的,能有不替大盗储聚的吗?所谓的至圣,能有不替大盗守备的吗?怎么知道是这样的呢?从前关龙逢被斩首,比干被剖心,苌弘被刳肠,伍子胥尸体糜烂于江中,像这四个人的贤能都不免于杀身之祸。因此盗跖的门徒问盗跖说:"盗也有道吗?"盗跖说:"无论哪里怎会没有道呢!如猜测屋内所储藏的,就是圣;带头先进去,就是勇;最后出来,就是义;酌情判断能不能下手,就是智;分赃平均,就是仁。这五样不具备而能成大盗,这是天下绝没有的事。"这样看来,善人如果不懂得圣人之道便不能自立,盗跖如果不懂得圣人之道便不能横行;天下的善人少而不善的人多,那么圣人有利于天下的也少而有害于天下的也多。所以说嘴唇反张,牙齿便觉寒冷,鲁侯的酒味薄,赵国的邯郸便遭围困,圣人出现,大盗便兴起了。打倒圣人,释放盗贼,天下才得太平。溪谷空虚,河川便干涸,丘陵移平,深渊便填满。圣人死了,大盗就不会兴起,天下便太平无事了。

　　如果圣人不死,大盗便不会停止。虽然是借重圣人来治理天下,却大大增加了盗跖的利益。制造斗斛来量,却连斗斛也盗窃去了;制成天秤来称,却连天秤也盗窃去了;刻造印章来取信,却连印章也盗窃去了;提倡仁义来矫正,却连仁义也盗窃去了。怎么知道是这样的呢?那些偷窃带钩的人便遭刑杀,而盗窃国家的反倒成为诸侯,诸侯的门里就有仁义了,这不是盗窃了仁义和圣智吗?因而那些争为大盗,拥位诸侯,盗窃仁义和斗斛、天秤、符印利益的人,即使用高车冠冕的赏赐也不能劝阻他们,用斧钺的威刑也不能禁止他们。这样大大有利于盗跖而无法禁止的,都是圣人的过错。

　　故曰:"魚不可脫於淵,國之利器不可以示人⊖。"彼聖人者⊖,天下之利器也,非所以明天下也。故絕聖棄知⊜,大盜乃止;擿⑭玉毀珠,小盜不起;焚符破璽,而民樸鄙;掊斗折衡,而民不爭;殫殘⑤天下之聖法,而民始可與論議。擢亂六律⑥,鑠絕竽瑟⑦,塞師曠之耳⑧,而天下始人含其聰矣;滅文章,散五采,膠離朱之目,而天下始人含其明矣;毀絕鉤繩而棄規矩,攦工倕之指⑨,而天下始人含其巧矣⑩。削曾史之行,鉗楊墨之口,攘棄仁義,而天下之德始玄同⑪矣。彼人含其明,則天下不鑠⑫矣;人含其聰,則天下不累矣;人含其知,則天下不惑矣;人含其德,則天下不僻矣。彼曾、史、楊、墨、師曠、工倕、離朱,皆外立其德而以爚亂⑬天下者也,法之所無用也。

【注釋】

㊀魚不可脫于淵,國之利器不可以示人:語見《老子》三十六章。"利器",指權勢禁令,仁義聖智等。

㊁彼聖人者:"聖人",當作"聖知"(褚伯秀說)。

㊂絕聖棄知:語見《老子》十九章。

㊃擿(zhì):義與"擲"字同(《釋文》);猶投棄之(崔譔說)。

㊄殫(dān)殘:盡毀(成《疏》)。

㊅擢亂六律:"擢",疑借為攪(馬叙倫說)。

㊆鑠絕竽瑟:"鑠",同爍(李勉說),"鑠絕",燒斷之(崔譔說)。"竽",形與笙相似。"瑟",長八尺一寸,闊一尺八寸,二十七弦(成《疏》);琴的一種。

⑧塞师旷之耳："师旷",今本作"瞽旷"。依王叔岷之说改。

王叔岷先生说："案此与下文'胶离朱之目'对言,世德堂本无'瞽'字,当补。但本书无瞽旷与离朱对言之例,下文'彼曾、史、杨、墨、师旷、工倕、离朱者'云云,所谓'师旷',即承此言,则'瞽旷'必'师旷'之误(〈骈拇〉篇两以'师旷''离朱'对言,可为旁证),或写者因师旷之瞽,遂误书为瞽旷耳。《鹖冠子·泰鸿篇》陆注引,正作'塞师旷之耳'。"

⑨攦工倕之指："攦",折断。"工倕",古时以巧艺称著者。

⑩而天下始人含其巧矣："含",原作"有"。案"有"疑"含"之误,上文"而天下始人含其聪矣","而天下始人含其明矣",与此句法一律,下文"人含有知,则天下不惑矣"("知"疑当从此文作"巧"),即承此言,尤其明证(王叔岷《校释》)。按审文义,当作"含",即含藏、内敛之意。又:此句下原有"故曰'大巧若拙'"六字,为赘词,删去则前后文句正相对耦。王懋竑说:"此句衍。"(《庄子存校》)为是。

⑪玄同:语见《老子》五十六章。

⑫不铄(shuò):不炫耀。

李勉说:"'铄',当是炫之意。言人人能含其明而不外露,则天下不致有炫耀之事,意可以归真返璞。"

⑬爚(yuè)乱:与"擢乱"同,"擢"借为搅(马叙伦说)。

林希逸说:"爚乱者,言熏灼而烧乱之也。"

【今译】

所以说:"鱼不能离开深渊,国家的利器不可以随便耀示于人。"那些圣人就是天下的利器,不可以明示于天下。所以抛弃聪明智巧,大盗才能休止;毁弃珠玉,小盗就没有了;焚烧符印,人民就纯朴了;击破斗秤,人民就不争了;毁尽天下的圣智法制,人民才可以参与议论。搅乱六律,销毁竽琴,塞住师旷的耳朵,天下的人才内敛他的聪慧;消灭文饰,拆散五采,黏住离朱的眼目,天下的人才内藏他的明敏;毁坏钩绳,抛弃规矩,折断工倕的手指,天下的人才隐匿他的技巧。灭除曾参史鱼的行为,封着杨朱墨翟的口舌,摈弃仁义,天下人的德性才能达到玄妙齐同的境地。人们都内藏明慧,天下就不会迷乱了;人们都内敛聪敏,天下就没有忧患了;人们都内含知巧,天下就不会眩惑了;人们都内聚德性,天下就不会邪僻了。像那曾参、史鱼、杨朱、墨翟、师旷、工倕、离朱等人,都是向外炫耀他们的才能,用来扰乱天下,这是正法所不取的。

二

子獨不知至德之世乎?昔者容成氏、大庭氏、伯皇氏、中央氏、栗陸氏、驪畜氏、軒轅氏、赫胥氏、尊盧氏、祝融氏、伏犧氏、神農氏⊖,當是時也,民結繩而用之,甘其食,美其服,樂其俗,安其居,鄰國相望,雞狗之音相聞,民至老死而不相往來⊖。若此之時,則至治已。今遂至使民延頸舉踵曰，"某所有賢者"，贏糧而趣之⊜，則內棄其親而外去其主之事，足跡接乎諸侯之境，車軌結乎千里之外。則是上好知之過也。

【注释】

㊀ 容成氏、大庭氏、伯皇氏、中央氏、栗陆氏、骊畜氏、轩辕氏、赫胥氏、尊庐氏、祝融氏、伏牺氏、神农氏：这十二人为传说中的古代帝王。

　　林希逸说："十二个氏，只轩辕、伏牺、神农见于经，自此以上，古书中无之，或得于上古之传，或出于庄子自譔，亦未可知。"

㊁ 民结绳而用之，甘其食，美其服，乐其俗，安其居，邻国相望，鸡狗之音相闻，民至老死而不相往来：这些文字，引自于《老子》八十章。

㊂ 赢（yíng）粮而趣之："赢"，裹（崔譔说）。"趣"，趋。

【今译】

　　你不知道盛德的时代吗？从前容成氏、大庭氏、伯皇氏、中央氏、栗陆氏、骊畜氏、轩辕氏、赫胥氏、尊庐氏、祝融氏、伏牺氏、神农氏，在那时代，人民结绳来记事，以饮食为甜美，以衣服为美观，以习俗为安乐，以居所为安适，邻国之间可以互相看得见，鸡鸣狗吠的声音可以互相听得到，人民从生到死互相不往来。像这样的时代，就是真正的太平了。现在竟然使人们盼望着说："某地方有贤人"，于是携带粮食归向他，弄得对内遗弃了双亲，对外抛弃了主上的事物，足迹接连不断地出入于各国境域，车轨往来纵横地交错于千里以外，这都是居上位的喜好机智的过错。

上誠好知而無道，則天下大亂矣。何以知其然邪？夫弓弩畢弋㊀機辟㊁之知多，則鳥亂於上矣；鉤餌罔罟罾笱㊂之知多，則魚亂於水矣；削格羅落㊃罝罘㊄之知多，則獸亂於澤矣；知詐漸毒㊅頡滑㊆堅白解垢㊇同異之變多，則俗惑於辯矣。故天下每每大亂，罪在於好知。故天下皆知求其所不知而莫知求其所已知者，皆知非其所不善而莫知非其所已善者，是以大亂。故上悖日月之明，下爍㊈山川之精，中墮㊉四時之施；惴耎㊋之蟲，肖翹㊌之物，莫不失其性。甚矣夫好知之亂天下也！自三代以下者是已，舍夫種種㊍之民而悅夫役役㊎之佞，釋夫恬淡無爲而悅夫啍啍㊏之意，啍啍已亂天下矣。

【注释】

㊀弓弩毕弋："弩"，有机关的弓。"毕"，捕鸟网。"弋"，箭。

成玄英说："网小而柄，形似毕星，故名为'毕'。以绳系箭射,谓之'弋'。"

  郭嵩焘说:"《说文》:'率,捕鸟毕也。'《诗·小雅》:'毕之罗之。'鸟罟亦谓之'毕'。李云:'兔网曰"毕"。'失之。"(见郭庆藩《集释》引)

㊂机辟:弩牙曰"机"(李颐说)。"辟"字原作"变",依武延绪之说改。

  武延绪说:"按:'变',疑读为'辟'。'辟'与'薜'同。〈逍遥游〉:'中于机辟。'〈山木〉篇:'然且不免于机、辟、罔、罟之患。'是其证。此误作'变'者,'辟'与'辩'近,初讹作'辨','辨'、'变'音近,后人不知为'辟'之讹;因习见'机变'之文,遂疑为'变'字之讹而改之也。何以知'变'讹字,上下文皆以物言,'变'非物也;注中所以无训者,正疑之也。'机辟'连用,已见于〈逍遥游〉和〈山木〉篇,况且上下文皆以物言,'变'非物也。"按武说为是。下文"钩、饵、罔、罟、罾、笱","削格、罗落、罝罘",都是捕物器,作名词用。"机变"当是"机辟"之误。

㊂罾(zēng)笱(gǒu):"罾",渔网。"笱",筌,捕鱼的竹篓子。

㊃削格、罗落:都是指捕兽机槛。

  林希逸说:"削格,犹《汉书》曰:'储胥也。'犹今之木栅也。"

  郭嵩焘说:"《说文》:'格,木长貌。'徐锴曰:'长枝为格。''削格',谓刮削之。……'削格''罗落',皆所以遮要禽兽。"

㊄罝(jū)罘(fú):捕兔网。

㊅渐毒:欺诈。

  郭庆藩说:"'渐',诈也。《荀子·议兵》:'是渐之也。'《正论》:'上凶险,则下渐诈矣。'皆欺诈之义(李颐谓为渐渍之毒,失之远矣)。"(《庄子集释》)

陶鸿庆说:"'渐'者,欺也。《孙卿子·不苟篇》:'小人知则攫盗而渐,愚则毒贼而乱。'……王氏引之,皆释为诈欺,并引此文为证。"(《读庄子札记》)

⑦ 颉滑:机巧,狡黠。"颉",借为黠。

⑧ 解垢:诡曲之辞(《释文》)。

⑨ 烁(shuò):销毁。

⑩ 堕:破坏。

⑪ 惴耎(ruǎn):蠕动的意思,指蠕动的小虫。"惴",赵谏议本作"喘"(王孝鱼校)。"耎",为"輭"的省字。

陆德明说:"'惴',本亦作'蝡',又作'喘'。崔云:'蝡蝡,动虫也。'一云:'惴耎',谓无足虫。"

林希逸说:"喘耎,微息而动之物,附地者也,蜗蜒之类。"

李勉说:"案'耎'系'輭'字之省,谓惴輭之虫也。虫之体輭,故云'輭'。'惴',不安之貌。"

⑫ 肖翘:微小的飞虫。

林希逸说:"'肖',小也。'翘',轻也,飞物也。蜂蝶之类。"

⑬ 种种:淳厚(《释文》)。

胡文英说:"'种种',朴也。今吴楚谚言朴实者,谓之种种打种种,即此意也。"

马叙伦说:"案'种'借为'忡'。《说文》:'忡,迟也。'即重厚之重。"

⑭ 役役:形容奔走钻营的样子。

⑮ 啍啍(tūn):多言(林云铭《庄子因》)。郭注"以己诲人",误。

胡文英说:"'啍啍',或训作'多言',承'俗惑于辩'意来。要知'悦'字是承'上诚好知'来,则'啍啍'宜作'多智'意讲为妥。"

【今译】

在上位的喜好运用机智而无道,天下就会大乱。怎样知道是这样的呢?弓箭、鸟网、机关的智巧多,上空的鸟就要被扰乱了;钩饵、鱼网、竹篓的智巧多,水底的鱼就要被扰乱了;木栅、兽槛、兔网的智巧多,草泽的野兽就要被扰乱了;欺诈、诡伪、狡黠、曲辞、坚白、同异的言辩多,世俗上的人就要被迷惑了。所以天下常常大乱,罪过便在于喜好智巧。因而天下都只知追求他所不知道的,却不知探索他已经知道的,都只知非难他所认为不好的,却不知非难他认为好的,因此天下才大乱。以致上而掩蔽了日月的光明,下而销毁了山川的精华,中而破坏了四时的运行;无足的爬虫,微小的飞虫,没有不丧失本性。喜好机智的扰乱天下到达这般地步啊!自从三代以后都是这样的,舍弃淳厚的百姓而爱好狡黠的佞民,舍弃恬淡无为的引导而爱好喋喋多言的教化,喋喋多言的教化已经扰乱天下了!

在　宥

〈在宥〉篇，主旨反对他治，反干涉主义。从人的本性上，说明人好自然而厌干涉。"在宥"，自在宽宥的意思。取首句中"在宥"二字作为篇名。

本篇的主要章节：第一章，批评"治天下"的结果，"使天下瘁瘁焉人苦其性"；指责自三代以下，"匈匈焉终以赏罚为事"，使人不能安于性命之情。第二章，借崔瞿与老聃的对话，指"黄帝始以仁义撄人之心"，尧舜"矜其血气以规法度"，于是刑具礼教丛生，弄得"天下脊脊大乱"。今世的情状更为惨烈，镣铐的人不计其数，刑戮的人触目皆是，而仁义圣智复为统治工具，变成了刑具的楔木孔柄。在这种悲惨的境况下，再度发出"绝圣弃知"的呼吁。第三章，借广成子和黄帝对话的寓言，描述至道之精，在于治身。第四章，云将和鸿蒙的寓言，抹去治迹而提出"心养"。第五章，"世俗之人"一段写当时诸侯假借国家人民来为自己图谋，然而终将被人民所唾弃。"大人之教"一段，写至人精神的开广，为"天地之友"。这一章疑是断简错入，与〈在宥〉篇主题思想无关。本篇末了"贱而不可任者"至"不可不察也"一段,与本篇主旨相违,亦与庄学精神不合,疑为黄老之作窜入,或为庄子后学染有黄老思想者所为。

出自本篇的成语,有尸居龙见、雀跃不已、独往独来等。

一

聞在宥^㊀天下，不聞治^㊁天下也。在之也者，恐天下之淫其性也；宥之也者，恐天下之遷其德也。天下不淫其性，不遷其德，有治天下者哉！昔堯之治天下也，使天下欣欣焉人樂其性，是不恬也；桀之治天下也，使天下瘁瘁焉人苦其性，是不愉也。夫不恬不愉，非德也。非德也而可長久者，天下無之。

人大喜邪？毗^㊂於陽；大怒邪？毗於陰。陰陽並毗，四時不至，寒暑之和不成，其反傷人之形乎！使人喜怒失位，居處無常，思慮不自得，中道不成章^㊃，於是乎天下始喬詰卓鷙^㊄，而後有盜跖、曾、史之行^㊅。故舉天下以賞其善者不足，舉天下以罰其惡者不給^㊆，故天下之大，不足以賞罰。自三代以下者，匈匈^㊇焉終以賞罰為事，彼何暇安其性命之情哉！

【注释】

㊀在宥：自在寬容。

　　林希逸说："'在'者，优游自在之意。'宥'者，宽容自得之

意。"(《南华真经口义》)

　　罗勉道说:"'在宥'两字,想当时有此语;今人读之差异耳。"(《南华真经循本》)

　　李勉说:"观全文,'在宥'二字应是'任宥'二字之误。'任''在'形似,故以互混。'任'者,放任之也。放任者,不予拘范,任其自在也。'宥'者,宽宥之也。宽宥者,不予拘囿,亦任其自在之谓也。"李说可存。

㊁治:统驭。

　　成玄英说:"自在宽宥,即天下清谧;若立教以驭苍生,物失其性。"(《庄子疏》)

㊂毗(pí):伤。《淮南子·原道训》引作"破"。

　　林希逸说:"毗,益也。医书上所谓有余之病也。"

　　俞樾说:"《释文》:'毗,如字。司马云:'助'也。一云:'并'也。'……训'助'已不可通,若训'并'更为失之矣。案此'毗'字,当读为'毗刘暴乐'之'毗',毗刘,暴乐也。暴乐,《毛公传》作爆烁。……爆烁犹剥落也。喜属阳,怒属阴,故大喜则伤阳,大怒则伤阴。毗阴毗阳,言伤阴阳之和也……《淮南子·原道训》:'人大怒破阴,大喜破阳。'正与此同义。"(《庄子平议》)

㊃成章:有条理(林希逸《口义》)。

㊄乔诘卓鸷:矫拂悖戾之意(胡文英《庄子独见》)。"乔诘",意不平。"卓鸷",行不平(《释文》引崔譔说)。

　　林希逸说:"'乔',好高而过当也。'诘',议论相诘责也。'卓',孤立也。'鸷',猛厉也。此四字形容不和之意。"

　　于省吾说:"'乔诘',应读作'狡黠'。'乔'、'狡',乃双声叠韵字。'诘'、'黠'并谐吉声,故相通借。"(《庄子新证》)

⑥有盗跖、曾、史之行:后文有"下有桀跖,上有曾史"句。

马叙伦说:"案'盗'当为'桀',传写讹也。下文曰:'下有桀跖,上有曾史'可证。"(《庄子义证》马说可存。)

⑦不给:犹不足。

⑧匈匈:喧嚣。

成玄英说:"'匈匈',讙哗也,竞逐之谓也。"

马叙伦说:"案'匈'借为'讻'。"

【今译】

只听说使天下安然自在,没有听说要管治天下。〔人人〕自在,唯恐天下扰乱了他的本性;〔人人〕安舒,唯恐天下改变了他的常德。天下人不扰乱本性,不改变常德,哪里还用管治天下呢! 从前尧管治天下,使天下人熙熙攘攘乐了本性,这是不安静啊! 桀管治天下,使天下人身劳神疲苦了本性,这是不欢愉啊! 要是弄得不安静不欢愉,便是违背常德。违背常德而可以长久,是天下绝没有的事。

人过于欢乐,就会伤害阳气;过于愤怒,就会伤害阴气。阴阳的气互相侵害,四时不顺序,寒暑不调和,岂不反而伤害到人体么! 使人喜怒失常,胡为妄动,思念漂浮不自主,行事中途欠缺条理,于是天下才矫伪乖戾,而后产生盗跖、曾参、史鱼的行为。因此用尽天下的力量不足以奖赏善举,用尽天下的力量也不足以惩罚恶行,所以天下之大，不足以处理奖赏惩罚的事。自从三代以后，喧嚣着以奖赏惩罚为能事，他们哪得空闲来安定性命之情呢！

而且說㊀明邪？是淫於色也；說聰邪？是淫於聲也；說仁邪？是亂於德也；說義邪？是悖於理也；說禮邪？是相於技也㊁；說樂邪？是相於淫也；說聖邪？是相於藝也；說知邪？是相於疵也。天下將安其性命之情，之八者，存可也，亡可也；天下將不安其性命之情，之八者，乃始臠卷㊂獊囊㊃而亂天下也。而天下乃始尊之惜之，甚矣天下之惑也！豈直過也而去之邪！乃齋戒以言之，跪坐以進之，鼓歌以儛㊄之，吾若是何哉！

故君子不得已而臨莅天下，莫若無爲。無爲也而後安其性命之情。故曰："貴以身爲天下，則可以託天下；愛以身爲天下，則可以寄天下。"㊅故君子苟能無解㊆其五藏，無擢㊇其聰明；尸居而龍見㊈，淵默而雷聲㊉，神動而天隨㊊，從容無爲而萬物炊累㊋焉。吾又何暇治天下哉！

【注释】

㊀说：同"悦"。

㊁相于技也："相"，助（《释文》）。谓有助于技巧。

㊂脔卷：不申舒之状（《释文》引司马彪说）；局束之貌（林希逸说）。

④ 猖囊:犹猖攘(崔譔说);多事之貌(林希逸说)。
⑤ 儛:即"舞"之俗字(马叙伦说)。
⑥ 故曰:"贵以身为天下,则可以托天下;爱以身为天下,则可以寄天下":引《老子》十三章文。"故"字下原缺"曰"字,依陶鸿庆之说补。"身"下两"于"字,当衍(王先谦《集解》引苏舆说)。据《老子》原文删去。

   陶鸿庆说:"此《老子》之言也。'故'下当有'曰'字,而写者夺之。本书引《道德经》文,〈胠箧〉凡两见,〈知北游〉凡三见,本篇一见,皆冠以'故曰'字。"(《读庄札记》)
⑦ 解:开示,含有放纵的意思。
⑧ 擢:显耀,自诩。
⑨ 尸居而龙见:形容安居不动而神采奕奕。
⑩ 渊默而雷声:形容沉静缄默而感人深切。

   林希逸说:"'渊',深也,静也。'默',不言也。'雷声',感动人也。虽不言而德动人也。禅家所谓是虽不言,其声如雷也。"
⑪ 神动而天随:精神活动都合于自然。

   林希逸说:"'神',精神也。'天',天理也。动容周旋,无非天理,故曰'神动而天随'。"
⑫ 万物炊累:"炊累",犹动升(司马彪说)。形容万物的蕃殖如炊气积累而升。

【今译】

　　至于说爱好目明么?却是迷乱于彩色;爱好耳聪么?却是迷乱于音声;爱好仁么?却是惑乱于常德;爱好义

么？却是违逆于常理；爱好礼仪么？却是助长了技巧；爱好乐章么？却是助长了淫声；爱好圣迹么？却是助长了技艺；爱好机智么？却是助长了各种流弊。天下人要想安定性命的真情，这八种可有可无；天下人要不想安定性命的真情，这八种才纠结扰攘而迷乱天下。天下人反而开始尊崇它、珍惜它，天下的迷惑到达这般地步啊！这八种东西岂只是随着时间的流逝而消失了呢？还要斋戒去谈论它，致恭尽礼去传授它，手舞足蹈去供奉它，真是无可奈何呢！

因而君子如果不得已而君临天下，最好是顺任自然。顺任自然才能使大家安定性命的真情。因此说："以尊重生命的态度去为天下，才可以把天下寄付给他；以珍爱生命的态度去为天下，才可以把天下托交给他。"所以君子如果能不放纵情欲，不显耀聪明；安居不动而神采奕奕，沉静缄默而感人深切，精神活动都合于自然，从容无为而万物的蕃殖就像炊气积累而升。我又何必需要治理天下呢！

二

崔瞿⊖問於老聃曰："不治天下，安臧⊖人心？"

老聃曰：“女愼無攖㊂人心。人心排下而進上㊃，上下囚殺㊄，淖約㊅柔乎剛彊。廉劌彫琢㊆，其熱焦火，其寒凝冰㊇。其疾俛仰之間㊈而再撫四海之外，其居也淵而靜，其動也懸而天。僨驕㊉而不可係者，其唯人心乎！

“昔者黃帝始以仁義攖人之心，堯舜於是乎股無胈，脛無毛⑪，以養天下之形，愁其五藏以爲仁義，矜其血氣⑫以規法度。然猶有不勝也，堯於是放讙兜於崇山，投三苗於三峗，流共工於幽都⑬，此不勝天下也。夫施及三王而天下大駭矣。下有桀跖，上有曾史，而儒墨畢起。於是乎喜怒相疑，愚知相欺，善否相非，誕信相譏⑭，而天下衰矣；大德不同，而性命爛漫⑮矣；天下好知，而百姓求竭⑯矣。於是乎釿鋸制焉，繩墨殺焉，椎鑿決焉⑰。天下脊脊⑱大亂，罪在攖人心。故賢者伏處⑲大山嵁巖⑳之下，而萬乘之君憂慄乎廟堂之上。

“今世殊死㉑者相枕也，桁楊㉒者相推也，刑戮者相望也，而儒墨乃始離跂㉓攘臂乎桎梏之間。噫㉔，甚矣哉！其無愧而不知恥也甚矣！吾未知聖知之不爲桁楊接槢㉕也，仁義之不爲桎梏鑿枘㉖也，焉知曾史之不爲桀跖嚆矢㉗也！故曰：‘絕聖棄知而天下大治。’”

【注释】

㊀崔瞿(qū):杜撰的人名。

　　成玄英《疏》:"姓崔,名瞿,不知何许人也。"

㊁臧:善。今本误作"藏"。

　　王先谦说:"'藏'是'臧'之误,古字止作'臧'。'安臧人心',言人心无由善。"(《庄子集解》)

㊂撄:扰乱。

㊃人心排下而进上:人心,压抑它就消沉,推进它就高举。

　　郭象说:"排之则下,进之则上,言其易摇荡也。"

　　林希逸说:"'排下'者,不得志之时,愈见颓塌;得志之时,则好进不已。"

　　林云铭说:"人心,或为人所排,则失志销魂而下;或进之,则希高望远而上。"(《庄子因》)

㊄上下囚杀:形容心志向上趋下如同被拘囚伤杀。

　　林希逸说:"'上',此心向上。'下',心趋下。向上向下皆为囚杀,乃自累自苦之意。"

　　郭嵩焘说:"'上下囚杀',言诡上诡下,使其心拘囚噍杀,不自适也。"(郭庆藩《集释》引)

㊅淖约:柔美。词见〈逍遥游〉篇。

㊆廉刿雕琢:"廉",借为棱。"刿"(guì),割伤。《老子》五十八章:"廉而不刿",即锐利而不割伤的意思。"廉刿雕琢"是形容一个人饱受折磨。

　　林希逸说:"少年得志之人,多少圭角,更涉忧患世故,皆消磨了,故曰:'廉刿雕琢。'"

⑧其热焦火,其寒凝冰:这是形容人心急躁和战栗的情状。

  林希逸说:"其内热时,如焦火,其凛凛时,如凝冰然。此皆形容人心躁怒忧恐之时。"

⑨俛仰之间:指短暂时间。"俛",同"俯"。

⑩偾骄:不可禁之势(郭象《注》)。"偾",同"愤"。

⑪股无胈,胫无毛:大腿上没有肉,小腿上不长毛。形容劳动辛勤。

⑫矜其血气:苦费心血的意思。

  郭庆藩说:"'矜其血气',犹孟子言苦其心志也。'矜'者,苦也,训见《尔雅·释言篇》。"(《庄子集释》)

⑬放讙兜于崇山,投三苗于三峗,流共工于幽都:语见《尚书·尧典》。"讙兜(dōu)",尧时人,和尧为敌,被流放到崇山(湖南大庸县西南)。"投",《尚书》作"窜",《史记》引作"迁"。"三苗",名饕餮,为尧诸侯,封三苗之国。"三峗",甘肃敦煌县南。"共工",官名,为尧水官,名穷奇。"幽都",《尚书》作"幽州",在今北京密云县境。

⑭喜怒相疑,愚知相欺,善否相非,诞信相讥:形容种种自是而非他的心理与行为表现。

  林希逸说:"自喜于我而加怒于人,自以为知而以人为愚,自以为喜而以人为否,自以为信而以人为诞,彼此皆然,故有相疑、相欺、相非、相讥之事。即〈齐物〉篇中'彼亦一是非,此亦一是非'之意。"

⑮烂漫:散乱(成《疏》)。

⑯求竭:即"胶葛",今作"纠葛"(章炳麟《庄子解故》)。按:"求竭"郭《注》照常义解为"无以供其求"。然观上下文义,似当从章

解。这句"天下好知而百姓求竭矣",与上句"大德不同而性命烂漫矣",正相对文。而"求竭"犹"烂漫",为纠葛淆乱的意思。
⑦ 斤锯制焉,绳墨杀焉,椎凿决焉:"斤锯"、"绳墨"、"椎凿",都是指刑具。"杀",当为"设"(吴汝纶《庄子点勘》)。

王先谦说:"工匠以绳墨正木,人君以礼法正人;工匠以斤锯椎凿残木,人君以刑法残人。"
⑧ 脊脊:犹籍籍(林希义《口义》);纷纷同义。

陆德明说:"'脊脊',音籍,相践籍。"
⑨ 伏处:隐遁,潜居。
⑩ 嵁岩:深岩。

俞樾说:"'嵁'当为'湛'。'湛岩'犹深岩,因其以山岩言,故变从水者而从山耳。"
⑪ 殊死:死刑。

陆德明说:"《广雅》云:'殊,断也。'司马云:'决也。'一云:诛也。"

李勉说:"'殊',异也。'殊死',言各种不同之死。盖圣法设,五刑行,由五刑而致死者,谓之'殊死',言其死法不同也。"
⑫ 桁(héng)杨:古时一种夹脚和颈的刑具。
⑬ 离跂:即翘足。形容用力的样子。

马叙伦说:"'离'为摛省。《说文》曰:'摛,舒也。'"(《义证》)
⑭ 噫:各本多作"意",依《道藏纂微》本改为"噫"(吕惠卿《庄子义》)。
⑮ 接槢:械楔(司马彪说);今枷中横木,亦楔(林希逸《口义》)。
⑯ 凿枘:指固定桎梏的孔枘。所谓凿圆方枘。

⑭ 嚆(hāo)矢：矢之鸣者(向秀《注》)；今之响箭(林希逸说)；喻先声(陈寿昌说)。

【今译】

崔瞿问老聃说："不治理天下，怎样使人心向善？"

老聃说："你要小心别扰乱了人心。人心，压抑它就消沉，推进它就高举，心志的消沉和高举之间，犹如被拘囚、伤杀，柔美的心志表现可以柔化刚强。有棱角的人必遭折磨，使其性时而急躁如烈火，时而忧恐如寒冰。变化的迅速，顷刻之间像往来于四海之外，人心安稳时深沉而寂静，跃动时悬腾而高飞。强傲而不可羁制的，就是人心么！

"从前黄帝就用仁义扰乱人心，于是尧、舜劳累得大腿上没有肉，小腿上不长毛，来供养天下人的形体，愁劳心思去施行仁义，苦费心血去规定法度。然而还是有不足的地方，于是尧将讙兜放逐到崇山，将三苗投置在三峗，将共工流配到幽州，这是未治好天下的证明。到了三代帝王，天下大受惊扰。下有夏桀、盗跖，上有曾参、史鱼，而儒墨的争论纷起，于是喜怒互相猜忌，愚智互相欺侮，善与不善互相非议，荒诞与信实互相讥讽，天下风气从此衰颓了；大德分歧，而性命的情理散乱了；天下爱好智巧，而百姓多纠葛了。于是用斧锯来制裁，用礼法来击杀，用肉刑来处决。天下纷纷大乱，罪过在于扰乱人心。所以贤者隐遁在高山深岩，而万乘君主忧慄于朝廷之上。

"当世处死的人残籍堆积，镣铐的人连连不断，刑杀的人满眼都是，于是儒墨奋力呼嚷于枷锁之间，噫！太过分了！他们是如此地不知愧怍和羞耻！我不知道圣智不是镣铐的楔木，仁义不是枷锁的孔枘么！怎么知道曾参、史鱼不是夏桀、盗跖之流的向导呢！所以说：'抛弃聪明智巧，天下就太平了。'"

三

黃帝立爲天子十九年，令行天下，聞廣成子㊀在於空同之山㊁，故往見之，曰："我聞吾子達於至道，敢問至道之精。吾欲取天地之精㊂，以佐五穀，以養民人，吾又欲官陰陽㊃，以遂群生，爲之奈何？"

廣成子曰："而㊄所欲問者，物之質㊅也；而所欲官者，物之殘也。自而治天下，雲氣不待族㊆而雨，草木不待黃而落，日月之光益以荒矣。而佞人之心翦翦㊇者，又奚足以語至道哉㊈！"

黃帝退，捐天下，築特室，席白茅，閒居三月，復往邀之。

廣成子南首而臥，黃帝順下風㊀膝行而進，再拜稽首而問曰："聞吾子達於至道，敢問，治身奈何而可以長久？"廣成子蹶然而起，曰："善哉問乎！來！吾語汝至道。至道之精，窈窈冥冥㊁；至道之極，昏昏默默㊂。無視無聽，抱神以靜，形將自正。必靜必清，無勞汝形，無搖汝精，乃可以長生。目無所見，耳無所聞，心無所知，汝神將守形，形乃長生。慎汝內，閉汝外㊃，多知爲敗。我爲汝遂於大明㊄之上矣，至彼至陽之原也；爲汝入於窈冥之門矣，至彼至陰之原也。天地有官㊅，陰陽有藏㊆，慎守汝身，物將自壯。我守其一以處其和，故我修身千二百歲矣，吾形未常衰。"

黃帝再拜稽首曰："廣成子之謂天矣！"

廣成子曰："來！余語汝。彼其物㊇無窮，而人皆以爲有終；彼其物無測，而人皆以爲有極。得吾道者，上爲皇而下爲王；失吾道者，上見光而下爲土㊈。今夫百昌㊉皆生於土而反於土，故余將去汝，入無窮之門，以遊無極之野。吾與日月參光，吾與天地爲常。當我，緡乎！遠我，昏乎㊊！人其盡死，而我獨存乎！"

【注释】

㊀ 广成子：体会自然无为之道的寓言人物。

㊁ 空同之山：杜撰的地名。"空"含空虚、空明的意思。"同"含混同、冥同的意思。"山"字通行本作"上"，依《阙误》引张君房本及成《疏》改（王孝鱼校）。

㊂ 天地之精：天地自然的精气（福永光司说）。

㊃ 官阴阳："官"，管、治。谓调和阴阳。

　　林希逸说："变调阴阳。'官'，各任其职也。阴阳不相戾，各当其职曰'官'。"

㊄ 而：汝。下文："自而治天下""而佞人之心"的"而"，同作"汝"。

㊅ 质：原质、真质。

　　林希逸说："物之本然曰'质'，即前言至道也。"

㊆ 族：聚（司马注）。

㊇ 翦翦：犹浅浅（林希逸《口义》）。

㊈ 又奚足以语至道哉："哉"字原缺。《御览》六二四引"道"下有"哉"字，文意较完整（王叔岷《校释》）。

㊉ 顺下风：顺下方。

　　李勉说："'风'，方。古'风''方'通音，故二字通用。〈天运〉篇：'雄鸣于上风，雌应于下风'，〈天地〉篇：'禹趋就下风'，又'愿先生言其风'，〈渔父〉篇：'窃待于下风'，各'风'字皆'方'字之意。"

⑪ 窈窈冥冥：深远暗昧。"窈"，微不可见。"冥"，深不可测。《老子》二十一章作："窈兮冥兮。"

⑫ 昏昏默默：喻深静（李勉说）。

⑬慎汝内,闭汝外:"慎汝内",不动其心。"闭汝外",不使外物得以动吾心(林希逸《口义》)。
⑭遂于大明:"大明"指太阳。《礼记·礼器篇》:"大明生于东,月生于西。"(福永光司说)
⑮天地有官:"官",职。天地各官其官(林希逸说)。
⑯阴阳有藏:"藏",府。阴阳各居其所(林希逸说)。
⑰彼其物:指"道"而言(林云铭《庄子因》)。
⑱上见光而下为土:指上见日月之光,下则化为土壤。

　　林希逸说:"'上见光'者,日月也。'下为土'者,地。言居天地之间,懵然无知,举头但见日月,低头但见地下而已。"(《口义》)
⑲百昌:百物昌盛(成《疏》);犹百物(司马彪说)。
⑳当我,缗乎! 远我,昏乎:"当我",迎我而来。"远我",背我而去(林希逸说)。"缗乎",泯合(《释文》)。"缗"、"昏",并无心之谓(司马彪说)。

【今译】

　　黄帝在位为天子,十九年,教令通行天下,听说广成子在空同山上,特地去看他,对他说:"我听说先生明达'至道',请问至道的精粹。我想摄取天地的精华,来助成五谷,来养育人民,我又想管理阴阳,来顺应万物,对这,我将怎样去做?"

　　广成子说:"你所要问的,乃是事物的原质;你所要管理的,乃是事物的残渣。自从你治理天下,云气不等待凝聚就下雨,草木不等待枯黄就凋落,日月的光辉更加失色,你这佞人的心境这般浅陋,又怎么能谈'至道'呢!"

黄帝退回,抛弃政事,筑一间别室,铺着白茅,闲居了三个月,再去请教他。

广成子朝南躺着,黄帝从下方匍匐过去,再叩头拜礼问说:"听说先生明达'至道',请问,怎样修身才能长久?"广成子顿然起身说:"你问得好!来!我告诉你'至道'。'至道'的精粹,深远暗昧;'至道'的极致,静默沉潜。视听不外用,抱持精神的宁静,形体自能康健。静虑清神,不要劳累你的形体,不要耗费你的精神,才能够长生。眼睛不要被眩惑,耳朵不要被骚扰,内心不要多计虑,你的精神守护着形体,形体才能够长生。持守你内在的虚静,弃绝你外在的纷扰,多智巧便要败坏,我帮助你达到大明的境地上,到达'至阳'的根源;帮你进入深远的门径中,到达'至阴'的根源。天地各司其职,阴阳各居其所,谨慎守护你自身,道会自然昌盛。我持守'至道'的纯一而把握'至道'的和谐,所以我修身一千二百岁了,我的形体却还没有衰老。"

黄帝再叩头拜礼说:"广成子可说和天合一了。"

广成子说:"来!我告诉你。'至道'没有穷尽,但人们都以为有终结;'至道'深不可测,但人们都以为有究极。得到我的'道',在上可以为皇,在下可以为王;丧失我的'道'，在上只能看见日月之光，在下则化为尘土。万物都生于土而复归于土，所以我将离开你，进入无穷的门径，以遨游无极的旷野。我和日月同光，我和天地为友。迎我而来，茫然不知！背我而去，昏暗不觉！人不免于死，而我还是独立存在啊！"

四

雲將㊀東遊，過扶搖㊁之枝而適遭鴻蒙㊂。鴻蒙方將拊脾㊃雀躍而遊。雲將見之，倘然止㊄，贄然立㊅，曰："叟何人邪？叟何爲此？"

鴻蒙拊脾雀躍不輟，對雲將曰："遊！"

雲將曰："朕願有問也。"

鴻蒙仰而視雲將曰："吁！"

雲將曰："天氣不和，地氣鬱結，六氣不調，四時不節。今我願合六氣之精以育群生，爲之奈何？"

鴻蒙拊脾雀躍掉頭曰："吾弗知！吾弗知！"

雲將不得問。又三年，東遊，過有宋之野而適遭鴻蒙。雲將大喜，行趨而進曰："天㊆忘朕邪？天妄朕邪？"

再拜稽首，願聞於鴻蒙。

鴻蒙曰："浮遊，不知所求；猖狂㉚，不知所往；遊者鞅掌，以觀無妄㉛。朕又何知！"

雲將曰："朕也自以為猖狂，而民隨予所往；朕也不得已於民，今則民之放㉜也。願聞一言。"

鴻蒙曰："亂天之經，逆物之情，玄天弗成㉝；解獸之群，而鳥皆夜鳴；災及草木，禍及止蟲㉞。噫㉟，治人之過也！"

雲將曰："然則吾奈何？"

鴻蒙曰："噫，毒哉！僊僊乎歸矣㊱。"

雲將曰："吾遇天難，願聞一言。"

鴻蒙曰："噫！心養㊲。汝徒處無為，而物自化。墮爾形體，黜爾聰明㊳，倫與物忘㊴；大同乎涬溟㊵，解心釋神，莫然無魂㊶。萬物雲雲，各復其根㊷，各復其根而不知；渾渾沌沌㊸，終身不離；若彼知之，乃是離之。無問其名，無闚其情，物固自生。"

雲將曰："天降朕以德，示朕以默；躬身求之，乃今也得。"再拜稽首，起辭而行。

【注释】

㈠ 云将：云之主将。寓言。

㈡ 扶摇：神木（李颐《注》）。一说"扶摇"作"扶桑"。"扶桑"见《山海经·海外东经》，为神话中的巨木（福永光司说）。

㈢ 鸿蒙：自然元气（司马彪说）。

㈣ 拊脾：脾，即髀。拍着股部。

㈤ 倘然止：停止的样子。

  司马彪说："'倘'，欲止貌。"

  马叙伦说："'倘'，借为'㞃'。《说文》曰：'㞃，岠也。'岠，止也。"

  李勉说："'倘'，通'躺'。'躺然'，身向后躺作呆止之状。"

㈥ 贽然立：形容站着不动的样子。

  李颐说："'贽'，不动貌。"

  林云铭说："拱立之貌。"

  章炳麟说："《说文》无'贽'字，但作'埶'。云：'埶，至也。'训'至'者，有底定义，故曰埶然立。"

㈦ 天：尊称鸿蒙。如前文黄帝尊称广成子。

㈧ 猖狂：形容随心所欲，自由奔放。

㈨ 游者鞅掌，以观无妄："游者鞅掌"，游于举世纷纭众多的事物中（黄锦鋐《新译庄子译本》）。"者"，通"诸"，之于。"无妄"，真实，指事物的真相。一说"无妄"为无穷之意。

  成玄英说："鸿蒙游心之处宽大，涉见之物众多，能观之智，知所观之境无妄也。'鞅掌'，众多也。"

㈩ 民之放：为民所放效（郭《注》）。

  福永光司说："'放'，同'依'。《论语·里仁篇》：'放于利而

⑪玄天弗成：自然之原状不能保全（李勉说）。

成玄英说："自然之化不成。"

⑫止虫：本亦作"昆虫"（《释文》）。赵谏议本"止"作"昆"（王孝鱼校）。"止"，豸同（苏舆说，王先谦《集解》引）。

⑬噫：多本作"意"。《道藏》各本、赵谏议本皆作"噫"。"意"与"噫"通（王叔岷《校释》）。

⑭毒哉！仙仙乎归矣：毒害人啊！快回去。

郭象说："'毒哉'，言治人之过深。"

成玄英说："'仙仙'，轻举之貌。劝令归。"

⑮心养：如〈人间世〉"心斋"。郭《注》成《疏》似作"养心"。

⑯堕尔形体，黜尔聪明："黜"原作"吐"。依〈大宗师〉篇改。

王引之说："'吐'当为'咄'。'咄'与'黜'同。"（见王念孙《读书杂志余编》）

俞樾说："'吐'当作'杜'，言杜塞其聪明也。"（《庄子平议》）

刘文典说："'吐尔聪明'，文不成义。'吐'疑'绌'字之坏。《淮南子·览冥训》：'㒻肢体，绌聪明'，即袭用此文，字正作'绌'，是其确证。〈大宗师〉作'堕枝体，黜聪明'，'黜'、'绌'音义同。"按刘说可从。今依〈大宗师〉篇改作"黜"。

⑰伦与物忘："伦"，同沦，没。泯没而与物相忘（林希逸《口义》）。

⑱滓溟：自然气（司马彪说）。

⑲莫然无魂：去除心机智巧的意思。

成玄英说："'魂'，好知为也。'莫然'无知。"

⑳万物云云，各复其根：《老子》十六章有"夫物芸芸，各复归其根"句。

⑪浑浑沌沌：真朴自然之意。与〈应帝王〉篇"浑沌"同义。

【今译】

云将到东方游玩，经过神木的枝头，恰好遇见了鸿蒙。鸿蒙正在拍着腿跳跃游行。云将见到，忽然停下，恭敬地站着，说："老先生是谁呀？老先生为什么来这里？"

鸿蒙拍着腿跳跃不停，对云将说："遨游！"

云将说："我想请问。"

鸿蒙仰面看着云将说："啊！"

云将说："天气不适宜，地气郁结着，六气不调和，四时不顺序。现在我想融合六气的精华来养育万物，要怎么办？"

鸿蒙拍着腿跳跃掉过头说："我不知道！我不知道！"

云将得不到所问。又过了三年，向东游行，经过宋国的原野，恰好遇见了鸿蒙。云将高兴极了，快步上前说："您忘了我吗？您忘了我吗？"叩头拜礼，希望鸿蒙指点他。

鸿蒙说："悠游自在，无所贪求；随心所欲，无所不适；游心在纷纭的现象中，来观看万物的真相。我又知道什么！"

云将说："我自以为随心所欲，而人民跟随着我；我不得已接触人民，现在却为人民所依顺。请你指教。"

鸿蒙说："扰乱了自然的常道，违逆了万物的真情，自然的状态不能保全；群兽离散，飞鸟夜鸣；殃及草木，祸临昆虫。噫，这是治理人民的过错！"

云将说："那么我怎么办？"

鸿蒙说："噫，毒害人啊！快快回去吧！"

云将说："我遇见您很难得，希望指点指点。"

鸿蒙说："噫！修养心境。你只要顺任自然无为，万物就会自生自化。忘掉你的形体，抛开你的聪明，和外物混合，和自然元气混同，释放心神，无所计较。万物纷纷纭纭，各自返回到它的本根，各自返回本根而不知所以然；浑然不用心机，才能终身不离本根；如果使用心智，就会离失本根。不必追问它的名称，不必探究它的真相，万物乃是自然生长。"

云将说："你施给我恩德，晓示我静默；亲身求道，现在才有所得。"叩头拜礼，告辞而去。

五

世俗之人，皆喜人之同乎己而惡人之異於己也。同於己而欲之，異於己而不欲者，以出乎衆爲心也。夫以出乎衆爲心者，曷常⊖出乎衆哉！因衆以寧所聞，不如衆技衆矣。而欲爲人之國者，此攬⊜乎三王之利而不見其患者也。此以人之國僥倖也,幾何僥倖而不喪人之國乎!其存人之國也,無萬分之一;而喪人之國也,一不成而萬有餘喪矣。悲夫,有土者㊂之不知也!

夫有土者,有大物㊃也。有大物者,不可以物㊄;物而不物,故能物物㊅。明乎物物者之非物也,豈獨治天下百姓而已哉!出入六合㊆,遊乎九州㊇,獨往獨來,是謂獨有㊈。獨有之人,是謂至貴。

【注釋】

㊀曷常:即何嘗。"常",同嘗。
㊁攬:音覽,本亦作"覽"(《釋文》)。
㊂有土者:即有國者,指當時諸侯。
㊃大物:指廣大的土地人民。
㊄有大物者,不可以物:此言有天下者,必超乎天下(馬其昶《莊子故》)。
㊅物而不物,故能物物:這和〈山木〉篇:"物物而不物於物"同義。"物而不物",即"為而不為",意指雖居其位、統管其事,然要能不侵占,任物自為。

　　郭象說:"夫用物者,不為物用也。不為物用,斯不物矣,不物,故物天下之物,使各自得也。"
㊆六合:指天地四方。詞見〈齊物論〉。
㊇九州:古代將中國全土分成九大行政區域,即:冀州、兗(yǎn)州、青州、徐州、揚州、荊州、豫州、梁州、雍州(見《尚書·禹

贡》)。古人将世界全体分成九部,谓:神州(东南),次州(正南),戎州(西南),弇州(正西),冀州(正中),台州(西北),泲州(正北),薄州(东北),阳州(正东)(见《淮南子·坠形训》,此说本于战国末年邹衍)。

⑨ 独有:意指拥有自己的内在人格世界,在精神上能特立独行。

【今译】

　　世俗上的人,都喜欢别人和自己相同而厌恶别人和自己不同。希望别人和自己相同,不愿别人和自己不同,这是存着出人头地的心理。要是存着出人头地的心理,何尝就超出大众呢!只因大众的认同而得心安。其实不如众人的才智太多了。想要贪图国土的人,这是求取三代帝王的利益而没有看见他们的祸害。这是用国家来图谋自己的侥幸,有多少这种侥幸而不丧失国家的呢!这样能保存国家的,没有万分之一;而丧失国家的,没有一次成功的机会而万分有余的要丧失。悲哀啊,拥有国家的人却不明白呀!

　　拥有国家的,就拥有土地人民。拥有土地人民的,不可以受外物支配;支配物而不被物役使,才能主宰外物。明白主宰外物的不是物,岂止只能治理天下百姓而已呢!〔他的精神境界〕却能往来于天地四方,神游于九州,独来独往,这可称为"独有"。具有这样特立独行的人,便是无上的尊贵。

大人⊖之敎,若形之於影,聲之於響。有問而應之,盡其所懷,爲天下配⊜。處乎無響,行乎無方⊜。挈汝適復之撓撓㊃,以遊無端,出入無旁㊄,與日無始㊅;頌論形軀,合乎大同㊆,大同而無己。無己,惡乎得有有㊇!覩有者,昔之君子;覩無者,天地之友㊈。

【注释】

⊖大人:至人,即上文独有之人。
⊜配:对。问者为主,应者为配(宣颖说)。
⊜无方:无迹(林希逸说)。
㊃挈汝适复之挠挠:意指引导纷杂的人群。
　　林希逸说:"'挠挠',群动不已之貌。'适',往也。'挈',提也。'汝',指举世之人也。"
㊄出入无旁:独来独往,无所依傍(林云铭说)。
㊅与日无始:与日俱新(郭《注》)。
㊆颂论形躯,合乎大同:容貌形躯,合于天地自然。
　　郭象说:"其形容与天地无异。"
　　李勉说:"按'颂',容也。《庄》书迭有言及。〈天下〉篇'称神明之容','容''颂'互通。颜师古注《汉书·儒林传》亦云'颂'与'容'同;苏林亦云颂貌威仪连称,颂貌即容貌也。章太炎云:'论,与类可互借。'《广雅》云:'类,像也。'像即貌也。故'颂论形躯',为容貌形躯之意,言其容貌形躯合乎大同也。'合乎大同'谓与物混同,忘物我,忘形骸也。"按:郭象便以"形容"

注"颂论形躯"。成《疏》:"论,语。"王先谦说:"论其形貌。"皆非。当依李说,"颂论"训为"容貌"。

⑧ 有有:有形相,意指执着于形相。第二个"有"字为名词,指现象物。

⑨ 睹无者,天地之友:"无",即《老子》第一章:"无,名天地之始"的"无",指道。

按:本篇当于此告结。此下有一段:"贱而不可不任者,物也;卑而不可不因者,民也;匿而不可不为者,事也;麤而不可不陈者,法也;远而不可不居者,义也;亲而不可不广者,仁也;节而不可不积者,礼也;中而不可不高者,德也;一而不可不易者,道也;神而不可不为者,天也。故圣人观于天而不助,成于德而不累,出于道而不谋,会于仁而不恃,薄于义而不积,应于礼而不讳,接于事而不辞,齐于法而不乱,恃于民而不轻,因于物而不去。物者莫足为也,而不可不为。不明于天者,不纯于德;不通于道者,无自而可;不明于道者,悲夫!何谓道?有天道,有人道。无为而尊者,天道也;有为而累者,人道也。主者,天道也;臣者,人道也。天道之与人道也,相去远矣,不可不察也。"这段文义,和本篇主旨相违,且与庄学思想不合。宣颖说:"此一段意肤文杂,与本篇之义不类,全不似庄子之笔。"刘凤苞说:"上段已不类南华笔意,……若以'睹有'、'睹无'二句作结,屹然而止。至此段则意浅词肤,画蛇添足。"胡文英说:"自'贱不可不任'以下,无甚精义……为赝手所窜。"马叙伦说:"自'世俗之人'至此,疑非〈在宥〉篇文。"冯友兰说:"这段话在本篇的末尾,跟本篇前一部分的精神不合。可能前一部分比较早,后一部分是后来加上去的。"李勉说:"此下一段文意俗杂,尤多矛盾之句,疑为俗儒所窜。上文既云'无心因任,与物俱忘',此段又云'物不可不任,民不可不因,事不可不为,法不可不陈……',是皆不能忘心无为,举上文矛盾者也,岂庄子之道乎?且尊礼崇法,居仁由义,是孔孟之道也,庄子焉能为之?足见此段乃是后人有意于功名而欲掊击庄子之道者所杂。"以上各说为是。然其隆无为之天道,与"孔孟之道"不合,乃属黄老派观点。

【今译】

至人的教导,就像形对于影,声对于响。有问就有答,尽其所能,替大家对答。〔至人〕处身于没有声响的境况,往来于没痕迹的境界。引导纷杂的人群,游于无始无终的境域;独来独往,与日俱新;容貌形躯,合于大同,大同便不尽限于个我。不局限于个我,怎会执着于形相!执着于形相,是从前的君子;体悟着根源,是天地的朋友。

天　　地

〈天地〉篇，由十五章文字杂纂而成。各章意义不相关联，属于杂记体裁。"天地"，指天和地而言。取篇首二字为篇名。

本篇第一章，写天地的演化运作，本于自然，人君应顺天地自然无为的规律而行事。第二章谈道，求道当"刳心"。"刳心"即洗心——洗去贪欲智巧之心。第三章由道引出无声之乐。第四章是黄帝遗玄珠的寓言，譬喻道不是感觉的对象，感官、言辩都无从求得。"象罔得之"，喻无心得道——弃除心机智巧，在静默无心之中领会道。第五章，许由告诫尧，"治"为"乱之率"。第六章，华封人晓喻尧，要随遇而安，无心任自然，如鸟飞行而无迹。第七章，伯成子高责禹行刑政。第八章，泰初有"无"，述宇宙的创造历程。第九章，孔子以治道请教老聃，老聃指出统治者当"忘己"。第十章，蒋闾葂与季彻对话，提出为政者要化除贼害人民的心念，使人民增进独立的人格意志。第十一章，申说为政者当去"机心"而保持真朴。第十二章，谆芒与苑风相遇的寓言，描述"圣治"、"德人"与"神人"。第十三章，门无鬼与赤张满稽的寓言，写"至德之世",人民相爱于自然的情景。第十四章,讽忠臣孝子为"阿谀之人",评人情之导谀盲从。末了一章,写猎取功名声色者衣冠楚楚的样态,讥评这些人的生活,如同囚槛中的禽兽一般。

著名典故"罔象得玄珠",出自本篇。许多著名成语,如神乎其神、华封三祝、鹑居鷇食、独弦哀歌、变容失色、大惑不解、二缶钟惑等,亦出自本篇。

一

　　天地雖大，其化均也；萬物雖多，其治一也⊖；人卒⊜雖衆，其主君也。君原於德而成於天⊜，故曰，玄古之君天下，無爲也，天德㉕而已矣。

　　以道觀言，而天下之名正㊋；以道觀分，而君臣之義明；以道觀能，而天下之官治；以道汎觀，而萬物之應備㊌。故通于天者，道也；順於地者，德也；行於萬物者，義也㊐；上治人者，事也㊎；能有所藝者，技也。技兼於㊉事，事兼於義，義兼於德，德兼於道，道兼於天，故曰：古之畜天下者，無欲而天下足，無爲而萬物化，淵靜而百姓定㊊。記曰㊋："通於一而萬事畢，無心得而鬼神服。"

【注释】

⊖其治一也："治"，条理（李钟豫译）。

　　郭象说："一以自得为治"。

　　严灵峰先生说："按'治'疑当作'始'。形近致误。"严说可供参考。

⊜人卒：即民众。见〈秋水〉、〈至乐〉、〈盗跖〉篇。

⊜原于德而成于天："德"者，自得。"天"者，自然（王懋竑《庄子存校》）。

㈣ 天德：体现天地自然理法的一种存在方式（福永光司说）。

㈤ 以道观言，而天下之名正："名"原作"君"。依严灵峰之说改。

　　严灵峰先生说："钱穆曰：'按"君"或"名"字之讹。'钱说是也。按：《论语》：'名不正，则言不顺。'反之，'言'顺则'名'正，故云：'以道观言，而天下之名正。''言'与'正'上下相蒙，兹依钱说并文义臆改。"

㈥ 以道泛观，而万物之应备：从道的观点广泛地看来，万物的对应都已齐备。

　　林希逸说："万物之间，未有无对者。有寒则有热，有雌则有雄；有上则有下；有前则有后；有左则有右，个个相应，皆出自然。故曰：以道泛观而万物之应备。"

㈦ 故通于天者，道也；顺于地者，德也；行于万物者，义也：今本作"故通于天地者，德也；行于万物者，道也。"陈碧虚《庄子阙误》引江南古藏本改。

　　刘文典说："碧虚子校引江南古藏本作'故通于天者道也；顺于地者德也；行于万物者义也'。典案：江南古藏本是也。下文'事兼于义；义兼于德；德兼于道'。即承上'道''德''义'而言。今本敓一句，'义'讹为'道'，则与下文不相应矣。"（《庄子补注》）按王叔岷《校释》所说同。

　　日本福永光司说："天地自然的秩序是所有秩序的根本，存在于天地宇宙间的普遍性的秩序，就是'道'。存在于天地万物中普遍性的价值，而以'道'为基础的存在方式为'德'。"（《庄子》外篇解说，第144页）

㈧ 上治人者，事也：上位的治理人民，是各任其事。

　　郭象说："使人人各得其事。"

成玄英说:"虽则治民,因其本性,物各率能,咸自称适。"(成玄英《疏》)

⑼兼于:统属于。

⑽无欲而天下足,无为而万物化,渊静而百姓定:《老子》五十七章作:"我无为而民自化,我好静而民自正,我无欲而民自朴。"

⑾记曰:"记",谓古书之记载,不指定某书(李勉说)。按《释文》:"云老子所作。"成《疏》:"语在《西升经》。"皆非。

【今译】

天地虽然大,演化却是均匀的;万物虽然多,条理却是一致的;民众虽然多,主政的却是君主。君主任事是依据着"德"而成全于天然,所以说,远古的君主治理天下,出于无为,顺任自然就是了。

从"道"的观点来看言论,天下的名称都合理;从"道"的观点来看分际,君臣的名分都明显;从"道"的观点来看才能,天下的官员都尽职;从"道"的观点广泛地看来,万物的对应都齐备。所以通达于天的是"道";顺适于地的是"德";周行于万物的是"义";上位的治理人民,是各任其事;才能有所专精,是技艺。技术统属于事,事统属于义理,义理统属于德,德统属于道,道统属于天。所以说:古时候养育百姓的,〔君主〕不贪欲,天下便可富足;自然无为,万物便将自化;清静不扰,百姓便能安定。古书上说:"贯通于道而万事可成,无心获取而鬼神敬服。"

二

夫子㊀曰："夫道，覆載萬物者也，洋洋乎大哉！君子不可以不刳心㊁焉。無爲爲之之謂天，無爲言之之謂德，愛人利物之謂仁，不同同之之謂大，行不崖異㊂之謂寬，有萬不同之謂富。故執德之謂紀，德成之謂立，循於道之謂備，不以物挫志之謂完。君子明於此十者，則韜乎其事心之大也㊃，沛乎其爲萬物逝㊄也。若然者，藏金於山，沈珠於淵㊅，不利貨財，不近貴富；不樂壽，不哀夭；不榮通，不醜窮；不拘一世之利㊆以爲己私分，不以王天下爲己處顯。〔顯則明〕㊇，萬物一府，死生同狀㊈。"

【注释】

㊀夫子：庄子（《释文》引司马彪说）；门人记庄子之言（陈寿昌《正义》）。按成玄英认为是指老子，宣颖以为乃指孔子，皆非。

　　严灵峰先生说："就文气观之，文似庄子；从以外文字察之，有与儒家及〈天下〉篇相近者；其文出于庄周后学殆属可信。当依司马彪说：'夫子'为'庄子'也。"严说是。

㊁刳(kū)心：剔去其知觉之心（林希逸《口义》）；去其私以入于自然（林云铭《庄子因》）。

王懋竑说:"当作'刻心'解,言极用心于道也。"王说可存。

㈢崖异:乖异。

㈣韬乎其事心之大也:"韬",借为"慆"(马叙伦《义证》)。按盛大之意。"事心",犹立心,言其立心之大(俞樾《庄子平议》)。

㈤为万物逝:任万物之自往(郭《注》)。"逝",往(成《疏》)。

㈥藏金于山,沉珠于渊:"沉"各本作"藏"。《阙误》引张君房"藏"作"沉"(马叙伦、刘文典、王叔岷校),据改。

㈦不拘一世之利:"拘",借为取。

章炳麟说:"'拘'与'钩'同。〈天运〉篇:'一君无所钩用。'《释文》云:'钩,取也。'此'钩'亦训'取'。"(《庄子解故》)

㈧显则明:此三字为浅人所篡入,有乖文势,当删。

㈨万物一府,死生同状:"万物一府",即〈德充符〉篇"府万物"。"死生同状",即〈德充符〉篇"以死生为一条"。

【今译】

先生说:"道是覆载万物的,浩瀚广大啊!君子不可以不弃除成心。以无为的态度去做就是道,以无为的方式去表达就是德,爱人利物就是仁,融合不同的就是大,行为不标显乖异就是宽,包罗万象就是富。所以执持德行就是纲纪,德行实践就是建立,依循于道就是全备,不受外物挫折心志就是完全。君子明了这十项,便是包容万物心地宽大广阔,滂沛为万物所归往。像这样,藏金于深山,沉珠在深渊,不谋财货,不求富贵,不以高寿为乐,不以夭折为哀,不以通达为荣,不以贫穷为耻,不收揽举世的利益来据为己有,不以称王于天下而彰显自己(彰显便是炫耀)。万物一体,死生同状。"

三

夫子曰:"夫道,淵乎其居也,漻㊀乎其清也。金石㊁不得,無以鳴。故金石有聲,不考不鳴㊂。萬物孰能定之㊃!

"夫王德之人㊄,素逝而恥通於事㊅,立之本原而知通於神㊆。故其德廣,其心之出,有物採之㊇。故形非道不生,生非德不明。存形窮生,立德明道,非王德者邪!蕩蕩乎!忽然出,勃然動,而萬物從之乎!此謂王德之人。

"視乎冥冥!聽乎無聲。冥冥之中,獨見曉焉;無聲之中,獨聞和焉。故深之又深而能物焉,神之又神而能精焉㊈;故其與萬物接也,至無而供其求㊉,時騁而要其宿㊁〔大小,長短,修遠〕㊂。"

【注释】

㊀漻:清澈。

② 金石：钟磬，古代乐器。

③ 不考不鸣："考"，击（成《疏》）。《淮南子·诠言训》"不考不鸣"作"弗叩弗鸣"。"考"、"叩"一声之转（王叔岷《校释》）。

④ 万物孰能定之：意指万物的感应谁能确定它的性质。

⑤ 王德之人："王"，同"旺"，盛大的意思（福永光司说）。"王德之人"，即盛德之人。

⑥ 素逝而耻通于事："素"，真。"逝"，往（成《疏》）。"素逝"，即抱朴而行。"耻通于事"，不愿被事所牵。

⑦ 知通于神："知"音智。"神"，形容变化不测的境界。

⑧ 其心之出，有物采之：他的心思起作用，乃是由于外物的交感。

林希逸说："物有取于我而后其心应之。'采'犹感也。'出'犹应也。"

⑨ 深之又深而能物焉，神之又神而能精焉："能物"，物由此生（宣颖说）；即能生物。"精"，真实在的本质（福永光司说）。

李勉说："《老子》：'恍兮惚兮，其中有物；窈兮冥兮，其中有精。'据此，'能'或'有'字之误。言道处于深之又深，但有物存在（确有道之质在也），道虽神之又神，但有其精焉（确乎有道之精在也）。"

⑩ 至无而供其求：指道体至虚却能供应万物的需求。

⑪ 时骋而要其宿：谓道时出不穷却能使万物有所归宿。

⑫ "大小，长短，修远"：这六字句义不全，疑是郭象注文窜入正文。

吴汝纶说："案'大小长短修远'六字，当为郭氏注文。郭《注》：'大小长短修远皆恣而任之，会其所极而已。'盖释'时骋而要其宿'之义。今注文无上六字，夺入正文也。又据《淮南子·原道训》作：'大小修短，各有其具'云云，则姚（鼐）谓有缺文者是也。"(《庄子点勘》)按吴说是,此六字似可删除。

【今译】

先生说:"道是渊深幽隐,清澈澄明的。钟磬不得道便无由鸣响。所以钟磬有声,不敲不鸣。万物的感应谁能确定它!

"盛德的人,怀抱纯素的真情而立身行事,不愿周旋于俗务,立身于本原,智慧可与神明相通。因而他的德行广远,他的心思起作用,乃是由于外物的交感。因而形体非道不能产生,生命非德不能彰明。保存形体,充实生命,立德明道,岂不就是盛德吗!浩大啊!忽然出现,勃然而动,万物依从呀!这就是盛德的人。

"〔道〕视而深远,听而无声。深远之中,但见其象;无声之中,但闻和音。深而又深却能生物,玄妙又玄妙却能成精气;所以道和万物接应,道体虚寂却能供应万物的需求,驰骋不已却能为万物的归宿。"

四

黄帝遊乎赤水⊖之北,登乎崑崙之丘而南望,還歸遺其玄珠⊜。使知⊜索之而不得,使離朱索之而不得,使喫

詬⑮索之而不得也。乃使象罔⑯，象罔得之。黃帝曰：＂異哉！象罔乃可以得之乎？＂

【注释】

㊀赤水：杜撰的地名。

　　郭庆藩说：＂《文选》刘孝标〈广绝论〉注引司马云'赤水，假名'。＂

㊁玄珠：喻道（司马彪说）。

㊂知：音智。寓名。

㊃喫诟：言辩（成《疏》）。寓名。

㊄象罔：无心之谓（成《疏》）；按＂象＂即形迹，＂罔＂同无，同忘；＂象罔＂喻无形迹，亦寓名。

　　王叔岷先生说：＂案覆宋本'象罔'并作'罔象'。《御览》八〇三引同。李白《大猎赋》：'使罔象掇玄珠于赤水'，《金门答苏秀才》诗：'玄珠寄罔象'，白居易《求玄珠赋》：'与罔象而同归'，并用此文，皆作'罔象'。＂按作＂罔象＂或＂象罔＂均可通。

【今译】

　　黄帝游历于赤水的北面，登上昆仑的高山向南眺望，返回时，遗失了玄珠。让知寻找不着，让离朱寻找也找不着，让喫诟寻找又找不着。于是请象罔寻找，象罔找到了。黄帝说：＂奇怪呀！象罔才能找到么？＂

五

堯之師曰許由,許由之師曰齧缺,齧缺之師曰王倪,王倪之師曰被衣⊖。

堯問於許由曰:"齧缺可以配天⊜乎?吾藉王倪以要⊜之。"

許由曰:"殆哉圾㊃乎天下!齧缺之爲人也,聰明叡知,給數以敏㊄,其性過人,而又乃以人受天㊅。彼審乎禁過㊆,而不知過之所由生。與之配天乎?彼且乘人而無天㊇,方且本身而異形㊈,方且尊知而火馳㊉,方且爲緒使㊋,方且爲物絯㊌,方且四顧而物應㊍,方且應衆宜,方且與物化而未始有恆㊎。夫何足以配天乎?雖然,有族,有祖㊏,可以爲衆父㊐,而不可以爲衆父父㊑。治,亂之率也,北面之禍也,南面之賊也㊒。"

【注释】

⊖齧缺,王倪,被衣:都是求道之士。已見于〈应帝王〉篇,被衣即〈应帝王〉篇中的蒲衣子。〈齐物论〉有一段"齧缺問乎王倪"。〈知北游〉有一段"齧缺問道乎被衣"。這些人名都是庄子杜撰的。
② 配天：为天子。
③ 要：邀。
④ 圾：本又作"岌"（《释文》），危。
⑤ 给数以敏："给"，捷（成《疏》）。"数"，通"速"。"给数"，捷速。"给数以敏"，谓机警敏捷。
⑥ 而又乃以人受天："乃"，犹能（吴汝纶、马叙伦说）。
⑦ 审乎禁过：明于禁阻过失。
⑧ 乘人而无天：依凭人为造作而摒弃自然。
⑨ 本身而异形：以己身为本，令天下异形（成《疏》）；即以自身为本位来区分人我。

　　宣颖说："分己分人。"
⑩ 尊知而火驰：尊尚知识而谋急用。

　　林希逸说："'火驰'，如火之驰，言其急也。自尊尚其知而急用之。"

　　林云铭说："机谋急速也。"
⑪ 绪使：为细事所役（宣颖说）。

　　于省吾说："按《尔雅·释诂》：'绪，事也。''方且为绪使'，言方且为事使也。下句'方且为物絯'，'事'、'物'对文。"（《庄子新证》）
⑫ 物絯："絯"，碍（郭《注》）。"物絯"，即为外物所拘束。
⑬ 四顾而物应：顾盼四方而应接外物。

　　宣颖说："酬接不暇。"
⑭ 与物化而未始有恒：受外物影响而未尝有定则。
⑮ 有族，有祖：一族之聚必尊其祖（林希逸说）。指有人群族聚则

当有宗主人群之事者。

㊅ 众父：族之祖（马其昶《庄子故》），这里指百姓的官长。
㊆ 众父父：祖之所自出，则配天者（马其昶说）。
㊇ 北面之祸也，南面之贼也：指治将会导致人臣的祸患，君主的祸害。古时候帝王的座位向南，臣子见君主都向北拜礼，因而以"南面"喻君主，以"北面"喻臣子。

【今译】

尧的老师是许由，许由的老师是啮缺，啮缺的老师是王倪，王倪的老师是被衣。

尧问许由说："啮缺可以做天子吗？我请王倪来邀他。"

许由说："危险啊！要危及天下！啮缺的为人，聪明睿智，机警敏捷，天性过人，而又用人事来对应天然，他精于禁阻过失，却不知道过失产生的根由。让他做天子吗？他要依凭人为而摒弃自然，他将会以自身为本位来区分人我，会尊尚智巧而谋急用，会为琐事所役使，会为外物所拘束，会酬接四方不暇，会事事求合宜，会受外物影响而没有定则，他怎能做天子呢？尽管如此，有人群就要有首领，他可以做一方百姓的官长，却不可以做一国的君主。治是导致乱的起因，治是人臣祸患，君主祸害的根由。"

六

堯觀乎華㊀。華封人㊁曰:"嘻,聖人,請祝聖人。"

"使聖人壽。"堯曰:"辭。""使聖人富。"堯曰:"辭。""使聖人多男子。"堯曰:"辭。"

封人曰:"壽、富、多男子,人之所欲也,女獨不欲,何邪?"

堯曰:"多男子則多懼,富則多事,壽則多辱。是三者,非所以養德也,故辭。"

封人曰:"始也我以女爲聖人邪,今然君子也㊂。天生萬民,必授之職,多男子而授之職,則何懼之有?富而使人分之,則何事之有!夫聖人,鶉居而鷇食㊃,鳥行而無彰㊄,天下有道,則與物皆昌;天下無道,則修德就閒;千歲厭世,去而上僊;乘彼白雲,至於帝鄉㊅;三患㊆莫至,身常無殃,則何辱之有!"

封人去之。堯隨之,曰:"請問?"

封人曰:"退已!"

【注释】

㊀ 华:地名。今陕西省华县。

㊁ 封人:守边疆的人。已见《齐物论》。

㊂ 今然君子也:"然",借为"乃"(章炳麟《解故》、杨树达《拾遗》)。

㊃ 鹑居而鷇食:"鹑(chún)居",谓无常处(《释文》)。"鷇(kòu)食",形容无心求食。

　　林希逸说:"'鷇',鸟初生者也。其母哺之,虽食而非自求也。言无心于食也。"

㊄ 无彰:无迹。

㊅ 帝乡:天地之乡(成《疏》)。陶渊明《归去来辞》:"富贵非吾愿,帝乡不可期。""帝乡"一词即来自于此。

㊆ 三患:指病、老、死三种祸患。

　　林云铭说:"三患,病、老、死也。或解水、火、风三灾,恐未必然。"

【今译】

　　尧到华地观游。华地守封疆的人说:"啊,圣人!请受我的祝福。"

　　"祝福圣人长寿。"尧说:"谢绝了。""祝福圣人富有。"尧说:"谢绝了。""祝福圣人多男孩。"尧说:"谢绝了!"

　　守封疆人说:"长寿,富有,多男孩,这是大家共同的愿望,你却不想要,为什么呢?"

　　尧说:"多男孩便多恐惧,富有便多繁事,长寿便多困辱。这三种不适于培养德性,所以谢绝。"

守封疆的人说:"起初我以你是圣人呀,现在竟然是个君子。天生万民,必定会授予职事,男孩多而授予职事,还有什么恐惧的?富有而使人分享,还有什么繁事?圣人随遇而安,无心求食,如鸟飞行而无迹;天下上轨道,便与众同昌;天下混乱,便修德闲居;高年餍足于世,解脱人间,随白云飘散,至于虚无之上,三患不来,灾殃不见,还有什么困辱的?"

守封疆人离去,尧跟随他说:"请问要怎样办?"

守封疆人说:"回去吧!"

七

尧治天下,伯成子高㊀立爲諸侯。尧授舜,舜授禹,伯成子高辭爲諸侯而耕。禹往見之,則耕在野。禹趨就下風㊁,立而問焉,曰:"昔尧治天下,吾子立爲諸侯。尧授舜,舜授予,而吾子辭爲諸侯而耕,敢問,其故何也?"

子高曰:"昔尧治天下,不賞而民勸,不罰而民畏。今子賞罰而民且不仁,德自此衰,刑自此立,後世之亂自此始矣。夫子闔㊂行邪?無落吾事㊃!"俋俋㊄乎耕而不顧。

【注释】

㊀ 伯成子高:"伯成",双姓,见《广韵》(李勉说)。或为杜撰的人物。

㊁ 趋就下风:"下风",即下方。"风"、"方"古通音通义。谓禹趋就下方,不敢居于上方,此自谦之词(李勉说)。

㊂ 阖:本亦作"盍"(《释文》),何不。

㊃ 无落吾事:"落"犹废(《释文》)。《吕览》"落"作"虑",高注:"虑",犹"乱"(吴汝纶说)。

　　于省吾说:"'落'、'格'古通,'格'之通诂为止为拒。然则'无格吾事',谓无阻吾事。"

㊄ 俋俋:低首而耕之貌(林希逸《口义》)。

【今译】

　　尧治理天下,伯成子高立位为诸侯。尧授位给舜,舜授位给禹,伯成子高辞别诸侯位子去耕田。禹去看他,正在田野耕种。禹走在下面,站着问说:"从前尧治理天下,先生立位为诸侯,尧传给舜,舜传给我,而先生辞去诸侯职位来耕田,请问,为什么?"

　　伯成子高说:"从前尧治理天下,不必行赏而人民却能勉励,不必刑罚而人民却能有所敬畏。现在你行使赏罚而人民却不仁爱,德行从此衰落,刑罚从此兴建,后世的祸乱从此开始了。先生为什么不走呢?不要耽误了我的耕作!"低下头耕田,而不回顾。

八

　　泰初有無㊀,無有無名㊁;一㊂之所起,有一而未形。物得以生,謂之德;未形者有分㊃,且然無間㊄,謂之命㊅;留動而生物㊆,物成生理㊇,謂之形;形體保神,各有儀則,謂之性。性修反德,德至同於初。同乃虛,虛乃大。合喙鳴㊈;喙鳴合,與天地爲合。其合緡緡㊉,若愚若昏,是謂玄德,同乎大順㊋。

【注释】

㊀泰初有无:宇宙始原便是"无"。《列御寇》作"太初"。

　　成玄英《疏》:"'泰',太;'初',始也。元气始萌,谓之太初。"

　　林希逸说:"'泰初',造化之始也,所有者只是'无'而已。"

㊁无有无名:有两种解释:㈠作:无有"无"名,即没有"无"的名称。

　㈡作:无"有"无"名",即没有"有"也没有"名"。今译从后者。

　　　成玄英《疏》:"太初之时,惟有此'无',未有于'有'。'有'既未有,名将安寄,故无'有'无'名'。"

㊂一:形容"道"("无")的创生活动中向下落实一层的未分状态。

㊃未形者有分:"未形",未有形质(成《疏》)。"有分",分阴分阳(宣颖说)。

㊄且然无间:犹且流行无间。

曹础基说:"'无间',不可分割地有机联系着。"

林希逸说:"若有分矣,而又分他不得,故曰:'且然无间'。'且然',犹且也。'无间',便是浑然者。"

宣颖说:"虽然阴阳,犹且阳变阴合,流行无间。"

曹础基说:"'无间',不可分割地有机联系着。"

⑥命:谓万物先天性的存在条件(福永光司说)。

⑦留动而生物:有两种解释:㈠〔元气运动不已,〕运动稍时滞留便产生了物。如成玄英《疏》:"'留',静也。阳动阴静,化生万物。"如林希逸说:"元气之运动不已,生而为物,则是其动者留于此,故曰'留动而生物'。'留动'二字下得极精微,莫草草看。'动',阳也。'留动',静也。静为阴。正句便有阳生阴成之意。"又如宣颖说:"'动',即造化流行也。少停于此,便生一物。"㈡流动〔的过程中〕而产生物。如陆德明说:"'留'或作'流'。"徐复观先生说:"'流动'是形容分化而生物过程中的活动情形。"(《中国人性论史》,第 373 页)

两种解释都可通,今译从㈠。

⑧物成生理:万物生成具有各别样态。

徐复观先生说:"'物成生理',是说成就物后而具有生命、条理。"

福永光司说:"'物成生理'是说万物生成后各个物呈各别样相。'理',即模样的意思。"

⑨合喙鸣:浑合无心之言。"喙",鸟口(成《疏》)。

郭象《注》:"无心于言而自言者,合于喙鸣。"

林希逸说:"'合喙'者,不言也。'鸣'者,言也。以不言之言。"

⑪缗缗:泯泯,没有痕迹。
⑫大顺:即自然。同于《老子》六十五章:"乃至大顺。"

　　林希逸说:"大顺,即太初自然之理。"

【今译】

　　宇宙始原是"无",没有"有",也没有名称;〔道的活动〕呈现混一的状态,混一的状态还没有成形体。万物得到道而生成,便是"德";没有成形体时却有阴阳之分,犹且流行无间称之为"命";〔元气〕运动稍时滞留便产生了物,万物生成具有各别样态,就称为"形";形体保有精神,各有轨则,便称为"性"。经修养再返于"德","德"同于太初。同于太初便虚豁,虚豁便包容广大。浑合无心之言;无心之言的浑合,便和天地融合。这种融合泯然无迹,如质朴又如昏昧,这就叫做"玄德",同于自然。

九

　　夫子㊀問於老聃曰:"有人治道若相放㊁,可不可,然不然㊂。辯者有言曰:'離堅白若縣宇㊃。'若是則可謂聖人乎?"

　　老聃曰:"是胥易技係,勞形怵心者也㊄。執狸之狗來田,猿狙之便來藉㊅。丘,予告若,而所不能聞與而所不能言,凡有首有趾㊆無心無耳㊇者衆,有形者㊈與無形無狀㊉而皆存者盡無。其動止也,其死生也,其廢起也㊀,此又非其所以也㊁。有治在人㊂,忘乎物,忘乎天,其名爲忘己,忘己之人,是之謂入於天。"

【注释】

㊀ 夫子:仲尼(《释文》)。

㊁ 有人治道若相放:"若相放",若相放效(郭《注》)。另一说:若相背逆(于省吾《新证》)。依文义,当从后说。

　　于省吾说:"郭《注》:'若相放效。'按注说非是。'放',《释文》作'方'。《孟子·梁惠王》:'方命虐民。'赵《注》:'方,犹逆也。'是'方命'犹'逆命'。'有人治道若相放',谓有人治道若相背逆也。下文:'可不可,然不然',郭《注》谓'以不可为可,不然为然',正申相背逆之义。"按观下文,当以于说为优。

　　李勉说:"'放'与'反'者近致误。字当作'反'。下文'以可为不可,以然为不然',则是相反也。"按李说可存。

㊂ 可不可,然不然:以不可为可,不然为然(郭《注》)。语见〈秋水〉篇。

㊃ 离坚白若县宇:分析坚白同异,好像高悬在天宇。

　　林希逸说:"虽曰坚白同异,纷纷多端,而我能分辨之,若悬于天宇之间,谓能晓然揭而示人也。'离',分析也。"

㊄ 胥易技系,劳形怵心者也:语见于〈应帝王〉篇。

㊅ 执狸之狗来田,猿狙之便来借:"狸",各本作"留",司马本作"貓"。

赵谏议本、成玄英本作"狸",据改。"来田"今本作"成思","成思"当为"来田"之讹,"成"、"来"草书形相近(吴汝纶说)。"田",猎。"猿狙之便来借",今本作"猿狙之便自山林来",句义不完整。"自山林来"宜为"来借"之讹(吴汝纶说)。校以〈应帝王〉篇当改作"猿狙之便来借"。

　　孙诒让说:"'思'疑'累'之误。'成累'谓见系累也。"按孙说可存。原文兹依吴汝纶、奚侗、章炳麟诸说,并据〈应帝王〉篇而改。

⑦ 有首有趾:具体之人(林云铭《庄子因》)。

⑧ 无心无耳:无知无闻。

⑨ 有形者:指人。

⑩ 无形无状:指"道"。

⑪ 其动止也,其死生也,其废起也:"动止",起居。"废起",穷达。言起居、死生、穷达之间,皆有自然而然者(林希逸说)。

⑫ 此又非其所以也:成《疏》:"此六者,自然之理,不知所以然也。"

⑬ 有治在人:人事有治迹。

　　福永光司说:"'有治在人'下补一句'无治在天',意义较完足。"(《庄子外篇》解说,第180页)按福永之说,可供参考。

【今译】

　　先生问老聃说:"有人修道却相背逆,不可以的说成可,不是的说成是。辩论的人说:'分离坚白好像高悬在天宇那样易晓。'这样可以称做圣人吗?"

　　老聃说:"这样的人如同胥吏治事为技能所累,劳苦形骸扰乱心神。捕狸的狗被人拘系,猿猴因为灵敏才被人从山林里捉来。孔丘,我告诉你,你所不能够听到和你所不能够说出的,凡是具体的人,无知无闻的多,有形的人和无形无状的道共同存在是绝对没有的。起居、死生、穷达,这是自然而不知所以然的。人事有治迹,不执滞于物,不执滞于天然,这便名为不执滞于自己。不执滞于自己的人,称为与天融合为一。"

一〇

蔣閭葂見季徹㊀曰:"魯君謂葂也曰:'請受教。'辭不獲命,旣已告矣,未知中否,請嘗薦之。吾謂魯君曰:'必服恭儉,拔出公忠之屬而無阿私,民孰敢不輯㊁!'"

季徹局局然㊂笑曰:"若夫子之言,於帝王之德,猶螳蜋之怒臂以當車軼,則必不勝任矣㊃。且若是,則其自爲處危,其觀臺多物,將往投迹者衆㊄。"

蔣閭葂覤覤然㊅驚曰:"葂也汒若㊆於夫子之所言矣。雖然,願先生之言其風也㊇。"

季徹曰:"大聖之治天下也,搖蕩民心㊈,使之成教易俗,舉滅其賊心㊉而皆進其獨志㊋,若性之自爲,而民不知其所由然。若然者,豈兄堯舜之教民,溟涬然弟之哉㊌?

欲同乎德而心居⑩矣!"

【注释】

① 蒋闾葂见季彻:蒋闾及季,姓。葂,彻,名。未知何许人(成《疏》)。

　　李勉说:"《广韵》闾字注,引《艺文志》云:'古有蒋闾子,名葂,好学著书。'"

　　马叙伦说:"按季彻疑即本书〈则阳〉篇之季真。"

② 辑:和。
③ 局局然:笑的样子。
④ 螳蜋之怒臂以当车轶,则必不胜任矣:〈人间世〉篇:"汝不知夫螳蜋乎,怒其臂以当车辙,不知其不胜任也。""轶",同辙,古字相通。
⑤ 则其自为处危,其观台多物,将往投迹者众:"处危",身处高危。"观台多物",喻朝廷多事。这一句,各家的断句不一:郭象的读法是:"其自为处危其观台,多物将往,投迹者众。"郭庆藩的读法是:"则其自为处危,其观台多,物将往,投迹者众。"这里从王先谦的读法。

　　王先谦说:"'观台',君所居地。'物',事也。言君所自此多事。"

⑥ 觑(xī)觑然:惊讶的样子。
⑦ 汒若:茫然。
⑧ 言其风:言其略(林希逸说)。"风"当读为"凡",犹云:言其大凡(俞樾说)。另一说:"风"与"方"通(奚侗说)。
⑨ 摇荡民心:"摇荡",与〈大宗师〉篇"遥荡"同,自由纵任之意。

曹受坤说:"'摇荡民心',犹今言解放人心使得思想自由耳。"(《庄子哲学》)
⑪贼心:知巧之害心(陈寿昌说)。
⑫独志:独特之志。

曹受坤说:"'独志'是个人本能独创性之活跃。"
⑬岂兄尧舜之教民,溟涬然弟之哉:何必要尊尧舜的教民,而茫然跟从他们呢?

林希逸说:"以尧舜为高而我次之,故曰:兄尧舜之教而弟之。谓尧舜岂能胜我;我不在尧舜之下。'溟涬'有低头甘心之意。言岂肯兄尧舜之教而自处其下也。"

宣颖说:"言不肯让尧舜居先而己后之耳。"

李勉说:"此数句郭《注》成《疏》有可取者,惟其谓'溟涬'为甚贵之谓则非是。'溟涬'二字已见〈在宥〉篇,盖谓冥冥愚沌,无所知貌。'兄'、'弟'二字未误,孙诒让谓'兄'为'况'字,'弟'乃'夷'之误,平等之义,其解殊非。案文义,盖谓大圣之治,在顺民之性,逍遥其心,如是则民性自得,自化成俗,岂必视尧舜为兄而听从其教化哉?'溟涬'者,无知盲从之貌,'溟涬弟之哉?'谓茫然从之哉?'弟'作动词用,弟须尊兄,'弟之'犹言从之。意言大圣之治远过尧舜,不必尊之为兄而自居于弟以后之也。"按审上下文义,李说是。近人章炳麟、于省吾、王叔岷等从孙诒让改字为说,反不合原义。
⑭心居:"居",安定之谓(成《疏》)。"心居",即心安。

【今译】

蒋闾葂见季彻说:"鲁侯对我说:'请指教。'推辞不掉告诉了他，不知道对不对，让我说给你听听。我对鲁侯说：'为政一定要做到恭敬节俭，选拔公正忠直的人而没有偏私，人民谁敢不和呢！'"

季彻吃吃地笑着说："像先生的话，对于帝王的德业，如同螳螂奋臂来抗拒车辙，那就一定不胜任了。果真这样，就身处高危，朝廷多事，奔竞归凑的人多了。"

蒋闾葂吃惊地说："我对先生所说的感到茫然。不过，请先生说个概略。"

季彻说："大圣治理天下，让人思想自由，使教化自成、风俗自移，完全消除贼害的心念而增进独化的心志，好像是本性如此的，人民却不自知为什么这样。你这样，哪里还用尊崇尧、舜的教化方法，低头甘心跟随他呢？圣人是要〔人民〕同于自然之德而心安啊！"

一一

子貢南游於楚，反於晉，過漢陰⊖見一丈人⊖方將爲圃畦⊜，鑿隧而入井，抱甕而出灌，搰搰然⑭用力甚多而見功寡。子貢曰："有械於此，一日浸百畦，用力甚寡而見功多，夫子不欲乎？"

爲圃者仰而視之曰："奈何？"曰："鑿木爲機，後重前輕,挈水若抽;數如泆湯㊄,其名爲槔。"爲圃者忿然作色而笑曰:"吾聞之吾師,有機械者必有機事,有機事者必有機心。機心存於胸中,則純白不備;純白不備,則神生㊅不定;神生不定者,道之所不載也。吾非不知,羞而不爲也。"

子貢瞞然㊆慙,俯而不對。

有閒,爲圃者曰:"子奚爲者邪?"

曰:"孔丘之徒也。"

爲圃者曰:"子非夫博學以擬聖,於于以蓋衆㊇,獨弦哀歌以賣名聲於天下者乎?汝方將忘汝神氣,墮汝形骸,而庶幾乎㊈!汝身之不能治,而何暇治天下乎?子往矣,無乏吾事㊉!"

子貢卑陬㊤失色,頊頊然㊥不自得,行三十里而後愈。

其弟子曰:"向之人何爲者邪?夫子何故見之變容失色,終日不自反邪?"

曰:"始吾以夫子爲天下一人耳㊦,不知復有夫人也。吾聞之夫子,事求可,功求成。用力少,見功多者,聖人之道。今徒不然㊧。執道者德全,德全者形全,形全者神全。神全者,聖人之道也。託生與民並行而不知其所之,汒乎⑩淳備哉！功利機巧必忘夫人之心。若夫人者，非其志不之，非其心不爲。雖以天下譽之，得其所謂，謷然㉛不顧；以天下非之，失其所謂，儻然㉜不受。天下之非譽，無益損焉，是謂全德之人哉！我之謂風波之民㉝。"

反於魯，以告孔子，孔子曰："彼假脩渾沌氏之術者也㉞，識其一，不知其二㉟；治其內，而不治其外㊱。夫明白太素㊲，無爲復樸，體性抱神，以遊世俗之間者，汝將固驚邪？且渾沌氏之術，予與汝何足以識之哉！"

【注释】

① 汉阴：汉水之阴。水南曰"阴"（成《疏》）。
② 丈人：老人，长者之称。
③ 圃畦(qí)：种菜之园曰"圃"，种稻之田曰"畦"。此处"圃畦"作动词用，谓方将种菜种稻（李勉说）。
④ 搰搰然：灌水声，字从半面读"骨"（李勉说）。《释文》作"用力貌"，非。
⑤ 数如泆汤：疾速如汤沸溢（李颐说）。"数"，通速。"泆"，音逸，本或作溢（《释文》）。
⑥ 生：读为性（吴汝纶说）。
⑦ 瞒然：羞作之貌（成《疏》）。
⑧ 於于以盖众："於于"，夸诞貌（司马彪说）。《淮南子·俶真训》作"华诬"（刘文典说）。

李勉说："案〈齐物论〉：'前者唱于，而随者唱喁'，'于喁'，随和之意。此处'於于'同'于喁',谓子贡随和世俗,媚上欺世,取得显位以盖众。"李说可取。

⑨ 而庶几乎:"几",近。而后庶近于道(成《疏》)。"而",王先谦解为"汝",非,系转折词。下二"而"字,似可作"汝"字解(李勉说)。

⑩ 无乏吾事:"乏",废(《释文》)。

⑪ 卑陬(zōu):愧惧貌(李颐说);惭怍之貌(成《疏》)。

　　章炳麟说:"'卑陬',即鼙蹙。《说文》:'鼙,从卑声。'故'卑'得借为'鼙'。'陬',即'趣'之借,'趣'、'蹙'声义近。"

⑫ 顼顼(xū)然:自失貌(李颐说)。疑"规规"之误,〈秋水〉篇:"规规然自失也。"(王叔岷《校释》)

⑬ 始吾以夫子为天下一人耳:"夫子"二字原缺。《事文类聚续集》九、《合璧事类别集》二一,引"吾以"下并有"夫子"二字,当从之。注:"谓孔子也。"(王叔岷《校释》)

⑭ 今徒不然:"徒",但,乃(王引之《经典释词》)。

⑮ 汒乎:茫昧深远(成《疏》);同"茫然",忘思虑分别之意(福永光司说)。

⑯ 謷然:高大的神态。"謷",通傲。〈德充符〉篇:"謷乎大哉!"〈大宗师〉篇:"謷乎其未可制也。"义同。

⑰ 侗然:无心之貌(成《疏》)。

⑱ 风波之民:"风波",为世故所役而不自定(林希逸说)。

⑲ 假脩浑沌氏之术者也:修习浑沌氏的道术的。

　　李勉说:"'假',借。言彼借浑沌氏之术以修身者。'浑沌氏之术'即上文忘神气,堕形骸,不用机心者。此原借孔子子贡之言以赞扬丈人,而讥子贡与孔子。郭象之注误'假'为真假之假，遂以为孔子嗤丈人之词。"

⑪识其一，不知其二："识其一"，所守纯一。"不知其二"，言心不分（林希逸说）；言其心单纯，不用机心（李勉说）。

⑫治其内，而不治其外："内"，本心。"外"，外物（林希逸说）。言浑沌之术在治其本，不治其表。即不求外炫，而求内无机巧之心（李勉说）。

⑬明白太素："太"字原作"入"。依杨树达之说，据《淮南子·精神训》改。

　　杨树达说："'入'字无义，字当为'太'，形近误也。《淮南子·精神训》云：'处其一不知其二，治内不识其外，明白太素，无为复朴，体本抱神以游于天地之樊。'袭用此文，字正作'太'。"（《庄子拾遗》）

【今译】

　　子贡往南到楚国游历，回到晋国，经过汉阴的地方，看见一个老人在菜园的畦间种菜，挖水沟通到井中，抱着瓮取水来灌溉，水汩汩地流入畦中。子贡说："这里有一种机械，一天灌溉一百区田，用力很少而见效多，先生不愿意用吗？"

　　灌园的仰头看看他说："用什么办法呢？"子贡说："凿木为机械，后重前轻，提水如同抽引，快速如同沸汤涌溢，名叫桔槔。"灌园的面起怒色而哂笑着说："我听我的老师说，有机巧一类的机械必定有机巧的事，有机巧的事必定有机心。机心存在胸中，便不能保全纯洁空明；不能保全纯洁空明，便心神不定；心神不定，便不能载道。我不是不知道，而是感到羞耻所以才不那样做。"

子贡羞愧满面，低头不答话。

一会儿，灌园的说："你是做什么的？"

子贡说："我是孔丘的弟子。"

灌园的说："你不就是以博学比拟圣人，以夸矜来超群出众，自奏悲歌向天下卖弄名声的吗？你遗忘精神，不执著形骸，就差不多接近于道了！你自身都不能修持，怎能治理天下呢！你去吧！不要耽误了我的耕事。"

子贡惭愧失色，怅然若失，走了三十里路才好些。

子贡的弟子说："刚才那位是什么人呢？先生为什么见了他变容失色，整天不能复原呢？"

子贡说："起初我以为我老师是独一无二的呢，不知道还有这样的人。我听我老师说：事情求可行，功业求成就，用力少而见效多的，就是圣人之道。现在才知道不是这样。执持大道的德行完备，德行完备的形体健全，形体健全的精神饱满，精神饱满的便是圣人之道。托迹人世和人民并行而不知所往，其道茫昧深远，德性淳厚而完备，功利机巧必定不放在这种人心上。像这样的人，不是他意志的不会去求，不是他心愿的不会去做。纵然举世都称誉他，即使合于事实，他也傲然不顾；纵然天下都非议他，即使不合于事实，他也不予理会。世上的毁誉，对他并没有增加和减少,这便是全德的人呢!我却是随俗之人。"

回到鲁国,告诉孔子。孔子说:"他是以浑沌的道术来修身的人;持守内心的纯一,心神不外分;修养内心,而不求治外在。像这样明澈纯素,自然真朴,体悟本性抱守精神而遨游于世俗间的人,你会感到惊异吗?而且浑沌氏的道术,我和你怎么能理解呢?"

一二

諄芒⊖將東之大壑⊜,適遇苑風⊜於東海之濱。苑風曰:"子將奚之?"

曰:"將之大壑。"

曰:"奚爲焉?"

曰:"夫大壑之爲物也,注焉而不滿,酌焉而不竭,吾將遊焉。"

苑風曰:"夫子無意於橫目之民⑭乎?願聞聖治。"

諄芒曰:"聖治乎?官施而不失其宜,拔舉而不失其能,畢見情事而行其所爲,行言自爲而天下化,手撓顧指⑮,四方之民莫不俱至,此之謂聖治。"

"願聞德人。"

曰:"德人者,居無思,行無慮,不藏是非美惡。四海之內共利之之謂悅,共給之之爲安㈥;怊乎㈦若嬰兒之失其母也,儻乎㈧若行而失其道也。財用有餘而不知其所自來,飲食取足而不知其所從,此謂德人之容。"

"願聞神人。"

曰:"上神乘光㈨,與形滅亡㈩,此謂照曠㈪。致命盡情,天地樂而萬事銷亡㈫,萬物復情,此之謂混冥。"

【注釋】

㈠ 諄芒:寓托人名,取意于前文之"汇乎淳备哉"。

　　李颐说:"望之諄諄,察之芒芒,故曰'諄芒'。"

　　陈寿昌说:"海言重复曰'諄','芒',通茫。諄芒者,不以言教。"

㈡ 大壑:海。

㈢ 苑风:小风(成《疏》)。"諄芒"、"苑风",为寓言。

㈣ 横目之民:指人。人之目,横生于面(林云铭说)。

㈤ 手挠顾指:手招目视的意思。"挠",动(司马彪说);借为"招"(马叙伦《义证》)。"手挠",即手招。"顾指",以目示意(李勉说)。

　　成玄英说:"动手指挥,举目顾眄。"

　　郭庆藩说:"'顾指',目顾其人而指使之。"

㈥ 共利之之谓悦,共给之之为安:"共利"、"共给",与人同乐之意

⑺怊乎:"怊",怅(《释文》引《字林》)。按"怊"字《说文》所无,盖借为"惆"(马叙伦《义证》)。

⑻傥乎:"傥",借为怅(马叙伦《义证》)。

⑼上神乘光:神人驾驭光明。

　　林希逸说:"言其神腾跃而上,出乎天地之外,日月之光反在其下,故曰'乘光'。"

　　李勉说:"言至神者与光参合。"

⑽与形灭亡:不见形迹(王先谦说)。

⑾照旷:照彻空旷(林云铭说)。《文选》谢灵运《富春渚诗》注引"照"作"昭"(马叙伦说)。

⑿天地乐而万事销亡:"万事销亡",意谓不受物累。

　　宣颖说:"与天地同乐而物累皆捐。"(宣颖说)

【今译】

　　谆芒东游到海,在东海的岸边,正遇见苑风。苑风说:"你要到哪里去?"

　　谆芒说:"要去大海。"

　　苑风说:"做什么?"

　　谆芒说:"大海的情形,流注而不会满溢,酌取而不会涸竭,我想去游历。"

　　苑风说:"先生不关心人民吗?请说圣治。"

　　谆芒说:"圣治吗?设官施教而不失合宜,任用而不失才能,明察事情而实行所当为的,言行自动而天下可化育,〔这样,〕挥手举目,四方的人民没有不归往的,这就是圣治。"

苑风说:"请说德人。"

谆芒说:"德人,安居没有思念,行动没有谋虑,不计议是非美丑。四方之内,共同分享便是喜悦,共同施给便是安乐;怅怅然好像婴儿失去母依,茫茫然好像走路失去方向。财用足余而不知所从来,饮食充足而不知所从出,这就是德人的容态。"

苑风说:"请说神人。"

谆芒说:"至上的神人乘驾光辉,不见形迹,这称为照彻空旷。究极性命挥发性情,和天地共乐而万事不牵累,万物回复真情,这就是混同玄冥。"

一三

門無鬼與赤張滿稽㊀觀於武王之師。赤張滿稽曰:"不及有虞氏乎!故離㊀此患也。"

門無鬼曰:"天下均治而有虞氏治之邪?其亂而後治之與?"

赤張滿稽曰:"天下均治之為願,而何計以有虞氏為!

有虞氏之藥瘍⊜也,禿而施髢㊃,病而求醫。孝子操藥以修慈父,其色燋然,聖人羞之㊄。"

"至德之世,不尚賢㊅,不使能;上如標枝㊆,民如野鹿,端正而不知以爲義,相愛而不知以爲仁,實而不知以爲忠,當而不知以爲信,蠢動㊇而相使㊈,不以爲賜。是故行而無迹,事而無傳。"

【注释】

㊀门无鬼与赤张满稽:司马彪本"无鬼"作"无畏",谓:门,姓;无畏,字。赤张,姓;满稽,名(李颐说)。疑是寓言化人物。

㊁离:同"罹",遭。

㊂药疡:"药",古读曜,声与"疗"相近(王引之说)。"疡(yáng)",头疮(成《疏》)。"药疡",即治头疮。

㊃髢(dí):髦,发(李颐说)。

㊄孝子操药以修慈父,其色燋然,圣人羞之:"修",治。"燋然",憔悴。

　　林云铭说:"'修',治也。言孝子以药治父之病,是不能使父无病也。故为圣人所羞,以为乱而后治之喻。"

㊅不尚贤:语见《老子》三章。

㊆上如标枝:言树杪之枝无心在上(《释文》)。"标",指树枝的末端。

　　成玄英说:"君居民上,恬淡虚忘,犹如高树之枝,无心荣贵也。"

　　李勉说:"'标',扬也。'标枝',任枝枒之自由扬空也。谓在上者听民自为，不加拘束，使民自由逍遥，不以政力强治。"

⑧蠢动：指动作单纯。

⑨相使：相友助（林希逸说）。

【今译】

门无鬼和赤张满稽看到武王伐纣的军队。赤张满稽说："不如虞舜哟！所以遭遇这祸患。"

门无鬼说："天下太平虞舜才去治理呀！还是天下混乱才去治理呢？"

赤张满稽说："天下太平是大家的心愿，何必需要虞舜呢！虞舜的治疗头疮，秃了才装假发，病了才去求医。孝子拿药来治他慈父的病，面色憔悴，圣人〔认为不能使父亲不生病〕还羞他。"

"至德的世代，不标榜贤能，不指使才技；君上如同高枝，人民如野鹿；行为端正却不知道什么是义，相互亲爱却不知道什么是仁，内心真实却不知道什么是忠，言行得当却不知道什么是信，行动单纯而互相友助，却不以为恩赐。因此行径没有迹象，事迹没有留传。"

一四

孝子不諛其親，忠臣不諂其君，臣子之盛也。親之所言而然,所行而善,則世俗謂之不肖子;君之所言而然,所行而善,則世俗謂之不肖臣。而未知此其必然邪?世俗之所謂然而然之,所謂善而善之,則不謂之道諛㊀之人也。然則俗故嚴於親㊁而尊於君邪?謂己道人㊂,則勃然作色,謂己諛人,則怫然作色。而終身道人也,終身諛人也,合譬飾辭㊃聚衆也,是終始本末不相罪坐㊄。垂衣裳,設采色,動容貌,以媚一世,而不自謂道諛;與夫人之爲徒,通是非,而不自謂衆人,愚之至也。知其愚者,非大愚也;知其惑者,非大惑也。大惑者,終身不解;大愚者,終身不靈㊅。三人行而一人惑,所適者猶可致也,惑者少也;二人惑則勞而不至,惑者勝也。而今也以天下惑,予雖有祈嚮㊆,不可得也。不亦悲乎!

　　大聲㊇不入於里耳㊈,《折楊皇荂》㊉,則嗑㊋然而笑。是故高言不止於衆人之心,至言不出,俗言勝也。以二垂踵惑,而所適不得矣㊌。而今也以天下惑,予雖有祈嚮,其庸可得邪!知其不可得也而強之,又一惑也,故莫若釋之而不推㊍。不推,誰其比憂㊎?厲之人㊏夜半生其子,遽取火而視之,汲汲然唯恐其似己也。

【注释】

㊀ 道谀：同"谄谀"。"谄"与"道"一声之转。

㊁ 俗故严于亲："故"，"固"同字（吴汝纶说）。"严"，敬（成《疏》）。

㊂ 道人：即谄人。〈渔父〉篇曰："希意道言谓之谄。""道"与"谄"同义（郭庆藩说）。

㊃ 合譬饰辞：譬喻修辞。

　　林希逸说："'合其譬'者，言合天下譬喻以立说。'饰辞'者，言修饰其言辞。"

㊄ 终始本末不相罪坐："坐"上今本脱"罪"字，据陈碧虚《阙误》引张君房本补。"坐"，因。"不相坐"，不相连（曹础基）。

　　刘文典说："'坐'上'罪'字旧敚。碧虚子校引张本'坐'上有'罪'字。按：张本是也。《注》：'应受道谀之罪，恒不见罪坐也。'是郭见本亦有'罪'字，今据补。"

㊅ 灵：晓（司马说）；知（成《疏》）。

㊆ 祈向：向导，引导之意。

　　章炳麟说："《诗大雅传》：'祈，报也。'《释诂》：'祈，告也。''向'，即今向导字。凡向导主呼路径以报告人，故谓之'祈向'。"

㊇ 大声：伟大的音乐，高雅的音乐。

㊈ 里耳：《记纂渊海》七八引"里"作"俚"。"里"与"俚"通（王叔岷说）。

㊉ 《折杨皇荂》：古之俗中小曲（成《疏》）。"皇荂"，《道藏》各本作"皇华"。"花"、"华"音义同（王叔岷说）。

㊉㊀ 嗑（xiā）：笑声。

㊉㊁ 以二垂踵惑，而所适不得矣："二垂踵"，各本作"二缶钟"。《释

文》本、《道藏》成玄英《疏》本、褚伯秀《义海纂微》本、覆宋本皆作"垂踵"，今据改。"二垂踵"字义解释极纷歧，较可取者有二说：㈠解"垂踵"为"垂脚不行"，成玄英、林希逸主此说。㈡解"二垂"为"歧路"，马其昶持此说。余者如俞樾、郭嵩焘、于省吾等，或改字为训，或解说迂曲。

成玄英说："'踵'，足也。夫迷方之士，指北为南，而二惑既生，垂脚不行，一人亦无由独进，欲达前所，其可得乎！此复释前惑者也。"

林希逸说："'垂踵'者，垂其足而坐不肯行也。'二垂踵惑'者，即前言二人惑也。'所适不得'，即前言劳不至也。传写之误，以'垂'为'缶'，以'踵'为'钟'，皆不可解。"按：林说承成《疏》。依成说，"二垂踵"可释为二人迷惑而裹足不前。

刘师培说："《释文》云：'司马本作"二垂钟"。云："钟，注意也。"'如司马说，盖以'边'释'垂'。……然则'二垂'犹'二方'矣。'二垂钟惑'，谓倾意两方，故曰：'所适不得。'"按马其昶释"二垂"为"歧路"，与刘说近。

⑬不推：不推究。

⑭谁其比忧："比"，与。忧患谁与（成《疏》）。

⑮厉之人：丑病人（成《疏》）。"厉"，音赖（《释文》），为"疠"省（马叙伦说）。

【今译】

孝子不阿谀他的父母，忠臣不谄媚他的君主，这是做臣、子的最好表现。父母所说的都认为是，所行的都认为对，世俗便称他为不肖子；君主所说的都认为是，所行的都认为对，世俗便称他为不肖臣。而不知道这样果真是必然妥当的么？世俗上所认为是的便以为是，所认为对的便以为对，却不称他为谄谀的人。然而，世俗果然比父母更可敬，比君主更可尊吗？有人说自己是谄媚的人，便勃然变色，说自己是阿谀的人，便忿然变容。然而终身谄媚人，终身阿谀人，譬喻修辞来邀众，却始终认不出过错。陈设衣裳，布施文采，华饰容貌，来谄媚一世，自己却不以为是阿谀。他与世俗之辈为伍，〔和流俗〕是非相同，自己却不明白和世俗庸众一般，真是愚昧极了。知道自己是愚昧的，并不是大愚昧；知道自己是迷惑的，并不是大迷惑。大迷惑的人，终身不解悟；大愚昧的人，终身不自知。三个人同行，是一个人迷惑，所要去的地方还可以到达，因为迷惑的人少；要是两个人迷惑，就会徒劳而达不到，因为迷惑的人多。现在却天下人都迷惑，我虽然有期求的方向，却无助于众人，这不是可悲么！

　　高尚的音乐不被俚俗所欣赏，里巷小曲，听了便欣然而笑。所以崇高的言论听不进世俗众人的心中，至理的言论不显现，却是被流俗的言论所掩盖。要是两个人迷惑而裹足不前，所要去的地方达不到了。现在天下人都迷惑，我虽然有期求的方向，怎么能达到呢！知道达不到还要勉强，这又是迷惑呀，所以还不如放开手来不必推究。要是不追究，谁还能有忧愁呢？丑人半夜生孩子，赶快打灯来看,惶惶然唯恐像自己。

一五

百年之木,破爲犧樽㊀,青黃而文之,其斷在溝中。比犧樽於溝中之斷,則美惡有間矣,其於失性一也。桀跖與曾史㊁,行義有間矣,然其失性均也。且夫失性有五:一曰五色亂目,使目不明;二曰五聲亂耳,使耳不聰;三曰五臭㊂薰鼻,困惾㊃中顙㊄;四曰五味濁口,使口厲爽㊅;五曰趣舍㊆滑心㊇,使性飛揚。此五者,皆生之害也。而楊墨乃始離跂㊈自以爲得,非吾所謂得也。夫得者困,可以爲得乎?則鳩鴞㊉之在於籠也,亦可以爲得矣。且夫趣舍聲色以柴其內㊋,皮弁鷸冠㊌搢笏紳修㊍以約其外,內支盈於柴柵㊎外重纆繳,睆睆然㊏在纆繳之中而自以爲得,則是罪人交臂歷指㊐而虎豹在於囊檻㊑,亦可以爲得矣。

【注释】
㊀牺樽:祭祀用的酒器。"牺樽"一词,已见于〈马蹄〉篇。
㊁桀跖与曾史:"跖"上原缺"桀"字。依刘师培之说补。

刘师培说:"'跖与曾史','跖'上挩'桀'字。成《疏》云:'桀跖之纵凶残。'是成《疏》故本作桀跖也。〈在宥〉篇云:'上有桀跖,下有曾史。'又云:'焉知曾史之不为桀跖嚆矢也。'金以曾史、桀跖并词,本篇之文当亦然也。"刘说可从,因据成玄英《疏》补上"桀"字。

㈢ 五臭:膻、薰、香、腥、腐称为五臭。

㈣ 困惾:冲逆人(林希逸说)。"惾",读 zōng,袭刺之意。

㈤ 中颡:自鼻而通于颡(林希逸说)。

㈥ 厉爽:病伤。

郭庆藩说:"《大雅·思齐笺》曰:'厉,病也。'《逸周书·谥法篇》曰:'爽,伤也。'(《广雅》同)'使口厉爽',病伤滋味也。"

㈦ 趣舍:取舍。

成玄英说:"'趣',取也。顺心则取,违情则舍。"

林希逸说:"'趣舍',是非好恶也。"

㈧ 滑心:乱心。"滑"作迷乱讲,和〈齐物论〉"滑疑之耀"与〈徐无鬼〉篇"颉滑有实"的"滑"同义。

㈨ 离跂:翘起足跟,形容用力想出人头地。"离跂"一词,已见于〈在宥〉篇。

㈩ 鸠鸮:〈齐物论〉和〈大宗师〉有"鸮炙"语。"鸮"是小鸠。

⑪ 柴其内:塞在心中。

林云铭说:"'柴',梗碍也。芥蒂胸中也。"

宣颖说:"如木枝塞胸中。"

⑫ 皮弁(biàn)鹬(yù)冠:古时的冠冕。

成玄英说:"'皮弁'者,以皮为冠也。'鹬'者,鸟名,似鹭,绀色,取其翠羽饰冠,故谓之'鹬冠'。"

⑬ 缙笏绅修：古时的朝服。

　　成玄英说："'缙'，插也。'笏'，犹珪，谓插笏也。'绅'，大带也。'修'，长裙也。此皆以饰朝服也。"

⑭ 内支盈于柴栅："支"，塞。"盈"，满（成《疏》）。"柴"，与"栅"通，谓积木围护四周（刘师培说）。"内支盈于柴栅"，即内心塞满了栏栅。

⑮ 缰缴：绳索。和〈骈拇〉篇"缰索"同义。

⑯ 睆睆（huǎn）然：极目远望的样子。

　　李颐说："睆睆，穷视貌。"

⑰ 交臂历指：反手捆缚。

　　司马彪说："交臂，反缚也。"

　　林希逸说："历指，绳缚其手而指可数也。"

　　马叙伦说："'历'为'枥'省。押指也。"

⑱ 囊槛：圈槛。

　　马叙伦说："'囊'，不可以养虎豹。盖本是'㮓'字。《说文》曰：'㮓，囊也。'校者注'囊'字以释之。传写讹为'囊'耳。'㮓'借为'圈'，《淮南子·主术训》：'故夫养豹屏象者为之圈槛'，是其例证。《说文》曰：'圈，兽之闲也。'"

【今译】

　　百年的树木，破开做成"牺樽"酒器，用青黄彩色来修饰，砍断不用的抛弃在沟中。牺樽酒器和弃置沟中的断木比起来，美丑是有差别的，然而从丧失本性来看却是一样的。夏桀、盗跖和曾参、史鱼，行为的好坏是有差别的，然而从丧失本性来看却是一样的。而丧失本性可列为五种：一是五色紊乱眼目，使得眼睛不明；二是五声扰乱听觉，使得耳朵不灵；三是五臭熏人嗅觉，使得鼻腔受激扰；四是五味败坏口舌，使得味觉丧失；五是好恶迷乱心弦，使得性情浮动。这五种都是生命的祸害。杨朱、墨翟想出人头地而自以为有所得，这并不是我所谓的自得。有所得反倒受困，这可以算做是自得吗？那么斑鸠在笼子里，也可以算做是自得了。况且好恶声色充塞心中，冠冕服饰拘束体外，内心塞满了栏栅，体外束缚了绳索，眼看在绳索捆缚之中还自以为得意，那么罪人反手被缚、手指被刑具钳夹着，虎豹囚在兽槛里，也可以算做是自得了！

天　　道

〈天道〉篇，以阐述自然之义为主，由八章文字杂纂而成。各章意义不相关联，属于杂记体裁。"天道"，即自然的规律。取篇首二字为篇名。

本篇各本第三章自"夫帝王之德"至"非上之所以畜下也"，与庄周之旨不相侔，自王船山以来学者多人指出属黄老派之作，姑予存留，但不作译释。本篇其他各章的要义依次如下：第一章，写自然规律运行而不辍；自然界中，万物自动自为。圣人法自然的规律，以明静之心观照万物。第二章，写"天乐"，体会天乐的人，能顺自然而行，与万化同流。第三章，尧与舜的对话，写治天下当法天地的自然。第四章，写孔子求教于老聃，老聃评《六经》冗赘，仁义绝人。进而申说天地万物的本然性与自然性。以为人情世教，当顺任自然，无扰人的本性。第五章，借士成绮与老子对话，评智巧骄泰，赞无心任自然。第六章，要人退仁义，摈礼乐，体道的广大涵容。第七章，指出"意之所随者，不可以言传"，因而世之所贵的书，并不可贵。第八章，轮扁与桓公对话，述真意之不可言传性。

出自本篇的成语,有六通四辟、水静烛眉、胶胶扰扰、呼牛呼马、不可言传、得心应手等。

一

天道運而無所積㊀,故萬物成;帝道運而無所積,故天下歸;聖道運而無所積,故海內服。明於天,通於聖,六通四辟㊁於帝王之德者,其自為也,昧然㊂無不靜者矣。聖人之靜也,非曰靜也善,故靜也;萬物無足以鐃㊃心者,故靜也。水靜則明燭鬚眉,平中準,大匠取法焉。水靜猶明,而況精神!聖人之心靜乎!天地之鑑也,萬物之鏡也㊄。夫虛靜恬淡寂漠無為㊅者,天地之本㊆,而道德之至㊇,故帝王聖人休焉㊈。休則虛,虛則實㊉,實者備矣㊋。虛則靜,靜則動,動則得矣。靜則無為,無為也則任事者責㊌矣。無為則俞俞㊍,俞俞者憂患不能處,年壽長矣。夫虛靜恬淡寂漠無為者,萬物之本也。明此以南鄉㊎,堯之為君也;明此以北面,舜之為臣也。以此處上,帝王天子之德也;以此處下,玄聖素王之道也㊏。以此退居而閒遊,則江海山林之士服㊐;以此進為而撫世,則功大名顯而天下一也。靜而聖,動而王,無為也而尊,樸素而天下莫能與之爭美。

【注释】

㊀ 天道运而无所积:自然规律的运行是不停顿的。

成玄英说:"'运',动也。'积',滞也。言天道运转,照之以日月,润之以雨露,曾无滞积,是以四序回转,万物生成。"

严北溟说:"'天道'的内容,最早包含着天文学家关于天体运行轨道的推算和占星术用来预卜吉凶祸福的两种因素,即科学的和迷信的两种因素。随着人们对自然界认识的提高和原始宗教迷信的动摇,'天道'观念中的迷信成分也逐渐褪色,进步思想家开始用'天道'来表示天体运用的一种客观规律性。"

㊁ 六通四辟:六合通达四时顺畅。"六",指六合,即四方上下,"四",指四时;一指空间,一指时间。"辟",同"阇"。"六通四辟"见于〈天下〉篇。

㊂ 昧然:冥然,不知不觉的意思。"昧然"见于〈田子方〉和〈知北游〉。

㊃ 铙:与"挠"同(林希逸《口义》)。《御览》六七引"铙"作"挠"(马叙伦校)。

㊄ 圣人之心静乎!天地之鉴也,万物之镜也:后来禅家开悟的境地——"明镜止水"一观念,即源于此(福永光司说)。

㊅ 虚静恬淡寂漠无为:"虚"、"静"见《老子》十六章,"恬淡"见《老子》三十一章,"寂漠"与《老子》二十五章"寂寥"同义(福永光司说)。

㊆ 天地之本:"本"今本误为"平",根据马叙伦之说改正。

马叙伦说:"案'平'〈刻意〉篇作'本',今本误作'平',当从之。下文曰:'夫虚静恬淡寂漠无为者,万物之本也。'是其证。

'平'、'本'形声相近而讹。"

⑧ 道德之至：'至'，与'质'同。'至'，实。〈刻意〉篇正作"道德之质"(郭庆藩说)。陈碧虚《阙误》引张君房本"至"下有"也"字。

⑨ 休焉：休虑息心(成《疏》)。

⑩ 虚则实：即禅家所谓真空而后实有(林希逸说)。

⑪ 实者备矣："者"，读为"则"(马叙伦《义证》)。"备"，今本作"伦"。《阙误》引江南古藏本"伦"作"备"，于义为长(奚侗《补注》)。"实者备矣"，与下"动则得矣"为韵。"备"以形近讹为"伦"(刘文典《补正》)。

⑫ 责：指各尽其责。

⑬ 俞俞：犹愉愉(林云铭《庄子因》)；形容安逸的样子。

⑭ 南乡：通"南向"，即南面。"南面"、"北面"见于〈天地〉篇。

⑮ 玄圣素王之道也："素王"二字本之于此(胡文英《独见》)。

⑯ 则江海山林之士服："则"字通行本缺，依武延绪之说补。

　　武延绪说："按'江'上疑脱'则'字。"

　　严灵峰先生说："武说是也。下文'则功大名显而天下一也'与此一律，因据补。"

【今译】

　　自然规律的运行是不停顿的，所以万物得以生成；帝王之道的运行是不停顿的，所以天下归向；圣人之道的运行是不停顿的，所以海内宾服。明于自然的规律，通于圣人之道，六合四时畅达于帝王之德的，任各物自动，万物无不静悄悄地自生自长。圣人的清静，并不是说清静是好的所以才清静；万物不足以搅扰内心才是清静。水清静便能明澈照见须眉,水平面合于规准,可为大匠所取法。水清静便明澈,何况是精神呢!圣人的内心清静,可以作为天地的明鉴,万物的明镜。虚静、恬淡、寂漠、无为,乃是天地的本原和道德的极致。所以帝王圣人便休止在这境地上。心神休静便空明,空明便得充实,充实便是完备。〔心境〕空明便清静,清静而后活动,活动而无不自得。清静便无为,无为便任事各尽其责。无为便安逸,安逸的人不被忧患所困扰,年寿便能长久。虚静、恬淡、寂漠、无为,乃是万物的本原。明白这个道理来做君主,便像尧为国君;明白这个道理来做人臣,便像舜为臣子。以这个道理来处于上位,便是帝王天子的常德;以这个道理来处于下位,便是玄圣素王的原则。以这道理来隐居闲游,江海山林之士便遵从;以这个道理来进而安抚世界,便能功大名显而天下统一。清静则为玄圣,行动则为帝王,无为则为万物所尊崇,朴素则称美于天下。

二

夫明白於天地之德者,此之謂大本大宗,與天和者也;所以均調天下,與人和者也。與人和者,謂之人樂;與天和者,謂之天樂。

莊子曰："吾師乎！吾師乎！韲萬物而不爲義,澤及萬世而不爲仁,長於上古而不爲壽,覆載天地刻雕衆形而不爲巧㈠,此之爲天樂。故曰:'知天樂者,其生也天行㈡,其死也物化。靜而與陰同德,動而與陽同波㈢。'故知天樂者,無天怨,無人非,無物累,無鬼責。故曰:'其動也天,其靜也地,一心定而天地正㈣;其魄不崇㈤,其魂不疲㈥,一心定而萬物服。'言以虛靜推於天地,通於萬物,此之謂天樂。天樂者,聖人之心,以畜天下也㈦。"

【注释】

㈠吾师乎！吾师乎！韲(jī)万物而不为义,泽及万世而不为仁,长于上古而不为寿,覆载天地刻雕众形而不为巧：这几句已见于〈大宗师〉。"吾师乎",指"道"。"义",今本作"戾",据〈大宗师〉改正。

林希逸说："此数句与〈大宗师〉篇同,却又著'庄子曰'三字,前曰许由之言,今以为自言,可见件件寓言,岂可把作实话看。"

刘咸炘说："〈大宗师〉作许由语,而此直引作'庄子'显是后人语。"(引自严灵峰先生《道家四子新编》,第719页)

㈡天行：顺乎自然而运行。

林希逸说："'天行',行乎天理之自然也。"

㈢同波：同流。

㈣一心定而天地正："天地正"原作"王天下",根据武延绪的说法改正。

武延绪说:"按'王'疑'正'字之讹,本在句末。后人不知其误,又嫌于义未协;故乙于'天下'之上耳。'天下'疑当作'天地','天地正'与'万物服'对文。下文'推于天地,通于万物',正承此而言。"

严灵峰先生说:"武说是也。后文'乘天地,驰万物',亦以'天地'与'万物'对言。"武、严之说可从。

⑤其魄不祟:形体没有病患。"魄"今本作"鬼",当是"魄"字,与下句"魂"字对举,"魄"指形体,"魂"指精神。"祟"作"病"讲。

王懋竑说:"'鬼'当为'魄'。"

马叙伦说:"按'祟',借为'疷'。《说文》曰:'疷,病也。'"

⑥其魂不疲:精神不倦(林希逸《注》)。语亦见〈刻意〉篇。

⑦圣人之心,以畜天下也:"畜",养。

按:此下自"夫帝王之德"至"非上之所以畜下也"一大段文,与庄周之学不类。欧阳修说:"此以下,俱不似庄子。"(刘凤苞《南华雪心编》、吴汝纶《庄子点勘》引)。这段原文如下:

夫帝王之德,以天地为宗,以道德为主,以无为为常。无为也,则用天下而有余;有为也,则为天下用而不足。故古之人贵夫无为也。上无为也,下亦无为也,是下与上同德,下与上同德则不臣;下有为也,上亦有为也,是上与下同道,上与下同道则不主。上必无为而用天下,下必有为为天下用,此不易之道也。故古之王天下者,知虽落天地,不自虑也;辩虽雕万物,不自说也;能虽穷海内,不自为也。天不产而万物化,地不长而万物育,帝王无为而天下功。故曰莫神于天,莫富于地,莫大于帝王。故曰帝王之德配天地。此乘天地,驰万物,而用人群之道也。

本在于上,末在于下;要在于主,详在于臣。三军五兵之运,德之末也；赏罚利害，五刑之辟，教之末也；礼法度数，形名比详，治之末也；钟鼓之音，羽旄之容，乐之末也；哭泣衰绖，隆杀之服，哀之末也。此五末者，须精神之运，心术之动，然后从之者也。

末学者，古人有之，而非所以先也。君先而臣从，父先而子从，兄先而弟从，长先而少从，男先而女从，夫先而妇从。夫尊卑先后，天地之行也，故圣人取象焉。天尊，地卑，神明之位也；春夏先，秋冬后，四时之序也。万物化作，萌区有状，盛衰之杀，变化之流也。夫天地至神，而有尊卑先后之序，而况人道乎！宗庙尚亲，朝廷尚尊，乡党尚齿，行事尚贤，大道之序也。语道而非其序者，非其道也；语道而非其道者，安取道！

是故古之明大道者，先明天而道德次之，道德已明而仁义次之，仁义已明而分守次之，分守已明而形名次之，形名已明而因任次之，因任已明而原省次之，原省已明而是非次之，是非已明而赏罚次之。赏罚已明而愚知处宜，贵贱履位；仁贤不肖袭情，必分其能，必由其名。以此事上，以此畜下，以此治物，以此修身，知谋不用，必归其天，此之谓大平，治之至也。

故书曰："有形有名。"形名者，古人有之，而非所以先也。古之语大道者，五变而形名可举，九变而赏罚可言也。骤而语形名，不知其本也；骤而语赏罚，不知其始也；倒道而言，迕道而说者，人之所治也，安能治人！骤而语形名赏罚，此有知治之具，非知治之道；可用于天下，不足以用天下，此之谓辩士，一曲之人也。礼法数度，形名比详，古人有之，此下之所以事上，非上之所以畜下也。

各家对这段文义，颇多批评。王夫之说："此篇之说，有与庄子之旨迥不相侔者。盖秦汉间学黄老之术以干人主者之所作也。……以无为为君道,有为为臣道,则剖道为二。且既以有为臣道矣,又曰'以此南乡,尧之为君也;以此北面,舜之为臣也。'则自相刺谬。……定非庄子之书,且非善学庄子者之所拟作,读者所宜辨也。"王夫之又于这段文后评说:"其意以兵刑法度礼乐委之于下,而按分寸、执名法以原省其功过,此形名家之言,而胡亥督责之术,因师此意,要非庄子之旨。"(《庄子解》)胡文英说:"议论颇似韩非慎到根柢。"(《庄子独见》)钱穆说:"此皆晚世儒生语耳,岂诚庄生之言哉!"(《庄子纂笺》)关锋说:"这里所表述的思想和尹文子完全一致。……承认形名之学对于治之作用,主张正名、定分、明分(或守分),两者也是完全一致的。这既不是老子或庄子一派的主张,也不是儒家的主张。"(《庄子外杂篇初探》)冯友兰说:"这是稷派所讲的;这几段话,主要的目的,是使'愚、知处宜,贵贱履位,仁贤、不肖袭情',就是说,严格地维持封建社会等级和秩序。这里思想与老子不同,更与庄子不同。"(《哲学史新编》第二册,第 136 页)。李勉说:"尊卑先后之言,则颇不类老庄之旨。"(《庄子总论及分篇评注》)以上各家所论极是。然庄周众多后学中个别门人染有黄老之学观点,亦不无可能。

【今译】

　　明了天地常德的,便是大根本大宗原,便是与天冥合;用来均调天下,便是与人冥合。与人冥合的,称为人乐;与天冥合的,称为天乐。

　　庄子说:"我的大宗师啊!调和万物却不以为义,泽及万世却不以为仁,长于上古却不算老,覆天载地、雕刻各种物体的形象却不显露技巧,这就是天乐。所以说:'体会天乐的,他存在时便顺自然而行,他死亡时便和外物融合。静时和阴气同隐寂,动时和阳气同波流。'所以体会天乐的,不怨天,不尤人,没有外物牵累,没有鬼神责罚。所以说:'动时如天运转,静时如地寂然,一心安定而天地正位,形体没有病患,精神不会疲乏,一心安定而万物归服。'这是说寂静推及于天地,通达于万物,这就是天乐。所谓天乐,便是圣人的爱心,来养育天下。"

三

昔者舜問於堯曰:"天王⊖之用心何如?"

堯曰:"吾不赦⊖無告⊜,不廢窮民,苦⑲死者,嘉㊄孺子而哀婦人。此吾所以用心已。"

舜曰:"美則美矣,而未大也。"

堯曰:"然則何如?"

舜曰:"天德而土寧㊅,日月照而四時行,若晝夜之有經,雲行而雨施矣。"

堯曰:"膠膠㊆擾擾乎! 子,天之合也;我,人之合也。"

夫天地者，古之所大也，而黄帝尧舜之所共美也。故古之王天下者，奚为哉？天地而已矣。

【注释】

㈠ 天王：犹天子（成《疏》）。

㈡ 敖：侮慢（成《疏》）。

㈢ 无告：指无所告诉，无所依靠的。

㈣ 苦：悲悯。

㈤ 嘉：喜爱。

㈥ 天德而土宁："德"作"成"解（章炳麟说）。"土"，今本作"出"，据孙诒让之说改作"土"。

　　孙诒让说："'出'当为'土'，形近而误。《墨子·天志篇》：'君临下土。'今本'土'误'出'，是其证。'天'与'土'、'日月'与'四时'，文皆平列。"

　　章炳麟说："'德'，音同'登'，《说文》：'德，升也。''升'即'登'之借，《公羊·隐五年传》：'登来'亦作'得来'。故'德'可借为'登'，《释诂》：'登，成也。''天登而土宁'，所谓'地平天成'，与下'日月照而四时行'相俪。"

㈦ 胶胶：形容扰乱，如"扰扰"同义。

【今译】

从前舜问尧说："天王的用心怎么样？"

尧说："我不轻慢孤苦伶仃的人，不舍弃贫穷的人，悲悯死者，喜爱孺子而同情妇女，这是我的用心所在。"

舜说:"好是很好,却不是最完善的。"

尧说:"那要怎么做呢?"

舜说:"天成而地宁,日月光照而四时运行,好像昼夜有常,云行雨降一样。"

尧说:"搅扰多事啊!你是冥合于自然;我只是符合于人事。"

天地是自古以来最大的,为黄帝尧舜所共同称赏的。所以古来治理天下的,还要做什么呢?顺着天地法则就是了。

四

孔子西藏書於周室。子路謀曰:"由聞周之徵藏史㊀有老聃者,免而歸居,夫子欲藏書,則試往因焉。"

孔子曰:"善。"

往見老聃,而老聃不許,於是繙《六經》㊁以說。

老聃中其說㊂,曰:"大謾㊃,願聞其要。"

孔子曰:"要在仁義。"

老聃曰:"請問,仁義,人之性邪?"

孔子曰:"然。君子不仁則不成,不義則不生。仁義,真人之性也,又將奚爲矣?"

老聃曰:"請問,何謂仁義?"

孔子曰:"中心物愷⑫,兼愛無私,此仁義之情也。"

老聃曰:"意,幾乎後言⑬! 夫兼愛,不亦迂乎! 無私焉,乃私也。夫子若欲使天下無失其牧乎? 則天地固有常矣,日月固有明矣,星辰固有列矣,禽獸固有群矣,樹木固有立矣。夫子亦放德⑭而行,循道而趨,已至矣;又何偈偈乎⑮揭仁義,若擊鼓而求亡子⑯焉? 意,夫子亂人之性也!"

【注释】

㊀征藏史:"征","典"的意思。"征藏",即书库,犹今图书馆。掌管储藏典籍的史官称为"征藏史"。

㊁六经:原作"十二经",根据严灵峰先生之说改。

　严灵峰先生说:"《释文》引说者云:'《诗》、《书》、《礼》、《乐》、《易》、《春秋六经》,又加《六纬》,合为十二经也。'一说云:'《易上下经》并《十翼》为十二。'又一云:'《春秋十二公经》也。'诸说并傅会也。按:孔子之时无纬书,《十翼》亦未成。〈天运〉篇云:'丘治《诗》、《书》、《礼》、《乐》、《易》、《春秋六经》。'又云:'夫《六经》先王之陈迹也。'〈天下〉篇云:'《诗》以道志,《书》以道事,《礼》以道行,《乐》以道和,《易》以道阴阳,《春秋》以道名分。'皆举《六经》,未及《六纬》,则'十二经'之说,在先秦无有。

又《天运篇》：'不与化为人。'郭《注》：'若播《六经》则疏也。'是郭注《庄》时亦以《六经》为说。'十二'二字疑系'六'字缺坏，折而为二；核者不察，改为'十二'耳。兹据〈天运〉篇文改。"严说可取，当改"十二经"为《六经》。

㊂ 中其说：半中间插断他的话。

　　林希逸说："中其说者，言方及半。"

　　严灵峰先生说："中，犹半也。谓孔子未终其言而老子中止之也。"

㊃ 大谩：太冗长。赵谏议本"大"作"太"。"大"、"太"字通。

　　成玄英《疏》："大谩者，嫌者繁谩太多。"

㊄ 中心物恺："恺"，乐（《释文》引司马彪说）。"物"，一说"易"之讹文（吴汝纶说）；一说"和"字之误（李勉说）。两说皆可通。

　　章炳麟说："'物'为'易'之误。'易恺'，即岂弟。《周语》《毛传》皆训'岂弟'为'乐易'。"（《庄子解故》）

　　李勉说："'物'系'和'字之误。'物''和'二字形似，所以误混，'物恺'即和乐。"

㊅ 几乎后言："几乎"，危殆。"后言"指后面说的这些话。

　　严灵峰先生说："成《疏》：'后发之言。'成说是也。按：上云'中其说'，曩者中止之说为'前言'，后半所说为'后言'。'几'，危殆也，意谓后半继续所说之言，危殆矣。"

　　陶鸿庆说："正文'后'乃'复'字之误。'几乎复言'四字为句，'几'，殆也。'复'之义为反复。意盖病其名言也。"（见陶著《读老庄札记》）陶说可存。卢文弨亦说："旧本'后'作'复'。"

㊆ 放德：依放自然之德（林希逸说）。

　　严灵峰先生说："《论语·里仁篇》：'放于利而行。'孔安国曰：'放，依也。'"
(八)偈偈（jié）乎：形容用力的样子。
(九)亡子：失迷的人。

【今译】

　　孔子想去西边把经书储藏在周室。子路建议说："我听说周朝掌管典籍的史官老聃，引退在家，先生要藏书，可以请他帮忙。"

　　孔子说："好。"

　　去见了老聃，老聃却不答应，于是孔子引述《六经》来解说。

　　老聃插断他的话，说："太冗长了，希望听听要点。"

　　孔子说："要点在仁义。"

　　老聃说："请问，仁义是人的本性吗？"

　　孔子说："是的。君子不仁便不能成长，不义便不能生存，仁义确是人的本性，还有什么指教？"

　　老聃说："请问，什么是仁义？"

　　孔子说："正心和乐，兼爱无私，这是仁义的实情。"

　　老聃说："噫，危殆啊，你后面这些话！谈兼爱，岂不是迂曲！说无私，才是偏私。先生想让天下人不要失去了养育吗？那〔你要知道〕天地原本是常在的，日月原本是光明的，星辰原本是罗列的，禽兽原本是成群的，树木原本是成长的。先生依德而行，顺道去做，就是最好的了；又何必急急于标举仁义，好像敲锣打鼓去寻找失迷的孩子？先生扰乱人的本性啊！"

五

士成綺㊀見老子而問曰："吾聞夫子聖人也，吾固不辭遠道而來願見，百舍重趼㊁而不敢息。今吾觀子，非聖人也。鼠壤有餘蔬㊂，而棄妹㊃之者，不仁也，生熟㊄不盡於前，而積斂無崖。"

老子漠然不應。

士成綺明日復見，曰："昔者，吾有刺於子，今吾心正卻矣㊅，何故也？"

老子曰："夫巧知神聖之人，吾自以爲脫㊆焉。昔者子呼我牛也而謂之牛，呼我馬也而謂之馬㊇。苟有其實，人與之名而弗受，再受其殃㊈。吾服也恆服，吾非以服有服㊉。"

士成綺鴈行避影㊀，履行遂進㊁而問："修身若何？"

老子曰："而容崖然㊂，而目衝然㊃，而顙頯然㊄，而口闞然㊅，而狀義然㊆，似繫馬而止也。動而持㊇，發也機㊈，察而審⑪,知巧而覩於泰⑫,凡以爲不信⑬。邊竟⑭有人焉,其名爲竊。"

【注释】

㊀ 士成绮:姓士,字成绮,不知何许人(成《疏》)。

㊁ 百舍重趼(jiǎn):形容走了很长远的路脚跟长了厚厚的茧。"百舍",旅途百日。"趼",同"茧",脚跟厚皮。

　　司马彪说:"百舍,百日止宿也。"

　　郭庆藩说:"'趼',又读若'茧'。《荀子·劝学》篇:'百舍重茧',《宋策·墨子》:'百舍重茧',皆假'茧'作'趼'也。"

㊂ 鼠壤有余蔬:鼠穴有余粮。"鼠壤",鼠穴土中(成《疏》)。"蔬",指谷物。

　　王念孙说:"《榖梁疏》引糜信曰:'齐鲁之间谓凿地出土、鼠作穴出土,皆曰壤。'"

　　司马彪说:"'蔬',读曰'糈'。'糈',粒也。"

㊃ 弃妹:"妹",犹昧(成《疏》);不爱物(林希逸《注》)。

　　马其昶说:"《释名》:'妹,昧也。'《易略例》明昧,《释文》:一作'妹'。'弃''昧'二字同义。《荀子注》:'昧,蔑也。'"(《庄子故》)按:马说是,"弃妹"即弃蔑。"弃妹之",宣颖说:"不知惜物而弃之。"宣说承林希逸解,为是。旧注多非。英译本(如James Legge, Herbert A.Giles, James R.Warf, Bwrton Watson 等译本),都依字面译"弃妹"为"遗弃妹妹",误。

㊄ 生熟:指生物熟物。

　　成玄英说:"'生',谓粟帛;'熟',谓饮食。"

㊅ 吾心正却矣:"正",谓有所悟。"却",谓有所除。此句意即今天

我心里有所觉悟而除去了前嫌。
⑦ 脱：过免（成《疏》）；离（林希逸说）。
⑧ 呼我牛也而谓之牛，呼我马也而谓之马：无成心而顺任自然之意。和〈应帝王〉篇："一以己为马，一以己为牛"，句义相同。
⑨ 苟有其实，人与之名而弗受，再受其殃：若实有此事，人以讥我而我乃拒之，是两重罪过（林希逸说）。

　　郭象说："有实，故不以毁誉经心也。一毁一誉，若受之于心，则名实俱累，斯所以再受其殃也。"
⑩ 吾服也恒服，吾非以服有服："服"，服从，接受。谓；我接受〔别人给予的名称〕常常是顺其自然地接受，并不是〔有心〕接受才去接受。

　　李勉说："'服'，顺也。言我常顺乎自然，吾非为顺服而有所服，即我之顺服出乎自然，非有意顺服而顺服；无存心也。即吾率性顺乎自然。"
⑪ 雁行避影：像雁斜行，侧身避影。形容侧身行走的样子。

　　福永光司说："《礼记·王制篇》：'父之齿随行，兄之齿雁行。''雁行'，表示对尊者之礼。"
⑫ 履行遂进：踵步而前（林云铭《注》）。

　　林希逸说："'履行'，一步蹑一步也。'履行遂进'，形容其蹑足渐行渐进之貌。"
⑬ 而容崖然："而"，同"汝"。下面四句"而"字亦作"汝"。"崖然"，容态高傲，自命不凡的样子。

　　王先谦说："岸然，崖然自异。"
⑭ 冲然：形象鼓目突视的样子。
⑮ 颎（kuí）然：形容宽大高亢。〈大宗师〉篇有"其颎颎"句。

⑥ 阚(hǎn)然:张口自辩(陈寿昌《经解》)。

　　章炳麟说:"'阚',借为'㘚'。《说文》:'㘚,张口也。'"
⑦ 义然:形容巍峨的样子。"义"借为"峨",详见〈大宗师〉注释。
⑧ 动而持:欲动而强持(宣颖说)。
⑨ 发也机:发动如放弩矢。形容快速。〈齐物论〉:"其发若机栝。"句义相同。
⑩ 察而审:好明察而又精审(林希逸《注》);察事审详(王先谦《注》)。
⑪ 知巧而睹于泰:智巧而见于骄泰之色(王先谦《注》)。"睹",外现。"泰",骄泰。
⑫ 凡以为不信:意指这些都不是真实的本性。

　　郭嵩焘说:"郭象云:'凡此十事,以为不信性命而荡夫毁誉',于文多一转折。'凡以为不信',言凡所为皆出于矫揉,与自然之性不相应,故谓之不信。容也,目也,颡也,口也,状也,一有矜持,若系马而制其奔突,不能自信于心也。动而发,一其机应之,而相胜以知巧,不能自信于外也。微分两义,不得为十事。"(引自郭庆藩《庄子集释》)
⑬ 竟:同"境"。赵谏议本作"境"。

【今译】

　　士成绮见了老子问说:"我听说先生是圣人,我不辞艰苦远道而来希望见到你,旅途百日,脚跟长厚茧,却没有止步。现在我看先生,不算是圣人。鼠穴里有剩余谷物,不爱惜东西,可说不仁,生物熟品堆满在面前,还聚敛不已。"

老子漠然不回应。

第二天士成绮再去见老子，说："昨天我讽刺了你，今天我心里觉悟了，为什么呢？"

老子说："巧智神圣的这种人，我自认为不是。先前你喊我是牛，我便称为牛，你喊我是马，我便称为马，如果我有其实，别人给予名称〔来讥讽〕而我却拒不接受，这是两重的罪过。我接受〔别人给予的名称〕常常是顺其自然地接受，并不是〔有心〕接受才去接受。"

士成绮侧身而行，蹑步向前，问说："怎样修身？"

老子说："你的容态自命不凡，你的眼睛鼓目突出，你的额头高亢，你的口舌夸张，你的形貌巍峨，好似系住的奔马〔身虽被系而心在驰骛〕。蠢蠢欲动而强自抑制，发动迅速如放弩矢，明察而精审，智巧而显现骄泰之色，这都不是真实的本性。边境上有一种人，名为取巧。"

六

夫子曰㊀："夫道，於大不終㊁，於小不遺，故萬物備，廣廣乎其無不容也，淵淵乎㊂其不可測也。形德仁義㊃，神之末也，非至人孰能定之！夫至人有世㊄，不亦大乎㊅！而不足以爲之累。天下奮棅㊆而不與之偕，審乎無假而不與利遷⑧,極物之真,能守其本,故外天地,遺萬物,而神未嘗有所困也。通乎道,合乎德,退仁義,賓⑨禮樂,至人之心有所定矣。"

【注释】

㊀夫子曰:与〈天地〉篇引二条"夫子曰"同,为庄周后学所作(福永光司说)。按:成玄英以为指老子,非。

㊁终:穷(成《疏》)。

㊂渊渊乎:今本作"渊乎"。陈碧虚《庄子阙误》引江南古藏本叠"渊"字,当据补,以与上句"广广乎"对文。"渊渊乎"语亦见于〈知北游〉。

㊃形德仁义:"形","刑"的借字。"刑德",赏罚之谓(福永光司说)。

㊄有世:有天下(林希逸《注》)。《论语·泰伯》:"巍巍乎,舜、禹之有天下也。""有世"和"有天下"同义。

㊅不亦大乎:〔责任〕不是很大吗?

詹姆士里格英译:"The Perfect man has (the charge of) the world;—is not the charge great?"(引自 James Legge 英译本,第 390 页)

㊆奋棅:奋争柄权。"棅"同"柄",指柄权。

陆德明说:"棅,音柄。司马云:'威权也。'"

㊇审乎无假而不与利迁:"无假",无所假借。"审乎无假",处于无待。"利",奚侗认为"物"的误字,作"利"亦通。〈德充符〉作"审乎无假而不与物迁"。

奚侗说:"'利'当作'物'。'利',古文作'物',与'物'形近似易误。〈德充符〉：'审乎无假而不与物迁。'可证。"

马叙伦说："按：'利'，当作《德充符》作'物'。古文'利'字作'物'，形与'物'近，故误为'物'。"按杨树达《拾遗》与奚、马说同。

㈨宾：同"摈"。

俞樾说："'宾'，当读为'摈'。谓摈斥礼乐也。与上句'退仁义'一律。〈达生〉篇曰：'宾于乡里，逐于州部。'此即假'宾'为'摈'之证。"

【今译】

先生说："道，对于任何大的东西都不穷尽，对于任何小的东西都不遗漏，所以具备在万物内。广大啊，无所不容，渊深啊，不可测量。刑、赏、仁、义，乃是精神的末迹，若不是至人，谁能确定它！至人有天下，责任不是很大吗！却不足以牵累他。天下奋争柄权却不为心动，处于无待却不为利诱，究极事物的真性，能持守本根，所以能无视天地，忘怀万物，而精神未尝有所困扰。贯通于道，融合于德，辞退仁义，摈弃礼乐，至人的心静定了。"

七

世之所貴道者書也，書不過語，語有貴也。語之所貴者意也，意有所隨。意之所隨者，不可以言傳也㈠，而世因貴言傳書。世雖貴之,我猶不足貴也,爲其貴非其貴也。故視而可見者,形與色也;聽而可聞者,名與聲也。悲夫,世人以形色名聲爲足以得彼之情!夫形色名聲果不足以得彼之情,則知者不言,言者不知㊁,而世豈識之哉!

【注釋】

㊀意之所隨者,不可以言傳也:這和〈外物〉篇"得魚忘筌"、"得兔忘蹄"的意義相通。

㊁知者不言,言者不知:見《老子》五十六章。

【今譯】

　　世人所珍貴的道載見於書,書不過是語言,語言有它的可貴處。語言所可貴的是意義,意義有所指向。意義所指向的,卻不能用語言來表達,而世人因為珍貴語言才傳之於書。世人雖然貴重書,我卻以為不足貴,因為所珍貴的並不是〔真正〕可貴的。因而,可以看得見的,是形和色;可以聽得見的是名和聲。可悲啊,世人以為從形色和名聲就可以得到事象的實情!假如形色名聲果然不足以確知事象的實情,那麼知道的不說,說的並不知道,但世人又怎能了解呢?

八

桓公讀書於堂上,輪扁㊀斲㊁輪於堂下,釋椎鑿而上,問桓公曰:"敢問,公之所讀者何言邪?"

公曰:"聖人之言也。"

曰:"聖人在乎?"

公曰:"已死矣。"

曰:"然則君之所讀者,古人之糟魄㊂已夫!"

桓公曰㊃:"寡人讀書,輪人安得議乎!有說則可,無說則死。"

輪扁曰:"臣也以臣之事觀之。斲輪㊄,徐則甘而不固,疾則苦而不入㊅。不徐不疾,得之於手而應於心,口不能言,有數㊆存焉於其間。臣不能以喻臣之子,臣之子亦不能受之於臣,是以行年七十而老斲輪。古之人與其不可傳也死矣,然則君之所讀者,古人之糟魄已夫!"

【注释】

㊀轮扁:制造车轮的人,名扁。

㊁斲(zhuó):同"斫"。

㈢糟魄:即糟粕。"魄","粕"的借字。

　　成玄英说:"酒滓曰'糟',渍糟曰'粕'。"

㈣桓公曰:《淮南子·道应训》"桓公"下有"悖然作色而怒"六字。

㈤斲轮:《后汉书·张衡传》注引"斲轮"下有"之法"二字(王叔岷《校释》)。

㈥徐则甘而不固,疾则苦而不入:"甘",滑。"苦",涩。"徐",宽。"疾",紧。宽则甘滑易入而不坚;紧则涩而难入(林希逸说)。

　　丁展成说:"斲轮者,斲轮孔也。《说文》:'有辐曰轮,无辐曰轮。'斲轮'徐则甘而不固',言斲轮孔大则辐易脱。……'徐'有舒义。此谓;轮孔阔也。'疾则苦而不入',言斲轮孔小则辐不得入。"(《庄子音义释》)丁说供参考。

㈦数:术(李颐说)。

【今译】

　　桓公在堂上读书。轮扁在堂下斲车轮,放下椎凿走上前来,问桓公说:"请问,公所读的是什么书?"

　　桓公说:"是圣人之言。"

　　问说:"圣人在吗?"

　　桓公说:"已经死了。"

　　轮扁说:"那么你所读的,是古人的糟粕了!"

　　桓公说:"寡人读书,轮人怎能随便议论! 说得出理由还可以,说不得理由就要处死。"

　　轮扁说:"我用我所从事的事来观察。斲车轮,轮孔做得宽就松滑而不坚固,做得紧就滞涩而难入。不慢不快，得心应手，口里说不出来，有奥妙的技术存在其间。我不能告诉我的儿子，我的儿子也不能继承我，所以七十岁了还在斫轮。古时人和他所不能传授的，都已经消失了，那么你所读的，就是古人的糟粕了！"

天　　运

　　〈天运〉篇，由七章文字杂纂而成。各章意义不相关联，属于杂记体裁。"天运"，即自然的运转。首句"天其运乎"取二字为篇名。

　　本篇第一章，写宇宙万物的运行，乃是五种原因在空间运动的结果。第二章，大宰荡与庄子谈仁，申说"至仁无亲"之义。第三章，北门成与黄帝论乐。写闻乐时心境的变化。第四章，师金对颜渊评孔子的复礼，认为"礼义法度"是应时而变的，守旧者推行古礼，就好像"推舟于陆"一般，是行不通的。第五章，写老聃向孔子谈道，谈"采真之游"。第六章，老聃告诉孔子，仁义愦人心。第七章，写老子告诉孔子，《六经》乃先王之陈迹，非"所以迹"。

　　出自本篇的成语，有不主故常、在谷满谷、满阬（坑）满谷、推舟于陆、西子捧心、西施捧心、东施效颦、播糠眯目等。

一

"天其運乎？地其處乎㊀？日月其爭於所乎？孰主張㊁是？孰維綱是？孰居無事而推行是㊂？意者㊃其有機緘而不得已邪？意者其運轉而不能自止邪？雲者爲雨乎？雨者爲雲乎？孰隆施㊄是？孰居無事淫樂㊅而勸是㊆？風起北方，一西一東，在上彷徨㊇，孰噓吸㊈是？孰居無事而披拂㊉是？敢問何故？"

巫咸袑㊋曰："來！吾語女。天有六極五常㊌，帝王順之則治，逆之則凶。九洛之事㊍，治成德備，監照下土，天下戴之，此謂上皇。"

【注释】

㊀天其运乎？地其处乎：〈天道〉篇："其动也天，其静也地。"义同。
　"天运"当指日月星辰运转、风吹云飘雨降等现象。
㊁主张：主宰而施张（成玄英《疏》）。
㊂而推行是：原作"推而行是"，依奚侗之说改。
　　奚侗说："案：'推'字当在'而'下。'推行'连语，与'主张'、'纲维'相耦。"
　　陶鸿庆说："郭《注》云：'无则无能推，有则各有事；然则无事而推行者谁乎哉？各自行耳。'据自，是郭所见本作'而推行是'。与'主张'、'纲维'句法一律。今本盖校者据《释文》改之。"

王叔岷先生说："《注》：'然则无事而推行者谁乎哉？'是郭本'推'字正在'而'下。湛然《辅行记》一三，《朱子语类》一二五引并同，今本误倒。"各说可从。

④ 意者：犹"或者"。

⑤ 隆施："隆"，兴（成《疏》）。一说："隆"当作"降"，古字通用（详见俞樾《庄子平议》）。湛然《辅行记》四〇引正作"降"（王叔岷《校释》）。

⑥ 淫乐：过求欢乐。

林云铭说："云雨阴阳和气所成，故曰'淫乐'。"

⑦ 劝是：劝勉，助成之意。

⑧ 在上彷徨："在"，今本作"有"。"有"系"在"字之误。《阙误》引张君房本"有"作"在"，当据改（奚侗《庄子补注》）。唐写本亦作"在"（王叔岷《校释》）。"彷徨"，回转之貌（成《疏》）；往来之貌（林希逸《口义》）。

⑨ 嘘吸：同"呼吸"。古时以风为"大块噫气"（〈齐物论〉语）。

⑩ 披拂：吹动。

⑪ 巫咸祒：寓设人物。

胡文英说："'巫咸祒'，或解'祒'为'招'字，或解为'巫咸'名'祒'。俱属凿空，何用解之。"（《庄子独见》）

⑫ 六极五常："六极"，即六合，指东、南、西、北、上、下。"五常"，即五行，指金、木、水、火、土。

⑬ 九洛之事：有两解：（一）九州聚落之事（成《疏》）。（二）《洛书》九畴之事（杨慎《注》）。"九畴"，指九类大法：一、五行，二、五

事,三、八政,四、五纪,五、皇极,六、三德,七、稽疑,八、庶征,九、五福六极(详见《尚书洪范》)。

【今译】

"天在运转吗？地在定处吗？日月往复照临吗？有谁主宰着？有谁维持着？有谁安居无事而推动着？或者有机关发动而出于不得已？或者它自行运转而不能停止？云层是为了降雨吗？降雨是为了云层吗？有谁兴降云雨？有谁安居无事过分求乐去助成它？风从北方吹起,忽西忽东,在上空回转往来,有谁嘘吸着？谁安居无事去吹动它？请问什么缘故？"

巫咸䪻说："来！我告诉你。天有六合五行,帝王顺着它便能安治,违逆它便生祸乱。〔顺着这自然之理〕九州的事物,功成而德备,照临人间,天下拥戴,这就是上皇之治。"

二

商大宰蕩⊖問仁於莊子。莊子曰:"虎狼,仁也。"

曰:"何謂也？"

莊子曰:"父子相親,何爲不仁？"

曰："請問至仁。"

莊子曰："至仁無親㊀。"

大宰曰："蕩聞之，無親則不愛，不愛則不孝。謂至仁不孝，可乎？"

莊子曰："不然。夫至仁尚矣，孝固不足以言之。此非過孝之言也，不及孝之言也。夫南行者至於郢㊁，北面而不見冥山㊃，是何也？則去之遠也。故曰：以敬孝易，以愛孝難；以愛孝易，以忘㊄親難；忘親易，使親忘我難；使親忘我易，兼忘天下難；兼忘天下易，使天下兼忘我難。夫德遺堯舜而不爲也㊅，利澤施於萬世，天下莫知也，豈直太息而言㊆仁孝乎哉！夫孝悌仁義，忠信貞廉，此皆自勉以役其德㊇者也，不足多㊈也。故曰，至貴，國爵并焉㊉；至富，國財并焉；至顯㊊，名譽并焉。是以道不渝㊋。"

【注释】

㊀ 商大宰蕩："商"，即宋。周朝封殷代后裔为宋，所以称为商。"大宰"是官号，字蕩。

㊁ 至仁无亲：即至仁无私，谓至仁者一视同仁，无所偏爱。《老子》七十九章有"天道无亲"，句法相同。〈齐物论〉："大仁不仁"，句义一致。

㊂郢（yǐng）：楚国都邑。在今湖北省江陵县。
㊃冥山：山名寓设。

　　李勉说："'冥'，杳远迷恍之谓。此'冥山'者，作者自命之山，意喻遥远冥恍之山，在最北之地，非真有此山。言冥山已不易见，则复南行至郢，更不易见，以言愈孝愈远至仁之道。"（《庄子总论及分篇评注》）

㊄忘：形容心境达到适度的一种境界。
㊅德遗尧舜而不为也："遗"，忘怀之意。忘怀尧舜而无为（林希逸《口义》）。
㊆太息而言：嗟叹自夸（林希逸《口义》），忧心的表现（曹础基说）。
㊇役其德："德"，真性，劳役其性（成《疏》）。
㊈不足多：不足尚。
㊉至贵，国爵并焉："并"，读为"屏"，弃。

　　林希逸说："我之至贵，何取于国爵。"

㊀㊀至显：原作"至愿"。"愿"字为"显"字的笔误，依奚侗之说改。

　　奚侗说："'愿'为'显'讹。本篇下文'以显为是者，不能让名。'〈庚桑楚〉篇：'贵、富、显、严、名、利六者勃志也。'皆足为本文'愿'当作'显'之证。"

㊀㊁是以道不渝："渝"，变（成《疏》）。

　　马叙伦说："按文有夺失。"

　　李勉说："上文言'至仁'、'至贵'、'至富'、'至显'：此处应作'至道'，漏一'至'字也。'渝'应作'喻'，口称也。'至道不渝'，谓至道不自称其道以夸扬，所谓大道不称是也。"按李说可存。

【今译】

　　宋国大宰荡向庄子问仁。庄子说:"虎狼也有仁性。"

　　大宰说:"怎么说呢?"

　　庄子说:"父子相亲,为什么不是仁?"

　　大宰说:"请问至仁。"

　　庄子说:"至仁超乎亲爱。"

　　大宰说:"荡听说:无亲便不爱,不爱便不孝。要说至仁不孝,可以吗?"

　　庄子说:"不是的。至仁是最高的境界,孝还不足以说明它。你所说的并没有超过孝,而是没有达到孝的境界。像往南走到郢都,往北便看不到冥山,这是为什么呢?距离太遥远了。所以说:用敬来行孝容易,用爱来行孝难;用爱来行孝容易,使父母安适难;使父母安适容易,让父母不牵挂我难;让父母不牵挂我容易,使天下安适难;使天下安适容易,让天下忘我难。所谓至德便是遗忘尧舜而虚静无为,泽及万世而天下不知,难道非要忧心忡忡去宣扬仁孝吗!孝悌仁义,忠信贞廉,这些都是用来勉励自己而劳苦人性的,却是不足以刻意标举的。所以说:最尊贵的,一国的爵位可以舍弃;最富足的,一国的财货可以舍弃;最显荣的,任何名誉可以舍弃。这乃是依道而行事的缘故。"

三

北門成⊖問於黃帝曰:"帝張《咸池》⊜之樂於洞庭之野⊜,吾始聞之懼,復聞之怠,卒聞之而惑;蕩蕩默默⑩,乃不自得。"

帝曰:"汝殆其然哉! 吾奏之以人,徵⑤之以天,行之以禮義,建之以太清⑥。四時迭起,萬物循生;一盛一衰,文武倫經⑲;一清一濁,陰陽調和,流光其聲;蟄蟲始作,吾驚之以雷霆;其卒無尾,其始無首;一死一生,一僨⑧一起;所常無窮⑰,而一不可待⑪。汝故懼也。

"吾又奏之以陰陽之和,燭之以日月之明;其聲能短能長,能柔能剛,變化齊一,不主故常⊕;在谷滿谷,在阬滿阬;塗郤⑬守神,以物爲量⑭。其聲揮綽⑮,其名⑯高明。是故鬼神守其幽,日月星辰行其紀。吾止之於有窮,流之於無止。子欲慮之而不能知也,望之而不能見也,逐之而不能及也;儻然立於四虛之道⑰,倚於槁梧而吟⑱。心窮乎所欲知,目窮乎所欲見,力屈乎所欲逐⑲,吾既不及已夫! 形充空虛,乃至委蛇⑳。汝委蛇,故怠。

"吾又奏之以無怠之聲,調之以自然之命㊅,故若混逐叢生㊆,林樂而無形;布揮而不曳㊇,幽昏而無聲。動於無方㊈居於窈冥㊉;或謂之死,或謂之生;或謂之實,或謂之榮;行流散徙,不主常聲。世疑之,稽於聖人。聖也者,達於情而遂於命也。天機不張而五官皆備,無言而心說,此之謂天樂㊊。故有焱氏㊋為之頌曰:'聽之不聞其聲,視之不見其形,充滿天地,苞裹六極。'汝欲聽之而無接焉,而㊌故惑也。

"樂也者,始於懼,懼故祟。吾又次之以怠,怠故遁;卒之於惑,惑故愚㊍;愚故道,道可載而與之俱也。"

【注释】

㊀北门成:姓北门,名成,黄帝臣(成《疏》)。黄帝与北门成对话系寓设。
㊁《咸池》:古代乐章名称。
㊂洞庭之野:即广漠之野。
　　成玄英《疏》:"洞庭之野,天地之间,非太湖之洞庭也。"
㊃荡荡默默,乃不自得:"荡荡",精神散(林希逸说)。"荡荡默默",摇摇昏昏。"不自得",内心空虚疑惑,不知所以然(李勉说)。
㊄徽:今本作"徽"。古本多作"徽"(《释文》)。与"挥"同(马叙伦《义证》),奏乐之意。

⑥ 建之以太清："太清"，天道（成《疏》）。

按："建之以太清"句下，通行本原有"夫至乐者，先应之以人事，顺之以天理，行之以五德，应之以自然，然后调理四时，太和万物"三十五字，疑系郭象注文羼入。

苏舆说："'夫至乐者'以下三十五字是注文。"

马叙伦说："苏说是也。当是郭象《注》。宜在下文'流光其声'下注文'自然律吕'云云之上。"

于省吾说："苏辙云：'夫至乐者以下三十五字是注文。'按苏说是也。郭庆藩《集释》竟未采此说，疏矣。兹列五证以明之：敦煌古钞本无此三十五字，其证一也。'先应之以人事，顺之以天理'，与上'奏之以人，征之以天'词复，其证二也。'调理四时，太和万物'，与下'四时迭起，万物循生'，词义俱复，其证三也。上言'行之以礼义，建之以太清'，'清'字与下文'生''经'为韵，有此三十五字，则'清'字失韵，其证四也。郭于三十五字之以无注，其证五也。"

王叔岷先生说："案唐写本，赵谏议本，《道藏》成玄英本，王元泽本，林希逸《口义》本，并无此三十五字，乃《疏》文窜入正文也。"刘文典《补注》与王说同。

⑦ 文武伦经："伦经"，犹经纶（胡文英、郭嵩焘、章炳麟说）。

林希逸说："发生，'文'也。肃杀，'武'也。'伦经'，次序也。"

曹础基说："'经纶'，指政治上的比和分合。'文武经纶'，指乐曲表现了文治武功的各种变化。"（《庄子浅注》）

⑧ 偾：仆（司马彪说）。

⑨ 所常无穷："常"，与"当"古通。《管子宙合》："应变不失之谓

当。"这句话意即其所对应之变化无穷。

⑪一不可待:皆不可待(俞樾《庄子平议》)。

曹础基说"'一不可待',全都不能预料。以上四句意谓:乐曲一高一低,一静一响,都表现了万物的生死起落,以无穷的变化为常态,故听者都感到不可预料。"

⑫不主故常:不拘泥于固定。

林希逸说:"'故',旧也。'不主故常',言愈出愈新也。"

⑬涂郤:"涂",借"杜",即杜塞的意思,"郤",同隙,指七窍。"涂郤",与《老子》五十六章:"塞其兑"同义。

⑭以物为量:顺任外物为原则。

林希逸说:"随万物而为之剂量,言我之作乐,不用智巧而循自然也。"

⑮挥绰:悠扬越发(林云铭说)。

⑯名:作节奏解。

林云铭说:"名者,节奏之可名象者也。"

⑰四虚之道:四方没有际限的大道。

⑱倚于槁梧而吟:〈德充符〉有"倚树而吟,据槁梧而瞑"句。"槁梧",即几案。

⑲心穷乎所欲知,目穷乎所欲见,力屈乎所欲逐:这三句是承上文"欲虑之而不能知也,望之而不能见也,逐之而不能及也"而来的,今本脱误为:"目知穷乎所欲见,力屈乎所欲逐",据马叙伦之说改正。

马叙伦说:"案此有脱误。上文'子欲虑之而不能知也,望之而不能见也,逐之而不能及也',是'目穷乎所欲见',应'望之'句;'力屈乎所欲逐',应'逐之'句,则上宜有一句以应'虑之'句,此'目'下'知'字,即夺文之迹犹可寻者。今在'目'下,则文义不顺。盖本有'口穷乎所欲知'一句,今夺失耳。"马说确实,惟"口穷乎所欲知",当为"心穷乎所欲知",因"知"与"虑"(上文)都是"心"的作用;"心知""心虑"连用,已成惯例。

⑨委蛇:随顺应变。已见于〈应帝王篇〉。

⑩自然之命:"命",借为"令","令",谓节奏(马叙伦《义证》)。

⑪混逐丛生:混然相逐,丛然并生(林云铭《注》)。

　　马叙伦说:"按'逐'疑为'遁'之省,混遁犹混沌。"可备一解。

⑫林乐而无形:"林乐",喻众乐齐奏。

　　林希逸说:"'林乐',林然而乐,言林林总总,无非乐也,而不见其形。"

　　林云铭说:"林然共乐,而无有形象。"

　　郭嵩焘说:"《说文》:'丛木曰林。''林乐'者,相与群乐之。五音繁会,不辨声之所从出,故曰无形。'林乐而无形',其声聚也。"(引自郭庆藩《庄子集释》)

　　章炳麟说:"'林',借为'隆'。汉避讳改'隆虑'为'林虑',明古'隆''林'音近。《说文》:'隆,丰大也。'"可备一说。

⑬布挥而不曳:"布挥",形容乐声的播散振扬。

　　林云铭说:"其布散发作,虽若罄尽而不留曳。"

　　郭嵩焘说:"'挥'者,振而扬之,若布之曳而愈长,而亦无有曳之者。'布挥而不曳',其声悠也。"

⑭动于无方:"方",限定之意(福永光司说)。

⑮窈冥:语见《老子》二十一章。亦见于〈在宥〉篇。

⑯无言而心说,此之谓天乐:原作:"此之谓天乐,无言而心说。"语

句疑是倒错。从文势看,"此之谓天乐"应是承接"无言而心说"的结语。

王懋竑说:"'无言而心说',当在'此之谓天乐'上。"按王说是。

⑬ 有炎（yàn）氏:神农（成《疏》）。
⑭ 而:同"汝"。
⑮ 愚:林希逸说:"愚是意识俱亡,大用不行之时。"

【今译】

北门成问黄帝说:"你在广漠的原野上放奏《咸池》乐章,我初听时感到惊惧,再听时便觉松弛,最后听得迷惑了;心神恍恍惚惚,把握不住自己。"

黄帝说:"你可能会那样罢！我以人事来弹奏,以天理来伴演,以仁义来运行,以自然元气应合。四时相继而起,万物顺序而生;忽盛忽衰,生杀循序;一清一浊,阴阳调和,声光交流;蛰虫刚要振作,我以雷霆之声惊动它;〔乐声〕终了却寻不着结尾,开始却寻不着源头;忽而消逝忽而兴作,忽而停止忽而升起;对应变化而无穷尽,而全然不可期待,所以你感到惊惧。

"我又用阴阳的和谐来演奏,用日月的光明来烛照;声调可短可长,能柔能刚;变化有规律,却能翻陈出新,乐声盈满阬谷;约制情欲,凝守精神,循任自然。音乐悠扬,节奏明朗。因而鬼神幽隐,日月星辰依轨道运行。我演奏有时而止，回声却流泛无穷。你要思虑却不能明白，要观看却见不到，要追逐却赶不及；茫然置身于四面无际限的大道，倚着几案而谈吟。内心穷竭于所要明了的，眼睛穷竭于所要见到的，精力穷竭于所要追逐的，你追赶我不上了！形体充满而内心空明，才可随顺应变。你随顺应变，所以觉得松弛。"

"我又用无怠的声音来演奏，用自然的节奏来调和，所以音调混然相逐，丛然并生，众乐齐奏而不见形迹，乐声播散振扬而不留曳，意境幽深而不可闻。它变化无常，止于玄妙的境界；忽而好像消逝，忽而陡然兴起；忽而有如结果，忽而有如开花；它流行不定，不限于老调。世人疑惑，查问圣人。所谓圣，便是通达情理顺任自然。性不动而五官俱备，无言而心悦，这就是天乐。所以神农称颂它说：'听不到声音，看不见形象，充满了天地，包藏着六极。'你想听也无法听到，所以你会迷惑。

"这种乐章，开始时感到惊惧，惊惧便以为是祸患，我又演奏使人心情松弛的声调，心情松弛，所以惊惧之情遁灭终于觉得迷惑，迷惑才淳和无识，心灵淳和无识才合于道，到达这种境地，可与道会通融合。"

四

孔子西遊於衛。顏淵問師金㊀曰："以夫子之行爲奚如？"

師金曰："惜乎，而夫子其窮哉！"

顏淵曰："何也？"

師金曰："夫芻狗㊁之未陳也，盛以篋衍㊂，巾㊃以文繡，尸祝齊戒以將㊄之。及其已陳也，行者踐其首脊，蘇者㊅取而爨之而已。將復取而盛以篋衍，巾以文繡，遊居寢臥其下㊆，彼不得夢，必且數眯㊇焉。今而夫子，亦取先王已陳芻狗，聚弟子遊居寢臥其下。故伐樹於宋㊈，削迹於衛㊉，窮於商周㊋，是非其夢邪？圍於陳蔡之間㊌，七日不火食，死生相與鄰，是非其眯邪？

"夫水行莫如用舟，而陸行莫如用車。以舟之可行於水也而求推之於陸，則沒世不行尋常"㊍。古今非水陸與？周魯非舟車與？今蘄行周於魯，是猶推舟於陸也，勞而無功，身必有殃。彼未知夫無方之傳㊎，應物而不窮者也。

"且子獨不見夫桔槔㊶者乎？引之則俯，舍之則仰。彼，人之所引，非引人也，故俯仰而不得罪於人。故夫三皇五帝㊷之禮義法度，不矜㊸於同而矜於治，故譬三皇五帝之禮義法度，其猶柤梨橘柚㊹邪！其味相反而皆可於口。

"故禮義法度者，應時而變者也。今取猨狙㊺而衣以周公之服，彼必齕齧挽裂，盡去而後慊㊻。觀古今之異，猶猨狙之異乎周公也。故西施病心而矉㊼其里，其里之醜人見之而美之，歸亦捧心而矉其里。其里之富人見之，堅閉門而不出，貧人見之，挈妻子而去走。彼知矉美，而不知矉之所以美。惜乎，而夫子其窮哉！"

【注释】

㊀师金：鲁国太师，名金。
㊁刍狗：用草扎成的狗，作为祭祀时使用。《老子》五章："天地不仁，以万物为刍狗。"

　　李颐说："结刍为狗，巫祝用之。"
㊂篋衍："篋"，即竹篋。"衍"，笥（李颐《注》）。

　　朱骏声说："'衍'，借为'筕'。《说文》：'筕，笥也。'"（马叙伦《义证》引）
㊃巾："覆"（见成《疏》）。

　　郭庆藩说："'巾'字，疑'饰'字之误。《太平御览》引《淮南

㈤将：送。和〈应帝王〉"不将不迎"的"将"，用法相同。
㈥苏者：樵人（王敔《注》）。

　　陆德明说："李云：'苏，草也，取草者得以炊也。'案《方言》云：'江淮南楚之间谓之苏。'《史记》云：'樵苏后爨'，注云：'苏，取草也。'"

㈦寝卧其下：语见于〈逍遥游〉。
㈧眯（mì）：梦魇。

　　成玄英《疏》："眯，魇。"

㈨伐树于宋：孔子周游到宋国境内，和弟子们歇在一棵大树下，孔子叫弟子们温习所学过的礼节。正在演习的时候，宋国的司马魋带了一伙人来，把大树砍倒了，还想杀孔子，孔子随即带着弟子逃退。据说桓魋是个很奢侈的人，他要替自己造一个石椁，造了三年都没有造好，可是工匠都病倒了。这事曾遭到孔子严厉批评。所以结怨于桓魋。

㈩削迹于卫：孔子离开鲁国时，走到卫国（河南北部），卫灵公对他不放心，派了公孙余假监视孔子。孔子不得不离开卫国。孔子离开卫国时，经过一个叫匡的地方（这地方被卫灵公驱逐的一个贵族公孙戍所占据）。匡城人把孔子误认为阳虎，原来阳虎曾经带兵扰乱过这个地方，于是孔子们被围困起来，围困了五天，才被放出来。孔子被放出来的时候，占据匡城的公孙戍还警告他不许再到卫国来。

㈠穷于商周："穷"，不得志。商是殷地，周是东周（成《疏》）。"周"，当指宋与卫。

㈡围于陈蔡之间：陈蔡之间是指负函（现在的河南信阳县）的地

方,孔子在宋国,碰了桓魋,几乎遇险。孔子怕遭不测,于是便穿上"微服"(即便衣,见《孟子·万章上》)逃出了宋国。孔子离开宋国,走到陈国,但是陈国局势很混乱,于是孔子想去楚国,路经陈蔡之间的负函,这时正逢吴楚交战。孔子就在路上被乱兵围住,带的粮食也吃光了,后来派子贡和楚军交涉,才解了围。

⑬ 寻常:指短距离。八尺的长度为"寻",一丈六尺为"常"。

马其昶说:"寻常,犹尺寸。《左传》:'争寻常以尽其民。'《注》言:'争尺寸之地。'"

⑭ 无方之传:没有限定的转化。"无方",见于上文。

郭庆藩说:"'传',读若'转',言无方之转动也。《吕氏春秋·必己篇》:'若夫万物之情,人伦之传',高《注》:'传,犹转也。'"

⑮ 桔槔:汲水的器具。〈天地〉篇作"槔"。

⑯ 三皇五帝:"三皇"有两说:一说天皇、地皇、人皇(《河图·三五历》);一说燧人、伏羲、神农(《尚书大传》)。"五帝"有两说:一说黄帝、颛(zhuān)顼(xū)、帝喾、尧、舜(《史记·五帝本纪》);一说少昊、颛顼、高辛、尧、舜(孔安国《尚书序》)。

⑰ 矜:尚(林云铭《注》)。

⑱ 柤梨橘柚:见于〈人间世〉。

⑲ 猨狙(jū):"猨",同猿。"狙",形像猴。"猨狙",已见于〈齐物论〉、〈应帝王〉及〈天地〉篇。

⑳ 慊(qiè):满足。

㉑ 矉:同"颦",蹙额。

【今译】

　　孔子西游到卫国。颜渊问师金:"你认为我先生的做法怎么样?"

　　师金说:"可惜了,你先生之道行不通!"

　　颜渊说:"为什么呢?"

　　师金说:"刍狗还没有献祭的时候,用竹筐盛着,用绣巾盖着,巫师斋戒来迎送。等到献祭以后,行路人践踏着它的头部和脊背,樵夫捡去炊食罢了,若有人再拿来用竹筐盛,用绣巾盖着,遨游居处而取来睡在一旁,即使他不会得〔噩〕梦,也会觉得困扰。现在你先生,也拿了先王已经使用过的刍狗,聚集弟子,游历居处而取来睡在一旁。所以在宋国遭受到伐树的屈辱,在卫国被禁止居留,不得志于商、周等地!这不是得噩梦吗?围困在陈、蔡两国交界的地方,饿了七天,走近死亡的边缘,这不是困扰吗?"

　　"水上通行莫过于用船,陆上行走莫过于用车。以为船可行于水上便希望推到陆地上走,那就终生走不了多远。古和今不就像水和陆的不同吗?周和鲁不就像船和车的不同吗?现在企求将周朝的制度实行到鲁国,这就像把船推到陆地上行走,徒劳而无功,自身还会遭殃。他不知道遵循无常定的转进,乃是顺应事物,变化无穷的道理。

　　"你没有看见过汲水的桔槔吗?人牵引它便俯下,舍放它便仰上。它是被人所牵引,并不是牵引人的,所以无论俯下或仰起都不会得罪人。因而三皇五帝的礼义法度,不贵于相同,而贵于能使天下太平。因而三皇五帝的礼义法度,就好比柤、梨、橘、柚呀!味道全然不同却都可口。

"可见礼义法度是随着时代而改变的。现在让猿猴穿上周公的礼服,它一定咬破撕裂,脱光而后快。看古今的不同,就像猿猴不同于周公一样。西施心病,在村里皱着眉头,邻里的丑女看到觉得很美,回去也在村里捧着心皱着眉。村里的富人看见,紧闭着门不出来,穷人看见,带了妻子走开。她知道皱眉头的美,却不知道皱眉头为什么美。可惜啊!你先生之道行不通了!"

五

孔子行年五十有一而不聞道,乃南之沛⊖見老聃。

老聃曰:"子來乎?吾聞子,北方之賢者也,子亦得道乎?"

孔子曰:"未得也。"

老子曰:"子惡乎求之哉?"

曰:"吾求之於度數⊜,五年而未得也。"

老子曰:"子又惡乎求之哉?"

曰:"吾求之於陰陽,十有二年而未得。"

老子曰:"然。使道而可獻,則人莫不獻之於其君;使道而可進,則人莫不進之於其親;使道而可以告人,則人莫不告其兄弟;使道而可以與人,則人莫不與其子孫。然而不可者,無它也,中無主而不止⑬,外無正⑭而不行。由中出者,不受於外,聖人不出;由外入者,無主於中,聖人不隱。名,公器也,不可多取。仁義,先王之蘧廬⑮也,止可以一宿而不可久處,覯⑯而多責。

"古之至人,假道於仁,託宿於義,以遊逍遙之墟,食於苟簡⑰之田,立於不貸之圃。逍遙,無為也;苟簡,易養也;不貸,無出⑱也。古者謂是采眞⑲之遊。

"以富為是者,不能讓祿;以顯為是者,不能讓名;親權者,不能與人柄。操之則慄,舍之則悲,而一無所鑒,以闚其所不休者⑳,是天之戮民也。怨恩取與諫教生殺,八者,正之器也,唯循大變無所湮者為能用之。故曰,正者,正也㉑。其心以為不然者,天門㉒弗開矣。"

【注釋】

㊀沛:江蘇省沛縣。

⇨ 度数:制度名数(林云铭《注》)。"度数"一词已见于〈天道〉篇。
⇨ 中无主而不止:心中不自得则道不停留。

　　郭象《注》:"心中无受道之质,则虽闻道而过去也。"

　　林希逸说:"中无主而不止,非自见自悟也。言学道者虽有所闻于外,而其中自无主,非所自得,虽欲留之,不住也。"

⇨ 正:证(王敔注)。

　　林希逸说:"今禅家所谓印证也。"

⇨ 蘧庐:旅舍。

　　林希逸说:"蘧庐,草屋也。"

⇨ 覯(gòu):见。

⇨ 苟简:简略。

　　王穆夜说:"'苟',且也。'简',略也。"(《释文》引)

⇨ 无出:不费力,无费于我(林希逸《注》)。

⇨ 采真:探求内真。"采",同"採"。

　　吕吉甫说:"凡所采者,莫非真也。"(引自焦竑《庄子翼》)

　　褚伯秀说:"采真之游,言不容一毫私伪于其间,如天之运出乎自然,而生生化化未尝息。"(《南华真经义海纂微》)

⇨ 一无所鉴,以窥其所不休者:指他们一无鉴识,以反省自己所不停地追逐者。

　　林希逸说:"'窥',视也。'所不休',迷而不知返也。心无明见,而不能反视其迷。"

⇨ 正者,正也:自正的,才能正人。

　　林希逸说:"在我者正,而后可以正物。"

⇨ 天门:心(成《疏》)。《老子》十章有"天门开阖"语。

　　陆长庚说:"'天门',犹言'灵府'也。"(陆著《南华副墨》,引

自焦竑撰《庄子翼》)

【今译】

孔子五十一岁还没有得道,于是往南到沛地去见老聃。

老聃说:"你来了吗?我听说你是北方的贤人,你也得道吗?"

孔子说:"还没有得到。"

老子说:"你怎样寻求的呢?"

孔子说:"我从制度名数来寻求,五年还没有得到。"

老子说:"你又怎样去寻求呢?"

孔子说:"我从阴阳的变化来寻求,十二年还没有得到。"

老子说:"对的。假使道可以奉献,人臣就没有不奉献给君主的;假使道可以进供,人子就没有不进供给父母的;假使道可以告诉别人,人们就没有不告诉兄弟的;假使道可以给予他人,人们就没有不给予子孙的。然而这事是不可能的,没有其他的因素,心中不自悟则道不停留,向外不能印证则道不能通行。出自于内心的领悟,不为外方所承受时,圣人便不告示;由外面进入,而心中不能领受时,圣人便不留存。名器是天下共用的,不可以多取。仁义是先王的旅舍,只可以停留一宿而不可以久居,形迹昭彰便多责难。

"古时的至人,假道于仁,托足于义,以悠游于逍遥的境地，生活在简略的田地，立身于不施与的园圃。这样便能逍遥无为；简略便容易满足；不施与便不耗费。从前称这为'采真之游'。

"以财富为追求对象的，便不能让人利禄；以荣显为追求对象的，便不会让人名誉；迷恋权势的，便不肯给人柄权。操持它便战栗，舍弃它便悲忧，〔这种人〕心中一无明见，只关注自己所不停追逐的，从自然的道理看来，他们像受着刑戮的人。怨、恩、取、与、谏、教、生、杀，这八种是纠正人的方法，只有能够顺任自然的变化而不为物欲所滞塞的人，才能使用它。所以说，自正的人，才能正人。如果内心不能认识这一点，心灵活动便不能通畅。"

六

孔子見老聃而語仁義。老聃曰："夫播穅㊀眯目，則天地四方易位矣；蚊蝱嘬膚，則通昔㊁不寐矣。夫仁義憯㊂然乃憤吾心㊃，亂莫大焉。吾子使天下無失其樸，吾子亦放風而動㊄，總㊅德而立矣，又奚傑傑然揭仁義㊆，若負建鼓㊇而求亡子者邪？夫鵠㊈不日浴而白，烏不日黔㊉而黑。黑白之樸，不足以為辯；名譽之觀，不足以為廣。

泉涸,魚相與處於陸,相呴以濕,相濡以沫,不若相忘於江湖㊿!"

孔子見老聃歸,三日不談,弟子問曰:"夫子見老聃,亦將何規㊶哉?"

孔子曰:"吾乃今於是乎見龍!龍,合而成體,散而成章,乘雲氣而養㊷乎陰陽。予口張而不能嗋㊸,予又何規老聃哉!"

子貢曰:"然則人固有尸居而龍見,淵默而雷聲㊹,發動如天地者乎?賜亦可得而觀乎?"遂以孔子聲見老聃。

老聃方將倨㊺堂而應,微曰:"予年運而往矣㊻,子將何以戒㊼我乎?"

子貢曰:"夫三皇㊽五帝之治天下不同,其係㊾聲名一也。而先生獨以爲非聖人,如何哉?"

老聃曰:"小子少進!子何以謂不同?"

對曰:"堯授舜,舜授禹,禹用力而湯用兵,文王順紂而不敢逆,武王逆紂而不肯順,故曰不同。"

老聃曰:"小子少進!余語汝三皇五帝之治天下。黃帝之治天下,使民心一,民有其親死不哭而民不非也。堯之治天下,使民心親,民有爲其親殺其殺㊿而民不非也。

舜之治天下,使民心競,孕婦十月而生子㊉,子生五月而能言,不至乎孩而始誰㊀,則人始有夭矣。禹之治天下,使民心變,人有心而兵有順㊁,殺盜非殺人,自爲種而天下耳㊂,是以天下大駭,儒墨皆起。其作始有倫,而今乎婦,女何言哉㊃!余語汝,三皇五帝之治天下,名曰治之,而亂莫甚焉。三皇之知,上悖日月之明,下睽山川之精,中墮四時之施㊄,其知憯於蠆蠆㊅之尾,鮮規之獸㊆,莫得安其性命之情者,而猶自以爲聖人,不亦可恥乎㊇,其無恥也?"

子貢蹴蹴然立不安。

【注释】

㊀播穅:"播",借为"簸"(马叙伦《义证》)。"穅",同"糠"。

㊁通昔:即通夕。"昔"、"夕"古通。《道藏》成玄英《疏》本"昔"作"夕"。

林希逸说:"'昔',即'夕'也。《左传》曰:'居则备一昔之术。'"

郭庆藩说:"案'昔',犹'夕',通昔,犹通宵也。"

严灵峰先生说:"按:《列子·周穆王》篇:'昔昔梦为国君。'殷敬顺释文云:'昔昔,夜夜也。'"(《道家四子新编》,第774页)

㊂憯(cǎn):通"惨"。

林希逸说:"憯然,毒之状也。"

㊃ 愦吾心:"愦",今本作"愤",形近而误。

　　郭庆藩说:"案'愦',《释文》:'本又作"愤"。'当从之。'贲''贵'形相近,故从'贲'从'贵'之字常相混。"

　　严灵峰先生说:"《说文》:'愦,乱也。'与下文'乱莫大焉'正相应,因据郭说改。"

㊄ 放风而动:"放",依(司马《注》)。

　　林希逸说:"'放风',顺化也。顺化而行,故曰:'放风而动。'"

㊅ 总:执(林希逸《口义》)。

㊆ 又奚杰杰然揭仁义:"杰杰然",用力貌(成《疏》)。今本作"杰然",陈碧虚《庄子阙误》引张君房本重"杰"字,赵谏议本同(王孝鱼校),据补。今本并缺"揭仁义"三字,依刘师培等说补。

　　刘师培说:"〈天道〉篇述聃语,作'夫子亦放德而行,循道而趋,已至矣,又何偈偈乎仁义,若击鼓而求亡子焉',二文略同。'杰然''偈乎'音义并符。……'若负'以上,似总'揭仁义'三字。郭云:'揭仁义以超道德之乡。'所据弗误。"(《庄子斠补》)

　　于省吾说:"〈天道〉:'又何偈偈乎仁义若击鼓而求亡子焉。''偈偈'即'杰杰'。〈庚桑楚〉:'若规规然若丧父母,揭竿而求诸海也。'与此文例并相仿。"(《庄子新证》)

　　王叔岷先生说:"案刘师培据〈天道〉篇及郭《注》,以证'杰然'下总'揭仁义'三字,其说是也。惟'杰然'亦当作'杰杰然',与〈天道〉篇作'揭揭乎'一律('傑'与'偈'音义并同)。唐写本,赵谏议本,陈碧虚《阙误》引张君房本,并叠'杰'字。"

㊇ 负建鼓:打大鼓。

　　刘师培说:"'负',读为'掊','掊'犹'击'也。"(引自刘著

《庄子》)

　　马叙伦说:"'建',借为'鼙'。《说文》:'鼙,大鼓也。'"

⑨鹄:本又作"鹤"(《释文》)。唐写本正作"鹤"。"鹄"、"鹤"古多混用(王叔岷说)。

⑩黔(qián):染黑。

⑪泉涸,鱼相与处于陆,相呴以湿,相濡以沫,不若相忘于江湖:五句袭自〈大宗师〉篇。

⑫规:谏。

⑬养:借为"翔"。

　　刘师培说:"'养''翔'古通。《月令》:'群鸟养羞。'《淮南子·时则训下》:'群鸟翔。'是其比。"

⑭口张而不能嗋:"嗋"(xié),合(《释文》)。陈碧虚《阙误》引江南古藏本"嗋"下有"舌举而不能动"六字(奚侗、马叙伦等校)。

⑮尸居而龙见,渊默而雷声:语见〈在宥〉篇。"渊默而雷声",今本倒为"雷声而渊默",当依〈在宥〉篇改。

⑯倨:踞(成《疏》)。

⑰予年运而往矣:"运",时。予年衰迈(成《疏》)。老子自谦,吾老矣,年驰而事去矣(陆长庚说)。

⑱戒:同"诫"。

⑲三皇:原作"三王"。陈碧虚《阙误》"王"作"皇",林希逸本亦作"皇",下文"三皇"两字出现三次,为求一例据《阙误》改。

⑳系:同"击"。

㉑民有为其亲杀其杀:"杀"字借为"差"(马叙伦《义证》)。指亲有差等。

　　李勉说:"'民有为其亲,杀其杀,而民不非也':'杀',差也。

《中庸》'亲亲之杀'可证。言尧治天下,使民各亲其亲,致亲有差等,而民亦不非议。以上言黄帝与尧之治各有偏矣。"

⑫孕妇十月而生子:"孕"上原有"民"字。按"民"字疑衍(马叙伦《义证》),可删去。"而"字原缺。《御览》三六〇引"月"下有"而"字(王叔岷《校释》),据补。

⑬不至乎孩而始谁:未至于孩提而早能问人为谁。"始",早(林希逸说)。"孩",应读作"期"。言未至乎期年而知别人(于省吾《新证》)。

⑭人有心而兵有顺:人人各有私心,以用兵为顺事(林希逸说)。

于省吾说:"'顺'应读'巡'。《说文》:'巡,视行貌。''兵有巡',谓兵有所巡视也。"《于》说可存。

⑮杀盗非杀人,自为种而天下耳:旧注以"杀盗非杀"断句,今从孙诒让等说,从"人"字绝句。"自为种而天下耳",义颇难晓,郭《注》:不能大齐万物而人人自别。章炳麟说:言天下人皆自行其意。

刘文典说:"孙诒让曰:郭读'非杀'句断,《荀子·正名篇》云:'杀盗非杀人。'杨《注》云:'杀盗非杀人,亦见《庄子》。'则杨倞读'人'字句断,亦通。案孙读是也。《墨子》《小取篇》:'杀盗非杀人也。'亦以'杀盗非杀人'为句。《注》《疏》并以'人'字属下为句,失其读矣。"按马叙伦《义证》、王叔岷《校释》亦主"人"字断句,可从。

李勉说:"'自为种而天下耳','而'字下漏'役'字。'种',本也。'自为种'谓自为本,即自尊而奴役天下之人也。亦即自尊而独裁者也。故不服我者辄杀人,杀之而称之为盗,使民不敢抗也。"按李增字作解,惜欠凭证,然于义胜旧说,今译姑从

㊽ 而今乎妇,女何言哉:按:妇、否古通用。《易》《否》:"否之匪人",马王堆出土帛书"否"作"妇"。又本卦"休否"、"倾否"之"否"帛书均作"妇"。是古"否"字多假"妇"字为之也。"其始作有伦,而今乎否",意思甚明,言其始作也尚有伦序,而今则非也。

㊾ 上悖日月之明,下睽山川之精,中堕四时之施:三语已见于〈胠箧〉篇。"睽"。〈胠箧〉篇作"烁"。

㊿ 蛋(lì)虿(chài):皆蝎之异名(王引之说,见王念孙《读书杂志余编上》)。属毒虫类。

㊀ 鲜规之兽:小兽(见《释文》)。

　　林希逸说:"'鲜',少也。'规',求也。小兽之求不过鲜少,如狐狸之类。"

　　马叙伦说:"按'鲜''规'声同支类,叠韵连绵词也。鲜规之兽,谓小小之物也。"

㊁ 不亦可耻乎:《御览》九四七"不"下有"亦"字,文意较完(王叔岷《校释》),据补。

【今译】

　　孔子见到老聃便谈说仁义。老聃说:"簸糠进入眼睛,天地四方便看来颠倒了;蚊虻叮皮肤,就会通宵不得安眠。仁义毒害骚扰人心,再没有比这更大的祸乱。你如果使天下不要丧失真朴,你可顺化而行,执德而立了,又何急急于标举仁义像敲打大鼓找寻迷失的孩子呢?白鹤不必天天洗才白,乌鸦不必天天染才黑。黑白的本质,不值得辩论；名誉的头衔，不值得夸张。泉水干了，鱼就一同困在陆地上，由湿气互相嘘吸，用口沫互相湿润，倒不如在江湖里彼此相忘。"

孔子见了老聃回来，三天不讲话。弟子问说："先生见到老聃，有什么规谏呢？"

孔子说："我现在竟然见到了龙！龙，合起来成一体，散开来成文采，乘驾云气而翱翔于阴阳之间，我张着口不能合拢，我又有什么去规谏老聃呢！"

子贡说："那么人固然有安居不动而神采奕奕，沉静缄默而感人深切，发动如天地吗？我也可以去看看他吗？"于是由孔子的名义去见老聃。

老聃正坐在堂上，微声回应说："我年事老迈了，你对我有什么指教吗？"

子贡说："三皇五帝的治理天下固然不同，却同样地共系声名，只有先生以为他们不是圣人，为什么呢？"

老聃说："年轻人上前来！你为什么说不同呢？"

子贡回答说："尧传给舜，舜传给禹，禹用辛劳而汤用武力，文王顺从纣王而不敢违逆，武王违逆纣王而不肯顺从，所以说不同。"

老聃说："年轻人再上前来！我告诉你三皇五帝的治理天下。黄帝的治理天下，使民心淳一，有人死了亲人不哭泣而别人并不非议。尧的治理天下，使民心相亲，有人为了亲近亲人减去一些礼数,但别人并不非议。舜的治理天下,使民心竞争,孕妇十个月生产,婴儿生下五个月就能说话,不等到成儿童就开始区分人我,人开始有短命的。禹的治理天下,使民心多变,人各怀心机而以用兵为顺事,认为杀盗不算是杀人,自以为独尊而奴役天下的人,因此天下震惊,儒墨都兴起。开始时还有伦序,现在却不是这样了,你有什么话呢!我告诉你,三皇五帝的治理天下,虽说治理,实则弊乱可大了。三皇的心智,上而掩蔽了日月的光明,下而睽违了山川的精华,中而破坏四时的运行。他们的心智毒如蝎子的尾端,就连微小的动物,都得不到安情定性,他们居然还自以为圣人,不是可耻吗,他们是这样无耻啊!"

子贡惊恐地站立不安。

七

孔子謂老聃曰:"丘治《詩》《書》《禮》《樂》《易》《春秋》六經,自以爲久矣,孰知其故矣㊀;以奸者七十二君㊁,論先王之道而明周召㊂之迹,一君無所鉤㊃用。甚矣夫!人之難說也!道之難明邪?"

老子曰:"幸矣子之不遇治世之君也!夫《六經》,先王之陳迹也,豈其所以迹哉!今子之所言,猶迹也。夫迹,履之所出,而迹豈履哉!夫白鶂⑬之相視,眸子不運㉔而風化⑮;蟲,雄鳴於上風,雌應於下風而風化⑯;類⑰自爲雌雄,故風化。性不可易,命不可變,時不可止,道不可壅。苟得於道,無自而不可;失焉者,無自而可。"

孔子不出三月,復見曰:"丘得之矣。烏鵲孺⑱,魚傅沫⑲,細要⑳者化,有弟而兄啼㉑。久矣夫丘不與化爲人㉒!不與化爲人,安能化人!"

老子曰:"可。丘得之矣!"

【注释】

㊀孰知其故矣:"孰",同"熟"。林云铭本作"熟"。"故",典故(林希逸说)。

㊁以奸者七十二君:"奸者"读为"干诸"。干,求也。诸,之于。干诸,谓向某人求取俸禄。"七十二君",谓很多君主。"七十二",乃古习用之虚数,如七十二钻(《外物》)、七十二行等。

　　严灵峰说:"按:《史记·孔子世家》,孔子所历者:鲁、齐、宋、卫、陈、蔡六国,而所遇者,齐景公、鲁定公、鲁哀公而已。其余史书莫详。且春秋时只十二诸侯,亦无七十二国,其经所记为鲁十二君而已,似孔子未能见七十二君之多。"

㊂周召:指周公、召公,都是武王的弟弟。

㊃钩:取(《释文》)。

㈤白鹢:水鸟的一种。"鹢",同"鷁",形如鸬鹚,毛白色,能高飞,遇风不避。前人画鹢像于船头,所以叫船头为"鹢头"。

马叙伦说:"'鹢',《御览》引作'鷁'……。《说文》'鷁'下引《春秋传》曰:'六鷁退飞。'《左传》作'鹢',是其证。"

㈥不运,定睛注视(宣颖《注》)。

㈦风化:生物的意思。

郭象《注》:"不待合而便生子,故曰风化。"

王先谦说:"案'风',读如'牛马其风'之'风',谓雌雄相诱也。'化'者,感而成孕。"

㈧虫,雄鸣于上风,雌应于下风而风化:雄虫鸣于上方,雌虫在下方应和而感化生子。

㈨类:一种虚构的动物,一身两性,见《山海经》。

陆德明说:"《山海经》云:亶爰之山有兽焉,其状如狸而有发,其名曰'师类';《带山》有鸟,其状如凤,五采文,其名曰'奇类',皆自牝牡也。"

㈩乌鹊孺:"孺",孚乳而生(《释文》引李颐说)。谓乌鹊孵化而生。

㈠鱼傅沫:"傅",同付。谓鱼濡沫而生。

㈡细要:指蜂。"要",即腰。

㈢有弟而兄啼:有了弟弟,哥哥失爱而啼哭。

郭象说:"言人之性舍长而亲幼,故啼也。"

林希逸说:"兄弟同母,必乳绝而后生,兄不得乳而后有弟,故曰'兄啼'。……佛经所言胎生,卵生,化生,湿生,真乐必出于此。"

唐顺之说:"乌鹊孺,卵生;鱼傅沫,湿生;细要者,化生;有弟而兄啼,胎生。佛所谓四生本此。"(见王船山《庄子解》王敔

《注》所引)

㊃ 与化为人：与造化为友。《大宗师》："与造物者为人"同义。"人"，训"偶"；"为人"，即"为偶"。

【今译】

　　孔子对老聃说："我研究《诗》《书》《礼》《乐》《易》《春秋》等六经，自以为很久了，熟悉其中的道理了，拿来进见七十二个君主，讲解先王的道理，阐扬周公召公的业绩，可是没有被一个君主所取用。太难了！这些人难以说服吗，还是道理难以发扬呢？"

　　老子说："幸好你没有遇到治世的君主啊！所谓六经，只是先王陈旧的足迹，哪里是足迹的根源呢！你现在所说的，就像是足迹。足迹，乃是鞋所踩的痕迹，而足迹哪算是鞋呢！白鹢雌雄相看，定眼凝视而生育；虫，雄的在上方叫，雌的在下方应，便生育；有种名'类'的动物，身怀雌雄两性，所以自身可生育。本性不可改易，命不可变更，时间不可止留，道不可闭塞。如果得到道，怎样都可行，失去道，怎样都不可行。"

　　孔子三个月不出门，然后再去见老聃说："我懂得了。乌鸦喜鹊孵化而生，鱼濡沫而生，蜂类是化生，弟弟出生，哥哥失爱而啼哭。很久了，我没有和造化为友。不和造化为友，怎能去化人！"

　　老子说："可以。孔丘得道了！"

刻　　意

〈刻意〉篇，主旨写养神。"刻意"，即磨砺心志的意思。取篇首二字作为篇名。

本篇开头描写世间五种人格形态，接着写圣人之德，圣人体天地之道而淡然无极。再由圣人的德象，说到"养神"、"贵精"。

出自本篇的成语，有离世异俗、吐故纳新、熊经鸟申等。

一

刻意⊖尚行,離世異俗,高論怨誹⊜,為亢⊜而已矣;此山谷之士,非世㊃之人,枯槁赴淵者㊄之所好也。語仁義忠信,恭儉推讓㊅為修而已矣;此平世之士㊆,教誨之人,游居學者之所好也。語大功,立大名,禮君臣,正上下,為治而已矣;此朝廷之士,尊主強國之人,致功并兼㊇者之所好也。就藪澤㊈,處閒曠,釣魚閒處,無為⊕而已矣;此江海之士,避世之人,閒暇者之所好也。吹呴呼吸,吐故納新㊀,熊經鳥申㊁,為壽而已矣;此導引㊂之士,養形之人,彭祖壽考者之所好也。

若夫不刻意而高,無仁義而修,無功名而治,無江海而閒,不導引而壽,無不忘也,無不有也,澹然無極而眾美從之。此天地之道,聖人之德也。

【注釋】

⊖刻意:磨礪心志;即礪志。

司馬彪說:"刻,削也,峻其意也。"(《釋文》引)

⊜怨誹:非世無道(《釋文》引李頤說);憤世嫉邪(林希逸《口義》)。

⊜ 亢:高傲。
㈣ 非世:议论世事是非(林希逸说)。"非",动词,以浊世为非,而出言责之(李勉《庄子分篇评注》)。《御览》五〇一引"非"作"诽","诽"与"非"通(王叔岷《校释》)。
㈤ 枯槁赴渊者:指刻苦自砺、牺牲自我的人。

司马彪说"'枯槁',若鲍焦介推;'赴渊',若申徒狄。"按:《史记·屈原列传》载:"屈原至于江滨,被发行吟泽畔,颜色憔悴,形容枯槁。"屈原投汨罗江,当属"枯槁赴渊者"。

胡文英说:"'枯槁',志甘淡泊也。'赴渊',洁身也。"(《庄子独见》)
㈥ 语仁义忠信,恭俭推让:"仁义忠信",语见《孟子·告子篇上》。"恭俭推让",语见《论语·学而篇》("夫子温、良、恭、俭、让")。
㈦ 平世之士:平时治世之士(成玄英《疏》)。
㈧ 并兼:指合并敌国领土。
㈨ 薮泽:与"山泽"同义。
㈩ 无为:无所为,悠闲自在之意。

奚侗说:"案上文'为亢而已矣'、'为修而已矣'、'为治而已矣',下文'为寿而已矣',皆言有所为也。此不得独言'无为',当作'为无'。《说文》:'无,亡也;亡,逃也。''为无',犹为逃;谓逃世也。"(见《庄子补注》)按:"无为"就是闲暇自在的意思,上句"处闲旷,钓鱼闲处"已经说得很清楚了。奚侗颠倒文字作解,不切原义,聊备一说。
⊕ 吹呴(xǔ)呼吸,吐故纳新:"呴",嘘吸。"吹呴"与"呼吸"同,指一出一入地吞吐空气。

"吐故纳新",吐故气纳新气(李颐说)。

㉒熊经鸟申：若熊之攀树而引气（司马彪说），类鸟飞空而伸脚（成《疏》）。按这是一种健身操，形容动作如熊吊颈如鸟舒展。"经"，直立的意思。"申"，同"伸"。

㉓导引：指导通气血。"导"原作"道"，"导""道"古通。赵谏议本"道"作"导"，据改。

　　严灵峰说："《释文》：'道，音导；下同。李云："导气令和，引体令柔。"是李本原亦作导'。敦煌写本作'导'，下同；'道'、'导'虽通，因并据改。"

【今译】

　　雕砺心志崇尚品行，超脱世俗，言论不满，表现得高傲而已，这是山林隐士，愤世的人，刻苦自砺、牺牲自我的人所喜好的。谈说仁义忠信，恭俭推让，洁好修身而已；这是治世之士，实施教育的人，讲学设教的人所喜好的。谈论大功，建立大名，维护君臣的秩序，匡正上下的关系，讲求治道而已，这是朝廷之士，尊君强国的人，开拓疆土建功者所喜好的。隐逸山泽，栖身旷野，钓鱼闲居，无为自在而已；这是悠游江海之士，避离世事的人，间暇幽隐者所喜好的。吹嘘呼吸，吞吐空气，像老熊吊颈飞鸟展翅，为了延长寿命而已；这是导引养形的人，彭祖高寿者所喜好的。

　　若有不雕砺心志而高尚，不讲仁义而修身，不求功名而治世，不处江海而闲游，不事导引而高寿，无所不忘，无所不有，恬淡无极而众美会聚,这是天地的大道,圣人的成德。

二

故曰,夫恬惔寂漠虛無無爲,此天地之本而道德之質也㊀。故聖人休焉,休則平易矣㊁,平易則恬惔矣。平易恬惔,則憂患不能入,邪氣不能襲,故其德全而神不虧。

故曰,聖人之生也天行,其死也物化;靜而與陰同德,動而與陽同波㊂;不爲福先,不爲禍始;感而後應,迫而後動,不得已而後起。去知與故㊃,循天之理。故曰㊄無天災,無物累,無人非,無鬼責㊅。不思慮,不豫謀。光矣而不燿㊆,信矣而不期。其寢不夢,其覺無憂㊇。其生若浮,其死若休㊈。其神純粹,其魂不罷㊉。虛無恬惔,乃合天德。

故曰,悲樂者,德之邪;喜怒者,道之過;好惡者,心之失㊋。故心不憂樂,德之至也;一而不變,靜之至也;無所於忤,虛之至也;不與物交,惔之至也;無所於逆,粹之至也。

【注释】

㊀ 夫恬惔寂漠虚无无为，此天地之本而道德之质也：语出〈天道〉篇。"本"，今本作"平"，形近而误。"质"，古通"至"，然作本字讲亦可通。

　　马叙伦说："'平'，当依《艺文类聚》引作'本'。"（《庄子义证》）

　　俞樾说："按'质'当读'至'。《史记·苏秦传》：'已得讲于魏，至公子延。'《索隐》曰：'至当为质。谓以公子延为质也。'是'至''质'古通用。'至'可为'质'，'质'亦可为'至'矣。'道德之质'，即'道德之至'也。"

㊁ 故圣人休焉，休则平易矣：今本作"故曰圣人休休焉则平易矣"。"曰"字衍文。此涉上文"故曰"而误衍（陶鸿庆《读庄札记》）"休焉"二字，传写误倒，陈碧虚《庄子阙误》引张君房本"休休焉"作"休焉休"。

　　俞樾说："'休焉'二字，传写误倒，此本作'故曰圣人休焉，休则平易矣。'〈天道〉篇：'故帝王圣人休焉，休则虚。'与此文法相似，可据订正。"俞说可信。

　　王先谦说："案郭《注》成《疏》陆《释》，皆止一'休'字，俞说是也。此后来刊本之误。"（《庄子集解》）

㊂ 圣人之生也天行，其死也物化；静而与阴同德，动而与阳同波：四句引自〈天道〉篇。"天行"，郭《注》："任自然而运动。"

㊃ 去知与故："故"，犹巧讲。

　　郭庆藩说："案'故'，诈也。《晋语》：'多为之故，以变其志。'韦注曰：'谓多作计术以变易其志。'《吕览·论人篇》：'去巧故'，高注：'巧故，伪诈也。'《淮南子·主术训》：'上多故则下

㈤多诈',高注:'故,巧也。'皆其例。《管子·心术篇》:'去智与故',尹知章注:'故,事也。'失之。"(《庄子集释》)

㈥故曰:"曰"字原阙。此引〈天道〉篇文,当有"曰"。依上下例补(严灵峰《道家四子新编》九四页)。

㈥无天灾,无物累,无人非,无鬼责:引自〈天道〉篇:"无天怨,无人非,无物累,无鬼责。"

㈦光矣而不耀:引自《老子》五十八章:"光而不耀。"

㈧其寝不梦,其觉无忧:语见〈大宗师〉。

㈨其生若浮,其死若休:"浮生"二字,本之于此(胡文英说)。这两句原在"无鬼责"句下,根据严灵峰先生之说移改。

严灵峰先生说:"按:此八字原在'无鬼责'句下。敦煌写本《列子抄残卷》作:'其寝不梦,其觉不忧;圣人也,其生若浮,其死若休也。'此八字在'其觉不忧'下。上文:'故无天灾,无物累,无人非,无鬼责'皆三字为句,应迳接'不思虑,不豫谋'之上。此八字移此,则成:'其寝不梦,其觉不忧;其生若浮,其死若休;其神纯粹,其魂不罢。'皆四字为句,文例亦一律。"

㈩其魂不罢:〈天道〉篇作"其魂不疲"。"罢"与"疲"同(林希逸《口义》)。

㈠悲乐者,德之邪;喜怒者,道之过;好恶者,心之失:"心之失",今本误作"德之失"。依《淮南子·精神训》、《原道训》及《文子·九守篇》可证"德"为"心"之误。此文"德"、"道"、"心"三者分言,今本"心"作"德",即涉上文"德之邪"而误(详见刘文典《补注》、王叔岷《校释》)。

【今译】

所以说,恬惔、寂寞、虚无、无为,乃是天地的本原和道德的极致。所以圣人息心于此,息心便能安稳,安稳便得恬惔。安稳恬淡,则忧患不能进入,邪气不能侵袭,于是德性完整而精神不亏损。

所以说,圣人存在时顺自然而行,死亡时和外物融化;静时和阴气同隐寂,动时和阳气同波流;不作幸福的起因,不为祸患的开始;有所感而后回应,有所迫而后动作,不得已而后兴起,抛弃智巧伪诈,顺着自然的常理。所以说,没有天灾,没有外物牵累,没有人非薄,没有鬼神责罚。不须思虑,不作预谋。光亮而不会刺耀,信实而不必期求。睡着不做梦,醒来不忧愁。生时如浮游,死去如休息。心神纯一,精力不疲。虚无恬惔,才合自然的德性。

所以说,悲乐是德的邪僻;喜怒是道的过错;好恶是心的失误。所以内心没有忧乐,乃是德的极致;专一而不变,乃是静的极致;无所抵触,乃是虚的极致;不和外物交接,乃是惔的极致;无所违逆,乃是纯粹的极致。

三

故曰,形劳而不休则弊,精用而不已则竭⊖。水之性,不雜則清,莫動則平;鬱閉而不流,亦不能清;天德之象⊖也。故曰,純粹而不雜,靜一而不變,惔而無爲,動而天行⊜,此養神之道也。夫有干越之劍者,柙而藏之,不敢輕用也㊍,寶之至也。精神四達並流,無所不極,上際於天,下蟠於地㊄,化育萬物,不可爲象,其名爲同帝㊅。

純素之道,唯神是守;守而勿失,與神爲一;一之精通,合於天倫㊆。野語有之曰:"衆人重利,廉士重名,賢人尙志,聖人貴精。"故素也者,謂其無所與雜也;純也者,謂其不虧其神也。能體純素,謂之眞人。

【注释】

⊖形劳而不休则弊,精用而不已则竭:"精用而不已则竭",原作"精用而不已则劳,劳则竭"。依王叔岷先生之说删改。

王叔岷先生说:"'竭'上'劳劳则'三字,疑传写误衍,或浅人妄加。精用不已,何待言劳乎!《淮南子·精神训》:'形劳而不休则蹶,精用而不已则竭',即袭用此文,正无'劳劳则'三字。"

⊜天德之象:即自然的现象。

⊜动而天行:"而"下原有"以"字,乃是衍文,依武延绪、严灵峰之说删。

武延绪说:"按'以'字衍文。"

严灵峰先生说:"武说是也。'动而天行'与上文'淡而无为'相对为文,因依武说删。"

㈣干越之剑者,柙而藏之,不敢轻用也:"干越",即吴越。"轻"字原缺,依郭《注》成《疏》增补(王叔岷、王孝鱼校)。

陆德明说:"司马云:'干,吴也。吴越出善剑也。'李云:'干溪、越山出名剑。'案:吴有溪名干溪,越有山名若耶,并出善铁,铸为名剑也。"

㈤下蟠于地:"蟠",当读为播,布。马王堆帛书《十大经·三禁》:"播于下土",即同此。

㈥同帝:功用同与天地。

㈦天伦:"伦",理。自然之理(成《疏》)。

【今译】

所以说,形体辛劳而不休息就会疲困,精力使用而不停歇就会枯竭。水的本性,不混杂就清澈,不搅动就平静;闭塞而不流通,也不能澄清;这是自然的现象。所以说,纯粹而不混杂,虚静专一而不变动,恬淡而无为,行动而循顺自然,这是养神的道理。就像吴越的宝剑,收藏在匣子里,不敢轻易使用,这是最珍贵的。精神通达流溢,无所不至,上达于天,下及于地,化育万物,不见迹象,它的功用如同天地。

纯精素质的道理,只有保守精神;保守而不丧失,和精神凝合为一;纯一的精通,合于自然之理。俗语说:"普通人注重利,廉洁之士重视名,贤人崇尚志节,圣人宝贵精神。"所以素的意思,是说不含杂质;纯的意思,是说不损精神。能够体会纯素的,就是真人。

缮　　性

〈缮性〉篇，主旨写"以恬养知"。"缮性"，修治本性的意思。取篇首二字为篇名。

本篇开头批评俗学俗思蒙蔽性灵。提出"以恬养知"的方法——透过内心的恬静以涵养生命的智慧。本篇后段，勉人"不为轩冕肆志，不为穷约趋俗"。揭露了求荣华者"丧己于物"，对于当世"文灭质"的景况，作了有力的批判。

出自本篇的成语，有傥来之物、深根宁极、乐全得志、轩冕肆志、穷约趋俗、失性于俗等。

一

繕性於俗學㊀,以求復其初;滑欲於俗思㊁,以求致其明;謂之蔽蒙之民。

古之治道者,以恬養知㊂;知生而無以知爲也㊃,謂之以知養恬。知與恬交相養,而和理出其性。夫德,和也;道,理也。德無不容,仁也;道無不理,義也;義明而物親,忠也;中純實而反乎情,樂也;信行容體而順乎文,禮也。禮樂偏行,則天下亂矣。㊄彼正而蒙己德,德則不冒,冒則物必失其性也㊅。

【注释】

㊀繕性于俗学:"繕性",修治本性。"俗"下原叠"俗"字,陈碧虚《庄子阙误》引张君房本不重"俗"字。苏舆说:"衍一'俗'字。"(王先谦《庄子集解》引)。下"俗"字衍,"繕性于俗学",与下"滑欲于俗思",句法正一律(刘文典《补注》)。《道藏》罗勉道《循本》,焦竑《庄子翼》本,并删一"俗"字(王叔岷《校释》)。

林希逸说:"繕性以俗学,讥当时儒墨之言性也。"(《南华真经口义》)

林云铭说:"性非学不明,而俗学所以障性。"(《庄子因》)

㊁滑欲于俗思:"滑",训乱(参看《齐物论》"滑疑之耀"注释)。

焦竑说:"'缮性于俗学''滑欲于俗思'为句。旧解失之。性非学不复,而俗学不可以复性;明非思不致,而俗思不可以求明。"(《庄子翼》)

㈢ 以恬养知:以恬静涵养心知。

㈣ 知生而无以知为也:上"知"字(《阙误》无此"知"字),作知晓讲,下"知"字,同"智"。"无以知为",不用智巧去为,即以恬静朴质自守。

㈤ "夫德,和也;道,理也。……则天下乱矣":这十二句(五十四字),疑为庄子后学中染有黄老思想之文字。

㈥ 彼正而蒙己德,德则不冒,冒则物必失其性也:"蒙己德",即敛藏自己的德行。"不冒",即不眩露。

林希逸说:"'蒙',晦。德积于己而不自眩露,德不自晦而求以加诸人,则失其自然。"

李勉说:"'蒙',蔽也。'冒',露也。言彼守正而隐晦其德,则其德不致外露,露则物失其性。盖言大德不德,则物性自全。若必强露我德使物受之,则物失其性。上文言'恬淡',下文言'澹漠',皆谓不宜露德以制人。"

【今译】

用世俗的学问来修治本性,以求复归本初;用世俗的思想来迷乱情欲,以求获得明达;这种人称为蔽塞愚昧的人。

古时修道的人,以恬静涵养智慧;智慧生成,却不外用,称为以智慧涵养恬静。智慧与恬静交相涵养,而和顺之理便从本性中流露出来。德就是和,道就是理。德无不相容，就是仁；道无不合理，就是义；义理显明就是忠；心中朴实而回复到性命真情的，就是乐；行为信实、心思宽容而合乎自然的节文，就是礼。礼乐普遍地强加推行，那就天下大乱了。各人自正而敛藏自己的德性，敛藏自己的德性而不强加给别人，刻意强加给别人必定违失自然的本性。

二

古之人，在混芒⊖之中，與一世而得澹漠⊜焉。當是時也，陰陽和靜，鬼神不擾，四時得節⊜，萬物不傷，群生不夭，人雖有知，無所用之，此之謂至一⑭。當是時也，莫之爲而常自然⑮。

逮德下衰，及燧人伏羲始爲天下，是故順而不一。德又下衰，及神農黃帝始爲天下，是故安而不順。德又下衰，及唐虞始爲天下，興治化之流，澆淳散朴⊗，離道以爲，險德以行⊕，然後去性而從於心。心與心識知，而不足以定天下⊗，然後附之以文⊕，益之以博。文滅質，博溺心，然後民始惑亂，無以反其性情而復其初。

由是觀之，世喪道矣，道喪世矣。世與道交相喪也，道之人何由興乎世,世亦何由興乎道哉！道無以興乎世,世無以興乎道,雖聖人不在山林之中,其德隱矣。

隱,故不自隱。古之所謂隱士者,非伏身而弗見也,非閉其言而不出也,非藏其知而不發也,時命大謬也。當時命而大行乎天下,則反一無迹◎;不當時命而大窮乎天下,則深根寧極◎而待;此存身之道也。

【注释】

①混芒:混沌茫昧。

　　林希逸说:"'混芒之中',即晦藏不自露之意。"

②澹漠:同"淡漠"。

　　成玄英《疏》:"冥然无迹,君臣上下不相往来,俱得恬澹寂漠无为之道也。"

　　林希逸说:"澹然漠然,上下不相求之意。"

③四时得节:"得",《阙误》引张君房本作"应"(马叙伦、刘文典校)。

④至一:完满纯一的境界。James Legge 英译为:'The state of Perfect-Unity'甚是。

　　郭象说:"物皆自然,故至一也。"

⑤莫之为而常自然:和《老子》五十一章:"莫之命而常自然"同义。

⑥澆淳散朴:"澆",本亦作"浇"(《释义》)。成本正作"浇",《淮南子·俶真训》亦作"浇"。"朴"即朴之借(王叔岷《校释》)。"浇淳散朴",谓浇薄淳厚、离散朴质。

⑦离道以为,险德以行:"为",原作"善",依郭庆藩之说,据《淮南

子·俶真训》改。"险",通俭,少之意。"险德",即寡德。

郭庆藩说:"'善'字疑是'为'字之误,言所为非大道,所行非大德也。《淮南子·俶真训》:'杂道以伪('杂'当为'离'字之误。'伪',古'为'字,'为'亦'行'也),俭德以行('俭''险',古字通)。'即本于此。"

⑧心与心识知,而不足以定天下:有两种读法:(一)以"心与心识"断句;如郭象《注》:"彼邦之心,竞为先识。"又如林希逸说:"我以有心为,彼以有心应,故曰:'心与心识。''识',相识察也。似此'心'字,皆叽心也。"(二)以"心与心识知"断句;如刘辰翁说:"'心与心识知'句连,谓彼此看破耳。"(《庄子点校》)又如俞樾说:"识、知二字连文。《诗》曰:'不识不知。'是识、知同义,故连言之曰'识知'也。'心与心识知,而不足以定天下',明必不识不知而后可言定也。诸家皆断'识'字为句,非是;向本作'职',尤非。"今译从(二)。

⑨附之以文:"文",即上言俗学(李勉说)。

⑩反一无迹:反于至一而不见有为之迹(林云铭《注》)。

⑪深根宁极:深藏缄默(李钟豫译)。

林希逸说:"'深根',犹曰退藏于密。'宁极',犹曰安汝止也。"

李勉说:"'深根',谓深隐,以求宁静。'宁极',谓极宁静。"

【今译】

古代的人,在混沌茫昧之中,举世都淡漠互不相求。在那时候,阴阳和顺宁静,鬼神不搅扰,四时合于节度,万物不受伤害。众生没有夭折,人虽然有心智,却无处可用，这称为完满纯一的境地。在那时候，无所作为而让万物顺任自然。

等到德性衰落，到了燧人、伏羲开始治理天下，只能顺随民心却不能返回完满纯一的境地。德性再衰落，到了神农、黄帝开始治理天下，只能安定天下却不能顺随民心。德性又衰落，到了唐尧、虞舜开始治理天下，大兴教化，浇薄淳厚离散朴质，离开了道去作为，寡德行事，然后舍弃本性而顺从心机。心与心互相识察便不足以安定天下了，然后附加着文饰，增益着博学。文饰破坏素质，博学淹没心灵，然后人民才迷乱，无法再返归恬淡的性情而回复自然的本初。

这样看来，世上亡失了大道，大道亡失了人世。人世和大道互相亡失，有道的人怎样兴起人世，人世怎样兴起大道呢！大道不能在人世兴起，人世不能使大道兴起，即使圣人不在山林里，而他的德性也如同隐蔽了。

隐匿，却不是自己隐藏的。古时所谓的隐士，并不是伏匿形体而不见人，并不是闭塞言论而不宣示，也不是潜藏智慧而不发露，乃是时机大相背谬呀！逢着时机而大行于天下，就返回"至一"的境界而不显形迹；不逢时机而穷困于天下，就深藏缄默来等待；这是保全生命的方法。

三

古之存身㊀者,不以辯飾知,不以知窮天下,不以知窮德,危然㊁處其所而反其性已,又何爲哉!道固不小行㊂,德固不小識㊃。小識傷德,小行傷道。故曰,正己而已矣。樂全之謂得志㊄。

古之所謂得志者,非軒冕㊅之謂也,謂其無以益其樂而已矣。今之所謂得志者,軒冕之謂也。軒冕在身,非性命也,物之儻來㊆,寄者也。寄之,其來不可圉㊇,其去不可止。故不爲軒冕肆志,不爲窮約趨俗㊈,其樂彼與此㊉同,故無憂而已矣。今寄去則不樂,由是觀之,雖樂,未嘗不荒也。故曰,喪己於物,失性於俗者,謂之倒置㊋之民。

【注释】

㊀存身:《道藏》成玄英《疏》本、林希逸《口义》本、赵谏议本"存"作"行"。世德堂本"行"作"存",据改。

　　王叔岷说:"褚伯秀云:'"行身"当作"存身",上文可照。'其说是也。此承上文'此存身之道也'言,'行'即'存'之形误。"按王说是。为求与上文一例,此宜作"存身"。

㊁危然:独立貌(司马彪《注》)。

㊂小行：指仁义礼乐的行为。

㊃小识：小知（成《疏》）；指是非的分别智（福永光司解）。

㊄得志：即适志，自得。

> 林希逸说："得志，犹快意也。"

㊅轩冕："轩"，车。"冕"，冠。指荣华高位。

㊆傥来：意外忽来者（成《疏》）。

㊇圉（yǔ）：本又作"御"（《释文》）。"圉"与"御"通。

㊈不为穷约趋俗：不因穷困而趋附世俗。

> 马叙伦说："按'约'借为'貶'，从'贝'，'乏'声，即穷乏之'乏'本字。古书言'约'，少俭约，皆貶之借。"

㊉彼与此："彼"，指轩冕。"此"，指穷约。

㊀倒置：本末颠倒。

> 向秀说："以外易内，可谓倒置。"（《释文》所引）

【今译】

　　古时保全身命的，不用辩说来文饰智慧，不用机智来困累天下，不用心智来困扰德性，独立自处而返回自然的本性，还有什么要做的呢！道本来是不需要〔仁义礼智的〕小行，德本来是不需要〔是非分别的〕小识。小识损伤了德，小行损伤了道。所以说，自己站得正就是了。乐全天性叫做快意自适。

　　古时所谓的快意自适，并不是指荣华高位，而是无可复加的欣悦而已。现在所谓的快意自适，只是以为荣华高位。荣华高位在身，并不是真性本命，外物偶然来到，如同寄托。寄托的东西，来时不能抵御，去时不能阻止。所以不要为荣华高位而恣纵心志，不要因穷困紧迫而趋附世俗，他身处荣华与穷困其乐相同，所以没有忧虑。现在寄托的东西失去了便不快乐，这样看来，即使有过快乐，何尝不是心灵疏荒呢！所以说，丧失自己于物欲，迷失本性于世俗的，就叫做本末倒置的人。

秋　　水

〈秋水〉篇，主题思想为讨论价值判断的无穷相对性。"秋水"即秋天雨水。取篇首二字作为篇名。

本篇以河伯与海若的对话为主要部分，河伯与海若共七问七答。第一番问答，写河伯的自我中心心境——"欣然自喜，以天下之美为尽在己"。河伯的自以为多，和海若的未尝自多，恰成一鲜明的对比。由海若描述海的大与天地的无穷，舒展思想的视野，使人心胸为之开阔。第二番对话，述时空的无穷性与事物变化的不定性，指出认知与确切判断的不易。第三番对话，指出宇宙间有许多事物是"言之所不能论，意之所不能察致"的。第四番对话，进一步申论大小贵贱的无常性。第五番对话，要突破主观的局限性与执着性，以开敞的心灵观照万物。第六番对话，河伯问："道有什么可贵？"海若回说，认识"道"，就是认识自然的规律，认识自然的规律，便可明了事物变化的真相。第七番对话，河伯最后问："什么是天？什么是人？"这里"天"即自然，"人"指人为，含有妄为的意思。海若认为顺真性，便是自然（"天"），违逆常性便是妄为("人")。本篇到此,文意完足,其余数章,疑是散段羼入。最末,庄子与惠子游于濠梁之上辩论鱼乐一章,写出庄子观赏事物的艺术心态与惠子分析事物的认知心态。

许多富有慧见的成语出自本篇,如望洋兴叹、大方之家、见笑大方、太仓稊米、一日千里、非愚则诬、咳唾成珠、井蛙之见、坎井之蛙、逡巡而退、蚊虻负山、以管窥天、邯郸学步、舌挢不下、泥涂曳尾、鹓鸰之志、濠梁欢鱼等。

一

　　秋水時至,百川灌河,涇流㊀之大,兩涘渚崖之間㊁不辯牛馬㊂。於是焉河伯㊃欣然自喜,以天下之美爲盡在己。順流而東行,至於北海,東面而視,不見水端,於是焉河伯始旋其面目㊄,望洋向若而歎㊅曰:"野語㊆有之曰:'聞道百㊇以爲莫己若者',我之謂也。且夫我嘗聞少仲尼之聞而輕伯夷之義者,始吾弗信;今我睹子之難窮也,吾非至於子之門,則殆矣,吾長見笑於大方㊈之家。"

　　北海若曰:"井䵷㊉不可以語於海者,拘於虛㊋也;夏蟲不可以語於冰者,篤於時㊌也;曲士㊍不可以語於道者,束於教也。今爾出於崖涘㊎,觀於大海,乃知爾醜,爾將可與語大理矣。天下之水,莫大於海,萬川歸之,不知何時止而不盈,尾閭㊏泄之,不知何時已而不虛;春秋不變,水旱不知㊐。此其過江河之流,不可爲量數。而吾未嘗以此自多者,自以比形於天地㊑而受氣於陰陽,吾在天地之間,猶小石小木之在大山也,方存乎見少,又奚以自多!計四海之在天地之間也,不似礨空㊒之在大澤乎?計中國之在海內，不似稊米之在大倉乎？號物之數謂之萬，人處一焉；人卒⑫九州，穀食之所生，舟車之所通，人處一焉⑬；此其比萬物也，不似毫末之在於馬體乎？五帝之所運⑭，三王之所爭，仁人之所憂，任士之所勞，盡此矣。伯夷辭之以為名，仲尼語之以為博，此其自多也，不似爾向之自多於水乎？"

【注释】

㊀泾流：水流。"泾"，水脉。

　　陆德明说："司马云：'泾，通也。'崔本作'径'，云：'直度曰径'。"按：《释文》引"泾流"作通流或径流。章炳麟解作水流。

　　章炳麟说："'泾'，借为'巠'。《说文》曰：'巠，水脉也。'"（《庄子解故》）

㊁两涘(sì)渚(zhǔ)崖之间："涘"，涯（《释文》），岸（成玄英《疏》）。"两涘"，即两岸。水中可居曰"渚"（《释文》引司马彪说）。"崖"，字又作涯（《释文》）。"渚崖"，即渚岸，即水洲岸边。

㊂不辩牛马："辩"通"辨"。覆宋本正作"辨"。"不辩牛马"，水大崖远，见物模糊（林云铭《庄子因》）。即形容河面广阔，远而见不明。

㊃河伯：河神（成《疏》）。"伯"，长者之称，"河伯"，河之长（李勉说）。

㊄始旋其面目：敛容惭恧之状（陈寿昌《南华真经正义》）。

　　李勉说："'河伯始旋其面目'，坊间译文，多译为河伯方才转过头来。其实北海在黄河之前，河伯望海神正须向前直视，何得云转过头来？句应解作'河伯方才转变其面目'；'旋'，转也。河伯初以黄河之水大而不辨牛马，以为天下之大，尽在乎己，及见海洋，其大更甚，始瞿然自惭，变其自满之面目，故云'旋其面目'。"（《庄子总论及分篇评注》）按李说甚是。清陈寿昌所解即异于成《疏》。

⑥ 望洋向若而叹："望洋"一词有多种解释，旧注作：仰视貌（司马彪、崔譔《注》）。按"望洋"一语，或假"洋"为"阳"，"望阳"训仰视之意（详见郭庆藩《庄子集释》）。或假"洋"为"羊"，"望羊"申远视之意（详见马叙伦《庄子义证》）。然"望洋"作常义解即可。"洋"即海洋，上文云北海可证（李勉说）。"若"，海神（司马彪说）。按"望洋兴叹"一成语即本于此。

⑦ 野语：俗语。

⑧ 闻道百："百"，古读若"博"（郭庆藩说）。"百"者，多词（郭嵩焘说）。按"百"乃形容多数，李颐《注》："万分之一"，非。

⑨ 大方：大道（司马彪说）。

⑩ 鼃：同"蛙"。《道藏》成玄英《疏》本、林希逸《口义》本、褚伯秀《义海纂微》本并作"蛙"。

王引之说："'蛙'，本作'鱼'，后人改之也。《太平御览》时序部七、鳞介部七、虫豸部一引此，并云：'井鱼不可语于海'，则旧本作'鱼'可知。"（见王念孙著《读书杂志余编上》）

⑪ 虚：同"墟"。赵谏议本作"墟"。作"虚"是故书（王叔岷说）。

⑫ 笃于时：拘限于时。"笃"，固，拘限之意。

郭庆藩说："《尔雅·释诂》：'笃，固也。'凡鄙陋不达谓之固，夏虫为时所蔽而不可语冰，故曰'笃于时'。'笃'字正与上下文拘束同义。"（见郭撰《庄子集释》）

⑬ 曲士：曲知之士（《荀子·解蔽篇》）；曲见之士，偏执之人（成《疏》）与〈天下〉篇"一曲之士"同。"曲"，一部分之意。

⑭ 今尔出于崖涘："崖涘"，承上文"两涘渚崖"而来，指受河岸所拘束，即喻河伯的思想角度受生存的环境所限。

⑮ 尾闾：泄海水之所（成《疏》）。盖出于传说想像所杜撰的地名。

　　郭庆藩说："案《文选》嵇叔夜《养生论》注引司马云：'尾闾，水之从海外出者也'，'尾'者，在百川之下，故称'尾'。'闾'者，聚也，水聚族之处，故称'闾'也。"

⑯ 春秋不变，水旱不知：春秋不变其多少，水旱不知其增减（成《疏》）。

⑰ 比形于天地："比"，读为"庇"。《广雅·释诂》："庇，寄也。""比形于天地"，谓寄形于天地（高亨《新笺》）。

⑱ 礨（lěi）空："礨"，崔音垒。"空"，音孔。"垒孔"，小穴。一云：蚁冢（《释文》）。

　　李勉说："'礨空'，小穴也。奚侗《庄子补注》曰：'礨当作罍'，《尔雅》曰：'罍，器也。'按字当作罍，古人多用作酒器，'罍空'二字，指酒杯中之空洼处，其空不大，故云'小穴'。"

⑲ 人卒：人众。与〈天地〉篇："人卒虽众"同义。〈至乐〉篇："人卒闻之，相与还而观之。"〈盗跖〉篇："人卒未有不兴名就利者。""人卒"均指人众而言。俞樾疑是"大率"之误，非。

　　丁展成说："'卒'当为'萃'之借字。言人聚处乎九州也。"（《庄子音义绎》）

⑳ 人处一焉：这里是以人类对万物而说的。下文"人处一焉"，是以个人对众人而言的。

㉑ 五帝之所运：今本"运"作"连"。江南古藏本"连"作"运"，似从

运为妥（郭嵩焘说）。按"运"即运筹；"连"即连续。

王叔岷先生说："'五帝之所连'，义颇难通。'连'疑"禅"之误，'禅'与'争'对言，意甚明白。下文'昔者尧舜让而帝'，'帝王殊禅'，并以禅让言，与此同例。陈碧虚《阙误》引江南古藏本'连'作'运'，'运'亦禅之误。"按王说有理。作"连"、"运"亦可通。

【今译】

秋天〔霖雨绵绵〕河水及时上涨，所有的小川都灌注到黄河里去，水流的宽阔，两岸及河中水洲之间，连牛马都分辨不清。于是河神扬扬自得，以为天下的盛美都集在他一身。他顺着水流往东行走，到了北海，他向东面瞭望，看不见水的边际，于是河神才改变自得的脸色，望着海洋对海神而感叹说："俗语说，'听了许多道理，总以为谁都不如自己'，这就是说我了。而且我曾经听说有人小看孔子的见闻和轻视伯夷的义行，起初我不相信；现在我看见你这样博大而难以穷尽，我要是不到你这里来，可就糟了，我一定会永远被懂得大道的人所讥笑了。"

北海神说："井里的鱼不可以和它谈大海的事，这是因为受了地域的拘限；夏天的虫子不可以和它谈冰冻的事，这是因为受了时间的固蔽；乡下的书生不可以和他谈大道理，这是因为受了礼教的束缚。现在你从河边出来，看见了大海，知道你自己的丑陋，这才可以和你谈一些大道理了。天下的水，没有比海更大的，所有的河流都归向这里，不知道什么时候才停止，可是海水并不因此而盈满；海水从尾闾泄漏出去，不知道什么时候停止，而海水并不减少；无论春天或秋天都不受影响，无论水潦或是旱灾都没有感觉。容量超过江河的水流，简直不能用数量来计算。但是我并没有因为这样就感到自满，我自以为从天地那里具有了形体，从阴阳那里禀受了生气，我在天地之间，就好像小石头小树木在大山上一样，只存了自以为小的念头，又怎么会自满呢！计算四海在天地中间，不就像蚁穴在大泽里一样吗？计算中国在四海之内，不就像小米在大仓里一样吗？物类名称的数目有万种之多，而人类只是万物中的一种；人众聚在九州，粮食所生长的地方，舟车所通行的地方，个人只是人类中的一分子；个人和万物比起来，不就像一根毫毛在马身上一样吗？凡是五帝所运筹的，三王所争夺的，仁人所忧虑的，能士所勤劳的，不过如此而已。伯夷辞让以取得声名，孔子游谈以显示渊博，他们这样的自夸，不就像你刚才对于河水的自夸一样吗？"

河伯曰："然則吾大天地而小毫末，可乎？"

北海若曰："否，夫物，量無窮㊀，時無止㊁，分無常㊂，終始無故㊃。是故大知觀於遠近，故小而不寡，大而不多，知量無窮；證曏今故⁵，故遙而不悶⁶，掇而不跂⁷，知時無止；察乎盈虛，故得而不喜，失而不憂，知分之無常也；明乎坦塗⁸，故生而不說，死而不禍⁹，知終始之不可故也。計人之所知，不若其所不知；其生之時，不若未生之時；以其至小求窮其至大之域⑩，是故迷亂而不能自得也。由此觀之，又何以知毫末之足以定至細之倪⑪！又何以知天地之足以窮至大之域！"

【注释】
㊀物量无穷：言物不可得而量度（林希逸《口义》）；各有局量，无有穷尽（陈寿昌《正义》）。"量"，谓局量之大小（林云铭《庄子因》）。
㊁时无止：时序没有止期。和〈天运〉篇："流之于无止""时不可止"同义。
　　林希逸说："寒暑昼夜，相寻无止。"
㊂分无常：得与失皆"分"（郭《注》）。按指贵贱贫富的得失。下文："贵贱有时，未可以为常"，即"分无常"。"常"即定，"无常"即无定。
　　宣颖说："处无定境。"（《南华经解》）
㊃故：同"固"，固定的意思。
㊄证曏（xiàng）今故："曏"，明。"今故"，犹古今（郭《注》）。"故"读为"古"（马叙伦《义证》）。
㊅遥而不闷：对于遥远的并不感到纳闷。
　　宣颖说："不以远不可致而闷。"

⑦掇而不跂:"掇",拾取,形容近。"跂",求。

　　王先谦说:"近可掇取,我亦不跂而求之。"

⑧坦塗:"塗",同途。明刊崇德书院本作"途"。

⑨生而不说,死而不祸:〈大宗师〉作"不知说生,不知恶死"。

⑩以其至小求穷其至大之域:"至小",智;"至大",境。以有限之小智,求无穷之大境(成《疏》)。

⑪至细之倪:"倪",端倪,限度。

【今译】

　　河神说:"那么我以天地为大,以毫毛为小,可以吗?"

　　北海神说:"不可以。万物的量是没有穷尽的,时序是没有止期的,得失是没有一定的,终始是没有不变的。所以大智慧的人无论远近都观照得到,因而小的不以为少,大的不以为多,这是因为知道物量是没有穷尽的;明白了古今本来是一样的,所以对于遥远的并不感苦闷,对于近前的并不去强求,这是因为知道时序是没有止期的;洞察事物盈亏的道理,所以得到并不欣然自喜,失掉并不忧愁懊恼,这是因为知道得失是没有一定的;明白了死生之间是一条无可阻隔的坦途,所以生存不加喜悦,死亡也不以为祸害,这是因为知道终了和起始不是一成不变的。计算人所知道的,总比不上他所不知道的;人有生命的时间,总比不上他没有生命的时间;以极其有限的生命去追求无穷的知识领域,必然会茫然而无所得。由这样看来,又怎么知道毫毛的末端可以确定最小的限度,怎么知道天地可以穷尽最大的领域呢!"

河伯曰:"世之議者皆曰:'至精無形,至大不可圍㊀。'是信情㊁乎?"

北海若曰:"夫自細視大者不盡,自大視細者不明。故異便,此勢之有也㊂。夫精,小之微也;垺,大之殷也㊃;夫精粗者,期於有形者也;無形者,數之所不能分也;不可圍者,數之所不能窮也。可以言論者,物之粗也;可以意致者,物之精也;言之所不能論,意之所不能致者㊄,不期精粗焉。"

(是故大人之行,不出乎害人,不多仁恩;動不爲利,不賤門隸;貨財弗爭,不多辭讓;事焉不借人,不多食乎力,不賤貪污;行殊乎俗,不多辟異;爲在從衆,不賤佞諂;世之爵祿不足以爲勸,戮恥不足以爲辱;知是非之不可爲分,細大之不可爲倪。聞曰:'道人不聞,至德不得,大人無己。'約分之至也。)㊅

【注释】

㊀至精无形,至大不可围:与〈则阳〉篇"精至于无伦,大至于不可

○二 信情:信实。

○三 夫自细视大者不尽,自大视细者不明。故异便,此势之有也:"故异便"原在"夫精,小之微也;垺,大之殷也"句下。马叙伦说:"此三字当在上文'自大视细者不明'下。"马说是。然"此势之有也"句,为解释所以"异便"之故,当顺文移。"异便",郭《注》:"大小异,故所便不得同",这是解释"自细视大者不尽,自大视细者不明"二句。今本误倒,则将文势隔断。此下为"夫精粗者"句,正承上"精""垺"两句而来。今依上下文义移正。按:"故异便",言各有不全面的地方。"便"当读为"偏"。《说文通训定声》:"便,假借为偏。"《礼记·乐记疏》:"偏,谓不周备也。"〈天下〉篇"选则不遍",蒋锡昌说:"由我见以选事物,则必有所弃而致不遍焉。"此亦可为本文之注。《荀子·解蔽》所谓"蔽于一曲"即此。《天下》"不该不遍,一曲之士也"义同。

○四 垺,大之殷也:"殷",大。"垺",特大之意。

○五 意之所不能致者:"致"上原有"察"字。依马叙伦、严灵峰之说删。

马叙伦说:"按'察'字羡文。"

严灵峰先生说:"按:上文:'可以言论者,物之粗也,可以意致者,物之精也。''论'与'致'对文,故此当云:'言之所不能"论",意之所不能"致"。'此'致'字乃《礼记》《大学》'致知'之'致',有'察'字则文赘矣。疑系衍文,兹删去。"(《道家四子新编》五六三页)

○六 "是故大人之行……约分之至也":这一段文字(共110字)与上文不相连续。上文讨论河伯提出的"至精无形,至大不可围"问题,北海若的回答到"不期精粗焉"已告段落,也把问题交代清楚。这里突然冒出和上下文义不相干涉的一段,显系他文错入,或为后人羼入,当删。

【今译】

　　河神说:"世俗的议论者都说:'最精细的东西是没有形体的,最广大的东西是没有外围的。'这是真实的情况吗?"

　　北海神说:"从小的观点去看大的部位是看不到全面的,从大的观点去看小的部位是看不分明的。所以说是各有所偏执,这是情势如此的。'精'是微小中最微小的;'垺'是广大中最广大的;所谓精小粗大,乃是期限有形迹的东西;至于没有形迹的东西,便是数量都不能再分了;没有外围的东西,便是数量也不能穷尽了。可以用语言议论的,乃是粗大的事物;可以用心意传达的,乃是精细的事物;至于语言所不能议论、心意所不能传达的,那就不期限于精细粗大了。"

　　河伯曰:"若物之外,若物之內,惡至而倪貴賤㊀?惡至而倪小大?"

　　北海若曰:"以道觀之,物無貴賤;以物觀之,自貴而相賤;以俗觀之,貴賤不在己。以差觀之,因其所大而大之,則萬物莫不大;因其所小而小之,則萬物莫不小;知天地之為稊米也,知毫末之為丘山也,則差數覩矣。以功觀之,因其所有而有之,則萬物莫不有;因其所無而無之,則萬物莫不無;知東西之相反而不可以相無,則功分定矣。以趣觀之,因其所然而然之,則萬物莫不然㊀;因其所非而非之,則萬物莫不非;知堯桀之自然而相非,則趣操覩矣。㊁

"昔者堯舜讓而帝,之噲讓而絕㊃;湯武爭而王,白公爭而滅㊄。由此觀之,爭讓之禮,堯桀之行,貴賤有時,未可以為常也。梁麗㊅可以衝城,而不可以窒穴,言殊器也;騏驥驊騮㊆,一日而馳千里,捕鼠不如狸狌㊇,言殊技也;鴟〔鵂〕㊈夜撮蚤,察毫末,晝出瞋目㊉而不見丘山,言殊性也。故曰,蓋㊊師是而無非,師治而無亂乎?是未明天地之理,萬物之情者也。是猶師天而無地,師陰而無陽,其不可行明矣。然且語而不舍,非愚則誣也㊋。帝王殊禪㊌,三代殊繼。差其時,逆其俗者,謂之篡夫;當其時,順其俗者,謂之義之徒。默默乎河伯!女惡知貴賤之門,小大之家!"

【注释】

㊀ 恶至而倪贵贱：何至而分贵贱。"倪"，端倪，有区别之义。

㊁ 因其所然而然之，则万物莫不然：同于〈齐物论〉："物固有所然，无物不然。"

㊂ 知尧桀之自然而相非，则趣操睹矣："然"，犹"是"（成《疏》）。"自然而相非"，即自以为是而互相菲薄。"趣操"，情趣志操（成《疏》）。"操"疑"捨"字之误，"趣捨"即取舍（刘文典《补正》）。此说亦可存。

　　王仲镛说："这里，庄子有意夸大事物的相对性而忽视相对事物中的绝对性，把不同的趣向等同起来，即所谓'均异趣'。而其目的则在于使人破除偏执，扩大视野。在同一章中，他除'以趣观之'而外，一气还提了'以道观之'、'以物观之'、'以俗观之'、'以差观之'、'以功观之'等等一系列从不同角度看问题的方法，构成了他相对主义的认识论。但是也该看到，在特定情况下，庄子也是并不完全否认事物的绝对性的。〈逍遥游〉中的大鹏和蜩（以及斥鷃与学鸠），庄子就没有忽视它们之间的'大小之辩'。"

㊃ 之哙让而绝：战国时代燕王哙接受苏代的意见，仿效尧舜的禅让，将王位让给宰相子之（公元前三一六年），引起国人不满，招致内乱，齐宣王来伐，杀燕王及子之。

㊄ 白公争而灭：白公名胜，楚平王之孙，太子建之子。起兵争国，为叶公子高所杀，事见《左传·哀公十六年》及《史记楚世家》。

㊅ 梁栭：即欐栭；屋栋。"丽"，作"欐"，已见于〈人间世〉（"高名之丽"）。

　　郭庆藩说："案：司马训'梁丽'为'小船'，非也。俞氏以为

'楼车',亦近附会。考《列子·汤问篇》:'雍门鬻歌,余音绕梁𣚇,三日不绝。''梁𣚇',即此所云'梁丽'也。"

⑦ 骐骥骅骝:都是骏马。"骐骥",古称千里马(指一天能行千里)。"骅骝",周代良马(周穆王八骏马之一)。

⑧ 狸狌:见〈逍遥游〉篇。"狸",即猫。"狌",同鼪,即鼬,俗称黄鼠狼。

⑨ 鸱(chī):猫头鹰。

王引之说:"'鸺'字,涉《释文》内'鸱鸺鹠'而衍。案《释文》曰:'鸱,尺夷反。'崔云:鸱鸺鹠,而不为'鸺'字作音,则正文内本无'鸺'字明矣。《淮南子·主术训》亦云:'鸱夜撮蚤。'"

⑩ 瞋(chēn)目:"瞋",张(司马彪说)。《说文》:"瞋,怒目。""瞋目",张目,即瞪大了眼。

⑪ 盖:同"盍",何不。

杨树达说:"'盖'与'盍'通,何不也。《礼记·檀弓上篇》云:'子盖言子之志于公乎?'又云:'子盖行乎?'郑注云:'盖皆当为盍,盍,何不也。'此二文通用之证。"(《庄子拾遗》)

⑫ 语而不舍,非愚则诬也:"舍"为"捨"的省字。"非愚则诬"一成语本于此,《韩非子·显学篇》亦见此一语。

⑬ 帝王殊禅:"帝王"疑当作"五帝"(马叙伦说)。

【今译】

河神说:"那么在万物的外面,万物的内面,从什么地方来区分贵贱?从什么地方来区分小大?"

北海神说:"从道看来,万物本没有贵贱的分别;从万物本身看来,万物都自以为贵而互相贱视;从流俗看来,贵贱都由外来而不在自己。从等差上看来,顺着万物大的一面而认为它是大的,那就没有一物不是大的;顺着万物小的一面而认为它是小的,那就没有一物不是小的了;明白了天地如同一粒小米的道理,明白了毫毛如同一座丘的道理,就可以看出万物等差的数量了。从功用上看来,顺着万物有的一面而认为它是有的,那就没有一物不是有的了;顺着万物所没有的一面而认为它是没有的,那就没有一物不是没有的了;知道东方和西方的互相对立而不可以缺少任一方向,那么就可以确定万物的功用和分量了。从取向看来,顺着万物对的一面而认为它是对的,那就没有一物不是对的了;顺着万物错的一面而认为它是错的,那就没有一物不是错的了;知道了尧和桀的自以为是而互相菲薄,那么就可以看出万物的取向和操守了。

"从前尧和舜因禅让而成为帝,燕王噌和燕相子之却因禅让而灭绝;商汤和周武因争夺而成为王,白公胜却因争夺而灭绝。由这样看来,争夺和禅让的体制,唐尧和夏桀的行为,哪一种可贵可贱是有时间性的,不可以视为固定不变的道理。

"栋梁可以用来冲城,但不可以用来塞小洞,这是说器用的不同;骐骥骅骝等好马,一天能跑一千里,但是捉老鼠还不如猫和黄鼠狼,这是说技能的不同;猫头鹰在夜里能捉跳蚤,明察秋毫,但是大白天瞪着眼睛看不见丘山,这是说性能的不同。常常有人说:'为什么不只取法对的而抛弃错的,取法治理的而抛弃变乱的呢?'这是不明白天地的道理和万物的实情的说法。这就像只取法于天而不取法于地,取法于阴而不取法于阳,很明显是行不通的。然而人们还把这种话说个不停,那便不是愚蠢就是故意瞎说了。

"帝王的禅让彼此不同,三代的继承各有差别。不投合时代,违逆世俗的,就被称为篡夺的人;投合时代,顺应世俗的,就被称为高义的人。沉默吧,河伯!你哪里知道贵贱的门径,小大的区别啊!"

河伯曰:"然則我何爲乎,何不爲乎?吾辭受趣舍㊀,吾終奈何?"

北海若曰:"以道觀之,何貴何賤,是謂反衍㊁;無拘而志㊂,與道大蹇㊃。何少何多,是謂謝施㊄;無一而行,與道參差。嚴嚴乎㊅若國之有君,其無私德;繇繇乎㊆若祭之有社,其無私福;泛泛乎㊇其若四方之無窮,其無所畛域。兼懷萬物,其孰承翼㊈?是謂無方㊉。萬物一齊,孰短孰長?道無終始,物有死生,不恃其成;一虛一盈,不位乎其形⑫。年不可舉⑬,時不可止;消息盈虛,終則有始。是所以語大義⑭之方,論萬物之理也。物之生也,若驟若馳,無動而不變,無時而不移。何爲乎,何不爲乎?夫固將自化。"

【注释】

㈠ 辞受趣舍:即出处进退的意思(福永光司说)。"趣舍",取舍。

㈡ 反衍:反复(郭《注》)。

　　曹础基说:"'衍',通延,发展。'反衍',向相反方向发,即今说转化。贵会转化为贱,贱会转化为贵。"

㈢ 无拘而志:"而",汝。

㈣ 蹇(jiǎn):违碍(林希逸说)。

㈤ 何少何多,是谓谢施:"谢施",施用代谢(成《疏》)。

　　李勉说:"'谢施',犹交替也。少可以为多,多可以为少,不宜拘视也。即反复委蛇之意。司马彪曰:'谢,代也。施,用也。'谓交代为用也。言少聚而成多,多散可成少。"

㈥ 严严乎:原缺一"严"字。"严"字当重。与"繇繇乎"、"泛泛乎"相耦(奚侗《补注》)。

㈦ 繇繇乎:同"悠悠",自得的样子。

㈧ 泛泛乎:普遍之貌(成《疏》)。

㈨ 承翼:承受卵翼,受助之意。

㈩ 无方:无所偏向(王先谦《注》)。

⑪ 一虚一盈,不位乎其形:"盈"原作"满",依杨树达之说改。"不位乎其形",形无定位(宣颖说),即没有固定不变的形状。

杨树达说:"'满'当为'盈',与'生'、'成'、'形'为韵。下文云'消息盈虚'即其证。此汉人避惠帝讳所改。"

㊀ 年不可举:年岁不能存留。按:"举"当读为"拒"。《礼记·内则》注:"举,或为巨。""年不可拒,时不可止"即〈达生〉篇"生之来不能却,其去不能止"。〈山木〉篇"来者勿禁,往者勿止"亦与此文相发挥。

宣颖说:"往者莫存。"
㊁ 大义:即大道(林希逸《口义》)。

【今译】

河神说:"那么我应该做什么,应该不做什么?我对于事务的辞受取舍,到底应该怎么办呢?"

北海神说:"从道的观点看来,无所谓贵贱,贵贱是反复无端的;不要拘束你的心志,致使和大道相违。无所谓多少,多少是互相更代变换的;不要拘执一偏而行,致使和大道不合。要严正像一国的君主,没有偏私的恩惠;要超然像祭祀时的社神,没有偏私的保佑;要宽大像四方的无穷无尽,没有彼此的界限。包容万物,有谁承受扶助?这是说没有偏向。万物是齐一的,谁是短谁是长的呢?大道是没有终始的,万物有死生的变化,不以一时所成而为可恃;万物时而空虚,时而盈满,没有固定不变的形状。年岁不能存留,时光不能挽住;消灭、生长、充实、空虚、终结了再开始。这就是讲大道的方向,谈万物的道理。万物的生长,犹如快马奔驰一般,没有一个动作不在变化,没有一个时间不在移动,应该做什么,应该不做什么?万物原本会自然变化的。"

河伯曰:"然则何貴於道邪?"

北海若曰:"知道者必達於理,達於理者必明於權㊀,明於權者不以物害己。至德者,火弗能熱,水弗能溺㊁,寒暑弗能害,禽獸弗能賊。非謂其薄之㊂也,言察乎安危,寧於禍福,謹於去就,莫之能害也。故曰,天在內,人在外㊃,德在乎天㊄。知乎人之行㊅,本乎天,位乎得㊆;蹢躅㊇而屈伸,反要而語極㊈。"

【注释】

㊀权:应变。
㊁火弗能热,水弗能溺:〈逍遥游〉篇:"大浸稽天而不溺,大旱金石流、土山焦而不热。"〈大宗师〉篇:"入水不濡,入火不热。"同义。
㊂薄之:轻犯(成《疏》);迫近(林希逸说)。"薄",迫(王先谦《注》),引申为触犯(曹础基说)。
㊃天在内,人在外:天机藏在心内,人事露在身外。
　　成玄英《疏》:"天然之性,韫之内心;人事所顺,涉乎外迹。"
㊄德在乎天:至德(最高修养)合于自然。
㊅知乎人之行:"乎"字通行本作"天"。审文义,当从江南古藏本作"乎"。

王叔岷先生说:"褚伯秀云:'"天"当是"夫",音符。'其说是也。陈碧虚《阙误》引江南古藏本作'乎'。'夫'犹'乎'也。"
⑺位乎得:处于自得的境地。
⑻蹢躅:进退不定的样子。
⑼反要而语极:返回道的中心而谈论道的极致。

林希逸说:"道之至要也,理之至极也。"

林云铭说:"道要理极,即上文'大义之方','万物之理'者。"

【今译】

河神说:"那么为什么还以道为贵呢?"

北海神说:"认识道的人必定通达事理,通达事理的人必定明了应变,明了应变的人不会让外物伤害自己。有最高修养的人,火不能烧他,水不能淹他,寒暑不能损伤他,禽兽不能侵害他。并不是说他迫近它们而不受损伤,而是说他能观察安全和危险的境地,安心于祸患和幸福的情境,进退却很谨慎,所以没有能加害于他的。因此说:'天机藏在心内,人事露在身外,至德在于不失自然。'知道人的行为,本于自然,处于自得的境地;时进时退时屈时伸,这就返回了道的中心而谈论了理的极致。"

河伯⊖曰:"何謂天?何謂人?"

北海若曰:"牛馬四足,是謂天;落⊜馬首,穿牛鼻,是謂人。故曰,無以人滅天,無以故滅命⊜,無以得殉名⊜。

謹守而勿失,是謂反其眞⑤。"

【注釋】

① 河伯:"河伯"二字原缺,依前例補上。

　　严灵峰先生说:"按:通篇问语在'曰'字上并有'河伯'二字,此疑脱失。"严说为是。

② 落:同"络"。

③ 无以故灭命:不要用造作来毁灭性命。

　　陈寿昌说:"有心曰'故','命',天性。"

　　刘师培说:"'无以故灭命','故',即巧故之故。《国语·晋语》云:'多为之故,以变其志。'语例正符。郭《注》:'不因其自为而故为之。'非也。"(庄子斠补)

　　徐复观先生说:"'故'是后起的生活习惯。"(《中国人性论史》三七六页)

④ 无以得殉名:"得",贪。见《论语》"戒之在得"句朱注。"殉"应作"徇",言无以贪而徇名。

　　"徇名"犹求名(李勉说)。

⑤ 反其真:复于真性(成《疏》)。"反",同返。

【今譯】

　　河神说:"什么叫做天?什么叫做人?"

　　北海神说:"牛马生来有四只脚,这叫做天然;用辔头络在马头上,用缰绳穿过牛鼻上,这叫做人为。所以说:不要用人事去毁灭天然,不要用造作去毁灭性命,不要因贪得去求声名。谨守这些道理而不违失,这就叫做回复到天真的本性。"

二

夔憐蚿⊖,蚿憐蛇,蛇憐風,風憐目,目憐心。

夔謂蚿曰:"吾以一足趻踔⊜而行,予無如矣⊜。今子之使萬足,獨奈何?"

蚿曰:"不然。子不見夫唾者乎?噴則大者如珠,小者如霧,雜而下者不可勝數也。今予動吾天機四,而不知其所以然。"

蚿謂蛇曰:"吾以衆足行,而不及子之無足,何也?"

蛇曰:"夫天機之所動,何可易邪?吾安用足哉!"

蛇謂風曰:"予動吾脊脅而行,則有似也㊄。今子蓬蓬然㊅起於北海,蓬蓬然入於南海,而似無有,何也?"

風曰:"然。予蓬蓬然起於北海而入于南海也,然而指我則勝我,鰌㊆我亦勝我。雖然,夫折大木,蜚㊇大屋者,唯我能也,故以衆小不勝爲大勝也。爲大勝者,唯聖人能之。"

【注释】

㊀夔(kuí)怜蚿:"夔",独脚兽,乃是想像的动物。"怜",爱慕。"蚿",多足虫。

　　成玄英《疏》:"'怜'是爱尚之名。'夔'是一足之兽。《山海经》云:'东海之内,有流波之山,其山有兽,状如牛,苍色,无角,一足而行,声音如雷,名之曰夔。''蚿',百足虫也。"

　　马叙伦说:"《方言》曰:'爱,宋鲁之间曰怜。'此'怜'字亦宋语也。"

㊁趻(chěn)踔(chuō):跳踯(成《疏》)。

㊂予无如矣:没有比我更方便了。

　　成玄英说:"天下简易,无如我者。"

㊃天机:自然。

　　郭庆藩说:"案《文选》陆士衡《文赋》注引司马云:'天机,自然也。'《释文》阙。"

㊄有似也:"似",像。蛇虽无足,而有形像(成《疏》)。《玉篇》:"似,肖。"有形则有肖(郭嵩焘说)。按:"有似",即有形。下文"似无有"即形无有,乃无形之意。王先谦解作"似有足",马叙伦、王叔岷以为"有似"乃"似有"误倒,均非。

㊅蓬蓬然:风动声。

㊆鳅(qiū):本又作"蹖"(《释文》)。与"蹖"同,蹴(王敔《注》)。

　　郭嵩焘说:"《荀子·强国篇》:'大燕鳅吾后,劲魏钩吾右。'杨倞注:'鳅,蹴也,言蹴踏于后也。'"

㊇蜚:同"飞"。

【今译】

　　独脚兽夔羡慕名叫蚿的多足虫,蚿羡慕蛇,蛇羡慕风,风羡慕眼睛,眼睛羡慕心。

　　夔对蚿说:"我用一只脚跳跃着行走,再没有比我更简便的了。现在你使用一万只脚,怎么走法呢?"

　　蚿说:"你错了,你没有见过吐口沫的人吗?喷出来大的像珠子,小的像濛濛细雾,混杂着落下来,数都数不清。现在我顺其自然而行,自己也不知道为什么能这样。"

　　蚿对蛇说:"我用好多脚行走,还不如你没有脚走得快。为什么呢?"

　　蛇说:"我顺着自然的行动,怎么可以更改呢?我哪里要用脚呢!"

　　蛇对风说:"我运动着脊背和腰部行走,还像有脚似的。现在你呼呼地从北海刮起来,呼呼地吹入南海,却像没有形迹似的,为什么呢?"

　　风说:"是的。我呼呼地从北海刮起来而吹入南海,但是人们用手来指我就能胜过我,用脚踢我也能胜过我。然而,折毁大树,吹散大屋,却只有我才能够做到,这是不求小的胜利而求大的胜利。完成大的胜利的,只有圣人才能够做到。"

三

孔子遊於匡⊖，衛人圍之⊜數帀⊜，而弦歌不惙㊃。子路入見，曰："何夫子之娛也？"

孔子曰："來！吾語女。我諱窮㊄久矣，而不免，命也；求通久矣，而不得，時也。當堯舜之時㊅而天下無窮人㊆，非知得也；當桀紂之時而天下無通人㊇，非知失也；時勢適然。夫水行不避蛟龍者，漁父之勇也；陸行不避兕虎㊈者，獵夫之勇也；白刃交於前，視死若生者，烈士之勇也；知窮之有命；知通之有時，臨大難而不懼者，聖人之勇也。由處㊉矣，吾命有所制矣。"

無幾何，將甲者㊀進，辭曰："以爲陽虎也，故圍之。今非也，講辭而退。"

【注释】

⊖匡：卫国地名，在今河北长垣县西南。
⊜卫人围之："卫"原作"宋"，字之误（成《疏》）。匡是卫地，当据司马彪之说改正。

司马彪说："'宋'当作'卫'。匡，卫邑也。卫人误围孔子，以为阳虎。虎尝暴于匡人。"

㊂ "帀(zā)",同"匝"。周。

㊃ 惙:同"辍",止。赵谏议本作"辍"。

㊄ 讳穷:讳忌道行不能通达。这里的"穷"不是指物质生活上的贫困,乃是指道行不张。成《疏》:"穷,否塞。"是。

㊅ 当尧舜之时:"之时"二字通行本缺。据陈碧虚《阙误》引张君房本补。下句"桀纣"同。

  刘文典说:"'尧舜'、'桀纣'下'之时'二字旧敚。……《疏》:'夫生当尧舜之时而天下太平;当桀纣之时而天下暴乱。'是所见本亦并有此二字。"

㊆ 穷人:不得志的人。

㊇ 通人:得志的人。

㊈ 陆行不避兕(sì)虎:《老子》五十章作"陆行不遇兕虎"。

㊉ 处:安息(成《疏》)。

㊉㊀ 将甲者:"将甲",本亦作"持甲"(《释文》)。将,帅(马叙伦《义证》引《说文》)。"将甲者",即帅兵者。

  李勉说:"傅世铭曰:'将,率也'。'甲',指士兵。'将甲者',谓率领士兵之人。"

【今译】

  孔子周游到匡,卫国人把他重重围住,然而他还是不停止弹琴歌唱。子路进见孔子,问说:"为什么先生还这样快乐呢?"

  孔子说:"过来!我告诉你。要讳忌道行不能通达已经很久了,然而还是不免潦倒,这是命啊!我希望我的道行通达已经很久了,然而还是不能得到,这是时运啊!当尧舜的时代，天下没有不得志的人，并不是因为他们的智慧高超；当桀纣的时代，天下没有得志的人，并不是因为他们的才能低落；这是时势造成的。在水里行走不躲避蛟龙，这是渔夫的勇敢；在陆上行走不躲避野牛和老虎，这是猎人的勇敢；光亮的刀子横在面前，把死亡看得和生存一样，这是烈士的勇敢；知道穷困是由于天命，知道通达是由于时机，遇着大难并不畏惧，这是圣人的勇敢。仲由，你憩憩吧！我的命运受到了限定的。"

不多一会儿，有个带着兵器的军官进来，道歉说："我们把你当作阳虎，所以围住你。现在才知道你不是，我们撤退围兵，向你道歉。"

四

公孙龙㊀問於魏牟㊁曰："龍少學先王之道，長而明仁義之行；合同異，離堅白㊂；然不然，可不可㊃；困百家之知，窮衆口之辯；吾自以爲至達已。今吾聞莊子之言，汒焉㊄異之。不知論之不及與，知之弗若與？今吾無所開吾喙㊅，敢問其方。"

公子牟隱機大息，仰天而笑曰："子獨不聞夫埳井㊆

之鼃乎？謂東海之鱉曰：'吾樂與！出跳梁乎井幹之上㊴，入休乎缺甃之崖㊵；赴水則接腋持頤，蹶泥則沒足滅跗㊶；還視㊷虷㊸蟹與科斗，莫吾能若也。且夫擅一壑之水㊹，而跨跱㊺埳井之樂，此亦至矣，夫子奚不時來入觀乎！'東海之鱉左足未入，而右膝已縶㊻矣。於是逡巡而卻㊼，告之海曰：'夫千里之遠，不足以舉其大；千仞之高，不足以極其深。禹之時十年九潦㊽，而水弗為加益；湯之時八年七旱，而崖不為加損。夫不為頃久推移㊾，不以多少進退者，此亦東海之大樂也。'於是埳井之鼃聞之，適適然㊿驚，規規然㊁自失也。

"且夫知不知是非之竟㊂，而猶欲觀於莊子之言，是猶使蚊虻負山，商蚷馳河㊃也，必不勝任矣，且夫知不知論極妙之言而自適一時之利者，是非埳井之鼃與？且彼方跐㊄黃泉而登大皇㊅，無南無北，奭然㊆四解，淪於不測；無東無西，始於玄冥，反於大通。子乃規規然而求之以察，索之以辯，是直用管窺天㊇，用錐指地也，不亦小乎！子往矣！且子獨不聞夫壽陵㊈餘子㊉之學行於邯鄲㊊與？未得國能㊋，又失其故行㊌矣，直匍匐而歸耳。今子不去，將忘子之故，失子之業。"

公孫龍口呿⑬而不合，舌舉而不下，乃逸而走。

【注释】

㊀ 公孙龙：赵人，曾为赵平原君客。〈天下〉篇称："公孙龙辩者之徒。"《汉书·艺文志》名家有《公孙龙子》，现存《公孙龙子》仅六篇，即：〈迹府〉，〈白马论〉，〈指物论〉，〈通变论〉，〈坚白论〉，〈名实论〉。其中以〈白马论〉最著名，而〈迹府〉一篇，则为后人所作。

㊁ 魏牟：魏公子，封于中山（河北省定县）。

㊂ 合同异，离坚白：把事物的同和异合而为一，把一物的坚硬和白色分别开来。

冯友兰说："惠施之观点注意于个体的物，故曰'万物毕同毕异'，而归结于'泛爱万物，天地一体'也。公孙龙之观点，则注重于共相，故'离坚白'而归结于'天下皆独而正'。二派之观点异，故其学说亦完全不同。战国时论及辩者之学，皆总而言之曰：'合同异，离坚白。'或总指其学说为'坚白同异之辩'。此乃笼统言之。其实辩者之中，当分二派：一派为'合同异'，一派为'离坚白'；前者以惠施为首领，后者以公孙龙为首领。"（引自冯著《中国哲学史》，第 268 页）

劳思光说："'合同异'即否认'同'与'异'二概念之确定性。此种说法主要代表为与庄子同时之惠施。……万物彼此间皆有某一层次之相同点，亦有许多异点。取其异点，则万物中无两物相同；甚至同一物在两瞬间中，亦成为互不相同之状态——此点即为流变观念与同异问题之关联所在。反之，万物皆占有时空之对象，此即见万物有基本相同处。……惠施由此种理论引出一态度,即所谓:'氾爱万物,天地一体也。'其据则在于'合同异'。

　　离坚白之说原以'坚、白、石'之辩为中心。此说之原始材料见于公孙龙子〈坚白论〉。其言曰:'坚、白、石,三,可乎?曰,不可;曰,二,可乎?曰,可。曰,何哉?曰无坚得白,其举也二;无白得坚,其举也二。'此谓'石'不与'坚'及'白'同时相离,但'坚'与'白'则可以互离;'石'与'白'为二;'石'与'坚'亦为二,故曰,'其举也二'。然则'坚'与'白'如何能相离?公孙龙即就知觉能力释之,而谓:'视不得其所坚,而得其所白者,无坚也;拊不得其所白,而得其所坚,得其坚也,无白也。'此即指由视之知觉仅能得'白',由拊之知觉仅能得'坚';不视则不得白,不拊则不得坚;故'白'与'坚'并非必然一同呈现于知觉中,则'白'与'坚'可以相离;其所离者,则因二者本为两个不同之性质,为不同之知觉能力所把握者。"(引自劳著《中国哲学史》第五章,第234至240页)

④ 然不然,可不可:把不对的说成对,不可的说成可。

⑤ 汇焉:同茫然。《御览》八十九引"汇"作"茫"(刘文典《补正》)。

⑥ 喙(huì):口。

⑦ 坎(kǎn)井:犹浅井(成《疏》)。"坎",凹地(福永光司说)。《荀子·正论篇》:"坎井之蛙,不可语东海之乐。"即本于此。

⑧ 跳梁乎井干之上:"跳梁",犹跳跃。见〈逍遥游〉篇。"井干",井栏(司马彪说)。

　　刘文典说:"马叙伦曰:'梁字羡文。'……案马说未确。碧虚子校引江南古藏本亦无'梁'字。惟〈逍遥游〉篇:'东西跳梁,不避高下。'是'跳梁'固《庄子》书中之恒言。"

⑨ 休乎缺甃（zhòu）之崖："甃"，井中累砖（成《疏》）。谓休息于破砖边上。

⑩ 跗（fū）：同"趺"，脚背。

⑪ 还视："视"字原缺。《御览》一八九引"还"下有"视"字，据以补上。

马叙伦说："按当依《御览》引'还'下补'视'字。成玄英《疏》曰：'顾瞻虾蟹之类，俯视科斗之徒。'是成本亦有'视'字。"按马说可从。补上"视"字，文义完足。

⑫ 䗃（hán）：井中赤虫（《释文》）。

⑬ 擅一壑之水："擅"，专。

⑭ 跨跱（zhì）：盘踞之意。

⑮ 絷（zhí）：拘，绊住。

⑯ 逡（qūn）巡而却："逡巡"，形容退却的样子。成《疏》释为"从容"，失解。然〈田子方〉篇："背逡巡"，成《疏》："犹却行。"〈让王〉篇："子贡逡巡而有愧色"，成《疏》："逡巡，却行貌。"所解则无误。

⑰ 潦：水淹，指洪水。

⑱ 顷久推移："顷"，少时。"久"，多时。"推移"，改变。

⑲ 适适然：惊怖之容（成《疏》）。

⑳ 规规然：自失之貌（成《疏》）。

㉑ 知不知是非之竟：上"知"音智。"竟"同境。谓智不足以知是非之境。

㉒ 蚿蚿负山，商蚷驰河："蚿"字原缺。依王叔岷之说补。"商蚷"，马蚿虫。

王叔岷先生说："'蚊'下疑挩'蚿'字。'蚊蚿负山，商蚷驰河',耦语也。"

㊷ 跐(cǐ):踏。

㊸ 大皇:天(成《疏》)。

　　马叙伦说:"按'皇'即'光'之异文。'大皇'谓天也。《淮南子·精神训》:'登太皇',高《注》:'太皇,天也。'"按"大皇"形容至高,故释为"天"。

㊹ 奭(shì)然:释然,形容丝毫不受拘束。

㊺ 用管窥天:喻所见极有限。"以管窥天"一成语本于此。

㊻ 寿陵:燕国地名。

㊼ 馀子:少年人。

　　司马彪说:"未应丁夫为馀子。"

㊽ 学行于邯郸:《御览》三九四引"行"作"步",下"故行"同(马叙伦、刘文典、王叔岷校)。邯郸,赵国都邑。

㊾ 未得国能:未得赵国之能(成《疏》);谓其国之绝技(马其昶《庄子故》)。《御览》三九四引"国"作"其"(马叙伦说)。

㊿ 故行:指从前的步法。

(51) 呿(qū):开。

【今译】

公孙龙问魏牟说:"我年轻时学习先王之道,年长后明白仁义的行为,能把事物的同和异混合为一,把一物的坚硬和白色分别开来;不对的说成对,不可的说成可;困倒百家的知识,屈服众口的辩论;我自以为是最明达的了。现在我听到庄子的言论,感到茫然不解。不知道是我的辩论不及他呢,还是知识不及他?现在我张不开口,请问这是什么道理？"

魏牟听了，靠着桌子长叹一声，仰头朝天笑着说："你没有听过浅井里的虾蟆的故事吗？它对东海的大鳖说：'我快乐极了！我出来在井栏杆上跳跃着，回去在破砖边上休息着；游到水里就浮起我的两腋托着我的两腮，跳到泥里就盖没我的脚背；回头看看井里的赤虫、螃蟹和蝌蚪，却不能像我这样快乐。而且我独占一坑水，盘踞一口浅井，这也是最大的快乐了。先生，你何不随时进来看看呢！'东海的鳖，左脚还没有伸进去，右脚就已经被绊住了，于是乃回转退却，把大海的情形告诉它说：'千里路的遥远，不足以形容它的大；八千尺的高度，不足以量尽它的深。禹的时代十年有九年水灾，可是海水并不增加；汤的时代八年有七年旱灾，可是海岸并不浅露。不因为时间的长短而有所改变，不因为雨水的多少而有所增减，这也是东海的大快乐。'浅井的虾蟆听了，惊慌失措，茫然自失。

"你的智慧不足以了解是非的究竟，就想观察庄子的言论，这就像使蚊虫负山、马蚿渡河一般，必定是不能胜任的。而且你的智慧不足以了解极微妙的理论，自己却满足于一时口舌的胜利，这不也像浅井里的虾蟆一样？况且庄子的道理就像下达地层而上登天空，不分南北，四面通达而毫无阻碍，进入到深不可测的境地；不分东西，起于幽深玄远的尽头,返回到无所不通的大道。你还琐琐碎碎地想用察辩去寻求,这简直是如同用竹管去看天,用锥子去量地一样,不是太渺小了吗?你去吧!你没有听说过寿陵的少年到邯郸去学走路的故事吗?他不但没有学会赵国人的走法,而且把自己原来的步法也忘了,结果只好爬着回去。现在你还不走开,将要忘记你原来的技能,失去你本来的学业了。"

公孙龙嘴也张得合不拢来,舌头翘得放不下来,心神恍惚,悄悄地溜走了。

五

莊子釣於濮水⊖,楚王使大夫二人往先焉⊜,曰:"願以境內累矣!"

莊子持竿不顧,曰:"吾聞楚有神龜,死已三千歲矣,王以巾笥而藏之⊜廟堂之上。此龜者,寧其死爲留骨而貴乎?寧其生而曳尾於塗中⑲乎?"

二大夫曰:"寧生而曳尾塗中。"

莊子曰:"往矣!吾將曳尾於塗中。"

【注释】

㊀ 濮水：在山东濮县南，从今河南封丘向东北流入山东。《史记·庄子列传·正义》引"水"下有"之上"二字。

㊁ 往先焉："先"，谓宣其言（《释文》）。"往先"者，往见之，先道此意（林希逸说）。《初学记》二二、《御览》八三四，《后汉书·冯衍传》注引"往先焉"作"往见"。

㊂ 王以巾笥而藏之："以"字原缺。《后汉书·冯衍传》注引"王"下有"以"字（马叙伦说）。有"以"字文义较长（刘文典说）。"巾笥"，指布巾竹箱。

㊃ 涂中：泥中。《艺文类聚》九六、《史记·老庄申韩列传·正义》引"涂"并作"泥"（王叔岷《校释》）。

【今译】

庄子在濮水钓鱼，楚威王派了二个大夫先去表达他的心意说："我希望将国内的政事委托先生！"

庄子持着鱼竿头也不回，遂说："我听说楚国有只神龟，已经死了三千年了，国王把它盛在竹盒里用布巾包着，藏在庙堂之上。请问这只龟，宁可死了留下一把骨头让人尊贵呢？还是愿意活着拖着尾巴在泥巴里爬？"

两个大夫说："宁愿活着拖着尾巴在泥巴里爬。"

庄子说："那么请便吧！我还是希望拖着尾巴在泥巴里爬。"

六

惠子相梁㊀,莊子往見之。或謂惠子曰:"莊子來,欲代子相。"於是惠子恐,搜於國中三日三夜。

莊子往見之,曰:"南方有鳥,其名爲鵷鶵㊁,子知之乎? 夫鵷鶵,發於南海而飛於北海,非梧桐不止,非練實㊂不食,非醴泉㊃不飲。於是鴟㊄得腐鼠,鵷鶵過之,仰而視之曰:'嚇!'今子欲以子之梁國而嚇我邪?"

【注释】

㊀ 相梁:做梁惠王的宰相。"梁",魏都大梁,在今河南开封。
㊁ 鵷(yuān)鶵(chú):属于凤凰一类的鸟。
㊂ 练实:竹实(成《疏》)。《艺文类聚》八八、九五,《初学记》二八,《御览》九一一、九一五、九五六引"练实"并作竹实(王叔岷说)。
㊃ 醴(lǐ)泉:泉甘如醴(李颐《注》)。"醴"是甜酒,形容天然泉水的甜美。
㊄ 鸱:猫头鹰。已见于前文。

【今译】

惠施做梁惠王的宰相,庄子要去看他。有人向惠施说："庄子来,想代替你做宰相。"于是惠施感到恐慌,乃在国内搜寻庄子,搜了三天三夜。

庄子去看他,对他说:"南方有一种鸟,名叫鹓鶵,你知道吗?鹓鶵从南海出发,飞到北海,不是梧桐树它不休息,不是竹子的果实它不吃,不是甜美的水泉它不饮。有一只猫头鹰找到一只腐烂的老鼠,鹓鶵刚好飞过,猫头鹰仰起头来叫喊一声:'吓!'现在你想用你的梁国来吓我吗?"

七

莊子與惠子遊於濠梁㊀之上。莊子曰:"儵魚㊁出遊從容,是魚之樂也。"

惠子曰:"子非魚,安知魚之樂?"

莊子曰:"子非我,安知我不知魚之樂?"

惠子曰:"我非子,固不知子矣;子固非魚也,子之不知魚之樂,全矣。"

莊子曰:"請循其本㊂。子曰'汝安知魚樂'云者,既已知吾知之而問我,我知之濠上㊃也。"

【注释】

㊀ 濠梁:"濠",水名,在淮南钟离郡(成《疏》),即在今安徽省凤阳县附近。"梁",桥。

㊁ 鯈(tiáo)鱼:白鱼(《释文》);俗称苍条鱼,身窄小而有条纹(曹础基说)。"鯈",当作"鲦",此书内多混用(郭庆藩《集释》引卢文弨说)。

　　姚鼐说:"'鯈',即〈至乐〉篇'食之鳅鲦''鲦'字耳。"(王先谦《集解》引)

　　马叙伦说:"涵本、世本'鯈'作'鲦'。按:'鯈'借为'鲦'。《说文》:'鲦,鱼名。'"

㊂ 循其本:"循",犹寻。寻其源(成《疏》)。

㊃ 我知之濠上:我在濠梁之上知道的。"濠上",濠水桥上。

　　宣颖说:"我游濠上而乐,则知鱼游濠下亦乐也。"

【今译】

　　庄子和惠子在濠水的桥上游玩。

　　庄子说:"白鱼悠悠哉哉地游出来,这是鱼的快乐啊!"

　　惠子问:"你不是鱼,怎么知道鱼是快乐的?"

　　庄子回说:"你不是我,怎么知道我不晓得鱼的快乐?"

　　惠子辩说:"我不是你,固然不知道你;你也不是鱼,那么你不知道鱼的快乐,是很明显的了。"

　　庄子回说:"请把话题从头说起吧!你说:'你怎么知

道鱼是快乐的'这句话，就是你已经知道了我知道鱼的快乐才来问我，〔现在我告诉你〕我是在濠水的桥上知道的啊！"

至　　乐

〈至乐〉篇,讨论人生快乐和生死态度的问题。"至乐",至极的快乐。取首句中二字为篇名。

本篇共七章,各自成独立单元。第一章,谈人生有没有至极的快乐。评世俗纵情于官能之乐;富贵者求乐,适足以伤生,疏离生命。标示"至乐无乐"——"至乐"为超脱俗情纵欲而求内心恬和之乐。第二章,庄子妻死,鼓盆而歌,忘却死亡之忧,以为生死不过是气的聚散。第三章,支离叔与滑介叔"观化",天地间无时不在变化中,人当顺随变化而安于所化。第四章,庄子与空髑髅对话的寓言。借髑髅写出人生的种种累患。第五章,为孔子和子贡的对话,讲鲁侯养海鸟的寓言,鲁侯"以己养养鸟,非以鸟养养鸟",结果把鸟弄死了。这寓言喻治者以己意强施于民,往往造成众人的灾害。所以主张为政之道,要使人民"不一其能,不同其事"。第六章,列子见髑髅而有所感言,以为人的死生当不为忧乐所执。第七章,写物种演化的历程。

出自本篇的著名成语,有鼓盆而歌、夜以继日、褚小怀大、绠短汲深等。此外,髑髅见梦、鲁侯养鸟等富有哲理性的寓言,亦见于本篇。

一

天下有至樂無有哉？有可以活身者無有哉？今奚爲奚據？奚避奚處？奚就奚去？奚樂奚惡？

夫天下之所尊者，富貴壽善⊖也；所樂者，身安厚味美服好色音聲也；所下者，貧賤夭惡也；所苦者，身不得安逸，口不得厚味，形不得美服，目不得好色，耳不得音聲；若不得者，則大憂以懼，其爲形也，亦愚哉！

夫富者，苦身疾作⊜，多積財而不得盡用，其爲形也亦外矣⊜。夫貴者，夜以繼日，思慮善否，其爲形也亦疏矣。人之生也，與憂俱生，壽者惛惛⊜，久憂不死，何苦也！其爲形也亦遠矣。烈士爲天下見善矣，未足以活身。吾未知善之誠善邪，誠不善邪？若以爲善矣，不足活身；以爲不善矣，足以活人。故曰："忠諫不聽，蹲循⊜勿爭。"故夫子胥爭之以殘其形，不爭，名亦不成。誠有善無有哉？

今俗之所爲與其所樂，吾又未知樂之果樂邪，果不樂邪？吾觀夫俗之所樂，舉群趣㊅者，誙誙然㊆如將不得已⑧,而皆曰樂者,吾未知之樂也,亦未知之不樂也⑨。果有樂無有哉？吾以無爲誠樂矣,又俗之所大苦也。故曰："至樂無樂,至譽無譽。"

【注释】

㊀ 善：善名（成《疏》）；所遇顺善（王先谦《注》）。

㊁ 疾作：勤勉劳动。

㊂ 外矣："内矣"相反字。下文"疏矣"、"远矣",即是"密矣"、"近矣"的相反字,都是指违反常性的意思。

㊃ 惛（hūn）惛：即昏昏；指精神懵懂。涵本"惛惛"作"惽惽"（马叙伦《庄子义证》）。

㊄ 蹲循：即"逡巡",却退的意思。

林云铭说："蹲循,逡巡退听之貌。言忠谏不见听,即当却去不必与之争也。"（《庄子因》）

俞樾说："'蹲循',当读为'逡巡'。古书'逡巡'字或作'逡遁'；汉郑固碑：'逡遁,退让也。'是也,此又作'蹲循'者,据〈外物〉篇：'帅弟子而踆于窾水。'《释文》引《字林》云：'踆,古蹲字。'然则'蹲循'者,'踆遁'也。汉碑作'逡遁',《庄子》书作'蹲循',字异而音义同矣。'忠谏不听,蹲循勿争',谓人主不听忠谏,则为人臣者当逡巡而退,勿与之争也。"（《诸子平议》）

㊅ 举群趣：言举世群然而趋之（林希逸《口义》）；形容一窝蜂地追逐。

㊆ 誙誙然：必取之意（林希逸《口义》）；专确貌（宣颖《南华经解》）。按形容执着的样子。

㊇ 不得已："已",作"止"。

⑨吾未知之乐也,亦未知之不乐也:两"知"字今本原缺。案陈碧虚《阙误》引江南古藏本,两"未"字下并有"知"字,当从之。"吾未知之乐也,亦未知之不乐也",即"吾未知其乐也,亦未知其不乐也"。"之"犹"其"(王叔岷《校释》)。

【今译】

　　世界上有没有至极的欢乐呢？有没有可以养活身命的方法呢？如果有,要做些什么,依据什么？回避什么,留意什么？从就什么,舍去什么？喜欢什么,嫌恶什么？

　　世界上所尊贵的,就是富有、华贵、长寿、善名;所享乐的,就是身体的安适、丰盛的饮食、华丽的装饰、美好的颜色、悦耳的声音;所厌弃的,就是贫穷、卑贱、夭折、恶名;所苦恼的,就是身体不能得到安逸,口腹不能得到美味,外表不能得到华丽服饰,眼睛不能看到美好颜色,耳朵不能听到动人声音;如果得不到这些,就大为忧惧。这样的为形体,岂不是太愚昧了吗？

　　富人劳苦身体,辛勤工作,积聚很多钱财而不能完全使用,这样对于护养自己的形体,岂不是背道而驰吗？贵人日以继夜,忧虑着名声的好坏,这样对于护养自己的形体,岂不是很疏忽吗？人的一生,和忧愁共存,长命的人昏昏沉沉,久久地忧患着如何才能不死,多么苦恼啊！这样对于保全自己的形体岂不是很疏远吗？烈士被天下的人所称赞,却保不住自己的性命,我不知道这真是完善呢，还是不完善？如果说是完善，却保不住自己的性命；如果说不完善，却救活了别人。俗语说："忠诚地谏告，如果不听，就退去，不必再争谏。"所以子胥因为谏诤而遭残戮，如果他不争谏，就不会成名。这样看来有没有真正的完善呢？

现在世俗所追求和所欢乐的，我不知道果真是快乐，还是不快乐？我看世俗所欢乐的，一窝蜂地追逐，十分执着地好像欲罢不能，而大家都说这是快乐，我不知道这算是快乐，还是不快乐。果真有快乐没有呢？我以为清静无为是真正的快乐，但这又是世俗人所大感苦恼的。所以说："至极的欢乐在于'无乐'，最高的声誉在于'无誉'。"

天下是非果未可定也。雖然，無爲可以定是非。至樂活身，唯無爲幾存㊀。請嘗試言之。天無爲以之清，地無爲以之寧㊁，故兩無爲相合，萬物皆化生㊂。芒乎芴乎㊃，而無從出乎！芴乎芒乎，而無有象乎！萬物職職㊄，皆從無爲殖㊅。故曰天地無爲也而無不爲也㊆，人也孰能得無爲哉！

【注释】

㊀无为几存："几"，近。《老子》六十四章有"无为故无败"句。

② 天无为以之清，地无为以之宁：同于《老子》三十九章："天得一以清，地得一以宁。"（"一"即指无为之道。）

③ 两无为相合，万物皆化生："生"字旧脱。陈碧虚《阙误》引江南古藏本"化"下有"生"字，当从之。"生"与上文"清"、"宁"为韵，《疏》："而万物化生"，是成本亦有"生"字（刘文典、王叔岷校）。

④ 芒乎芬乎：恍惚芒昧（成《疏》）。《老子》二十一章有"恍兮惚兮"句。

⑤ 职职：繁多的样子。

　　马叙伦说："按'职'借为'秩'。《说文》曰：'秩，积也。'"

⑥ 无为殖：意指万物在自然中产生。

　　郭象《注》："皆自殖耳。"

⑦ 天地无为也而无不为也：《老子》三十七章作："道常无为而无不为。"

【今译】

　　天下的是非确实不可以成定论的。虽然这样，然而"无为"的态度可以定论是非。至极的欢乐可以养活身心，只有"无为"的生活方式或许可以得到欢乐。请让我说说：天"无为"却自然清虚，地"无为"却自然宁静，天地"无为"而相合，万物乃变化生长。恍恍惚惚，不知道从哪里生出来！恍恍惚惚，找不出一点迹象来！万物繁多，都从无为的状态中产生。所以说：天地无心作为却没有一样东西不是从它们生出来的。谁能够学这种"无为"的精神呢！

二

莊子妻死，惠子弔之，莊子則方箕踞㊀鼓盆㊁而歌。

惠子曰："與人居㊂，長子、老、身死㊃，不哭，亦足矣，又鼓盆而歌，不亦甚乎！"

莊子曰："不然。是其始死也，我獨何能無概㊄然！察其始而本無生，非徒無生也而本無形，非徒無形也而本無氣。雜乎芒芴㊅之間，變而有氣，氣變而有形，形變而有生，今又變而之死，是相與為春秋冬夏四時行也。人且偃然㊆寢於巨室㊇，而我噭噭然㊈隨而哭之，自以為不通乎命，故止也。"

【注释】

㊀箕踞：蹲坐，如簸箕形狀。
㊁盆：瓦缶，古时乐器。
㊂与人居："人"指庄子妻。
㊃长子、老、身死：长养子孙，妻老死亡（成《疏》）。历来多以"长子老身"为句，"死"字属下读。今从宣颖本读法。
㊄概：即慨，感触哀伤。
㊅芒芴：读同恍惚（褚伯秀《义海纂微》）。

⑦偃然：安息的样子。

⑧巨室：指天地之间。

⑨噭噭然：叫哭声。

【今译】

庄子的妻子死了，惠子去吊丧，看到庄子正蹲坐着，敲着盆子唱歌。

惠子说："和妻子相住一起，为你生儿育女，现在老而身死，不哭也够了，还要敲着盆子唱歌，这岂不太过分了吗？"

庄子说："不是这样。当她刚死的时候，我怎能不哀伤呢？可是观察她起初本来是没有生命的，不仅没有生命而且还没有形体，不仅没有形体而且还没有气息。在若有若无之间，变而成气，气变而成形，形变而成生命，现在又变而为死，这样生来死往的变化就好像春夏秋冬四季的运行一样。人家静静地安息在天地之间，而我还在啼啼哭哭，我以为这样是不通达生命的道理，所以才不哭。"

三

支離叔與滑介叔㊀觀於冥伯之丘㊁，崑崙之虛，黃帝之所休。俄而柳㈢生其左肘㈣,其意蹶蹶然㈤恶之。

支离叔曰:"子恶之乎?"

滑介叔曰:"亡,予何恶!生者,假借㈥也;假之而生生者,尘垢㈦也。死生为昼夜。且吾与子观化㈧而化及我,我又何恶焉!"

【注释】

㈠支离叔与滑介叔:寓托人名。

　　李颐说:"支离忘形,滑介忘智,言二子乃识化也。"(《释文》引)

㈡冥伯之丘:寓托丘名。

　　李颐说:"丘名,喻杳冥。"

㈢柳:借为"瘤"。

　　郭嵩焘说:"'柳','瘤'字,一声之转。"(见郭庆藩《庄子集释》引)

㈣肘:臂部关节弯曲处。

㈤蹶蹶然:惊动的样子。

㈥假借:指身体乃是外在物质元素假合而成。

㈦尘垢:暂时的凑集(据宣颖《注》)。

㈧观化:观于变化。"化"指生死的变化。

　　徐复观先生说:"所谓'观化',即对万物的变化,保持观照而不牵惹自己的感情判断的态度。"(《中国人性论史·庄子的心》,第392页)

【今译】

　　支离叔和滑介叔一同到冥伯的丘陵、昆仑的荒野去游览,那是黄帝曾经休息过的地方。忽然间滑介叔左臂上长了一个瘤,他显得惊动不安,好像厌恶它的样子。

　　支离叔说:"你嫌恶它吗?"

　　滑介叔说:"不,我为什么嫌恶!身体乃是外在物质元素假合而成;外在元素假合而产生的生命,乃是暂时的凑集。死生就好像昼夜一般的运转。我和你观察万物的变化,现在变化临到了我,我又为什么要嫌恶呢?"

四

　　莊子之楚,見空髑髏,髐然㊀有形,撽㊁以馬捶㊂,因而問之,曰:"夫子貪生失理,而爲此乎?將子有亡國之事,斧鉞之誅,而爲此乎?將子有不善之行,愧遺父母妻子之醜,而爲此乎?將子有凍餒之患,而爲此乎?將子之春秋㊃故及此乎?"

　　於是語卒,援髑髏,枕而臥。夜半,髑髏見夢曰:"子之談者似辯士。視子所言,皆生人之累也,死則無此矣。子欲聞死之說乎?"

莊子曰："然。"

髑髏曰："死,無君於上,無臣於下;亦無四時之事,從然⑤以天地爲春秋,雖南面王樂,不能過也。"

莊子不信,曰:"吾使司命⑥復生子形,爲子骨肉肌膚,反子父母妻子閭里知識⑦,子欲之乎?"

髑髏深矉蹙頞⑧曰:"吾安能棄南面王樂而復爲人間之勞乎!"

【注释】

① 骸(xiāo)然:空枯的样子。
② 撽:《说文》作"擎",云:旁击(《释文》)。
③ 马捶:"捶",作"箠",即马鞭。
④ 春秋:年纪。
⑤ 从然:"从",通"纵",形容纵逸的样子。《阙误》引张君房本"从然"作"泛然"。
⑥ 司命:掌管生命的鬼神。
⑦ 知识:指朋友。
⑧ 深矉蹙(cù)頞(è):"矉",同矉,皱眉。"頞",同"额"。形容眉目之间露出忧愁的样子。

【今译】

庄子到楚国,看见一个骷髅,空枯成形,他就用马鞭敲敲,问说:"先生是因为贪生背理,以至于死的吗?还是国家败亡，遭到斧钺的砍杀，而死于战乱的呢？你是做了不善的行为，玷辱父母妻儿，而惭愧致死的吗？还是冻饿的灾患而致死的呢？或是年寿尽了而自然死亡的呢？"

这样说完了话，就拿着骷髅，当着枕头睡觉。半夜里，庄子梦见骷髅向他说："你的谈话好像辩士。看你所说，都是生人的累患，死了就没有这些忧虑。你要听听死人的情形吗？"

庄子说："好。"

骷髅说："死了，上面没有君主，下面没有臣子；也没有四季的冷冻热晒，从容自得和天地共长久，虽是国王的快乐，也不能胜过。"

庄子不相信，他说："我使掌管生命的神灵恢复你的形体，还给你骨肉肌肤，把你送回到父母妻子故乡朋友那里，你愿意吗？"

骷髅听了，眉目之间露出忧愁的样子说："我怎能抛弃国王般的快乐而回复到人间的劳苦呢！"

五

顏淵東之齊，孔子有憂色，子貢下席而問曰："小子敢問，回東之齊，夫子有憂色，何邪？"

孔子曰："善哉汝問！昔者管子有言，丘甚善之，曰：'褚⊖小者不可以懷大，綆⊜短者不可以汲深。'夫若是者，以爲命有所成而形有所適也⊜，夫不可損益。吾恐回與齊侯言堯舜黃帝之道，而重以燧人神農之言。彼將內求於己而不得，不得則惑，人惑則死。

"且女獨不聞邪？昔者海鳥止於魯郊，魯侯御⑭而觴⑮之於廟，奏《九韶》以爲樂，具太牢⑯以爲膳。鳥乃眩視憂悲，不敢食一臠，不敢飲一杯，三日而死。此以己養養鳥也，非以鳥養養鳥也。夫以鳥養養鳥者，宜棲之深林，遊之壇陸⑰，浮之江湖，食之鰌鰷⑱，隨行列而止，委蛇⑲而處。彼唯人言之惡聞，奚以夫譊譊⑳爲乎！《咸池》《九韶》之樂，張之洞庭之野㉑，鳥聞之而飛，獸聞之而走，魚聞之而下入㉒，人卒㉓聞之，相與還而觀之。魚處水而生，人處水而死，彼必相與異，其好惡故異也。故先聖不一其能，不同其事。名止於實，義設於適㉔，是之謂條達㉕而福持㉖。"

【注釋】

⊖褚：布袋。

⊜綆（gěng）：繩索。

㈢命有所成而形有所适也：性命各有它形成之理，而形体各有它适宜之处。

㈣御：迎。

㈤觞（shāng）：宴饮。

㈥太牢：指牛羊豕。

㈦壇陆："壇"，司马本作"澶"（《释文》）；水中沙澶。"壇陆"，即湖渚。

㈧鰌鮍：小鱼名。"鰌"，泥鳅。"鮍"，白鱼子。

㈨委蛇：宽舒自得（成《疏》）。"委"，成《疏》作逶。"委"为逶省（马叙伦说）。

㈩譊譊（náo）：喧杂。

㈪洞庭之野：即广漠之野。见〈天运〉篇。

㈫鸟闻之而飞，兽闻之而走，鱼闻之而下入：〈齐物论〉作："鱼见之深入，鸟见之高飞，麋鹿见之决骤。"

㈬人卒：众人。已见于〈天地〉篇与〈秋水〉篇。

㈭义设于适：事理的设施在于适性。

　　成玄英《疏》："'义'者，宜也，随宜施设，适性而已。"

　　林希逸说："义设于适，盖言人各随其分也。"

㈮条达：条理通达。

㈯福持：福分常在。

【今译】

　　颜渊往东到齐国，孔子面色忧愁。子贡即离席向前问说："学生请问，颜回东往齐国，先生面色忧愁，为什么呢？"

孔子说："你问得很好！从前管子有句话，我觉得很好，他说：'布袋小的，不可以藏大的东西，绳索短的，不可以汲深井的水。'这样说来，认为性命各有它形成的道理，而形体各有它适宜的地方，这是不可以改变的。我恐怕颜回向齐侯谈说尧舜黄帝的道理，而强调燧人神农的言论。齐侯听了会内求自己而不得了解，不得了解就会产生疑惑，起了疑惑就要遭殃了。

"你没有听说过这个故事吗？从前有只海鸟飞落在鲁国的郊外，鲁侯把它迎进太庙，送酒给它饮，奏《九韶》的音乐取悦它，宰牛羊喂它。海鸟目眩心悲，不敢吃一块肉，不敢饮一杯酒，三天就死了。这是用养人的方法去养鸟，不是用养鸟的方法去养鸟。用养鸟的方法去养鸟，就应该让鸟在深林里栖息，在沙滩上漫游，在江湖中漂浮，啄食小鱼，随鸟群行列而止息，自由自在的生活。鸟最怕听到人的声音，为什么还要弄得这般喧杂呢！如果在洞庭的野外演奏《咸池》、《九韶》的音乐，鸟听了会飞去，兽听了会逃走，鱼听了会沉下，然而人们听了，却会围过来观赏。鱼在水里才能得生，人在水里就会淹死，人和鱼的禀性各别，所以好恶也就不同了。所以先圣不求才能的划一，不求事物相同。名和实相副，事理的设施求其适合于各自的性情，这就叫做'条理通达而福分常在'。"

六

列子行食於道從㊀,見百歲髑髏,攓㊁蓬而指之曰:"唯予與汝知而㊂未嘗死,未嘗生也。若果養㊃乎?予果歡乎?"

【注释】

㊀道从:"从",道旁(司马彪《注》)。
㊁攓(qiān):拔。
㊂而:汝。
㊃养:忧。
　　宣颖说:"养,心忧不定貌。《诗》曰:'中心养养。'是也。"
　　俞樾说:"'养',读为'恙',《尔雅·释诂》:'恙,忧也。'"

【今译】

　　列子旅行在路旁进餐,看见一个百年的骷髅,拨开蓬草指着它说:"只有我和你知道,你没有死也没有生的道理。你果真忧愁吗?我果真欢乐吗?"

七

種有幾㊀,得水則爲䘁㊁,得水土之際則爲鼃蠙之衣⑬,生於陵屯⑭則爲陵舄⑮,陵舄得鬱棲⑯則爲烏足⑰。烏足之根爲蠐螬⑱,其葉爲胡蝶。胡蝶胥也⑲化而爲蟲,生於竈下,其狀若脫⑳,其名爲鴝掇㉑。鴝掇千日化而爲鳥,其名爲乾餘骨。乾餘骨之沫㉒爲斯彌㉓,斯彌爲食醯㉔。頤輅㉕生乎食醯;黃軦㉖生乎九猷;瞀芮㉗生乎腐蠸㉘。羊奚㉙比乎不筍,久竹㉚生青寧㉛;青寧生程,程生馬,馬生人,人又反入於機㉜。萬物皆出於機,皆入於機。

【注释】

㊀种有几:有多种解释:㈠物种的变化有多少;如张湛说:"先问变化种数凡有几条,然后明之于下。"(《列子·注》)如郭象说:"变化种类,不可胜计。"㈡"几"作"机"讲;如陶鸿庆说:"'几'当读为'机'。〈黄帝〉篇之'杜德几''善者几''衡气几'诸'几'字,《庄子》皆作'机',即其例也。'机'即下文'万物皆出于机皆入于机'也。"(见陶著《读列子札记》,引自杨伯峻撰《列子集释》内)㈢物种中有一种极微小的生物叫做"几";如马叙伦说:"〈寓言〉篇曰:'万物皆种也。'是此'几'字谓万物之种也。'几'者,《说文》曰:'微也。'从二'幺','幺'小也,从二'幺',故为'微'也。"如胡适说:"'种有几'的'几'字,当作'几微'的'几'字解。《易系辞传》说:'几者,动之微,吉凶之先见者也。'正是这个'几'字。'几'字从'丝','丝'字以从8,本象生物胞胎之形。我以为此处的'几'字,是指物种最初时代的种子。"(《中国哲学史》)今译从㈢。

⊜ 鹾:司马本作"继",指一种断续如丝的草。

林希逸说:"继者,水上尘垢初生苔而未成,亦有丝缕相萦之意,但其为物甚微耳。"

王先谦说:"《释草》:'薏,牛脣。'郭《注》引《毛诗传》曰:'水舄也,如续断,寸寸有节,拔之可复。'《说文》:'薏,水舄也。'郝懿行云:'今验马舄生水中者,华如车前而大,拔之,节节复生。'据此,即《庄子》所谓'鹾'也。拔之寸节复生,故以'继'为名。"

⊜ 蛙蠙之衣:青苔,俗称虾蟆衣(见成《疏》)。

四 陵屯:高地。"屯",阜(司马彪《注》)。

五 陵舄:车前草(成《疏》)。

六 郁栖:粪壤(李颐《注》)。

七 乌足:草名。

八 蛴(qí)螬(zāo):金龟子的幼虫。

马叙伦说:"《论衡·无形篇》曰:'蛴螬化而为复育,复育转而为蝉。'陈藏器曰:'蛴螬居粪土中,身短足长,背有毛筋,但从夏入秋,蜕而为蝉。'李时珍曰:'蛴螬,状如蚕而大,身短节促,足长,有毛,生树根及粪土中者,外黄内黑,生旧茅屋上者,外白内黯。'"

九 胥也:同"须臾"。

俞樾说:"《释文》曰:'胡蝶胥也,一名胥。'此失其义,当属下句读之。本云:'胡蝶胥也化而为虫',与下文'鸲掇千日为鸟',两文相对。'千日为鸟',言其久也;'胥也化而为虫',言其速也。《列子·天瑞篇·释文》曰:'胥,少也,谓少时也。'得其义矣。"

十 脱:借为"蜕"。

㉒鸲掇,虫名。

马叙伦说:"'鸲掇'疑即'灶马'。《酉阳杂俎》:灶马状如促织,稍大,脚长,好穴灶旁。"

㉓沫:口中唾沫。

㉔斯弥:虫名。

㉕食醯(xī):酒瓮里的蠛蠓。

㉖颐辂:虫名。

㉗黄軦:虫名。

㉘九猷:虫名。

㉙瞀(mào)芮(ruì):即蠓蚋。"瞀"、"蠓"一声之转(马叙伦《义证》)。

㉚腐蠸:萤火虫。

㉛羊奚:草名。

㉜不箰,久竹:久不长笋的竹子。"箰",《列子》作"筍"。

㉝青宁:虫名。

㉞程:豹。

殷敬顺说:"《尸子》云:'程,《中国》谓之貘,《越》人谓之貘。'"(《列子释文》)

罗勉道说:"《笔谈》云:'延州人至今谓虎豹为程。盖言虫也。'"(《南华真经循本》)

㉟人又反入于机:有两种解释:㈠"机",作天机,自然讲;如成玄英《疏》:"机者发动,所谓造化也。造化者,无物也。人既从无生有,又反入归无也。"㈡"机",作"几",如马叙伦说:"按'机'当为'几'。即'种有几'之'几'也。"又如胡适说:"这一节的末三句所用三个'机'字,皆当作'几',即是上文'种有几'的'几'字。

若这字不是承上文来的,何必说:'人又反入于机'呢?用'又'字和'反'字,可见这一句是回照'种有几'一句。《易·系辞传》:'极深而研几'一句,据《释文》,一本'几'作'机'。可见'几'字误作'机'是常有的事。"两说都言之成理。今译从㈠。

【今译】

　　物种中有一种极微小的生物叫几,它得到水以后就变成断续如丝的继草,在水和土的交境就变成青苔,生在高地上就变为车前草,车前草得到粪土以后就变为乌足草,乌足草的根变为蝎子,它的叶子变为蝴蝶。蝴蝶一会儿就化为虫,生在火灶底下,形状好像蜕化了皮似的,它的名叫鸲掇。鸲掇虫过了一千日以后就变成鸟,名叫干余骨。干余骨的唾沫变为斯弥,斯弥变成蠛蠓。颐辂虫生于蠛蠓;黄軦生于九猷虫;瞀芮虫生于萤火虫。羊奚草和不箰久竹结合就生出青宁虫;青宁虫生出赤虫,赤虫生出马,马生出人,人又复归于自然。万物都从自然中出来,又回归于自然。

庄子今注今译

(最新修订版)

(下 册)

陈鼓应 注译

目　　录

外　篇

达生 …………………………………………… 541

山木 …………………………………………… 577

田子方 ………………………………………… 611

知北游 ………………………………………… 643

杂　篇

庚桑楚 ………………………………………… 683

徐无鬼 ………………………………………… 721

则阳 …………………………………………… 767

外物 …………………………………………… 805

寓言 …………………………………………… 835

让王 …………………………………………… 853

盗跖 …………………………………………… 889

说剑 …………………………………………… 923

渔父 …………………………………………… 935

列御寇 ………………………………………………… 951

天下 …………………………………………………… 979

本书主要参考书………………………………………… 1042

外篇

达　　生

〈达生〉篇，主旨在说养神，强调人的精神作用。"达生"，畅达生命。取篇首二字为篇名。

本篇由十一个寓言故事组成，篇首一章是通篇的纲领，指出通达生命实情的人，不重财物、名位、权势，认为健全的生命，当求形体健全、精神充足（"形全精复"），与自然为一（"与天为一"）。第二章，关尹与列子的对话，由"纯气之守"说到"神全"。"纯气之守"，即保守纯和的精神；"神全"，即是精神的凝聚。这一章主要写精神凝聚的作用。第三章，仲尼见痀偻者承蜩，写驼背老人"用志不分，乃凝于神"；由于他心志专一于对象上，发挥了洗练的技艺。第四章，颜渊与孔子的对话，指善游者忘水，乃神暇与专一之功。本章"外重者内拙"一语，颇有深义。第五章，田开之与周威公对话的故事，写单豹"养其内而虎食其外"，张毅"养其外而病攻其内"，都各有所偏废。养生要在"形"、"精"并重。第六章，祝宗人说彘，讽权贵人物惑荣华而遭害，逐权位而取祸。第七章，写桓公心神不宁而病生，心神释然而病除，喻养神的重要。第八章，由养斗鸡写养神的作用。第九章,孔子在吕梁观人游水,得安习成性的道理。第十章,梓庆削木为鐻,写一位专技者的精修用心的过程。第十一章,东野稷御马,马力竭而困败,写耗神过度,则劳竭必败。第十二章,工倕画图,"指与物化",写其创造技能的精巧纯熟,达到被创造对象融合为一的化境。"忘足,屦之适也;忘要(腰),带之适也;忘是非,心之适也"的名句及"忘适之适"的命题,见于本节。

出自本篇的著名成语,有用志不分、外重内拙、呆若木鸡、履适忘足、带适忘腰、忘适之适、昭然若揭等。此外,痀偻承蜩、梓庆为鐻等富有启发性的寓言亦见于本篇。

一

達生之情①者,不務生之所無以爲②;達命之情者,不務命③之所無奈何。養形必先之以物,物有餘而形不養者有之矣;有生必先無離形,形不離而生亡者有之矣。生之來不能卻,其去不能止。悲夫!世之人以爲養形足以存生;而養形果不足以存生,則世奚足爲哉!雖不足爲而不可不爲者,其爲不免矣。

夫欲免爲形者,莫如棄世④。棄世則無累⑤,無累則正平⑥,正平則與彼更生⑦,更生則幾⑧矣。事奚足棄而生奚足遺?棄事則形不勞,遺生⑨則精不虧。夫形全精復⑩,與天爲一。天地者,萬物之父母也,合則成體,散則成始⑪。形精不虧,是謂能移⑫;精而又精,反以相天⑬。

【注释】

① 达生之情:通达生命的真义。"情",实情、真相之意。
② 生之所无以为:"无以为"谓无可为。生不能强求,故云"无以为"(李勉《庄子分篇评注》)。
　　林云铭说:"'无以为',身外之物,无所用也。"(《庄子因》)
　　宣颖说:"为无益之养者,'生之所无以为'也。"(《南华经

解》)

㊂命:今本作"知"。"知"乃"命"字之讹(武延绪《札记》)。《弘明集·正诬论》引"知"作"命",当从之。两"命"字与两"生"字对言,《淮南子·诠言训》、〈泰族训〉亦并作"命"(王叔岷《校释》)。兹依武延绪、马叙伦、刘文典、王叔岷、严灵峰诸说改。

㊃弃世:弃却世间分外之事(成玄英《疏》)。

　　林希逸说:"'弃世'者,非避世也。处世以无心,感而后应,迫而后动,不得已而后起,则我自我而世自世矣。"

㊄无累:指不被分外之事所累。

㊅正平:心正气平(陈寿昌《南华真经正义》);心性纯正平和(曹础基说)。

㊆与彼更生:"更生",日新之谓(郭象《注》)。"彼",指自然。"与彼更生"是说和自然共同变化、推陈出新。

　　曹础基说:"'彼',指形体。'更生',新生。句谓心性纯正平和则身体亦会随之健康。"

㊇几:近道(林云铭说)。

㊈遗生:"遗",忘。指遗忘生活中的分外之事。

㊉形全精复:"复"读为"备",古字通。《仪礼·特牲》之"复"字,今文汉简均作"备",是其证。"精备"即本篇之"神全",即上文之"精不亏"。形精完备,即下文之"形精不亏"。

㊋合则成体,散则成始:指物质元素相合便形成物体,离散便成为另一物体结合的开始。

　　宣颖说:"二气合,则生物形;散于此者,生于彼之始。"

㊌能移:"移",迁转(成《疏》)。指能随自然变化而更新。

㊍相天:"相",助(成《疏》)。还辅其自然(郭《注》)。

【今译】

　　通达生命实情的,不追求生命所不必要的东西;通达命运实况的,不追求命运所无可奈何的事故。保养形体必定先用物资,可是有些人物资丰余而形体却保养不好;保有生命必定先不使脱离形体,可是有些人形体没有离散而生命却已亡失了。生命的来临不能拒绝,生命的离去不能阻止。可悲啊!世上的人以为保养形体便是保存生命;然而保养形体果真不足以保存生命,那么世间的事还有什么值得去做的呢!虽然不值得做却不可不去做,这样去做便不免于累了。

　　要想免于为形体劳累,便不如舍弃俗世。舍弃俗世就没有拖累,没有拖累就心正气平,心正气平就和自然共同变化更新,和自然共同变化更新就接近道了。俗事为什么须舍弃,生命为什么须遗忘?舍弃俗事就形体不劳累,遗忘生命中的事务就精神不亏损。形体健全,精神充足,便和自然合而为一。天地是产生万物的根源,〔物质元素〕相合便形成物体,离散便成为另一物体结合的开始。形体精神不亏损,就是能随自然变化而更新;精而又精,返回过来辅助自然。

二

子列子問關尹㊀曰:"至人潛行不窒,蹈火不熱㊁,行乎萬物之上而不慄。請問何以至於此?"

關尹曰:"是純氣之守㊂也,非知巧果敢之列。居,予語汝!凡有貌象聲色者,皆物㊃也,物與物何以相遠?夫奚足以至乎先?是形色而已㊄。則物之造乎不形而止乎無所化㊅,夫得是而窮之者,物焉得而止焉㊆!彼㊇將處乎不淫之度㊈,而藏乎無端之紀㊉,遊乎萬物之所終始,壹其性,養其氣,合其德,以通乎物之所造㊋。夫若是者,其天守全,其神無郤㊌,物奚自入焉!

"夫醉者之墜車,雖疾不死。骨節與人同而犯害與人異,其神全也,乘亦不知也,墜亦不知也,死生驚懼不入乎其胸中,是故遻㊍物而不慴。彼得全於酒而猶若是,而況得全於天乎?聖人藏於天,故莫之能傷也。"

〔復讎者不折鏌干,雖有忮心者不怨飄瓦,是以天下平均。故無攻戰之亂,無殺戮之刑者,由此道也。不開人之天,而開天之天,開天者德生,開人者賊生。不厭其天,

不忽於人，民幾乎以其真！」㊂

【注释】

㊀关尹：即关令尹，以官职作名称。关尹与老聃并列，见〈天下〉篇。旧说关尹名喜，其实"喜"是高兴的意思（见《史记·老庄申韩列传》），误为人名。

郭沫若说："'关令尹喜曰'（《史记》）本来是'关令尹高兴而说道'的意思，到了《汉书·艺文志》竟有了'《关尹子》九篇，名喜'的著录了。这九篇出于伪托，是毫无疑问的。……照〈天下〉篇所引的关尹遗说看来，他是主张虚己接物的，心要如明镜止水，对于外物要如响之应声，影之随形。"（《十批判书》，第151页）

蒋伯潜说："《汉志》道家有《关尹子》九篇，今存一卷，旧题'周尹喜撰'。关尹子，不但今存的本子靠不住，作这书的人，也是不可靠的。《经典释文》载喜字公度，不知何据。李道谦《终南祖庭仙真内传》说'终南楼观，为尹喜故居'，也是道士们底谰言。按关尹子，《列仙传》又作关令子。可见称他为关尹子，是因为他曾做关令尹，并非姓'尹'；何得迳称之曰'尹喜'呢？"（《诸子学纂要》，第202页）

㊁潜行不窒，蹈火不热：〈大宗师〉作："入水不濡，入火不热。"

成玄英说："不为物境障碍。"

杨树达说："《说文》十一篇上水部：'潜，涉及也。''潜行不窒'谓潜行水中呼吸不窒，与下文'蹈火不热'文正相对。《疏》云：'潜伏行世。'非也。"（《庄子拾遗》）

㊂纯气之守：保守纯和之气（成《疏》）。

㈣物:指人物。

㈤夫奚足以至乎先?是形色而已:意指同样具有形色的东西,〔有些人〕怎能超在他人前面呢?按"形色而已"句,"色"字上原缺"形"字,当依陈碧虚《阙误》引江南古藏本补上。依郭《注》亦有"形"字(奚侗说)。

㈥物之造乎不形而止乎无所化:指至人达到不露形迹且臻于不变灭的境地。按"物",根据詹姆士里格(James Legge)英译为"至人"(The perfect man),甚是。能达到"不形"和"无所化"的境界的"物",当指"至人"。"造",至。"不形",指道。

㈦物焉得而止焉:"止",犹入(李勉说)。谓外物怎能进入心中来搅扰。

  郭象说:"夫至极者,非物所制。"

  成玄英说:"世间万物,何得止而控驭焉!"

㈧彼:指"得是而穷之者",即至人。

㈨不淫之度:即恰如其分,指合乎天道的分寸(曹础基说)。

  林云铭说:"适当而不过也。"

㈩无端之纪:形容循环变化的境地。

  郭象《注》:"冥然与变化日新。"

  马叙伦说:"'纪'借为'基'。《诗·终南》:'有纪有堂。'《传》曰:'纪,基也。'此借'纪'为'基'之证。"

㈡物之所造:指自然(见成《疏》)。

  王夫之说:"物之所造者,气也。……物者,气之凝滞者也。"(《庄子解》)

㈢无郤:"郤",同隙。见〈德充符〉:"使日夜无郤。"

㈣迕(wù):同"忤",逆。

㊻〔复雠者不折镆干,……民几乎以其真〕:这一段七十二字疑是别处错入,和本节主题(论神全)无关。关尹回答列子的问题,到"圣人藏于天,故莫之能伤也",文义已完足。《列子·黄帝篇》正同,文至"故莫之能伤也"句而止。根据《列子》并省察文义,宜删。今仅存其文,不加注译。

【今译】

　　列子问关尹说:"至人潜行水中不受阻碍,脚蹈火上不觉炎热,行走在万物之上而不畏惧。请问为什么能达到这样?"

　　关尹说:"这是保守纯和之气的缘故,不是知巧果敢所能做到的。坐下,我告诉你:凡是有形象声色的,都是人,人与人为什么有很大的差别?同样是具有形色的东西,〔有些人〕怎能超在〔他人〕前面呢?而至人能达到不露形迹而不变灭的境界,能达到这境界而穷理尽性的,他物怎能阻挠得了他呢!至人要处于适当的位置,而藏心于循环变化的境地,神游于万物的根源,专一他的本性,涵养他的精气,融合他的德性,以通向自然。像这样的人,他的天性完备,他的精神凝聚,外物怎样侵入呢!

　　"酒醉的人从车上坠下,虽然受伤却不会摔死。骨节和别人一样而遇到伤害的情况却和别人不同,这是由于他的精神凝聚,乘车也不知道,坠下也不知道,死生惊惧进不了他的胸中，所以触撞外物而不惊惧。那个得全于酒的人都可以这样，何况是得全于自然之道的人呢？圣人含藏于自然，所以外物伤害不了他。"

三

仲尼適楚，出於林中，見痀僂㊀者承蜩㊁，猶掇㊂之也。

仲尼曰："子巧乎！有道邪？"

曰："我有道也。五六月㊃累丸二而不墜，則失者錙銖㊄；累三而不墜，則失者十一；累五而不墜，猶掇之也。吾處身也，若橛株拘㊅；吾執臂也，若槁木之枝；雖天地之大，萬物之多，而唯蜩翼之知。吾不反不側㊆，不以萬物易蜩之翼，何為而不得！"

孔子顧謂弟子曰："用志不分，乃凝於神，其痀僂丈人之謂乎！"

【注释】

㊀痀僂：即曲背。同〈大宗師〉"曲僂"。《抱朴子·對俗篇》引"痀"作"傴"，义同。

㈡ 承蜩：以竿黏蝉曰"承"（林云铭说）。

㈢ 掇：拾取。

㈣ 五六月：指学习所经过的时间。

　　王敔说："学之五六月。"（见王夫之《庄子解》内）

　　陶鸿庆说："案'五、六月'，《释文》引司马曰：'黏蝉时也。'此说失之。'五、六月'，谓数习所历之时也。"（《读庄子札记》）

㈤ 锱铢：古时衡重量的名称，喻最小最轻。

㈥ 橛株枸：今所谓木桩（林希逸说）。形容身心的凝定；郭《注》"不动之至"为是。"橛"，世德堂本作"厥"。"橛"、"厥"古通。"枸"今本作"拘"。《道藏》褚伯秀《义海纂微》本、陈碧虚《阙误》引张君房本、江南古藏本"拘"并作"枸"，"枸"与"拘"同音通用（王叔岷说）。"枸"指木根部分。

　　郭嵩焘说："《山海经·海内经》：'达木下有九枸。'郭璞注：'枸，根盘错也。'《说文》：'株，木根也。'徐铉曰：'在土曰根，在土上曰株。''株枸'者，近根盘错处；'厥'者，断木为杙也。身若断株，臂若槁木之枝，皆坚实不动之意。"

㈦ 不反不侧：念无回顾（王敔《注》）。"反侧"，犹变动（成《疏》）。按"不反不侧"形容内心凝静，心无二念。

【今译】

　　孔子到楚国去，经过树林中，看见一个驼背的在黏蝉，好像拾取一样容易。

　　孔子说："你是有技巧呢？还是有道？"

　　回答说："我有道。经过五六个月〔训练〕在竿头上累叠两个丸子而不会掉下来，那么失手的机会就很少；累叠三个丸子而不会掉下来，那么失手的机会只有十分之一；累叠五个丸子而不会掉下来，就好像拾取一样容易。我安处身心，犹如木桩；我用臂执竿，如同枯槁树枝；虽面对天地之大，万物之多，却只用心在蝉翼。我心无二念，不因外物纷繁而改变对蝉翼的注意，为什么会得不到呢！"

孔子回向弟子说："用心不分散，凝神会精，不就是说这位驼背老人么！"

四

颜淵問仲尼曰："吾嘗濟㊀乎觴深㊁之淵，津人㊂操舟若神。吾問焉，曰：'操舟可學邪？'曰：'可，善游者數能㊃。若乃夫沒人㊄，則未嘗見舟而便操之也。'吾問焉而不吾告，敢問何謂也？"

仲尼曰："善游者數能，忘水也。若乃夫沒人之未嘗見舟而便操之也，彼視淵若陵，視舟之覆猶其車卻也。覆卻萬方陳乎前而不得入其舍㊅，惡往而不暇！以瓦注㊆者巧，以鉤㊇注者憚，以黄金注者㱙㊈。其巧一也，而有所矜㊉，則重外也。凡外重者內拙㊋。"

【注释】

㊀济:同"渡"。

㊁觞深:渊名。

㊂津人:摆渡的人。

㊃数能:犹速成(严复说)。"数",借为速(马叙伦说)。按"数"、"速"古通,《老子》五章:"多言数穷",即多言速穷。

㊄没人:潜水的人。

㊅舍:指心。

　　林希逸说:"心者,神明之舍也。"

㊆注:射,射而赌物曰"注"(林希逸说)。

㊇钩:即带钩。《墨子·辞遇篇》:"铸金以为钩"。

㊈殙(hūn):同"惛"。《列子·黄帝篇》作"惛"。

㊉矜:顾惜。

　　徐复观说:"'矜'是对象与主观有距离,而主观感受有对象压力之心理状态。"(《中国艺术精神》一二四页)

㊉㊀外重者内拙:重视外物的,内心就笨拙。

　　成玄英说:"为重于外物,故内心昏拙。"

【今译】

　　颜渊问孔子说:"我曾在觞深渊过渡,摆渡的人操舟如神。我问说:'操舟可以学习吗?'回说:'可以。会游泳的很快就学会。要是像会潜水的人,即使没有见过船也会行驶。'我再问他,他不告诉我,请问这是怎么说的。"

孔子说："会游泳的很快就学会，这是因为他适于水性。像会潜水的人没有见过船就能行驶，这是因为他视深渊如同高地，视船的覆没犹如车的倒退。覆没倒退的万种景象呈现在他眼前，也不会搅扰他的内心，到哪儿他不从容呢！用瓦作赌注的便心思灵巧，用带钩作赌注的便心性怖惧，用黄金作赌注的便心智昏乱。他的技巧还是一样，而有所顾惜，便重视外物。凡是重视外物的，内心就笨拙。"

五

田開之⊖見周威公⊜。威公曰："吾聞祝腎⊜學生㊃，吾子與祝腎遊，亦何聞焉？"

田開之曰："開之操拔篲㊄以侍門庭，亦何聞於夫子！"

威公曰："田子無讓，寡人願聞之。"

開之曰："聞之夫子曰：'善養生者，若牧羊然，視其後者而鞭之。'"

威公曰："何謂也？"

田開之曰："魯有單豹㊅者，巖居而水飲，不與民共利,行年七十而猶有嬰兒之色;不幸遇餓虎,餓虎殺而食之。有張毅⊕者,高門縣薄㊇,無不趨也㊈,行年四十而有內熱之病以死。豹養其內而虎食其外,毅養其外而病攻其內,此二子者,皆不鞭其後者也⊕。"

仲尼曰:"無入而藏,無出而陽⊕,柴立其中央⊕。三者若得,其名必極⊕。夫畏塗⊕者,十殺一人,則父子兄弟相戒也,必盛卒徒而後敢出焉,不亦知乎! 人之所取畏者,衽席⊕之上,飲食之間;而不知爲之戒者,過也!"

【注释】

㊀ 田开之:姓田,名开之,学道之人(成《疏》)。
㊁ 周威公:东周的一位君主。
㊂ 祝肾:姓祝,名肾,怀道者(成《疏》)。
㊃ 学生:学习养生。
㊄ 拔篲(huì):扫帚(成《疏》)。
㊅ 单豹:隐人姓名(《释文》引李颐说)。疑是寓设之名。
㊆ 张毅:姓张名毅,亦鲁人(成《疏》)。《吕氏春秋·必己篇》和《淮南子·人间训》说:"张毅好恭。"
㊇ 高门县薄:指大家小户。"县",同"悬"。"薄",帘(司马《注》),借为"幕"(马叙伦《义证》)。
　　林云铭说:"'高门',大家也。'县薄',谓悬帷薄于门首,闾阎之小户也。"
㊈ 无不趋也:没有不往来的。"趋",今本作"走",依俞樾之说,据

《吕览》与《淮南子》改。

俞樾说:"'无不走也',语意未明。'走'乃'趋'之坏字。《吕览·必己篇》:'张毅好恭,门闾帷薄聚居众无不"趋"。'高《注》曰:'过之必"趋"。'《淮南子·人间训》:'张毅好恭,遇宫室廊庙必"趋"。'《庄子》文不备,故学者莫得其解。"按:"走"本有"趋"义,作"走"亦可通。今依俞说改为"趋",义较明。

李勉说:"言张毅为人好礼,无论贵家贫户皆无不往,以示一视同仁。下文'毅养其外',即言张毅能养道乎外也。成玄英言张毅追奔世利,成说殊失之。若张毅果是如此之徒,则本节不得举之为养生之例,下文亦不得云'毅养其外'。《吕览·必己篇》及《淮南子·人间训》皆言张毅好恭,是其证矣。"

⑪不鞭其后者也:意指不能弥补自己的不足。

郭象说:"'鞭其后者',去其不及。"

林云铭说:"'不鞭其后',不能勉其所不足。"

⑫无入而藏,无出而阳:不要太深入而潜藏,不要太表露而显扬。"阳",借为"扬"(马叙伦说)。

成玄英说:"入既入矣,而又藏之。偏滞于处,此单豹也。'阳',显也。出既出矣,而又显之。偏滞于出,此张毅也。"

⑬柴立其中央:形容像柴木般无心而立于中央。

郭象说:"若槁木之无心而中适。"

林希逸说:"'柴立',无心而立之貌。"

宣颖说:"如槁木之无心而立乎动静之中。"

⑭其名必极:可名为至人。"必极",极致(林希逸说)。

⑮畏涂:"涂",道路。路有劫贼,险难可畏(成《疏》)。

⑯衽席:指色欲之事。

【今译】

　　田开之见到周威公。威公说:"我听说祝肾学习养生,你和祝肾学习,也曾听到过什么吗?"

　　田开之说:"我拿扫帚在门庭打扫,哪里听得到先生的教导!"

　　威公说:"田先生不必谦虚,我想听听。"

　　田开之说:"听先生说:'善于养生的,就像牧羊一样,看见落后的就鞭策它。'"

　　威公说:"这是什么意思?"

　　田开之说:"鲁国有个名单豹的,山居而饮水,不和人争利,行年七十还有婴儿的容色;不幸遇到饿虎,饿虎扑食了他。有个叫张毅的,大户小家,没有不往来的,行年四十却得内热病死了。单豹调养内心却被老虎吃了他的形体,张毅供养形体却遭病侵袭他的内部,这两个人,都是不能弥补自己的不足。"

　　孔子说:"不要太深入而潜藏,不要太表露而显扬,像柴木一般无心而立于动静之中。三种都能做到,可称至人。要是路有劫贼行人怯畏,十人中有一人被杀害,于是父子兄弟就互相警戒,必定要多结伙伴才敢外出,不是也很聪明么!人所最该畏惧的,是在枕席之上,饮食之间;可是不知道要警戒,这是过错呀!"

六

祝宗人㊀玄端㊁以臨牢筴㊂，說彘㊃曰："汝奚惡死？吾將三月豢㊄汝，十日戒，三日齊，藉白茅㊅，加汝肩尻乎彫俎之上，則汝爲之乎？"爲彘謀，曰不如食以糠糟而錯㊆之牢筴之中，自爲謀，則苟生有軒冕之尊，死得於腞楯㊇之上、聚僂㊈之中則爲之。爲彘謀則去之，自爲謀則取之，所㊉異彘者何也？

【注释】

㊀祝宗人：祭祀官。

㊁玄端：衣冠（成《疏》）；祭祀穿的斋服。

　　福永光司说："'玄端'，朝服。'玄'，黑色。'端'，用布正幅（见《穀梁传僖公三年疏》）。"（见福永著《庄子外篇》四九一页）

㊂牢筴：猪栏。"筴"，借为栅（朱骏声说）；读为柙（高亨说）。

　　李颐说："'牢'，豕室也。'筴'，木栏也。"

㊃彘（zhì）：猪的别名。

㊄豢（huàn）：同"豢"，喂养。《阙误》引张君房本"豢"作"豢"。

㊅藉白茅："藉"，借为"席"（马叙伦《义证》）。〈在宥〉篇作"席白茅"。

㊆错：借为"措"。《说文》曰："措，置也。"（马叙伦说）成《疏》作

⑧腞(zhuàn)楯(chūn)：画饰的柩车。

　　陈寿昌说："'腞'，通篆，画饰。'楯'，通輴，丧车，载柩之车，画龙为饰，故曰'腞楯'。"

　　王念孙说："'楯'，读为'輴'，谓载柩车。"（《读书杂志余编》）

⑨聚偻：棺椁上的采饰。

　　王念孙说："'聚偻'，谓柩车饰也。众饰所聚，故曰'聚偻'。"

　　陈寿昌说："'聚'，丛积也。'偻'，通蒌，音柳，棺之墙饰，以木丛棺而致饰于外，故曰'聚偻'。"

⑩所：《阙误》引张潜夫本"所"上有"其"字。

【今译】

　　祭祀官穿着朝服到猪栏，对猪说："你为什么怕死？我要喂养你三个月，十天戒，三天斋，铺上白茅，把你的肩臀放在雕板上，你愿意吗？"替猪打算，认为不如用糟糠来喂食，放在猪栏里，为自己打算，就希望生时有荣华高位的尊贵，死后能放在雕刻的柩车上面，采饰的棺椁之中。替猪打算就抛弃白茅雕俎，为自己打算就贪取轩冕柩车，所不同于猪的原因是什么呢？

七

桓公田⊖於澤,管仲御,見鬼焉。公撫管仲之手曰:"仲父⊜何見?"對曰:"臣無所見。"

公反,誒詒⊜為病,數日不出。齊士有皇子告敖⑩者曰:"公則自傷,鬼惡能傷公!去忿滀⑮之氣,散而不反,則為不足;上而不下,則使人善怒;下而不上,則使人善忘;不上不下,中身當心⑯,則為病。"

桓公曰:"然則有鬼乎?"

曰:"有。沈⑰有履⑱,竈有髻⑲。戶內之煩壤⑳,雷霆㉑處之;東北方之下者,倍阿鮭蠪㉒躍之;西北方之下者,則泆陽㉓處之。水有罔象㉔,丘有峷㉕,山有夔㉖,野有彷徨㉗,澤有委蛇。"

公曰:"請問,委蛇之狀何如?"

皇子曰:"委蛇,其大如轂,其長如轅,紫衣而朱冠。其為物也,惡聞雷車之聲,則捧其首而立。見之者殆乎霸。"

桓公輾然㉘而笑曰:"此寡人之所見者也。"於是正衣冠而之坐，不終日而不知病之去也。

【注释】

㈠田：畋猎。

㈡仲父：齐桓公对管仲的尊称，见《战国策·齐策》。

㈢诶（xī）诒（yí）：各家解说不一，司马彪说："懈倦貌。"李颐说："失魂魄。"林云铭说："应作谵语、呓语解。"胡文英说："神魂不宁而诳语。"马叙伦说："诶诒借为譺佁。《说文》曰：'譺，欺也。''佁'，痴貌，读若骇。"按"诶诒"从"言"旁，似有惊吓失神而呓语之意。

㈣皇子告敖：姓皇子，字告敖，齐之贤人（成《疏》）。

　　俞樾说："《广韵》六止子字注：'复姓十一氏，《庄子》有皇子告敖。'则以皇子为复姓。《列子·汤问篇》末载锟铻剑火浣布事，云皇子以为此物，殆即其人也。"

㈤忿滀："忿"，满。"滀"，结聚（李颐《注》）。"忿滀"，即郁结（林希逸说）。

㈥中身当心：指淤积在心中。

　　林希逸说："病在身之中，而当其心，今人所谓中管之病也。"

㈦沈：水污泥（司马彪说）；沟泥之中（林希逸说）。

　　俞樾说："'沈'当为'煁'。'煁'从'甚'声，'沈'从'冘'声，两音相近。……《毛传》曰：'煁，灶也。'是'煁''灶'同类，故以'煁有履''灶有髻'并言之耳。"俞说可存。按'煁'为行灶，即可移动的灶。

㈧履：神名。司马彪本作"漏"。

⑨髻:灶神,着赤衣,状如美女(司马彪说)。

⑩烦壤:烦攘的意思。

　　章炳麟说:"'烦壤',即'烦娘'。《说文》曰:'娘,烦扰也。'"(《庄子解故》)

　　李勉说:"'壤'当是'攘'字之误,'攘'、'壤'形似互混也。成玄英等解'烦壤'为'粪壤',似欠允当。门户之内焉有粪壤?"

⑪雷霆:鬼名。

⑫倍阿鲑蠪:鬼名。

　　司马彪说:"'倍阿',神名也。'鲑蠪',状如小儿,长一尺四寸,黑衣赤帻大冠,带剑持戟。"按马叙伦则说"倍阿"是蜥蜴类,"鲑蠪"是虾蟆类。马说可存。

⑬泆阳:鬼名。与《国语·周语》"夷羊"同(马叙伦说)。

　　司马彪说:"'泆阳',豹头马尾。"

⑭罔象:水神名。

　　司马彪说:"状如小儿,赤黑,赤爪,大耳,长臂。"

⑮莘:(xīn)山鬼。

　　司马彪说:"状如狗,有角,文身五采。"

⑯夔(kuí):山神名。

　　成玄英说:"大如牛,状如鼓,一足行。"

⑰彷徨:野中神名。

　　司马彪说:"状如蛇,两头,五采文。"

⑱轸(zhèn)然:欢笑的样子。

【今译】

　　齐桓公在野泽里打猎,管仲驾车,桓公见到了鬼。桓公捉住管仲的手说:"仲父见到什么?"回答说:"我没有看见什么!"

桓公回去,受惊吓而生病,几天不出门。齐国士人皇子告敖说:"您是自己忧伤,鬼哪能伤害你呢!要是郁结的气,散而不还,就精力不足。上升而不下通,就使人容易发怒;下淤而不上达,就使人容易遗忘;不上达也不下通,闭塞在心中,就要生病。"

桓公说:"那么有鬼吗?"

皇子说:"有。沟泥中有履神,灶有髻神。户内扰攘处,有雷霆神居住;东北方墙下,有倍阿鲑蠪神占住;西北方墙下,有泆阳神居住。水中有罔象神,丘陵有峷神,山中有夔神,野外有彷徨神,大泽中有委蛇神。"

桓公说:"请问,委蛇的形状怎么样?"

皇子说:"委蛇神,大如车毂,长如车辕,紫衣红冠。这种鬼神,怕听雷车的声音,听到便捧着头站住。看到的人要成霸主。"

桓公开怀地笑着说:"这就是我所看到的。"于是整衣冠和他坐谈,不到一天而不觉病已经好了。

八

紀渻子㊀爲王㊁養鬥雞。

十日而問:"雞可鬥已乎㊂?"曰:"未也,方虛憍而恃氣。"

十日又問,曰:"未也。猶應㊃景㊃。"

十日又問,曰:"未也。猶疾視而盛氣。"

十日又問,曰:"幾矣。雞雖有鳴者,已無變㊄矣,望之似木雞矣,其德全矣㊅,異雞無敢應,見者反走矣㊆。"

【注释】

㊀纪渻子:姓纪,名渻子,亦作"消"字(成《疏》)。
㊁王:《列子·黄帝篇》作周宣王。
㊂鸡可斗已乎:原作"鸡已乎"。《列子·黄帝篇》作"鸡可斗已乎",当从之。此文脱"可斗"二字,意遂不明(王叔岷说)。
㊃应向景:"向",本亦作"响"(《释文》)。"向"同"响",闻声睹影犹动心(宣颖说)。

　　林希逸说:"闻响而应,见影而动,则是此心犹为外物所动也。"
㊄无变:不为变动(宣颖说)。
㊅其德全矣:精神凝寂(宣颖说)。〈天地〉篇有"执道者'德全'"句,〈刻意〉篇有"'德全'而神不亏"句。
㊆异鸡无敢应,见者反走矣:今本作"异鸡无敢应者,反走矣"。陈碧虚《阙误》引文如海、刘得一本"者"上有"见"字。因据补。

【今译】

纪渻子替周宣王养斗鸡。

十天就问:"鸡可以斗了吗?"回说:"不行,还骄昂而恃气。"

十天又问,回说:"不行,听到声音见到影像就起回应。"

十天又问,回说:"不行,还怒视而盛气。"

十天又问,回说:"差不多了。别的鸡虽然鸣叫,它已经不为所动了,看起来像只木鸡,它精神凝寂,其他的鸡不敢应战,见到回头就走了。"

九

孔子觀於呂梁㊀,縣水三十仞㊁,流沫四十里,黿鼉㊂魚鼈之所不能遊也。見一丈夫遊之,以爲有苦而欲死也,使弟子並流而拯之。數百步而出,被髮行歌而遊於塘下㊃。

孔子從而問焉,曰:"吾以子爲鬼,察子則人也。請問,蹈水有道乎?"

曰:"亡,吾無道。吾始乎故㊄,長乎性,成乎命㊅。與齊㊆俱入,與汩㊇偕出,從水之道而不爲私焉㊈。此吾所以蹈之也。"

孔子曰："何謂始乎故，長乎性，成乎命？"

曰："吾生於陵而安於陵，故也；長於水而安於水，性也；不知吾所以然而然，命也。"

【注释】

㊀吕梁：有两说：一说在西河（山西省离石县），一说在彭城（江苏省铜山县）。

　　成玄英说："解者不同，或言是西河离石，有黄河悬绝之处，名吕梁也；或言蒲州二百里有龙门，河水所经，瀑布而下，亦名吕梁；或言宋国彭城县之吕梁。"

　　马叙伦说："《说文》曰：'吕，脊骨也。''吕梁'犹今人言脊梁，以居河之高处，故名。"

㊁县水三十仞："县"，同"悬"。"仞"，八尺，见〈人间世〉篇。

㊂鼋（yuán）鼍（tuó）："鼋"，像鳖，而形体更大。"鼍"，像鳄鱼，长一二丈，有四足，性贪睡，俗称"猪婆龙"，皮可以制鼓。

㊃塘下：岸下（成《疏》）。

㊄故：故旧（成《疏》）；本然（林希逸说）；习惯。

㊅命：自然之理（林希逸说）。

㊆齐：漩涡。

　　王敔说："'齐'，'脐'通，水之旋涡如脐也。"（见王夫之《庄子解》内）

　　段玉裁说："司马云：'回水如磨齐也。'皆'脐'字引伸叚借之变。"（见马其昶著《庄子故》所引）

㊇汩（gǔ）：涌流。

㊈从水之道而不为私焉：顺着水势而不由自己。

郭象《注》："任水而不任己。"

【今译】

　　孔子在吕梁观赏山水，高悬瀑布二十多丈，激流溅沫四十里，鼋鼍鱼鳖都无法上游。看见一个男子在游水，以为是遭遇困苦而寻死的，叫弟子顺流赶去拯救他。〔那人没水〕好几百步才浮出来，披发吟歌而游到岸下。

　　孔子跟过去问说："我以为你是鬼，仔细看看乃是人。请问，游水有特别的方法吗？"

　　回说："我没有特别的方法。我起初是故常，长大是习性，有所成是顺于自然。和漩涡一起没入，和涌流一起浮出，顺着水势而不由自己。这是我的游水。"

　　孔子说："什么叫做起初本于故常，长大由于习性，有所成是顺乎自然？"

　　回说："我生于高地而安于高地，是故常；成长于水边而安于水，是习性；我不知道所以然而然，是顺于自然。"

一〇

　　梓慶㊀削木爲鐻，鐻成，見者驚猶鬼神。魯侯見而問焉，曰："子何術以爲焉？"

對曰："臣工人,何術之有!雖然,有一焉。臣將爲鐻,未嘗敢以耗氣也,必齊㈢以靜心。齊三日,而不敢懷慶賞爵祿;齊五日,不敢懷非譽巧拙;齊七日,輒然㈣忘吾有四枝㈤形體也。當是時也,無公朝㈥,其巧專而外滑㈦消;然後入山林,觀天性;形軀至矣,然後成見鐻,然後加手焉;不然則已。則以天合天,器之所以疑神者,其由是與!"

【注釋】

㈠梓慶:"梓",木工。"慶",人名。

　　李頤說:"魯大匠也。'梓',官名;'慶',其名也。"

　　俞樾說:"《春秋襄四年左傳》:'匠慶謂季文子。'杜注:'匠慶,魯大匠。'即此梓慶。"

　　嚴靈峰先生說:"按《孟子·滕文公篇》:'梓、匠、輪、輿。'趙注:'梓,木工也。'"

㈡鐻:樂器,似夾鐘(司馬彪說)。即裝置在架台上的鐘鼓。

㈢齊:齋字。下同。

㈣輒然:一說忽然(宣穎說)。一說不動的樣子(司馬彪說)。

㈤四枝:同四肢。

㈥無公朝:視公朝若無(郭《注》);不知有朝廷(林希逸說)。

㈦滑:亂。〈齊物論〉:"滑疑之耀"、"置其滑滑",〈德充符〉:"故不足以滑和",〈天地〉:"五曰趣舍滑心",〈繕性〉:"滑欲於俗","滑"皆作"亂"。

⑧ 观天性：指观察树木的质性。
⑨ 形躯至矣：指形态极合于做鐻。

　　宣颖说："木质宛然恰可为鐻。"
⑩ 然后成见鐻："见"，即现。

　　宣颖说："恍乎一成鐻在目。"
⑪ 加手：施工。
⑫ 以天合天：用〔我的〕自然来合〔树木的〕自然。

　　林希逸说："以我之自然，合其物之自然，故曰'以天合天'。"

　　王先谦说："以吾之天，遇木之天。"
⑬ 其由是与："由"字原缺。陈景元《阙误》引江南古藏本"其"下有"由"字，据补。

【今译】

　　有位名叫庆的木工削木做鐻，鐻做成了，看见的人惊为鬼斧神工。鲁侯见了问说："你用什么技术做成的呢？"

　　回答说："我是个工人，哪里有什么技术！不过，却有一点。我要做鐻的时候，不敢耗费精神，必定斋戒来安静心灵。斋戒三天，不敢怀着庆赏爵禄的心念；斋戒五天，不敢怀着毁誉巧拙的心意；斋戒七天，不再想念我有四肢形体。在这个时候，忘记了朝廷，技巧专一而外扰消失；然后进入山林，观察树木的质性；看到形态极合的，一个形成的鐻钟宛然呈现在眼前，然后加以施工；不是这样就不做。这样以我的自然来合树木的自然，乐器所以被疑为神工，就是这样吧！"

一二

東野稷㊀以御見莊公㊁，進退中繩，左右旋中規。莊公以爲文弗過也㊂，使人鉤百而反㊃。

顏闔㊄遇之，入見曰："稷之馬將敗。"公密㊅而不應。

少焉，果敗而反。公曰："子何以知之？"

曰："其馬力竭矣。而猶求焉，故曰敗。"

【注释】

㊀东野稷：姓东野，名稷，善于驾车。《荀子·哀公篇》作"东野毕"。

㊁庄公：鲁庄公。《荀子·哀公篇》作定公。

㊂以为文弗过也：以为画图都比不上。

司马彪说："谓过织组之文也。"

罗勉道说："所画规矩之文。"(《南华真经循本》)

㊃钩百而反："钩"，转。"钩百"即百转。"反"，同返。

成玄英说："任马旋回，如钩之曲，百度反之，皆复其迹。"

林希逸说："'钩'，御马而打围也，'钩百而反'，言百转也。"

㊄颜阖：姓颜名阖，鲁国贤人。见〈人间世〉篇。
㊅密：默。

【今译】

　　东野稷以善于驾车得见鲁庄公，进退往来如绳一般的直，左右旋转如规一般的圆。庄公以为画图也不过如此，要他打一百个转再回来。

　　颜阖遇见，进来见庄公说："东野稷的马疲困了。"庄公默不出声。

　　一会儿，果然疲困而返，庄公说："你怎么知道？"

　　回答说："马力竭尽，还要奔跑，所以知道会失足。"

一二

　　工倕㊀旋㊁而蓋㊂規矩，指與物化㊃而不以心稽㊄，故其靈臺㊆一而不桎㊇。忘足，屨之適也；忘要㊈，帶之適也；忘是非㊉，心之適也；不內變，不外從，事會㊊之適也。始乎適㊋而未嘗不適者，忘適之適也。

【注释】

㊀工倕：尧时代的人，以巧艺著名。已见于〈胠箧〉篇。

㊁ 旋:转,指旋转画圆。

㊂ 盖:有两种解释:(一)超过;如林云铭说:"'盖',犹过也。"(二)合;如吕惠卿说:"'盖',则其画与之合而不露也。"(《庄子义》)如陶鸿庆说:"'盖'当为'盇'之借字,《尔雅·释诂》:'盇,合也。'《淮南子·主术训》:'譬犹方圆之不相盖。''盖'亦训为'合'。"(《读庄子札记》)今译从前者。

㊃ 指与物化:手指与物象化而为一。

　　林希逸说:"'指',手指也。'指与物化',犹山谷论书法曰:'手不知笔,笔不知手'是也。手与物两忘。"

　　徐复观先生说:"指与物化,是说明表现的能力、技巧(指)已经与被表现的对象,没有距离了。这表示出最高的技巧的精熟。"(《中国艺术精神》第二章,第127页)

㊄ 稽:计量。

㊅ 灵台:心。〈德充符〉作"灵府"。

㊆ 桎:借为"窒"(马叙伦说)。

㊇ 要:即腰。

㊈ 忘是非:今本"忘"上有"知"字,疑是衍文。上文:"忘足""忘要",和本句"忘是非"对应,《阙误》引文如海、张君房本正缺"知"字,当据以删去。

㊉ 事会:指和外界事象的接应。

　　林云铭说:"会,处境也。"

㊀㊁ 始乎适:"始",本。本性常适(成《疏》)。

【今译】

　　工倕用手旋转而技艺超过用规矩画出来的,手指和所用物象凝合为一，而不必用心思来计量，所以他的心灵专一而不窒碍。忘了手脚，是鞋子的舒适；忘了腰，是带子的舒适；忘了是非，是心灵的安适；内心不移，外不从物，是处境的安适。本性常适而无往不安适，便是忘了安适的安适。

一三

〔有孫休者，踵門而詫子扁慶子曰："休居鄉不見謂不脩，臨難不見謂不勇；然而田原不遇歲，事君不遇世，賓於鄉里，逐於州部，則胡罪乎天哉？休惡遇此命也？"

扁子曰："子獨不聞夫至人之自行邪？忘其肝膽，遺其耳目，芒然彷徨乎塵垢之外，逍遙乎無事之業，是謂爲而不恃，長而不宰。今汝飾知以驚愚，脩身以明汙，昭昭乎若揭日月而行也。汝得全而形軀，具而九竅，無中道夭於聾盲跛蹇而比於人數，亦幸矣，又何暇乎天之怨哉！子往矣！"

孫子出。扁子入，坐有間，仰天而歎。弟子問曰："先生何爲歎乎？"

扁子曰："向者休來，吾告之以至人之德，吾恐其驚而遂至於惑也。"

弟子曰："不然。孫子之所言是邪？先生之所言非邪？非固不能惑是。孫子所言非邪？先生所言是邪？彼固惑而來矣，又奚罪焉！"

扁子曰："不然。昔者有鳥止於魯郊，魯君說之，爲具太牢以饗之，奏《九韶》以樂之，鳥乃始憂悲眩視，不敢飲食。此之謂以己養養鳥也。若夫以鳥養養鳥者，宜棲之深林，浮之江湖，食之以鰌鰷，委蛇而處，則安平陸而已矣㊀。今休，款啓寡聞之民也，吾告以至人之德，譬之若載鼷以車馬，樂鴳以鐘鼓也。彼又惡能無驚乎哉！"㊁

【注釋】

㊀食之以鰌鰷，委蛇而处，则安平陆而已矣：此三句通行本作"食之以透蛇，则平陆而已矣"，文义不全，疑有阙文，据王先谦说补。"则安平陆而已矣"句，原无"安"字，据《阙误》引刘得一本补。

王先谦说："〈至乐〉篇：'夫以鸟养养鸟者，宜栖之深林，游之坛陆，浮之江湖，食之鰌鰷，随行列而止，委蛇而处。'然则此文亦当云：'食之以鰌鰷，委蛇而处。'传写有阙文耳。且云'委蛇而处'方与下文'则平陆而已矣'文义相属。若无'而处'二字，下句便不贯矣。"（《庄子集解》）

㈢〔有孙休者,……彼又恶能无惊乎哉〕:这一段不类〈达生〉篇文,宜删去。理由有二:(一)本篇首段为通篇之纲,标示达生之情者,要在"形全精复",与自然为一。接着创设十一个寓言故事,以阐述全精、养神、守气的妙用。每个寓言的涵义,均为发挥"达生"的主题思想,惟篇末一段不类。(二)孙休和扁子的对话,后半段"昔者有鸟止于鲁郊"一节,已见于〈至乐〉篇,而前半段文也语多袭自他篇,如:"忘其肝胆,遗其耳目,芒然彷徨乎尘垢之外,逍遥乎无事之业。"四句袭自〈大宗师〉篇。"为而不恃,长而不宰",则为《老子》第十章、五十一章语。"饰知以惊愚,修身以明污,昭昭乎若揭日月而行",三句见于〈山木〉篇。〈达生〉篇文,至"工倕旋"一段"忘适之适也"句止,意境高超,文义完足,这段是画蛇添足,当删去,今仅存旧文而不加注译。

山　木

〈山木〉篇，写人世多患，并提出免患之道。"山木"，山木之中。篇首二句有"山中……大木"，取为篇名。

本篇由九个寓言故事组成。第一章，庄子与弟子对话，由大木"无所可用"而见存，而雁以不材而见杀，道出远害全身之难。所谓"乘道德而浮游""其唯道德之乡"，也不过在无奈的境况中，唯有将心思从纠结的现实中提升一级，以卫护其精神的自主性而免于沦为工具价值而已。第二章，市南宜僚见鲁侯焦忧，指出统治者的权位是启争之端，为一切祸殃的根源。劝鲁侯"虚己以游世"，"虚己"即消除一己贪图名位之念。第三章，北宫奢赋敛制钟，喻为政在于循任自然，无巧取于民。第四章，孔子围于陈、蔡之间，大公任告诫他"去功与名而还与众人"、"削迹捐势，不为功名"。第五章，孔子问子桑雽，逢患难时何以亲疏友散，子桑雽说：以利结合的人，则穷困祸患而相弃；真性相感的人，穷困祸患而相收。第六章，庄子穿破补的粗布衣服见魏王，魏王说他惫，庄子回说处于"昏上乱相之间"，怎能不惫。第七章，孔子围于陈、蔡之间,处逆境而怡然自得,谈宇宙的变化,示人当安然而顺化。第八章,庄周郊游,见螳螂搏蝉,异鹊又从后取之,有名的"螳螂捕蝉,黄鹊在后"的典故就出在这里。这故事说出了物物竞逐,人类社会亦常在不休止的争斗之中。"观于浊水而迷于清渊",喻示奔求物欲而迷忘了真性。第九章,写阳子旅舍所见,感悟修身涉世不可自炫。

出自本篇的成语,有一龙一蛇,猖狂妄行,自崖而反,送往迎来,直木先伐,甘井先竭,削迹捐势,交淡若水,得意忘形以及螳螂捕蝉、黄雀在后等。

一

莊子行於山中,見大木,枝葉盛茂,伐木者止其旁而不取也。問其故,曰:"無所可用。"莊子曰:"此木以不材得終其天年夫!"

出於山㊀,舍㊁於故人之家。故人喜,命豎子㊂殺雁而烹之㊃。豎子請曰:"其一能鳴,其一不能鳴,請奚殺?"主人曰:"殺不能鳴者。"

明日,弟子問於莊子曰:"昨日山中之木,以不材得終其天年;今主人之雁,以不材死;先生將何處?"

莊子笑曰:"周將處乎材與不材之間。材與不材之間,似之而非也,故未免乎累。若夫乘道德㊄而浮遊則不然。無譽無訾㊅,一龍一蛇㊆,與時俱化,而無肯專爲;一上一下㊇,以和爲量㊈,浮遊乎萬物之祖;物物㊉而不物於物,則胡可得而累邪!此神農黃帝之法則也。若夫萬物之情,人倫之傳㊋,則不然。合則離,成則毀;廉則挫㊌,尊則議㊍,有爲則虧,賢則謀,不肖則欺,胡可得而必乎哉㊎!悲夫!弟子志之,其唯道德之鄉乎!"

【注释】

㈠ 终其天年夫！出于山："夫"下原有"子"字。吴汝纶以"夫"字属上句(《庄子点勘》)。《释文》所出本无"子"字，当从。

于鬯说："'夫'为句末助辞，语甚平易。上文既出'庄子行于山中'，则此'出于山'者其为庄子，不言可知。复着'夫子'，本赘辞也。"(见严灵峰《庄子章句新编》引)按于说是。马叙伦、王叔岷也以为当据《释文》所出本无"子"字。惟以为"夫"乃"矣"之坏文，并引《吕氏春秋·必己篇》为证，然"夫"为句末助词可通，不必更字。

㈡ 舍：息。

㈢ 竖子：同孺子。

㈣ 杀雁而烹之："雁"，鹅。"烹"，《吕氏春秋·必己篇》引作"飨"。

王念孙说："此'亨'读为'享'。'享之'，谓享庄子。故人喜庄子之来，故杀雁而享之。'享'与'飨'通。《吕氏春秋·必己篇》作：'命竖子为杀雁飨之'，是其证也。古书'享'字作'亨'，'烹'字亦作'亨'，故《释文》误读为'烹'，而今本遂改'亨'为'烹'矣。"(《读书杂志余编》)

㈤ 乘道德：顺自然(林希逸《口义》)。

㈥ 訾(zǐ)：毁。

㈦ 一龙一蛇：意指时而显现，时而隐晦。

林希逸说："犹东方朔曰：用之则为虎，不用则为鼠；用舍随时。"

林云铭说："龙蛇，言其屈伸无定。"

王先谦说："或龙见或蛇蛰。"

⑧一上一下：即一进一退。

⑨以和为量："和"，顺。"量"，则，度。以顺自然为则（林希逸说）。

⑩物物：物使外物，主宰外物。

⑪人伦之传：人类的习惯。

　　林希逸说："'传'，习也。'人伦之传'，人类之传习也。"

⑫廉则挫：利则挫。"廉"假借为"利"。《国语·晋语》："杀君以为廉。"即是说杀君以为利。《吕览·孟秋》："其器廉以深。"即是说其器利以深。《老子》五十八章："廉而不刿。""廉"亦作"利"解。这里"廉"不当"清廉"讲。

⑬尊则议：尊贵者又遭议疑（成玄英《疏》）。

　　俞樾说："'议'，当读为'俄'。《郑笺》云：'俄，倾貌'。'尊则议'，谓崇高必倾侧也。古书或以'义'为之，或以'仪'为之，《管子·法禁篇》：'法制不议，则民不相私。''议'亦'俄'也，谓法制不倾衺也。"按译文从俞说。

⑭胡可得而必乎哉：不能免于累（宣颖《南华经解》）；怎么可以偏执一方呢（黄锦鋐今译）。按"必"，犹今语"肯定"（王叔岷《庄子校诠》）。

【今译】

　　庄子在山中行走，看见一棵很大的树，枝叶长得很茂盛，伐木的人停在树旁而不去砍取它。问他是什么缘故，他回说："没有一点用处。"庄子说："这棵树因为不中用所以能享尽自然的寿命吧！"

　　庄子从山上出来，就宿在朋友家。朋友很高兴，叫童仆杀只鹅款待客人。童仆问说:"一只鹅会叫,另一只鹅不会叫,请问要杀哪一只?"主人说:"杀那只不会叫的。"

第二天,学生问庄子说:"昨天山上的树木,因为'不材'所以能享尽自然的寿命;现在主人的鹅,因为'不材'而被杀。请问先生要怎样处世呢?"

庄子笑着说:"我将处于'材'和'不材'之间。不过'材'和'不材'之间,虽然似乎是妥当的位置,但其实不然,这样还是不能免于累患。若是顺其自然而处世,就不是这样了。既没有美誉也没有毁辱,时现时隐如龙见蛇蛰,顺着时序而变化,不偏滞于任何一个固定点;时进时退,以顺任自然为原则,游心于万物的根源;主宰外物而不被外物所役使,这样怎会受到累患呢!这是神农和黄帝的处世态度。若是万物的私情,人类的习惯,就不是这样了:有聚合就有分离,有成功就有毁损;锐利就会遭到挫折,崇高就会受到倾覆;有为就会受亏损,贤能就会被谋算,不肖就会受欺辱,怎么可以偏执一方呢!可叹啊!弟子记住,凡事只有顺其自然啊!"

二

市南宜僚㊀見魯侯,魯侯有憂色。市南子曰:"君有憂色，何也？"

魯侯曰："吾學先王㊁之道，脩先君㊂之業；吾敬鬼尊賢，親而行之，無須臾居㊃；然不免於患，吾是以憂。"

市南子曰："君之除患之術淺矣！夫豐狐文豹，棲於山林，伏於巖穴，靜也；夜行晝居，戒也；雖飢渴隱約㊄，猶且胥疏於江湖之上㊅而求食焉，定也；然且不免於罔羅機辟之患㊆。是何罪之有哉？其皮為之災也。今魯國獨非君之皮邪？吾願君刳形去皮，洒心去欲，而遊於無人之野。南越㊇有邑焉，名為建德之國。其民愚而樸㊈，少私而寡欲㊉；知作而不知藏，與而不求其報；不知義之所適，不知禮之所將㊊；猖狂妄行㊋，乃蹈乎大方㊌；其生可樂，其死可葬。吾願君去國捐俗，與道相輔而行。"

君曰："彼其道遠而險，又有江山，我無舟車，奈何？"

市南子曰："君無形倨㊍，無留居，以為君車。"

君曰："彼其道幽遠而無人，吾誰與為鄰？吾無糧，〔我無食〕，安得而至焉㊎？"

市南子曰："少君之費，寡君之欲，雖無糧而乃足。君其涉於江而浮於海，望之而不見其崖，愈往而不知其所窮。送君者皆自崖而反，君自此遠矣！故有人者㊏累，見有於人者⑬憂。故堯非有人，非見有於人也。吾願去君之累，除君之憂，而獨與道遊於大莫⑭之國。方舟⑮而濟於河，有虛船來觸舟，雖有偏⑯心之人不怒；有一人在其上，則呼張歙⑰之；一呼而不聞，再呼而不聞，於是三呼邪，則必以惡聲隨之。向也不怒而今也怒，向也虛而今也實⑱。人能虛己以遊世，其孰能害之！"

【注释】

① 市南宜僚：熊宜僚，居市南，因为号（《释文》引司马彪说）。案《左传》云：市南有熊宜僚，楚人（《释文》）。
② 先生：指王季、文王。
③ 先君：指周公伯禽。
④ 无须臾居：与《礼记·中庸篇》："道也者不可须臾离也"同。即没有片刻的休息。"居"有止义。"居"上今本有"离"字，《释文》引崔谲本无"离"字，俞樾以为"离"字衍。

俞樾说："崔谲本无'离'字，当从之。《吕览·慎人篇》'胼胝不居'，高诱训'居'为'止'。'无须臾居'者，无须臾止也，正与上句行字相对成义。学者不达'居'字之旨，而习于《中庸》'不可须臾离'之文，遂妄加'离'字，而'居'字属下读，失之矣。"（《庄子平议》）俞说可从。因据以删去"离"字。

⑤ 隐约：有数解：（一）犹斟酌（成《疏》）。（二）僻处（林希逸《口义》）；潜藏（王先谦《集解》）。（三）犹穷约（杨树达《庄子拾遗》）。按以后解为是，"隐约"含有逼困之意。成《疏》非。

杨树达说："'隐约'犹穷约也。《荀子·宥坐篇》：'奚居之隐也'，杨注：'隐谓穷约。'《论语·里仁篇》云：'不可以久处约'，皇疏云：'约，犹贫困也。'"
㈥ 犹且胥疏于江湖之上："且"，成玄英《疏》本作"旦"，非。"胥疏"，疏远的意思。"胥"通"疏"，司马以"顺"解，李颐以"相"解，皆非。

郭嵩焘说："'胥疏'，疏也，言足迹之所未经也。旧注似皆失之。"(郭庆藩《庄子集释》引)。

郭庆藩说："案'胥''疏'二字，古通用，'胥'即'疏'也。宣十四年《左传》：'车及于蒲胥之市'，《吕氏春秋》作'蒲疏'；《史记·苏秦列传》：'东有淮、颍、煮枣、无胥'，《魏策》作'无疏'。是其证。"

奚侗说："'胥疏'当作疏疎，谓远迹也。"(《庄子补注》)
㈦ 罔罗机辟之患："罔"同网。"辟"为繁省。"罔罗""机辟"皆捕鸟兽之具。〈逍遥游〉篇："中于机辟，死于罔罟。"句义相同。
㈧ 南越：形容遥远的地方。

林希逸说："战国之时，南越未通中国，故借其地以为名。"
㈨ 其民愚而朴：《老子》五十七章有"我无欲而民自朴"句。
㈩ 少私而寡欲：《老子》十九章："少私寡欲。"
⑪ 将：行。
⑫ 猖狂妄行：从心所欲(林希逸说)。"猖狂"一词，见于〈在宥〉篇和〈庚桑楚〉篇。
⑬ 大方：大道。
⑭ 形倨：形态倨傲。
⑮ 吾无粮，〔我无食〕，安得而至焉："我无食"三字当衍。盖有本作"吾我粮"，或本作"我无食"，传抄之间，将二语叠用，故赘疣。

上句问"我无舟车,奈何",答"无留居,以为君车",此句问"吾无粮,安得而至",答"寡君之欲,虽无粮而乃足"。"我无食"一语间于其中,显为羡文。

㊀ 有人者:掌有人民的。

郭象说:"'有人者',有之以为己私也。"

㊁ 见有于人者:为人所役用的。

㊂ 大莫:犹广漠(宣颖说)。"莫",当读为"漠"(杨树达说)。

㊃ 方舟:两舟相并曰方舟(成《疏》)。"方",今通作舫(胡怀琛《庄子集解补正》)

㊄ 褊:同褊,狭急。

㊅ 张歙(xì):"张",撑开。"歙",退。

㊆ 向也虚而今也实:"虚",指空船无人。"实",指有人。

【今译】

市南宜僚去看鲁侯,鲁侯面带忧色。市南宜僚问说:"你面色忧虑,为什么呢?"

鲁侯说:"我学习先王的道理,经营先君的事业;我敬奉鬼神,尊重贤能,身体力行,没有片刻的休息;然而还是免不了祸患,所以我感到忧虑。"

市南宜僚说:"你避免祸患的方法太浅了!例如丰美的狐狸和文彩的豹子,栖居在山林,潜藏在山洞,这够沉静的了;夜里出来行走,白天留在洞穴里,这够警戒的了;虽然饥渴逼困,但还是远离于江湖之上去求食,这够稳定的了；然而还是免不了遭到罗网和机关的祸患。它们有什么过错呢？是它们自己的皮招来的灾祸啊！现在鲁国不正是你的皮吗？我希望你破开形体，舍去皮毛，洗净内心，弃除物欲，而遨游于没有人的旷野。南越有个地方，名叫建德之国。那里的人民，单纯而朴质，少私而寡欲；知道耕作却不知道储藏，帮助别人但不求报答；不知道怎样才合于义，不知道怎样才算是礼；从心所欲，任意而行，都合于道；活着时能够欢乐，死了时可以安葬。我希望你舍去国位，抛开俗务，和道相辅而行。"

鲁侯说："那里路途遥远而险峻，又有山河的阻隔，我没有车辆船只，怎么办？"

市南宜僚说："你不要倨傲，不要执着，就以这态度作为你的车辆。"

鲁侯说："那里路途幽远，没有人民，我和谁作伴？我没有米粮，怎么能够到达呢？"

市南宜僚说："减少你的费用，节制你的欲念，虽然没有粮食，也够了。你渡过了河而飘向海，看不见岸，愈往前进却不知道穷尽。送你的人都从岸边回去，你从此远离了！所以役用别人的就有累患，被人役用的就有忧患。所以尧不役用别人，不被人役用。我希望舍去你的累患，除去你的忧患，只和大道悠游于大莫之国。并起船来渡河，有只空船撞上来，虽然有性急的人也不会生气；假如上面有一个人，就会喊着：'撑开，后退！'喊一声听不见回应，再喊一声仍然听不见回应，于是第三声就一定恶声恶气地随口骂起来。起先不生气而现在生气，这是因为起先空船没有人而现在却有人。人如果能以'虚己'的态度悠游于人世，谁能够伤害他！"

三

北宮奢⊖爲衛靈公賦斂⊜以爲鐘⊜，爲壇乎郭門之外，三月而成上下之縣⑭。

王子慶忌見而問焉，曰："子何術之設？"

奢曰："一之間⑮，無敢設也。奢聞之，'既彫既琢，復歸於樸。'侗乎⑯其無識，儻乎⑰其怠疑⑱；萃乎芒乎⑲，其送往而迎來；來者勿禁，往者勿止；從其強梁⊕，隨其曲傅⑤，因其自窮⑥，故朝夕賦斂而毫毛不挫，而況有大塗⑦者乎！"

【注释】

⊖北宮奢：卫大夫，居北宮，因以为号。奢，其名（李颐说）。
⊜赋敛：似即今募缘之事（宣颖说）；敛铸钟之费，非租赋（刘凤苞《南华雪心编》）。

㊂钟：乐器名（成《疏》）。

㊃上下之县：上下两层的钟架。

　　林希逸说："钟有架，所以悬钟也。架有两层，故曰上下县，此言编钟也。"

㊄一之间，无敢设也："一"，纯一；循自然（林希逸说）。纯任自然，言此外别无方术（陈寿昌《正义》）；一听于民，不敢勉强（刘凤苞说）。按"一之间"，对百姓而言，是纯任自然，不勉强索取，听人民自动出钱出力；对自己而言，是使心灵达到纯一无杂的状态，专注于造钟。

㊅侗乎：形容淳朴的样子。

㊆傥乎：无心的样子。

㊇怠疑：形容不急于求取。

　　林云铭说："不急趋赴也。"

㊈萃乎芒乎："萃"，聚（成《疏》）。"芒"，不辨（王先谦说）。形容聚在一块，分辨不清。

㊉从其强梁：指不愿意捐献的任听自便。"强梁"是指不顺从的。

　　王先谦说："'从'读曰'纵'，不愿者听之。"

㊉㊀随其曲傅：和"从其强梁"义正相反，言曲意顺从的也随其自便。

　　司马云："谓曲附己者随之也。"

㊉㊁因其自穷：指依着各人自己的能力。

　　林云铭说："因其力之所自尽，而不强人之所不堪。"

㊉㊃大涂：大道。

【今译】

　　北宫奢替卫灵公募捐铸钟，在城门外先设了祭坛，三个月就完成了上下两层的钟架。

王子庆忌见到，问他说："你用的是什么方法？"

北宫奢说："专心一致地铸钟，没有其他的方法。我听说：'既已雕切琢磨，现在要回复真朴。'〔我〕无知无识的样子，又好像淳真无心的样子；任大家聚在一堆，送往迎来分辨不清；来的人不拒绝，去的人不留住；愿意捐献的任他自去；不赞助我的随他自便，依着各人自己的能力，所以虽然朝夕募款，但是人民丝毫不受损伤，何况有大道的人呢？"

四

孔子圍於陳蔡之間，七日不火食。

大公任⊖往弔之曰："子幾死乎？"曰："然。"

"子惡死乎？"曰："然。"

任曰："予嘗言不死之道。東海有鳥焉，其名曰意怠⊜。其爲鳥也，翂翂翐翐⊜，而似無能；引援而飛⑩，迫脅而棲⑤；進不敢爲前，退不敢爲後；食不敢先嘗，必取其緒⊗。是故其行列不斥⊕，而外人卒不得害，是以免於患。直木先伐，甘井先竭。子其意者飾知以驚愚，修身以明汙,昭昭乎如揭日月而行,故不免也。昔吾聞之大成之人⑧曰:'自伐者無功⑨,功成者墮,名成者虧⑩。'孰能去功與名而還與衆人!道流而不明居,德行而不名處⑪;純純常常⑫,乃比於狂⑬;削迹捐勢⑭,不爲功名。是故無責⑮於人,人亦無責焉。至人不聞,子何喜哉?"

孔子曰:"善哉!"辭其交遊,去其弟子,逃於大澤;衣裘褐⑯,食杼栗;入獸不亂群,入鳥不亂行。鳥獸不惡,而況人乎!

【注释】

㊀ 大公任:"大公",老者称。"任",名(成《疏》)。疑是杜撰之名。
　　俞樾说:"《广韵·一东》公字注:《世本》有大公类叔。然则大公乃复姓,非大夫之称。"(《俞楼杂纂》内〈庄子人名考〉)
㊁ 意怠:今之燕(林希逸说)。即后文"鹢鸸"。
㊂ 翂翂翐翐:形容飞行迟缓的样子。
㊃ 引援而飞:"引援",群飞(林希逸说)。
㊄ 迫胁而栖:群栖乃栖。"迫胁"者,胁相接(陈寿昌说);形容挤在一堆而栖息。
　　吕惠卿说:"迫胁而栖,则踌躇不得已于动止之间也。"(《庄子义》)
㊅ 绪:弃余(林希逸说)。
　　王念孙说:"绪者,余也。〈让王〉篇:'其绪余以为国家。'司马彪曰:'绪者,残也,谓残余也。'"

⑦行列不斥：同列〔飞行〕不受排斥。

　　苏舆说："言为众鸟所容。"（见王先谦《庄子集解》引）
⑧大成之人：指《老子》。
⑨自伐者无功：语见《老子》二十四章。
⑩功成者堕，名成者亏：今本《老子》没有这两句话，只有："功成而不居"（二章）"功遂身退"（九章）句。
⑪道流而不明居，德行而不名处："不明居"，不显耀自居。"德"，俗本作"得"，"得"当是"德"（褚伯秀）。今据褚说及宣颖本改。郭象以"道流而不明"断句，"居"字属下读，非。

　　褚伯秀说："'道流而不明居，得行而不名处'，二句停匀分读，义自显然。郭氏乃于'明'字下着注，故后来解者不越此论，唯吕氏疑独二家从'居'从'处'为句。盖'得'当是'德'，'名'应是'明'，庶与上文义协。言道德流行无往不在，但不欲自显其道德，以取伐竭耳。"（《南华真经义海纂微》）
⑫纯纯常常：纯朴平常。

　　林云铭说："'纯'，纯一也。'常'，平常也。纯一其心，平常其行。"
⑬乃比于狂：同于愚狂。
⑭削迹捐势：削除形位、捐弃权势。
⑮无责：无求。
⑯裘褐："裘"，皮衣。"褐"，毛布。指粗布衣服。

【今译】

　　孔子被围困在陈、蔡两国交界的地方，七天没有起火煮食。

大公任去慰问他:"你快要饿死了吧!"

孔子回说:"是的。"

大公任说:"你厌恶死吗?"

孔子回说:"是的。"

大公任说:"让我说说不死的方法。东海有种鸟,名叫意怠。这种鸟,飞行缓慢,好像没有气力的样子;随群而飞,栖息时夹在众鸟之中;行进时不敢飞在前面,退回时不敢落在后头;饮食时不敢争先尝,一定吃剩余的。所以它在同列中不受排斥,外人也终究不能伤害它,因此它能免于祸患。直树先被砍伐,甘井最先枯干。你有心用文饰才智来惊骇愚俗,修饰品行来显露别人的污浊,光芒耀射好像举着太阳月亮而行走,所以你不免要招来祸患了。我曾经听过集道之大成的人说:'自己夸耀的反而没有功绩,功成不退的就要堕败,名声彰显的就要受到损伤。'谁能够抛弃功名而把它还给众人!大道流行而不显耀自居;德行广被而不自求声名;纯朴平常,同于愚狂;削除形位捐弃权势,不求功名。所以无求于人,人也无求于我。至人不求声名,你为什么喜好呢?"

孔子说:"好极了!"于是就辞别朋友,离开学生,逃到旷野;穿着粗布衣服,食着杼栗野果;走进兽群,兽不惊乱;走进鸟群,鸟不惊飞。鸟兽都不厌恶他,何况人呢!

五

孔子問子桑雽㊀曰："吾再逐於魯㊁，伐樹於宋㊂，削迹於衛㊃，窮於商周㊄，圍於陳蔡之間㊅。吾犯㊆此數患，親交益疏，徒友益散，何與？"

子桑雽曰："子獨不聞假人之亡㊇與？林回棄千金之璧，負赤子而趨。或曰：'為其布㊈與？赤子之布寡矣；為其累與？赤子之累多矣；棄千金之璧，負赤子而趨，何也？'林回曰：'彼㊉以利合，此以天屬也。'夫以利合者，迫窮禍患害相棄也；以天屬者，迫窮禍患害相收也。夫相收之與相棄亦遠矣。且君子之交淡若水，小人之交甘若醴；君子淡以親，小人甘以絕㊊。彼無故以合者，則無故以離。"

孔子曰："敬聞命矣！"徐行翔佯㊋而歸，絕學捐書，弟子無挹於前㊌，其愛益加進。

異日，桑雽又曰："舜之將死，乃命㊍禹曰：'汝戒之哉！形莫若緣㊎，情莫若率㊏。緣則不離，率則不勞；不離不勞，則不求文㊐以待形；不求文以待形，固不待物。'"

【注释】

㊀子桑雽：姓桑，名雽，隐居者。

　　俞樾说："疑即〈大宗师〉之子桑户。雽音户，则固与子桑户同矣。"

㊁再逐于鲁：鲁定公时，孔子担任司寇的官职。齐国的执政者们想制造孔子和鲁君的不和，于是带了八十名美女和一百二十匹好马送给鲁国的国君。由于齐国的离间，孔子遂遭鲁定公的冷淡，于是孔子不得不出走鲁国。

㊂伐树于宋：指孔子到宋国境内，在一棵树下休息，宋国司马桓魋赶来，砍倒大树，威胁孔子。"伐树于宋"，已见于〈天运〉篇。

㊃削迹于卫：孔子在卫国匡城被人误为阳虎而遭围困。"削迹于卫"，已见于〈天运〉篇。

㊄穷于商周：不得志于商周（"商"，殷后裔土地。"周"，指宋与卫），已见于〈天运〉篇。

㊅围于陈蔡之间：指孔子路经陈蔡两国交境的负函（河南信阳），被楚军围困。"围于陈蔡之间"，已见于〈天运〉篇。

㊆犯：借为"逢"。与〈大宗师〉篇"犯人之形"同例（章炳麟《庄子解故》）。

㊇假人之亡："假"，国名。或说假乃殷之误。"亡"，逃亡。

　　孙诒让说："司马彪曰：'林回，殷之逃民之姓名。'则'假人'当为'殷人'之误。然《文选》王仲宝《褚渊碑文》李注引司马彪云：'假，国名。'"

　　马叙伦说："按《史记·酷吏传》：'楚有殷仲。'徐广曰：'殷，一作假。'……此字当为殷，殷即宋也。疑谓宋偃王暴虐，其民有逃亡者。"

⑨布：指财货。

⑩彼：指璧。

⑪君子之交淡若水，小人之交甘若醴；君子淡以亲，小人甘以绝：《礼记·表记篇》作："君子之接如水，小人之接如醴；君子淡以成，小人甘以坏。"

⑫翔佯：今通作徜徉（胡怀琛说）；形容闲放自得。

⑬无挹于前：无揖让之礼（成《疏》）。"挹"，音揖，揖礼。

　　林云铭说："挹，拱挹也。虚文去而真意流。"

⑭乃命：今本作"真泠"。各家曲说作解。依据王引之之说改。

　　陆德明说："司马本作'直'。司马云：'泠，或为命，又作令。'"

　　王引之说："'直'，当为'卤'。'卤'，籀文'乃'字，隶书作'㐱'。'卤'形似'直'，故讹作'直'，又讹作'真'。'命'与'令'，古字通，作'命'作'令'者是也。卤令禹者，乃命禹也。"（见王念孙《读书杂志余编》）

　　林云铭说："'真泠'二字，乃'其命'之误。"按宣颖本据以改作"其命"，并说："旧本讹作'真泠'二字。"

⑮缘：因其自然之意（林希逸说）。

⑯率：真率。

　　林希逸说："'率'，循其自然之意。"

⑰文：虚文。

【今译】

　　孔子问子桑雽说："我两次被鲁国驱逐出境，在宋国遭受到伐树的屈辱,在卫国被禁止居留,在商、周没有出路,在陈、蔡两国交界的地方被围困。我遇到这些患难,亲戚旧交更疏远了,学生朋友更离散了,为什么会这样?"

子桑雽说:"你没有听说假国人逃亡的故事吗?林回舍弃了价值千金的玉璧,背着婴儿逃走。有人说:'为了钱财吗?婴儿的价值少得很;为了怕累赘吗?婴儿的累赘多得很;舍弃了千金的玉璧,背着婴儿逃走,为什么呢?'林回说:'我和玉璧是利的结合,我和婴儿是天性的关联。'以利而结合的,受到窘迫祸患的时候,就互相遗弃了;以天性相关的,遇着窘迫祸患的时候,就互相收留了。互相收留的和互相遗弃的,相差得太远了。再说,君子的交情淡薄得像水一样,小人的交情甘美得像甜酒一样;君子淡薄却亲切,小人甜蜜却易断绝。所以凡是没有缘故结合的,也就没有缘故而离散了。"

孔子说:"我诚心地接受你的指导!"于是漫着步子安闲地回去,终止学业,抛开圣书,学生无须行揖拜的礼节,但是他们对他的敬爱却更为增进。

有一天,桑雽又说:"舜快要死的时候,告诉禹说:'你要当心啊!形体不如因顺,情感不如率真。因顺就不会离失,率真就不会劳累;不离失,不劳累,就不求虚文来粉饰形体,这种就无需求待于外物了。'"

六

莊子衣大布㊀而補之，正緳係履㊁而過魏王。魏王曰："何先生之憊邪？"

莊子曰："貧也，非憊也。士有道德不能行，憊也；衣弊履穿，貧也，非憊也；此所謂非遭時也。王獨不見夫騰猿乎？其得柟梓豫章㊂也，攬蔓㊃其枝而王長㊄其間，雖羿、蓬蒙㊅不能眄睨㊆也。及其得柘棘枳枸㊇之間也，危行㊈側視，振動悼慄；此筋骨非有加急㊉而不柔㊎也，處勢不便，未足以逞其能也。今處昏上亂相之間，而欲無憊，奚可得邪？此比干之見剖心徵㊏也夫！"

【注释】

㊀大布：粗布。

㊁正緳係履："正"，郭嵩焘解作"整"，疑是"以"字之讹。"緳"，带（司马彪说）；当是麻绳做的带子。"係"，同系。这句话是说用麻带穿〔破〕鞋。

郭嵩焘说："《说文》：'絜，麻一端也'。与'緳'通，言整齐麻之一端，以纳束其履而系之。履无絇，系之以麻，故曰'緳'。"

㊂柟（nán）梓（zǐ）豫章：都是端直好木。"柟"，同"楠"。

㈣揽蔓：犹把捉（成《疏》）。

刘凤苞说：“‘揽’，把。‘蔓’，缠绕；揽其枝而盘结之，如蔓生然。”

㈤王长：犹自得（成《疏》）；同旺涨，形容意气轩昂（福永光司说）。

㈥羿、蓬蒙：羿是古时候精于射箭的人，蓬蒙是羿的弟子。

㈦眄（miǎn）睨（nì）：斜视。

㈧柘（zhè）棘枳枸：都是有刺的小木。

㈨危行：行动谨慎。

㈩加急：限制，收紧。

(十一)不柔：不灵活。

(十二)征：明证。

【今译】

庄子穿着一件补过破洞的粗布衣服，用麻绳绑着破鞋子，去见魏王。魏王说：“先生，你怎么这样疲困呢？”

庄子说：“是贫穷啊，并不是疲困！读书人有理想却不能施行，这是疲困啊；衣服破旧鞋子破烂，这是贫穷，而不是疲困；这就叫做不逢时啊！你没有看见跳跃的猿猴吗？当它爬在楠、梓、豫、樟等大树上的时候，攀缘着树枝，在那里自得其乐，即使善射的羿和蓬蒙也无可奈何它。等到它跳落在柘、棘、枳、枸等多刺的树丛中时，小心谨慎，内心还战栗不已；这并不是筋骨受了束缚而不灵活，乃是处在不利的情势下，不能够施展它的才能呀！现在处于昏君乱相的时代，要想不疲困，怎么可能呢？像比干的被剖心，不是个显明的例证吗？”

七

孔子窮於陳蔡之間，七日不火食，左據槁木，右擊槁枝，而歌猋氏㈠之風，有其具而無其數㈡，有其聲而無宫角㈢，木聲與人聲，犂然㈣有當於人之心。

顔回端拱還目㈤而窺之。仲尼恐其廣己而造大㈥也，愛己而造哀也，曰："回，無受天損易㈦，無受人益難㈧。無始而非卒㈨也，人與天一㈩也。夫今之歌者其誰乎？"

回曰："敢問無受天損易。"

仲尼曰："飢渴寒暑，窮桎不行(十一)，天地之行也，運物之泄也(十二)，言與之偕逝(十三)之謂也。爲人臣者，不敢去之。執臣之道猶若是，而況乎所以待天乎！"

"何謂無受人益難？"

仲尼曰："始用四達(十四)，爵祿並至而不窮，物之所利，乃非己也(十五)，吾命其在外者也。君子不爲盜，賢人不爲竊。吾若取之，何哉！故曰，鳥莫知(十六)於鷾鴯(十七)，目之所不宜處，不給視，雖落其實，棄之而走。其畏人也，而襲諸人間㊈,社稷存焉爾㊉。"

"何謂無始而非卒？"

仲尼曰："化其萬物而不知其禪⑪之者,焉知其所終？焉知其所始？正而待之⑫而已耳。"

"何謂人與天一邪？"

仲尼曰："有人,天⑬也；有天,亦天也。人之不能有天,性也；聖人晏然⑭體逝而終矣！"

【注释】

㊀ 猋(biāo)氏：神农(成《疏》)。"猋氏"，即焱氏(王先谦《集解》)。已见于〈天运〉篇。

㊁ 有其具而无其数：有枝击木而无节奏(宣颖说)。"有其具"，有击木之具(陈寿昌说)。"数"指节奏之数。

㊂ 无宫角：不合五音(林希逸说)；不主音律(宣颖说)。

㊃ 犁然：释然，悠然。

焦竑说："犁然，如犁田者，其土释然也。"

㊄ 端拱还目："端拱"，拱手直立。"还目"，回目。"还"音旋。

林云铭说："'端拱'，则头容直矣，不能瞫视，故转其睛，而还视之也。"

㊅ 广己而造大：彰显自己而至于夸大。

林云铭说："'造'，至也。尊己则至于大。"

㊆ 无受天损易：不受自然的损伤还容易。

㊇ 无受人益难：不受人的利禄却难。

林云铭说:"人益之来,欲辞不能,故难。"

福永光司说:"人益,即人为的附加物。"

⑨ 无始而非卒:没有起始而又不是终结的。

郭象说:"'卒',终也。于今为始者,于昨为卒,则所谓始者,即是卒矣。言变化之无穷。"

⑩ 人与天一:皆自然(郭《注》);人与天皆本于自然(林云铭说)。

⑪ 穷桎不行:穷困不通。

郭嵩焘说:"'穷桎不行',言饥渴寒暑,足以桎梏人,而使不自适。"

⑫ 运物之泄也:品物的发动。《阙误》引江南古藏本"运物"作"运化"。

司马彪说:"'运',动也。'泄',发也。"

章炳麟说:"'天地之行','运物之泄',耦语也。'运'借为'员'。《越语》'广运',《西山经》作'广员',是其例。《说文》:'员,物数也。''员物',犹言品物。'泄'与'动'义近;《韩非·扬榷篇》:'根干不革则动泄不失矣','泄',亦动也。"按:前人都依司马《注》,当从章解为确。后文:"目大运寸","运"亦作"员",成《疏》:"运,员也"可证。"运物"与上句"天地"对举,皆属名词。

马叙伦说:"按:'泄',借为'迻'。《说文》曰:'迻,迁徙也。'"

⑬ 偕逝:共同参与变化。

成玄英说:"'偕',俱也。'逝',往也。既体运物之无常,故与变化而俱往,而无欣恶于其间也。"

⑭ 始用四达:言初进便顺利(林云铭说)。

⑮物之所利，乃非己也：外物的利益，非己本有。

⑯知：音智，聪明。

⑰鷾鸸：燕（《释文》）。

⑱袭诸人间："袭"，入。指入人屋舍筑巢。

⑲社稷存焉尔："社稷"，谓鸟巢（马叙伦说）。这是比喻鸟有所寄存，犹如人依存于社稷。

郭嵩焘说："有土因而有社，有田因而有稷。社者，所以居也；稷者，所以养也。鸟也有其居，鸟亦有其养，鷾鸸之袭诸人间，不假人以居而自为居，不假人以养而自为养也。"

⑳禅：同代。

㉑正而待之：谓顺任自然的变化。"正"是指上文所说的"万物的变化"（"化其万物"）。

林云铭说："正而待之，以顺其自化而已。"

福永光司说："'正而待之'，若〈人间世〉篇（孔子与颜回问答）'虚而待物'。"（见福永著《庄子外篇》，第564页）

㉒天：指自然。

郭象说："凡所谓天，皆明不为而自然。"

㉓晏然：即安然。

成玄英说："晏然，安也。"

马叙伦说："'晏'，借为'宴'。《说文》曰：'宴，安也。'"

【今译】

孔子被困在陈蔡两国交界的地方，七天没有生火煮食，他左手靠着枯树，右手敲枯枝，而唱着神农时代的歌谣，有击敲的器具而没有音律，击木声和歌唱声舒徐动听，使人心里感到舒适。

颜回恭敬地站着，转过眼来看。孔子怕他宽解自己而至于夸大，爱惜自己而陷于哀伤，便说："回，不受自然的损伤还容易，不受人的利禄却难。没有一个开始而不是终结的，人为和自然是一样的。现在唱歌的是谁呢？"

颜回问说："请问什么是不受自然的损伤还容易？"

孔子说："饥饿、干渴、寒冷、暑热、穷困不通，都是天地的运行，万物的迁移，这就是说共同参与变化呀！做人臣的，不敢逃避国君的使命。执守人臣之道的都能这样，何况对待自然呢！"

颜回问说："什么是不受人的利禄困难呢？"

孔子说："初次被任用就很顺利，爵位利禄齐来而不穷尽，但是这些外物的利益，并不是属于自己的，只是我的机遇一时得到这些外物罢了！君子不做盗劫的事，贤人不做偷窃的事，我要去求取，为什么呢？所以说：鸟儿没有比燕子更聪明的，看到有不适宜的地方，就不再看第二眼，虽然失落了口中的食物，也舍置而飞去。它畏惧人，却又入人屋舍，只是寄居筑巢罢了。"

颜回问说："什么是没有一个开始而不是终结的？"

孔子说："万物的变化而不知道谁是替代者，怎能知道它的终结？怎能知道它的开始呢？顺其自然的变化就是了。"

颜回问说:"什么是人为和自然都一样呢?"

孔子说:"人为,是出于自然的;自然的事,也出于自然的。人为所以不能保全自然,是由于性质的限制,只有圣人能安然地顺着自然而变化呢!"

八

莊周遊於雕陵之樊⊖,覩一異鵲自南方來者,翼廣七尺,目大運寸⊜,感⊜周之顙而集於栗林。莊周曰:"此何鳥哉,翼殷⑭不逝㊄,目大不覩?"蹇裳㊅躩步㊆,執彈而留㊇之。覩一蟬,方得美蔭而忘其身;螳蜋執翳㊈而搏之,見得而忘其形;異鵲從而利之,見利而忘其眞㊉。莊周怵然曰:"噫!物固相累,二類相召㊋也!"捐㊌彈而反走,虞人㊍逐而誶㊎之。

莊周反入,三日不庭㊏。藺且從而問之:"夫子何爲頃間甚不庭乎?"

莊周曰:"吾守形而忘身,觀於濁水而迷於清淵。且吾聞諸夫子曰:'入其俗,從其令㊐。'今吾遊於雕陵而忘吾身,異鵲感吾顙,遊於栗林而忘眞,栗林虞人以吾爲翳⊕,吾所以不庭也。"

【注释】

㊀雕陵之樊:雕陵是丘陵的名称。"樊",即藩。

　　司马彪说:"'雕陵',陵名;'樊',藩。谓游于栗园藩篱之内。"

㊁目大运寸:眼睛的直径有一寸长。

　　成玄英《疏》:"'运',员也。眼圆一寸。"

　　王念孙说:"'运寸'与'广七尺'相对为文,'广'为横则'运'为从也。'目大运寸',犹言目大径寸耳。《越语》:'句践之地广运百里。'韦注曰:'东西为广,南北为从也。'《西山经》曰:'是山也广员百里。''员'与'运'同。"

㊂感:触。

㊃殷:大。与〈秋水〉篇"大之殷"同。

㊄逝:往,飞去。

㊅褰(jiǎn)裳:作褰裳,即提起衣裳。

　　王叔岷先生说:"陈碧虚《阙误》引张君房本'褰'作'搴'。《道藏》王元泽《新传》本、褚伯秀《义海纂微》本、罗勉道《循本》并同。'搴'与'褰'通。"

㊆蹶(jué)步:疾行,快步。

㊇留:伺候。

㊈翳(yì):隐蔽。

㊉忘其真:"真",性命(成《疏》)。

　　郭象说:"目能睹,翼能逝,此鸟之真性也。今见利,故忘之。"

㉒二类相召:指蝉召螳螂,螳螂召鹊,物类自相召害。

㉓捐:弃。

㉔虞人:守园者(林希逸说);守苑囿之吏(见《孟子·滕文公下》:"招虞人以旌"朱熹注)。

㉕谇(suì):骂。

㉖三日不庭:"三日",通行本作"三月",《释文》:"'三月不庭',一本作'三日'。"依王念孙之说改。"不庭",读"不逞",即不愉快。

　　王念孙说:"'庭',当读为'逞',不快也。……'三月不庭,一本作三日'是也。下文言夫子顷间甚不庭,若三月之久,不得言顷间矣。"

　　马其昶说:"案:旧作'三月',据下言'顷间',则从《释文》'一本作三日'是也。"案马氏《庄子故》本已改正"三月"为"三日"。

㉗夫子曰:"入其俗,从其令":成《疏》:"庄周师老聃,故称老子为夫子也。"按"夫子"是尊称,这里未必指老子,因为下面的话不必是老子讲的,今本《老子》没有这两句话。所谓"庄周师老聃",乃是传统的眼光,庄周何曾师老聃? 在各家中,庄周虽然较推崇老聃,但也有所批评。以师徒来称呼他们,是流俗的看法。"令",通行本作"俗",依《阙误》引成玄英本改,郭《注》亦作"令"。

　　"令",即禁令(郭《注》)。

㉘戮:辱(王先谦《注》)。

　　马叙伦说:"今通用'辱'字。"

【今译】

　　庄周到雕陵的栗园里游玩,看见一只怪异的鹊从南面飞来,翅膀有七尺宽,眼睛直径有一寸长,碰到庄周的额角而飞停在栗树林中。庄周说:"这是什么鸟呀!翅膀大却不能远飞,眼睛大却目光迟钝?"于是提起衣裳快步走过去,把着弹弓窥伺它的动静。这时看见一只蝉,正得着美叶荫蔽而忘了自身;有只螳螂以树叶作掩护而捕捉它,螳螂见有所得而忘自己的形体;异鹊乘机攫取螳螂,只顾贪利而忘记了性命。庄周看了震惊地说:"唉!物类互相累害,这是由于两者互相召引贪图所致!"于是扔下弹弓回头就走,管园的人〔以为他偷栗子〕追赶着责骂他。

庄周回去,三天都感到不愉快。学生蔺且问他说:"先生为什么最近觉得不愉快呢?"

庄周说:"我为了守护形体而忘了自己;观照浊水反而对清渊迷惑了。我听先生说:'到一个地方,就要顺从那里的风俗习惯。'现在我到雕陵游玩而忘了自身,异鹊碰到我的额角,飞到栗树林里而忘了真性,管园的人辱责我,所以我感到不愉快。"

九

陽子㊀之宋,宿於逆旅㊁。逆旅人有妾二人,其一人美,其一人惡,惡者貴而美者賤。陽子問其故,逆旅小子⁽³⁾對曰："其美者自美，吾不知其美也；其惡者自惡，吾不知其惡也。"

陽子曰："弟子記之！行賢而去自賢之心⁽⁴⁾，安往而不愛哉！"

【注釋】

⑴ 阳子：《韩非子·说林上》引这同一故事作"杨子"。
⑵ 逆旅：旅舍。
⑶ 逆旅小子：《韩非子·说林上》作"逆旅之父"。
⑷ 行贤而去自贤之心："心"，原作"行"，根据《韩非子·说林上》改。作"心"于义为优。

【今译】

　　阳子到宋国，住在旅舍。旅舍主人有两个妻妾，一个美丽，一个丑陋，丑陋的受尊宠，美丽的被冷落。阳子问他是什么缘故，旅舍的童子回说："那美丽的自以为美丽，但是我并不觉得她的美丽；那丑陋的自认为丑陋，但是我不觉得她丑陋。"

　　阳子说："弟子们记住！行为良善而能去除自我炫耀的心念，到哪里会不受喜爱呢！"

田 子 方

〈田子方〉篇,由十一章文字汇集而成。各章意义不相关联,属于杂记体裁。"田子方",人名,魏国贤者。取篇首三字为篇名。

本篇第一章,田子方与魏文侯对话,要在写"真"。称赞为人的质真淳厚,并评仁义圣智对真实生命的束缚。第二章,借温伯雪子评儒家"明乎礼义而陋乎知人心"。孔子见温伯雪子而体悟"目击而道存,亦不可以容声矣"。这就是"得意忘言"的情境。第三章,颜渊与孔子对话,写宇宙长流不息。万物变动神速,自我亦变故日新。这里提出"日徂"之说;"日徂"即一天天地参与变化。不能参与变化的,即是"心死"。"哀莫大于心死,而人死亦次之"。第四章,孔子见老聃"游心于物之初"。"物之初"即一切存在的根源。认识一切存在的根源,认识自然运行的规律("纪"),认识"天地之大全",是为"至人"。自然界充满着美与光辉,至人"得至美而游乎至乐",于此可见庄子至人的艺术心态。第五章,庄子见鲁哀公的寓言,指出鲁国满街穿着儒服的人,尽是假儒。第六章,百里奚一小段,写"爵禄不入于心","死生不入于心"。第七章,写真画家的创作突破规格的约束。第八章,文王见姜太公钓鱼,"其钓莫钓",援引为政,则守自然无为。第九章,写伯昏无人射箭的凝定神态。第十章,写孙叔敖的爵禄无变于己。第十一章,写凡君外在得失无变于己。

许多富有哲理性的成语出自本篇,如目击道存、亦步亦趋、奔逸绝尘、瞠乎其后、不言而信、失之交臂、唐肆求马、形若槁木、日改月化、天高地厚、千转万变、解衣槃礴以及明礼义而陋知人心、处卑细而不惫、哀莫大于心死等。

一

田子方㊀侍坐於魏文侯,數稱谿工㊁。

文侯曰:"谿工,子之師邪?"

子方曰:"非也,無擇之里人也;稱道數當㊂,故無擇稱之。"

文侯曰:"然則子無師邪?"

子方曰:"有。"

曰:"子之師誰邪?"

子方曰:"東郭順子㊃。"

文侯曰:"然則夫子何故未嘗稱之?"

子方曰:"其爲人也眞,人貌而天虛㊄,緣而葆眞㊅,清而容物。物無道,正容以悟之,使人之意也消。無擇何足以稱之!"

子方出,文侯儻然㊆終日不言,召前立臣而語之曰:"遠矣,全德之君子㊇!始吾以聖知之言仁義之行爲至矣,吾聞子方之師,吾形解㊈而不欲動,口鉗而不欲言。吾所學者直土梗㊉耳,夫魏眞爲我累耳!"

【注释】

㊀ 田子方:姓田,名无择,字子方。魏贤人。《释文》引李颐《注》,说他是魏文侯师。马叙伦则从《吕氏春秋·举难》与〈察贤〉等篇,引证说明田子方乃魏文侯友,而非魏文侯师(详见马著《庄子义证》)。当从马说。

㊁ 谿工:姓谿,名工。魏国的贤人。

㊂ 称道数当:言论常常很确当。

  成玄英说:"称说言道,频当于理。"(成《疏》)

㊃ 东郭顺子:居在郭东,因以为氏,名顺子,子方之师(成《疏》)。

㊄ 人貌而天虚:人的容貌而心契合自然。"虚",意指"心"。

  俞樾说:"郭《注》以'人貌而天'四字为句,殆失其读也。此当以'人貌而天虚'为句。'人貌天虚',相对成义。'缘而保真'为句,与'清而容物'相对成义。'虚'者,孔窍也。《淮南子·氾论训》:'若循虚而出入。'高注曰:'虚,孔窍也。'训'孔窍',故亦训'心'。〈俶真训〉:'虚室生白。'注曰:'虚,心也。'……此云:'人貌而天虚',即人貌而天心,言其貌则人,其心则天也。学者不达'虚'字之义,误属下读,则'人貌而天'句文义不完。下两句本相俪者亦参差不齐也。"俞说可从。

㊅ 葆真:即保真。"葆",同保。

㊆ 傥然:自失的样子。

  马叙伦说:"按'傥',借为'怅'。"

㊇ 全德之君子:指东郭顺子。

㊈ 形解:形体解脱。

  林希逸说:"形解,言自失也。"

马叙伦说:"'解',为'懈'省。《说文》曰:'懈,怠也。'"

⑪土梗:土人(司马彪《注》)。

马叙伦说:"'梗',借为'偶'。"《国策·赵策》:"土梗与木梗斗,曰:'汝不如我,我乃土也。逢风雨坏沮,仍复归土;汝逢风雨,泛滥无所止。'《史记·孟尝君列传》:'见木偶人与土偶人语。'其辞相同。是土梗木梗即是土偶木偶也。"

林希逸说:"土梗者,得其粗,不得其精也。"

【今译】

田子方陪坐在魏文侯那里,几次称颂谿工。

文侯说:"谿工是你的老师吗?"

子方说:"不是的,是我的同乡;言论见解常常很正确,所以我称赞他。"

文侯说:"那么你没有老师吗?"

子方说:"有。"

文侯说:"你的老师是谁呢?"

子方说:"东郭顺子。"

文侯说:"那么先生为什么没有称赞他?"

子方说:"他为人真纯,常人的容貌而内心契合自然,顺应于人而保守天真,清介不阿而能容人。如遇无道的人,便正容开悟他,使人的邪念自然消除。我哪里配称赞!"

子方走了,文侯惆怅地整天不说话,召面前立侍的臣子告诉他们说:"太深远了,全德的君子!起初我以为圣智的言论、仁义的行为最好了,我听到了子方老师的言论,我身体解脱而不想动,嘴巴闭着而不想说。我所学的不过是粗迹而已,魏国真是我的包袱啊!"

二

溫伯雪子㊀適齊,舍於魯。魯人有請見之者,溫伯雪子曰:"不可。吾聞中國㊁之君子,明乎禮義而陋於知人心,吾不欲見也。"

至於齊,反舍於魯,是人也又請見。溫伯雪子曰:"往也蘄見我,今也又蘄見我,是必有以振㊂我也。"

出而見客,入而歎。明日見客,又入而歎。其僕曰:"每見之客㊃也,必入而歎,何耶?"

曰:"吾固告子矣:'中國之民,明乎禮義而陋乎知人心。'昔之見我者,進退一成規一成矩,從容㊄一若龍一若虎,其諫我也似子,其道㊅我也似父,是以歎也。"

仲尼見之而不言。子路曰:"吾子欲見溫伯雪子久矣,見之而不言,何邪?"

仲尼曰："若夫人者，目击而道存矣，亦不可以容声矣。"

【注释】

㊀温伯雪子：姓温，名伯，字雪子，楚之怀道人（成《疏》）。

㊁中国：指中原之国，即鲁国。

　　成玄英《疏》："中国，鲁国也。"

㊂振：起，发。这里有启发之意。另一说"振"训"告"（高亨《新笺》）。

㊃之客：此客。

㊄从容：犹动容（王念孙说，见章炳麟《庄子解故》所引）。

㊅道：同"导"。陈碧虚《阙误》引江南古藏本作"导"。

【今译】

　　温伯雪子往齐国，歇足在鲁国。鲁国有人要见他，温伯雪子说："不行。我听说中国的君子，明于礼义却拙于了解人心，我不想接见。"

　　到了齐国，回程歇足在鲁国，那个人又要见他。温伯雪子说："上次求见我，现在又来求见，一定有什么启发我的。"

　　出去见了客人，回来就叹息。第二天见了客人，回来又叹息。他的仆人问说："每次见到这个客人，回来就要叹息，为什么呢？"

回说:"我原先告诉你了:'中国的人民,明了礼义却拙于了解人心。'刚才来看我的那位,进退完全合于规矩,动容犹如龙虎,他谏告我,好像儿子对待父亲;他开导我,好像父亲对待儿子,因此叹息。"

孔子见了面不说话。子路说:"先生想见温伯雪子很久了,见了面不说话,为什么呢?"

孔子说:"像这样的人,视线所触而道自存,也不容再用语言了。"

三

顏淵問於仲尼曰:"夫子步亦步,夫子趨亦趨,夫子馳亦馳;夫子奔逸絕塵⊖,而回瞠若⊜乎後矣!"

仲尼曰⊜:"回,何謂邪?"

曰:"夫子步,亦步也;夫子言,亦言也;夫子趨,亦趨也;夫子辯,亦辯也;夫子馳,亦馳也;夫子言道,回亦言道也;及奔逸絕塵而回瞠若乎後者,夫子不言而信,不比而周⊜,無器⊕而民滔⊗乎前,而不知所以然而已矣。"

仲尼曰:"惡!可不察與!夫哀莫大於心死,而人死亦次之。日出東方而入於西極,萬物莫不比方⊕,有首有趾者⑧,待是⑨而後成功,是出則存,是入則亡⑩。萬物亦然,有待也而死,有待也而生⑪。吾一受其成形,而不化以待盡⑫,效⑬物而動,日夜無隙,而不知其所終;薰然⑭其成形,知命不能規⑮乎其前,丘以是日徂⑯。

"吾終身與汝交一臂而失之⑰,可不哀與!女殆著乎吾所以著也⑱。彼已盡矣⑲,而女求之以爲有,是求馬於唐肆⑳也。吾服㉑女也甚忘,女服吾也亦甚忘。雖然,女奚患焉!雖忘乎故吾,吾有不忘者存。"

【注释】

㊀奔逸绝尘:快速的形容。

　　林希逸说:"'奔逸',飞驰也。'绝尘',去速而不见其尘也。"

㊁瞠若:直视的样子。

㊂仲尼曰:原作"夫子曰"。这节对话前后答语者一律作"仲尼曰",这里作"夫子曰"为误写,依马叙伦之说改正。

　　马叙伦说:"按下文作'仲尼曰',此亦当然,疑传写之误。"

㊃不比而周:"比",阿私。"不比而周",指不偏私而周遍。《论语·为政篇》有"君子周而不比"句。

　　朱熹说:"'周',普遍也。'比',偏党也。"(见《论语·为政篇》朱《注》)

㊄器:爵位(成《疏》)。

㊅滔:同聚。

⑦ 比方：指顺着太阳的方向（宣颖说）。

宣颖说："从日为方向。"

马其昶说："'比'，顺也。'方'，道也。谓万物之化生皆顺太阳之轨道也。"

福永光司说："比方，平行的意思。"（《庄子外杂篇解说》，第592页）

⑧ 有首有趾者：指人。语见〈天地〉篇。"首"，今本作"目"，形近而误，根据〈天地〉篇改正。

马叙伦说："'目'当依〈天地〉篇作'首'。"

⑨ 待是：待日。'是'，指日。

⑩ 是出则存，是入则亡：即日出而作，日入而息（林希逸《口义》）。

王先谦说："日出则有世事，日入则无世事。"

⑪ 有待也而死，有待也而生：有的将趋于死，有的将待以生。

郭象说："待隐谓之死，待显谓之生。"

⑫ 一受其成形，而不化以待尽：语见〈齐物论〉。

⑬ 效：犹感。

⑭ 薰然：形容成形的样子。

成玄英《疏》："薰然，自动之貌。"

罗勉道说："薰然者，如气之薰蒸而成也。"（《南华真经循本》）

王敔说："薰然，芳草丛生貌。"

⑮ 规："窥"的省字（见马叙伦《义证》）。

⑯ 日徂：一天天地参与变化。"徂"，往。

郭象说："与变俱往。"

⑰ 交一臂而失之：意思是说我和你这么接近而你却不能了解宇宙

的道理。

　　林希逸说:"'交一臂'者,并立也。终身与汝周旋,而汝未得此道,故曰:'交一臂而失之。'"

⑧女殆著乎吾所以著也:你大概只看到我所能看到的现象。"著",可见的东西。

　　福永光司说:"'以'字误加。'所著',意指现象面;'所以著',指现象赖以成立的本质。"按福永之说可从。

⑨彼已尽矣:它已经消失了。

　　宣颖说:"'彼',所著。所著者忽已过去,可见不足据也。"

⑩唐肆:"唐",空(朱骏声说,见马其昶《庄子故》所引)。"肆",市(成《疏》)。"唐肆",空市场。

　　林希逸说:"'唐',无壁之屋也。《诗》云:'中唐有甓。''唐肆',今之过路亭也。"

⑪服:思存(郭《注》)。

　　林疑独说:"'服',犹'思'也。"(见褚伯秀《南华真经义海纂微》引)按旧注有依罗勉道作"佩服"解,误。

【今译】

　　颜回问孔子说:"先生缓步我也缓步,先生快走我也快走,先生奔驰我也奔驰;先生奔逸绝尘,而我却直瞪着眼落在后面了!"

　　孔子说:"回,怎么说呢?"

　　颜回说:"先生缓步,我也缓步;先生论说,我也论说;先生快走,我也快走;先生辩论,我也辩论;先生奔驰,我也奔驰；先生谈道，我也谈道；等到先生奔逸绝尘而我却直瞪着眼落在后面，乃是先生不言说而取信，不偏私而周遍，没有爵位而人民来相聚，却不知道为什么能够这样。"

孔子说："啊！这可不明察么！最悲哀的莫过于心死，而身死都还是次要的。太阳从东方出而入于西极，万物没有不顺着这个方向，有头有脚的人，见日起而后事可为，日出而作，日入而息。万物也是一样，有的将趋于死亡，有的将待以降生。我一旦秉受了形体，不变灭而等待气尽，感应外物而活动，日夜没有间断，而不知道自己的归宿；薰然自动成形，知道命运是不可预知的，我因而一天天参与变化。

"我一直和你这么接近而你却不能了解这个道理，可不悲哀吗？你大概只看到我所能看到的现象。它们已经逍逝，而你追寻着还以为存在，这就像在空市场上寻求马一样。我心中的你很快就忘记，你心中的我也很快就忘记。虽然这样，你有什么忧虑！即使忘了过去的我，我还有不会被遗忘的东西存在。"

四

孔子見老聃，老聃新沐，方將被髮而乾，慹然⊖似非人㊀。孔子便而待之㊁,少焉見,曰:"丘也眩與,其信然與?向者先生形體掘若槁木㊂,似遺物離人而立於獨也。"

老聃曰:"吾遊心於物之初。"

孔子曰:"何謂邪?"

曰:"心困焉而不能知,口辟㊃焉而不能言,嘗爲汝議乎其將㊄。至陰肅肅㊅,至陽赫赫㊆;肅肅出乎天,赫赫發乎地;兩者交通成和㊇而物生焉,或爲之紀㊈而莫見其形。消息滿虛㊉,一晦一明,日改月化,日有所爲,而莫見其功。生有所乎萌,死有所乎歸,始終相反乎無端而莫知乎其所窮。非是也,且孰爲之宗!"

孔子曰:"請問遊是。"

老聃曰:"夫得是,至美至樂也,得至美而遊乎至樂,謂之至人。"

孔子曰:"願聞其方。"

曰:"草食之獸不疾易藪㊀,水生之蟲不疾易水,行小變而不失其大常也,喜怒哀樂不入於胸次。夫天下也者,萬物之所一㊁也。得其所一而同焉,則四支百體將爲塵垢,而死生終始將爲晝夜而莫之能滑,而況得喪禍福之所介⊕乎！棄隸⊕者若棄泥塗⊕，知身貴於隸也，貴在於我而不失於變。且萬化而未始有極⊕也，夫孰足以患心！已爲道者解乎此。"

孔子曰："夫子德配天地，而猶假至言以修心，古之君子，孰能脫焉？"

老聃曰："不然。夫水之於汋⊕也，無爲而才自然矣。至人之於德也，不修而物不能離焉，若天之自高，地之自厚，日月之自明，夫何脩焉！"

孔子出，以告顔回曰："丘之於道也，其猶醯雞⊕與！微夫子之發吾覆也，吾不知天地之大全也。"

【注释】

㈠ 慹然：形容不动的样子。

林希逸说："慹然，凝定而立之貌。"

朱骏声说："'慹'，假为'蛰'。"

㈡ 非人：犹木偶人（林希逸《口义》）。

㈢ 便而待之："便"，借为"屏"，即屏蔽。

章炳麟说："'便'，借为'屏'。《汉书·张敞传》：'自以便面拊马。'师古曰：'便面所以障面，盖扇之类也。亦曰屏面。''便''屏'一声之转，故'屏'或作'便'。《说文》：'屏，屏蔽也。'老聃方被发不可直入相见，故屏隐于门下而待之。"（《庄子解故》）

㈣ 掘若槁木："掘"是"兀"的借字，形容直立不动的样子。

⑤辟:闭,合。

司马彪说:"辟,卷不开。"

⑥议乎其将:说个概略。

章炳麟说:"'尝为女议乎其将'者,尝为女说其大刬也。犹〈知北游〉篇云:'将为女言其崖略耳。''将'声与'牏'亦通,《艺文志》曰:'庶得粗牏。'师古曰:'牏,粗略也。'"

⑦肃肃:严冷之意(林希逸说)。

⑧赫赫:形容炎热。

⑨两者交通成和:可参看《老子》四十二章:"万物负阴而抱阳,冲气以为和。"

⑩纪:纲纪,规律。

⑪消息满虚:消逝、生长、盈满、空虚,即事物死生盛衰规律。同〈秋水〉篇:"消息盈虚。"

⑫不疾易薮(sǒu):不怕变换草泽。

⑬万物之所一:与〈德充符〉"物视其所一"同义。

⑭介:际(宣颖说);即分际。

⑮隶:仆隶;指身份的得失祸福(黄锦𬭎语译)。

⑯若弃泥涂:同〈德充符〉:"〔视丧其足,〕犹遗土也。""涂",同土。

⑰万化而未始有极:语见于〈大宗师〉。

⑱汋:水涌流。

郭嵩焘说:"汋者,水自然涌出。非若泉之有源,而溪涧之交汇以流行也。"

马其昶说:"《释文》:'汋,泽也。'有润泽也。"

⑲醯(xī)鸡:酒瓮里的小飞虫"蠛蠓"。

【今译】

　　孔子去见老聃，老聃刚洗完头，正披着发等干，凝神定立好像木偶人。孔子就退出等待他。过了一会儿见面说："我是眼花了呢，还是真的？刚才先生形体直立不动有如枯木，好像超然物外而独立自存。"

　　老聃说："我游心于万物的本始。"

　　孔子说："怎么说呢？"

　　老聃说："心困而不能知晓，口合而不能言说，试为你说个概略。至阴寒冷，至阳炎热；寒冷出于天，炎热出于地；两者互相交通融合而各物化生，或为万物的规律，却不见形象。死生盛衰，时隐时现，日迁月移，无时不在作用，却不见它的功绩。生有所由始，死有所归趋，始终循环无端而不知道它的穷尽。如果不是这样，又有谁是它的宗本呢！"

　　孔子说："请问游心于此的情境。"

　　老聃说："达到这种境界，是至美至乐，体味至美而游于至乐，称为至人。"

　　孔子说："希望听听用什么方法。"

　　老聃说："吃草的兽类不怕变换草泽，水生的虫类不怕变换池沼，只作小的变换而没有失去根本的需要；喜怒哀乐的情绪不会侵入心中。天下的万物都有共通性。了解它们的共通性而同等看待，那么四肢百骸便视如尘垢，而死生终始犹如昼夜的变化，并不致受扰乱，何况是得失祸福的分际呢！舍弃得失祸福如同舍弃泥土一样，知道自身比得失祸福更可贵，可贵在于我自身却不因变换而丧失。千变万化而未曾有穷尽，这有什么值得困扰内心！修道的人了解这点。"

孔子说："先生德合天地，还用至言来〔教我〕修心，古时的君子，谁能超过呢！"

老聃说："不是的。像水的涌流，无为而自然。至人的德，不需要修饰而万物自然受影响，就像天自然的高，地自然的厚，日月自然的光明，哪里需要修饰呢！"

孔子出去，告诉颜回说："我对于大道的了解，岂不像瓮中小飞虫么！要不是先生启发我的蒙蔽，我真不知道天地的全貌。"

五

莊子見魯哀公⊖。哀公曰："魯多儒士，少爲先生方⊜者。"

莊子曰："魯少儒。"

哀公曰："舉魯國而儒服，何謂少乎？"

莊子曰："周聞之，儒者冠圜㊂冠者，知天時；履句㊃屨者，知地形；緩佩玦㊄者，事至而斷。君子有其道者，未必爲其服也；爲其服者，未必知其道也。公固以爲不然，何不號於國中曰：'無此道而爲此服者，其罪死！'"

於是哀公號之五日，而魯國無敢儒服者，獨有一丈夫儒服而立乎公門。公即召而問以國事，千轉萬變而不窮。

莊子曰："以魯國而儒者一人㊅耳，可謂多乎？"

【注释】

㊀庄子见鲁哀公：庄子是战国时人，与魏惠王、齐威王同时，去鲁哀公一百二十年，如此言见鲁哀公者，盖寓言（成《疏》）。
㊁方：道，术。
㊂圜：音"圆"（《释文》）。
㊃句：方（李颐《注》）。
㊄缓佩玦：用五色的丝带穿系玉玦。"缓"，司马本作"绶"。"绶"即丝的条带。

　　成玄英《疏》："缓者，五色条绳，穿玉玦以饰佩也。"
㊅一人：或说指孔子，但原意未必指特定的人。

　　严灵峰说："成《疏》：'谓孔子。'按：此系'寓言'，言其事未必指其人，不必谓孔子也。"（《道家四子新编》，第789页）

【今译】

庄子去见鲁哀公。哀公说:"鲁国多儒士,很少有学先生道术的。"

庄子说:"鲁国的儒士很少。"

哀公说:"全鲁国都穿儒者的服装,怎么说少呢?"

庄子说:"我听说,儒者戴圆帽的,知道天时;穿方鞋的,知道地形;用五色丝带系玉玦的,事到而决断。君子有这种道术的,未必穿这种服装;穿这种服装的,未必懂得这种道术。你既不以为然,为什么不号令于国中说:'不懂得这种道术而穿这种服装的,要处死罪。'"

于是哀公下号令五天,而鲁国没有人敢穿儒服的,只有一个男子穿着儒服而站在朝门。哀公召来询问国事,千转万变而对答不穷。

庄子说:"整个鲁国只有一个儒者,可以说多吗?"

六

百里奚㊀爵禄不入於心,故飯㊁牛而牛肥,使秦穆公忘其賤,與之政也。有虞氏死生不入於心,故足以動人。

【注释】

㊀ 百里奚:公元前5世纪的一位著名人物。复姓百里,名奚,秦

人称为五羖(gǔ)大夫。百里奚原居虞国(山西省平陆县东北地区),后入秦国,为秦穆公所重用。孟子对他颇有好评(见《孟子·万章篇上》、〈告子篇下〉)。

㈢ 饭:同饲。

【今译】

百里奚不把爵禄放在心里,所以养牛而牛肥,使秦穆公忘了他的卑贱,将政事授予他。有虞氏不把死生观念放在心里,所以能感发他人。

七

宋元君㈠將畫圖,眾史㈡皆至,受揖而立㈢;舐筆和墨,在外者半㈣。有一史後至者,儃儃然㈤不趨,受揖不立,因之舍。公使人視之,則解衣般礴㈥贏㈦。君曰:"可矣,是眞畫者也。"

【注释】

㈠ 宋元君:宋元公,名佐(见《史记·宋微子世家》)。

㈡ 史:指画工。

㈢ 受揖而立:古代臣见国君,臣先拜,国君行揖答谢。受揖是接受国君的揖谢。"揖",拱手。"立"古"位"字,作动词,就位(曹础基《庄子浅注》)。
㈣ 在外者半：言其趋竞者多(成《疏》)。
㈤ 儃儃然：安闲的样子。
㈥ 槃礴：交叉着坐着。
　　司马彪说："谓箕坐。"
㈦ 臝：同裸，光着身子。

【今译】

　　宋元君要画图，各个画师都来到，接受国君揖礼而就位；濡笔调墨，〔来的画师很多，〕还有一半在外面没位置坐。有一个画师后来，安然徐行，他受揖却不就位，随即返回住所。国君派人去看，见他解衣露身交叉着脚坐着。国君说："行呀，他才是真正的画师。"

八

　　文王觀於臧㊀，見一丈人㊁釣，而其釣莫釣；非持其釣有釣者也，常釣也㊂。

　　文王欲舉而授之政，而恐大臣父兄之弗安也；欲終而釋之，而不忍百姓之無天㊃也。於是且而屬之大夫曰："昔者㊄寡人夢見良人，黑色而髯㊅，乘駁馬㊆而偏朱蹄㊇，號曰：'寓而㉚政於臧丈人，庶幾乎民有瘳乎！'"

諸大夫輟然曰："先君王也。"

文王曰："然則卜之。"

諸大夫曰："先君之命，王其無它㉛，又何卜焉！"

遂迎臧丈人而授之政。典法無更，偏令無出。三年，文王觀於國，則列士壞植散群㉜，長官者不成德，斔斛㉝不敢入於四竟。列士壞植散群，則尚同也；長官者不成德，則同務也；斔斛不敢入於四竟，則諸侯無二心也。

文王於是焉以為大師，北面而問曰："政可以及天下乎？"臧丈人昧然而不應，泛然而辭㉞，朝令而夜遁，終身無聞。

顏淵問於仲尼曰："文王其猶未邪？又何以夢為乎？"

仲尼曰："默，汝無言！夫文王盡之也，而又何論刺㉟焉！彼直以循斯須㊱也。"

【注释】

㊀ 臧：地名，近渭水，即西安附近。
㊁ 丈人：对老人的尊称，这里指姜子牙。"丈人"今本作"丈夫"，疑是笔误。《释文》："'丈夫'本或作'丈人'。"下文"丈人"出现三次，为求一例，当据改。
㊂ 非持其钓有钓者也，常钓也：不是执持钓竿而有意在钓（喻无

心之钓),为上乘之钓。按奚侗说"常"借为"尚",尚钓,谓钓之上乘。

林希逸说:"'常钓'者,钓常在手也。钓竿虽在手,而无意于钓,故曰:'非持其钓有钓者也。'"

王念孙说:"古人谓'钩'为'钓'也。"

㈣ 无天:失于覆荫(成《疏》)。

㈤ 昔者:"昔"通"夕"。参看〈齐物论〉注释。

郭庆藩说:"案'昔'者,'夜'者也。古谓'夜'为'昔'。"

㈥ 顿(rán):同髯,胡须。

㈦ 驳马:杂色的马。

㈧ 偏朱蹄:马蹄的半边是红色的。

㈨ 而:汝。

㈩ 其无它:不必犹疑。

⑪ 坏植散群:不立朋党(林希逸说)。

俞樾说:"宣二年《左传》:'华元为植。'杜注曰:'植,将主也。'列士必先有主,而后得有徒众,故欲散其群,必先坏其植也。"

⑫ 斔(yú)斛(hú):谷物的量器。一斛容五斗,六斛四斗为"斔"。

⑬ 昧然而不应,泛然而辞:与〈德充符〉"闷然而后应,泛若辞"句相近。

⑭ 论刺:讥刺(成《疏》)。

⑮ 循斯须:"斯须",犹须臾。"循",顺(成《疏》)。意谓顺众情于一时。

郭象《注》:"'斯须'者,百姓之情,当悟未悟之顷,故文王循而发之,以合其大情也。"

【今译】

文王在渭水游历,看见一位老者在钓鱼,而他的钓鱼却不是有心钓鱼;他不是执持钓竿有意在钓,只是钩常在手而已。

文王想推举出来把政事委托给他,但怕引起大臣父兄们的不安;最后想作罢,却又不忍心百姓得不到庇荫。于是清晨就告诉大夫说:"昨夜我梦见一位贤良的人,面黑色而有胡须,骑着杂色的马,而马蹄的半边是红色的,号令我说:'将你的政事寄托给臧地老者,这样人民的灾难或许可挽救。'"

诸位大夫皱着眉头说:"梦中显灵的是君主的父亲。"

文王说:"那么占卜看看。"

诸位大夫说:"君主父亲的命令,不必犹疑,又何必占卜呢!"

于是迎接臧地老者而把政事委托给他。典章法规不更改,偏颇政令不发布。三年以后,文王考察国境,见到列士不立朋党,长官不显功德,别的度量衡不再进入四境。列士不立朋党,便是同心协力;长官不显功德,便是群策群力;别的度量衡不再进入四境,便是诸侯没有异心。

于是文王拜他为大师,北面站立而请问说:"政事可以推及天下吗?"臧地老者默默地不回应,漫漫然不作答,早上还行使政令而夜晚就遁匿了,终身没有讯息。

颜回问孔子说:"文王还不能取信于人吗？又何必假托是梦呢？"

孔子说:"别作声,你不要说话！文王已经做得很完善了,你又何必讥刺他呢！他只是顺着众情于一时就是了。"

九

列禦寇爲伯昏無人㊀射,引之盈貫㊁,措杯水其肘上,發之,適矢復沓㊂,方矢復寓㊃。當是時,猶象人㊄也。

伯昏無人曰:"是射之射,非不射之射也㊅。嘗與汝登高山,履危石,臨百仞之淵,若能射乎？"

於是無人遂登高山,履危石,臨百仞之淵,背逡巡㊆,足二分垂在外㊇,揖禦寇而進之。禦寇伏地,汗流至踵。

伯昏無人曰:"夫至人者,上窺青天,下潛黃泉,揮斥八極㊈,神氣㊉不變。今汝怵然有恂目㊋之志,爾於中㊌也殆矣夫！"

【注释】

㊀ 伯昏无人：人名寓托，见于《德充符》。《列子·黄帝篇》作伯昏瞀人。

㊁ 引之盈贯：谓拉满了弓弦。"引"即引弦。"贯"，谓满张弓（《史记·伍子胥列传》司马贞索隐）。

㊂ 适矢复沓（tà）：形容刚射出一箭又紧接着一箭。

林希逸说："'适'，去也。'沓'，重也，又也。矢方去而矢又在弦上。"

罗勉道说："适矢复沓者，矢去而复沓前矢也。"

㊃ 方矢复寓：第二箭刚射出去，第三箭又扣入了弦。

林希逸说："沓于弦上者才去，而方来之矢又寓于弦上矣。此言一箭接一箭，如此其神速也。"

罗勉道说："方矢复寓者，矢方发而后矢复寓于弦上也。"

宣颖说："第二矢方去，第三矢又已寄在弦上。"

㊄ 象人：偶人，即木偶。

㊅ 是射之射，非不射之射也：是有心的射，不是无心的射。

成玄英《疏》："仍是有心之射，非忘怀无心，不射之射也。"

林云铭说："言能以巧用，而不能以神用也。"

㊆ 背逡巡：背渊却行（成《疏》）。"逡巡"一词见〈秋水〉篇。

㊇ 足二分垂在外：有两种说法：（一）"二分"，作十分中的二分；如李钟豫说："脚下有十分之二悬空。"（见《语体庄子》李译）（二）"二分"，作三分中的二分；如林希逸说："三分其足，一分在岸，二分垂于虚处。"今译采取后说。

㊈ 挥斥八极："挥斥"，犹纵放（郭《注》）；形容精神自由奔放。"八极"，八方。

⑪ 神气：神色，表情。

⑫ 恂目："恂"，谓眩(《释文》)。

⑬ 中：命中，射中。

【今译】

　　列御寇给伯昏无人表演射箭，他拉满了弓弦，在臂肘上放杯水，射出去，刚发出一箭又紧跟着一箭，第二箭刚射出，第三箭又扣上弦。这时候，就像木偶一般〔屹然不动〕。

　　伯昏无人说："这是有心的射，不是无心的射。我想和你登上高山，踩着险石，身临百丈深渊，你能射吗？"

　　于是无人就登上高山，踩着险石，身临百丈深渊，背对深渊向后退步，脚的三分之二悬在外空，邀请御寇上前，御寇伏在地上，汗流到脚跟。

　　伯昏无人说："至人，上窥青天，下隐黄泉，飞翔八方，神色不变。现在你惊慌目眩，你想射中就很难了！"

一〇

　　肩吾①問於孫叔敖②曰："子三爲令尹③而不榮華，三去之而無憂色。吾始也疑子，今視子之鼻間栩栩然④，子之用心獨奈何？"

孫叔敖曰："吾何以過人哉！吾以其來不可卻也，其去不可止也，吾以爲得失之非我也，而無憂色而已矣。我何以過人哉！且不知其在彼乎，其在我乎㊄？其在彼邪？亡乎我；在我邪？亡乎彼㊅。方將躊躇，方將四顧㊆，何暇至乎人貴人賤哉！"

仲尼聞之曰："古之眞人，知者不得說㊇，美人不得濫㊈，盜人不得劫，伏戲、黃帝不得友。死生亦大矣，而無變乎己㊉，況爵祿乎！若然者，其神經乎大山而無介㊀，入乎淵泉而不濡，處卑細而不憊，充滿天地，旣以與人，己愈有㊁。"

【注释】

㊀ 肩吾：隐士。见于〈逍遥游〉。
㊁ 孙叔敖：楚国贤人。曾任宰相的官职。
㊂ 令尹：宰相。
㊃ 栩栩然：〈齐物论〉有"栩栩然蝴蝶也"句，形容蝴蝶的翩翩飞舞。这里引申为欢畅自适的样子。
㊄ 且不知其在彼乎，其在我乎："其"，指尊贵。"彼"，指令尹的官职。
　　宣颖说："不知可贵者在令尹乎，在我乎！"
㊅ 其在彼邪？亡乎我；在我邪？亡乎彼：要是〔可贵〕在于令尹

吗？就和我无关；在于我吗？就和令尹无关。

林希逸说："令尹之贵若在于令尹,则与我无预；我之可贵若在于我,则与令尹无预。"

⑦ 方将踌躇,方将四顾：〈养生主〉庖丁解牛有"为之四顾,为之踌躇满志"句。

成玄英《疏》："'踌躇'是逸豫自得,'四顾'是高视八方。"

⑧ 说：游说,辩说,说服。

王敔《注》："'说',音税。巧不可惑也。"

⑨ 滥：淫乱。

⑩ 死生亦大矣,而无变乎己：同于〈德充符〉："死生亦大矣,而不得与之变。"

⑪ 介：碍(成《疏》);借为"界"(马叙伦说)。

⑫ 既以与人,己愈有：《老子》八十一章："既以为人,己愈有。"

【今译】

肩吾问孙叔敖说："你三次做令尹而不感到荣耀,三次离职而没有忧色。我起初不相信你,现在看你鼻间欣然自适,你的心里是怎么想的？"

孙叔敖说："我有什么过人的呢！我认为爵位的来不能推却,它的去不能阻止,我认为得失不在于我,只是没有忧色而已。我有什么过人的呢！况且不知道可贵的是在令尹呢,还是在我呢？如果是在于令尹,就和我无关；如果是在于我,就和令尹无关。我心满意足,张望四方,哪里顾得人间的贵贱呢！"

孔子听到说："古时的真人，智者不能游说他，美人不能淫乱他，强盗不能劫持他，伏戏、黄帝不能和他交游。死生是件极大的事，却不能影响他自己，何况是爵禄呢！像这样的人，他的精神穿越大山而没有阻碍，进入深渊而不受淹没，处在卑微而不觉厌倦，充满天地，他愈是帮助人，自己反而更加充足。"

一一

楚王㊀與凡君㊁坐，少焉，楚王左右曰凡亡者三㊂。凡君曰："凡之亡也，不足以喪吾存。夫'凡之亡不足以喪吾存'，則楚之存不足以存存。由是觀之，則凡未始亡而楚未始存也。"

【注释】

㊀ 楚王：楚文王。

㊁ 凡君：凡僖侯（成《疏》）。

　　陆德明说："司马云：'凡，国名，在汲郡共县。'案《左传》，凡，周公之后也。"

㊂ 凡亡者三：指楚王左右说了三次凡国将灭亡。

　　俞樾说："楚王左右言凡亡者三人也。郭《注》曰：'言有三亡征也。'非是。"案俞说"三"作"三人"，从下文文义看，不通。

"三"当作三次,即屡称凡将亡。

丁展成说:"案'楚王左右曰凡亡者三',犹曰再三言也。"(《庄子音义绎》)

【今译】

楚王和凡君同坐,一会儿,楚王左右的人来说了三次凡国灭亡了。凡君说:"凡国的灭亡,不足以丧失我的存在。要是'凡国的灭亡不足以丧失我的存在',那么楚国的存在也不足以保存它的存在。这样看来,可说凡国不曾灭亡而楚国不曾存在。"

知 北 游

〈知北游〉篇,主旨在谈道。"知北游",知向北方游历。知,音智,这里是寓言,托为人名。取篇首三字作为篇名。

本篇由十一个寓言组合而成。第一章,首段写"知者不言,言者不知"。次写"通天下一气耳",认为气是自然界的基本物质粒子,人的生死,就是气的聚散。第二章,说:"天地有大美而不言,四时有明法而不议,万物有成理而不说。"从这些名句中可看出庄子的自然观。第三章,啮缺问道于被衣,被衣告以使思虑专一,精神凝聚。第四章,舜问丞,写天地万物的变化及气的聚散运动。第五章,孔子问老聃,说"天不得不高,地不得不广,日月不得不行,万物不得不昌",写天地万物独特存在的本然性。第六章,东郭子问道,庄子说"无所不在"。第七章,由老龙吉写道之不可言传性——"所以论道,而非道"。第八章,泰清问道,无始说:"道不可闻,闻而非也;道不可见,见而非也;道不可言,言而非也。""道不当名",这是说道不是具象的东西,所以无法用名言来规限它。第九章,光曜问道于无有。老子以"无有"为道的别名,这里则在

"无"之上更提出"无无",即含有无穷性、开放性的意义。第十章,写垂钓者的专精凝注。第十一章,冉求与孔子的对话,讨论天地之始的问题。进而由天地的生生不息,说到圣人的"爱人无已"。第十二章,颜渊和孔子的对话,谈化与安化。

许多富有哲理的典故、成语出自本篇,如三问而不答、化臭腐为神奇、天地有大美而不言、大圣不作、不形而神、初生之犊、食不知味、白驹过隙、辩不若默、道不可闻、无所不在、每下愈况、道在屎溺、异名同实等。

一

知㈠北遊於玄水㈡之上，登隱弅之丘㈢而適遭無爲謂㈣焉。知謂無爲謂曰："予欲有問乎若㈤：何思何慮則知道？何處何服㈥則安道？何從何道則得道？"三問而無爲謂不答也，非不答，不知答也。

知不得問，反於白水之南㈦，登狐闋㈧之上，而睹狂屈㈨焉。知以之言也問乎狂屈。狂屈曰："唉！予知之，將語若，中欲言而忘其所欲言。"

知不得問，反於帝宮，見黃帝而問焉。黃帝曰："無思無慮始知道，無處無服始安道，無從無道始得道。"

知問黃帝曰："我與若知之，彼與彼不知也，其孰是邪？"

黃帝曰："彼無爲謂眞是也，狂屈似之；我與汝終不近也。夫知者不言，言者不知㈩，故聖人行不言之教㈠。道不可致，德不可至。仁可爲也，義可虧也，禮相僞也。故曰：'失道而後德，失德而後仁，失仁而後義，失義而後禮。禮者，道之華而亂之首也㈡。'故曰：'爲道者日損，損之又損之以至於無爲，無爲而無不爲也⑫。'今已爲物也，欲復歸根⑬，不亦難乎！其易也，其唯大人乎！

"生也死之徒⑭，死也生之始，孰知其紀⑮！人之生，氣之聚也；聚則爲生，散則爲死。若死生爲徒，吾又何患！故萬物一也⑯，是其所美者爲神奇，其所惡者爲臭腐；臭腐復化爲神奇，神奇復化爲臭腐。故曰：'通天下一氣耳⑰。'聖人故貴一。"

知謂黃帝曰："吾問無爲謂，無爲謂不應我，非不我應，不知應我也。吾問狂屈，狂屈中欲告我而不我告，非不我告，中欲告而忘之也。今予問乎若，若知之，奚故不近？"

黃帝曰："彼其眞是也，以其不知也；此其似之也，以其忘之也；予與若終不近也，以其知之也。"

狂屈聞之，以黃帝爲知言。

【注釋】

㊀ 知：寓名。音 zhì，意指分別智。

　　林希逸説："前後人名，皆是寓言。有分別名，有思惟心者也。"(《南華真經口義》)

　　宣穎説："知，識也。托爲人名。"(《南華經解》)

㊁ 玄水：水名，寓言。"玄"，黑色，深奧的意思，和《老子》一章：

"玄之又玄"同义。

　　褚伯秀说:"知北游于玄水,喻多识之士欲求归本源。"(《南华真经义海纂微》)

③ 隐弅之丘:丘名寓托。"弅",通"湓",谓满起(方以智说,见马其昶《庄子故》引)。

　　陆德明说:"'弅',音纷。李云:'隐出弅起,丘貌。'"(《释文》)

　　成玄英说:"'隐'则深远难知,'弅'则郁然可见。欲明至道玄绝,显晦无常,故寄此言以彰其义也。"(《庄子疏》)

　　褚伯秀说:"'隐弅之丘',谓未能全隐,其知犹有以示人也。"

④ 无为谓:假托的名字。

　　林希逸说:"'无为谓',自然者也。"

　　宣颖说:"'无为谓'者,道妙本无为无谓也。又托一个人名。"

⑤ 若:汝。

⑥ 服:行。

⑦ 白水之南:水名寓托。"白"和"南"都是显明的意思。

　　成玄英《疏》:"'白'是洁素之色,'南'是显明之方。"

　　宣颖说:"白水、南方,皆昭著之处,求玄不得,反于知之故处也。"

⑧ 狐阕:丘名寓托。意即"疑心已空"(褚伯秀说)。

　　成玄英《疏》:"'狐'者疑似夷犹,'阕'者空静无物。"

⑨ 狂屈:寓托的人名。

　　林希逸说:"'狂',猖狂也。'屈'者,掘然如槁木之枝也。

此书'猖狂'字,便与〈逍遥游〉'浮游'字同。猖狂而屈然,无知之貌也。"

　　宣颖说:"猖狂放屈,不拘迹相也。又托一个人名。"

⑪ 知者不言,言者不知:语见《老子》五十六章。

⑫ 不言之教:语见《老子》四十三章。

⑬ 失道而后德,失德而后仁,失仁而后义,失义而后礼。礼者,道之华而乱之首也:出自《老子》三十八章。"礼者,道之华而乱之首也"句,《老子》作:"夫礼者,忠信之薄而乱之首。前识者,道之华而愚之始。"

⑭ 为道者日损,损之又损之以至于无为,无为而无不为也:语见《老子》四十八章。

⑮ 复归根:《老子》十六章作"复归其根"。

⑯ 死之徒:语见《老子》五十章与七十六章。

⑰ 纪:规律。和《达生篇》"无端之纪"的"纪"同义。

⑱ 万物一也:指万物有共通性、一体性。和〈逍遥游〉"旁礴万物以为一"、〈齐物论〉"万物一马也"、〈德充符〉"自其同者视之,万物皆一也"以及〈田子方〉"万物之所一也"相同意义。

⑲ 通天下一气耳:陈碧虚《庄子阙误》引刘得一本作:"通天地之一气耳。"

　　严北溟说:"'通天下一气耳'命题,明确肯定世界是物质性的,排除了宋尹那样给'气'以伦理化的企图。"(《哲学研究》1980年第1期)

【今译】

　　知向北游历到玄水旁边,登上隐弅的丘陵,恰巧遇到无为谓。知对无为谓说:"我想问你一些问题:怎样思索,怎样考虑才懂得道?怎样处身,怎样行为才安于道?由什么途径、用什么方法才获得道?"问了三次而无为谓都不回答,并不是不回答,而是不知道回答。

知得不到解答,回到白水的南边,登临狐阕的丘上,看见了狂屈。知用同样的问题问狂屈。狂屈说:"唉!我知道,正要告诉你,心中要说却忘记了所要说的。"

知得不到解答,回到帝宫,看见黄帝便请问。黄帝说:"没有思索、没有考虑才懂得道,没有居处、没有行为才安于道,没有途径、没有方法才获得道。"

知问黄帝说:"我和你知道,他们不知道,究竟谁对呢?"

黄帝说:"那无为谓是真正对的,狂屈差不多;我和你终究不接近。知道的人不说话,说话的人不知道,所以圣人施行不说话的教导。道是不可以招致的,德是不可以达到的。仁是可以作为的,义是可以亏损的,礼是相互虚伪的。所以说:'失去了道而后才有德,失去了德而后才有仁,失去了仁而后才有义,失去了义而后才出现礼。礼是道的虚华而祸乱的开端。'所以说:'求道一天比一天减少〔贪欲〕,减少又减少,一直到无为的境地,无为就没有什么事情做不成的了。'现在已经把道形成物了,要想返回到本根,不是很难么!要是容易的,只有得道的大人吧!

"生是死的连续,死是生的开始,谁知道其中的规律!人的出生,乃是气的聚积,聚积便成生命,消散便是死亡。如果死生是相属的,我又有什么忧患呢!所以万物是一体的,这是把所称美的视为神奇,把所厌恶的视为臭腐;臭腐又化为神奇,神奇又化为臭腐。所以说:'整个天下就是通于一气罢了。'所以圣人珍贵〔无分别的〕同一。"

知对黄帝说:"我问无为谓,无为谓不回答我,并不是不回答我,乃是不知道回答我。我问狂屈,狂屈心里要告诉我却不告诉我,并不是不告诉我,心中要说却忘记了。现在我问你,你知道,为什么说和道不接近呢?"

黄帝说:"无为谓是真正对的,因为他不知道;狂屈差不多也是对的,因为他忘记了;我和你终究和道不相近,因为是知道了。"

狂屈听了,认为黄帝是知言。

二

天地有大美而不言,四時有明法⊖而不議,萬物有成理而不說。聖人者,原天地之美而達萬物之理,是故至人無爲,大聖不作,觀於天地之謂也。

合⊖彼⊜神明⑲至精,與彼㊄百化㊅,物已死生方圓,莫知其根也,扁然㊆而萬物自古以固存㊇。六合為巨,未離其內;秋毫為小,待之成體㊈。天下莫不沈浮⊕,終身不故⊖;陰陽四時運行,各得其序。惛然㊀若亡而存,油然㊁不形而神,萬物畜而不知。此之謂本根,可以觀於天矣。

【注释】

⊖ 明法:明显的规律。

⊜ 合:今本作"今"。陈碧虚《庄子阙误》引刘得一本"今"作"合",据改。

褚伯秀说:"'今彼',陈碧虚照散人刘得一本'合彼',参之上文,于义为优。"

㊂ 彼:天地(宣颖《注》)。

⑲ 神明:喻天地大自然的灵妙(福永光司说)。

㊄ 彼:物(宣颖《注》)。

林希逸说:"上'彼'字,在天底;下'彼'字,在物底。"

王先谦说:"上'彼',彼天地;下'彼',彼物。"(《庄子集解》)

㊅ 百化:百物之化(林希逸说)。

成玄英《疏》:"今言百,千万者,并举其大纲数尔。"

㊆ 扁然:翩然(成《疏》)。

褚伯秀说:"扁然而万物,即万物芸芸之义。"

㊇ 自古以固存:语见〈大宗师〉。

㊈ 六合为巨,未离其内;秋毫为小,待之成体:与〈天道〉篇:"夫

道,于大不终,于小不遗"同义。"六合"、"秋毫"语见〈齐物论〉。

　　成玄英《疏》:"'六合',天地四方也。兽逢秋景,毛端生毫,毫极微细,谓'秋毫'也。六合虽大,犹居至道之中,毫毛虽小,资道以成体质也。"

⓪ 沉浮:升降(成《疏》);往来(林希逸《口义》);形容事物的变化。
⓪ 终身不故:终生没有不变的。"故",同固,固定的意思。和〈秋水〉篇"终始无故"的"故"相同。

　　成玄英《疏》:"新新相续,未尝守故也。"

　　曹础基说:"天地万物在升降变化,新陈代谢,因而日新月异。'故',陈旧。"(《庄子浅注》)
⓪ 惛然:暗昧的样子。

　　林希逸说:"惛然,不可见也。"
⓪ 油然:形容内含生意。

【今译】

　　天地有大美却不言语,四时有分明的规律却不议论,万物有生成的条理却不说话。圣人推究天地的大美而通达万物的道理,所以至人顺任自然,大圣不妄自造作,这是说取法于天地的缘故。

　　天地灵妙精纯,参与事物的千变万化,万物的或生或死或圆或方,没有谁知道它的本根,万物蓬勃生长,自古以来就存在着。六合是巨大的,却超不出它的范围;秋毫是渺小的,却依恃它才成形体。天下万物没有不浮沉变化的,它们不会一直是固定的,阴阳四时的运行,各有自己的顺序。〔大道〕茫昧的样子仿佛不存在而却是存在的,自然产生不见形迹而有神妙的作用,万物受养育而不自知。这就称为本根,〔知道这个道理〕可以观察天道了。

三

齧缺問道乎被衣,被衣曰:"若正汝形,一汝視,天和㊀將至;攝汝知,一汝度㊁,神將來舍。德將爲汝美,道將爲汝居,汝瞳焉㊂如新生之犢而無求其故㊃!"

言未卒,齧缺睡寐。被衣大說,行歌而去之,曰:"形若槁骸,心若死灰㊄,眞其實知,不以故自持㊅。媒媒㊆晦晦,無心而不可與謀。彼何人哉!"

【注释】

㊀ 天和:天然和气。

　　林希逸说:"天和者,元气也。"

㊁ 度:意度(林希逸说)。

㊂ 瞳焉:无知直视之貌(成《疏》)。

㊃ 无求其故:不追究事故。

　　林希逸说:"无求其故,谓人不知其所以视者如何也。此即形容无心之貌。"

㊄ 形若槁骸,心若死灰:二语出自〈齐物论〉:"形固可使如槁木,心固可使如死灰乎。"

　　曹础基说:"'槁骸',形容静寂非常。'心若'句,说明心神无限收敛。"
㊅ 不以故自持:不自矜持于事故(成《疏》)。
㊆ 媒媒:晦晦的样子。

　　李颐说:"媒媒,晦貌。"(《释文》引)

　　林云铭说:"媒媒,即昧昧。"(《庄子因》)

【今译】

　　啮缺向被衣问道,被衣说:"你要端正你的形体,专一你的视觉,自然的和气就会来到;收敛你的聪明,专一你的思虑,精神就会凝聚。德要为你显示完美,道要作为你的居所,你纯真无邪如同初生的小牛而不追究事故!"

　　话还没有说完,啮缺就睡着了。被衣十分高兴,唱着歌走了,唱着说:"形体静定像枯槁的枝木,心神内敛像熄灭的灰烬,他确实了悟道的真实,不矜持自己的成见,晦暗的样子,没有心机而不可谋议。那是什么人呀!"

四

　　舜问乎丞㊀曰:"道可得而有乎?"

曰："汝身非汝有也，汝何得有夫道？"

舜曰："吾身非吾有也，孰有之哉？"

曰："是天地之委㊁形也；生非汝有，是天地之委和也；性命非汝有，是天地之委順也；子孫㊂非汝有，是天地之委蛻也。故行不知所往，處不知所持，食不知所味。天地之強陽㊃氣也，又胡可得而有邪！"

【注释】

㊀ 丞：舜师，一说官名（见《释文》引李颐《注》）。

㊁ 委：委托，付属。

　　俞樾说："司马云：'委，积也。'于义未合。《国策·齐策》：'愿委之于子。'高注曰：'委，付也。'成二年《左传》：'王使委于三吏。'杜注曰：'委，属也。''天地之委形'，谓天地所付属之形也。下三'委'字并同。"（《庄子平议》）

㊂ 子孙：通行本作"孙子"。《阙误》引张君房本作"子孙"，据改。

　　曹础基说："生长子孙是由于天地赋予你蜕变、遗传的生机的结果。"

㊃ 强阳：犹运动（郭《注》）。

【今译】

舜问丞说："道可以获得而保有吗？"

〔丞〕说："你的身体都不是你所保有的，你怎么能保有道呢？"

舜说:"我的身体不是我所保有,是谁所保有呢?"

〔丞〕说:"这是天地所委付的形体;生命不是你所保有的,乃是天地所委付的和气;性命不是你所保有的,乃是天地所委付的自然;子孙不是你所保有的,乃是天地所委付的蜕变。所以行动时不知道去处,居留时不知道把持,吃饭时不知道口味。只是天地间气的运动,又怎能够获得而保有呢!"

五

孔子問於老聃曰:"今日晏閒㊀,敢問至道。"

老聃曰:"汝齊戒,疏瀹㊁而心㊂,澡雪㊃而精神,掊擊而知! 夫道,窅然㊄難言哉! 將爲汝言其崖略㊅。

"夫昭昭生於冥冥,有倫㊆生於無形,精神生於道,形本生於精,而萬物以形相生,故九竅㊇者胎生,八竅㊈者卵生。其來無迹,其往無崖,無門無房,四達之皇皇也㊉。邀於此者㊋,四肢強㊌,思慮恂達㊍,耳目聰明,其用心不勞,其應物無方。天不得不高,地不得不廣,日月不得不行,萬物不得不昌,此其道與!

"且夫博之不必知㊎,辯之不必慧㊏,聖人以斷之矣。

若夫益之而不加益,損之而不加損者,聖人之所保也。淵淵乎其若海,巍巍乎其若山⑫,終則復始也,運量萬物而不匱⑬。則君子之道,彼其外與!萬物皆往資焉而不匱,此其道與!

"中國有人焉,非陰非陽,處於天地之間,直且爲人,將反於宗。自本觀之,生者,暗醷⑭物也。雖有壽夭,相去幾何?須臾之說也。奚足以爲堯桀之是非!果蓏有理,人倫雖難,所以相齒。聖人遭之而不違,過之而不守。調而應之,德也;偶而應之,道也;帝之所興,王之所起也。

"人生天地之間,若白駒之過郤⑮,忽然而已。注然勃然,莫不出焉;油然漻然⑯,莫不入焉。已化而生,又化而死,生物哀之,人類悲之。解其天弢⑰,墮其天袠⑱,紛乎宛乎,魂魄將往,乃身從之,乃大歸乎!不形之形,形之不形⑲,是人之所同知也,非將至之所務也,此衆人之所同論也。彼⑳至則不論,論則不至。明見無値㉑,辯不若默。道不可聞,聞不若塞。此之謂大得。"

【注释】

㊀ 晏閑:即安閑。
㊁ 疏瀹(yuè):通导(林希逸说)。"瀹",原作"濣",当从崇德书院

本作"瀹"(马叙伦《义证》)。
〔三〕而心:"而",即汝。下文"而精神"、"而知"的"而",亦同。
〔四〕澡雪:洗涤(林希逸说)。

马叙伦说:"'雪',借为'洒'。《说文》曰:'洒,涤也。'"
〔五〕窅(yǎo)然:深奥之貌(《庄子解故》)。
〔六〕崖略:概略。

林希逸说:"'崖',边际也。'崖略'者,谓边际粗略。"
〔七〕有伦:"伦",借为形(马叙伦《庄子义证》)。

林希逸说:"见而可得分别者,谓之'有伦'。'有伦',万物也。"

曹础基说:"'伦',纹理。'有伦',有纹理结构,即有形。"
〔八〕九窍:人兽之类。
〔九〕八窍:禽鱼之类。
〔十〕无门无房,四达之皇皇:形容道的通达广大。

林希逸说:"四达皇皇,言太虚之间。人之室居则有门有旁,太虚之间,但见其皇皇之大,岂知其所从入从出者乎?"

章炳麟说:"'皇皇'者,堂皇也。《汉书·胡建传》:'列坐堂皇上。'师古曰:'室无四壁曰皇。'故此言四达,又言无门无房。"(《庄子解故》)
〔⑪〕邀于此者:"邀",通"顺"。

俞樾说:"《说文》无'邀'字,彳部:'徼,循也。'即今'邀'字也。又曰:'循,行顺也。'然则'邀'亦'顺'也。'邀于此者',犹言顺于此者。郭《注》曰:'人生而遇此道',是以'遇'训'邀',义既迂曲,且于古训无征,殆失之矣。"

武延绪说:"据《文子·原道篇》:'者'下疑有'五藏宁'三

⑫ 四肢强:"强"下疑有脱字。

奚侗说:"《墨子·公孟篇》:'身体强良,思虑徇通。'此文'强'下疑夺'良'字。"(《庄子补注》)奚说可存。

⑬ 恂达:通达(成《疏》)。

⑭ 博之不必知:《老子》八十一章作"知者不博"。

⑮ 辩之不必慧:《老子》八十一章作"辩者不善"。

⑯ 若山:原缺"若山"两字。依马叙伦之说补。

马叙伦说:"'其'字下疑夺'若山'二字。"马说可从。按:"巍巍乎其若山",与上句"渊渊乎其若海"正相对文。

⑰ 运量万物而不匮:运转万物而不匮乏。陈碧虚《庄子阙误》引文如海、刘得一本"匮"作"遗"。

林希逸说:"'运量万物而不匮',应物而不穷也。运用而量度之,故曰'运量'。"

于省吾说:"此言周度万物而无所遗逸也。义谓万物皆在其范围权衡之中。《易系辞传》:'曲成万物而不遗。'语例同。"

杨柳桥说:"'运量万物而不匮'句,与下文'万物皆资焉而不匮'句,文意重复,必有衍文;且本段拟象'道体',中间夹以'则君子之道'一语,不相连属,亦与下句'此其道与'不协。疑'运量万物而不匮,则君子之道,彼其外与'三句,原系古注,抄写者误入正文。"(《庄子译诂》)

⑱ 喑(yīn)醷(yì):聚气貌(李颐《注》)。

⑲ 白驹之过郤:阳光掠过空隙。

陆德明说:"'白驹',或云'日'也。'郤',本亦作'隙'。"

⑳ 油然漻然:形容万物的变化消逝。"漻",音"流"(《释文》)。

《吕览·古乐篇》:"降通漻水以导河","漻"亦作"流"。

　　林希逸说:"油然漻然,此即往者伸也,来者屈也。《易》之所谓穷神知化者也。"

⑪ 弢(tāo):弓袋。
⑫ 袠(zhì):剑袋。按"弢"和"袠"皆取束缚之义。
⑬ 不形之形,形之不形:无形到有形,有形到无形。

　　褚伯秀说:"'不形之形',出而生也。'形之不形',入而死也。"

⑭ 彼:指得道的人。
⑮ 值:会遇(成《疏》)。

【今译】

　　孔子问老聃说:"今天较安闲,请问什么是最高的道。"

　　老聃说:"你要斋戒,通导你的心灵,洗涤你的精神,去除你的智识! 道是深奥难说的呀! 我为你说个概略。

　　"那显明的东西是从冥暗中生出来的,有形的东西是从无形中生出来的,精神是从大道中生出来的,形质是从精气中生出来的,而万物都是依各别的类形互相产生的,所以九窍的动物是胎生的,八窍的动物是卵生的。它的来临没有痕迹,它的离去没有界限,没有门径没有归宿,四面宏达皇皇大通。顺着这个道,四肢强健,思想通达,耳目聪敏,他的用心不劳苦,他的应物不拘执。天不得不高,地不得不广,日月不得不运行,万物不得不昌盛,这就是道呀!

"学问广博的不一定具有真知,善于辩论的不一定具有慧见,圣人早已弃绝这些了。像那增加了却看不出增加,减少了却看不出减少,乃是圣人所要保持的。道渊深似海,高大如山,周而复始地循环运行,运转万物而不匮乏,然而君子的道,只是呈现在外么!万物都凭借着它而不匮乏,这就是道呀!

"中国有人,不偏于阴也不偏于阳,住在天地之间,姑且称他为人,人将来总要返归本宗。从本源上来看,所谓生命,就是气聚而成的东西。虽然其中有的长寿有的短命,但相差多少呢?人的一生只是俄顷之间而已。哪还值得分别尧和桀的是非呢!瓜果有它生长的道理,人伦关系虽然复杂,还是可以依序相处。圣人遇人事而不违拒,过往而不拘守。调和顺应,便是德;随机适应,便是道;帝就是因它而兴,王就是借它而起的。

"人生在天地之间,就像阳光掠过空隙,忽然而已。万物蓬蓬勃勃,没有不生长的,变化衰萎,没有不死去的。已经变化而生,又变化而死,生物为之哀伤,人类感到悲痛。解开自然的束缚,毁坏自然的囊裹,变移转化,精神消散,身体随着消逝,这是返归大本呢!由无形变成有形,由有形返于无形,这是大家都知道的,并不是得道的人所追求的,这是众人所同议论的。得道的人是不议论的,议论的人是不能得道的。从明处寻就不会遇见,辩说不如缄默。道是不能听闻到的,听闻便不如塞耳不听,这才是真正的得道。"

六

東郭子⊖問於莊子曰:"所謂道,惡乎在?"

莊子曰:"無所不在。"

東郭子曰:"期而後可。"

莊子曰:"在螻蟻。"

曰:"何其下邪?"

曰:"在稊稗⊖。"

曰:"何其愈下邪?"

曰:"在瓦甓。"

曰:"何其愈甚邪?"

曰:"在屎溺。"

東郭子不應。莊子曰:"夫子之問也,固不及質⊜。正獲⑲之問於監市⑮履狶⑯也,每下愈況。汝唯莫必⑰,無乎逃物。至道若是,大言亦然。周遍咸三者,異名同實,其指一也。

"嘗相與遊乎無何有之宮㊈,同合而論,無所終窮乎!嘗相與無爲乎!澹而靜乎!漠而清乎!調而閒乎!寥已吾志㊉,無往焉而不知其所至,去而來而不知其所止,吾已往來焉而不知其所終;彷徨乎馮閎㊀,大知入焉而不知其所窮。物物者與物無際㊁,而物有際者,所謂物際者也;不際之際㊂,際之不際㊃者也。謂盈虛衰殺㊄,彼㊅爲盈虛非盈虛,彼爲衰殺非衰殺,彼爲本末非本末,彼爲積散非積散也。"

【注释】

㊀ 东郭子:住在东郭的一位先生。

　　成玄英说:"居在东郭,故号东郭子,则无择之师东郭顺子也。"

㊁ 梯稗(bài):含米的小草。

㊂ 质:实(成《疏》)。

㊃ 正获:市场监督官,名获。

　　成玄英说:"正,官号也,则今之市令也。获,名也。"

㊄ 监市:监督市场的人;今屠卒(成《疏》)。

㊅ 履狶:指用脚踩猪的下腿〔探猪的肥瘦〕。

　　李颐说:"'狶',大豕也。'履',践也。"

⑦ 必：限定，指明。犹今语"肯定"（王叔岷《校诠》）。

⑧ 无何有之宫：〈逍遥游〉作"无何有之乡"。

⑨ 寥已吾志：即"吾志已寥"的倒装句，谓我的心志寥廓。

⑩ 冯闳：寥廓的空间。

　　郭象说："冯闳者，虚廓之谓也。"

⑪ 物物者与物无际：支配物的和物没有界际。

　　林希逸说："'物物者'，道也。'与物无际'，通生万物之谓也。"

⑫ 不际之际：没有界限的界限。

　　林希逸说："不际之际，道散而为物也。"

⑬ 际之不际：界限中的没有界限。

　　林希逸说："际之不际，物全而归道也。"

⑭ 衰杀："衰"，疑作"隆"字之讹（马叙伦说）。

　　曹础基说："衰杀，疑是'隆杀'之误。因为前后文说的盈与虚、本与末、积与散，都是反义词相配搭的，而'衰'与'杀'是同义词。隆，升。杀，降。"

⑮ 彼：指道。

【今译】

　　东郭子问庄子说："所谓道，在哪里？"

　　庄子说："无所不在。"

　　东郭子说："指出一个地方来。"

　　庄子说："在蝼蚁里面。"

　　问说："怎么这样卑下呢？"

答说:"在梯稗里面。"

问说:"怎么更加卑下呢?"

答说:"在瓦甓里面。"

问说:"怎么愈来愈卑下呢?"

答说:"在屎溺里面。"

东郭子不回应。庄子说:"先生所问的,本来就没有接触到实质。有个名获的市场监督官问屠卒关于检查大猪肥瘦的方法,那就是愈往下腿踩便愈容易明白。除非你不肯定指明,道是不离物的。最高的道是这样,最伟大的言论也是这样。'周'、'遍'、'咸'三者,异名而同质,所指的意义是一样的。

"试着一同来遨游于无何有的处所,混同一体而论,道是没有穷尽的吧,试着一同来顺任自然无为吧!恬淡而安静吧!漠然而清虚吧!调和而悠闲吧!我的心志寥廓,无所往而不知道要到哪里去,去了又来却不知道要停在哪里,我已经来来往往却不知道哪里是终结;飞翔于寥廓的空间,大智的人与道相契而不知道它的究极。支配物的和物没有界限,而物有界限,乃是所谓物的界限;没有界限的界限,乃是界限中的没有界限。说到盈虚衰杀,道使物有盈虚而自身却没有盈虚,道使物有衰杀而自身却没有衰杀,道使物有始终而自身却没有始终,道使物有聚散而自身却没有聚散。"

七

妸荷甘⊖與神農同學于老龍吉⊖。神農隱几闔戶晝瞑,妸荷甘〔日中〕㜣⊜戶而入曰:"老龍死矣!"神農擁杖而起㉔,㜣然㉕放杖而笑,曰:"天㉖知予僻陋慢訑㉗,故棄予而死。已矣!夫子無所發予之狂言㉘而死矣夫!"

弇堈弔㉙聞之曰:"夫體道者,天下之君子所繫焉。今于道,秋毫之端萬分未得處一焉,而猶知藏其狂言而死,又況夫體道者乎!視之無形,聽之無聲,於人之論者,謂之冥冥,所以論道,而非道也。"

【注释】

⊖ 妸(ē)荷甘:姓妸,字荷甘(成《疏》)。杜撰的人名。
⊖ 老龙吉:怀道人(李颐《注》)。
⊜ 〔日中〕㜣(zhà):"㜣",开(司马说)。"日中",上文"昼瞑"与此"日中"义复,故疑"日中"二字为衍文。
㉔ 神农拥杖而起:"拥杖"上原有"隐几"二字,疑是衍文,根据俞樾之说删去。
　　俞樾说:"既言'拥杖'而起,不当言'隐几'。疑'隐几'字涉上文'神农隐几阖户昼瞑'而衍。"
㉕ 㜣然:放杖声(李颐说)。

⑥ 天：尊称老龙吉。

成玄英《疏》："言其有自然之德，故呼之曰'天'也。"

⑦ 慢訑（dàn）：放纵。訑：同"诞"。放诞。

⑧ 狂言：犹至言（成《疏》）。

郭象说："自肩吾已下，皆以至言为狂而不信也。故非老龙连叔之徒，莫足与言也。"

⑨ 弇（yǎn）堈吊："弇堈"，体道人；"吊"，其名（《释文》引李颐《注》）。按人名当是寓设的。

【今译】

妸荷甘和神农一同求学于老龙吉。神农靠在几案上关起门来睡午觉，妸荷甘推开门进来说："老龙死了！"神农扶着梸杖起来，剥地一声放下梸杖笑了，他说："先生知道我僻陋漫诞，所以舍弃我而死。完了！先生没有留下启发我的至言就死了啊！"

弇堈吊听到说："体现道的人，是天下君子所依归的。现在〔老龙〕对于道，连一根毫毛末端的万分之一都没有得到，还知道怀藏着至言而死，何况能够体现道的人！道是要看它却没有形象，要听它却没有声音，有人议论的，称它为冥冥，所以议论的道，就不是道。"

八

於是泰清問乎無窮曰："子知道乎？"

無窮曰："吾不知。"

又問乎無爲。無爲曰："吾知道。"

曰："子之知道，亦有數乎⊖？"

曰："有。"

曰："其數若何？"

無爲曰："吾知道之可以貴，可以賤，可以約，可以散，此吾所以知道之數也。"

泰清以之言也問乎無始曰："若是，則無窮之弗知與無爲之知，孰是而孰非乎？"

無始曰："不知深矣，知之淺矣；弗知內矣，知之外矣。"

於是泰清中⊖而歎曰："弗知乃知乎！知乃不知乎！孰知不知之知？"

無始曰："道不可聞，聞而非也；道不可見，見而非也；道不可言，言而非也。知形形之不形乎！道不當名。"

無始曰："有問道而應之者，不知道也。雖問道者，亦未聞道。道無問，問無應。無問問之，是問窮㊂也；無應應之，是無內也。以無內待問窮，若是者，外不觀乎宇宙，內不知乎大初，是以不過乎崑崙，不遊乎太虛。"

【注释】

㊀ 数：历历可言（林希逸说）。
㊁ 中：《释文》引崔譔本作"卬"。"卬"同"仰"。
㊂ 穷：空（成《疏》）。

【今译】

这时泰清问无穷说："你知道道吗？"

无穷说："我不知道。"

又问无为。无为说："我知道道。"

问说："你所知道的道，也有名数吗？"

答说："有。"

问说："它的名数是什么？"

无为说："我知道道可以尊贵，可以卑贱，可以聚合，可以离散，这是我所知道道的名数。"

泰清把这些话来问无始说："像这样，那么无穷的不知道和无为的知道，究竟谁是谁非呢？"

无始说："不知道的是深奥，知道的是浅薄；不知道的是内行,知道的是外行。"

于是泰清仰起头来感叹着说:"不知道的便是知道么!知道的便是不知道么!谁知道不知就是知呢?"

无始说:"道不可听闻,听到的就不是道;道不可眼见,见到的就不是道;道不可言说,言说的就不是道。知道造化有形的东西是无形的么!道不当有名称。"

无始说:"有人问道就回答的,是不知道道。问道的人,也没有听闻过道。道无可问,问了无可回答。本来无可问的却要强去问,这是空洞的问;本来无可回答的却要强来回答,这是没有内容的。以没有内容去回答空洞的问,像这样,对外便不能观察宇宙,对内便不能知道自身的本源,因此他不能越过昆仑高处,不能游于太虚境界。"

九

光曜問乎無有⊖曰:"夫子有乎?其無有乎?"

無有弗應也⊜。光曜不得問,而孰⊜視其狀貌,窅然空然,終日視之而不見,聽之而不聞,搏之而不得⑩也。

光曜曰:"至矣!其孰能至此乎!予能有無矣,而未能無無也;及爲無有矣⑮,何從至此哉!"

【注释】

① 光曜问乎无有："光曜"、"无有"，都是托名。

　　成玄英《疏》："'光曜'者，是能视之智者。'无有'者，所观之境也，智能照察，故假名光曜；境体空寂，故假名无有也。"

② 无有弗应也：这五字脱落，根据《淮南子·道应训》补上。

　　俞樾说："《淮南子·道应训》'光曜不得问'上，有'无有弗应也'五字，当从之。惟无有弗应，故光曜不得问也。此脱五字，则义不备。"

③ 孰：同"熟"。

④ 视之而不见，听之而不闻，搏之而不得：语出《老子》十四章。

⑤ 及为无有矣：及为"无"，而又未免于有矣（宣颖）。

【今译】

　　光曜问无有说："先生是有呢？还是没有？"

　　无有不回应。光曜得不到回答，就详细地观看它的状貌，空虚的样子，整天看它却看不见，听它却听不到，摸它却摸不着。

　　光曜说："这是最高的境界了！谁能够达到这种境界呢！我能达到'无'的境界，却还不能达到'无无'的境界；等到要达到'无'的境界又不免为'有'境了，怎能达到这种境界呢！"

一〇

大馬㊀之捶鉤㊁者，年八十矣，而不失毫芒。大馬曰："子巧與？有道與？"

曰："臣有守㊂也。臣之年二十而好捶鉤，於物無視也，非鉤無察也。是用之者，假不用者也㊃以長得其用，而況乎無不用者乎！物孰不資焉！"

【注释】

㊀ 大马：即大司马，官号。

　　奚侗说："大司马称大马，犹《汉书·食货志》称大司农为大农。"

㊁ 钩：剑名（林云铭《庄子因》）。《汉书·韩延寿传》："铸作刀剑钩镡。"章怀注："钩，兵器，似剑而曲。"

㊂ 有守：有所守持（成《疏》）。

　　王念孙说："'守'即'道'字。〈达生〉篇仲尼曰：'子巧乎！有道耶？'曰：'我有道也。'是其证。'道'字古读若'守'故与'守'通。"

㊃ 假不用者也：凭借着不用心于他物，即形容心无旁骛。

　　成玄英《疏》："假赖于不用心视察他物故也。"

【今译】

大司马家中捶制钩戟的工匠，年高八十了，却还做得丝毫没有差错。大司马说："你有技巧呢？还是有道？"

回说："我有所守持。我二十岁时就喜好捶钩戟，对于别的东西都不看，不是钩戟就不去关心。我能得捶钩之用，乃是凭着心无旁骛才能发挥所长，何况无为而不用的呢！谁不往助他呢！"

一一

冉求㊀問於仲尼曰："未有天地可知邪？"

仲尼曰："可。古猶今也。"

冉求失問而退，明日復見，曰："昔者吾問'未有天地可知乎？'夫子曰：'可。古猶今也。'昔日吾昭然，今日吾昧然，敢問何謂也？"

仲尼曰："昔之昭然也，神者先受之㊁；今之昧然也，且又爲不神者求㊂邪！無古無今，無始無終。未有子孫而有子孫，可乎？"

冉求未對。仲尼曰："已矣，未應矣！不以生生死，不以死死生。死生有待邪？皆有所一體㊃。有先天地生者⑤物邪？物物者非物⑥。物出不得先物也⑦，猶⑧其有物也。猶其有物也，無已⑨。聖人之愛人也終無已者，亦乃取於是者也。"

【注釋】

① 冉求：孔子弟子，姓冉名求。

② 神者先受之：心神已有默契。

　　林希逸说："'神'者，在我之知觉者也。虚灵知觉者在也，故能受之。"

　　林云铭说："心本无物，一闻略觉领悟。"

③ 又为不神者求：又滞于迹象而求问。"不神者"，指外界物象。

　　王敔说："思则倚于形而失神。"

　　宣颖说："转念又徇于迹象也。"

　　王先谦说："'不神者'，迹象也。滞于迹象，故复求解悟。"

④ 死生有待邪？皆有所一体：死生有对待吗？都各自成一体。

　　成玄英《疏》："死生聚散，各自成一体耳，故无所因待也。"

⑤ 者：犹"之"（王先谦《注》）。

⑥ 物物者非物：化生万物的〔道〕不是物象。

⑦ 物出不得先物也：万物所由出不得先于道。前一"物"字指万物，后一"物"字指道，如《老子》二十五章："有物混成先天地生"的"物"相同用法。

　　龚乐群说："'物出不得先物'一语，上一'物'字是万物之'物'，下一'物'字是先天地生之'物'。所谓'物出'，意谓'万物之所由出'。所谓'不得先物'，意谓'万物不得先其所出而存在'。"（引自龚著〈庄子的宇宙观〉一文，见《恒毅月刊》第20

卷第6期,第29页)

⑧ 犹:作"由"。如《孟子·公孙丑》:"然而文王犹方百里起。""犹",作"从",通"由"。

褚伯秀说:"'犹'字疑当是'由'。"

宣颖说:"犹,同由。"

⑨ 犹其有物也,无已:有了物界,便生生不息。

林希逸说:"既曰有物,则物之相物无穷已矣,故曰:'犹其有物也无已。'"

林云铭说:"有则从一生万,生生不已,皆有天地以后之事。"

胡适说:"西方宗教家往往用因果律来证明上帝之说。以为有因必有果,有果必有因。从甲果推到乙因,从乙果又推到丙因,……如此类推,必有一个'最后之因'。那最后之因便是万物主宰的上帝。不信上帝的人,也用这因果来驳他道:因果律的根本观念是'因必有果,果必有因'一条。如今说上帝是因,请问上帝的因,又是什么呢?若说上帝是'最后之因',这便等于说上帝是'无因之果'。这便不合因果律了,如何还可用这律来证明有上帝呢?若说上帝也有因,请问'上帝之因'又以什么为因呢?这便是〈知北游〉篇说的'犹其有物也无已'。正如算学上的无穷级数,终无穷极之时,所以说是'无已'。可见万物有个主宰的天之说是不能成立的了。"(引自胡著《中国古代哲学史》第九篇〈庄子〉,台湾商务印书馆版,第170页)胡适这段破除"主宰的天之说"虽与庄子思想相合,但"犹其有物也无已"一句,乃在于讲物界生生不已的情形,并未涉及超现象的上帝的问题。

【今译】

冉求问孔子说:"没有天地以前可以知道吗?"

孔子说:"可以,古时和现在一样。"

冉求一时不知再问些什么便退了回来,第二天又来见,问道:"昨天我问:'没有天地以前可以知道吗?'老师说:'可以,古时和现在一样。'昨天我很明白,今天我却茫然了,请问为什么呢?"

孔子说:"昨天你的明白,是用心神先去领会;今天你的茫然,却是滞于形象而求问啦!没有古就没有今,没有始就没有终。没有子孙以前便已有子孙,可以吗?"

冉求没有回答。孔子说:"算了,不必回答了!本来是不为了生来生出死,不为了死来停止生。死生是对待的吗?死和生是一体的。有比天地更早产生的物体吗?化生万物的道不是物象。万物所由出不得先于道,由它(道)而有了天地万物。有了天地万物,〔各类〕便生生不息。圣人的爱人永不休止,也就是取法于天地的生生不息。"

一二

顏淵問乎仲尼曰:"回嘗聞諸夫子曰:'無有所將,無有所迎。'回敢問其遊㊀。"

仲尼曰："古之人，外化而內不化㊁，今之人，內化㊂而外不化。與物化者，一不化㊃者也。安化安不化㊄，安與之相靡㊅，必與之莫多㊆。狶韋氏之囿，黃帝之圃，有虞氏之宮，湯武之室。君子之人，若儒墨者師，故以是非相韲㊇也，而況今之人乎！聖人處物不傷物。不傷物者，物亦不能傷也。唯無所傷者，爲能與人相將迎。山林與！皋壤㊈與！使㊉我欣欣然而樂與！樂未畢也，哀又繼之。哀樂之來，吾不能禦，其去弗能止。悲夫，世人直爲物逆旅耳！夫知遇而不知所不遇，能能㊋而不能所不能。無知無能者，固人之所不免也。夫務免乎人之所不免者，豈不亦悲哉！至言去言，至爲去爲。齊知之所知，則淺矣。"

【注释】

㊀ 其游："游"，游心，精神活动。"其游"，指精神进入不将不迎的境界（曹础基《注》）。

㊁ 内不化：内心凝静（成《疏》）。

马其昶说："案《文子》云：'有一定之操而外能屈伸与物推移。'"

㊂ 内化：内心游移。

陈碧虚说："荡性曰内化。"（引自褚伯秀《南华真经义海纂

微》)

④ 一不化：内不化(王敔《注》)。

⑤ 安化安不化：意指化与不化都安然顺任。

⑥ 靡：顺(成《疏》)。

⑦ 莫多：不增益(王敔《注》)，不妄自尊大。

⑧ 相韰：互相攻击的意思。郭《注》："韰，和也。"误。理雅各(James Legge)英译为"to attack each other"，为确解。

⑨ 皋壤：原野。

⑩ 使：陈碧虚《庄子阙误》引江南古藏本"使"上有"与我无亲"四字。

⑪ 能能：能够做到所能做到的。今本"能能"上有"知"字，衍文，据敦煌本删去。

　　马其昶说："案郭《注》以知与不知，能与不能并言，似'能能'上衍一'知'字。"

【今译】

　　颜回问孔子说："我曾听老师说过：'无所送，无所迎。'请问怎样达到这种境界。"

　　孔子说："古时的人，行动能顺物运转而内心凝静，现时的人，内心游移而外在则滞呆不变。随物变化的，内心却凝静不变。化和不化都安然顺任，安然和外境相顺，参与变化而不妄自尊大。狶韦氏的苑囿，黄帝的园圃，虞舜的宫阙，汤武的屋宇〔愈来愈狭隘了〕。君子一类的人，像儒墨的师辈，还要用是非互相攻击，何况现时的人呢！圣人与物相处却不伤物。不伤物的，物也不会损伤他。只有无所损伤的，才能和人相往来。山林啊！原野啊！欣然欢乐啊！快乐还没有消逝，悲哀又接着兴起。哀乐情绪的来临，我不能抗拒，它的离去不能制止。可悲啊！世人只是物的旅舍而已！知道所遇着的而不知道所遇不着的，能够做到所能做到的而不能够做到所不能做到的。有所不知有所不能，乃是人所不能免的。要是追求人所不能免的事，岂不是很可悲么！至言无言，至为无为，要想使人所知的相同，那就浅陋了。"

杂篇

庚 桑 楚

〈庚桑楚〉篇，由十二章文字杂纂而成。"庚桑楚"，人名，这里说是老聃的弟子。取首句人名为篇名。

本篇第一章，庚桑楚与弟子对话。"春气变而百草生，秋正得而万宝成"，这是自然规律运行的结果。为政之道也宜自然无为。抨击尧舜以来，标举贤名，使人民互相倾轧，任用心智使人民互相争盗的混乱政情。第二章，南荣趎请教老子，谈护养生命的道理。第三章，写心境。"宇泰定者，发乎天光"，即是说心境安泰静定的人，行于无名迹。第四章，谈求知的境域。第五章，谈保养"灵台"（心灵）。第六章，写"宇"、"宙"、自然的总门（"天门"）为万物生灭变化的根源。第七章，由"古之人，其知有所至"说到现代人的是非不定。这一节杂抄〈齐物论〉，文字艰涩。第八章，以踂人之足为例，申说至礼是没有人我之分的，至仁是不表露爱迹的。第九章，列举扰乱人心的二十四种因素。第十章，写"全人"善于契合自然应合人为。第十一章，写顺人的所好，就容易被笼络住，逆人的本性，就难以驯服。第十二章，写"平气"、"顺心"，应事则出于不得已。

出自本篇的成语,有吞丹之鱼、数米而炊、冰解冻释及日记不足、岁记有余等。

一

老聃之役㊀,有庚桑楚㊁者,偏得㊂老聃之道,以北居畏壘㊃之山,其臣之畫然㊄知者去之,其妾之挈然仁者㊅遠之;擁腫㊆之與居,鞅掌㊇之為使。居三年,畏壘大穰㊈。畏壘之民相與言曰:"庚桑子之始來,吾洒然㊉異之。今吾日計之而不足,歲計之而有餘。庶幾其聖人乎!子胡不相與尸㊋而祝之,社而稷之乎?"

庚桑子聞之,南面而不釋然㊌。弟子異之。庚桑子曰:"弟子何異於予?夫春氣發而百草生,秋正得而萬寶成㊍。夫春與秋,豈無得而然哉?天道已行矣!吾聞至人,尸居環堵之室㊎,而百姓猖狂不知所如往。今以畏壘之細民而竊竊焉欲俎豆㊏予於賢人之間,我其杓㊐之人邪!吾是以不釋於老聃之言。"

弟子曰:"不然。夫尋常之溝㊑,巨魚無所還㊒其體,而鯢鰌為之制㊓;步仞之丘㊔,巨獸無所隱其軀,而孽狐為之祥㊕。且夫尊賢授能,先善與利,自古堯舜以然,而況畏壘之民乎!夫子亦聽矣!"

庚桑子曰："小子來！夫函⑫車之獸，介⑬而離山，則不免於罔罟之患；吞舟之魚，碭⑭而失水，則螻蟻能苦之⑮。故鳥獸不厭高，魚鼈不厭深。夫全其形生之人，藏其身也，不厭深眇⑯而已矣。

"且夫二子⑰者，又何足以稱揚哉！是其於辯⑱也，將妄鑿垣牆而殖蓬蒿也。簡髮而櫛，數米而炊，竊竊乎又何足以濟世哉！舉賢則民相軋，任知則民相盜。之數物者，不足以厚民。民之於利甚勤，子有殺父，臣有殺君，正晝為盜，日中穴阫⑲。吾語女，大亂之本，必生於堯舜之間，其末存乎千世之後。千世之後，其必有人與人相食者也！"

【注释】

㈠ 役：学徒弟子（《释文》引司马彪说）。
㈡ 庚桑楚：姓庚桑，名楚。《列子·黄帝篇》作亢仓子。
㈢ 偏得：独得（林希逸《口义》）。
　　成玄英说："门人之中，庚桑楚最胜，故称偏得也。"（《庄子疏》）
㈣ 畏垒：山名，在鲁国（成《疏》）；疑为庄子假设之山（李勉说）。
㈤ 画然：明察炫耀的样子。
㈥ 挈然仁者：标举仁爱的。
　　褚伯秀说："挈然，显示貌。"（《义海纂微》）

⑦ 拥肿：形容钝朴。
⑧ 鞅掌：习劳役者（王敔《注》）；劳苦奔走之人（王先谦《集解》）。
⑨ 大穰：大熟，丰收。
⑩ 洒然：惊貌（《释文》引崔譔、李颐说）。

  朱骏声说："'洒'借为'逎'，《说文》：惊声也。"（马叙伦《庄子义证》引）

⑪ 尸：主。

  曹础基说："'尸'，古代代表死者受祭的活人，后代用神主牌代替。"

⑫ 南面而不释然：语见〈齐物论〉。"不释然"，不愉快。
⑬ 秋正得而万宝成：通行本："春气发而百草生，正得秋而万宝成"为偶句，"正得秋"当作"秋正得"。正与征通，《后汉书·鲁恭传》注："三正，三征也。"征，候也。《列子·周穆王》："觉有八征，梦有六候。"征、候换文同义。"秋候得"与"春气发"相偶。秋候得，谓秋候适宜。
⑭ 环堵之室：方丈小室。

  司马彪说："一丈曰'堵'。'环堵'者，面各一丈，言小也。"

  宣颖说："隐处不耀。"

⑮ 俎豆：奉祀（宣颖《南华经解》）。

  成玄英说："'俎'，切肉之几；'豆'，盛脯之具；皆礼器也。"

⑯ 昫：音"的"（《释文》）。指众人注目的存在（福永光司说）。
⑰ 寻常之沟：八尺为"寻"，一丈六尺为"常"。见〈天运〉篇。

  马叙伦说："《御览》七五引'沟'下有'洫'字。按'沟'下当依《御览》引补'洫'字。'寻常之沟洫'，与下文'步仞之丘陵'，相对为文。"按：马说可存。然当依王叔岷之说删下文"陵"字，作"步仞之丘",与此句"寻常之沟"相耦。
⑧ 还:同"旋",反转。
⑨ 鲵鳅为之制:泥鳅等小鱼能转折自如。"制",通折,曲折回旋。

　　陆德明说:"《广雅》云:'制,折也。'谓小鱼得曲折也。王云:'制,谓擅之也,鲵鳅专制于小沟也。'"

　　奚侗说:"案'制'当作'利',形近而讹。《说文》:'祥,福也。'言寻常之沟,为鲵鳅之利;步仞之丘陵,为孽狐之福也。"按奚说可存。

⑩ 步仞之丘:六尺为"步",七尺曰"仞"(《释文》)。"丘"下原有"陵"字,疑是衍文,依王叔岷之说删。

　　王叔岷先生说:"按《释文》引崔云:'蛊狐以小丘为善也。'疑崔本'丘'下无'陵'字。'步仞之丘'与上文'寻常之沟'相耦。《记纂渊海》五五引正无'陵'字,《亢仓子·全道篇》同。盖由丘陵为习见连文,传写遂窜入耳。据此,则上文'寻常之沟'下,《御览》引有'洫'字,疑亦后人臆加,不知此文原无'陵'字也。《淮南·俶真篇》:'寻常之沟,无吞舟之鱼。'即袭用上文,可证古本'沟'下无'洫'字。"

⑪ 祥:善(崔譔《注》),如意。
⑫ 函:借"含"。

　　马叙伦说:"按:'函'同音借为'含'。"

⑬ 介:独。
⑭ 砀(dàng):同"荡",流出。

　　林希逸说:"砀,流荡也。比喻名见于世,能害其身也。"

⑮ 蝼蚁能苦之:"蚁"上原缺"蝼"字。"蝼蚁"与上文"罔罟"对文,兹据《御览》九三五、九四七及《文选》贾谊〈吊屈原文〉注等书

补(详见马叙伦《义证》、王叔岷《校释》)。
⑯ 深眇:深远。
⑰ 二子:指上文尧舜二人。
⑱ 辩:同"辨"。
　　宣颖说:"凡事分辨,如尊贤授能,先善与利之类。"
⑲ 阫(pēi):墙(向秀《注》)。

【今译】

　　老聃的弟子,有个名叫庚桑楚的,独得老聃之道,去北边住在畏垒山上,他的仆人中有炫耀聪明的被辞去,他的侍女中有矜持仁义的被疏远;钝朴的和他一起,勤劳的留下供使。住了三年,畏垒丰收。畏垒的人民相互说:"庚桑子刚来时,我对他感到诧异。现在我以〔短暂的〕时日来看他便觉得不足,以〔长远的〕岁月来看他却为有余。他差不多是圣人了罢!你为什么不一块来举他为主,而敬奉他呢?"

　　庚桑子听说要南面为君,心里不愉快。弟子们觉得奇怪。庚桑子说:"弟子们对我有什么奇怪的呢?春气勃发而百草丛生,秋候适宜而万实成熟。春季和秋季,难道无故就能这样吗?乃是自然之道在运行呢!我听说至人,安居方丈小室,而百姓随心所欲悠游自适。现在畏垒的人民都有心要把我敬奉于贤人之间,我难道是引人注目的人吗!面对老聃的教诲我因此感到不安。"

弟子说："不是。像小水沟里，大鱼无法转动身体，而小鱼却能来去自如；小丘陵上，巨兽无法隐蔽身体，而妖狐却适宜藏匿。况且尊贤授能，赏善施利，自古尧舜就这样，何况畏垒的人民呢！老师就听随他们吧！"

庚桑子说："年轻人来！口能吞车的巨兽，独自离开山林，就不免于网罗的祸患；吞舟的大鱼，流出江河而失水，就会被蝼蚁所困苦。所以鸟兽不厌高飞，鱼鳖不厌深入。全形养生的人，敛藏自己，也是不厌深远罢了。

"像尧舜这两个人，又有什么好称赞的呢！像他们这样的区别贤名善利，正如妄自穿凿垣墙来种植蓬蒿艾草一般。简择头发来梳，数点米粒来煮，察察然又怎能够救世呢！标举贤能则使人民互相倾轧，任用心智则使人民互相争盗。这些方法，不足以使人民淳厚。人民贪利心切，弄得有子杀父，臣杀君，白日抢劫，正午挖墙。我告诉你，大乱的根源，必定起于尧舜的时期，而流弊存在于千载之后，必定会变得人吃人了！"

二

南榮趎㊀蹴然正坐曰："若趎之年者已長矣，將惡乎托業㊁以及此言邪？"

庚桑子曰："全汝形，抱汝生⑬，無使汝思慮營營。若此三年，則可以及此言矣。"

南榮趎曰："目之與形，吾不知其異也，而盲者不能自見；耳之與形，吾不知其異也，而聾者不能自聞；心之與形，吾不知其異也，而狂者不能自得。形之與形亦辟⑭矣，而物或間之⑮邪，欲相求而不能相得？今謂趎曰：'全汝形，抱汝生，勿使汝思慮營營。'趎勉聞道耳矣！"

庚桑子曰："辭盡矣。奔蜂⑯不能化藿蠋⑰，越雞不能伏鵠卵，魯雞固能矣。雞之與雞，其德非不同也，有能與不能者，其才固有巨小也。今吾才小，不足以化子。子胡不南見老子！"

南榮趎贏⑱糧，七日七夜至老子之所。

老子曰："子自楚之所來乎？"南榮趎曰："唯。"

老子曰："子何與人偕來之衆也？"南榮趎懼然顧其後。

老子曰："子不知吾所謂乎？"

南榮趎俯而慚，仰而歎曰："今者吾忘吾答，因失吾問。"

老子曰："何謂也？"

南榮趎曰："不知乎？人謂我朱愚⑪。知乎？反愁我軀。不仁則害人，仁則反愁我身；不義則傷彼，義則反愁我己。我安逃此而可？此三言者，趎之所患也，願因楚而問之。"

老子曰："向吾見若眉睫之間，吾因以得汝矣，今汝又言而信之。若規規然⑫若喪父母，揭竿而求諸海也。女亡人⑬哉，惘惘乎！汝欲反汝情性而無由入，可憐哉！"

南榮趎請入就舍，召其所好，去其所惡，十日自愁⑭，復見老子。

老子曰："汝自洒濯，孰哉鬱鬱乎⑮！然而其中津津乎⑯猶有惡也。夫外韄⑰者不可繁⑱而捉，將內揵⑲；內韄者不可繆而捉，將外揵。外內韄者，道德不能持，而況放道而行者乎！"

南榮趎曰："里人有病，里人問之，病者能言其病，然其病病者，猶未病也⑳。若趎之聞大道，譬猶飲藥以加病也，趎願聞衛生之經㉑而已矣。"

老子曰："衛生之經，能抱一乎？能勿失乎㉒？能無卜筮而知吉凶乎㉓？能止乎？能已乎？能舍諸人而求諸己乎？能翛然㉔乎？能侗然㉕乎？能兒子乎㉖？兒子終日嗥而嗌不嗄,和之至也⑫;終日握而手不掜⑬,共其德⑭也;終日視而目不瞚⑮,偏不在外⑯也。行不知所之,居不知所為,與物委蛇,而同其波。是衛生之經已。"

南榮趎曰:"然則是至人之德已乎?"

曰:"非也。是乃所謂冰解凍釋者,能乎?夫至人者,相與交食乎地而交樂乎天⑰,不以人物利害相攖,不相與為怪,不相與為謀,不相與為事,翛然而往,侗然而來。是謂衛生之經已。"

曰:"然則是至乎?"

曰:"未也。吾固告汝曰:'能兒子乎?'兒子動不知所為,行不知所之,身若槁木之枝而心若死灰⑱。若是者,禍亦不至,福亦不來。禍福無有,惡有人災也!"

【注释】

㊀ 南荣趎(chú):姓南荣,名趎,庚桑弟子(成《疏》)。

㊁ 托业:言受学(林希逸《注》)。

㊂ 抱汝生:"抱",同"保"。

　　俞樾说:"《释名·释姿容》曰:'抱,保也,相亲保也。'是'抱'与'保'义通。'抱汝生',即'保汝生'。"

㊃ 辟:开(《释文》);假"辟"为"闢"(郭嵩焘说)。

　　马叙伦说:"'辟'为'擘'省。'擘',亲也。形之与形甚亲,而物或间之。"按马说亦可通。

㈤ 物或间之："物"，物欲（宣颖说），指物欲形成间隔。

㈥ 奔蜂：小蜂（司马彪说）；细腰土蜂（成《疏》）。"奔蜂"上原有"曰"字。"曰"字疑羡文（马叙伦《义证》引张伯禧说），疑涉上"曰"字而衍，陈碧虚《阙误》引江南李氏本、张君房本并无下"曰"字，当从之（王叔岷《校释》）。

㈦ 藿蠋（zhú）：豆藿中大青虫（司马彪说）。

㈧ 赢（yíng）：担负。

㈨ 朱愚：犹专愚，无知的样子。"朱"，通侏，钝（胡远濬说）。

郭嵩焘说："《左传》襄公四年朱儒，杜预注：'短小曰朱儒。''朱愚'者，智术短小之谓。"

㈩ 规规然：自失的样子。已见于《秋水篇》。

⑪ 亡人：如流亡之人（宣颖《注》）。

⑫ 十日自愁："自"，陈碧虚《阙误》引江南李氏本、文如海本、刘得一本、张君房本并作"息"（马叙伦《义证》）。奚侗以为"自"乃"息"之坏字（《庄子补注》）。依褚伯秀之说，仍当作"自愁"解。

褚伯秀说："'自愁'，一本作'息愁'，又作'愁息'。说俱未通，审详经意，犹书云'自怨自艾'之义，退处旬日，怨艾日前为学不力，见道不明。"

⑬ 孰哉郁郁乎：何郁郁乎哉。

严灵峰先生说："诸解并未得。按'孰'，何也。'孰哉郁郁乎'，乃倒装句，犹云'何郁郁乎哉'也。为何而郁郁乎？是其中犹有恶邪？"（《道家四子新编》，第752页）

⑭ 津津乎：形容外溢的样子。

林疑独说："津津，犹有发见于外者。"（见褚伯秀《南华真

经义海纂微》引）

⑮ 鞼（huò）：同"缚"。

林希逸说："鞼，以皮束物。"

王先谦说："外鞼者，耳目为物所缚。"

⑯ 縶：疑当作"縶"。《广韵》："縶，音缪。"《玉篇》："缚也。""縶"与下"缪"对文（武延绪《札记》）。

⑰ 内揵："揵"，同闭。

林希逸说："揵，闭门之牡，皆检束之喻。应物于外，欲自检柅。"

王先谦说："内闭其心，以息耳目之纷。"

⑱ 然其病病者，犹未病也：《老子》七十一章："夫唯病病，是以不病。"

⑲ 卫生之经：即护养生命的道理。"卫生"，即上文〈庚桑楚〉所说的"全形抱生"。

⑳ 能抱一乎？能勿失乎：语见《老子》十章："载营魄抱一，能无离乎？"

㉑ 能无卜筮而知吉凶乎：语见《管子·心术篇》下。

㉒ 翛然：无拘无束的样子。已见于〈大宗师〉篇。

㉓ 侗然：无所知的样子。〈山木〉篇有"侗乎其无识"句。

㉔ 能儿子乎：《老子》十章作："能婴儿乎？"

㉕ 终日嗥（háo）而嗌不嗄（shà），和之至也："嗥"，同"号"。"嗌"，即喉。"嗄"，哑。《老子》五十五章作："终日号而不嗄，和之至也。"

㉖ 终日握而手不掜（nǐ）："掜"，拳曲（曹础基《庄子浅注》）。"不掜"，谓不挛曲（欧阳景贤《庄子释译》）。

⑬ 共其德：犹云同其性（林希逸《注》）。或说"共"、"拱"同（王敔《注》）。
⑭ 瞚：字又作"瞬"（《释文》）。《一切经音义》七二引正作"瞬"。"瞬"即"瞚"之俗（王叔岷说）。
⑮ 偏不在外：不偏滞于外务。
⑯ 相与交食乎地而交乐乎天："交"，即邀（俞樾说）。〈徐无鬼〉篇作"吾与之邀乐于天，吾与之邀食于地"。
⑰ 身若槁木之枝而心若死灰：二语见〈齐物论〉篇及〈知北游〉篇。

【今译】

　　南荣趎局促地端坐着说："像我这样的年纪已经大了，要怎样学习才能达到所说的境界呢？"

　　庚桑子说："保全你的形体，护养你的性命，不要使你的思虑焦忧。像这样三年，就可以达到所说的境界了。"

　　南荣趎说："眼睛的形状，我不知道彼此有什么不同，而盲人却不能看见；耳朵的形状，我不知道彼此有什么不同，而聋子却不能听到；心的形态，我不知道彼此有什么不同，而疯狂的人却不能自适。形体和形体之间坦然相通，或许由于物欲的间隔，使得彼此想互相会通而不可得吗？现在对我说：'保全你的形体，护养你的性命，不要使你的思虑焦忧。'我努力求道只能达到耳朵里！"

　　庚桑子说："话说尽了。土蜂不能孵化大青虫，越鸡不能䑎天鹅卵，鲁鸡就行。鸡和鸡之间，本性并没有不同，所以有能和不能的分别，乃是才能有大有小的缘故。现在我的才能小，不足来教导你。你为什么不到南边去见老子！"

南荣趎担着粮食，七天七夜走到老子的地方。

老子说："你从庚桑楚那里来的吗？"南荣趎说："是的。"

老子说："你为什么和这么多人一起来呢？"南荣趎惊异地回看后面。

老子说："你不知道我所说的吗？"

南荣趎低头羞惭，仰面叹息说："现在我忘了我的回答，因而忘了我的所问。"

老子说："怎么讲呢？"

南荣趎说："要是不知道呢？人说我愚昧。要是知道呢？反而危害自身。不行仁便伤害他人，行仁反而危害自身；不行义便伤害他人，行义反而危害自己。我怎样才能避免这些？这三项，是我所忧虑的，希望借着庚桑楚的介绍来请教。"

老子说："刚才我看你眉目间的神色，我便得知你的心意，现在又从你的话得到证实。你茫然自失的样子好像丧失了父母，如同举着竿子去探寻大海。你像流亡的人呀，迷惘啊！你想回复你的性情而不知所从，可怜呀！"

南荣趎请求留在馆舍受业，求取所好，摒弃所恶，十天自感愁困，再去见老子。

老子说："你自行洗净，为什么还郁郁不安呢！可见心中溢溢然还有恶念存在。外物的束缚不可被繁扰执着，要内心检束；内心的困扰不可被缪乱执着，要杜绝外在的诱惑。内外都受束缚的人，即使是有道德的人也不能自持，何况是学道的人呢！"

南荣趎说："村里的人有病，邻里的人去问候他，病人能说出自己的病状，他能把病当作病，那就不足为病了。像我听到大道，好比吃药加重了病，我只希望听听护养生命的道理就够了。"

老子说："护养性命的道理，能〔使精神和形体〕合一吗？能不分离吗？能不占卜便知吉凶吗？能不求分外吗？能适可而止吗？能舍弃外求而反身自求吗？能无拘无束吗？能纯真无知吗？能像婴儿吗？婴儿整天号哭而喉咙却不沙哑，这是和气纯厚的缘故；整天紧握而不拳曲，这是拱守本性的缘故；整天瞪眼而目不转动，这是不驰心向外的缘故。行动时自由自在，安居时无挂无碍，顺物自然，随波共流。这就是护养性命的道理了。"

南荣趎说："那么这就是至人的境界了吗？"

答说："不是的。这只是执滞之心的消释，够得上吗？要是至人，求食于地而与天同乐，不以人物利害而受搅扰，不立怪异，不图谋虑，不务俗事，无拘无束而去，纯真无知而来。这就是护养性命的道理了。"

问说:"要是这样就达到最高点了吗?"

答说:"还没有。我原来告诉你说:'能像婴儿吗?'婴儿的举动无意无识,行动自由自在,身体像枯木而心灵像死灰。像这样,祸既不到,福也不来。祸福都没有,哪里还有人为的灾害呢!"

三

宇泰定者,發乎天光㊀。發乎天光者,人見其人,物見其物㊁。人有脩者,乃今有恆;有恆者,人舍之㊂,天助之。人之所舍,謂之天民;天之所助,謂之天子。

【注释】

㊀ 宇泰定者,发乎天光:"宇",指心。"天光",自然之光。

　　陈碧虚说:"灵宇大宁者,慧光内发。"(褚伯秀《义海纂微》引)

　　林云铭说:"'宇',心宇也。心宇泰然而定,则定而生慧,可以回光自照。"

　　薛瑄说:"言心定则明也。"(马其昶《庄子故》引)

㊁ 物见其物:依陈碧虚《庄子阙误》引张君房本及郭象注文补上。

㊂ 人舍之:人来依止(王先谦《注》)。"舍",舍止(成《疏》),作依

归讲。

【今译】

　　心境安泰的人，便发出自然的光辉。发出自然光辉的，人便显现其人的天然本质，物便显现其物的天然本质。人能自修，才能培养常德；有常德的，人来依归，自然也佑助他。人来依归的，称为天民；自然所佑助的，称为天之子。

四

　　學者，學其所不能學也；行者，行其所不能行也；辯者，辯其所不能辯也。知止乎其所不能知，至矣⊖；若有不即是者，天鈞⊜敗之。

【注释】

⊖ 知止乎其所不能知，至矣：语见〈齐物论〉："知止其所不知，至矣。"
⊜ 天钧：自然之性（成《疏》）。语见〈齐物论〉。

【今译】

　　要学习的人，是学他所不能学的；实行的人，是行他所不能行的；辩论的人，是辩他所不能辩的。知的探求止于他所不能知的境域，便是极点了；如果不这样，自然的本性就要遭受亏损。

五

備物以將形⊖，藏〔不〕虞以生心⊜，敬中以達彼⊜，若是而萬惡㈣至者，皆天也，而非人也，不足以滑成㈤，不可內㈥於靈臺㈦。靈臺者有持㈧，而不知其所持，而不可持者也。

不見其誠己而發㈨，每發而不當，業入而不舍㈩，每更爲失。爲不善乎顯明之中者，人得而誅之；爲不善乎幽閒㈠之中者，鬼得而誅之。明乎人，明乎鬼者，然後能獨行。

券內㈡者，行乎無名；券外者，志乎期費㈢。行乎無名者，唯庸有光㈣；志乎期費者，唯賈人也，人見其跂，猶之魁然。與物窮者，物入焉㈤；與物且㈥者，其身之不能容，焉能容人！不能容人者無親，無親者盡人㈦。兵莫憯於志，鏌鋣爲下㈧；寇莫大於陰陽，無所逃於天地之間。非陰陽賊之,心則使之也。

【注释】

㊀ 备物以将形:言人备物以奉身(林云铭说)。〈达生〉篇:"养形必先之以物。"义同。"将",训养。

奚侗说:"《诗·小雅》:'不遑将父。'郑《笺》:'将,养也。'"

㊁ 藏〔不〕虞以生心:"生"犹养。按:"不"字疑为衍文。"备物以将形,藏虞以生心,敬中以达彼",此三句皆五字为句,且相俪偶。"藏虞",即敛息思虑不使外骛以养其心。

㊂ 敬中以达彼:敬修内智以通达外物(黄锦鋐今译)。

成玄英说:"'中',内智也。'彼',外境也。"

㊃ 恶:灾患(宣颖说)。

㊄ 滑成:滑乱成德(林云铭说)。"滑",同乱。"不足以滑成",〈德充符〉作:"不足以滑和。"

㊅ 内:入(成《疏》);同"纳"(王敔《注》)。

㊆ 灵台:心。〈德充符〉作"灵府"。

方东美说:"庄子叫做'灵台',也就是一种自觉性的自我。这种自觉性的自我,固然是意识的中心,但是这一种意识中心能够反省自己本身的缺陷与限制,而去除掉。庄子认为这一种的自我——所谓'灵台'——能够表现思想的统一、思想的持续,同时也是每个人的人格所共有。如此一来,他即可肯定自我的观点,同时也容忍、承认别人也有同样的权利表现自我的统一。"

㊇ 有持:有所主(林希逸说)。

郭象说:"'有持'者,谓不动于物耳。"

⑨ 不见其诚己而发：自身不真诚而妄发。

　　陆德明说："谓不自照其内而外驰也。"(《释文》)

⑩ 业入而不舍："业"，事(成《疏》)。外事扰入于心而不去(宣颖说)。

⑪ 幽暗：原作"幽闲"，《御览》六四五引"闲"作"暗"，并依褚伯秀、马叙伦之说改。

　　褚伯秀说："'幽暗'旧音'闲'，当是'幽暗'传写欠笔。"

　　马叙伦说："按'闲'，当依《御览》引作'暗'。《广弘明集》六引《释道恒·释驳论》引《易》曰：'为不善于幽昧之中，鬼得而诛之。''幽昧'与'幽暗'义同，亦可证也。《音义》出'闲'字，音'闲'，是陆本已误。"

⑫ 券内：券，又作"卷"。"卷"，契。契合乎内(宣颖说)。

　　林希逸说："卷内者，所求在我之分内也。"

　　林云铭说："卷内者，为己之学。"

⑬ 券外者，志乎期费：谓务外的人，志在于求财用。

　　俞樾说："《荀子》书每用'綦'字为穷极之义。〈王霸〉篇：'目欲綦色，耳欲綦声。'杨注曰：'綦，极也，亦或作期。'……'期'与'綦'通。'期费'者，极费也。费谓财用也。"

⑭ 庸有光：平常而有光辉(王先谦说)。

　　林希逸说："'唯庸有光'，充实而有光辉也。'庸'，常也，光常在也。"

⑮ 与物穷者，物入焉："穷"，谓终始(郭《注》)。"入"，归依(成《疏》)。

　　褚伯秀说："'与物穷者'，言尽物之性。'入'犹归也。"

　　宣颖说："穷者，相终始也。我与物相终始，则物亦来就。"

⑮ 与物且：与物龃龉（褚伯秀说）。"且"，同阻。

姚永概说："《仪礼注》：古文'且'为'阻'。"（马其昶《庄子故》引）

⑯ 无亲者尽人：人而无亲则人道绝（林希逸说）。"尽"，绝。"尽人"即弃绝人。

⑰ 兵莫憯于志，镆铘为下：兵器没有比心意更锐利的，镆铘利剑还在其次。

朱骏声说："'憯'借为'뙤'。《说文》曰：'뙤，锐意也。'《淮南·注》：'憯，利也。'"（马叙伦《庄子义证》）

林云铭说："志之为兵，伤人之心。镆铘，则伤人之形而已。"

【今译】

备物来奉养形体，敛息思虑来培养心神，敬修内智以通达外物，如果这样做而各种灾患仍然降临，那是天然，而不是人事，这并不足以扰乱已经成就的德性，不能侵入内心。心灵有所操持，而不自觉自己所操持，但不可有意操持。

自己还把握不住便向外奔驰，每次外驰都失去御制，外物扰入心中而不去，更丧失了本真。明目张胆地作恶，便要受到大众的制裁；暗地里作恶，便要受到良心的责备。能够坦然地面对人，坦然地面对良心的，就能独行而无愧。

务内的人,所行没有名迹;务外的人,志在于求取财用。行为不拘名迹的人,充实而有光辉;志在求取财用的人,只是商人而已,看他跂行着,自以为安稳的样子。和物顺应相终始的,外物也来归依;和外物龃龉的,他自身都不能相容,哪能容人呢!不能容人的就没有亲爱,没有亲爱的就弃绝于人。兵器没有比心意更锐利的,镆铘利剑还在其次;伤人没有甚于阴阳的,充满于天地之间。并不是阴阳来伤害他,乃是受到心意的驱使。

六

道通。其分也成也㊀,其成也毁也。所惡乎分者,其分也以備;所以惡乎備者,其有以備。故出而不反,見其鬼㊁;出而得,是謂得死。滅而有實㊂,鬼之一也。以有形者象無形者而定矣。

出無本,入無竅;有所出而無竅者有實㊄。有實而無乎處,有長而無乎本剽㊅。有實而無乎處者,宇㊆也。有長而無本剽者,宙㊇也。有乎生,有乎死,有乎出,有乎入,入出而無見其形,是謂天門㊈。天門者,無有也,萬物出乎無有。有不能以有爲有,必出乎無有,而無有一無有。聖人藏乎是⊕。

【注释】

㊀ 其分也成也：各本脱落"成也"二字。高山寺本古抄卷子"其分也"下有"成也"二字，当从之。〈齐物论〉篇："其分也成也，其成也毁也"，文与此同，今本挩"分也"二字，则文意不完（王叔岷《校释》）。又：上句"道通"，依〈齐物论〉作"道通为一"，疑脱落"为一"两字。

㊁ 出而不反，见其鬼：心神外驰，死期近（宣颖说）。

㊂ 灭而有实：指迷灭本性而徒有形骸之实。

㊃ 象：同法（福永光司说）。

㊄ 有所出而无窍者有实：此句通行本在"有长而无乎本剽"句下，据奚侗、王叔岷之说移此。

奚侗云："'有所出而无窍者有实'句，是释'出无本，入无窍'之义，当移置'有实而无乎处'句之上。本书误到'有长而无乎本剽'句之下，则上下不连贯矣。"

王叔岷先生说："此九字当移在上文'有实而无乎处'之上，奚说是。宣（颖）《解本》删此九字。"

㊅ 本剽：本末，始终。

王先谦说："《释文》：'剽，本亦作标。崔云："末也。"'案：木枝之远扬者谓之'标'，故以训'末'。言道之源流甚长，而不见其本末。"

㊆ 宇：上下四方叫宇。

㊇ 宙：古往今来叫宙。

㊈ 天门：自然的总门。同于《老子》一章所说的"众妙之门"。

⑪ 藏乎是：指藏心于"无有"之境。

　　林希逸说："'藏'者，退藏于密也。圣人之心藏于无有，故曰：'藏乎是。'"

【今译】

　　道是大通的。任何事物有分就有成，有成就有毁。厌恶分离的，乃是由于分离了还求其全；所以厌恶全的，乃是由于有了全还在求全不已。所以心神外驰而不返，就死期近了；心神外驰而以为有所得，这可说是步入死地了。绝灭本性而徒具形骸，和鬼是一类。能够以有形的形体效法无形的道那就安定了。

　　生来没有根柢，消逝不见藏所；有所出而没有孔窍的，却真实存在。有实际存在而没有一定界限，有成长而没有始终；有实际存在而没有界限的，便是宇。有成长而没有始终的，便是宙。有生，有死，有出，有入，入出而不见其形，是为自然的总门。自然的总门，就是"无有"，万物生于"无有"。"有"不能以"有"生出"有"，必定出于"无有"，而"无有"是无和有的统一。圣人游心于这种境界。

七

　　古之人，其知有所至矣。恶乎至？有以爲未始有物者，至矣，盡矣，弗可以加矣。其次以爲有物矣㊀，將以生爲喪㊁也，以死爲反也，是以分已㊂。其次曰始有無，既而有生，生俄而死；以無有爲首，以生爲體，以死爲尻㊃；孰知有無死生之一守㊄者，吾與之爲友。是三者㊅雖異，公族也㊆。昭景㊇也，著戴㊈也，甲氏㊉也，著封也，非一也。

有生，黬㊋也，披然㊌曰移是㊍。嘗言移是，非所言㊎也。雖然，不可知者也㊏。臘者之有膍胲㊐，可散而不可散也㊑；觀室者周於寢廟，又適其偃溲焉㊒，爲是舉㊓移是。

請常言移是。是以生爲本，以知爲師，因以乘是非；果有名實，因以己爲質㊔，使人以爲己節㊕，因以死償節。若然者，以用爲知，以不用爲愚㊖，以徹㊗爲名，以窮爲辱。移是，今之人也，是蜩與學鳩同於同也㊘。

【注释】

㊀ 古之人，其知有所至矣……其次以为有物矣：这一段文字袭自〈齐物论〉。

㊁ 以生为丧：以生为流落。"丧"，〈齐物论〉作"弱丧"（即自幼流落）。

㊂ 是以分已：这已经有所分了。"以"，已。"分"，指分生死。"已"，矣。

④ 以无有为首，以生为体，以死为尻：三语袭自〈大宗师〉篇："以无为首，以生为脊，以死为尻。"

⑤ 一守：作"一体"（福永光司说）。

⑥ 三者：指"以无为首，以生为体，以死为尻"。

⑦ 公族：形容同一宗源。

宣颖说："言同一大宗，盖同宗乎道也。"

⑧ 昭景：楚王族姓氏。

⑨ 着戴：以有职任而着。"戴"，任。任，职（林希逸说）。

⑩ 甲氏：楚王族姓氏。昭景屈是楚国公族三姓，"甲"借为"屈"（马叙伦说）。

王应麟说："王逸注《楚词》自序云：'三闾之职，掌王族三姓，曰：昭屈景。'而此《释文》云：'昭景甲三者，皆楚之同宗也。''甲氏'，其即屈氏与。"（《庄子逸篇》）

⑪ 黬：音暗，形容幽暗。喻气之凝聚（林希逸说）。

⑫ 披然：形容分别的样子。

林希逸说："人之生也，同是此气，而强自分别，故曰：'披然'。'披'者，分也。"

⑬ 移是：指是非不定。

林希逸说："'移'，不定也。彼亦一是非，此亦一是非，移也。其意只与〈齐物论〉同，而又撰出'移是'两字。"

⑭ 非所言：谓不当言（林希逸说）；本不足言（宣颖说）。

⑮ 虽然，不可知者也：然世人亦不知此（王先谦解）。

⑯ 腊者之有膍（pí）胲（gāi）："腊者"，大祭。"膍"，牛百叶。"胲"，牛蹄（成《疏》）。指大祭时四肢五脏的牲品。

成玄英说："腊祭之时，牲牢甚备，至于四肢五脏，并皆陈设。"

⑰ 可散而不可散也：分腥与胲于俎上，是可散，而总有一牲之体，则不可散（林云铭说）。

⑱ 周于寝庙，又适其偃溲焉："偃"，谓屏厕（郭《注》）。"偃溲"，即厕所。"溲"字原缺，据《阙误》引江南古藏本及张君房本补上。

　　郭象《注》："寝庙则以乡食燕，屏侧则以偃溲；当其偃溲，则寝庙之是移于屏侧矣。故是非之积，一彼一此，谁能常之！"

　　林希逸说："一室之中，有寝有庙又有偃息之所，在在不同。谓之寝，谓之庙，谓之偃，则同乎一室。谓之室，则又有寝庙偃之异名，亦犹移是之不可定也。"

⑲ 举：皆（林希逸说）。
⑳ 质：主（郭《注》）。
㉑ 节：节操。
㉒ 以用为知，以不用为愚：以炫耀为智，晦迹为愚（成《疏》）。
㉓ 彻：通达。
㉔ 同于同：指"今之人"的卑见同于蜩与学鸠。

【今译】

　　古时候的人，他们的智识有个限度。限度在哪里？认为万物未曾形成时，便是极限，尽头，不能再增进了。次一等的人，认为万物形成了，把生视为流落，把死看作回归，这已经有所分了。再次一等的人认为原本是空无的，后来有了生命，生命迅即死亡；把"无"当作头颅，把生命当作躯干，把死亡当作尻骨；谁能知道有无死生是一体的，我就和他做朋友。这三项虽有差别，却同源于道。昭氏、景氏，以职任而显赫，甲氏，以封地而称著，姓氏不一〔却为同族〕。

有生命，乃是气的凝聚，晓然分辨说是非不定。尝说是非不定，本来是不当说的。但是，这个道理不容易知道。如同大祭时有四肢五脏的牲品，〔四肢五脏〕可以分割而〔牲体陈设〕不可散列；又如同参观宫室的人周览庙堂寝室，又到便厕，这些〔同体异名的情形〕都像是非的移易不定。

请让我说是非的不定。这是以生为根本，以心智为标准，因而造生是非；果真有名实的区分，便以自身为主；使人以自己为节操的模范，而以死来报偿节操，像这样，便以炫耀为智，以隐晦为愚，以通达为名誉，以穷困为耻辱。是非不定，是现代人呀，是如同蝉与小鸠一般见识呀！

八

蹍㊀市人之足，則辭以放驁㊁，兄則以嫗，大親㊂則已矣。故曰，至禮有不人㊃，至義不物㊄，至知不謀，至仁無親㊅，至信辟金㊆。

【注释】

㊀ 蹍：蹋，践履。

㊁ 辞以放骜：辞谢以放肆，即以放肆自责来谢过。"骜"，通"敖"，即"傲"的省字。

㊂ 大亲：指父母。

㊃ 至礼有不人："不人"，不看作是别人，指没有人我之分。

　　郭象《注》："不人者，视人若己。"

　　林希逸说："至礼有不人，谓礼之至者，无人己之分，忘其揖逊也。"

㊄ 至义不物："义"，通"宜"，指万物秩序得其所宜。"不物"，指没有物我之分。

㊅ 至仁无亲：已见〈天运〉篇。

㊆ 辟金：不需要拿金钱作质证。

　　林希逸说："言不待以金宝为质也。'辟'，音屏，除也。"

【今译】

　　踩了街道上人的脚，就赔罪说自己放肆，兄长踩了弟弟就怜惜抚慰，父母至亲踩了就无须谢过。所以说，至礼是没有人我之分的，至义是没有物我之分的，至知是不用谋略的，至仁是不表露爱迹的，至信是不用金钱作质证的。

九

徹⊖志之勃⊜，解心之謬⊜，去德之累，達道之塞。貴富顯嚴名利六者，勃志也。容動色理⑭氣意六者，謬心也。惡欲喜怒哀樂六者，累德也。去就取與知能六者，塞道也。此四六者不盪⑮胸中則正，正則靜，靜則明，明則虛，虛則無爲而無不爲也。道者，德之欽也；生者，德之光也；性者，生之質也。性之動，謂之爲；爲之僞，謂之失。知者，接⑯也；知者，謨⑰也；知者之所不知，猶睨也⑱。動以不得已之謂德，動而⑲非我之謂治，名相反而實相順也⑳。

【注释】

⊖ 徹：与"撤"同（林希逸说）。
⊜ 勃：同"悖"，乱。
⊜ 謬：一本作"缪"（《释文》）；借为"缪"，系缚之意。
⑭ 色理：颜色、辞理（成《疏》）。
⑮ 荡：荡乱。
⑯ 接：应接。
⑰ 谟（mó）：谋。

⑧ 犹睨也：如目斜视一方。
⑨ 而：原作"无"，按"无"字疑"而"字之误（马叙伦说）。作"无"字有背庄学原义，当改正为"而"字。
⑩ 名相反而实相顺也：追名则相反，求实则相顺。

【今译】

　　消解意志的错乱，打开心灵的束缚，去除德性的负累，贯通大道的障碍。荣贵、富有、高显、威势、声名、利禄六项，是错乱意志的。姿容、举动、颜色、辞理、气息、情意六项，是束缚心灵的。憎恶、爱欲、欣喜、愤怒、悲哀、欢乐六项，是负累德性的。去舍、从就、贪取、付与、知虑、技能六项，是阻碍大道的。这四种每六项不在胸中扰乱就能平正，内心平正就能安静，安静就能明澈，明澈就能空明，空明就能顺任自然而没有什么做不成的。道为德所尊崇；生是德的光辉；性是生的本质。性的活动，叫做为；有为而流于人伪，叫做失。知是〔和外界〕应接；智是〔内心〕谋虑；智慧有所不知，好像斜视一方所见有限。动作自然出于不得已是为德，动作自然不由于我是为合理，骛名则相反而求实则相顺。

一〇

羿㊀工㊁乎中微而拙乎使人無己譽。聖人工乎天而拙乎人。夫工乎天而俍㊂乎人者,唯全人能之。唯蟲能蟲,唯蟲能天㊃。全人惡天?惡人之天?而況吾天乎人乎㊄!

【注释】

㊀ 羿:古人,精于射击。已见《德充符篇》。

㊁ 工:巧。

㊂ 俍(liáng):善。

㊃ 唯虫能虫,唯虫能天:只有鸟兽才能安于为鸟兽,只有鸟兽才能契合天然。"虫",飞鸟走兽各类动物的总称。

　　林希逸说:"'虫',鸟兽百物之总名也。物物虽微,皆有得诸天者,如能飞走能啼能唃能鸣能跃,皆能遂其天性,故曰'能虫''能天'。"

㊄ 全人恶天?恶人之天?而况吾天乎人乎:全人哪里知道天然,哪里知道人为的天然,何况用己意来分别天然人为呢!

　　王敔说:"二'恶'字俱平声。在全人则恶有所谓天者,恶有所谓人之天者,而况有所谓吾立于天人之间乎!"

　　姚鼐说:"全人乌知所谓天乎,乌知人之异于天乎,况妄以己意分别天人乎!〈则阳〉篇:'圣人未始有天。'"(马其昶《庄

子故》引）

【今译】

羿这个人巧于射中微物而拙于使人不称誉自己。圣人善于契合天然而拙于应合人为。善于契合天然而又善于应合人为的，只有全人才能做到。只有鸟兽才能安于为鸟兽，只有鸟兽才能契合天然。全人哪里知道天然？哪里知道人为的天然？何况用己意来分别天人呢！

一一

一雀適羿，羿必得之，威也；以天下爲之籠，則雀無所逃㊀。是故湯以庖人籠伊尹，秦穆公以五羊之皮籠百里奚㊁。是故非以其所好籠之而可得者，無有也。

【注释】

㊀ 一雀适羿，羿必得之，威也；以天下为之笼，则雀无所逃：《韩非子·难三》作："宋人语曰：'一雀过羿，羿必得之，则羿诬矣。以天下为之罗，则羿不失矣。'"
㊁ 百里奚：复姓百里，名奚，号五羖大夫。已见〈田子方〉篇。

【今译】

一只麻雀飞向羿,羿一定射中它,这是他的威力;要是把天下当作笼子,麻雀就无处逃脱了。所以汤以庖人来笼络伊尹,秦穆公以五张羊皮笼络百里奚。所以如果不利用他的所好而能笼络得住,那是不可能的。

一二

介㊀者侈畫㊁,外非譽㊂也;胥靡㊃登高而不懼,遺死生也。夫復謵不餽㊄而忘人,忘人,因以爲天人矣。故敬之而不喜,侮之而不怒㊅者,唯同乎天和㊆者爲然。出怒不怒㊇,則怒出於不怒矣;出爲無爲,則爲出於無爲矣。欲靜則平氣,欲神則順心,有爲也欲當,則緣於不得已㊈,不得已之類,聖人之道。

【注释】

㊀ 介:同"兀",一足。见〈养生主〉篇。
㊁ 侈画:不拘法度(崔譔《注》)。"侈",弃。"画",装饰。谓放弃自我装扮(曹础基说)。

俞樾说:《汉书·司马相如传》:'㢮以陆离',师古注曰:'㢮,自放纵也。'即此'侈'字之义。桓六年《穀梁传》:'以其画我',《公羊传》作'化我',何休注曰:'行过无礼谓之化。'即此

③ 非誉：即毁誉。

④ 胥靡：徒役之人（成《疏》）。

⑤ 复谓不馈：这话有两解：一说受了威吓却不回报（依郭嵩焘说）。一说"复"，免除。"谓"，通慑，惧怕。"馈"，通愧，负疚。这句话是说：像胥靡之类那样，由于能解除了惧怕的心理，精神上毫无负担（曹础基说）。今译从后者。

　　郭嵩焘说："'复谓'，谓人语言慑伏以下我而我报之。……以物与人曰'馈'，以言语饷人亦曰馈。'复谓不馈'，忘贵贱也。"

　　王先谦说："案'复谓不馈'，诸解皆非，郭说为近。"

⑥ 敬之而不喜，侮之而不怒：与〈逍遥游〉篇"举世誉之而不加劝，举世非之而不加沮"相类。

⑦ 天和：造物之和气（林希逸说）；自然之冲气（林云铭说）。按即自然的和气。

⑧ 出怒不怒：怒气虽发并不是有心的发怒。

　　林希逸说："怒虽出而不怒，则是其怒者本自不怒，而出自然之怒，非有心之怒也。"

⑨ 有为也欲当，则缘于不得已："不得已"，无心之应；应事而无心（林希逸说）。

　　徐复观先生说："'不得已'是形容主观上毫无要有所为的欲望，而只是迫于客观上人民自动的要求，因而加以顺应的情形。"（《中国人性论史》，第411页）

【今译】

　　刖足的人不拘法度，超然于毁誉之外；徒役的人登高而不怖惧，超然于死生之外。解除了怖惧的心理使精神无所负担而超然于人我的区分，超然于人我的区分，这便达到了天人合一的境界了。所以能做到崇敬他而不欣喜，侮慢他而不愤怒，只有合于自然和气的状态才能这样。怒气虽发并不是有心的发怒，那么怒气出于无心而发了；在无为的情况下有所作为，那么这我作为是出于无为了。要宁静就要平气，要全神就要顺心，有所为要得当，就要寄托于不得已，应事出于不得已，便是圣人之道。

徐　无　鬼

〈徐无鬼〉篇，由十五章文字杂纂而成。各章意义不相关联。"徐无鬼"，人名，隐居之士。取篇首三字为篇名。

本篇第一章，徐无鬼见魏武侯，指出君主"盈嗜欲，长好恶"，性命之情病困。近臣们平时和武侯谈《诗》、《书》、《礼》、《乐》，却未尝见武侯启齿，徐无鬼和他谈相马术，则大乐。这故事很有讥讽的意味。第二章，徐无鬼与武侯对话，徐无鬼批评武侯："君独为万乘之主，以苦一国之民，以养耳目口鼻。"并指出当时君主，发动战争，"杀人之士民，兼人之土地"，所作所为，以爱民为名，实则是"害民之始"。第三章，黄帝出游迷途，遇一牧马小童，小童指点迷津，把话题转向如何"为天下"，小童回答说："若此而已矣，又奚事焉！"这寓言发挥老子"无事"、"无为"的思想。"无事"，即不生事，不搅扰从事，这就是道家勿扰民的思想。第四章，批评势物之徒，喜欢祸变，乘时会兴作，"驰其形性"，糟蹋自己而造孽他人。第五章，庄子与惠子对话，批评各家"各是其所是"，弄得天下没有"公是"。齐人蹢子求钟的故事，喻各家各以为是，往往遗弃珍贵的而执持贱陋的。楚人谪阍造怨的故事，喻各家求真理未得，反倒无谓地在争执结怨。第六章，庄子过惠子墓，讲了一个匠石斲泥的故事，感叹自惠子死后，"无以为质"，流露出无比真挚纯厚的感情。第七章，管仲与桓公对话，谈嘱托国政的妥当人选。第八章，吴王射狙，戒人不要自恃巧捷而以色骄人。第九章，南伯子綦隐几而坐，叹世人的自我迷失。第十章，为楚王宴孔子的故事，申"不言"之义。第十一章，九方歅替梱看相，说他将与君同食，有福气。子綦闻说而泣，认为食君之禄，不过"尽于酒肉，入于鼻口"而已。子綦所向往的，乃是邀乐于天，邀食于地，顺任自然的生活。第十二章，啮缺论尧，以为达官贵人与道学夫子多假仁义以取利，所以说："利仁义者众。"评"仁义之行，唯且无诚"，因仁义已成为贪求者的工具了。第十三章，写三种人物形态：一种沾沾自喜的人，一种苟安自得的人，一种形劳自苦的人。进而写神人。第十四章，颇为散乱，第一小段写人、物各有所适。第二小段写物类的互相恃守、依持。第三小段写官能过度放纵的弊害。第十五章，写不知的境域。

出自本篇成语，有超轶绝尘、空谷足音、不言之辩、不道之道、喙长三尺、运斤成风等。此外，流人思国、蹢子求钟、谪阍造怨、匠石斲泥、吴狙现巧、豕虱苟安等寓言典故，亦出自本篇。

一

徐无鬼○因女商○見魏武侯，武侯勞之曰："先生病○矣！苦於山林之勞，故乃肯見於寡人。"

徐无鬼曰："我則勞於君，君有何勞於我！君將盈耆欲，長好惡，則性命之情病矣；君將黜耆欲，掔○好惡，則耳目病矣。我將勞君，君有何勞於我！"武侯超然○不對。

少焉，徐无鬼曰："嘗語君，吾相狗也。下之質執飽而止，是狸德○也；中之質若視日○，上之質若亡其一○。吾相狗，又不若吾相馬也。吾相馬，直者中繩，曲者中鉤，方者中矩，圓者中規○，是國馬也，而未若天下馬也。天下馬有成材，若卹若失○，若喪其一，若是者，超軼絕塵○，不知其所。"武侯大悅而笑。

徐无鬼出，女商曰："先生獨何以說吾君乎？吾所以說吾君者，橫說之則以《詩》《書》《禮》《樂》，從說之則以《金板六弢》○，奉事而大有功者不可為數，而吾君未嘗啟齒○。今先生何以說吾君，使吾君說若此乎？"

徐无鬼曰："吾直告之吾相狗馬耳。"

女商曰:"若是乎?"

曰:"子不聞夫越之流人⊖乎?去國數日,見其所知而喜;去國旬月,見所嘗見於國中者喜;及期年也,見似人⊜者而喜矣;不亦去人滋久,思人滋深乎?夫逃虛空⊜者,藜藋⊕柱乎鼪鼬之逕⊕,踉位其空⊕,聞人足音跫然⊕而喜矣,又⊜況乎昆弟親戚之謦欬⊜其側者乎!久矣夫,莫以眞人之言謦欬吾君之側乎!"

【注释】

⊖ 徐无鬼:魏之隐士。(《释文》)。

⊜ 女商:魏武侯宠臣。

⊜ 病:同疧(福永光司注)。

⊕ 擎(qiān):引却。

⊕ 超然:犹怅然(《释文》引司马彪说)。

⊕ 狸德:指狸猫般的性能。

　　俞樾说:"《广雅·释兽》:'狸,猫也。'猫之捕鼠,饱而止矣,故曰是'狸德'也。〈秋水〉篇曰:'骐骥骅骝,一日而驰千里,捕鼠不如狸狌。'此本书以狸为猫之证。《御览》引《尸子》曰:'使牛捕鼠,不如猫狌之捷。'《庄子》言狸狌,《尸子》言猫狌,一也。《释文》曰:'狸德,谓贪如狐狸也。'未得其义。"

⊕ 若视日:凝视太阳;形容"意气高远"(成《疏》);比喻看得高远,明察(曹础基说)。

⊜ 若亡其一:好像忘了自己。把形体看作不存在一样。说明精神静寂专一。"一",指身躯(曹础基说)。

陆德明说:"一,身也;谓精神不动,若无其身也。"

宣颖说:"'一'者,已也。'若亡其一',凝之至,不知有己也。"

⑨ 直者中绳,曲者中钩,方者中矩,圆者中规:说明马跑起来能直、能曲、能方、能圆,听从驾驭。"中",符合(曹础基说)。

林希逸说:"马之中规矩绳墨,言其身件件合法,故借方圆曲直以言之,不必就马身上泥而求之。"

⑩ 若恤若失:《释文》:"失音逸(佚)。"成《疏》:"蹄足疏缓,又如奔佚。"按:成说是。《汉书·韦元成传》集注:"恤,安也。"此言其静若处子、动如脱兔。

⑪ 超轶绝尘:〈田子方〉篇作"奔逸绝尘"。"轶",同"逸"。

⑫ 《金板六弢》:即太公兵法。

林希逸说:"'《金板六弢》',即太公兵法也。此书藏于朝廷,故曰'金版',犹曰金匮石室之书也。"(《口义》)

⑬ 启齿:开口。

成《疏》:"开口而微笑。"

⑭ 流人:流放之人(成《疏》)。

⑮ 似人:指似乡里的人。

⑯ 虚空:空谷(林希逸说)。

⑰ 藜藿:杂草。

郭庆藩说:"藜藿皆生于不治之地,其高过人,必排之而后得进,故《史记·仲尼弟子传》曰:'排藜藿。'"

⑱ 柱乎鼪鼬之径:"柱",塞(司马彪说)。"鼪鼬之径",山蹊之间,鼪鼬所由之处(林云铭《庄子因》)。

㊅ 跟(láng)位其空:长久住在空野。"跟",司马本作"良"。"良"借为长(马叙伦《义证》)。一说"跟",跟跄,走路不稳的样子。指逃难的人跟跟跄跄地走进了野草中的空地里(曹础基说)。
㊆ 跫(qióng)然:脚步声。
㊇ 又:世德堂本作"而"。
㊈ 謦(qǐng)欬(kài):喻言笑(《释文》引李颐说);指声音笑貌。

【今译】

徐无鬼因着女商的推荐去见魏武侯,武侯慰问他说:"先生疲惫了!山林隐居是劳苦的,所以才肯来见我。"

徐无鬼说:"我是来慰问你的,你有什么来慰问我呢!你要是充盈嗜欲,增长好恶,性命的实质就要受损了;你要是摒弃嗜欲,去除好恶,耳目的享受就要困病了。我正要来慰问你,你有什么要来慰问我呢!"武侯怅然不回答。

一会儿,徐无鬼说:"我来告诉你,我的相狗术。下等品质,饱食而止,这是猫儿般的能力;中等品质,意气高远;上等品质,好像忘了自己。我的相狗术,又不如我的相马术。我的相马,马步跑来直的合于绳,曲的合于钩,方的合于矩,圆的合于规,这是国马,可是比不上天下马。天下马有天生的材质,其神态有似安谧又如奔逸,好像忘记了自己,像这样的,奔逸绝尘,不知所终。"武侯大为高兴地笑了。

徐无鬼辞去,女商说:"先生究竟怎样使我的君主这么高兴呢？我所以取悦我君主的，横说用《诗》、《书》、《礼》《乐》，纵说用太公兵法，见于行事而大有效验的，不计其数，可是我的君主却没有开口笑过，现在先生对我君主说些什么，使我君主高兴得这样呢？"

徐无鬼说："我只是把我的相狗相马术告诉他罢了。"

女商说："就是这样吗？"

回说："你没有听到在越国的流放人吗？离开自己的国家好几天，看见熟识的就高兴；离开自己的国家一个月，看见国内曾见过面的人就高兴；到了整年，只要看见像是乡里的人就高兴；不就是离开故人愈久，思念故人愈深吗？流落到空谷里的人，杂草塞满了鼪鼬所由的途径，长久居住在空野，听到人的脚步声就高兴起来，又何况兄弟亲戚在一旁说笑呢！很久了，没有人用纯真的言语在我君主的身旁谈笑了啊！"

二

徐無鬼見武侯，武侯曰："先生居山林，食芧栗⊖，厭葱韭，以賓⊜寡人，久矣夫！今老邪？其欲干⊜酒肉之味邪？其寡人亦有社稷之福邪？"

徐無鬼曰："無鬼生於貧賤，未嘗敢飲食君之酒肉，將來勞君也。"

君曰："何哉,奚勞寡人?"

曰："勞君之神與形。"

武侯曰："何謂邪?"

徐无鬼曰："天地之養也一,登高不可以爲長,居下不可以爲短⑩。君獨爲萬乘之主,以苦一國之民,以養耳目鼻口,夫神者不自許也。夫神者,好和而惡姦;夫姦,病也,故勞之。唯君所病之,何也?"

武侯曰："欲見先生久矣。吾欲愛民而爲義偃兵,其可乎?"

徐无鬼曰："不可。愛民,害民之始也;爲義偃兵,造兵之本也;君自此爲之,則殆不成。凡成美,惡器也;君雖爲仁義,幾且僞哉!形固造形⑬,成固有伐⑭,變固外戰。君亦必無盛鶴列⑮於麗譙⑯之間,無徒驥⑰於錙壇⑱之宮,無藏逆於得,無以巧勝人,無以謀勝人,無以戰勝人。夫殺人之士民,兼人之土地,以養吾私與吾神者,其戰不知孰善?勝之惡乎在?君若勿已矣,脩胸中之誠,以應天地之情而勿攖。夫民死已脫矣,君將惡乎用夫偃兵哉!"

【注释】

① 芋(xù)栗：小栗。已见〈齐物论〉。

② 宾：同摈，即弃。

③ 干：求。

④ 登高不可以为长，居下不可以为短：无贵贱之喻（林希逸《口义》）。

⑤ 形固造形："形"，形势。"固"，必。"造"，造成、导致。谓一种情势必然会导致另一种情势（曹础基说）。

　　郭象《注》："仁义有形，固伪形必作。"

　　宣颖说："既落形迹，从此生事。"

⑥ 成固有伐：两种对立的情势形成后必然会各自夸耀，如标榜自己正义，指责别人不义等。"伐"，拔，夸耀（曹础基说）。

　　王先谦说："其名之成，则有功自夸。"

⑦ 鹤列：陈兵；古代兵法阵形，如鹤飞高空呈V字形。

⑧ 丽谯：高楼（郭《注》）；楼观名（司马《注》）。

　　马其昶说："《初学记》引《释名》云：'魏有丽谯。'注：'楼名。'"

⑨ 徒骥：步骑。

　　林希逸说："'徒'，步兵也。'骥'，骑卒也。"

⑩ 锱坛：宫名。

【今译】

　　徐无鬼见魏武侯，武侯说："先生住在山林里，食橡栗，吃葱韭，离开寡人，很久了！现在年老了吗？是想尝厚禄的滋味呢？还是我的社会将得到您的赐福呢？"

徐无鬼说："我出生于贫贱，并不想求取君主的厚禄，是来慰问君主的。"

君主说："为什么呢，怎样来慰问我？"

回说："慰问你的心神和形体。"

武侯说："怎么说呢？"

徐无鬼说："天地的养育是均等的，身居高位不能认为尊贵，身居下位不能认为卑贱。你独为万乘的君主，来劳苦一国的人民，以奉养耳目鼻口的享乐，弄得心神不自得。心神是喜欢和谐而厌恶偏私；偏私便是病，所以来慰勉。只是你犯了这种病，为什么呢？"

武侯说："想见先生很久了。我爱民为义而制止战争，可以吗？"

徐无鬼说："不可以。爱民，乃是害民的开始；为义而制止战争，乃是兴兵的本原；你从这里着手，大概不会有成效。凡是成就美名的，就是作恶的工具；你虽然行仁义，却近于作伪啊！一种情势必然会导致另一种情势，两种对立的情势形成后必然会各自夸耀，情势进一步变化必然会引起外战。你绝不要盛大地陈兵在高楼下面，不要集合兵骑在锱坛的宫苑前面，不要背理去贪求，不要用巧诈去胜人，不要用谋略去胜人，不要用战争去胜人。要是屠杀他的人民，并吞他国的土地，来奉养一己的私欲和满足一己的心理，这种战争有什么好处？所谓胜利在哪里？你如不得不有所作为，那就去修养内心的真诚，来顺应天地的自然而不搅扰他物。人民都能免于死亡的威胁，你哪里还用得上寝兵的议论呢？"

三

黄帝將見大隗㊀乎具茨㊁之山，方明爲御，昌寓驂乘，張若謵朋前馬，昆閽滑稽後車㊂；至於襄城㊃之野，七聖皆迷，無所問塗。

適遇牧馬童子，問塗焉，曰："若知具茨之山乎？"曰："然。"

"若知大隗之所存乎？"曰："然。"

黄帝曰："異哉小童！非徒知具茨之山，又知大隗之所存。請問爲天下。"

小童曰："夫爲天下者，亦若此而已矣，又奚事焉！予少而自遊於六合之內，予適有瞀㊄病，有長者教予曰：'若乘日之車而遊於襄城之野。'今予病少痊，予又且復遊於六合之外。夫爲天下亦若此而已。予又奚事焉！"

黄帝曰："夫爲天下者，則誠非吾子之事。雖然，請問爲天下。"小童辭。

黄帝又問。小童曰："夫爲天下者，亦奚以異乎牧馬者哉！亦去其害馬者⑥而已矣！"

黄帝再拜稽首，稱天師而退。

【注释】

① 大隗：即大道，这里寓托人名。
② 具茨：在河南省荥阳密县东境，今名泰隗山（司马彪说）。
③ 方明为御，昌寓骖乘，张若、謵朋前马，昆阍滑稽后车：方明、昌寓、张若、謵朋、昆阍、滑稽等人名都是寓言。
④ 襄城：河南省襄城县。
⑤ 眊（mào）：目眩。
⑥ 害马者：马以过分为害（郭《注》）；谓分外之事（成《疏》）。

【今译】

黄帝要到具茨山上见大隗，方明驾车，昌寓陪乘，张若、謵朋前导，昆阍、滑稽殿后；来到襄城的原野，七圣都迷失，无从问路。

正好遇着牧马的童子，向他问路，说："你知道具茨山吗？"回说："是的。"

又问："你知道大隗的所在吗？"回说："是的。"

黄帝说："奇怪呀，小童！不仅知道具茨山，还知道大隗的所在。请问怎样治理天下。"

小童说："治理天下，也只不过像这样就是了，又何必生事呢！我小时候自己游于六合之内，我恰好有目眩症，有位长者教我说：'你乘着日车而游于襄城的原野。'现在我的病稍痊愈，我又游于六合以外的境界。治理天下也是这样。我又何必生事呢！"

黄帝说："治理天下，并不是你的事。虽然这样，请问怎样治理天下。"小童不语。

黄帝又问。小童说："治理天下，又和牧马有什么不同！也就是除去害马罢了！"

黄帝叩头再三拜谢，称他为天师而辞退。

四

知士無思慮之變則不樂，辯士無談說之序⊖則不樂，察士無淩誶㊁之事則不樂，皆囿於物者也。

招世㊂之士興朝，中民之士榮官㊃，筋力之士矜難㊄，勇敢之士奮患，兵革之士樂戰，枯槁之士宿名㊅，法律之士廣治㊆，禮教之士敬容，仁義之士貴際。農夫無草萊之事則不比㊇，商賈無市井之事則不比。庶人有旦暮之業则勤,百工有器械之巧则壮。钱财不积则贪者忧,权势不尤⑨则夸者⊕悲。势物之徒⊖乐变,遭时有所用,不能无为也。此皆顺比於岁⊜,不易於物⊝者也。驰其形性,潜之万物,终身不反,悲夫!

【注释】

① 谈说之序:说得成条理。
② 凌碎(suì):通零碎,指斤斤分辨。
　　林希逸说:"好察之士,则与人争分争毫。"
③ 招世:招摇于世,以自见(林云铭说);谓招求世荣(王敔说);呼民救世为己任(曹础基说)。
④ 中民之士荣官:"中民"即中等之民。
　　王敔说:"中民,谓合于民誉。"
　　刘凤苞说:"中才注意轩冕以为荣。"(《南华雪心编》)
⑤ 矜难:以克服困难自矜。
　　宣颖说:"以御难自矜。"
⑥ 宿名:留意于声名(林希逸说)。
⑦ 广治:多求治事(林希逸说)。
⑧ 比:和乐(成《疏》)。
　　奚侗说:"《广雅》曰:'比,乐也。'"
⑨ 尤:出众。
⑩ 夸者:指权势欲强的人。
⑪ 势物之徒:执迷于权势财物的人。奚侗说"物"为"利"字之讹,则"势利之徒"亦通。

⑫ 顺比于岁：逐时俯仰（马其昶说）。"比"，附。"岁"，时。

李勉说："言此皆顺附时势，逐时投机者。"

⑬ 不易于物：各自囿于一物，不能相易（王先谦说）。"不易于物"原作"不物于易"，依马叙伦之说改正。

马叙伦说："'物'、'易'二字误倒。下章曰'不以物易己'是其证。"（《庄子义证》）按：马说可取。褚伯秀说："'不物于易'，犹云'不易于物'，错综其文。"（《南华真经义海纂微》）"不易于物"与上句"顺比于岁"相对为文，"岁"与"物"属名词，若作"不物于易"，不仅不对称，也费解。

【今译】

智谋之士没有思虑的变换就不会快乐，口辩之士没有议论的程序就不会快乐，好察之士没有明辨的事端就不会快乐，他们都受外在所拘限。

招摇于世的人立足朝廷，中等的人以爵禄为荣，筋力强壮的人以克服阻难自矜，勇敢武士奋发除患，战斗英雄乐于征战，山林隐士留意声名，讲求法律的人推广法治，重视礼教的人整饬仪容，崇尚仁义的人贵在交际。农夫没有耕种的事就心不安，商贾没有贸易的事就不快乐。众人有朝夕的工作就会自勉，百工有器械的技能就气壮。钱财不能积聚而贪图的人就会忧虑，权势不能掌握而狂徒就会悲伤。执迷于权势财物的人喜欢变乱，遭逢时机而后有所用，〔这种人〕不能安静。这些人都是逐时俯仰，拘限一事而茅塞不通的人。驰骛身心,沉溺外物,终生不悟,可悲啊!

五

莊子曰:"射者非前期㊀而中,謂之善射,天下皆羿也,可乎?"

惠子曰:"可。"

莊子曰:"天下非有公是㊁也,而各是其所是,天下皆堯也,可乎?"

惠子曰:"可。"

莊子曰:"然則儒墨楊秉四,與夫子爲五,果孰是邪?或者若魯遽㊂者邪?其弟子曰:'我得夫子之道矣,吾能冬爨鼎而夏造冰矣。'魯遽曰:'是直以陽召陽,以陰召陰,非吾所謂道也。吾示子乎吾道。'於是爲之調瑟,廢㊃一于堂,廢一於室,鼓宮㊄宮動,鼓角角動,音律同矣。夫或改調一弦,於五音無當也,鼓之,二十五弦皆動,未始異於聲,而音之君已。且若是者邪?"

惠子曰:"今夫儒墨楊秉,且方與我以辯,相拂以辭⑥,相鎮以聲⑦,而未始吾非也,則奚若矣?"

莊子曰:"齊人蹢⑧子於宋者,其命閽⑨也不以完,其求鈃鍾也以束縛⑩,其求唐子也而未始出域⑪,有遺類⑫矣!夫楚人寄而蹢閽者⑬;夜半於無人之時而與舟人鬭,未始離於岑⑭而足以造於怨也。"

【注释】

⑴ 前期:预定目标。

⑵ 公是:共同的认可。

⑶ 鲁遽:周初时人(李颐说)。

⑷ 废:置(《释文》)。

⑸ 鼓宫:"鼓",弹琴。"宫",五音的一种。下句"角"也是五音之一。

⑹ 相拂以辞:以言语相抗对。"拂",世德堂本作"排"。

⑺ 相镇以声:以声音相屈服。

⑻ 蹢:投(《释文》)。

　　王念孙说:"'蹢',借为'擿'。'擿',即今'掷'字。《说文》曰:'擿,投也。'"

⑼ 阍(hūn):守门人。

⑽ 其求鈃钟也以束缚:求得小钟包扎起来。"鈃",音刑。似小钟而长颈(《释文》引《字林》)。

　　林云铭说:"何其爱子不如爱物也。比喻惠子轻其性命之情,而不知保,惟加意于词辩名声之间,颠倒之甚者也。"

⑾ 其求唐子也而未始出域:"唐",亡。子亡在外而只求于乡域之

内（林希逸说）。

　　林云铭说："比喻惠子不知他求大道，惟于四子之中，欲求相胜总不得道也。"

⑪ 遗类：略相似。

　　林希逸说："'遗'，余也，略也。'类'，似也。言此三事皆与惠子杨墨之徒略相似也。"

⑫ 谪阍者：责备看门人。"谪"，旧本作"蹢"，缘上"蹢"字而误，依俞樾、王先谦说改。

　　俞樾说："蹢当读'谪'。扬雄《方言》：'谪，怒也。'张揖《广雅·释诂》：'谪，责也。''楚人寄而谪阍者'，谓寄居人家，而怒责其阍者也。与下文'夜半于无人之时而与舟人斗'，均此楚人之事，皆喻其自以为是也。"

　　王先谦说："案自来注家，就本文解释，与下文连为一事，万无可通之理。此'蹢'字，缘上'蹢'字而误，今断从俞说。"

⑬ 未始离于岑："岑"，岸（郭《注》）。"离"，通丽（陈寿昌《南华真经正义》）。言舟尚未曾着岸（宣颖说）。

【今译】

　　庄子说："射箭的不依预定目标而误中，这样就称他为善射，那么天下人都是羿，可以这么说吗？"

　　惠子说："可以。"

　　庄子说："天下没有共同的认可，却各自以为是，这样天下人都成了尧，可以这么说吗？"

　　惠子说："可以。"

庄子说:"那么儒、墨、杨、公孙龙四家,和先生一共五家,究竟谁是呢?或者像鲁遽一样吗?鲁遽的弟子说:'我学到了老师的道理了,我能够冬天烧鼎而夏天造冰了。'鲁遽说:'这只是以阳气召引阳气,以阴气召引阴气,并不是我所说的道理。我把我的道理给你看看。'于是调整弦瑟,放一张在堂上,放一张在室内鼓动〔这张琴瑟的〕宫音,〔那张的〕宫音也动,鼓动〔这张琴瑟的〕角音,〔那张的〕角音也动,音律相同的缘故。要是有一弦改了调,和五音不合,鼓动它,二十五弦都动,声调并没有差别,只是以所改的那条弦作为众音的主导而已。你们都像这样吗?"

惠子说:"现在要是儒、墨、杨、公孙龙四家,正和我辩论,用言语相对抗,用声音相压制,却没有人认为我是错误的,这是怎么回事呢?"

庄子说:"齐国有人把他的儿子放在宋国,命他像残废者一样做守门人,他有个小钟却包扎起来唯恐破损,有人寻找遗失的小孩却不走出村子外面去找,这和各家的辩论相类似!楚国有个寄居别人家而怒责看门的人,在夜半无人的时候和船夫争斗,船还没有靠岸却已造成仇怨了。"

六

莊子送葬，過惠子之墓，顧謂從者曰："郢㊀人堊㊁漫其鼻端，若蠅翼，使匠石斲之，匠石運斤㊂成風，聽㊃而斲之，盡堊而鼻不傷，郢人立不失容。宋元君聞之，召匠石曰：'嘗試爲寡人爲之。'匠石曰：'臣則嘗能斲之。雖然，臣之質㊄死久矣。'自夫子之死也，吾無以爲質矣，吾無與言之矣。"

【注释】

㊀ 郢（yǐng）：春秋时楚国都邑，在今湖北省江陵县。

㊁ 堊（è）：白善土。

㊂ 斤：斧。

㊃ 听：任意。

㊄ 质：对（成《疏》）；即对象。

【今译】

庄子送葬，经过惠子的坟墓，回头向跟随他的人说："有个郢地人捏白土把一滴泥点溅到鼻尖上，如蝇翼般。请匠石替他削掉。匠石挥动斧头呼呼作响，随手劈下削去泥点,那小滴泥点完全削除而鼻子没有受到丝毫损伤,郢人站着面不改色。宋元君听说这件事,把匠石找来说:'替我试试看。'匠石说:'我以前能削,但是,我的对手早已经死了。'自从先生去世,我没有对手了,我没有谈论的对象了。"

七

管仲有病,桓公問之曰:"仲父之病病矣㊀,可不諱㊁云!至於大病,則寡人惡乎屬國㊂而可?"

管仲曰:"公誰欲與?"

公曰:"鮑叔牙。"

曰:"不可。其爲人,潔廉善士也,其於不己若者不比之㊃,又一聞人之過,終身不忘。使之治國,上且鉤乎君,下且逆乎民㊄。其得罪於君也,將弗久矣!"

公曰:"然則孰可?"

對曰:"勿已,則隰朋㊅可。其爲人也,上忘而下不畔㊆,愧不若黃帝而哀不己若者。以德分人謂之聖,以財分人謂之賢。以賢臨人㊇,未有得人者也;以賢下人,未有不得人者也。其於國有不聞也,其於家有不見也⑨。勿已,則隰朋可。"

【注释】

㊀ 病矣:形容病重。

㊁ 讳:原作"谓",江南古藏本作"讳",《列子·力命篇》亦作"讳",当据以改正。

㊂ 属国:付托国政。

㊃ 不比之:不与之并立(林云铭说);不予为友。"比",同亲。

㊄ 上且钩乎君,下且逆乎民:上以忠直钩束于君,下以清明逆忤百姓(成《疏》)。

　　林希逸说:"'钩',要束之意也,'逆',强民以礼义之意也。"

㊅ 隰朋:姓隰,名朋,齐贤人(成《疏》)。

㊆ 上忘而下不畔:在上的人相忘而在下的人不畔离。"畔"上原漏"不"字,根据《列子·力命篇》补上。

　　宣颖说:"《列子》作'下不叛',此处漏一'不'字也。'上忘'者,不自矜其能,故在己上者,与之相忘。'下不畔'者,泛爱众,故在己下者,不忍畔之。"

㊇ 以贤临人:以贤名矜人。

㊈ 其于国有不闻也,其于家有不见也:"不闻"、"不见",喻不苛察,不干涉。

【今译】

　　管仲生病,齐桓公问他说:"仲父的病很重了,能忌讳不说么！要是病危，我把国政付托给谁才行呢？"

管仲说："你要给谁？"

桓公说："鲍叔牙。"

回说："不可以。他的为人，是廉洁善士，他对于不如自己的人就不亲近，而且一听到别人的过错，便终身不忘。让他治国，对上要约束国君，对下要违逆民意。他得罪国君，就不会很久的时间了！"

桓公说："那么谁可以呢？"

回答说："我不得已要说的话，那么隰朋可以。他的为人，在上的人相忘而在下的人不畔离，自愧不如黄帝而同情不如自己的人。以德施人称为圣，以财施人称为贤，以贤名傲视别人，没有能得人心的；以善行谦虚对人，没有不得人心的。他对国事不干预，对于家事不苛察。要不然，那么隰朋可以。"

八

吴王浮於江，登乎狙之山。衆狙見之，恂然㈠棄而走，逃於深蓁㈡。有一狙焉，委蛇攫搔㈢，見巧乎王。王射之，敏給㈣搏捷㈤矢。王命相者㈥趨射之，狙執㈦死。

王顧謂其友顔不疑㈧曰："之狙也，伐其巧，恃其便以敖予,以至此殛也!戒之哉!嗟乎,無以汝色驕人哉!"顏不疑歸而師董梧⑨以鋤⑩其色,去樂辭顯,三年而國人稱之。

【注释】

① 恂然:惊慌的样子。

② 蓁:棘丛。

③ 委蛇攫挓:跳跃来去攀执树枝之意(林希逸说);"攫挓",腾掷(成《疏》)。"挓",世德堂本作"抓"。

④ 敏给:同敏捷。

　　俞樾说:"'敏给'二字同义,《后汉书·郦炎传》:'言论给捷。'李贤注曰:'给,敏也。'是其证。"

⑤ 搏捷:"搏",接(成《疏》);"捷","接"古字通(王先谦说)。

　　俞樾说:"'捷',读为'接'。《尔雅·释诂》:'接,捷也。'是'捷'与'接'声近义通。"

⑥ 相者:"相",助。谓王之左右(成《疏》)。

⑦ 执:《御览》七四五引"执"作"既"。

　　马叙伦说:"按《御览》引'执'作'既'。'既'或'即'之讹也。"

⑧ 颜不疑:姓颜,字不疑,王之友(成《疏》)。

⑨ 董梧:姓董,名梧,吴之贤人(成《疏》)。

⑩ 助(chú):通"锄",去除。

【今译】

　　吴王泛舟于长江,登上狝猴山。群猴看到他,惊惶地跑走，逃到荆棘深丛中。有一只猴子，来回跳跃，向吴王显示它的灵巧。吴王射它，它敏捷地接住箭。吴王就召左右助手上前来射，猕猴遂被射死。

吴王对他的朋友颜不疑说："这只猴子，自夸它的灵巧，自恃它的敏捷来傲视我，以至于这样丧命！引以为戒啊！唉，不要用意态骄人啊！"颜不疑回去便拜董梧为师，以改过他的骄态，摒弃淫乐，辞退显荣，三年之后国人都称赞他。

九

南伯子綦⊖隱几而坐，仰天而嘘。顏成子入見曰："夫子，物之尤⊖也。形固可使若槁骸⊜，心固可使若死灰乎？"

曰："吾嘗居山穴之中矣。當是時也，田禾㉃一覩我，而齊國之衆三賀之。我必先之㊄，彼故知之；我必賣之㊅，彼故鬻之。若我而不有之，彼惡得而知之？若我而不賣之，彼惡得而鬻之？嗟乎！我悲人之自喪者，吾又悲夫悲人者，吾又悲夫悲人之悲者，其后而日遠㊆矣。"

【注释】

㊀ 南伯子綦：即〈齐物论〉南郭子綦。

　　郭庆藩说："案南伯子綦，〈齐物论〉作南郭子綦。'伯''郭'古声相近，故字亦通用。"

㊁ 物之尤：人物之中为最大（林希逸说）；出类拔萃（宣颖说）。

㊂ 槁骸：枯骨。〈齐物论〉作"槁木"。

㊃ 田禾：齐王姓名，即齐太公和。

㊄ 我必先之：我声名在先（成《疏》）。

㊅ 卖之：指卖于名声。

㊆ 日远：指日远于炫鬻而达到泊然无心（"槁木死灰"）的境界。

【今译】

南伯子綦凭着几案坐着，仰起头来缓缓地吐口气。颜成子进来见到说："先生，真伟大。形体固然可以变成枯骨一般，心灵固然可以变成死灰一样吗？"

回说："我曾经隐居山穴之中。在那时候，田禾一来看我，齐国人民便三番祝贺他。我必定先有名声，他才知道；我必定声名外扬，他才来亲近我。假如我没有名声，他怎么会知道呢？假如我不外扬，他怎么会来亲近我呢？唉！我悲伤人的自我迷失，我又悲伤那些悲伤人的人，我又悲伤那悲伤人的悲伤，然后一天天地远离炫鬻而达到泊然无心的境界。"

一〇

仲尼之楚,楚王觴之,孫叔敖㊀執爵㊁而立,市南宜僚㊂受酒而祭曰:"古之人乎!於此言已㊃。"

曰:"丘也聞不言之言㊄矣,未之嘗言,於此乎言之。市南宜僚弄丸而兩家之難解㊅,孫叔敖甘寢秉羽而郢人投兵㊆。丘願有喙三尺㊇!"

彼㊈之謂不道之道,此㊉之謂不言之辯,故德總乎道之所一。而言休乎知之所不知,至矣。道之所一者,德不能同也⑪;知之所不能知者,辯不能舉也;名若儒墨而凶矣⑫。故海不辭東流,大之至也;聖人幷包天地,澤及天下,而不知其誰氏。是故生無爵,死無諡,實不聚,名不立,此之謂大人。狗不以善吠爲良,人不以善言爲賢,而況爲大乎!夫爲大不足以爲大,而況爲德乎!夫大莫若天地⑬,然奚求焉而大備矣。知不備者,無求,無失,無棄,不以物易己也。反己而不窮,循古而不摩⑭,大人之誠。

【注释】

㊀ 孫叔敖:姓孫,名叔敖。

陆德明说："案《左传》孙叔敖是楚庄王相,孔子未生。哀公十六年,仲尼卒后,白公为乱。宜僚未尝仕楚。又〈宣十二年传〉,楚有熊相宜僚,则与叔敖同时,去孔子甚远。盖寄言也。"

② 爵:古时的酒器。

③ 市南宜僚:姓熊,字宜僚,楚国勇士。居于市南,因号市南子。

④ 古之人乎!于此言已:古时人啊!在这种情景中谈话。

林云铭说:"言古之人宴会之间,常有言以相规,所以乞言于夫子也。"

⑤ 不言之言:无言的言论。

郭象《注》:"圣人无言,其所言者,百姓之言耳,故曰:'不言之言。'"

⑥ 市南宜僚弄丸而两家之难解:市南宜僚善弄丸铃,常八个在空中,一个在手(罗勉道说)。"两家之难解",旧说指宜僚不参与白公胜造反,使事不成而解除双方危难。

成玄英《疏》:"楚白公胜欲因作乱,将杀令尹子西。司马子綦言熊宜勇士也,若得,敌五百人,遂遣使屈之。宜僚正上下弄丸而戏,不与使者言。使因以剑乘之,宜僚曾不惊惧,既不从命,亦不言它。白公不得宜僚,反事不成,故曰:'两家之难解。'"

王先谦说:"案:言'难解',非也。或记载有异。"按:两家难解之说,颇有语病,白公作乱事不成而被杀遭殃,何得称为两家之难解。王氏所疑,有理。

⑦ 孙叔敖甘寝秉羽而郢人投兵:"秉羽",执羽扇(成《疏》)。郢为楚都,"郢人",即楚人。"投兵",投弃武器而不用,即息兵。

司马彪说:"言叔敖愿安寝恬卧,以养德于庙堂之上,折冲于千里之外,敌国不敢犯。"

林云铭说:"二人皆以无为解难息兵,则言实用不着。"

⑧ 愿有喙三尺:"喙",口。"三尺",言长(《释文》)。

林希逸说:"何待我说喙,三尺者,言无如此之长喙也。"

严复说:"此特文家反语耳,既知不言之言,即有三尺之喙,何济于辩,矧乎其无有也。"

⑨ 彼:谓二子(郭《注》);指市南宜僚与孙叔敖。

⑩ 此:谓仲尼(郭《注》)。

⑪ 道之所一者,德不能同也:"德",同"得"。指得道,见道而言。"同",《古逸丛书》本作"周"。

郭象《注》:"各自得耳,非相同也,而道一也。"

林希逸说:"'道之所一',自然者也。'德'者,得之在己者也。在造物之一者,与人为者不同,故曰:'德不能同。'看此'德'字,与本书他处说得又自不同。"

⑫ 名若儒墨而凶矣:儒墨之所以凶,以有儒墨之名(郭嵩焘说);以名相标,凶德(宣颖说)。

⑬ 夫大莫若天地:"大"下原有"备矣"两字,疑涉下句而衍,根据马叙伦之说删去。

马叙伦说:"'备矣'二字涉下句而羡,当以'夫大莫若天地'连续。"

⑭ 不摩:不费心于揣摩(宣颖说)。

【今译】

孔子到楚国,楚王宴请他,孙叔敖执酒器站立着,市南宜僚拿了酒祝祭说:"古时人啊!在这种情景下讲话。"

孔子回说:"我听过无言的言论,没有向人说过,在这里说说。市南宜僚善弄丸铃而使两家的危难获得解除,孙叔敖安寝恬卧手执羽扇而使楚人停止兵伐。我愿多嘴么!"

宜僚和叔敖可以称为不言之道,孔子可以称为不言之辩,故而德是总摄道的同一。而言论止于知识所不能知道的境域,就是顶点了。道所同一的,德不能同;知识所不能知道的,言辩不能尽举;像儒墨那样招名就不好了。故而海不辞向东流,这是大的极点;圣人包容天地,泽及天下,而人民不知道他是谁。所以生前没有爵位,死后没有谥号,财货不聚,声名不立,这称为大人。狗不因为会叫便是好的,人不因为会说便是贤能,何况成就大业的呢!有心求取伟大倒不足以成为伟大,何况是修德呢!最大的不如天地,然而天地无所求,它却是最完备的。知道最完备的,无所求取,无所丧失,无所舍弃,不以外物更改自己。反求自己而不穷尽,顺任常道而不矫饰,这是大人的真性。

一一

子綦㊀有八子,陳諸前,召九方歅㊁曰:"爲我相吾子,孰爲祥?"

九方歅曰:"梱⊜也爲祥。"

子綦瞿然喜曰:"奚若?"曰:"梱也將與國君同食以終其身。"

子綦索然出涕曰:"吾子何爲以至於是極也!"

九方歅曰:"夫與國君同食,澤及三族㊨,而況父母乎!今夫子聞之而泣,是禦福也。子則祥矣,父則不祥。"

子綦曰:"歅,汝何足以識之,而梱祥邪?盡於酒肉入於鼻口矣,而何足以知其所自來?吾未嘗爲牧而牂㊨生於奧㊨,未嘗好田㊧而鶉生於宎㊨,若勿怪,何邪?吾所與吾子遊者,遊於天地。吾與之邀樂於天,吾與之邀食於地;吾不與之爲事,不與之爲謀,不與之爲怪;吾與之乘天地之誠而不以物與之相攖,吾與之一委蛇而不與之爲事所宜。今也然有世俗之償焉!凡有怪徵者,必有怪行,殆乎,非我與吾子之罪,幾天與之也!吾是以泣也。"

無幾何而使梱之於燕,盜得之於道,全而鬻之則難㊩,不若刖之則易,於是乎刖而鬻之於齊,適當渠公之街㊪,然身食肉而終。

【注释】

㈠ 子綦:楚司马子綦(成《疏》);或说南郭子綦。

㈡ 九方歅:歅,音因。善相者。

㈢ 梱:音困,子綦儿子。

㈣ 三族:指父族,母族,妻族。

㈤ 胖:羊(成《疏》)。

㈥ 奥:西南隅(《释文》)。

㈦ 田:狩猎。

㈧ 宎(yǎo):东北隅(司马彪说)。

㈨ 全而鬻之则难:全形去卖则困难。意即全形易逃,难以防御。

㈩ 当渠公之街:替渠公看门。"渠公",一说齐之富室(《释文》)。

　　林希逸说:"'渠公之街',临街之门也。为阍者也。"

　　孙诒让说:"'当',当为掌。'渠',当为康,形近而误,齐康名贷,见《史记·齐世家》。'街',当为闬。"

【今译】

子綦有八个儿子,排列在面前,邀九方歅说:"给我儿子相命,谁有福?"

九方歅说:"梱最有福。"

子綦惊喜着说:"怎么样呢?"回说:"梱将会和国君共饮食以至终身。"

子綦黯然流泪说:"我的儿子为什么会弄到这种绝境呢?"

九方歅说:"和国君共饮食,恩泽普及三族,何况父母呢！现在先生听到却哭泣，这是拒绝福分。儿子有福，父亲却没有福了。"

子綦说："歊，你怎么知道，梱真有福吗？只不过酒肉到口鼻而已，你怎么知道它的来处呢？我没有畜牧而西南屋角却生出羊来，没有狩猎而东北屋角却生出鹦鹑来，从不觉奇怪，为什么？我和我儿子遨游的，乃是游于天地。我和他同乐于天，我和他求食于地；我不和他求功业，不和他图谋虑，不和他立怪异；我和他顺天地的实情而不使他和物相搅扰，我和他循任自然而不使他滞心于事之所宜。现在却有了世俗的报偿呀！凡是有怪异的征迹，必定有怪异的行径，危险啊！这不是我和儿子的罪过，大概是天给予他的罢！我因此才哭泣。"

没有好久梱被派去燕国，强盗在途中虏获他，整个拿他去卖掉却困难，不如切断了脚却容易，于是切断了脚卖到齐国，正好替渠公看门，不过倒是食肉终身。

一二

齧缺遇許由，曰："子將奚之？"

曰："將逃堯。"

曰："奚謂邪？"

曰："夫堯畜畜然⊖仁，吾恐其爲天下笑。後世其人與人相食與⊜！夫民，不難聚也；愛之則親，利之則至，譽之則勸，致其所惡則散。愛利出乎仁義，捐仁義者⊜寡，利仁義者衆。夫仁義之行，唯且無誠，且假夫禽貪者器⒁。是以一人之斷制利天下，譬之猶一覕⒂也。夫堯知賢人之利天下也，而不知其賊天下也，夫唯外乎賢者知之矣！"

【注釋】

⊖ 畜畜然：恤愛勤勞之貌（《釋文》引王穆夜說）。
⊜ 人與人相食與："與"，同歟。
　　陸德明說："言將馳走于仁義，不復營農，飢則相食。"
⊜ 捐仁義者："捐"，棄。指無視于仁義。
　　林雲銘說："'捐仁義者'，是與仁義相忘。即下面'外乎賢者'一流人，此樣人極不可得。"
⒁ 禽貪者器：貪求的工具。
　　林希逸說："貪如禽獸者，或假此仁義之名以為用。"
　　奚侗說："'禽貪'，猶凶貪。《易·恒卦》：'禽、凶協韻。'"
⒂ 覕：借為瞥（馬其昶《莊子故》引朱駿聲說）。
　　司馬彪說："覕，暫見貌。"

【今譯】

齧缺遇見許由，問說："你要到哪裡去？"
回說："要逃避堯。"

问说:"为什么呢?"

回说:"尧孜孜为仁,我怕他为天下人所讥笑。后世岂不要人和人相残食么!像人民,不难聚集;爱他便亲近,有利就来到,称赞他便勉励,给他所厌恶的就要离散。爱和利都出于仁义,无视于仁义的少,取利于仁义的多。仁义的行为,只有造成虚伪,而且还成为贪求的工具。这是以一个人的决断来取利天下,就好像是一瞥之见。尧知道贤人有利天下,而不知道他的贼害天下,只有扬弃贤人的人才知道啊!"

一 三

有暖姝㊀者,有濡需㊁者,有卷娄㊂者。

所謂暖姝者,學一先生之言,則暖暖姝姝而私自說也,自以爲足矣,而未知未始有物㊃也,是以謂暖姝者也。

濡需者,豕蝨是也,擇疏鬣㊄自以爲廣宮大囿,奎蹏㊅曲隈㊆,乳間股腳,自以爲安室利處,不知屠者之一旦鼓臂布草操煙火,而己與豕俱焦也。此以域進,此以域退㊇,此其所謂濡需者也。

卷娄者,舜也。羊肉不慕蟻,蟻慕羊肉,羊肉羶也。

舜有膻行，百姓悅之，故三徙成都，至鄧之虛⑭而十有萬家。堯聞舜之賢，舉之童土⑮之地，曰冀得其來之澤⑯。舜舉乎童土之地，年齒長矣，聰明衰矣，而不得休歸，所謂卷婁者也。

是以神人惡衆至，衆至則不比⑰，不比則不利也。故無所甚親，無所甚疏，抱德煬和⑱以順天下，此謂眞人。

於蟻棄知，於魚得計，於羊棄意⑲。以目視目，以耳聽耳，以心復心。若然者，其平也繩⑳，其變也循㉑。古之眞人，以天待人，不以人入天，古之眞人！

【注釋】

㊀ 暖姝(shū)：自許之貌（成《疏》）；淺見自喜之意（林希逸說）。
㊁ 濡需：偷安自得的意思。

　　陸德明說："謂偷安須臾之頃。"

　　林希逸說："'濡需'，濡滯而有所需待，貪着勢利之人也。"
㊂ 卷婁：猶拘挛（《釋文》）；形容形勞自苦的樣子。"婁"，同僂。〈逍遙遊〉作"卷曲"，〈大宗師〉作"曲僂"，同義。

　　成玄英說："傴僂挛卷，形勞神倦。"

　　林希逸說："'卷婁'，傴僂而自苦之貌。其意蓋言修德之人自以為名，而人皆歸之，反為所苦，終身勞役不能自已，借此以譏侮帝王也。"

④ 未知未始有物：不知道不曾有所得。

　　成玄英说："不知所学未有一物可称。"

⑤ 疏鬣(liè)：疏长的猪毛。"鬣"，兽头上的长毛。

⑥ 奎蹄："奎"，两髀之间(《说文》)。"蹄"，即"蹄"本字。

⑦ 曲隈：〔两股之间〕内曲深处。

　　郭庆藩说："案'曲隈'，胯内也。凡言'隈'者，皆在内之名。《淮南子·览冥训》：'渔者不争隈。'高注：'隈，深曲处。'……《僖二十五年左传》：'秦人过析隈。'杜注：'隈，隐蔽之处。'故知言'隈'者，皆在内曲深之谓。"

⑧ 此以域进，此以域退：进退为境所囿(宣颖《注》)；指受环境左右。

⑨ 邓之虚："邓"，在今河南省南阳附近。"虚"，赵谏议本作"墟"。

⑩ 童土：秃土(马叙伦说，童借为秃)，即荒地。

⑪ 冀得其来之泽：望得舜来而施泽(王先谦说)。

⑫ 不比：不和。

⑬ 炀和：养和(林云铭说)。"炀"，借为"养"(奚侗说)。

⑭ 于蚁弃知，于鱼得计，于羊弃意：这三句是用来衬托神人的。

　　林希逸说："蚁，至微之物也，而犹未尽能无知；羊，至愚者也，而犹未尽能无意；唯真人则无知矣，无意矣。故曰'于蚁弃知'，'于羊弃意'。鱼之在水，悠悠自得，真人之自为计，但如鱼然。"

⑮ 其平也绳：平直像绳子。

　　林希逸说："绳之平，自然之平。"

⑯ 循：顺。

【今译】

有沾沾自喜的,有苟安自得的,有劳形自苦的。

所谓沾沾自喜的,只学一家之言,就自鸣得意,自以为饱学,而不知道并无所得,这就是所谓沾沾自喜类的。

苟安自得的,像猪身上的跳虱,选择猪毛疏长的地方,就自以为是广宫大苑,在蹄边胯下,乳腹股脚之间,自以为是安全便利的处所,不知道屠夫有一天举臂放草持火把,自己和猪一同被烧焦了。这就是随环境荣进,随环境退亡,这就是所谓苟安自得类的。

劳形自苦的,如同舜。羊肉不爱蚂蚁,蚂蚁爱羊肉,因为羊肉有膻味。舜有膻味的行为,百姓喜欢他,所以三次迁都,至邓地的旷野而聚集了十几万家。尧听说舜的贤能,从荒地里选拔他出来,说是希望他来施恩泽。舜从荒地里被选拔出来,年龄大了,反应衰退,却不得退休,这是所谓劳形自苦类的。

因此神人讨厌召引众人,召引众人来就不和睦,不和睦就有不利的事。所以没有过分的亲近,没有过分的疏远,抱德养和来顺应天下,这就称为真人。

蚂蚁当抛弃慕羊肉的心智,如鱼般地自得,像羊似地抛弃意念。用眼睛看眼睛所能见的,用耳朵听耳朵所能闻的,用心灵观照心灵所能领会的。像这样,他的心灵是自然的平静,他的变动是自然的顺任。古时的真人,以自然待人事,不以人事干预自然,这便是古时的真人啊!

一四

得之也生,失之也死;得之也死,失之也生:藥也。其實堇㊀也,桔梗㊁也,雞廱㊂也,豕零㊃也,是時爲帝㊄者也,何可勝言!

句踐也以甲楯三千棲於會稽。唯種㊅也能知亡之所以存,唯種也不知其身之所以愁。故曰,鴟㊆目有所適,鶴脛有所節,解之也悲。

故曰,風之過河也有損焉,日之過河也有損焉。請只㊇風與日相與守河,而河以爲未始其攖也,恃源而往者也。故水之守土也審㊈,影之守人也審,物之守物㊉也審。

故目之於明也殆,耳之於聰也殆,心之於殉也殆。凡能其於府㊋也殆,殆之成也不給改。禍之長也茲萃㊌,其反也緣功㊍,其果也待久㊎。而人以爲己寶,不亦悲乎!故有亡國戮民無已,不知問是也。

【注释】

㊀ 实堇(jìn):药草,即乌头,治风冷痹。

㊁ 桔梗：药草，高尺余，花紫白色，茎可入药。治心腹血瘀症。

㊂ 鸡靡：即鸡头草。"靡"，本或作"壅"，音同。

㊃ 豕零：一名猪苓，根似猪卵，可以治渴（司马彪说）。

㊄ 时为帝："帝"，主，贵重。

　　吴汝纶说："'时为帝'，犹云迭为贵重。《淮南》：'时为帝者也。'高注：'时见贵也。'"（《庄子点勘》）

　　郭庆藩说："'时'者，更也；'帝'者，主也；言堇、桔梗、鸡靡、豕零，更相为主也。"

㊅ 种：即文种，官拜大夫，为越谋臣，助句践灭吴。

　　司马迁说："句践已平吴，……越兵横行于江、淮东，诸侯毕贺，号称霸王。范蠡遂去，自齐遗大夫种书曰：'飞鸟尽，良弓藏，狡兔死，走狗烹。越王为人长颈鸟喙，可与共患难，不可与共乐。子何不去？'种见书，称病不朝。人或谗种且作乱，越王乃赐种剑曰：'子教寡人伐吴七术，寡人用其三而败吴，其四在子，子为我从先王试之。'种遂自杀。"（见《史记》卷四十一《越王句践世家》）

㊆ 鸱（chī）：猫头鹰。

㊇ 请只：同纵使（胡文英《庄子独见》）。

㊈ 审：安定（成《疏》）。

　　林希逸说："审，定也，信也，谓决定如此也。"

　　王敔《注》："审，谓密而无闻。"

㊉ 物之守物：如水流湿，火就燥（林希逸说）。

㊀㊁ 府：脏府（林希逸说）；内府（宣颖说）；藏能之所（林云铭说）。

㊀㊂ 兹萃：愈多。"兹"，与"滋"同。"萃"，聚。

㊀㊃ 其反也缘功："反"，同返，指返自然、返本性。"功"，指"内视反

听"的修养(福永光司说)。

　　林云铭说:"反守其性,必因其功之素积。"

　　宣颖说:"欲反自然,须备学力。"

⑮ 其果也待久:"果",指自修的成就。

　　宣颖说:"果于自克亦待日久,言败之速救之难也。"

【今译】

　　得到它可以救生,没有它可能会死;但有时用了它也会致死,没用它也可存活,这便是药材的作用。像乌头、桔梗、鸡头、猪零这些药草,在处方里迭相为主药,怎能说得尽其中的妙蕴呢!

　　句践以武装三千人栖身在会稽,只有文种能知道败亡中图生存,但文种却不知道自身的祸患。所以说,猫头鹰的眼睛有所适用,鹤的脚胫有所适宜,截短了就悲哀。

　　所以说,风吹过河水就有所损,太阳照过河水就有所损。如果风和太阳一起吹晒着河水,而河水却未尝受损,这是由于恃着水源不断地流。所以水守住了土就黏固,影守住了人就依待不分,物守住了他物就融合不离。

　　所以眼睛过于外用求明就会危殆,耳朵过于外用求聪就会危殆,心思过于外用逐物就会危殆。凡是智能潜藏内心就会危殆,危殆的形成就不及悔改。祸患的滋长多端,返于本性的就需要修养功夫,自修的成就就需要长久时日。而人们却自以为耳目心思机能为可贵，岂不是太可悲了么！因此亡国杀人的事端没有停止，这是不知道探讨根由的缘故。

一五

故足之於地也踐㊀，雖踐，恃其所不蹍㊁而後善博也；人之於知也少，雖少，恃其所不知而後知天之所謂也。知大一㊂，知大陰㊃，知大目㊄，知大均㊅，知大方㊆，知大信㊇，知大定，至矣。大一通之，大陰解之，大目視之，大均緣之，大方體之，大信稽之，大定持之。

盡有天㊈，循有照㊉，冥有樞㊋，始有彼㊌。則其解之也似不解之者，其知之也似不知之也，不知而後知之。其問之也，不可以有崖㊍，而不可以無崖㊎。頡滑㊏有實，古今不代㊐，而不可以虧㊑，則可不謂有大揚搉㊒乎！闔不亦㊓問是已，奚或然爲！以不惑解惑，復於不惑，是尙大不惑。

【注释】

㊀ 足之于地也践：足所践者少（吕吉甫说）；人之行地，两足所践，

不过少许（林希逸说）。"践"，即踏，俞樾以为当作"浅"。

　　俞樾说："两'践'字并当作'浅'，或字之误，或古通用也。足之于地，止取容足而已，故曰足之于地也浅。……下文曰'人之知也少'，'少'与'浅'，文义相近。若作'践'，则不可通矣。"

㊁ 蹍（zhǎn）：同践，踏。

㊂ 大一：浑沦未判（陆长庚说）；道（郭《注》）。

　　福永光司说："知大一——万物根源的同一性的认识。"（《庄子外篇杂篇解说》，第153页）

㊃ 大阴：至静（林希逸说）。

㊄ 大目：所见者广（林希逸说）；视物所不视（褚伯秀说）。

　　福永光司说："知大目——天地自然世界大秩序的认识。"

㊅ 大均：同而不殊（林云铭说）。

　　福永光司说："知大均——天地造化平等无私的认识。"

㊆ 大方：无限。

　　福永光司说："知大方——实在世界无限定自由的认识。"

㊇ 大信：真实之理（林希逸说）。

㊈ 尽有天：极物之中有自然。

　　郭象《注》："物未有无自然者也。"

㊉ 循有照：循变之际而有觉照（宣颖说）。

　　成玄英《疏》："循，顺也。但顺其自然，智自照明。"

　　褚伯秀说"循有照则顺理而自明。"

㊉㊀ 冥有枢：冥默之地而有枢要（宣颖说）。

㊉㊁ 始有彼：太始之地而有彼端（宣颖说）。

㊉㊂ 不可以有崖：道无端（宣颖说）。"崖"，界际。

⑭ 不可以无崖：道又非无端（宣颖说）。
⑮ 颉滑：万物纷扰（成《疏》）。
⑯ 不代：不相代换（成《疏》）。
⑰ 不可以亏：宜各尽其分（成《疏》）。
⑱ 扬権：显扬妙理而榷实论之（郭《注》）。

　　王敔说："'扬'，举也。'榷'，引也，包举宇宙之理于七大之中。"按："七大"指上文所说的大一、大阴、大目、大均、大方、大信、大定。
⑲ 不亦：赵谏议本作"亦不"。

【今译】

　　足所踏的地很少，虽然少，还要依靠踏不到的而后才能达到广远；人所知的少，虽然少，还要依恃所不知的而后才能知道天道的自然。知道"大一"，知道"大阴"，知道"大目"，知道"大均"，知道"大方"，知道"大信"，知道"大定"，就是最好的了。大一来贯通，大阴来解化，大目来览照，大均来循顺，大方来体达，大信来稽核，大定来把握。

　　极物之中有自然，循变之际有觉照，冥默之境有枢机，太始之域有彼端。在这种情境中自然的解悟好像未曾知解，无心的知好像无所知，无心的知才是真知。追问它，不可以有限制，而不可以没有界际。万象纷纭中各有实理，古往今来不相代换，〔各尽其分〕而不可以亏损，这当中岂不是蕴涵着一项伟大的妙理么！为什么不追问这妙理,何必疑惑呢!以不疑惑来解释疑惑,返回到不疑惑的境界,还以为是大不惑。

则　　阳

〈则阳〉篇，由十一个单元汇编而成。其中篇末少知与大公调对话两节，讨论了宇宙论上的一些问题，颇有价值。"则阳"，人名，为一游士。取篇首二字为篇名。

本篇第一章，写游士的干禄竞进与圣人的恬退和乐。第二章，写圣人的心态。第三章，第一小段，"旧国旧都，望之畅然"，以故乡喻本性。人进入社群，逐物日久，一旦返复真性，内心感到舒畅。第二段，"冉相氏得其环中以随成"，写与物融合的心境。第四章，讥讽战国君主的争伐。第五章，借孔子赞市南宜僚，写隐士的恬淡凝寂。第六章，说为政鲁莽治民灭裂的弊害。第七章，柏矩游齐，见死刑示众，泣今世君主"重为任而罚不胜，远其涂而诛不至"，指责人君率先作伪，还要责罚谁呢？以前的人君"以得为在民，以失为在己"，当今的治者反是。第八章，写事物的变化没有止境，我们的判断无法有永恒的定准，我们的所知是有限的。未知的范围是广大的，我们要与时俱进，不可滞执故有的认识。第九章，三个史官论卫灵公的无道。第十章，少知和大公调对话，谈"同""异"的问题。"合异以为同"——万物("异")的整体即是道("同"),"散同以为异"——道("同")即散而为多样式的万物("异")。少知问什么是"丘里之言"?大公调遂由"丘里之言"说到浑同之"道"。天下万物千变万化,然而都遵照着自己的自然规律性发展着。世界发展的这种自然规律性就是"道"。第十一章为少知与大公调第二番问答,讨论万物起源的问题。这里指出我们认识的限度仅限于物(具体事物)的范围("极物而已")。至于物的起源的问题,是议论的止点("议之所止")。

出自本篇的成语,有触蛮相争、剑头一映、卤莽灭裂、百材皆度、木石同坛等。此外,本篇还提出万物殊理、道者为公、与物同理、非言非默等重要哲学命题。

一

则阳㊀游於楚,夷節㊁言之於王,王未之見,夷節歸。

彭陽見王果㊂曰:"夫子何不譚㊃我於王?"

王果曰:"我不若公閲休㊄。"

彭陽曰:"公閲休奚爲者邪?"

曰:"冬則擉㊅鼈於江,夏則休乎山樊㊆。有過而問者,曰:'此予宅也。'夫夷節已不能,而況我乎!吾又不若夷節。夫夷節之爲人也,無德而有知㊇,不自許㊈,以之神其交㊉,固顚冥㊋乎富貴之地,非相助以德,相助消㊌也。夫凍者假衣於春,喝者反冬乎冷風㊍。夫楚王之爲人也,形尊而嚴;其於罪也,無赦如虎;非夫佞人正德㊎,其孰能橈㊏焉!

"故聖人,其窮也使家人忘其貧,其達也使王公忘爵祿而化卑。其於物也,與之爲娛矣;其於人也,樂物之通而保己焉;故或不言而飲人以和,與人并立而使人化。父子之宜,彼其乎歸居㊐,而一閒其所施㊑。其於人心者,若是其遠也㊒。故曰待公閲休。"

【注释】

㊀ 则阳:姓彭,名阳,字则阳,鲁人(成玄英《庄子疏》)。

㊁ 夷节:夷姓,名节,楚臣(成《疏》)。

㊂ 王果:楚贤人(《释文》引司马彪说)。

㊃ 谭:同谈。

㊄ 公阅休:隐士。

㊅ 擉:刺(司马《注》);即今戮字(胡怀琛《庄子集解补正》)。

㊆ 山樊:山傍。

㊇ 无德而有知:无真德而有俗知(成《疏》);不知有天理而纯用私智(林希逸《口议》)。

㊈ 不自许:不以德自许(王郎说);不自甘淡薄(李钟豫译)。屈己随人(罗勉道说)。案"许"犹信。无德故不自信(王叔岷《庄子校诠》)。

㊉ 以之神其交:"之",当指上文"知"而言。以智巧神化他的交结(王敔说:"有知以神其交")。另一说,"以之",犹"因此"。"神",借为伸。"以之神其交",谓因此伸展其交游(王叔岷《校诠》)。

⑪ 颠冥:犹迷惑(司马《注》);颠倒昏昧(林云铭《庄子因》)。

⑫ 消:谓消其德(王敔说)。

⑬ 冻者假衣于春,暍者反冬乎冷风:指受冻的人借衣服盼春暖,中暑的人求冬天的冷风。"暍"(yē),中暑。"反",求(高亨说)。

林云铭说:"假衣于春,何足以救冻。反风于冬,何足以救暍。欲因夷节以求进,何以异此,言其无及于事也。"

奚侗说:"'反冬乎冷风',当作'反冷风乎冬'。《淮南·俶真训》作'冻者假兼衣于春,喝者望冷风于冬。'"(《庄子补注》)。

⑭ 佞人正德:指小人和正德之士。

王穆夜说:"正德以至道服之,佞人以才辩夺之。"(《释文》引)。

王敔说:"夷节,佞人也。阅休公,正德也。"(见王夫之《庄子解》内)

⑮ 桡:"挠"的借字,挠屈的意思。褚伯秀本、林希逸本及多种俗本"桡"作"挠"。

⑯ 父子之宜,彼其乎归居:意思是说使父子的关系,各得其所。"彼其",语助词,用法如《诗》云:"彼其之子。"(林希逸说)

郭象说:"使彼父父子子各归其所。"

⑰ 一闲其所施:"闲",清静无为的意思。即以清静无为的态度待人。

⑱ 其于人心者,若是其远也:指人的心灵相差遥远。

陈碧虚说:"超进者弊弊焉以干禄为事,与有道者之心相远去矣。"(见褚伯秀《南华真经义海纂微》所引)

林希逸说:"其于人心若是其远,犹言人之度量相远如是哉!盖谓公阅休之心如此,而彭阳之心若彼,其相去远矣。"

【今译】

则阳游历到楚国,夷节推荐给国王,国王没有接见,夷节就回家去。

彭阳见到王果说："先生为什么不在国王面前提我？"

王果说："我不如公阅休。"

彭阳说："公阅休是做什么的呢？"

回说："冬天在江里刺鳖，夏天在山旁休息。有过客问他，他说：'这是我的住宅。'夷节都不能够，何况我呢！我又不如夷节。夷节的为人，没有德操而有智巧，不能自我肯定，于是乃伸展他的交际手腕，他久已沉迷在富贵场中，无助于德行，反而损伤德性。受冻的人借衣服盼春暖，中暑的人求冬天的冷风。楚王的为人，形貌尊贵而威严；对于罪犯，如同猛虎毫不宽赦；要不是小人和正德之士，谁能说服他！

"所以圣人，当他贫穷的时候可以使家人忘去贫困，当他通达的时候可以使王公忘去爵禄而化为谦卑。他对于物，和谐共处；他对于人，乐于沟通而不失自己；因而常施不言之教而饮人以心灵之谐和，和人并立而使人感化。使父子的关系，各得其所，而以清静无为的态度待人。他的恬退和人的噪竞之心，相去这么遥远。所以说等待公阅休。"

二

聖人達綢繆⊖，周盡一體矣，而不知其然，性也。復命搖作㊁而以天爲師㊂，人則從而命之也㊃。憂乎知，而所行恆無幾時，其有止也，若之何㊄！

生而美者，人與之鑑，不告則不知其美於人也。若知之，若不知之，若聞之，若不聞之，其可喜也終無已，人之好之亦無已，性也。聖人之愛人也，人與之名，不告則不知其愛人也。若知之，若不知之，若聞之，若不聞之，其愛人也終無已，人之安之亦無已，性也。

【注释】

㊀ 绸缪：结缚（成《疏》）；束缚（林疑独说）。

　　褚伯秀说："世累纠缠，不得自在。"

㊁ 复命摇作：《老子》十六章："静曰复命。""摇作"，动作（《释文》）。

㊂ 以天为师：以自然为主。

㊃ 人则从而命之也："命"，名（《释文》）。

　　王敔说："谓之圣人者，人为之名耳。

㊄ 忧乎知，而所行恒无几时，其有止也，若之何：忧于智虑，而所行常不久，时或中止不能行，将奈它何！

　　林希逸说："忧乎知者，以人之私智，其忧万端多少计较，能几件计较得行，故曰'所行无几'。"

　　林云铭说："倘若出之有心，有忧其知之不足，则所行有限，而时或不能行者，将奈之何。此承上反言有心之为累也。"

【今译】

圣人贯通纠结,周遍万物合为一体,却不知道所以然,这是出于本性。静与动皆师法自然,人们因此称他为圣人。忧于智虑,而所行常不久,时或中止不能行,将奈它何!

生来美的,是别人给他的鉴定,如果人不相告便不知道比别人美。像是知道,又像是不知道,像是有所闻,又像是无所闻,他的欣喜竟无止时,人的喜好也无止时,这是出于本性。圣人的爱人,是人们〔有所感〕对他的称说,如果不相告便不知道他爱人。像是知道,又像是不知道,像是有所闻,又像是无所闻,他的爱人竟无休止,人们安于他的爱也没有休止,这是出于本性。

三

舊國舊都㊀,望之暢然;雖使丘陵草木之緡㊁,入之者十九㊂,猶之暢然。況見見聞聞㊃者也,以十仞之臺縣衆閒㊄者也!

冉相氏㊅得其環中㊆以隨成㊇,與物無終無始,無幾無時㊈。日與物化者,一不化者也㊉,闔嘗舍之㊊!夫師天而不得師天㊋,與物皆殉,其以爲事也若之何?夫聖人未始有天,未始有人,未始有始,未始有物⑪,與世偕行而不替⑫,所行之備而不洫⑬,其合⑭之也若之何?湯得其司御門尹登恆⑮為之傅之,從師而不囿,得其隨成。〔為之司其名;之名嬴法,得其兩見。仲尼之盡慮,為之傅之。〕⑯
容成氏⑰曰:"除日無歲,無內無外⑱。"

【注释】

① 旧国旧都:喻本性。
② 缗:茫昧不分的意思。〈在宥〉篇:"当我缗乎!"同此解。
③ 入之者十九:"入"与"没"同义(马其昶《庄子故》)。喻掩蔽了十分之九。

  林希逸说:"丘陵之上草木皆荒秽,比之昔日十失其九,但有一分相似处,犹且畅然有感。"

  俞樾说:"入者,谓入于丘陵草木所掩蔽之中也。"(《庄子平议》)

④ 见见闻闻:指亲身见闻到本来的面目。

  林希逸说:"求道之人,忽然自悟,得见其所自见,闻其所自闻者,皆本然固有之物,能不喜乎。佛氏所谓本来面目,本地风光便是此意。"

⑤ 县众闲:"县",同悬。"闲",同"间",林希逸本及褚伯秀本作"间"。"众闲",即众人之中(褚伯秀说);众人耳目之间(俞樾说)。

⑥ 冉相氏:古之圣王(郭《注》);《路史·循蜚纪》有冉相氏(俞樾说)。

⑦ 得其环中：语见〈齐物论〉："枢始得环中，以应无穷。""环中"，喻虚空。

⑧ 随成：随物自成。

　　郭象《注》："居空以随物，物自成。"

⑨ 无几无时："几"，借为"期"（马叙伦《义证》）。

　　林希逸说："'无几无时'，无古今也。'几'者，时节之变也。"

⑩ 日与物化者，一不化者也：随物与时变化的，内心却凝静不变。语见〈知北游〉。

⑪ 阖尝舍之：何尝舍离它。

　　王敔说："盍尝离其环中。"

⑫ 师天而不得师天：指效法自然若出于有心，便得不到效法自然的结果。

　　成玄英说："'师'者，仿效之名；'天'者，自然之谓。夫大块造物，率性而动，若有心学，乖于自然，故不得也。"

　　林希逸说："'师天而不得师天'，言以自然为法而无法自然之名。"

⑬ 物：一说作"殖"，即终。和上句"未始有'始'"相对为文。

　　章炳麟说："'物'，正字作'殖'。《说文》：'殖，终也。'"（《庄子解故》）

⑭ 替：废（成《疏》）；《尔雅》："替，止。"（马其昶说）

⑮ 沕：败坏（王穆夜说）；泥着而陷溺之意（林希逸说）。

⑯ 合：冥合（郭《注》）；无心合道（宣颖说）。

⑰ 司御门尹登恒："司御"，官名。"门尹登恒"，人名（林云铭说）。

⑱ 〔为之司其名；之名嬴法，得其两见。仲尼之尽虑，为之傅之〕：

这几句话的意思是说汤能虚己顺人,视名法为多余之相。林云铭说:"自'汤得其司御'至此,词句缪葛不清,恐有脱落错简,诸解纷纷附会,总说不去。"按林说甚是。这段文字的确晦涩难解。今译不译出,仅略加注释。"司",主。"司其名",司其治天下之名(褚伯秀说)。"之名嬴法",即此名法是多余的东西。"嬴",即余,剩。"两见"即两显,依褚伯秀之说:"得其两见,谓君臣相资而成治道,其迹著见于世。""尽虑"谓竭尽思虑。

⑨ 容成氏:传说古时作历的人。

俞樾说:"《汉书·艺文志》阴阳家有《容成子》十四篇,房中家又有《容成阴道》二十六卷。《淮南·本经篇》高诱注云:'容成氏,黄帝时造历日者。'"

⑩ 除日无岁,无内无外:去日便无岁,无内便无外。这话是说明内我的重要性。

宣颖说:"除去日子,更何有岁。外者,内所形也。若内先无得,更何有外。可见环中者,内心无心以握枢,故外能随成以任化。"

【今译】

自己的祖国和故乡,看到心里就舒畅;即使是丘陵草木杂芜,掩蔽了十分之九,心里仍觉舒畅。何况是亲身见闻到本来面目的呢,这好比十仞的高台悬在众人之间啊!

冉相氏处于"环中"而随物自成,和外物契合无终无始,无日无时。随物与时变化的,内心却凝静不变,何尝舍离虚空！有心效法自然便得不到效法自然的结果,和外物相追随,这样做是怎样呢？圣人不曾心存着天然,不曾心存着人事,不曾心存着始终,不曾心存着物我,与世同行而不中止,所行完备而不缺损,他的无心冥合是如何呢？汤得到他的司御门尹登恒拜为师傅,随从师傅而不为所囿限,得以顺物成性。容成氏说:"没有日子就没有年岁,没有内就没有外。"

四

魏瑩㊀與田侯牟㊁約,田侯牟背之。魏瑩怒,將使人刺之。

犀首㊂公孫衍㊃聞而恥之曰:"君爲萬乘之君也,而以匹夫從讎！衍請受甲二十萬,爲君攻之,虜其人民,係其牛馬,使其君內熱發於背。然後拔其國。忌㊄也出走,然後抶㊆其背,折其脊。"

季子㊇聞而恥之曰:"築十仞之城,城者既十仞矣,則又壞之,此胥靡㊈之所苦也。今兵不起七年矣,此王之基也。衍亂人,不可聽也。"

華子㊉聞而醜之曰:"善言伐齊者,亂人也;善言勿伐者,亦亂人也;謂伐之與不伐亂人也者,又亂人也。"

君曰:"然則若何?"曰:"君求其道而已矣!"

惠子聞之而見戴晉人⑪。戴晉人曰:"有所謂蝸者,君知之乎?"

曰:"然。"

"有國於蝸之左角者曰觸氏,有國於蝸之右角者曰蠻氏,時相與爭地而戰,伏尸數萬,逐北⑫旬有五日而後反。"

君曰:"噫!其虛言與?"

曰:"臣請爲君實之。君以意在四方上下有窮乎?"

君曰:"無窮。"

曰:"知遊心於無窮,而反在通達之國,若存若亡乎?"

君曰:"然。"

曰:"通達之中有魏,於魏中有梁⑬,於梁中有王。王與蠻氏,有辯⑭乎?"

君曰:"無辯。"

客出而君惝然⑮若有亡也。

客出⑯,惠子見。君曰:"客,大人也,聖人不足以當之。"

惠子曰："夫吹筦㊵也，猶有嗃㊶也；吹劍首㊷者，吷㊸而已矣。堯舜，人之所譽也；道堯舜於戴晉人之前，譬猶一吷也。"

【注释】

㊀ 罃：魏惠王名。

㊁ 田侯牟：指齐威王。

　　陆德明说："司马云：'田侯，齐威王也，名牟，桓公子。'案：《史记》，威王名因，不名牟。"

　　俞樾说："《史记》，威王名因齐。田齐诸君无名牟者，惟桓公名午，与牟字相似。牟或午之讹。然齐桓公午与梁惠王又不相值也。"

㊂ 犀首：官号。司马彪说："若今虎牙将军。"

㊃ 公孙衍：此三字原缺，依《疏》文及赵谏议本补（王孝鱼校）。

㊄ 忌：田忌，齐国将军。

㊅ 抶（chì）：打击。

㊆ 季子：魏匠。

㊇ 胥靡：徒役之人（成《疏》）。见〈庚桑楚〉。

㊈ 华子：魏匠。

㊉ 戴晋人：梁国贤人（《释文》）。

㊊ 逐北：追逐败北。

㊋ 梁：在今河南省开封县一带。魏惠王三十一年为秦所逼，迁都于大梁。

㊌ 辩：同"辨"，下句同。

㊍ 惝然：怅然，恍然如失（成《疏》）。见〈在宥〉篇。

⑮ 客出：这二字是上句复出。

　　王先谦说："上言'客出'，此'客出'二字当衍。"

⑯ 筦（guǎn）：同管。

⑰ 嗃：管声（《释文》）。

⑱ 剑首：谓剑环头小孔（司马彪说）。

⑲ 吷：音血，细声（宣颖说）。

【今译】

　　魏惠王和田侯牟约誓立盟，田侯牟背约，魏惠王愤怒，要派人去刺杀他。

　　公孙衍将军听了认为可耻说："君主是万乘大国的国君，却用匹夫的手段来报仇，我请求接受甲兵二十万，为君主攻打他，俘虏他的人民，掠取他的牛马，使他的君主内心焦急而病发于背。然后拔取他的国土。（使）田忌战败逃亡，然后鞭打他的背，折断他的脊骨。"

　　季子听到认为可耻说："建筑十仞城墙，城墙已经筑成十仞高了，又再毁坏它，这是徒役者所苦的事。现在战争不起有七年了，这是王业的基础。公孙衍是好乱的人，不可听从。"

　　华子听了认为可耻说："巧于劝说伐齐的，是好乱的人；巧于劝说不伐齐的，也是好乱的人；讨论伐和不伐为乱的人，也是好乱的人。"

　　君主说："那么怎么办呢？"

回说:"君主寻求虚静之道就是了!"

惠子听了引见戴晋人。戴晋人说:"有所谓蜗牛,君主知道吗?"

回说:"知道。"

〔戴晋人说:〕"蜗牛的左角有个国家名叫触氏,蜗牛的右角有个国家名叫蛮氏,常互相争地而争战,死亡数万,追逐败北的十五天才回军。"

君主说:"唉!这是虚话吗?"

回说:"臣请为君主实说。君主认为四方上下有穷吗?"

君主说:"无穷。"

说:"知道游心于无穷的境域,而返于通达之国,好像若有若无吗?"

君主说:"是的。"

问说:"通达国中有魏,在魏中有梁,在梁中有君王。君王和蛮氏,有分别吗?"

君主说:"没有分别。"

客人辞出而君王怅然若有所失。

客人走了,惠子进见。君王说:"客人,真是伟大,圣人也不足以并论。"

惠子说:"吹管箫的,还有音声;吹剑环的,只有一丝音响而已。尧舜,是人所称誉的;在戴晋人面前称赞尧舜,就好比一丝音响罢了。"

五

孔子之楚,舍於蟻丘之漿㊀。其鄰有夫妻臣妾登極㊁者,子路曰:"是稷稷㊂何爲者邪?"

仲尼曰:"是聖人僕也。是自埋於民,自藏於畔㊃。其聲銷,其志無窮,其口雖言,其心未嘗言,方且與世違而心不屑與之俱。是陸沈㊄者也,是其市南宜僚邪?"

子路請往召之。

孔子曰:"已矣!彼知丘之著㊅於己也,知丘之適楚也,以丘爲必使楚王之召己也,彼且以丘爲佞人也。夫若然者,其於佞人也羞聞其言,而況親見其身乎!而何以爲存?"

子路往視之,其室虛矣。

【注释】

㊀ 蟻丘之漿:"蟻丘",山名。"漿",卖浆家(李颐说)。
㊁ 登极:指登上屋的最高处。

　　林希逸说:"登极者,升其屋极而望人也。"

㊂ 稯稯：音总，字亦作"总"（《释文》）。"总总"，众聚（成《疏》）。成本作"总总"。

　　林希逸说："稯稯，纷纷也。"

㊃ 畔：田垅。

㊄ 陆沉：无水而自沉，喻隐者。

　　郭象《注》："人中隐者，譬无水而沉也。"

　　林希逸说："沉不在水而在陆，喻隐者之隐于市廛也。"

㊅ 著：明了。

【今译】

　　孔子到楚国，住宿在蚁丘的卖浆家。他的邻人有夫妻仆妾爬到屋顶观望，子路说："这里挤着一堆人要做什么？"

　　孔子说："这些是圣人的仆人。他自隐于民间，自藏于田园。他声名沉寂，他志向无穷，他虽有所言论，而内心却凝寂无言，和俗世相反而心不屑与世俗同流。是位自隐之士，岂不是市南宜僚吗？"

　　子路要求去请他。

　　孔子说："算了！他知道我了解他，知道我到楚国，以为我一定要请楚王邀聘他，他视我为佞人。像这样，他既羞于听佞人的言论，何况亲自见面呢！你怎么以为他留在那里呢？"

　　子路去看他，果然屋子是空的。

六

　　長梧封人㊀問子牢㊁曰："君爲政焉勿鹵莽,治民焉勿滅裂㊂。昔予爲禾,耕而鹵莽之,則其實亦鹵莽而報予;芸而滅裂之,其實亦滅裂而報予。予來年變齊㊃,深其耕而熟耰㊄之,其禾蘩以滋,予終年厭飧㊅。"

　　莊子聞之曰："今人之治其形,理其心,多有似封人之所謂,遁其天,離其性,滅其情,亡其神,以衆爲㊆。故鹵莽其性者,欲惡之孽㊇,爲性萑葦蒹葭㊈,始萌以扶吾形,尋擢吾性㊉;並潰漏發㊋,不擇所出,漂疽㊌疥癰,內熱溲膏㊍是也。"

【注释】

㊀ 长梧封人:"长梧",地名。"封人",守封疆之人(《释文》)。
㊁ 子牢:即琴牢,孔子弟子(司马彪说)。
㊂ 灭裂:轻薄。
㊃ 变齐:谓变更所法(司马说)。
　　王启说:"'齐',去声,与'剂'同。'变齐',谓改其旧方。"
　　奚侗说:"合乎法度曰'齐',此言'变齐',犹言变方法耳。"
按以上各说是,王先谦以"齐"为"整齐",非。

⑤ 耰(yōu)：锄(司马《注》)。

⑥ 厌飱：饱食。"厌"，同餍。

⑦ 以众为：以驰骛众事(宣颖说)。"众为"，司马彪本作"为伪"。

⑧ 欲恶之孽：好恶之害(林希逸说)。

⑨ 为性萑(huán)苇蒹(jiān)葭(jiā)：形容如芦苇蔽塞本性。"萑苇"、"蒹葭"，都属芦苇类。

⑩ 寻擢吾性：渐渐擢拔我的本性。

林希逸说："'寻'，渐也。'擢'，拔也。始者真性只为之蔽塞，及其甚也，渐渐拔而去之。"

⑪ 并溃漏发：谓精气散泄，上溃下漏(《释文》引李颐《注》)。

⑫ 漂疽："漂"，本亦作"瘭"。"瘭疽"，谓病疮脓出(《释文》)。

⑬ 溲(sōu)膏：谓虚劳人尿上生肥白沫(司马彪《注》)；溺精(成《疏》)。

【今译】

长梧封人向子牢说："你施政不要鲁莽，治民不要草率。从前我种禾，耕作时粗率，粮食的收成也就不丰；除草时马虎，粮食的收成也就微薄。我来年改变方法，深耕细锄，禾苗繁茂滋荣，我整年足食。"

庄子听到了说："现代人治理他的形体，修养他的心神，很多像封人所说的一样，逃避自然，疏离本性，绝灭真情，丧失精神，徇逐俗事。所以对本性鲁莽的，爱欲憎恶的为害，就如同芦苇般地蔽塞本性，开始时以这些欲念满足形体，渐渐地擢拔我的本性；于是上溃下漏，到处出毛病。脓疮疥疽,内热遗精都是。"

七

柏矩○学於老聃,曰:"請之天下遊。"

老聃曰:"已矣!天下猶是也。"

又請之,老聃曰:"汝將何始?"

曰:"始於齊。"

至齊,見辜人○焉,推而強○之,解朝服而幕之,號天而哭之曰:"子乎子乎!天下有大菑,子獨先離○之,曰莫爲盜!莫爲殺人!榮辱立,然後覩所病;貨財聚,然後覩所爭。今立人之所病,聚人之所爭,窮困人之身使無休時,欲無至此,得乎!

"古之君人者,以得爲在民,以失爲在己;以正爲在民,以枉爲在己;故一形有失其形者○,退而自責。今則不然。匿爲物而過不識○,大爲難而罪不敢,重爲任而罰不勝,遠其塗而誅不至。民知力竭,則以僞繼之,日出多僞,士民安取不僞!夫力不足則僞,知不足則欺,財不足則盜。盜竊之行,於誰責而可乎?"

【注释】

㊀ 柏矩：柏，姓；矩，名。怀道之士，老子门人（《释文》）。

㊁ 辜人：死刑示众者。

　　俞樾说："辜，谓辜磔也。《周官》：'掌戮杀王之亲者辜之。'郑注：'辜之言枯也，谓磔之。'是其义。〈汉景帝纪〉'改磔曰弃市。'颜注：'磔，谓张其尸也。'是古之辜磔人者，必张其尸于市。"

㊂ 强：字亦作"彊"（《释文》），借为"僵"。按：《玉篇》引正作"僵"（马叙伦《义证》）。"僵"，倒卧的意思。

㊃ 离：罹（成《疏》）。

㊄ 一形有失其形者："一形"，人（王先谦说）。指有一人受到损害。

㊅ 匿为物而过不识："过"，原作"愚"，据俞樾之说改。

　　俞樾说："下文：'大为难而罪不敢，重为任而罚不胜，远其涂而诛不至'，曰'罪'，曰'罚'，曰'诛'，皆谓加之以刑也。此曰'愚'，则与下文不一律矣。《释文》曰：'愚，一本作遇。''遇'疑'过'字之误。《广雅·释诂》曰：'过，责也。'因其不识而责之，是谓过不识。《吕览·适威篇》曰：'烦为教而过不识，数为令而非不从，巨为危而罪不敢，重为任而罚不胜。'与此文义相似，而正作'过不识'。高诱注训'过'为'责'，可据以订此文之误。'过'误为'遇'，又臆改为'愚'耳。"

【今译】

　　柏矩求学于老聃，说："请求游历天下。"

老聃说:"算了! 天下和这里一样。"

再请求,老聃说:"你先要去哪里?"

回说:"先去齐国。"

到了齐国,看见受刑示众的尸体,就推动尸体使他倒卧,脱下朝服覆盖他,仰天号哭说:"先生呀! 先生呀! 天下有大患,你却先遭难,〔俗语〕说不要为盗,不要杀人! 荣辱来临,然后看出它的弊病;财货积聚,然后看出它的争攘。现在树立了人所诟病的,积聚了人所争攘的,使人的身体穷困而无休止的时刻,要想不走入这种地步,办得到么!

"古时候的人君,把有所得归功于人民,把有所失归咎于自己;以为正道在于人民,以为过错在于自己;所以只要有一个人丧失了生命,就退而自责。现在却不是这样。隐匿真相而责备百姓不知,制造困难却归罪人民不敢做,增加事务却惩罚人不胜任,延长途程却加诛人的不能达到。人民知穷力竭,就以虚伪的来应付,〔人君〕常做伪事,士民怎能不虚伪呢! 能力不足便做假,智慧不足便欺骗,财用不足便盗窃。盗窃的风行,要责备谁才是呢?"

八

蘧伯玉㊀行年六十而六十化,未嘗不始於是之而卒詘之以非也，未知今之所謂是之非五十九非也。萬物有乎生而莫見其根，有乎出而莫見其門。人皆尊其知㊀之所知而莫知恃其知之所不知而後知，可不謂大疑乎！已乎已乎！且無所逃。此所謂然與，然乎？

【注释】

㊀ 蘧伯玉：卫国贤大夫。已见〈人间世〉。
㊁ 其知："知"，音智。下句"其知"的"知"，亦作"智"解。

【今译】

蘧伯玉行年六十而六十年与时俱化，未尝不开始时认为是而最后斥为非的，不确定现在所认为是的而不是五十九岁前所认为非的。万物有它的诞生却不见它的本根，有它的出处却不见它的门径。人们都重视他智慧所能知的，而不知道凭借他智慧所不知道而后知道的道理，可不是大疑惑么！罢了罢了！避免不了这种错误，这样说是对呢，果真是对吗？

九

仲尼問於大史㊀大弢、伯常騫、狶韋㊁曰："夫衛靈公飲酒湛樂㊂，不聽國家之政；田獵畢弋㊃，不應諸侯之際㊄；其所以爲靈公者何邪？"

大弢曰："是因是㊅也。"

伯常騫曰："夫靈公有妻三人，同濫㊆而浴。史䲡㊇奉御而進所㊈，搏幣而扶翼㊉。其慢若彼之甚也，見賢人若此其肅也，是其所以爲靈公也。"

狶韋曰："夫靈公也死，卜葬于故墓㊀不吉，卜葬於沙丘㊁而吉。掘之數仞，得石槨焉，洗而視之，有銘焉，曰：'不馮其子，靈公奪而里之㊂。'夫靈公之爲靈也久矣，之二人何足以識之㊃！"

【注释】

㊀ 大史："大"音太（《释文》）。成《疏》本作"太史"，即史官。
㊁ 大弢、伯常骞、狶韦：三位史官姓名。
㊂ 湛乐：耽乐。"湛"，乐之久（《释文》）。
㊃ 毕弋：狩猎用具。"毕"，大网。"弋"，绳系箭而射（成《疏》）。
㊄ 诸侯之际：诸侯的交际，指盟会之事。
㊅ 是因是：这就是因为他能够这样的缘故。言灵公平时聪明神灵（李勉《注》）。

　　郭象说："灵即是无道之谥也。"案郭《注》恐非。

　　李勉说："此句郭《注》、成《疏》、王解及其他家注解均误。案此段答孔子之问有三人，大弢、伯常骞皆言灵公善，为灵公而辩护也。独狶韦言灵公之非。下文狶韦曰：'之二人何足以识之'，即言大弢、伯常骞二人所言不合也。'狶韦'，古帝王名也，见〈大宗师〉篇。庄子盖借重狶韦以讽灵公也，此重言也。'是因是也'为含糊之词，不欲详言也，白话文为'这就是因为这样……'之意。'是'，这也。大弢盖不欲多言，只含糊其词，意实言灵公之善也。其意盖言灵公之所以谥为灵公，是因其神灵之故也。"

⑦ 滥：浴器（《释文》）。

奚侗说："'滥'，借为'鉴'。《说文》曰：'鉴，大盆也。'"

⑧ 史鰌："鰌"音秋。即史鱼（司马彪说）。

⑨ 奉御而进所："奉御"，犹今言召对（林希逸说）。"进所"，进于君所（王敔《注》）。

⑩ 搏币而扶翼：接取币帛而扶着他。"搏"，执。使人代执其币（刘凤苞《南华雪心编》）。"币"，帛（《释文》）。"扶翼"，使小臣扶掖之（陆长庚说）。"翼"，通作"掖"，"扶翼"即扶掖，掖者，以手持人臂，见《说文》（李勉说）。

明人方扬说："'奉御'，犹今言召对。公使人扶翼之，言有礼也。同浴是一事，奉御又是一事，不必同时。"（《庄义要删》，焦竑《庄子翼》引）按方说"同浴是一事，奉御又是一事"，极是。旧注多混为一事，故各解混淆难明。

清人胡文英说："'奉御而进所'，犹后世之值宿办事也。'搏币'，史鰌治宗庙朝廷之事，奉币而进，公使人代执其币，而又使人扶而翼之。"（《庄子独见》）

⑪ 故墓：一本作"大墓"（《释文》）。"故"，同古。

⑫ 沙丘：地名，在盟津河北（成《疏》）。

㊶ 不冯其子，灵公夺而里之："冯"，音凭(《释文》)，即凭取而居之。"里"，居处(《释文》)。

李勉说："察上下文，此石椁是先天预置，故云不冯其子也。盖父之死，必凭其子安葬，今石椁已天为预置，故不须依凭其子为之置也。'夺'，取也。'里'，居也。谓天已预为置石椁，灵公可取而居之。此言灵公为恶殊甚，天欲早亡之，故先为预置石椁而且铭其上焉。卫灵公之暴无可形容，见《左传》。"

㊷ 之二人何足以识之："二人"指大弢及伯常骞，责二人所言灵公之善为不知其真(李勉说)。

【今译】

孔子问太史大弢、伯常骞以及狶韦说："卫灵公饮酒作乐，不过问国家政事；打猎捕兽，不参与诸侯盟会；他所以谥号灵公，为什么呢？"

大弢说："这谥号就是因为他能这样的缘故。"

伯常骞说："灵公有三个妻子，和她们在同一个浴盆洗澡。史鰌奉召而进君所，灵公叫人接过他手上的东西，并使人扶着他。他生活的另一面是那样地散漫，见到贤人是这样地尊敬，这是他所以被称为灵公的缘故。"

狶韦说："灵公死了，卜葬在祖先墓地不吉，卜葬在沙丘则吉利。掘地几丈，发现了一个石椁；洗干净来看，上面有铭文说：'不必依赖子孙〔制棺椁〕，灵公可取而居之。'灵公的谥号为'灵'已经是很久了,他们两人怎么能知道呢!"

一〇

少知問於大公調㊀曰:"何謂丘里之言㊁?"

大公調曰:"丘里者,合十姓百名而以爲風俗也,合異以爲同,散同以爲異㊂。今指馬之百體而不得馬,而馬係於前者,立其百體而謂之馬也。是故丘山積卑而爲高,江河合小而爲大㊃,大人合幷而爲公。是以自外入者,有主而不執;由中出者,有正而不距㊄。四時殊氣,天不賜㊅,故歲成;五官殊職,君不私,故國治;文武殊能,大人不賜㊆,故德備;萬物殊理,道不私,故無名。無名故無爲,無爲而無不爲。時有終始,世有變化。禍福淳淳,至有所拂者而有所宜㊇;自殉殊面㊈,有所正者有所差。比於大澤,百材皆度;觀于大山,木石同壇㊉。此之謂丘里之言。"

少知曰:"然則謂之道,足乎?"

大公調曰:"不然。今計物之數,不止於萬,而期曰萬物者，以數之多者號而讀⑪之也。是故天地者，形之大者也；陰陽者，氣之大者也；道者爲之公。因其大而號以讀之，則可也，已有之矣，乃將得比哉⑫？則若以斯辯⑬，譬猶狗馬，其不及遠矣！"

【注释】

㊀ 少知问于大公调："少知"，知识浅少。"大公调"，广大公正调和众物。这里寓托为人名。

　　成玄英说："智照狭劣，谓之'少知'。道德广大，公正无私，复能调顺群物，故谓之'大公调'。假设二人，以论道理。"

㊁ 丘里之言：四井为邑，四邑为"丘"；五家为邻，五邻为里（《释文》引李颐《注》）；"丘里之言"，犹公论（陈寿昌说）。

　　宣颖说："借丘里之言，发出浑同之道，可谓即小悟大。"

㊂ 合异以为同，散同以为异："同""异"为先秦名家所辩论的问题之一。〈秋水〉篇载公孙龙"合同异"说。〈天下〉篇记述惠施"小同异"、"大同异"之说。

　　宋人吕惠卿说："合姓名为丘里，异为同也。散丘里为姓名，同为异也。非如一家之言，异不能同，同不能散也。"（《庄子义》）

　　林希逸说："一里之中，有十姓百名，人物虽异，而风俗则同，'合异以为同'之喻也。'合异以为同'，万物同一理也。'散同以为异'，物物各具一理也。"

㊃ 江河合小而为大："合小"原作"合水"。一本作"合流"（《释文》）。依俞樾之说改。

俞樾说:"'水'乃'小'字之误。'卑''高''小''大',相对为文。"按原作"合水"或一本作"合流",亦通。然上句丘山积"卑"而为"高","卑""高"与此句"小""大"对文,俞说为胜。

严灵峰说:"俞说近是也。《墨子·亲士篇》:'江河不恶小谷之满己也,故能大。'按:古书每以'大'、'小','大'、'细'对言;如《老子》六十三章:'为"大"于其"细"。'因依俞说改。"

㊄ 自外入者,有主而不执;由中出者,有正而不距:事物从外界进入,心中虽有所主却不执着成见;由内心发出的,虽有所取正却不排拒他人。

林云铭说:"'自外入者',听言。听人之言,吾心虽有所主而不可执定一己之见。'由中出者',立言。立言垂训,吾心虽有取正,而不可拒逆他人之意。如此方可合异而归同。"(《庄子因》)

㊅ 天不赐:"赐"为"私"的借字。

马叙伦说:"'赐'疑借为'私'。下文曰:'五官殊职,君不私,故国治。'辞例相同。此作'赐'者,为美耳。"

㊆ 文武殊能,大人不赐:"殊能"二字缺遗,依王叔岷《校释》补上。宣颖本"文武"下增"殊才"二字。

奚侗说:"案此与下文不一律,亦难通;'文武'下有脱文。"

王叔岷说:"案此文义颇难通。审《注》:'文者自文,武者自武,非大人所赐也。若赐而能,则有时而阙矣。'《疏》:'文相武将,量才授职,各任其能,非圣与也。'疑'文武'下原有'殊能',与上文'四时殊气'、'武官殊职'、'万物殊理',句法一律。"按王说是,当据补。

㊇ 祸福淳淳,至有所拂者而有所宜:谓祸福循环流变。"淳淳",

流动貌(《释文》引王穆夜说)。"拂",逆。

林希逸说:"'淳淳',流行自然也。吉凶祸福之至,倚伏无常,或有所拂逆,而反为宜。塞翁得马失马之意也。'拂',逆也,不如意也。'宜',如意也。"

⑨ 自殉殊面:"殉"通徇,营求。殊面,各方面(李勉《注》)。

成玄英说:"'殉',逐也。'面',向也。夫彼此是非,纷然固执,故各逐己见而所向不同也。"

⑩ 同坛:同地(林希逸说)。"坛",基(成《疏》)。

⑪ 读:犹语(《释文》引李颐《注》)。

⑫ 已有之矣,乃将得比哉:"有之",指有道之名。"比",指把大道与丘里之言相比(曹础基说)。

⑬ 辩:辨,别。

【今译】

少知问大公调说:"什么是丘里之言?"

大公调说:"所谓丘里,是集合十姓百人而形成一个风俗,结合差异而成为同一,分散同一而成为差异。现在专指马的每个小部分便不得称为'马',可是把马拴在人的面前,总合它的形体各个部位才称为马。所以丘山是聚积卑小才成为高,江河是汇合众水才成为大,大人是采纳各方才算是公。所以事物从外界进入心中,心中虽有主意却不固执成见;由内心发出的,内心虽有正理却不排拒他人。四时不同的气候,天不偏私,所以岁序完成;五官不同的职务，君不自私，所以国家安定；文武不同的才能，大人不偏私，所以德性完备；万物不同的理则，道不偏私，所以无所名称。无所名称谓所以无所干预，无所干预便没有什么做不成的。时序有终始，世事有变化。祸福流变，有所乖逆却也有所适宜；各自追求不同的方面，有所确当却也有所差失。譬如大泽，各种材木都有它的适用；观看大山，木石盘结一起。这就称为丘里之言。"

少知说："那么称为道，可以吗？"

大公调说："不是的。现在计算物的种数，不止于万，而限称为万物，是以数目中最多的来号称它。所以天地，是形体中最大的；阴阳，是气体中最大的；道则是总括一切。因为它的浩大而这样称呼是可以的，已有道的名称还能和它相比吗？如果要把大道和丘里之言去辨别，就好像狗和马相比，相差太远了。"

一一

少知曰："四方之內，六合之裡，萬物之所生惡起？"

大公調曰："陰陽相照⊖，相蓋相治◎；四時相代，相生相殺。欲惡去就，於是橋起⊜；雌雄片合㊃，於是庸有㊄。安危相易，禍福相生，緩急相摩，聚散以成。此名實之可紀，精微之可志㉘也。隨序之相理，橋運㉙之相使，窮則反，終則始；此物之所有㉚。言之所盡，知之所至，極物而已。覩道之人，不隨㉛其所廢，不原其所起，此議之所止。"

少知曰："季眞之莫爲㉜，接子之或使㉝，二家之議，孰正於其情，孰徧於其理？"

大公調曰："雞鳴狗吠，是人之所知；雖有大知，不能以言讀其所自化，又不能以意測其所將爲㉞。斯而析之，精至於無倫㉟，大至於不可圍，或之使，莫之爲，未免於物，而終以爲過。或使則實，莫爲則虛。有名有實，是物之居；無名無實，在物之虛。可言可意，言而愈疏。未生不可忌㊱，已死不可徂㊲。死生非遠也，理不可覩。或之使，莫之爲，疑之所假㊳。吾觀之本，其往無窮；吾求之末，其來無止。無窮無止，言之無也，與物同理㊴；或使莫爲，言之本也㊵，與物終始。道不可有，有不可無㊶。道之爲名，所假而行㊷。或使莫爲，在物一曲㊸，夫胡爲於大方㊹？言而足，則終日言而盡道；言而不足，則終日言而盡物。道物之極㊺，言默不足以載；非言非默，議有所極。"

【注释】

㈠ 相照：相应（林希逸说）。

㈡ 相盖相治：相消相长（李钟豫今译），与下句“相生相杀”同意。

俞樾说：“‘盖’当读为‘害’。《尔雅·释言》：‘盖，割裂也。’《释文》曰：‘盖，舍人本作害。’是‘盖’、‘害’古字通。阴阳或相害，或相治，犹下句云四时相代相生相杀也。”

㈢ 桥起：高劲，言所起之劲疾（《释文》引王穆夜说）；即突然而起之义（明陈深《庄子品节》）；犹言蜂起（马其昶《庄子故》）。

㈣ 片合：分合（林希逸说）；指阴阳片分而相合为一。

胡文英说：“‘片’，与‘牉’同。《仪礼》：‘夫妇牉合’，谓合其半以成夫妇。”

㈤ 庸有：常有。“庸”，常（成《疏》）。

㈥ 志：成本作“誌”。“志”与“誌”通，作“志”是故书（王叔岷说）。

㈦ 桥运：桥起而运行。

㈧ 此物之所有：这是物所具有的现象。“此”，即指上文“桥运之相使，穷则反，终则始”的事物运转变化之规律与现象而言。按这句是承上文的结语，然近人标点，多误将此句属下读。理雅各（James Legge）及 Burton Watson 等英译本，以此句承结上文而断句，为确。

㈨ 随：犹追究。

㈩ 季真之莫为：季真，不知道是什么人。季真主张“莫为”，就是认为万物都是自然地生出来的，不是由于什么力量的作为（冯友兰〈论庄子〉，见《庄子哲学讨论集》，第 122 页）。

(十一) 接子之或使：接子可能就是《史记·田完世家》里边所说的接子，也是稷下的学者之一。接子主张“或使”，就是认为总有个什么东西,使万物生出来的(冯友兰说)。

　　近人陈荣捷说:"《史记》记载接子游稷下,《正义》说他是齐人。《盐铁论》记载稷下分散时"捷子亡去"。接子,捷子,同是一人。《汉书·艺文志》道家有《捷子》二篇,注说齐人。书已亡了。此外不详。钱穆以为他的年代大约是前三五〇—二七五年。"(〈战国道家〉,载中央研究院《历史语言研究所集刊》第 44 本第 3 分)

⑪ 又不能以意测其所将为:"测"字缺遗,依王叔岷《校释》据成《疏》补上。

　　王叔岷说:"案《疏》:'不能用意测其所为',疑成本'意'下有'测'字。'不能以意测其所将为',与上文'不能以言读其所自化'相耦,今本挩'测'字,则文意不完矣。"

⑫ 精至于无伦:"伦",比(王先谦《集解》)。谓精微至于无比。

⑬ 忌:禁(成《疏》)。

⑭ 徂:亦作"阻"。赵谏议本作"阻"。

⑮ 疑之所假:疑惑所立的假设。

⑯ 言之无也,与物同理:言论所不能表达的,但和物象具有同一的规律。

⑰ 言之本也:指言者以"或使"或"莫为"之说为本。

⑱ 道不可有,有不可无:指道不可执着于有形,也不可执着于无象。

⑲ 道之为名,所假而行:道的为名,乃是假借之称。如《老子》二十五章所说:"吾不知其名,强字之曰道。"

⑳ 一曲:一隅、一边、一偏的意思。

㉑ 大方:即大道。

㉔ 道物之极：有数解：一说道、物之极；指道和物两者的极限。一说道，物之极；即道者物之极处（刘凤苞《南华雪心编》）。另一说"物"字误衍，见李勉《庄子总论及分篇评注》。

李勉说："'物'字误衍，此仅指道而言（物固可以言默而载，上文已言，又焉能谓之不足以载）。李说似可从。

【今译】

少知说："四方之内，六合之中，万物从哪里产生？"

大公调说："阴阳相应，相消相长；四时循环，相生相杀。欲、恶、去、就，于是相继起伏；雌雄交合，于是世代长传。安危互相更易，祸福互相产生，缓急互相交替，聚散因以形成。这是有名实可以识别的，有精微可以记认的。依循时序的规律，起伏而运行的变化，物极则返，终而复始；这是万物所具有的现象。言论所穷尽的，知识所达到的，限于物的范围罢了。识道的人，不追随物的消逝，不探究物的起源，这是议论的止点。"

少知说："季真所说的'莫为'，接子主张的'或使'，两家的议论，谁偏于理？"

大公调说："鸡鸣狗吠，这是人所知道的；即使有大智慧的人，并不能用语言来说明它们所以会鸣叫的原因，也不能用心意去推测它们还会产生什么动作。由这分析起来，精微至于无比，浩大至于无限，断言或有所使，肯定莫有所为，都未免在物上立论，而终究是过而不当的。'或使'的主张则太拘泥，'莫为'的说法则过于虚空。有名有实，是物的范围；无名无实，不属于物的范围。可用言说可用意会，但愈用言说却愈疏离。未生的不能禁止其生，已死的无法阻止其死。死生并不远隔，道理却不能了解。或有所使，莫有所为的主张，都是疑惑所立的假设。我看它的本源，它的过往无穷；我求它的迹象，它的未来无尽。无穷无尽，是言语所无从表达，但和物象具有同一的规律；'或使''莫为'，为言论所本，而和物象同始终。道不可执着于有形，也不可执着于无象。道的为名，乃是假借之称。'或使''莫为'的主张，限于物的一偏，怎能达于大道？言论周遍，则终日言说都是道；言论而不周遍，则终日言说尽是物。道〔和物〕的极处，言论和沉默都不足以表达；既不言说又非沉默，这是议论的极致。"

外　　物

〈外物〉篇，由十三章文字杂纂而成。各章意义散乱而不相关联。"外物"，即外在事物。取篇首二字为篇名。

本篇第一章，申说外在的事物没有一定的准则。如忠未必能取信，孝未必能见爱，并举史实为例以说明。第二章，庄周家贫的故事。第三章，任公子钓大鱼，喻经世者当志于大成。第四章，儒以诗礼发冢的故事，写儒者口唱诗礼，却资以盗墓，这和〈胠箧〉篇所写强权者借仁义以盗国盗民一样。第五章，老莱子告诫孔子的寓言，要人去除行为的矜持与容貌的机智。第六章，宋元君梦神龟的寓言，在于说"知有所困，神有所不及"。第七章，惠子与庄子对话，申"无用之用"的意义。第八章，庄子曰一段，写宇宙的流转及社会人事的变易，评学者是古非今之谬，赞至人"游于世而不僻，顺人而不失己"。第九章，写心胸不可逼狭，心灵应与自然共游。第十章，"德溢乎名"一小段，写谋虑智巧则伤自然之德。第十一章，"静然可以补病"一小段，写宁静的功效。第十二章，"演门有亲死者，以善毁爵为官师，其党人毁而死者半"一小段，写矫性伪情之遇。第十三章,"得鱼忘筌"、"得兔忘蹄"的名句,即出于此篇末一段。后代禅宗发挥了这"得意忘言"之义。

本篇除了提出"得意忘言"这一哲理性的哲学命题之外,还创造了任公垂钓、儒生发冢、神龟失算等富有启发性的寓言。此外,枯鱼之肆、尊古卑今、妇姑勃豀、得鱼忘筌等成语,亦见于本篇。

一

外物不可必㊀，故龍逢誅，比干戮㊁，箕子㊂狂，惡來㊃死，桀紂亡。人主莫不欲其臣之忠，而忠未必信，故伍員㊄流於江，萇弘死於蜀㊅，藏其血三年而化爲碧㊆。人親莫不欲其子之孝，而孝未必愛，故孝己憂㊇而曾參悲㊈。木與木相摩則然㊉，金與火相守則流。陰陽錯行㊊，則天地大絯㊋，於是乎有雷有霆，水中有火㊌，乃焚大槐。有甚憂兩陷㊍而無所逃，螴蜳㊎不得成，心若懸於天地之間，慰暋㊏沈屯㊐，利害相摩，生火甚多㊑，衆人焚和㊒，月固不勝火㊓，於是乎有僓然而道盡㊔。

【注释】

㊀ 外物不可必："必"，谓必然（成《疏》）。这话是说外在的事物不能有定准。
㊁ 龙逢诛，比干戮：〈人间世〉篇说："桀杀关龙逢，纣杀王子比干。"〈胠箧〉篇说："龙逢斩，比干剖。"
㊂ 箕子：殷纣庶叔，贤臣。
㊃ 恶来：殷纣王的谀臣。《史记·殷本纪》说："恶来善毁谗。"
㊄ 伍员：即伍子胥。已见于〈胠箧〉篇："子胥靡。"又见于〈至乐〉

篇:"子胥争之,以残其形。"

⑥ 苌弘死于蜀:苌弘是周灵王的贤臣,被放归蜀,刳肠而死。已见于〈胠箧〉篇:"苌弘胣。"

⑦ 而化为碧:《说文·系传一》引当作"化而为碧"(王叔岷《校释》)。"碧",指碧玉。

⑧ 孝己忧:殷高宗的儿子,遭后母折磨,忧苦而死。

⑨ 曾参悲:曾参不被父母所爱而悲伤。

成玄英说:"曾参至孝,而父母憎之,常遭父母打,邻乎死地,故悲泣也。"

林希逸说:"曾子未见悲泣之事,想以芸瓜大杖则走之事言之。"

⑩ 木与木相摩则然:"然",同燃。《御览》八六九正引"燃"。

俞樾说:"《淮南子·原道篇》亦云:'两木相摩而然。'然两木相摩,未见其然。下句云'金与火相守则流。'疑此句亦当作'木与火'。下文云:'水中有火,乃焚大槐。'又云:'利害相摩,生火甚多,众人焚和,月固胜火。'是此章多言火,益知此文之当为'木与火'矣。盖木金二物皆畏,故举以为言,见火之为害大也。"按俞说可存。古人钻木取火,即以两木相摩而燃,所以本句不必改字亦可通。

⑪ 阴阳错行:阴阳错乱。与〈大宗师〉篇:"阴阳之气有沴。"及〈在宥〉篇:"阴阳并毗"同。

⑫ 絯:音骇(《释文》),惊动的意思。《御览》一三、八六九引作"骇"。

⑬ 水中有火:指雨中有电。

⑭ 两陷:陷入了利害两端(李钟豫今译)。

林希逸说:"两陷,非有人道之患,则有阴阳之患也。〈人间世〉云:'是两也',即此意。"(《南华真经口义》)按两陷一词,各家解释纷纭,以林说较可通。

⑮ 蜄(chén)蜳(chún):犹怵惕(成《疏》)。

⑯ 慰暋:郁闷(《释文》)。

马叙伦说:"'暋'借为'㥃'。《说文》曰:'㥃,乱也。'"(《庄子义证》)

⑰ 沉屯:"沉",深。"屯",难(《释文》引司马彪说);沉溺(成《疏》)。

马叙伦说:"'屯'为'𢥠'省。《说文》曰:'𢥠,乱也。'"按"屯"、"闷"音近义通。"沉屯"有沉闷之意。

⑱ 生火甚多:指内心很焦急。

⑲ 众人焚和:指众人沉溺于利害争执而焚伤了心中的和气。

⑳ 月固不胜火:"月",形容人心的清澈。"火",形容内心的焦急。即是说内心的清澈不能克服焦急。

刘凤苞说:"'月'字借喻清明之本性。'火'字即利害之薰灼也。"(《南华雪心编》)

㉑ 㥉然而道尽:"㥉",音颓(《释文》)。"㥉然"即颓然。"尽"喻丧尽。

【今译】

外在的事物不能有定准,故而龙逢被诛,比干遭杀,箕子佯狂,恶来身死,桀纣灭亡。君主没有不希望他的臣子忠心,然而忠心却未必能取信,所以伍员浮尸于长江,苌弘自杀于四川，他的血藏了三年化成为碧玉。父母没有不希望他的儿女孝顺，然而孝顺却未必能见爱，所以孝己忧苦而曾参悲愁。木与木相摩而燃烧，金与火相接则熔化。阴阳错乱，则天地大震，于是有雷有霆，雨中有电，乃殛焚大槐树。有人忧虑过甚陷入利害两端而无所逃避，怵惕不安而无所成，心像悬在天地之间，忧郁沉闷，利害相冲，内心很焦急，众人常伤了内心和气，内心的清宁不能克制焦急，于是会精神颓靡而道理丧尽。

二

莊周家貧，故往貸粟於監河侯⊖。監河侯曰："諾。我將得邑金⊜，將貸子三百金⊜，可乎？"

莊周忿然作色曰："周昨來，有中道⑲而呼者。周顧視車轍中，有鮒魚焉。周問之曰：'鮒魚來㊄！子何爲者邪？'對曰：'我，東海之波臣㊅也。君豈有斗升之水而活我哉？'周曰：'諾。我且南遊吳越之土㊆，激西江㊇之水而迎子，可乎？'鮒魚忿然作色曰：'吾失我常與㊈，我無所處。吾得斗升之水然活耳⊕，君乃言此，曾不如早索我於枯魚之肆！'"

【注释】

㈠ 监河侯:监河之官。

　　林希逸说:"《说苑》曰:魏文侯也。亦未必然,或是监河之官,以侯称之。"

㈡ 邑金:采地的税金。

㈢ 金:成《疏》:"铜铁之类,皆名为金,此非黄金也。"

㈣ 中道:途中。

㈤ 鲋鱼来:"鲋鱼",鲫鱼。"来",语助词。

㈥ 波臣:犹曰水官(林希逸《口义》)。

㈦ 南游吴越之土:"土"原作"王"。《御览》四八五引"王"作"土"(马叙伦《义证》)。依褚伯秀之说,并据《御览》所引而改。

　　褚伯秀说:"'吴越之王',颇难释,诸解略之。独碧虚云:'吴越水聚之地。"王"犹江海为百谷王。'张君房校本游下加'说'字,去声。其论亦未通。详义考文粗得其意,'王'字元应是'土',误加首画耳。"(《南华真经义海纂微》)按褚说可从。本句"南游吴越之土"与下句"激西江之水","水"、"土"正对称。"游"即游历,非游说。

㈧ 西江:蜀江。蜀江从西来,故谓之西江(成《疏》)。

㈨ 常与:常相与,谓水(林云铭《庄子因》)。

　　陈碧虚说:"与犹亲也。谓鱼水常相亲也。"(《南华章句音义》)

㈩ 然活耳:"然",犹"则"(王引之《经传释词》)。

【今译】

　　庄周家里贫穷,所以向监河侯借米。监河侯说:"好的。等我收了采地的税金,就借给你三百金,可以吗?"

庄周板着脸说:"我昨天来时,中途听得有呼唤我的。我回头在车轮辗洼的地方,有条鲫鱼。我问它说:'鲫鱼呀!你在这里做什么呢?'回答说:'我是东海的水官。你有斗升的水救活我吗?'我说:'好的。等我游历吴越之地,引西江的水来营救你,可以吗?'鲫鱼板着脸说:'我失去了水,我没有容身之处。我只要得到斗升的水就可活命,你还这样说,不如早一点到干鱼市场上找我吧!'"

三

任公子㊀爲大鉤巨緇㊁,五十犗㊂以爲餌,蹲乎會稽㊃,投竿東海,旦旦而釣,期年不得魚。已而大魚食之,牽巨鉤,錎沒㊄而下,鶩揚㊅而奮鬐㊆,白波若山,海水震蕩,聲侔鬼神,憚赫㊇千里。任公子得若魚,離㊈而臘之,自制河㊉以東,蒼梧㊊已北,莫不厭㊋若魚者。已而後世輇才㊌諷說㊍之徒,皆驚而相告也。夫揭竿累㊎,趨灌瀆㊏,守鯢鮒㊐,其於得大魚難矣。飾小說以干縣令㊑,其於大達亦遠矣。是以未嘗聞任氏之風俗,其不可與經於世亦遠矣。

【注释】

① 任公子:"任",国名。任国之公子(成《疏》)。

② 巨缁(zī):大黑索。"缁",黑绳。

③ 犗(xiá):犍牛,即阉牛。

④ 会稽:山名,在浙江省境内。

⑤ 铭没:即陷没。"铭",犹"陷"字(《释文》引《字林》)。《道藏》王元泽《新传》本、元《纂图互注》本并作"陷"(王叔岷《校释》)。

⑥ 骛扬:奔驰。

⑦ 鬐(qí):鱼鳍。

⑧ 惮赫:震惊(胡文英《庄子独见》)。

⑨ 离:剖。

⑩ 制河:即浙江。"制",作"淛",同"浙"。浙河即浙江。

　　陆德明说:"依字应用'浙'。'河'亦江也,北人名水皆曰河。"(《释文》)

⑪ 苍梧:山名,在岭南,即今广西省苍梧县。

⑫ 厌:即餍,饱食。

⑬ 辁才:小才。李颐说:"本又或作'轻'。"

　　杨树达说:"《说文》十四篇上车部云:'辁,蕃车下庳轮也。'段注云:'因以为凡卑之称。''辁'字义可通,不必作'铃'、'轻'。"(《庄子拾遗》)按"庳轮"即小轮,故"辁才"即小才。

⑭ 讽说:犹传说(李勉《庄子分篇评注》);道听途说(林希逸《口义》)。

⑮ 累:细绳(成《疏》)。

⑯ 灌渎:皆水之小者(杨树达说)。即小溪。

⑦ 鲵鲋：小鱼。
⑧ 干县令：求高名。"干"，求。"县"通悬，有高义。"令"通"名"。另一解"县令"，悬赏的诏令，谁按这些诏令做到了就可以赏得功名（曹础基说）。今译从前者。

【今译】

　　任公子做了一个粗黑绳大钓钩，用五十头犍牛做饵物，蹲在会稽山上，投竿于东海，天天在那里钓，整年都没有钓到鱼。忽而大鱼来吞饵，牵动大钩沉下水去，翻腾而奋鳍，白波涌起如山，海水震荡，声如鬼神，震惊千里。任公子钓到这条鱼，剖开来腊干，从浙江以东，苍梧以北，没有不饱吃这条鱼的。后世小才传说之徒，都惊走相告。要是举着小竿绳，到小水沟里，守候鲵鲋小鱼，那要想钓到大鱼就很难了。粉饰浅识小语以求高名，那和明达大智的距离就很远了。所以没有听闻过任氏的风格的，他之不能经理世事，相去也是很远的了。

四

　　儒以詩禮發冢，大儒臚①傳曰："東方作矣②！事之何若？"

小儒曰:"未解裙襦⊜,口中有珠。"

"詩㋋固有之曰:'青青之麥,生于陵陂,生不布施,死何含珠爲?'接㋋其鬢,壓其顪㋋,而㋋以金椎控㋋其頤,徐別㋋其頰,無傷口中珠。"

【注释】

㊀ 臚:上传语告下曰"臚"(《释文》)。

㊁ 东方作矣:指太阳出来了。

㊂ 襦:短衣。

㊃ 诗:此逸诗(司马彪说)。

　　林希逸说:"此诗只四句,或是古诗,或是庄子自撰,亦不可知。"

㊄ 接:撮。

㊅ 压其顪:"压",亦作"擪"。《字林》云:"擪",一指按(《释文》)。赵谏议本"压"作"擪"(王孝鱼校)。"顪",颐下毛(司马彪说),即下巴的胡须。

㊆ 而:原作"儒",依王念孙之说改。

　　王念孙说:"'儒以金椎控其颐',《艺文类聚》宝玉部引此,'儒'作'而',是也。'而',汝也。自'未解裙襦'以下,皆小儒答大儒之词。言'汝以金椎控其颐,徐别其颊,无伤其口中之珠也'。'而''儒'声相近,上文又多'儒'字,故'而'误作'儒'。"(《读书杂志余编》)按王说可从。惟小儒答大儒,至"口中有珠"句止,"诗固有之曰"以下,为大儒告示小儒之语。

㊇ 控:敲开。

⑨ 徐別：慢慢地分開。

【今譯】

儒士用诗书来盗掘坟墓。大儒传话说："太阳出来了，事情怎么样了？"

小儒说："裙子短袄还没有脱下，口中含有珠。"

〔大儒说：〕"古诗有说：'青青的麦穗，生在陵陂上，生不施舍人，死了何必要含珠！'抓着他的鬓发，按着他的胡须，你用铁锤敲他的下巴，慢慢地分开他的两颊，不要损伤了口中的珠子！"

五

老萊子㊀之弟子出取薪㊁，遇仲尼，反以告，曰："有人於彼，修上而趨下㊂，末僂㊃而後耳㊄，視若營四海㊅，不知其誰氏之子？"

老萊子曰："是丘也。召而來。"

仲尼至。曰："丘！去汝躬矜與汝容知㊆，斯爲君子矣。"

仲尼揖而退，蹙然改容而問曰："業可得進乎？"

老萊子曰：「夫不忍一世之傷而驁萬世之患⑨，抑固窶邪⑩，亡其略弗及邪⑪？惠以歡爲，驁終身之醜⑫，中民之行進焉耳⑬，相引以名，相結以隱⑭。與其譽堯而非桀，不如兩忘而閉其所非譽⑮。反無非傷也⑯，動無非邪也⑰。聖人躊躇⑱以興事，以每成功⑲。奈何哉其載⑳焉終矜爾！」

【注释】

㈠ 老萊子：《史記·仲尼弟子列傳》分周之老子與楚之老萊子為兩人。〈老子列傳〉謂老萊子亦楚人，著書十五篇，言道家之用，與孔子同時。

　　成玄英說：「老萊子，楚之賢人隱者也，常隱蒙山，楚王知其賢，遣使召為相。其妻采樵歸，見門前有車馬迹。妻問其故，老萊曰：'楚王召我為相。'妻曰：'受人有者，必為人所制，而之不能為人制也。'妻遂舍而去。老萊隨之，夫負妻戴，逃于江南，莫知所之。」按此事迹恐系後人傳說。

㈡ 出取薪："取"字原缺，依王叔岷之說，據《高山寺》本補。

　　王叔岷說："案古鈔卷子本'出'下有'取'字，文意較完。《疏》：'出取薪者，采樵也。'是成本亦有'取'字。陳碧虛《闕誤》引張君房本'出'下有'拾'字。《音義》引江南古藏本亦有'拾'字。云：'本又作出采薪。'"

㈢ 修上而趨下：長上而促下（郭象《注》）；即上身長而下身短。"趨"同促，短促。

㈣ 末僂：謂背曲（馬叙倫說）。

孙诒让说:"《淮南·地形训》:'末偻',高注:'末犹脊也。'
　　'末偻',即背偻。"
㈤ 后耳:耳却近后(郭《注》)。即耳朵后贴。
㈥ 视若营四海:形容目光四射。"营"有充满的意思。
　　　成玄英说:"瞻视高远,似营天下。"
㈦ 去汝躬矜与汝容知:除去你行为的矜持和容貌的机智。
㈧ 不忍一世之伤而骜万世之患:不忍一世的受害却忽视了万世
　　的祸患。"骜",傲,轻视。
　　　成玄英说:"夫圣智仁义,救一时之伤;后执为奸,成万世
　　之祸。"
㈨ 抑固窭邪:是固陋吗?"窭",陋,不足。
㈩ 亡其略弗及邪:或是智略不及吗?"亡其",转语,"或是"之意。
　　"略",指智略。
　　　郭庆藩说:"'亡'读如'无'。'亡其',转语也。《史记·范
　　雎蔡泽列传》:'亡其言臣者贱不可用乎?'《吕氏春秋·爱类
　　篇》:'亡其不得宋且不义犹攻之乎?'是凡言'亡其',皆转语词
　　也。"(《庄子集释》)
⑪ 惠以欢为,骜终身之丑:多本句读为:"惠以欢为骜,终身之
　　丑"。
　　　如林希逸说:"'惠',施惠于人也。'欢',欲得人之欢心
　　也。以施惠而得人之欢心为骜。"林云铭说:"以我之惠及人,
　　而邀人之欢以为矜尚。"然曹础基《庄子浅注》句读为:"惠以欢
　　为,骜终之丑",可从。此与上文"骜万世之患",文势相贯。
　　"惠以欢为",即"为欢以惠",谓为邀众人之欢心而施惠于人。
⑫ 中民之行进焉耳:中等人的所为罢了,"中民"一词已见于〈徐

无鬼〉篇("中民之士荣官")。

林希逸说:"以此自骛于世,不可,此乃终身可丑之行也。庸人之所为,则务人于此而已。"

李勉说:"言以赐惠于人自为欢傲乃终身之丑事,系庸俗之民所行耳,非至圣之举也。"

⑬ 隐:训私。

俞樾说:"李云:'隐,病患也。'然病患非所以相结。郭《注》曰:'隐,括;进之谓也。'然隐括所以正曲木,亦非所以相结也。'隐'当训为'私'。《吕氏春秋·圜道篇》:'分定则下不相隐。'高《注》曰:'隐,私也。'《文选·赭白马赋》:'思隐周渥。'李善引《国语》注曰:'隐,私也。'相结以隐,谓相结以恩私。旧说皆非。"

⑭ 与其誉尧而非桀,不如两忘而闭其所非誉:语袭〈大宗师〉篇:"与其誉尧而非桀,不如两忘而化其道。"

马叙伦说:"'所',盖'非'字之讹也。"按:依马说,作"闭其非誉",意即扬弃责难和称誉。马说可通。然"所"字不必为讹,疑"所"下遗"非"字,当作"闭其所非誉",此"所非誉"正承上文"誉尧""非桀"而来。

⑮ 反无非伤也:背反于物性,无不伤损(成《疏》)。

⑯ 动无非邪也:扰动心灵无非是邪道。

⑰ 蹲踖:从容(《释文》);戒慎之意。

⑱ 以每成功:其功每成(郭《注》)。按"每"字《释文》成《疏》皆依郭《注》作常义解,疑当依章炳麟之说,"每"借为"谋"。

章炳麟说:"'每'与'谋'声义相近。古文'谋'作'😊'。"

⑲ 载:行(罗勉道《循本》)。

【今译】

老莱子的弟子出去打柴,遇见孔子,回来告诉说:"那里有个人,上身长而下身短,背脊伛曲而耳朵后贴,目光四射,不知道他是什么人?"

老莱子说:"那是孔丘。召他来。"

孔子来了。说:"孔丘呀!除去你行为的矜持和容貌的机智,这才可以成为君子。"

孔子作揖而退,愧然变色而问说:"我的德业能修进吗?"

老莱子说:"不忍心一世的受害却忽视了万世的祸患,是固陋吗?还是智略不及呢?以施惠邀人欢心,而忽视了终身的耻辱,这是中等人的所为罢了!以名声相招引,以私利相结纳。与其称赞尧而非议桀,不如两者都遗忘而扬弃所非议与称赞的。违背本性无不受损伤,扰动心灵无非是邪念。圣人从容兴起事业,以谋求成功。为什么你总骄矜于自己的行为呢!"

六

宋元君㊀夜半而梦人被髪窥阿門㊁,曰:"予自宰路㊁

之淵,予爲清江㊂使河伯之所,漁者余且㊄得予。"

元君覺,使人占之,曰:"此神龜也。"

君曰:"漁者有余且乎?"

左右曰:"有。"

君曰:"令余且會朝。"

明日,余且朝。君曰:"漁何得?"

對曰:"且之網得白龜焉,其圓五尺。"

君曰:"獻若之龜。"

龜至,君再欲殺之,再欲活之,心疑,卜之,曰:"殺龜以卜,吉。"乃刳龜以卜㊅,七十二鑽㊆而無遺筴㊇。

仲尼曰:"神龜能見夢於元君,而不能避余且之網;知能七十二鑽而無遺筴,不能避刳腸之患。如是,則知有所困,神有所不及也。雖有至知,萬人謀之㊉。魚不畏網而畏鵜鶘㊀。去小知而大知明,去善而自善矣。嬰兒生無石師㊂而能言,與能言者處也。"

【注释】

㊀ 宋元君:宋国国君,名佐,谥号元。〈田子方〉篇有"宋元君将画图"故事一节。
㊁ 阿门:旁门,侧门。

㈢ 宰路:江畔渊名(成《疏》)。
㈣ 清江:即扬子江。"清",与黄河之浊相对而称(福永光司说)。
㈤ 余且:姓余名且,渔夫。
㈥ 乃刳龟以卜:"以卜"二字原缺。按《文选·江赋》注、《御览》三九九、九三一引"龟"下并有"以下"二字,文意较完(王叔岷《校释》)。
㈦ 七十二钻:指占卜了七十二次。
　　宣颖说:"每占必钻龟。"
　　郭庆藩说:"《文选》郭景纯《江赋》注引司马云:'钻,命卜,以所卜事而灼之。'"
㈧ 无遗筴:计算吉凶,毫无遗失。"筴"是古时卜筮用的蓍。蓍草高长,古人取它的茎用来卜筮。此处用"筴",通"策"字。
㈨ 虽有至知,万人谋之:"万人谋之"有两解:一说万人谋算他;另一说万人共同来谋划。按当从后说。后文"婴儿生无硕师而能言,与能言者处也"可证。
㈩ 鹈鹕:一种喜欢吃鱼的小鸟。
㈡ 石师:又作硕师(《释文》)。唐写本正作硕(王叔岷《校释》)。"石"与"硕"古字通用。

【今译】

　　宋元君半夜里梦见有人披头散发在侧门窥视,说:"我来自宰路深渊,我做清江的使者到河伯那里,渔夫余且捉到了我。"

　　元君醒来,使人占卜,回说:"这是神龟。"

国君说:"有个叫余且的渔夫吗?"

左右回说:"有。"

国君说:"令余且来朝见。"

第二天,余且来朝。国君说:"你捕到什么?"

回答说:"我网到一只白龟,周圆五尺长。"

国君说:"把你的龟献来。"

龟送到,国君一再想杀它,又一再想养活它,心里犹豫不决,叫人占卜,说:"杀龟来卜卦,吉利。"于是刳龟占卜,占了七十二卦而没有不应验的。

孔子说:"神龟能托梦给元君,却不能躲避余且的渔网;机智能占七十二卦而没有不应验的,却不能避免刳肠的祸患。这样看来,则机智也有困穷的时候,神灵也有不及的地方。纵使有最高的机智,却有万人去谋算他。鱼不知畏网而畏鹈鹕。人能弃除小知则大知才明,去掉自以为善则善自显。婴儿生来没有大师教便会说话,这是和会说话的人在一起的缘故。"

七

惠子謂莊子曰：“子言無用。”

莊子曰：“知無用而始可與言用矣。天地非不廣且大也，人之所用容足耳。然則廁足㊀而墊之致㊁黃泉，人尙有用乎？”惠子曰：“無用。”

莊子曰：“然則無用之爲用也亦明矣。”

【注释】

㊀ 厕足：“厕”音侧，边旁。
㊁ 垫之致：“垫"，本又作“蛰”，掘（《释文》）。“致”，至。

【今译】

惠子对庄子说：“你的言论没有用处。”

庄子说：“知道无用才能和他谈有用。天地并非不广大，人所用的只是容足之地罢了。然而如把立足以外的地方都挖到黄泉，人〔所站的这块小地方〕还有用吗？”惠子说："没有用。"

庄子说：“那么无用的用处也就明显了。”

八

莊子曰："人有能遊⊖，且得不遊乎？人而不能遊，且得遊乎？夫流遁之志⊜，決絕之行⊜，噫，其非至知厚德之任⊕與！覆墜⊖而不反，火馳⊗而不顧，雖相與爲君臣，時也⊕，易世⊗而無以相賤。故曰至人不留行⊕焉。

"夫尊古而卑今，學者之流也⊕。且以狶韋氏之流觀今之世，夫孰能不波？唯至人乃能遊於世而不僻，順人而不失己。彼教不學，承意不彼⊜。"

【注释】

⊖ 人有能游：言世有达者。"游"，自乐之意（林希逸说）；胸次洒然（林云铭说）。

⊜ 流遁之志：流荡逐物，逃遁不反（成《疏》）。"流遁"是逐物忘反一等人（刘凤苞说）。

⊜ 决绝之行："决绝"，执志确然（成《疏》）；与世判然自异（林希逸说）。

　　陈碧虚说："果决卓绝之行，刻意以为高亢。"

　　刘凤苞说："'决绝'是深隐高蹈一等人。"

⊕ 至知厚德之任："任"，为。"至知厚德"，循自然之人（林希逸说）。按指至知厚德的人所为，便无流遁决绝之失。

㈤ 覆坠：言陷溺于世故（林希逸说）。

㈥ 火驰：逐于世如火之急（林希逸说）。

㈦ 虽相与为君臣，时也：虽然相互易位有的为君有的做臣，只是一时之间。

㈧ 易世：世代变易（王先谦《集解》）。

㈨ 不留行：无留滞（成《疏》）。

㈩ 尊古而卑今，学者之流也：这是对于"尊古卑今"的复古主义思想的批判，已见于〈天运〉篇。这一进步的观点，和法家主张相同，与儒家相对立。

(十一) 彼教不学，承意不彼："彼教"，指古人之教。谓不学古人之教，仅承其真意而不同于古人。

【今译】

庄子说："人若能游心自适，哪有不悠游自得的呢？人如不能游心自适，哪得能悠游自得呢？流荡忘返的心志，固执孤异的行为，唉，那都不是至知厚德的人所为的！陷溺世俗而不回头，逐物如火而不反顾，虽然相互易位有的为君有的做臣，只是一时之争而已。世代变易便都不得视人为低下了。所以说至人无偏滞的行径。

"尊古而卑今，乃是学者之流。如果以狶韦氏之流看当今之世，谁能不随波逐流呢？唯有至人才能游心于世而不偏僻，顺随人情而不丧失自己。他们的教条我们不学，承受真义而不认同于他们。"

九

目徹⊖爲明，耳徹爲聰，鼻徹爲顫⊜，口徹爲甘，心徹爲知，知徹爲德。凡道不欲壅，壅則哽，哽而不止則跈⊜，跈則衆害生。物之有知者恃息㊥，其不殷，非天之罪㊤。天之穿之，日夜無降㊅，人則顧塞其竇㊆。胞有重閬㊇，心有天遊。室無空虛，則婦姑勃豀㊈；心无天遊，則六鑿相攘㊉。大林丘山之善于人也，亦神者不勝。㊋

【注释】

⊖ 徹：通。

⊜ 顫：音膻，鼻子灵敏。

⊜ 跈（zhěn）：读为"抮"，"抮"，戾（王念孙说）。

㊥ 物之有知者恃息：有知觉的物类依赖气息。"息"，气（郭嵩焘说）。

　　罗勉道说："言物之有知者恃其息之流通此身。"（《循本》）

㊤ 其不殷，非天之罪：指气息不盛，并不是天性的过错。

㊅ 天之穿之，日夜无降：天然的穿通孔窍，日夜没有止息。

　　成玄英说："'降'，止也，自然之理，穿通万物，自昼及夜，未尝止息。"

　　俞樾说："'降'，当作'瘇'即'癃'之籀文。'日夜无瘇'谓不癫闷也。"
⑺ 顾塞其窦:"顾塞",即梗塞之意。"顾",当读为"固"。《说文》:"固,四塞也。""窦",孔窍。
⑻ 胞有重阆:"胞",胳膜,人身皮肉之内有一重膜包络此身(林希逸说)。"阆",音浪,空旷(郭《注》)。

林云铭说:"人身胳膜,空旷之地,所以行气者。"

刘凤苞说:"胞膜中紧密相承,尚有重重空旷之地。此句乃陪衬'心有天游'句。"
⑼ 勃豀:反戾(司马彪说)。"勃",借为悖(朱骏声说)。"豀",涵本崇本作"谿"(马叙伦说)。
⑽ 六凿相攘:六孔相扰攘。
⑾ 大林丘山之善于人也,亦神者不胜:"善",益。"神",心神。"不胜",不胜欢欣(陆钦《庄子通义》)。

【今译】

眼睛通彻是明,耳朵通彻是聪,鼻子通彻是颤,口舌通彻是甘,心灵通彻是智,智慧通彻是德。凡是道便不可壅阻,壅阻便梗塞,梗塞而不止则乖戾,乖戾则产生种种弊害。有知觉的物类依赖气息,气息不畅盛,不是天然的过失。天然的气息贯穿孔窍,日夜没有止息,人们的嗜欲却闭塞了各种孔窍。胞膜都有空隙的地方,心灵也应与自然共游。室内没有空的地方,婆媳相处也会争吵;心灵不与自然共游,则六孔就要相扰攘。大林丘山所以引人入胜,也是由于人置身其中顿感心神舒畅的缘故。

一

　　德溢乎名㊀,名溢乎暴㊁,謀稽乎誸㊂,知出乎爭,柴生乎守㊃,官事果乎眾宜㊄。春雨日時㊅,草木怒生,銚鎒㊆於是乎始修,草木之到植㊇者過半而不知其然。

【注释】

㊀ 德溢乎名:〈人间世〉篇作"德荡乎名"。"溢",流弊(王敔说)。与"荡"同义。

㊁ 名溢乎暴:"暴",同曝,夸示的意思(福永光司说);"暴",露,谓名失于太露(李勉说)。

㊂ 谋稽乎誸:"誸",急,急而后考其谋(郭《注》)。因急而生计(胡文英《庄子独见》)。

㊃ 柴生乎守:"柴",塞(郭《注》)。"守",即拘守己见。谓闭塞生于拘执不化。

㊄ 官事果乎众宜:官职设事决于众人之所宜。
　　刘凤苞说:"上五句,皆言有为则损失大,'官事'句一转,将在官之事必顺乎众心者,以衬道之因物付物也。"

㊅ 春雨日时:春雨应时降落(叶玉麟今译)。此句应作春雨及时,谓春雨及时则草木怒生(李勉说)。

㊆ 銚(yáo)鎒:锄田的用具。

㊇ 到植:即倒生。"到",古"倒"字(卢文弨说)。"植",生(成《疏》)。锄拔反之更生者曰"到植"(司马彪说)。

【今译】

德的外溢在于声名,名的外溢在于太露,计谋生于急迫,机智出于争端,闭塞生于拘执,官事则决于众人所宜。春雨及时降落,草木怒生,于是拿了锄田器具来修除草木,而过后草木倒生的仍有过半,但不知其所以然。

一一

靜然可以補病,眥搣㊀可以休老㊁,寧可以止遽。雖然,若是,勞者之務也,佚者之所未嘗過而問焉㊂。聖人之所以䮞㊃天下,神人未嘗過而問焉;賢人所以䮞世,聖人未嘗過而問焉;君子所以䮞國,賢人未嘗過而問焉;小人所以合時,君子未嘗過而問焉。

【注释】

㊀ 眥(zì)搣(miè):"眥",亦作"揃"。"搣",本亦作"灭",音灭(《释文》)。"眥搣",《玉篇》引正作"揃灭"。"揃灭"即今按摩术。

王叔岷说:"'眥'为'掌'之借,'搣''灭'并'搣'之借。奚侗云:《说文》:揃,搣也。搣掌也。揃搣、搣掌,义本相同。'其说是也。"按:"眥搣",借为"掌搣",或作"揃搣",乃养生术(马叙伦说)。

㊁ 休老:即养老。陈碧虚《阙误》引张君房本"休"作"沐",高山寺本同(王孝鱼校)。

㊂ 佚者之所未尝过而问焉:"佚"上原衍"非"字,依王先谦、马叙伦之说删。

　　王先谦说:"案此'非'字当衍。"

　　马叙伦说:"按郭象《注》曰:'若是,犹有劳,故佚者超然不顾。'是郭本当无'非'字。'非'字涉上文郭象《注》:'非不病也,非不老也'误羡。"

　　刘文典说:"马说是也。此言劳者之务,逸者未尝过问。有'非'字则非其指,且与下四句不一律矣。"

㊃ 骇(xiè):通骇。《淮南子·俶真训》作"骇"。

　　王穆夜说:"骇,谓改百姓之视听也。"(《释文》引)

【今译】

　　心静可以调补疾病,按摩可以防止衰老,宁定可以平息急躁。虽然这样,乃是劳碌的人所要做的,心逸的人却未尝去过问。圣人所以惊动天下的,神人未尝过问;贤人所以惊动世间的,圣人未尝过问;君子所以惊动国家的,贤人未尝过问;小人所以投合时机的,君子未尝过问。

一二

　　演門㊀有親死者,以善毀㊁爵爲官師,其黨人毀而死者半。堯與許由天下,許由逃之;湯與務光,務光怒之,紀他⁽³⁾聞之,帥弟子而踆於窾水⁽⁴⁾,諸侯弔之,三年,申徒狄⁽⁵⁾因以踣⁽⁶⁾河。

【注释】

㊀ 演门：宋城门名(《释文》)。
㊁ 善毁：善于哀伤毁容,这是儒俗孝行的典型。
㊂ 纪他：传说中的隐者。
㊃ 踆(cún)于窾水："踆",古蹲字(《释文》引《字林》)。"窾水",川名。
㊄ 申徒狄：姓申徒,名狄,传说中愤俗者。
㊅ 踣：音赴,与仆同(王敔《注》)。

【今译】

演门有个死了双亲的人,由于他善于哀伤毁容而封为官师,他乡里的人效法哀毁而死的过半。尧把天下让给许由,许由逃开;汤让给务光,务光发怒,纪他听见,带了弟子隐居在窾水,诸侯都去吊慰他,三年之后,申徒狄因此而投河。

一三

荃⁽¹⁾者所以在鱼,得鱼而忘荃;蹄⁽²⁾者所以在兔,得兔而忘蹄;言者所以在意,得意而忘言。吾安得夫忘言之人而與之言哉!

【注释】

㈠ 筌:鱼笱(《释文》)。按《道藏》各本、赵谏议本、覆宋本"筌"并作"荃"。作"筌"是故书。《一切经音义》八八引司马云:"筌,捕鱼具也。"(王叔岷《校释》)

㈡ 蹄:兔网。

【今译】

　　鱼笱是用来捕鱼的,捕到鱼便忘了鱼笱;兔网是用来捉兔的,捉到兔便忘了兔网;语言是用来表达意义的,把握了意义便忘了语言。我哪里能够遇到忘言的人来和他谈论呢!

寓　　言

〈寓言〉篇，由七章文字杂纂而成。各节意义不相关联。"寓言"，寄托寓意的言论。取篇首二字为篇名。

本篇第一章说明本书所使用的文体。"寓言十九，重言十七"，这是说明寓言、重言在书中所占的比例。进而说明为什么要使用寓言重言。接着说所使用的语言，都是无心之言（"卮言"），合于自然的分际。有人以为这节是《庄》书的凡例。第二章，庄子与惠子对话，借孔子弃绝用智、未尝多言，讥惠子恃智巧辩。第三章，写曾子心有所系，未达化境。第四章，写颜成子游进道的过程。第五章，写不执着生死。第六章，为罔两问景，写"无待"，与〈齐物论〉篇文字稍异而义同。第七章，写阳子居见老聃，去骄泰的神态。

本篇提出"言无言"、"万物皆种"、"始卒若环"等哲学命题。此外，和以天倪、睢睢盱盱等成语，亦见于本篇。

一

寓言十九⊖，重言十七⊜，卮言⊜日出⑲，和以天倪⑤。

寓言十九，藉外論之⑥。親父不爲其子媒。親父譽之，不若非其父者也；非吾罪也，人之罪也。與己同則應，不與己同則反；同於己爲是之⑦，異於己爲非之。

重言十七，所以已言⑧也，是爲耆艾⑨。年先矣，而無經緯本末⑩以期年耆⑪者，是非先也。人而無以先人⑫，無人道也；人而無人道⑬，是之謂陳人⑭。

卮言日出，和以天倪，因以曼衍，所以窮年⑮。不言則齊⑯，齊與言不齊⑰，言與齊不齊也，故曰言無言⑱。言無言，終身言，未嘗言⑲；終身不言，未嘗不言⑳。有自也㉑而可，有自也而不可；有自也而然，有自也而不然。惡乎然？然於然。惡乎不然，不然於不然。惡乎可？可於可。惡乎不可？不可於不可。物固有所然，物固有所可，無物不然，無物不可㉒。非卮言日出，和以天倪，孰得其久！萬物皆種㉓也，以不同形相禪㉔，始卒㉕若環，莫得其倫㉖，是謂天均㉗。天均者天倪也。

【注释】

㊀ 寓言十九：寄托寓意的言论占了十分之九。

郭象说："寄之他人，则十言而九见信。"按："十九"是说十居其九，这是指寓言在全书中所占的比例。郭《注》以为"十言而九见信"，非。

㊁ 重言十七：借重先哲时贤的言论占了十分之七。

张默生说："寓言的成分，已占有全书的十分之九了，剩下的也不过还有十分之一，为什么重言又占全书的十分之七呢？《庄子》书中，往往寓言里有重言，重言里也有寓言，是交互错综的，因此寓言的成分，即使占了全书的十分之九，仍无害于重言的占十分之七。这种交互引用的例子很多。"（《庄子新释》）按张说是。庄子行文，寓言中含重言，重言中又含寓言，两种表达方式交互使用着的。

㊂ 卮（zhī）言："卮"，酒器。无心之言，即卮言（成玄英《疏》）。按："卮"是酒器，卮器满了，自然向外流溢，庄子用"卮言"来形容他的言论并不是偏漏的，乃是无心而自然的流露。

张默生说："'卮'是漏斗，'卮言'就是漏斗式的话。漏斗之为物，是空而无底的，你若向里注水，它便立刻漏下，若连续注……庄子卮言的取义，就是说，他说的话都是无成见之言，正有似于漏斗，他是替大自然宣泄声音的。"

㊃ 日出：谓日新（郭象《注》）。

㊄ 和以天倪：合于自然的分际。

㊅ 借外论之："藉"，借。

郭象说："言出于己，俗多不受，故借外耳。"

⑦ 同于己为是之："为"，训则（王引之说）。

⑧ 已言："已"，止。"已言"，止其争辩（林希逸《口义》）。

⑨ 耆艾：长老之称。五十岁叫"艾"，六十岁叫"耆"。

⑩ 无经纬本末：学无所见（林希逸说）。"经纬"，比喻处事的头绪。

⑪ 以期年耆：意谓徒称年长。

　　苏舆说："'期'，犹限也。言他无以先人，徒以年为限。〈则阳〉篇：'计物之数，不止于万，而期曰万物。'与此'期'字义同。"

⑫ 无以先人：无以过人（林希逸说）。

⑬ 无人道：不能尽其为人之道（林希逸说）。

⑭ 陈人：陈久之人（郭《注》）。

⑮ 和以天倪，因以曼衍，所以穷年：三语引自〈齐物论〉篇。"曼衍"，散漫流衍，不拘常规。

⑯ 不言则齐：不发言论则物理自然等同齐一。这里的"言"乃指主观是非的表达。"不言"即不参入主观的成见之意。

⑰ 齐与言不齐：本来没有差别的加上了主观成见的言论便不齐了。

⑱ 言无言：发出没有主观成见的言论。"无言"指无心之言。"无言"上原缺"言"字，据高山寺本补（刘文典《补正》）。

⑲ 终身言，未尝言："未尝"下各本衍"不"字。依马叙伦、王叔岷之说删。

　　马叙伦说："'终身言，未尝言；终身不言，未尝不言'，相对为文，此羡'不'字。"

　　王叔岷说："案'不'字疑涉下文'未尝不言'而衍。古抄卷子本、《道藏》成玄英《疏》、林希逸《口义》、褚伯秀《义海纂微》、罗勉道《循本》诸本,皆无'不'字。焦竑《翼》本、王夫之《解》本、宣颖《解》本,亦并无'不'字,所据本弗误。"

⑪ 终身不言,未尝不言:终身不说话,未尝不在说话。意指若能体认事物的真况,则即使终身不说话,也达到了说话的效果。

⑫ 有自也:有所由来(林希逸说);即有它的原因。

⑬ 恶乎然?然于然。恶乎不然?不然于不然。恶乎可?可于可。恶乎不可?不可于不可。物固有所然,物固有所可,无物不然,无物不可:已见于〈齐物论〉,字句的秩序稍异。疑是〈齐物论〉错简复出。

⑭ 皆种:皆有种类(宣颖《南华经解》)。

⑮ 以不同形相禅:以不同的类型相传接。

　　宣颖说:"各以其类,禅于无穷。"

⑯ 始卒:即始终。

⑰ 伦:端倪(郭嵩焘说)。

⑱ 天均:自然均调。〈齐物论〉篇作"天钧",严复以为当作往复周流之义。

　　严复说:"'天均'犹'天钧',钧,陶轮也。似道之物,皆无始卒,无始卒者,惟环可言,则由是往复周流之事起矣。"(《评点庄子》)

【今译】

　　寓言占十分之九,其中重言占十分之七,无心之言日出不穷,合于自然的分际。

寓言占十分之九，假托外人来论说。亲父不替自己的儿子做媒。亲父称赞他，不如别人来称赞；这不是我的过错，是一般人猜疑的过错。和自己意见相同就应和，和自己意见不相同就反对；和自己意见相同就肯定它，和自己意见不相同就否定它。

重言占十分之七，为了中止争辩，因为这是长者的言论。年龄虽长，而没有见解只是徒称年长的，那就不能算是先于人。做人如果没有才德学识，就没有做人之道；做人没有做人之道，就称为陈腐之人。

无心之言层出不穷，合于自然的分际，散漫流衍，悠游终生。不发言论则物理自然齐同，本来齐同的加上了〔主观的〕言论就不齐同了，〔主观〕言论加在齐同的真相上便不齐同了，所以说要发没有主观成见的言论。发出没有主观成见的言论，则终身在说话，却像不曾说；即使终身不说话，却也未尝不在说话。可有它〔可〕的原因，不可有它〔不可〕的原因；是有它〔是〕的原因，不是有它〔不是〕的原因。怎样算是？是有是的道理。怎样算不是？不是有不是的道理。怎样算可，可有可的道理。怎样算不可，不可有不可的道理。凡物固有所是，凡物固有所可，没有什么东西不是，没有什么东西不可。要不是无心之言日出不穷，合于自然的分际，怎能维持长久！万物都是种子，以不同形态相传接，首尾相接犹如循环一样，找不着端倪，这就叫"天均"。"天均"就是"天倪"。

二

莊子謂惠子曰："孔子行年六十而六十化，始時所是，卒而非之，未知今之所謂是之非五十九非也㊀。"

惠子曰："孔子勤志服㊁知也。"

莊子曰："孔子謝㊂之矣，而其未之嘗言㊃。孔子云：'夫受才乎大本㊄'，復靈㊅以生。鳴而當律㊆，言而當法㊇。利義陳乎前，而好惡是非直服人之口而已矣。使人乃以心服，而不敢蘁立㊈，定天下之定㊉。'已乎已乎！吾且不得及彼㊉乎！"

【注释】

㊀ 孔子行年六十而六十化，始时所是，卒而非之，未知今之所谓是之非五十九非也：这四句与〈则阳〉篇称蘧伯玉相同。
㊁ 服：用（成《疏》）。
㊂ 谢：弃绝。
㊃ 未之尝言：口未之言（宣颖说）；即无言之意。
㊄ 受才乎大本：人禀受才智于大道妙本（成《疏》）。
㊅ 复灵：犹言含灵（孙诒让说）；"复"借为"伏"，谓伏藏灵气（章炳

⑦ 鸣而当律：发出声音应合于韵律。
⑧ 言而当法：发出言论应合于法度。
⑨ 蘁(wù)立："蘁"，借为悟（马叙伦说）；音悟，逆（《释文》）。"蘁立"，有违逆之意。
⑩ 定天下之定：确定天下的定则。
⑪ 彼：指孔子。

【今译】

庄子对惠子说："孔子生年六十，而六十年中与时俱化，起初所认为对的，终而又否定了，不知道现在所认为对的，不就是五十九岁时所认为不对的！"

惠子说："孔子励志用智吗？"

庄子说："孔子已经弃绝用智了，他未尝多言。孔子说：'人从自然禀受才质，含藏着灵性而生，发出声音应合于韵律，发出言论当合于法度。利义陈于当前，而好恶是非的辨别不过服人之口罢了。要使人心服，而不敢违逆，确立天下的定则。'算了吧，算了吧！我还比不上他呢！"

三

曾子再仕而心再化①，曰："吾及亲②仕，三釜③而心樂；後仕，三千鍾㈣而不洎親㈤，吾心悲。"

弟子問於仲尼曰："若參者，可謂無所縣其罪乎㈥？"

曰："旣已縣矣。夫無所縣者，可以有哀乎？彼㈦視三釜三千鍾，如觀鳥雀蚊虻㈧相過乎前也。"

【注释】

㈠ 再化：指内心的感觉不同。

　　林云铭说："谓悲乐之变。"（《庄子因》）

㈡ 及亲：父母亲在世上。

㈢ 釜：量谷物的单位，一釜是六斗四升。

㈣ 钟：六斛四斗为一钟。

㈤ 不洎（jì）亲："洎"，借为"及"（马叙伦说）。《道藏》罗勉道《循本》"洎"正作"及"。"亲"字原缺，《御览》七五七引"洎"下有"亲"字，文意较明（王叔岷《校释》）。依刘文典、王叔岷之说补。

㈥ 无所县其罪乎：意指无所系于禄网。"县"，悬，牵挂。

　　章炳麟说："'无所县其罪'，犹云无所缀其罔耳。以利禄比罔罗。"

㈦ 彼：谓无系之人（成《疏》）。

㈧ 观鸟雀蚊虻："鸟"字今本缺。陈碧虚《阙误》引张君房本"雀"上有"鸟"字，当据补。观郭《注》成《疏》，所见本皆作"鸟雀蚊虻"（见刘文典、王叔岷说）。

【今译】

　　曾子再做官时心境又不同，他说："我父母在时做官，俸禄只有三釜而心里觉得快乐;后来做官,俸禄有三千钟而不及奉养双亲,心里感到悲伤。"

弟子问孔子说:"像曾参这样,可以说没有受禄网所系的过错了吧?"

孔子说:"已是心有所系了。要是心无所系,会有悲伤的感觉吗?那些心无所系的人看三釜、三千钟,就如同看鸟雀蚊虻飞过面前一样。"

四

颜成子游谓东郭子綦㊀曰:"自吾闻子之言,一年而野㊁,二年而从㊂,三年而通㊃,四年而物㊄,五年而来㊅,六年而鬼入㊆,七年而天成㊇,八年而不知死,不知生㊈,九年而大妙㊉。"

【注释】

㊀ 东郭子綦:居在郭东,号曰东郭,犹是〈齐物〉篇中南郭子綦(成《疏》)。

㊁ 野:质朴。

㊂ 从:从顺,不自执。

㊃ 通:通达,不受拘束。

㊄ 物:与物同(郭《注》);即顺物而化。

⑥ 来：万物来集的意思，指众人来依归。

马叙伦说："案'来'上有夺字。成玄英《疏》曰：'为众归也。'或夺'物'字，或夺'人'字。"

⑦ 鬼入：神会理物（成《疏》）。

⑧ 天成：合自然成（成《疏》）。

⑨ 不知死，不知生：不觉死生聚散之异（成《疏》）。

⑩ 大妙：大道玄妙的境界。

【今译】

颜成子游对东郭子綦说："自从我听你讲道，一年而返于质朴，二年而从顺不自执，三年而通达无碍，四年而与物同化，五年而众物来集，六年而鬼神来舍，七年而合于自然，八年而不为死生的变化所拘着，九年而体认大道玄妙的境界。"

五

生有爲，死也①。勸公②，以其死也，有自也；而生陽也，無自也。而果然乎？惡乎其所適？惡乎其所不適③？天有曆數④，地有人據⑤，吾惡乎求之？莫知其所終，若之何其無命也？莫知其所始，若之何其有命也？有以相應也,若之何其無鬼邪?無以相應也,若之何其有鬼邪?

【注释】

㊀ 生有为,死也:生而有为则丧其生(郭《注》);即人生妄为,便走向死路。

㊁ 劝公:设为劝人之语(宣颖说)。按"劝公"一词,恐有脱字或笔误。王敔说:"句疑有讹。"陈碧虚《庄子阙误》引张君房本"其"下有"私"字,作"劝公以其私"。

㊂ 而果然乎?恶乎其所适?恶乎其所不适:这话的意思是说,果真看透生死乃气聚气散,顺任自然,则无往而不适。

㊃ 历数:寒暑春秋(胡文英《庄子独见》)。

㊄ 人据:人物依据(成《疏》);以人所据而分国邑(王郎说)。

【今译】

人生在世而妄为,便走向死路。奉劝世人,人的死亡,是有原因的,而人生于阳气交动,则是没有来由的。你果是这样吗?哪里是所适的地方?哪里是所不适的地方?天有四时变化,地有人物依据,我还到哪里去索求呢?不知道它的所终,我们怎能断定没有运命?不知道它的所始,我们怎样断定有运命呢?万物如有相应的对象,怎能断定没有鬼神呢?万物如没有相应的现象,怎能断定有鬼神呢?

六

罔兩問於景㊀曰："若向也俯而今也仰，向也括撮㊁而今也被髮，向也坐而今也起，向也行而今也止，何也？"

景曰："搜搜㊂也，奚稍問㊃也！予有而不知其所以㊄。予，蜩甲也，蛇蛻也㊅，似之而非也㊆。火與日，吾屯㊇也；陰與夜，吾代㊈也。彼吾所以有待邪㊉？而況乎以無有待者乎㊊！彼來則我與之來，彼往則我與之往，彼強陽㊋則我與之強陽。強陽者又何以有問乎？"

【注释】

㊀ 罔兩問于景："罔"上各本衍"众"字。"众"字无义，当为衍文。〈齐物论〉篇"罔"上亦无"众"字（刘文典《补正》）。

　　陶鸿庆说："此作'众罔兩'，于义难通。'众'疑'罔'字之误而衍者。'罔'字隶书或作'罓'，与'众'相似，因而致误耳。"（《读庄札记》）

㊁ 括撮：谓括发（司马彪说）。"撮"，束发（成《疏》）。"撮"字通行本缺，依成《疏》及《阙误》引张君房本补（王孝鱼校）。

㊂ 搜搜：区区之意。

　　刘师培说："案'搜'读《礼学记》'谀闻'之'谀'，犹区区也。"（《庄子斠补》）按刘说是。向《注》："运貌。"郭《注》："运动自

㊃ 奚稍问：何足问。

　　刘师培说："'稍问'，犹言小问。'稍'与肖同。'奚稍问'者，犹云奚问之小也。"

㊄ 予有而不知其所以：我活动却不知为什么这样。"有"，读为"为"（马叙伦说）。

㊅ 蜩甲也，蛇蜕也："蜩甲"，蝉蜕皮（司马彪说）；蝉壳（成《疏》）。"蛇蜕"，即蛇脱皮。"也"，训耶、邪。

㊆ 似之而非也：这是说影子和蜩甲、蛇蜕看起来相似其实不然。

　　林云铭说："蜩甲、蛇蜕虽附于形，尚有其质，影则可见而不可执，故似之而实非也。"

　　宣颖说："甲、蜕犹有一定之形，故似之而非。"

㊇ 屯：聚。

　　林云铭说："影之遇明则显。"

㊈ 代：谢（成《疏》）；隐息之意。

　　郭庆藩说："《文选》谢灵运《游南亭诗》注引司马云：'代，谓使得休息也。'"

㊉ 彼吾所以有待邪：影之所待者曰火阴夜（吕惠卿《庄子义》）。按"彼"乃指火与日，旧注皆以为指"形"，非。下文"彼来""彼往"之"彼"，同指火与日。

　　福永光司说："'彼'，承上文指'火日'与'阴夜'，依宋吕惠卿说。"（《庄子杂篇解说》，第292页）

　　成玄英说："必无火日，形亦不能生影，不待形也。夫形之生也，不用火日，影之生也，岂待形乎！故以火日况之，则知影不待形，明矣。"

㊁ 而況乎以无有待者乎：何況那些无所依待的東西呢！案"无"字原缺，依郭《注》及《闕誤》引張君房本補（王孝魚校）。

成玄英《疏》："形影尚不相待，而況他物乎！是知一切萬法，悉皆獨化也。"

㊂ 強陽：徜徉活動；運動之貌（成《疏》）。

【今譯】

影外微影問影子說："剛才你俯身而現在又仰頭，剛才你束髮而現在又披髮，剛才你坐下而現在又起來，剛才你行走而現在又止步，為什麼呢？"

影子說："小小的事，何必問呢！我活動卻不知道為什麼這樣。我像蟬殼嗎，像蛇皮嗎，像似卻又不是。火光和陽光出現，我就顯現；陰暗與夜晚，我就隱息。火和陽光是我所要依待的嗎？何況那無所依待的東西呢！它來我便隨著而來，它去我便隨著而去，它活動我便隨著而活動。活動而已，又有什麼可問的呢！"

七

陽子居南之沛㊀，老聃西遊於秦㊁，邀於郊，至於梁㊂而遇老子。老子中道仰天而歎曰："始以汝為可教，今不可也。"

陽子居不答。至舍㊃,進盥漱巾櫛㊄,脫屨戶外,膝行而前曰:"向者弟子欲請夫子,夫子行不閒,是以不敢。今閒矣,請問其過。"

老子曰:"而睢睢盱盱㊅,而誰與居㊆?大白若辱,盛德若不足㊇。"

陽子居蹴然變容曰:"敬聞命矣!"

其往也,舍者迎將㊈,其家公㊉執席,妻執巾櫛,舍者㊉避席,煬㊉者避竈。其反也,舍者與之爭席矣。

【注释】

㊀ 沛:今江苏省沛县。

㊁ 秦:今陕西省一带。

㊂ 梁:今河南开封。

㊃ 舍:施舍。

㊄ 盥漱巾栉:洗脸、漱口、毛巾、梳子。

㊅ 睢睢(suī)盱盱(xū):"睢",仰目。"盱",张目。皆傲视貌(林云铭、陈寿昌说)。

㊆ 而谁与居:谁要和你相处。

㊇ 大白若辱,盛德若不足:引自《老子》四十一章。"盛德"《老子》作"广德"。"辱",通"䘵",引申为"黑"。

㊈ 迎将:迎送。

⑪ 家公：指旅舍主人。
⑫ 舍者：先坐之人（成《疏》）。按上文"舍者"指旅舍之人，依成《疏》则此作休息之人。
⑬ 炀：炊（《释文》）。

【今译】

　　阳子居向南到沛地，老聃西游到秦地，约在郊外见面，到了梁地遇见了老子。老子在途中仰头向天叹说："起初我以为你可受教，现在才知道你不行。"

　　阳子居不回话。到了旅舍，侍奉老子梳洗用具，把鞋脱在户外，膝行向前说："刚才弟子想请教先生，先生没有空，所以不敢问。现在得空，请问我的过错。"

　　老子说："你傲慢的神态，谁要和你相处呢？最洁白的好像含垢的黑点，盛德的人好像不足的样子。"

　　阳子居愧然变色说："敬听先生的教诲了。"

　　当阳子居来的时候，旅舍的人都迎送他，旅舍主人安排座席，女主人替他拿毛巾梳子，先坐的人让出位子，烧饭的人都不敢当灶。等到他回去时，旅舍的人〔不再拘束〕和他争席位了。

让　　王

　　〈让王〉篇，要旨阐述重生的思想。由十五个寓言故事组合而成。"让王"，辞让王位。篇中多借辞让王位而写生命的可贵，轻视利禄名位，取此意为篇名。本篇许多章文字重现于《吕氏春秋》。自苏东坡以来，以为〈让王〉等篇不是庄子所作，疑是伪品。然本篇虽非庄子自作，却与庄派思想有相通之处，可能是庄子后学所写，并发挥杨朱"重生"思想。

　　本篇第一章述三个让君位的故事，阐扬"重生"思想——以生命为贵，以名位为轻。第二章，大王亶父迁岐山的故事，也阐述"重生"之义。并讥评"今世之人，居高官尊爵者，皆重失之，见利轻亡其身"。第三章，王子搜的故事，也是写"重生"的思想。感叹做国君的祸患，表明不肯以君位来伤害生命的态度。第四章，子华子与昭僖侯对话，感天下争乱不已，伤杀生命，而主"重生"之言。第五章，鲁君礼聘颜阖，颜阖恶富贵。"今世俗之君子，多危身弃生以殉物。"好比随侯用宝珠去射麻雀。生命是贵重的，世俗君子却轻身逐物。第六章，写列子穷而拒绝郑国宰相的赠粟。第七章,屠羊说的故事,写屠羊说有功于国而不受爵禄,身处卑微而陈义甚高。第八章,写子贡访原宪,子贡以仁义、车马为华饰,超世扬己,而原宪则贫而乐,有所不为。第九章,借曾子写求道的人"天子不得臣,诸侯不得友"。第十章,孔子与颜回对话,写"知足者不以利自累"。第十一章,魏牟与瞻子对话,谈"重生"。第十二章,孔子与门人对话,写怀道抱德的人,能安然自得。第十三章,写北人无择耻于接受君位。第十四章,卞随、务光的辞让,写洁士不苟合于君主。第十五章,借伯夷叔齐的故事,讽周王"杀伐以要利,是推乱以易暴"。

出自此篇的成语,有以珠弹雀,随珠弹雀,陈义甚高,上漏下湿,胼手胝足,捉衿见肘,捉襟肘见,纳屦踵决,踵决肘见及日出而作,日入而息等。此外,"不知天高地厚","身在江湖,心存魏阙"及"天子不得臣,诸侯不得友"等名言亦出自此。

一

堯以天下讓許由，許由不受。又讓於子州支父○，子州支父曰："以我爲天子，猶之可也。雖然，我適有幽憂之病○，方且治之，未暇治天下也。"夫天下至重也，而不以害其生，又況他物乎！唯無以天下爲者，可以託天下也○。

舜讓天下於子州支伯○。子州支伯曰："予適有幽憂之病，方且治之，未暇治天下也。"故天下大器也，而不以易生，此有道者之所以異乎俗者也。

舜以天下讓善卷○，善卷曰："余立於宇宙之中，冬日衣皮毛，夏日衣葛絺○；春耕種，形足以勞動；秋收斂，身足以休食；日出而作，日入而息，逍遙於天地之間而心意自得。吾何以天下爲哉！悲夫，子之不知余也！"遂不受。於是去而入深山，莫知其處○。

舜以天下讓其友石戶之農○，石戶之農曰："捲捲○乎后○之爲人，葆力○之士也！"以舜之德爲未至也，於是夫負妻戴，攜子以入於海，終身不反也。

【注释】

㈠ 子州支父：姓子，名州，字支父，怀道之人，隐者（成玄英《庄子疏》）。

㈡ 幽忧之病："幽"，深（成《疏》）；谓其病深固（《释文》引王穆夜说）；犹今言暗疾（林希逸《口义》）。

　　李勉说："'幽忧'即隐忧，忧天下之人皆不能恬淡无为，而竟重视荣位，争取天下，故下文云：'唯无以天下为者，可以托天下。'……又'幽忧之病'，亦可解为深忧之病。"（《庄子分篇评注》）

㈢ 唯无以天下为者，可以托天下也：《吕氏春秋·贵生篇》作"惟不以天下害其生者也，可以托天下"（刘文典《补正》）。"无以天下为"有引申为二义：一指不以天下为己，即不以天下为己所有、所用；另一指不妄为于天下。

㈣ 子州支伯：支伯，犹支父（成《疏》）。《汉书·古今人表》有子州支父，无支伯，则支父、支伯是一人（俞樾《庄子平议》）。

㈤ 善卷：姓善，名卷，隐者（成《疏》）。《吕览·下贤篇》作善绻（俞樾说）。

㈥ 葛絺（chī）："葛"，多年生的蔓草，茎纤维可织布；这里指粗布。"絺"，细的葛布。

㈦ 去而入深山，莫知其处：这二句使人想起唐贾岛寻隐者不遇诗句："只在此山中，云深不知处。"（福永光司说）

㈧ 石户之农："石户"，地名。"农"，农人（《释文》引李颐说）。

㈨ 卷卷：音权，用力貌（《释文》）；自劳之貌（林希逸《口义》）。

㈩ 后：指舜。

㊂ 葆力：音保，字亦作"保"（《释文》）；勤苦用力（林希逸说）。

【今译】

尧把天下让给许由，许由不接受。又让给子州支父，子州支父说："让我做天子，也可以。不过，我正患着深忧之病，刚在医治，没有时间来治理天下。"天下大位是最贵重的，而他不以大位妨害自己的生命，何况其他的事呢！只有不以天下为己所用的人，才可以把天下寄托给他。

舜把天下让给子州支伯。子州支伯说："我正患着深忧之病，刚在医治，没有时间来治理天下。"天下大位是最大的名器，却不以它来交换生命，这是有道的人所以和凡俗不同的地方。

舜把天下让给善卷，善卷说："我站在宇宙之中，冬天穿皮毛，夏天穿粗布；春天耕种，形体足够劳动；秋天收获，身体足够安养；太阳出来去工作，太阳下山便休息，逍遥自在于天地之间而心意自得。我要天下的位子做什么！可悲啊，你不了解我！"就这样不肯接受。于是离开到深山里，没有人知道他的去处。

舜把天下让给他的朋友石户的农夫，石户的农夫说："勤苦呀，国君的为人，劳碌之士啊！"认为舜的德还不够，于是丈夫背负行囊、妻子头顶器具，带着子女隐居海岛，终身没有回来。

二

　　大王亶父⊖居邠⊜,狄人⊜攻之;事之以皮帛而不受,事之以犬馬而不受,事之以珠玉而不受,狄人之所求者土地也。大王亶父曰:"與人之兄居而殺其弟,與人之父居而殺其子,吾不忍也。子皆勉居矣!爲吾臣與爲狄人臣奚以異!且吾聞之,不以所用養害所養㉔。"因杖筴㊄而去之。民相連㊅而從之,遂成國於岐山㊆之下。夫大王亶父,可謂能尊生矣。能尊生者,雖貴富不以養傷身,雖貧賤不以利累形。今世之人居高官尊爵者,皆重失之,見利輕亡其身,豈不惑哉!

【注释】

⊖ 大王亶父:周朝的始祖,王季的父亲,文王的祖父。《御览》四一九引"大王"作"古公"。

⊜ 邠:现陕西省枸邑县。

⊜ 狄人:猃狁(成《疏》)。《诗经》作获允,秦汉作匈奴。

㉔ 不以所用养害所养:"用养",土地。"所养",百姓。本用地以养人,今杀人以存地,故不可(成《疏》)。

㊄ 筴:同策。

㈥ 相连:一说"相连续"(成《疏》);一说"连,读曰辇"(《释文》引司马彪说)。"连",本古文"辇"字(章炳麟《庄子解故》)。按辇(niǎn)为古时人力挽行的车,即手挽车。当从后说。
㈦ 岐山:陕西省岐山县。

【今译】

　　大王亶父居住在邠地,狄人攻打他;大王亶父拿兽皮财帛事奉他们而不接受,拿犬马畜牲事奉他们也不接受,拿珍珠宝玉事奉他们又不接受,狄人所要的是土地。大王亶父说:"和人的哥哥居住而让他的弟弟去被杀害,和人的父亲居住而让他的儿子去被杀害,我不忍心这样做。你们都勉力求生存吧!做我的臣子和做狄人的臣子有什么不同!并且我听说,不要因着用以养人的土地而杀害所养的人民。"于是扶着杖离开那里。百姓推着挽车跟着走,在岐山下而成立国家。像大王亶父这样,可以说能够珍重生命了。能尊重生命的,即使富贵也不以昧养而伤害身体,即使贫贱也不以利禄累害形体。现时的人,身居高官尊爵,都重视失去它们,见到利禄就不顾自己的性命,岂不是迷惑吗?

三

越人三世弒其君，王子搜㊀患之，逃乎丹穴㊁。而越國無君，求王子搜不得，從㊂之丹穴。王子搜不肯出，越人薰之以艾。乘以王輿㊃。王子搜援綏㊄登車，仰天而呼曰："君乎！君乎！獨不可以舍我乎！"王子搜非惡爲君也，惡爲君之患也。若王子搜者，可謂不以國傷生矣，此固越人之所欲得爲君也。

【注释】

㊀ 王子搜：搜，王子名。《淮南子》作翳，毕沅、梁玉绳谓作翳非（见马叙伦《庄子义证》引）。俞樾考订王子搜是无颛之异名（《庄子平议》）。

㊁ 丹穴：洞窟名。成《疏》："南山洞。"

㊂ 从："踪"之古字。

㊃ 王輿：一本作"玉輿"（《释文》）。"玉輿"，君之车辇。亦有作"王"字者，随字读之，所谓玉辂（成《疏》）。

㊄ 援绥："援"，同引。"绥"，车上绳。

【今译】

越人杀了三代的国君，王子搜很忧惧，逃到丹穴。越国没有国君，找不到王子搜，跟踪到丹穴之洞。王子搜不肯出来，越国人用艾草薰他。用君王的车舆来载他。王子搜拉着车绳上车，仰天呼号说："君位呀，君位呀！就是不肯放过我吗！"王子搜并不是厌恶做国君，乃是厌恶做国君的祸患。像王子搜这样的人，可说不肯以君位来伤害生命了，这也正是越人要他做国君的原因。

四

韓魏相與爭侵地。子華子㊀見昭僖侯㊁，昭僖侯有憂色。子華子曰："今使天下書銘於君之前㊂，書之言曰：'左手攫之則右手廢，右手攫之則左手廢，然而攫之者必有天下。'君能攫之乎㊃？"

昭僖侯曰："寡人不攫也。"

子華子曰："甚善！自是觀之，兩臂重於天下也，身又重於兩臂㊄。韓之輕於天下亦遠矣，今之所爭者，其輕於韓又遠。君固愁身傷生以憂戚之不得也㊅！"

僖侯曰："善哉！教寡人者衆矣，未嘗得聞此言也。"子華子可謂知輕重矣。

【注释】

㈠ 子华子：魏国贤人。

　　俞樾说："《吕览·贵生篇》引子华子曰：'全生为上，亏生次之，死次之，迫生为下。'又《诬徒篇》引子华子曰：'王者乐其所以王，亡者乐其所以亡。'高注并云：子华子，古体道人。〈知度〉、〈审为〉两篇注同。"

㈡ 昭僖侯：即韩国昭侯。马叙伦《义证》与王叔岷《校释》引《吕氏春秋·任数篇》、《史记·韩世家》等古书证昭僖侯即昭侯。

㈢ 今使天下书铭于君之前：按"天下"二字疑涉下文"必有天下"而误衍（马叙伦说）。可备一说。

㈣ 君能攫之乎：高山寺古抄本"君"下无"能"字（刘文典、王叔岷校）。《吕氏春秋·审为篇》作"君将攫之乎"（马叙伦、王叔岷校）。

㈤ 身又重于两臂："又"，原作"亦"，字之误。依刘文典、王叔岷之说，据《吕氏春秋·审为篇》与《御览》三六九引改正。

㈥ 以忧戚之不得也："之"字原缺。按古抄卷子本"戚"下有"之"字，文意较完（王叔岷《校释》）。

【今译】

　　韩国和魏国互相争夺土地。子华子见到昭僖侯，昭僖侯面有忧色。子华子说："现在使天下人在你的面前写下誓约，誓约写说：'左手夺到它就要砍去右手，右手夺到它就要砍去左手，但是夺到的可以得到天下。'你愿意去夺取它吗？"

昭僖侯说："我不愿意去夺取。"

子华子说："很好，这样看来，两只手臂比天下重要，身体又比两臂重要。韩国远比天下为轻，现在所争夺的，又远比韩国为轻。你何必愁身伤生去忧虑得不到呢！"

僖侯说："好呀！劝我的人很多，还没有听到这样的话。"子华子可以说知道轻重了。

五

魯君㊀聞顏闔得道之人也，使人以幣㊁先焉㊂。顏闔守陋閭㊃，苴布㊄之衣而自飯牛㊅。魯君之使者至，顏闔自對之。使者曰："此顏闔之家與？"顏闔對曰："此闔之家也。"使者致幣，顏闔對曰："恐聽謬而遺使者罪㊆，不若審之。"使者還，反審之，復來求之，則不得已。故若顏闔者，眞惡富貴也。

故曰，道之眞以治身，其緒餘㊇以爲國家，其土苴㊈以治天下。由此觀之，帝王之功，聖人之餘事也，非所以完身養生也。今世俗之君子，多危身棄生以殉物，豈不悲哉！

凡聖人之動作也，必察其所以之㊉與其所以爲。今且有人於此,以隨侯之珠⑫彈千仞之雀,世必笑之。是何也?則其所用者重而所要者輕也。夫生者,豈特隨侯珠⑬之重哉!

【注释】

㊀ 鲁君:鲁哀公(李颐说)。一本作鲁侯(《释文》)。

㊁ 币:赠物。

㊂ 先焉:先通其意(成《疏》)。〈秋水〉篇"楚王使大夫二人往'先焉'",同义。

㊃ 陋间:即陋巷。

㊄ 苴布:粗麻布。本或作"麤"(《释文》)。《御览》八九九引正作"麤",八二〇引作"粗"。"麤"与"粗"同,"苴"借字(王叔岷《校释》)。

㊅ 饭牛:饲牛。已见于〈田子方〉。

㊆ 恐听谬而遗使者罪:"听谬",原作"听者谬","者"字涉下"使者"而衍。陈碧虚引张君房本、高山寺古抄本并作"恐听谬而遗使者"(刘文典《补正》)。

俞樾说:"上'者'字衍文。'恐听谬而遗使者罪',恐其以误听得罪也。听即使者听之,非听者一人,使者一人也。《吕氏春秋·贵生篇》正作'恐听谬而遗使者罪'。"

㊇ 绪余:谓残余(《释文》引司马彪、李颐说)。

㊈ 土苴:糟魄(李颐说);土芥同义。

㊉ 所以之:即所以往。

⑫ 随侯之珠:随国近濮水,濮水出宝珠(成《疏》)。

⑬ 随侯珠:"珠"字原缺,据俞樾之说补。

俞樾说:"随侯下当有'珠'字。若无'珠'字,文义不足。《吕氏春秋·贵生篇》作'夫生岂特随侯珠之重也哉',当据补。"

马叙伦说:"《意林》引'侯'下有'珠'字。"

【今译】

鲁君听说颜阖是个得道的人,派人带着币帛礼品来致意。颜阖住在陋巷子里,穿着粗布衣服自己在喂牛。鲁君的使者来了,颜阖亲自接待。使者说:"这是颜阖的家吗?"颜阖回说:"这是我的家。"使者送上币帛,颜阖回说:"恐怕听错了让使者受责备,不如问个明白。"使者回去,查问清楚了,再来找他,却找不到他。像颜阖这样的人,真正是厌恶富贵了。

所以说,道的真质用来治身,它的剩余用来治理国家,它的土芥用来治理天下。这样看来,帝王的功业,乃是圣人的余事,并不是用做全身养生的。现在世俗的君子,多危身弃生去追逐物欲,岂不可悲!凡是圣人的行动,必定要观察所以往和所以为的意义。现在如果有这样的一个人,用随侯的宝珠去射千仞高的麻雀,世人必定会嘲笑他。为什么呢?因为他所用的贵重而所求的轻微。生命这东西,岂止像随侯珠那样贵重呢!

六

子列子窮,容貌有飢色。客有言之於鄭子陽㊀者曰:"列禦寇,蓋有道之士也,居君之國而窮,君無乃爲不好士乎?"鄭子陽即令官遺之粟。子列子見使者,再拜而辭。

使者去,子列子入,其妻望之而拊心㊁曰:"妾聞爲有道者之妻子,皆得佚樂,今有飢色。君過㊂而遺先生食,先生不受,豈不命邪㊃!"

子列子笑謂之曰:"君非自知我也。以人之言而遺我粟,至其罪我也又且以人之言,此吾所以不受也。"其卒,民果作難而殺子陽。

【注释】

㊀ 子阳:郑相(《释文》)。子阳事见《吕览·适威篇》、《淮南·泛论训》(俞樾说)。

㊁ 望之而拊心:其妻怨望故拊心(杨伯峻《列子校释》)。"望",怨(师古说,杨伯峻《校释》引)。"拊",音"抚"。

㊂ 过:看望、慰问。一本亦作"遇"(《释文》)。"遇",知遇(严灵峰《列子新编》,第52页)。按"过"字长(马叙伦说),"遇"即"过"之形误(王叔岷说)。

㈣ 岂不命邪:高山寺本作"岂非命也哉"(王孝鱼校)。

【今译】

列子穷困,面容有饥色。有人告诉郑子阳说:"列御寇是有道之士,住在你的国内而穷困,你不是不好士吗?"郑子阳就派官员送米粟给他。列子见到使者,再三辞谢不接受。

使者走了,列子进屋里,他的妻子埋怨他而抚着胸说:"我听说有道人的妻子,都能得到安乐,现在面有饥色。相国听了派人来看望并送粮给你,你不接受,岂不是命该这样吗!"

列子笑着说:"相国并不是自己了解我。而是听人说了才送米粟给我,将来他也可能会听别人的话而怪罪我,这就是我不接受的原因。"后来,人民果然造反而杀了子阳。

七

楚昭王失國,屠羊說㊀走而從於昭王㊁。昭王反國,將賞從者,及屠羊說。屠羊說曰:"大王失國,說失屠羊;大王反國,說亦反屠羊。臣之爵祿已復矣,又何賞之有哉③!"

王曰:"強之!"

屠羊說曰:"大王失國,非臣之罪,故不敢伏其誅;大王反國,非臣之功,故不敢當其賞。"

王曰:"見之!"

屠羊說曰:"楚國之法,必有重賞大功而後得見,今臣之知不足以存國而勇不足以死寇。吳軍入郢,說畏難而避寇,非故隨大王也。今大王欲廢法毀約⑭而見說,此非臣之所以聞於天下也。"

王謂司馬子綦⑮曰:"屠羊說居處卑賤而陳義甚高,子其⑯為我延之以三旌⑰之位。"

屠羊說曰:"夫三旌之位,吾知其貴於屠羊之肆也;萬鍾之祿,吾知其富於屠羊之利也;然豈可以貪爵祿而使吾君有妄施之名乎!說不敢當,願復反吾屠羊之肆。"遂不受也。

【注释】

㊀ 屠羊说:屠羊者,名说。

㊁ 走而从于昭王:高山寺古抄本无"昭"字(刘文典说)。

㊂ 又何赏之有哉:"哉"字原缺。据高山寺本补(刘文典、王叔

㟂校）。

④ 约：军律（福永光司说）。

⑤ 司马子綦：楚国将军。

⑥ 子其："其"字各本作"綦"。由读者以上文作"子綦"妄改，或传写误（马叙伦《义证》）；"綦"乃"其"之误（王叔岷《校释》）。

俞樾说："'子綦为我延之以三旌之位'句，此昭王自与司马子綦言，当称子，不当称'子綦'。'綦'字衍文。"

刘文典说："《御览》二百二十八引无'綦'字，可证俞说。《道藏》本作'子其为我延之以三旌之位'，义亦可通。各本之'綦'或即'其'字，涉上'王谓司马子綦'而误也。"

⑦ 三旌：三公之位，车服皆有旌别（刘凤苞《南华雪心编》）。司马本作"三珪"，谓诸侯之三卿皆执珪（《释文》）。

【今译】

楚昭王丧失了国土。屠羊说跟着昭王出走。后来昭王返国，要奖赏跟从的人，轮到屠羊说。屠羊说说："大王丧失国土，我丧失屠羊的工作；大王返国，我也回来屠羊。我的爵禄已经恢复了，又有什么好奖赏的呢！"

昭王说："勉强他接受。"

屠羊说说："大王丧失国土，不是我的过错，所以我不该接受惩罚；大王收复国土，不是我的功劳，所以我不当接受奖赏。"

昭王说："来见我！"

屠羊说说："楚国的法令，必定有重赏大功的人才能晋见，现在我的才智不足以保存国家，而勇敢也不足以歼灭敌寇。吴国的军队侵入郢都，我畏惧危难而逃避敌寇，并不是有意追随大王。现在大王要废毁约法而召见我，这不是我所愿意传闻于天下的事。"

昭王对司马子綦说："屠羊说身处卑贱而陈义很高，你替我请他任三公的职位。"

屠羊说说："三公的职位，我知道比屠羊的职业尊贵；万钟的俸禄，我知道比屠羊的利益丰富；但是我怎么可以贪爵禄而使君主得到滥施的声名呢！我不敢接受，希望还是回到我屠羊的市场里。"终于不接受。

八

原憲⊖居魯，環堵之室⊜，茨以生草⊜；蓬戶㊃不完，桑以爲樞㊄；而甕牖二室㊅，褐以爲塞；上漏下溼，匡坐而弦歌㊆。

子貢乘大馬，中紺而表素㊇，軒車不容巷㊈，往見原憲。原憲華冠縰履㊉，杖藜㊁而應門。

子貢曰："嘻！先生何病？"

原憲應之曰："憲聞之，無財謂之貧，學道而不能行謂之病⑬。今憲，貧也，非病也。"

子貢逡巡而有愧色。

原憲笑曰："夫希世而行⑭，比周而友，學以爲人，敎以爲己，仁義之慝⑮，輿馬之飾，憲不忍爲也。"

【注释】

㊀ 原宪：孔子弟子，姓原，名思，字宪。

㊁ 环堵之室：周环各一堵，谓之"环堵"。犹方丈之室（成《疏》）。

㊂ 茨（cí）以生草：以草盖房，谓之"茨"（成《疏》）。"生草"，谓新生未干之草，即牵萝补屋之意（郭庆藩说）。

㊃ 蓬户：织蓬为户（《释文》）。

㊄ 桑以为枢：屈桑条为户枢（司马彪说）。

㊅ 而瓮牖二室：破瓮为牖，夫妻各一室（司马彪说）。

㊆ 匡坐而弦歌："匡坐"，正坐。"弦"下原缺"歌"字，依奚侗《补注》，据陈碧虚《庄子阙误》引张君房本补。

㊇ 乘大马，中绀而表素：即《论语·雍也篇》："乘肥马，衣轻裘。"指豪奢生活（福永光司说）。"中绀而表素"有二说：一说指车盖；如（成《疏》）："其轩盖是白素，里为绀色。"一说指衣着；如李颐说："绀为中衣，加素为表。"按当指后者，形容"内外服饰之美"（刘凤苞《南华雪心编》）。"绀"，深青赤色；"表素"，以白色为外衣（林希逸说）。兹从黄锦鋐今译（《新译庄子读本》）。

㊈ 轩车不容巷：车马高大，故巷道不容（成《疏》）。

㊉ 华冠縰履：有数解：㊀作"以华木皮为冠"（《释文》）。《韩诗外

传》作"楮冠"(马叙伦说),《御览》九九八引作"草冠"(刘文典说)。㈡作"华山冠"(宣颖《南华经解》)。㈢解为冠敝而分裂(陶鸿庆《读庄札记》)。姑从后说。

　　陶鸿庆说:"《礼记曲礼》:'为国君者华之。'郑注:'华中裂之。'《周礼·夏官·形方氏》:'无有华离之地。'阮氏校勘记云:'今俗语分析谓之花。'即此经'华'字。然则'华冠',谓冠敝而分裂也。旧解疑非。"按:"华冠纚履"为句,"纚履",李颐注:"谓履无跟",则是形容原宪家贫而冠履的破旧状,故陶说似可从。

⑪ 杖藜:以藜为杖(成《疏》)。此"杖"字作动词用谓持藜杖而行。"藜",草属,茎可为杖(李勉说)。

⑫ 学道而不能行谓之病:"道"字原缺。依刘文典、王叔岷校,据《御览》四八五、《史记·仲尼弟子列传》引补增。

⑬ 希世而行:趋世而行。

　　司马彪说:"'希',望。所行常顾世誉而动。"

⑭ 仁义之慝:谓依托仁义为奸恶(司马彪说)。

【今译】

　　原宪住在鲁国,方丈小屋,茅草盖顶;编织蓬蒿做成门户且不完整,用桑条做门枢;用破瓮做窗户,以粗布衣隔成二室;屋顶漏雨、地下潮湿,他却端坐而弦歌。

　　子贡乘着大马,穿着素白的大衣衬着紫红色的内里,巷子容不下高大的马车,走去见原宪。原宪戴着破旧的帽子,穿着破烂的草鞋,扶着藜杖来应门。

子贡说:"唉!先生是什么病呢?"

原宪回答他说:"我听说,没有钱财叫做贫,有学问而不能施行叫做病。现在我是贫,不是病。"子贡进退不安面有愧色。

原宪笑着说:"要是趋世而行,结党为友,所学为求炫耀于人,所教但求显扬于己,仁义的奸慝,车马的华饰,这是我所不愿去做的。"

九

曾子居衛,縕袍㊀無表㊁,顏色腫噲㊂,手足胼胝。三日不舉火,十年不製衣,正冠而纓絕㊃,捉衿而肘見,納屨而踵決㊄。曳縰㊅而歌《商頌》,聲滿天地,若出金石。天子不得臣,諸侯不得友。故養志者忘形,養形者忘利,致道者忘心矣。

【注释】

㊀ 缊袍:谓麻缊为絮(司马说);今之絮衣(林希逸说)。《论语·子罕篇》:"衣敝缊袍。"

㊁ 无表:没有表层,指衣服表层破烂。
　　林希逸说:"外破而露其絮。"

㊂ 肿哙:虚浮(林希逸说);浮肿。

郭庆藩说:"'噧',疑字当作'癗',病甚。通作'殨',肿决曰'殨'。"

㈣ 正冠而缨绝:正戴帽子而帽带断了。

林希逸说:"方欲正其冠而缨又绝,缨所以维其冠。"

㈤ 踵决:履之后已破(林希逸说)。

㈥ 曳縰:扶曳而行(林希逸说)。"縰",《御览》三八八引作"履"。

【今译】

曾子住在卫国,絮衣破烂,面色浮肿,手足生茧。三天不生火煮饭,十年不添制新衣,正戴帽子而帽带便断了,拉着衣襟臂肘就露出来,穿着鞋子脚跟就突出来。拖着破鞋口吟《商颂》,声音充满天地,好像金石乐器奏出来一样。天子不能使他为臣子,诸侯不能和他交朋友。所以养志的人忘了形骸,养形的人忘了利禄,求道的人忘了心机了。

一〇

孔子謂顏回曰:"回,來!家貧居卑,胡不仕乎?"

顏回對曰:"不願仕。回有郭外㈠之田五十畝,足以給飦粥㈡;郭內之田十畝,足以爲絲麻;鼓琴足以自娛,所學夫子之道者足以自樂也。回不願仕。"

孔子愀然變容曰："善哉回之意！丘聞之：'知足者不以利自累也，審自得者失之而不懼，行修於內者無位而不怍。'丘誦之久矣，今於回而後見之，是丘之得也。"

【注釋】

㊀ 郭外：城郭之外。下文"郭內"，即城郭之內。
　　林希逸說："'郭外'，田也。'郭內'，園也。"
㊁ 飦(zhān)：同"饘"。稠粥。《孟子·滕文公》："饘粥之食。"趙岐注："饘，糜粥。""饘"，當指稠粥。

【今譯】

孔子對顏回說："顏回，來！你家境貧窮居室卑陋，為什麼不去做官呢？"

顏回回答說："不願做官。我在城郭之外有五十畝田，足夠喝稠粥；城郭之內有十畝田，足夠織絲麻；彈琴足以自己消遣，所學先生的道理足以自得其樂。我不願意做官。"

孔子變容改色說："好極了，你的心意！我聽說：'知足的人不因利祿累害自己，心意自得的人遇到損失也不憂懼，修養內心的人沒有爵位而不羞愧。'我念到這話已經很久了，現在在你身上才見到，這是我的收穫。"

一一

中山公子牟㊀謂瞻子㊁曰:"身在江海之上,心居乎魏闕㊂之下,奈何?"

瞻子曰:"重生。重生則輕利㊃。"

中山公子牟曰:"雖知之,未能自勝也。"

瞻子曰:"不能自勝則從之㊄,神無惡乎?不能自勝而強不從者,此之謂重傷㊅。重傷之人,無壽類矣。"

魏牟,萬乘之公子也,其隱巖穴也,難為於布衣之士;雖未至乎道,可謂有其意矣!

【注释】

㊀ 中山公子牟:魏国公子,名牟,封于中山(河北省定县)。即〈秋水〉篇中与公孙龙问答的魏牟(公子牟)同一人。

㊁ 瞻子:即詹子,《吕氏春秋·重言篇》称詹何,属道家。有关詹何的言行,见于《韩非子·解老篇》、《吕氏春秋·执一篇》、〈重言篇〉及《淮南子·诠言训》、〈览冥训〉、〈原道训〉。

㊂ 魏阙:宫殿之门,荣华富贵的象征。

㊃ 轻利:今本误倒为"利轻",据《吕氏春秋·审为篇》文改正。

马叙伦说:"'利轻',《吕氏春秋·审为篇》、《淮南·道应训》并作'轻利',当从之。成玄英《疏》曰:'重于生道,则轻于荣利。'是成本亦作'轻利'。"按"轻利"与"重生"对文,"马"说是。

⑤ 不能自胜则从之:"从",通纵。"从"下"之"字原缺,依俞樾、马叙伦之说据《吕氏春秋·审为篇》补。

⑥ 重伤:犹再伤(林希逸、俞樾说)。

【今译】

　　中山公子牟对瞻子说:"隐身在江海之上,心里却惦念着宫廷的荣华,怎么办?"

　　瞻子说:"要重生。重生就轻利。"

　　中山公子牟说:"虽然知道,但是不能把握自己。"

　　瞻子说:"不能把握自己就放任,这样精神不厌恶吗?不能把握自己而又强制不顺应,这就双重损伤。双重损伤的人,就不能成为高寿的人。"

　　魏牟,是万乘国家的公子,他隐居岩穴,要比平民困难得多;虽然没有达到道的境界,可以说有这种心意了。

一二

　　孔子穷於陳蔡之間,七日不火食,藜羹不糁⊖,顏色甚憊,而猶弦歌於室⊜。顏回擇菜於外⊜,子路子貢相與言曰:"夫子再逐於魯,削迹於衛,伐樹於宋,窮於商周,圍於陳蔡⑭,殺夫子者無罪,藉⑮夫子者無禁。弦歌鼓琴,未嘗絕音,君子之無恥也若此乎?"

顏回無以應,入告孔子。孔子推琴喟然而歎曰:"由與賜,細人⑯也。召而來,吾語之。"

子路子貢入。子路曰:"如此者可謂窮矣!"

孔子曰:"是何言也! 君子通於道之謂通,窮於道之謂窮。今丘抱仁義之道以遭亂世之患,其何窮之為⑰! 故內省而不疚於道⑱,臨難而不失其德,大寒既至,霜雪既降,吾是以知松柏之茂也⑲。陳蔡之隘⑳,於丘其幸乎!"

孔子削然㉑反琴㉒而弦歌,子路扢然㉓執干而舞。子貢曰:"吾不知天之高也,地之下也。"

古之得道者,窮亦樂,通亦樂。所樂非窮通也,道德於此㉔,則窮通為寒暑風雨之序矣。故許由娛於穎陽㉕而共伯㉖得志乎丘首㉗。

【注釋】

㊀ 藜羹不糝:藜菜之羹,不加米糝(成《疏》);謂藜菜羹湯中無米粒。"糝",米粒。

㊁ 而犹弦歌于室:"犹"字原缺,依王叔岷《校释》增。

　　王叔岷先生说:"案《风俗通义·穷通篇》'而'下有'犹'字,文意较完,当从之。〈逍遥游〉篇:'时雨降矣,而犹浸灌。'〈达生〉篇:'行年七十,而犹有婴儿之色。'文例并同。"

㊂ 颜回择菜于外:"于外"二字原缺。《吕氏春秋·慎人篇》"择菜"下有"于外"二字,当据补(奚侗《庄子补注》)。

㊃ 再逐于鲁,削迹于卫,伐树于宋,穷于商周,围于陈蔡:五句见于〈天运〉篇与〈山木〉篇。

㊄ 藉:一说"凌藉"(《释文》),凌辱之意。一说"系"(见《释文》),系缚之意。

㊅ 细人:细碎之人(成《疏》);即小人。

㊆ 其何穷之为:"为",犹谓。古"谓"、"为"二字义通。《吕氏春秋·慎人篇》作"何穷之谓"(郭庆藩说)。《意林》引"为"作"有"(马叙伦说)。"为",犹"有"(奚侗、王叔岷说)。

㊇ 内省而不疚于道:"疚",原作"穷"。依奚侗、王叔岷校,据《吕氏春秋·慎人篇》改。

　　王叔岷先生说:"案《吕氏春秋·慎人篇》,《风俗通义·穷通篇》,'穷'并作'疚'。当从之。此文作'穷',疑涉上文'其何穷之为'而误。"

㊈ 大寒既至,霜雪既降,吾是以知松柏之茂也:"大"原作"天","天"乃"大"字之误。依俞樾、马叙伦、王叔岷校,据《吕氏春秋·慎人篇》、《淮南子·俶真篇》、《风俗通义·穷通篇》改。《论语·子罕篇》孔子说:"岁寒,然后知松柏之后凋也。"

㊉ 隘:音厄(《释文》)。同"厄",困厄。

㊋ 削然:各家解释不一:㈠取琴声(成《疏》)。㈡潇洒之意(林希

逸《口义》)。㈢孤高貌(宣颖《南华真经》);危坐孤峭之貌(刘凤苞《雪心编》)。㈣"削"当为"列"(奚侗说)。㈤即悄然,喻其安详轻静之态(李勉说)。

⑫ 反琴:再取琴而弹(林希逸说);复鼓琴(宣颖说)。

⑬ 扢然:跃然(林希逸说);奋舞貌(《释文》引李颐说)。

⑭ 道德于此:"德"当作"得"。《吕览·慎人篇》作"道得于此"(俞樾说)。高山寺本"德"作"得"(王孝鱼校)。

⑮ 颍阳:地名,在襄阳。

⑯ 共伯:名和。"共"为国名,在今河南省辉县附近。"伯"为爵位。

⑰ 得志乎丘首:"志"字原缺,"丘"字原为"共"。陈碧虚《阙误》引江南古藏本"得乎共首"作"得志乎丘首"。赵谏议本"共"作"丘"(王孝鱼校)。据以改正。"丘首山",今在河内(成《疏》)。

【今译】

孔子被围困在陈蔡之间,七天没有生火煮饭,喝着不加米粒的藜菜羹汤,面色疲惫,然而还在室中弹琴唱歌。颜回到外面采摘野菜,子路子贡互相论说:"先生两次被驱逐鲁国,在卫国被禁止居留,在宋国遭受伐树的屈辱,不得志于商、周,围困在陈、蔡;杀先生的没有罪过,凌辱先生的不受禁止。还在唱歌弹琴,君子的不知耻是这样的吗?"

颜回没话回答,进去告诉孔子。孔子推开琴唉声感叹说:"子由和子贡,是浅见的小人。叫他们来,我告诉他们。"

子路和子贡进来。子路说："这样子可以说是穷困了！"

孔子说："这是什么话！君子通达于道的叫做通，不了解道的叫做穷。现在我怀抱仁义之道而遭逢乱世的患难，怎么算是穷困呢！所以内心反省而不愧疚于道，面临危难而不丧失于德，大寒来到，霜雪降落，我才知道松柏的茂盛。陈蔡的困厄，对于大家不是很好的考验么？"

孔子安详地再拿起琴唱着歌，子路兴奋地执盾牌而起舞。子贡说："我不知道天有多高，地有多厚呀！"

古时得道的人，穷困也快乐，通达也快乐。所欢乐的不是穷困和通达，只要是身处道德，那么困穷通达就好像寒暑风雨的循序变化了！所以许由能自娱于颖阳水边，而共伯可自得于丘首山上。

一 三

舜以天下讓其友北人無擇⊖，北人無擇曰："異哉后之爲人也，居於畎畝⊜之中而遊堯之門！不若是而已，又欲以其辱行漫我⊜。吾羞見之。"因自投清泠之淵⑲。

【注释】

㊀ 北人无择：北方之人，名曰无择（成《疏》）。

　　王叔岷先生说："此章及下'汤将伐桀'章。当接在上文'舜以天下让其友石户之农'章下，《吕氏春秋·离俗篇》尚存其旧，今本误次于此，则不伦矣。"按王说似可从，然篇首数节有轻物重生思想，本节却以自杀行为（"自投于清泠之渊"）结尾，则与"重生"思想抵触。若移"石户之农"章下，则亦不类。

㊁ 畎（quǎn）亩：田圃。"畎"，田间小沟。

㊂ 辱行漫我："辱行"，秽德（林希逸说）。"漫"，污。

㊃ 清泠（líng）之渊：在南阳西崿县界。

【今译】

舜把天下让给他的朋友北人无择，北人无择说："舜的为人奇怪呀，处在田圃之中却置身于尧的门前，不仅这样，还要用他耻辱的行为来玷污我。我羞于见他。"于是自己投入清泠之渊。

一 四

汤将伐桀，因卞随㊀而谋，卞随曰："非吾事也。"

汤曰："孰可？"

曰："吾不知也。"

汤又因务光㊁而谋：务光曰："非吾事也。"

湯曰："孰可？"

曰："吾不知也。"

湯曰："伊尹如何？"

曰："強力忍垢⑤，吾不知其他也。"

湯遂與伊尹謀伐桀，剋之，以讓卞隨。卞隨辭曰："后之伐桀也謀乎我，必以我爲賊也；勝桀而讓我，必以我爲貪也。吾生乎亂世，而無道之人再來漫我以其辱行，吾不忍數聞也。"乃自投椆水⑭而死。

湯又讓務光曰："知者謀之，武者遂之，仁者居之，古之道也。吾子胡不立乎？"

務光辭曰："廢上，非義也；殺民，非仁也；人犯其難，我享其利，非廉也。吾聞之曰，非其義者，不受其祿，無道之世，不踐其土。況尊我乎！吾不忍久見也。"乃負石而自沈於廬水⑤。

【注释】

㊀ 卞隨：姓卞，名隨，隐者。
㊁ 务光：姓务，名光，隐者。多种古本"务"作"瞀"，"务"与"瞀"通。
㊂ 强力忍垢：毅力忍辱。
㊃ 椆水：水名。本又作"稠"（《释文》）。《吕氏春秋·离俗篇》作"颖水"。

㊄ 庐水:在辽东西界。一云在北平郡界(《释文》)。

【今译】

汤要攻伐桀,找卞随谋划,卞随说:"这不是我的事。"

汤说:"找谁可以?"

答说:"我不知道。"

汤又找务光谋划,务光说:"这不是我的事。"

汤说:"找谁可以。"

答说:"我不知道。"

汤说:"伊尹怎么样?"

答说:"有毅力能忍辱,其他的我就不知道了。"

汤就和伊尹谋划攻伐桀,战胜了他,让位给卞随。卞随推辞说:"君主攻伐桀时找我策谋,一定以为我是残忍的人,打胜了桀而让位给我,一定以为我是贪婪的人。我生当乱世,而无道的人用耻辱的行为一再来玷污我,我不忍受屡次的搅扰。"于是投入椆水而死。

汤又让位给务光说:"有智慧的人来谋划,武勇的人来完成,仁慈的人来就位,这是古来的道理。你为什么不即位?"

务光推辞说:"废除君上,不是义;杀害人民,不是仁;人民冒险犯难,我坐享其利,不是廉。我听说,不合于义的,不接受他的利禄;无道的世界,不踏在他的领土上。

何況要尊我為君呢！我不忍心長久目睹。"于是背负石头自沉在庐水。

一五

昔周之興，有士二人處於孤竹⊖，曰伯夷叔齊。二人相謂曰："吾聞西方有人，似有道者，試往觀焉。"至於岐陽⊜，武王聞之，使叔旦⊜往見之，與之盟⑲曰："加富二等⑭，就官一列⑮。"血牲而埋之⑯。

二人相視而笑曰："嘻，異哉！此非吾所謂道也。昔者神農之有天下也，時祀盡敬而不祈喜⑰；其於人也，忠信盡治而無求焉。樂與政為政，樂與治為治，不以人之壞自成也，不以人之卑自高也，不以遭時自利也。今周見殷之亂而遽為政，上謀而行貨⑱，阻兵而保威⑲，割牲而盟以為信，揚行以說眾，殺伐以要利，是推亂以易暴也。吾聞古之士，遭治世不避其任，遇亂世不為苟存。今天下闇，周德衰⑳，其並乎周以塗㉑吾身也，不如避之以絜吾行。"二子北至於首陽之山㉒，遂餓而死焉。若伯夷叔齊者，其於富貴也，苟可得已，則必不賴㉓。高節戾行㉔，獨樂其志,不事於世,此二士之節也。

【注释】

㊀ 孤竹:在辽东令支县界(司马彪说);即今河北省迁安县。

㊁ 岐阳:岐山之阳(成《疏》);即岐山之南,为周文王所都之地。

㊂ 叔旦:周公名旦,武王弟。

㊃ 与之盟:"之"字原缺。世德堂本"与"下有"之"字,文意较完(王叔岷《校释》)。

㊄ 加富二等:加禄二级(成《疏》)。

㊅ 就官一列:任官一级。

㊆ 血牲而埋之:以牲血涂于盟书而埋藏。

㊇ 不祈喜:不求福。《吕氏春秋·诚廉篇》作"不祈福"。

　　俞樾说:"'喜'当作'禧'。《尔雅·释诂》:'禧,福也。'不祈禧者,不祈福也。"

㊈ 上谋而行货:"行"上原衍"下"字。据高山寺本无"下"字(王叔岷、王孝鱼校),并依王念孙之说删去。

　　王念孙说:"'上谋而下行货','下'字后人所加也。'上'与'尚'同。'上谋而行货,阻兵而保威',句法正相对。后人误读为'上'为上下之上,故加'下'字耳。《吕氏春秋·诚廉篇》正作'上谋而行货,阻兵而保威'。"(《读书杂志余编》)

㊉ 阻兵而保威:"阻",依(见《吕氏春秋·诚廉篇》高诱注);与恃同义(福永光司说)。

㊊ 周德衰:陈碧虚《阙误》引江南古藏本"周"作"殷",疑浅人所改,"周德衰"对上文"昔周之兴"而言,文理甚明。《吕氏春秋·诚廉篇》亦作"周"(王叔岷《校释》)。按上文"上谋而行

货"至"杀伐以要利,是推乱以易暴也"正是描述"周德衰"的景象,作"殷"为误。
⑫ 涂:污。
⑬ 首阳之山:说法不一,《说文》谓在辽西,《水经注》说在河南,有说在今山西永济县。
⑭ 赖:取(章炳麟据《方言》解)。
⑮ 高节戾行:"戾",亢(林希逸说)。"戾行"者,与俗不合(刘凤苞说)。

【今译】

　　从前周朝兴起的时候,有两个贤士住在孤竹,叫做伯夷、叔齐。两人商量说:"我听说西方有个人,像是有道的人,去看看。"到了岐阳,武王听到,派叔旦去看他们,和他们立盟说:"加禄二级,任官一等。"用牲血涂在盟书而埋藏地下。

　　两人相望而笑说:"嘻,奇怪呀!这不是我所谓的道。从前神农治理天下,四时祭祀十分诚敬,但是自己并不求福;对于百姓,忠信尽力为民服务,但是自己没有他求。乐于从政的就让他来从政,乐于参与治理的就让他来参与治理,不因人的失败而自显成功,不因人的卑微而自视长大,不因逢时机而自图利益。现在周朝看见殷朝混乱便急速夺取政权,崇尚谋略而求取货利,依恃兵力而炫耀威势,杀牲立盟作为信誓,宣扬自己的行为来争取群众,屠杀攻伐来获取利益，这是制造祸乱来代替暴虐。我听说古时的贤士，遇到治世不逃避责任，遇到乱世不苟且偷生。现在天下黑暗，周德衰败，哪能和周并存来涂污我们，不如避开以保持我们行为的洁净。"两个向北到了首阳山上，就饿死在那里。像伯夷、叔齐这样的人，对于富贵，即使可得到，但也不获取。高尚的节操，与俗不合的行为，独乐己志，不逐世事，这是两位隐士的节操。

盗 跖

〈盗跖〉篇，主旨在于抨击儒家礼教规范及俗儒富贵显达的观念，主张尊重自然的情性。"盗跖"，名叫跖的大盗，本篇主要部分为借盗跖而评孔子的对话，因取盗跖之名为篇名。

全篇分三个部分，一是孔子拜访盗跖的对话，二是子张和满苟得的对话，三是无足和知和的对话，都是借寓言的形式谈问题。其要点是：第一部分，写孔子去劝盗跖，盗跖则批评儒者"作言造语，妄称文武"，"不耕而食，不织而衣"，使得天下学士不反本业，还"妄作孝弟"来侥幸求得封侯富贵。进而说："汤放其主，武王杀纣，自是以后，以强陵弱，以众暴寡"，指责"汤武以来，皆乱人之徒"。并批评儒家圣王，自尧舜至武王，"皆以利惑其真，而强反其情性"。接着指出历代忠臣多不得好死。最后认为人生短促，当"说其志意，养其寿命"，轻利全真。第二个部分，子张和满苟得对话。子张讲仁义礼信，倡贵贱伦序，以求显荣利达。满苟得则主张士人的行为，顺着自然的本性。批评"田成子常杀君窃国而孔子受币。论则贱之，行则下之"。指出儒者言行常相违，说的是一套,做的又是另一套。并说:"尧杀长子,舜流母弟,疏戚有伦乎?"这是对儒家等级伦常思想的批评。第三个部分,无足与知和的对话,无足是富贵权势的崇拜者,认为人生但求声色之乐。知和的生活,则恬怡适和,批评纵欲之弊,指出贪求争夺的为害,认为人生除吃喝玩乐之外,当有更重要的东西,当求更崇高的理想。

出自本篇的成语,有摇唇鼓舌、缝衣浅带、止暴禁非、无病自灸等。

一

孔子與柳下季○爲友，柳下季之弟，名曰盜跖○。盜跖從卒九千人，橫行天下，侵暴諸侯，穴室樞戶○，驅人牛馬，取人婦女，貪得忘親，不顧父母兄弟，不祭先祖。所過之邑，大國守城，小國入保○，萬民苦之。

孔子謂柳下季曰：「夫爲人父者，必能詔其子；爲人兄者，必能教其弟。若父不能詔其子，兄不能教其弟，則無貴父子兄弟之親矣。今先生，世之才士也，弟爲盜跖，爲天下害，而弗能教也，丘竊爲先生羞之。丘請爲先生往說之。」

柳下季曰：「先生言爲人父者必能詔其子，爲人兄者必能教其弟，若子不聽父之詔，弟不受兄之教，雖今先生之辯，將奈之何哉！且跖之爲人也，心如涌泉，意如飄風，強足以距○敵，辯足以飾非，順其心則喜，逆其心則怒，易辱人以言。先生必無往。」

孔子不聽，顏回爲馭，子貢爲右，往見盜跖。盜跖乃方休卒徒於太山之陽○，膾人肝而餔○之。孔子下車而前,見謁者曰:"魯人孔丘,聞將軍高義,敬再拜謁者。"

謁者入通,盜跖聞之大怒,目如明星,髮上指冠,曰:"此夫魯國之巧偽人孔丘非邪?為我告之:'爾作言造語,妄稱文武,冠枝木之冠⑧,帶死牛之脅⑨,多辭繆說,不耕而食,不織而衣,搖脣鼓舌,擅生是非,以迷天下之主,使天下學士不反其本,妄作孝弟⑩而僥倖於封侯富貴者也。子之罪大極重⑪,疾走歸!不然,我將以子肝益晝餔之膳!'"

孔子復通曰:"丘得幸於季,願望履幕下⑫。"

謁者復通,盜跖曰:"使來前!"

孔子趨而進,避席反走,再拜盜跖。盜跖大怒,兩展其足⑬,案劍瞋目,聲如乳虎,曰:"丘來前!若所言,順吾意則生,逆吾心則死。"

孔子曰:"丘聞之,凡天下人⑭有三德:生而長大,美好無雙,少長貴賤見而皆說之,此上德也;知維天地⑮,能辯諸物⑯,此中德也;勇悍果敢,聚眾率兵,此下德也。凡人有此一德者,足以南面稱孤矣。今將軍兼此三者,身長八尺二寸,面目有光,脣如激丹⑰,齒如齊貝,音中黃鐘⑱,而名曰盜跖,丘竊為將軍恥不取焉。將軍有意聽臣;臣請南使吳越,北使齊魯,東使宋衛,西使晉楚,使爲將軍造大城數百里,立數十萬戶之邑,尊將軍爲諸侯,與天下更始,罷兵休卒,收養昆弟,共祭先祖㊸。此聖人才士之行,而天下之願也。"

盜跖大怒曰:"丘來前!夫可規㊹以利而可諫以言者,皆愚陋恆民㊺之謂耳。今長大美好,人見而悅之者,此吾父母之遺德也。丘雖不吾譽,吾獨不自知邪?

"且吾聞之,好面譽人者,亦好背而毀之。今丘告我以大城衆民,是欲規我以利而恆民畜我也,安可久長也!城之大者,莫大乎天下矣。堯舜有天下,子孫無置錐之地;湯武立爲天子,而後世絕滅;非以其利大故邪?

"且吾聞之,古者禽獸多而人少,於是民皆巢居以避之,晝拾橡栗,暮棲木上,故命之曰有巢氏之民。古者民不知衣服,夏多積薪,冬則煬之,故命之曰知生之民。神農之世,臥則居居㊻,起則于于㊼,民知其母,不知其父,與麋鹿共處,耕而食,織而衣,無有相害之心,此至德之隆也。然而黃帝不能致德,與蚩尤戰於涿鹿之野,流血百里。堯舜作,立群臣,湯放其主,武王殺紂。自是以後,以強陵弱,以衆暴寡。湯武以來,皆亂人之徒也。

"今子脩文武之道,掌天下之辯,以教後世,縫衣㉞淺帶,矯言僞行,以迷惑天下之主,而欲求富貴焉,盜莫大於子。天下何故不謂子爲盜丘,而乃謂我爲盜跖?子以甘辭說子路而使從之,使子路去其危冠㉟,解其長劍,而受敎於子,天下皆曰孔丘能止暴禁非。其卒之也,子路欲殺衛君㊱而事不成,身菹㊲於衛東門之上,子教子路菹此患,上無以爲身,下無以爲人㊳,是子教之不至也。子自謂才士聖人邪?則再逐於魯,削迹於衛,窮於齊,圍於陳蔡,不容身於天下。子之道豈足貴邪?

"世之所高,莫若黃帝,黃帝尙不能全德,而戰涿鹿之野,流血百里。堯不慈㊴,舜不孝㊵,禹偏枯㊶,湯放其主,武王伐紂,此六子者㊷,世之所高也,孰論之,皆以利惑其眞而強反其情性,其行乃甚可羞也。

"世之所謂賢士,莫若伯夷叔齊㊸。伯夷叔齊辭孤竹之君而餓死於首陽之山,骨肉不葬。鮑焦㊹飾行非世,抱木而死。申徒狄㊺諫而不聽,負石自投於河,爲魚鼈所食。介子推㊻至忠也,自割其股以食文公,文公後背之,子推怒而去,抱木而燔死。尾生㊼與女子期於梁下,女子不來,水至不去,抱梁柱而死。此六子者,無異於磔犬㊽

流豕㊲操瓢而乞者,皆離名㊳輕死,不念本養壽命者也。

"世之所謂忠臣者,莫若王子比干伍子胥。子胥沈江,比干剖心,此二子者,世謂忠臣也,然卒爲天下笑。自上觀之,至於子胥比干,皆不足貴也。

"丘之所以說我者,若告我以鬼事,則我不能知也;若告我以人事者,不過此矣,皆吾所聞知也。

"今吾告子以人之情,目欲視色,耳欲聽聲,口欲察味,志氣欲盈㊴。人上壽百歲,中壽八十,下壽六十,除病瘐㊵死喪憂患,其中開口而笑者,一月之中不過四五日而已矣。天與地無窮,人死者有時,操有時之具而托於無窮之間,忽然無異騏驥之馳過隙也。不能說其志意,養其壽命者,皆非通道者也。

"丘之所言,皆吾之所棄也,亟去走歸,無復言之!子之道,狂狂汲汲㊶,詐巧虛僞事也,非可以全眞也,奚足論哉!"

孔子再拜趨走,出門上車,執轡三失㊷,目芒然無見,色若死灰,據軾㊸低頭,不能出氣。歸到魯東門外,適遇柳下季。柳下季曰:"今者闕然數日不見,車馬有行色,得微㊹往見跖邪?"

孔子仰天而歎曰：“然。”

柳下季曰：“跖得無逆汝意若前乎㊴？”

孔子曰：“然。丘所謂無病而自灸也，疾走料㊵虎頭，編虎須㊶，幾不免虎口哉！”

【注释】

㊀ 柳下季：即柳下惠，鲁国的贤人。姓展，名获，字季禽。一说：字子禽，居柳树之下，因以为号。一说：名惠，死后的谥名。在《论语·卫灵公篇》和〈微子篇〉中，孔子很称赞柳下惠的贤能。

　　陆德明说："展禽是鲁僖公时人，至孔子生八十余年，若至子路之死百五六十岁，不得为友，是寄言也。"（《释文》）

㊁ 盗跖：古时候的大盗。

　　陆德明说："李奇注《汉书》云：'跖，秦之大盗也。'"

　　俞樾说："《史记·伯夷传·正义》又云：'蹠者，黄帝时大盗之名。'是跖之为何时人，竟无定说。孔子与柳下惠不同时，柳下惠与盗跖亦不同时，读者勿以寓言为实也。"（《庄子平议》）

㊂ 穴室枢户：即穿室探户。"抠"通行本作"枢"。《阙误》引刘得一本"枢"作"抠"（马叙伦、王孝鱼校）。按"枢"为"抠"之误。

　　褚伯秀说："'枢户'，义当是'抠'。"

　　孙诒让说："'枢'当为'抠'。"

㊃ 保：同堡。

　　陆德明说："郑注《礼记》曰：'小城曰保。'"

㊄ 距：同拒。世德堂本作"拒"（王孝鱼校）。

⑥ 休卒徒于太山之阳:"于"字原缺。陈碧虚《阙误》引江南古藏本"徒"有"于"字,文意较完(王叔岷《校释》),因据补。"太山",即泰山。

⑦ 铺(bū):食(成玄英《疏》);日申时食(《释文》引《字林》)。

⑧ 枝木之冠:冠多华饰,如木之枝繁(《释文》引司马彪说);削木枝之皮以为冠(林希逸《口义》)。按儒者好巧饰,审文义,当从司马注,即形容冠帽的华丽。

马叙伦说:"案'枝'疑为'枯'字之讹。'枯木''死牛'对文。"(《庄子义证》)备一说。

⑨ 带死牛之胁:取牛皮为大革带(司马说)。

⑩ 孝弟:音悌。本亦作"悌"(《释文》)。赵谏议本"弟"作"悌"(王孝鱼校)。"弟"与"悌"通,作"弟"是故书(王叔岷说)。

⑪ 罪大极重:极当做殛。《尔雅·释言》:"'殛,诛也。'言罪大而诛重也。'极''殛'古字通。"(俞樾《平议》)

⑫ 愿望履幕下:希望到帐幕下;即希望谒见跖面谈。

⑬ 两展其足:伸两脚(成《疏》)。

⑭ 凡天下人:《阙误》引张君房本"下"字下有"人"字。案当依张君房本"天下"下补"人"字(马叙伦说)。有"人"字文意较明(王叔岷说)。

⑮ 知维天地:和〈天道〉篇"知落天地"同义,指智识包罗天地。

马叙伦说:"案'维'为'雒'误。"按"知落天地"之"落"为"络"的借字。"维"亦有"络"义,故"维"字可通。

⑯ 能辩诸物:"辩",通辨。

⑰ 激丹:鲜明的朱砂。"激",皦,明。

章炳麟说:"'激'借为'皦'。《说文》:'皦,光景流也。'故

司马训'明'。"(《庄子解故》)
- ⑱ 黄钟：古乐中音律的名称。已见〈骈拇〉篇。
- ⑲ 共祭先祖："共"，音恭（《释文》）；读曰供（王先谦《集解》）。
- ⑳ 规：同谏。
- ㉑ 恒民：一本作"顺民"（《释文》）。
- ㉒ 居居：安静之容（成《疏》）。
- ㉓ 于于：自得之貌（成《疏》）。
- ㉔ 缝衣：宽大衣服。

    褚伯秀说："缝衣，搚腋之衣，大袂禅衣也。"

    郭庆藩说："向秀注曰：'儒服宽而长大。'（见《列子·黄帝篇·注》）《释文》'搚'，又作'缝'。'缝衣'，大衣也。"

- ㉕ 危冠：高冠。

    李颐说："'危'，高也。子路好勇，冠似雄鸡形，背负豭斗，用表己强也。"

- ㉖ 卫君：卫庄公，名蒯聩。
- ㉗ 菹（zū）：古时一种酷烈的刑法叫菹醢（hǎi），使受刑者剁成肉酱。
- ㉘ 子教子路菹此患，上无以为身，下无以为人：这三句原在下文"围于陈蔡，不容身于天下"句下，王先谦说："疑有夺文。"马叙伦说："此三句当在'身菹于卫东门之上'下。"按马说甚是。这三句错简误入下文，依马说移此，文理通顺。
- ㉙ 尧不慈：指尧杀长子丹朱。下文有"尧杀长子"之句。
- ㉚ 舜不孝：指舜放逐瞽瞍。《韩非子·忠孝篇》有这样的记载："瞽瞍为舜父，而舜放之。"
- ㉛ 偏枯：即〈齐物论〉"偏死"，指半身不遂。《列子·杨子篇》说禹

"身体偏枯"。

⑬ 此六子者：此上原衍"文王拘羑里"一句，疑是后人妄加，当删。"六子"即上文所说黄帝、尧、舜、禹、汤、武王六人。《阙误》引江南古藏本"六"作"七"。而"六"字唐初本不作"七"。江南古藏本作"七"者，后人依有"文王"句而改（马叙伦说）。

　　李勉说："自黄帝以至武王皆评其过失，文王被人所囚，非其本身之过，举之，与上不伦不类。故此句疑后人所增，原作'六子'不误，且此句依序亦应在'武王'句上。足见此句误衍，当删。"按李说是。上文已出现"汤放其生，武王杀纣"句，谓"汤武以来，皆乱人之徒也"其斥责汤武之意甚明，与此处前后相应。故当删去"文王拘羑里"一句。

⑭ 世之所谓贤士，莫若伯夷叔齐："莫若"二字原缺，依王叔岷之说补。

　　王叔岷说："案伯夷上当有'莫若'二字。上文'世之所高，莫若黄帝'，下文'世之所谓忠臣者，莫若王子比干伍子胥'，文例并同，今本挩'莫若'二字，则文意不完矣。"

⑮ 鲍焦：姓鲍，名焦，周时隐者。

　　成玄英《疏》："〔鲍焦〕饰行非世，廉洁自守，荷担采樵，拾橡充食，故无子胤，不臣天子，不友诸侯。子贡遇之，谓之曰：'吾闻非其政者，不履其地，污其君者，不受其利。今子履其地，食其利，其可乎？'鲍樵曰：'吾闻廉士重进而轻退，贤人易愧而轻死。'遂抱木立枯焉。"

⑯ 申徒狄：姓申徒，名狄，殷商时人。已见于〈大宗师〉、〈外物〉篇。

⑰ 介子推：晋文公的忠臣。

成《疏》:"晋文公重耳也,遭骊姬之难,出奔他国,在路困乏,推割股肉以饴之。公后还三日,封于从者,遂忘子推。子推作《龙蛇之歌》,书其营门,怒而逃。公后惭谢,追子推于介山。子推隐避,公因放火烧山,庶其走出。火至,子推遂抱树而焚死焉。"

⑮ 尾生:《战国策》作尾生高;高诱以为鲁人。

⑯ 磔（zhé）犬:被屠宰的狗。"磔",分裂牲畜的肢体以作祭仪。

⑰ 流豕:当为沉豕（孙诒让说）;即沉河的猪。古时以猪为牺牲献祭河神。

⑱ 离名:重名（成《疏》）。

　　林希逸说:"'离',丽也。泥着于名也,故曰'离名'。"

　　王叔岷说:"陈碧虚《阙误》引江南古藏本'离'作'利'。'离'与'利'通,《荀子·非十二子篇》:'綦谿利跂'注:'利与离同。'即其证。"

⑲ 欲盈:求满足。

⑳ 痍:今本笔误为"瘦",依王念孙之说改正。

　　王念孙说:"案'瘦'当为'痍',字之误也。'痍',亦病也。病痍为一类,死丧为一类,忧患为一类。"（《读书杂志余编》）

㉑ 狂狂汲汲:"汲",本亦作"伋",音急（《释文》）。"狂狂汲汲",营求奔竞的样子。

㉒ 执辔三失:手上拿的马缰绳掉落了三次,形容孔子的紧张失神。

㉓ 轼:车前横木。

㉔ 微:同无。

㉕ 若前乎:意指如先前所说的。

㊣ 料：同撩。
㊣ 编虎须："编"，借揙，抚。"须"，《道藏》成玄英《疏》本、褚伯秀《义海纂微》本，"须"并作"鬚"，"鬚"即须之俗（王叔岷《校释》）。

【今译】

　　孔子和柳下季是朋友，柳下季的弟弟，名叫盗跖。盗跖的部下有九千人，横行天下，侵犯诸侯，穿室探户，抢人牛马，掳劫妇女，贪利忘亲，不顾父母兄弟，不祭祀祖先。所经过的地方，大国守着城池，小国避入堡中，万民受苦。

　　孔子对柳下季说："做父亲的，必定能诏告他的儿子；做兄长的，必定能教导他的弟弟。如果父亲不能诏告他的儿子，兄长不能教导他的弟弟，那就父子兄弟的亲情也没有什么可尊贵了。现在先生是当世的才士，弟弟是盗跖，为害天下，却不能教导他，我暗地里替先生感到羞耻。我愿意替你去说服他。"

　　柳下季说："先生说做父亲的必定能诏告他的儿子，做兄长的必定能教导他的弟弟，假使儿子不听从父亲的诏告，弟弟不受兄长的教导，即使是先生这样能辩，又能把他怎么样！而且跖的为人，心思如涌泉一般的源源不绝，意念如飘风一般的捉摸不定，强悍足以抗拒敌人，辩才足以粉饰过错，顺着他的心意就高兴，违背他的心意就愤怒，容易用语言侮辱人。先生千万不要去。"

孔子不听，叫颜回驾车，子贡坐在车的右边，去看盗跖。盗跖正带着部下在泰山南面休息，炒人肝而食。孔子下车向前走，见了传达说："鲁国人孔丘，听说将军的高义，恭敬地来拜见。"

传达进去通报，盗跖听见大怒，目如明星，发上冲冠，说："这不就是鲁国的那个巧伪人孔丘吗？替我告诉他：'你搬弄语言，假托文武，戴着树枝般的帽子，围着牛皮的腰带，繁辞谬说，不耕而食，不织而衣，摇唇鼓舌，无端制造是非，来迷惑天下的君主，使得天下的读书人不返本业，假托孝悌之名来侥幸求得封侯富贵。你的罪孽重大，赶快回去！不然，我要拿你的肝当午餐！'"

孔子再请通报说："我荣幸认识柳下季，希望能到帐幕下来拜见。"

传达再去通报，盗跖说："叫他到前面来！"

孔子快步走进去，避席退步，再拜盗跖。盗跖大怒，叉开两脚，握剑瞪眼，声音如乳虎，说："孔丘过来！你所说的，顺着我的心意你才能活，逆着我的心意就要你死。"

孔子说："我听说，天下的人有三种美德：生下长大，美好无双，无论老少贵贱见了都喜欢他，这是上德；智识包罗天地，能分辨一切事物，这是中德；勇武果决，聚众率兵，这是下德。凡是具有一种美德的人，就足以南面称王了。现在将军兼备了这三种美德，身高八尺二寸，面目炯炯有光，嘴唇如鲜明的朱砂，牙齿像整齐的珠贝，声音合于黄钟，却名叫盗跖，我私下替将军感到羞耻不取。将军有意听我的意见，我愿往南出使吴越，向北出使齐鲁，往东出使宋卫，向西出使晋楚，替将军造一座周围几百里的大城，建立几十万户的都邑，尊奉将军为诸侯，和天下人有一个新的开始，停战休兵，收养兄弟，供祭祖先。这是圣人才士的行为，也是天下人的愿望。"

盗跖大怒说："孔丘过来！可以用利禄来诱导，可以用语言来规谏的，都是愚陋平民罢了。我现在高大美好，人见了就喜欢，这是我父母遗留的德性。我虽然不赞美自己，我难道自己不知道吗？

"而且我听说，喜欢当面称赞的人，也喜欢背后毁谤人。现在你告诉我有大城众民，这是想用利禄来引诱我，把我当做顺民来收买，怎么可以长久呢！最大的城市，也没有比天下更大的了。尧舜拥有天下，而子孙却没有立锥的地方；汤武立为天子，而后代灭绝；这不正是因为他们有人利的缘故吗？

"而且我听说，古时候禽兽多而人民少，于是人民都在树上筑巢来躲避禽兽，白天捡拾橡栗，夜晚睡在树上，所以叫做有巢氏的人民。古时候人民不知道穿衣服，夏天存积了很多木柴，冬天用来燃烧取暖，所以叫做知道生存的人民。神农的时代,睡卧时安然恬静,起身时宽舒自适,人民只知道母亲,不知道父亲,和麋鹿生活在一起,耕田而食,织布而衣,没有相害的意念,这是道德极盛的时代。然而黄帝不能达到这种德,和蚩尤交战于涿鹿的郊野,血流百里。尧舜起来,设立群臣,汤流放他的君主,武王杀害纣。从此以后,以强力欺凌弱小,以势众侵暴寡少。汤武以来,都是祸害人民之徒。

"现在你修习文王武王之道,掌握天下的言辩,来教化后世,宽衣浅带,假言伪行,来迷惑天下的君主,而企图富贵,最大的盗贼莫过于你。天下人为什么不叫你做盗丘,而叫我做盗跖呢?

"你用动听的话让子路喜欢而跟从你,使子路不戴高冠,解下长剑,来接受你的教诲,天下的人都说孔丘能够止暴禁非。弄到最后,子路要杀卫君而没有成功,自身却在卫国东门被剁成肉酱,你使子路遭受剁成肉酱的祸患,上不得保身,下不足为人,这是由于你的教导不成功。

"你自称为才士圣人吗?可是你两次被鲁国驱逐出境,在卫国被禁止居留,在齐国没有出路,在陈蔡被围困,到处都不能容身,你的道理哪里有什么可贵呢?

"世上所推崇的,莫过于黄帝,黄帝尚且不能德行完备,而战于涿鹿的郊野,血流百里。尧不慈爱,舜不孝顺,禹半身不遂,汤流放他的君主,武王攻伐纣,这六个人,世上所推崇的,仔细看来,都是因利而迷失了本真,强力违反了情性,他们的行为是非常可耻的。

"世上所谓的贤士,莫过伯夷、叔齐。伯夷、叔齐辞让孤竹的君位而饿死在首阳山上,尸体没有埋葬。鲍焦行为高洁非议俗世,抱着树木枯死。申徒狄诤谏而不被接纳,背石自投入河,为鱼鳖所食。介子推最忠心,割下自己腿上的肉给晋文公吃,文公后来背弃他,子推愤怒离去,抱着树木而烧死。尾生和女朋友约会在桥下见面,女朋友不来,洪水来了他不走,抱着桥梁而死。这六个人,无异于被屠的狗、沉河的猪、持瓢的乞丐,都是重于名而轻于死、不珍惜生命本根的人。

"世上所谓的忠臣,莫过王子比干和伍子胥。子胥尸沉江中,比干剖心而死,这两个人,世上所称的忠臣,然而终为天下人讥笑。从以上看来,直到子胥、比干,都不足贵。

"你所以劝说我的,如果告诉我关于鬼的事,我不知道;如果告诉我关于人的事,不过如此罢了,都是我已经听过的。

"现在我告诉你人的性情,眼睛要看颜色,耳朵要听声音,嘴巴要尝味道,心志要求满足。人生上寿是一百岁,中寿是八十岁,下寿是六十岁,除了疾病、死丧、忧患以外,其中开口欢笑的,一个月之中不过四五天而已。天地的存在是无穷尽的,人的死生却是有时限的,以有时限的生命而寄托在无穷尽的天地之间,和快马迅速地闪过空隙一般。凡是不能够畅适自己的意志,保养自己的寿命,都不是通达道理的人。

"你所说的,都是我所要抛弃的,赶快回去,不要再说了!你这套道理,钻营求取,都是巧诈虚伪的事情,不是保全真性!哪里值得讨论呢!"

孔子拜了又拜快步急走,出门上车,手执缰绳不觉掉落了三次,眼睛茫然无见,面色有如死灰,扶着车轼低垂着头,不能喘气。回到鲁国东门外,正好遇到柳下季。柳下季说:"最近好几天没有见面,车马有外出的样子,是不是去见跖呢?"

孔子仰天叹息说:"是的。"

柳下季说:"跖是不是像我以前所说的违逆了你的心意呢?"

孔子说:"是的。我是所谓没有病而自己用艾叶来烧灼,莽撞地去撩虎头、捋虎须,几乎不能免于虎口啊!"

二

子張⊖問於滿苟得⊜曰:"盍不爲行?無行則不信,不信則不任,不任則不利。故觀之名,計之利,而義眞是也。若棄名利,反之於心㊂,則夫士之爲行,不可一日不爲乎!"

滿苟得曰:"無恥者富,多信㊃者顯。夫名利之大者,幾在無恥而信。故觀之名,計之利,而信眞是也。若棄名利,反之於心,則夫士之爲行,抱其天乎!"

子張曰:"昔者桀紂貴爲天子,富有天下,今謂臧聚㊄曰,汝行如桀紂,則有怍色,有不服之心者,小人所賤也。仲尼墨翟,窮爲匹夫,今謂宰相曰,子行如仲尼墨翟,則變容易色稱不足者,士誠貴也。故勢爲天子,未必貴也;窮爲匹夫,未必賤也;貴賤之分,在行之美惡。"

滿苟得曰:"小盜者拘,大盜者爲諸侯,諸侯之門,仁義存焉㊅。昔者桓公小白殺兄入嫂,而管仲爲臣;田成子常殺君竊國,而孔子受幣。論則賤之,行則下之㊆,則是言行之情悖戰於胸中也,不亦拂乎!故《書》曰:'孰惡孰美?成者爲首,不成者爲尾㊇。'"

子張曰:"子不爲行,即將疏戚無倫,貴賤無義,長幼無序;五紀六位㊈,將何以爲別乎?"

滿苟得曰:"堯殺長子,舜流母弟㊉,疏戚有倫乎?湯放桀，武王殺紂，貴賤有義乎？王季爲適⑰，周公殺兄，長幼有序乎？儒者僞辭，墨者兼愛，五紀六位將有別乎？

"且子正爲名，我正爲利。名利之實，不順於理，不監⑱於道。吾日⑲與子訟於無約⑳曰：'小人殉財，君子殉名。其所以變其情，易其性，則異矣；乃至於棄其所爲而殉其所不爲，則一也。'故曰，無爲小人，反殉而天㉑；無爲君子，從天之理。若枉若直㉒，相而天極㉓；面觀四方㉔，與時消息。若是若非，執而圓機㉕；獨成而意，與道徘徊。無轉而行㉖，無成而義，將失而所爲㉗。無赴而富，無殉而成，將棄而天。

"比干剖心，子胥抉眼，忠之禍也；直躬證父㉘，尾生溺死，信之患也；鮑子立乾㉙，申子自埋㉚，廉之害也；孔子不見母㉛，匡子㉜不見父，義之失也。此上世之所傳，下世之所語，以爲士者正其言，必其行，故服其殃，離其患㉝也。"

【注释】

㊀ 子张：孔子的弟子，姓颛孙，名师，字子张。《论语》有〈子张篇〉。

㊁ 满苟得：假托为姓名，曰苟且贪得以满其心，求利之人

㈢ 反之于心：即反省于心。"反"，通返。成《疏》谓："乖逆我心"，"反"作"乖逆"解，误。

㈣ 多信：犹多言（成《疏》）。按："多"当为"易"字之讹，形近而误。《仪礼·燕礼》："多矣"，武威出土《仪礼》简"多"作"易"。《吕览·禁塞》注："易，违也"，"易信"即背信（又：易是轻寡、稀少之义，则"易信"谓寡信）。下文"无耻而信"之"而"乃"不"字之讹。不与而篆文似。《易》·《筮》注："不合"，释文云："或作而合"。或本作"无耻而失信"可证。"无耻不信"呼应上面的"无耻"、"易信"。下文"而信真是也"，这个"信"字是"不信"的省文。唯译文仍从成《疏》。

㈤ 臧聚：指奴隶马夫。

　　孙诒让说："'聚'当读'驺'。说文：'驺，厩御也。''臧驺'皆仆隶贱役。"

㈥ 小盗者拘，大盗者为诸侯，诸侯之门，仁义存焉：文义与〈胠箧〉篇相同。"仁义"原作"义士"，依刘师培之说，据〈胠箧〉篇改。

　　刘师培说："'诸侯之门，义士存焉'，'义士'当作'仁义'。《胠箧篇》云：'诸侯之门而仁义存焉。'《史记·游侠传》云：'侯之门，仁义存。'此作'义士'，词迥不符。……盖'仁义'讹为'仕义'，校者知弗克通，因更易其文，倒字舛词，冀通其句，幸有〈胠箧〉篇以正之。"（《庄子斠补》）

㈦ 论则贱之，行则下之：田成子常杀齐简公，孔子沐浴而朝，受其币帛。言议则以为鄙贱，情行则下而事之（成《疏》）。"之"指田成子杀君窃国。"下"，屈。指孔子嘴里表示非议，行为又下屈于田成子，充分显示出言行的不一致。

⑧ 成者为首，不成者为尾："首"、"尾"，和上、下同义。
⑨ 五纪六位："五纪"，即五伦，指父子、君臣、夫妇、长幼、朋友的关系。"六位"，君、臣、父、子、夫、妇（《释文》）。

俞樾说："'五纪'，司马云：'岁日月星辰历数。'然与疏戚贵贱长幼之义不相应，殆非也。今案'五纪'即五伦也，'六位'即六纪也。《白虎通·三纲六纪篇》曰：'六纪者，谓诸父、兄弟、族人、诸舅、师长、朋友也。'此皆所以为疏戚贵贱长幼之别。不曰'五伦'而曰'五纪'，不曰'六伦'而曰'六位'，古人之语异耳。《家语·入官篇》：'群仆之伦也。'王肃注曰：'伦，纪也。'然则'伦''纪'得通称矣。"

⑩ 舜流母弟：指舜流放同母兄弟象。

陆德明说："'弟'，谓象也。'流'，放也。《孟子》云：'舜封象于有庳，不得有为于其国，天子使吏治其国，而纳其贡税焉。'故谓之放也。"

⑪ 适：同嫡。
⑫ 监：明，见（成《疏》）。本亦作"鉴"，同（《释文》）。
⑬ 日：犹昔。陈碧虚《阙误》引张君房本"日"作"昔"。
⑭ 讼于无约："讼"，争论。"无约"，寓托的人名。意指不受名利所约束。

林云铭说："两人不服，故讼于无约而请决也。'无约'，人名。"

⑮ 反殉而天：反己而求汝自然之道（王先谦说）；即反求自己的自然之道。

成玄英说："'而'，尔也。能率性归根，合于自然之道。"

⑯ 若枉若直："枉""直"，曲直，即是非之意。

⑰ 相而天极:"相",助。顺自然之道(成《疏》)。

　　李勉说:"'相而天极',谓听乎自然也。'相',视也。天为极自然者,故谓之'天极'。言是非听其自然,不必强分君子与小人。"

⑱ 面观四方,与时消息:观照四方,随着时序而变化。

⑲ 圆机:环中(成《疏》)。

　　李勉说:"'圆机',言圆形之机件。圆形之机件能转动不息,以喻是非相转,无是非可言,亦犹〈齐物〉篇'得其环中,以应无穷'之意。'执而圆机',谓执汝圆形之机件以相转不息,忘去是非。"

⑳ 无转而行:不要固执你的行为。"转",读为"专"。

　　王念孙说:"'转'读为'专'。〈山木〉篇云:'一龙一蛇,与时俱化,而无肯专为。'即此所谓'无专而行'也。此承上文'与时消息''与道徘徊'而言,言当随时顺道而不可专行仁义。"

㉑ 所为:真性(成《疏》)。

㉒ 直躬证父:爽直的儿子证实父亲偷羊。"直躬",直身而行(何晏《论语集解》引孔安国说);即是行直道的意思。这里作人名。事出《论语·子路篇》:叶公语孔子曰:"吾党有直躬者,其父攘羊而子证之。"

㉓ 鲍子立干:即上文盗跖所说的"鲍焦抱木而死"。"干"谓枯干,即立而绝食枯干以死。

㉔ 申子自埋:俗本作"申子不自理"。《释文》所见一本作"申子自埋"。并依马叙伦、王叔岷之说改。

　　马叙伦说:"陆德明曰:'本又作申子自埋。或云:申狄抱瓮之河也。'案当依一本作'申子自埋',即申徒狄事。"

王叔岷说:"审文意,当作'申子自埋'为长。'申子自埋'与上句'鲍子立干'文既相耦,事亦相类。"按"申子自埋",即上文盗跖所说:"申徒狄谏而不听,负石自投于河。"上文鲍焦事与申徒狄事并提,与此相同。

⑭ 孔子不见母:孔子历国应聘,其母临终,孔子不见(成《疏》)。

　　俞樾说:"'孔子'疑仲子之误,即所谓避兄离母之陈仲子也。"

　　李勉说:"俞樾之说不可取。案此明责孔子,上文言儒者虚伪巧饰可证。俞樾固执成见,以为孔子世之所谓圣人,此不当言孔子,然《庄》书责孔子之处多矣,岂独此哉?"

⑮ 匡子:姓匡,名章,齐国人。见《孟子·离娄篇下》。

　　司马彪说:"匡子,名章,齐人,谏其父,为父所逐,终身不见父。"

⑯ 离其患:罹其患(成《疏》)。"离"借为"罹"(刘文典说)。

【今译】

　　子张问满苟得说:"为什么不修德行?没有德行就不能取信,不能取信就不被任用,不被任用就不能获利。所以从名来看,从利来算,仁义才是要紧的。如果抛弃名利,内心反省,那么读书人的行为,也不能一天不修仁义呀!"

　　满苟得说:"无耻的人富有,夸言的人显达。名利最大的,几乎都由无耻夸言而来。所以从名来看,从利来算,夸言才是要紧的。如果抛弃名利,内心反省,那么读书人的行为,也只有守着自然的本性了!"

子张说:"从前桀纣贵为天子,富有天下,现在对仆隶役夫说,你的行为像桀纣,就面有愧色,有不服气的样子,这是小人都卑视的。孔子墨翟,穷困的平民,现在对宰相说,你的行为像孔子墨翟,就改变容色说自己不够,读书人真是可贵呀!所以权势如天子,未必可贵,穷困做贫民,未必低贱;贵贱的分别,在于行为的好坏。"

满苟得说:"小盗被拘捕,大盗变成诸侯,诸侯的门下,仁义就存在。从前齐桓公小白杀了哥哥娶嫂嫂,而管仲却做他的臣子;田成子常杀了君主窃据国家,而孔子却接受他的货币。评论起来就表示卑贱,实行起来自己却又这样去做,这就是嘴里所说的和行为所做在心里交战,岂不是很矛盾么!所以《书》上说:'谁好谁坏?成功的就是好,不成功的就是坏。'"

子张说:"你不修饰行为,将会亲疏没有伦常,贵贱没有仪则,长幼没有顺序;五伦六位,怎样区别呢?"

满苟得说:"尧杀害长子,舜流放母弟,亲疏有伦常吗?汤放逐桀,武王杀害纣,贵贱有仪则吗?王季僭越嫡位,周公杀害兄长,长幼有顺序吗?儒者的虚伪言辞,墨者的兼爱,这样五伦六位有区别吗?

"而且你正在求名,我正在求利。名利的实情,都不顺于理,也不明于道。我从前和你在无约面前争辩说:

'小人为财牺牲，君子为名牺牲。他们之所以改变真情，更易本性，虽然不同；但是至于他们舍弃了生命而追逐所不当为的东西，却是一样的。'所以说，不要从事小人所追逐的，反求你自己的本性；不要从事君子所追逐的，顺从自然的道理。是曲是直，听任自然；观照四方，随着时序而变化。或是或非，执守你的环中；独自完成你自己的本意，和道共游。不要固执你的行为，不要助成你的仁义，这会失掉你的真性。不要奔赴富贵，不要急求成功，这会舍弃你的自然的天性。

"比干被剖心，子胥被挖眼，这是忠的祸害；直躬证实父亲偷羊，尾生被水淹死，这是信的祸患；鲍子抱树枯死，申子跳河自沉，这是廉的祸害；孔子不见母亲，匡子不见父亲，这是义的缺失。这些都是上世的传闻，下代的议论，以为读书人要语言正直，行为去实践，所以才遭灾殃，受到祸患。"

三

無足問於知和⊖曰："人卒⊜未有不興名就利者。彼富則人歸之，歸則下之，下則貴之。夫見下貴者，所以長生安體樂意之道也。今子獨無意焉，知不足邪，意⊜知而力不能行邪！故推正不忘邪⑭？"

知和曰："今夫此人㉕以爲與己同時而生，同鄉而處者，以爲夫絕俗過世之士焉；是專無主正㉖，所以覽古今之時，是非之分也，與俗化。世去至重⑰，棄至尊㉘，以爲其所爲也；此其所以論長生安體樂意之道，不亦遠乎！慘怛㉙之疾，恬愉之安，不監於體；怵惕之恐，欣懽之喜，不監於心；知爲爲而不知所以爲，是以貴爲天子，富有天下，而不免於患也。"

無足曰："夫富之於人，無所不利，窮美究勢，至人之所不得逮，賢人之所不能及，俠人之勇力⑳而以爲威強，秉人之知謀以爲明察，因人之德以爲賢良，非享國而嚴若君父。且夫聲色滋味權勢之於人，心不待學而樂之，體不待象㉛而安之。夫欲惡避就㉜，固不待師，此人之性也。天下雖非我，孰能辭之！"

知和曰："知者之爲，故動以百姓㉝，不違其度，是以足而不爭，無以爲故不求。不足故求之，爭四處而不自以爲貪；有餘故辭之，棄天下而不自以爲廉。廉貪之實，非以迫外也，反監之度㉞。勢爲天子而不以貴驕人，富有天下而不以財戲人㉟。計其患，慮其反，以爲害於性，故辭而不受也，非以要名譽也。堯舜爲帝而雍㊵，非仁天下也，不以美害生也；善卷許由得帝而不受，非虛辭讓也，不以事害己。此皆就其利，辭其害，而天下稱賢焉，則可以有之，彼非以興名譽也。"

無足曰："必持其名，苦體絕甘，約養㊶以持生，則亦猶久病長阨而不死者也㊷。"

知和曰："平爲福，有餘爲害者，物莫不然，而財其甚者也。今富人，耳營於鐘鼓管籥之聲㊸，口嗛㊹於芻豢醪醴之味，以感其意，遺忘其業，可謂亂矣；侅溺於馮氣㊺，若負重行而上坂也㊻，可謂苦矣；貪財而取慰㊼，貪權而取竭㊽，靜居則溺㊾，體澤則馮㊿，可謂疾矣；爲欲富就利，故滿若堵耳而不知避㉑，且馮而不舍㉒，可謂辱矣；財積而無用，服膺而不舍㉓，滿心戚醮㉔，求益而不止，可謂憂矣；內則疑劫請之賊㉕，外則畏寇盜之害，內周樓疏㉖，外不敢獨行，可謂畏矣。此六者㉗，天下之至害也，皆遺忘而不知察㉘，及其患至，求盡性竭財，單㉙以反一日之無故而不可得也。故觀之名則不見，求之利則不得，繚意絕體㉚而爭此，不亦惑乎！"

【注释】

㈠ 无足问于知和:"无足",不知足。"知和",知和适。这里寓托为人名。

　　成玄英说:"'无足',谓贪婪之人,不止足者也。'知和',谓体知中和之道,守分清廉之人也。假设二人以明贪廉之祸福也。"

㈡ 人卒:人众。见〈天地〉、〈秋水〉和〈至乐〉各篇。

㈢ 意:语词,读若"抑"。"抑""意"古字通(郭庆藩《集释》)。

㈣ 故推正不忘邪:"故",同"固",一味地。"推正",即推求正道。

　　成玄英说:"故推于正理,志念不忘,以遣贪求之心而不取邪。"

㈤ 此人:即上兴名就利之人(王先谦说)。

㈥ 专无主正:"主正",基准、主体之意(福永光司说)。这句话是说内心没有指导的原则。

㈦ 至重:生(成《疏》);即生命。

㈧ 至尊:道(成《疏》);自己的本性(福永光司说)。

㈨ 惨怛(dá):悲(成《疏》);悲痛。

㈩ 侠人之勇力:"侠"当为夹。《说文》曰:"夹,持也。"(马叙伦说)"侠人之勇力",即夹持人的勇力。

⑪ 象:法象(成《疏》);规范(福永光司说)。

⑫ 欲恶避就:指欲求、憎恶、避去、趋就。

⑬ 动以百姓:以百姓心为心(成《疏》)。

⑭ 非以迫外也,反监之度:不是由于外物的影响,而是由于各人内心的禀性不同(黄锦鋐今译)。

　　成玄英说:"非遇迫于外物,而反照于内心,各禀度量不同。"

⑮ 不以财戏人："戏"，或借为"诩"（马叙伦《义证》）。

⑯ 尧舜为帝而雍："雍"，疑当为推，形近而误（孙诒让说）。

⑰ 约养：穷约摄养（成《疏》）；俭以自奉（林希逸《口义》）；即过着质素的衣食生活（福永光司说）。

⑱ 则亦犹久病长厄而不死者也："犹"字今本缺，陈碧虚《阙误》引江南古藏本"亦"下有"犹"字，文意较完，据补（马叙伦、刘文典、王叔岷校）。

⑲ 今富人，耳营于钟鼓管籥之声：按："于"字原缺，"营"下当有"于"字，与下文"口嗛于刍豢醪醴之味"一律（王叔岷《校释》）。"管籥"，箫笛类乐器。

⑳ 嗛：称适（成《疏》）；快（郭庆藩说）；即快意。

㉑ 侅（gāi）溺于冯气，"侅溺"，犹言沉溺之深（郭嵩焘说）。"冯气"，盛气。

  王念孙说："《释文》曰：'冯气，冯音愤，愤满也。言愤畜不通之气也。'案'冯气'，盛气也。《昭五年左传》：'今君奋焉震电冯怒。'杜注曰：'冯，盛也。'《楚辞·离骚》：'冯不厌乎求索。'王注曰：'冯，满也。'楚人名'满'曰'冯'。是'冯'为盛满之义。"

㉒ 若负重行而上坂（bǎn）也："坂"字今本缺。案陈碧虚《阙误》引张君房本"上"下有"坂"字，当从之。《疏》："犹如负重上阪而行。"是成本"上"下有"阪"字，"阪"与"坂"同，今本挩"坂"字，则文意不完（王叔岷《校释》）。"坂"，坡斜地。

㉓ 贪财而取慰："取慰"，一说取病（郭庆藩说），一说取怨（章炳麟、马叙伦说）。成《疏》则作常义解，谓："以慰其心。"陈碧虚

《阙误》引张君房本"慰"作"辱"(王孝鱼校)。

郭庆藩说:"案'慰'当与'蔚'通。《淮南子·俶真训》:'五藏无蔚气。'高注曰:'蔚,病也。'〈缪称〉篇:'侏儒瞽师,人之困慰者也。'高注曰:'慰,病也。'是'蔚''慰'二字,古训通用。"

章炳麟说:"《诗·小雅传》:'慰,怨也。''贪财而取慰',犹言放于利而行多怨。"

马叙伦说:"案'慰'借为'愠'。《诗·车舝》:'以慰我心。'《韩诗》:'慰作愠。'是其例证。《说文》:'愠,怨也。'"按今译姑从章、马之说。

⑭ 贪权而取竭:"取竭",消耗精力。

成玄英说:"诱诒威权以竭情虑。"

⑮ 静居则溺:闲居则沉溺于嗜欲。

成玄英说:"安静闲居则其体沉溺。"

林希逸说:"言不耐闲而自没溺于嗜欲。"

⑯ 体泽则冯:身体充盈则意态骄满。

林希逸说:"其身充肥悦泽则冯满有骄涨之意。"

⑰ 满若堵耳而不知避:"堵",墙(成《疏》)。意指积财高于墙而不知足。

林希逸说:"'满若堵',言积财而高于堵,所谓阿堵物是。'不知避',不知足,趋求而未已。"

⑱ 冯而不舍:贪求不舍(李钟豫今译)。"冯",即凭。

林希逸说:"'冯',恃。恃此以为夸而不能舍。"

⑲ 服膺而不舍:念念不忘(林希逸说);即上文"冯而不舍"之义(郭庆藩说)。"服膺",固守之意(福永光司说)。

⑳ 戚醮:烦恼(成《疏》)。

⑪ 内则疑劫请之贼:在家里就担心小偷窃贼。

　　林希逸说:"'劫请',劫取。藏于屋内者恐有劫盗。"
⑫ 楼疏:"疏",窗。楼墙上之楼(林希逸说);望楼(福永光司说)。按指建楼墙以严防盗贼。
⑬ 六者:谓乱、苦、疾、辱、忧、畏(成《疏》)。
⑭ 皆遗忘而不知察:言皆失检点而不自觉(林希逸说)。
⑮ 单:独,但(林希逸说)。

　　郭嵩焘说:"'单'当作'亶'。'单''亶'字通。《汉书》'但'字多作'亶'。……'单以反一日之无故',犹言但以反一日之无故。"
⑯ 缭意绝体:缠缚其身心(林希逸说)。"缭",缠绕(成《疏》)。

　　李勉说:"'缭意',谓其意缠绕不释。'绝体',谓牺牲身体。"

【今译】

　　无足问知和说:"众人没有不愿建立名声追求名利的。如果他富有,人就归向他,归向就对他谦下,谦下就对他尊崇。受人谦下尊崇,是长寿、安体、快意之道。现在你竟然没有这种意念,是智慧不足呢?还是知道而力量不能做到,一味地思念正道而不忘怀?"

　　知和说:"现在假定有这样一个〔兴名求利的〕人,自以为和自己同时代生,同乡共处,就认为是个绝俗超世的人;其实是内心没有指导的原则,这样去看古今的时代,是非的分际,〔不过〕与俗同化罢了。世人舍去最重要的生命，抛弃最尊贵的大道，去追求他所欲求的；这样来论长寿、安体、快意之道，不是距离太远了么！悲痛的疾病，恬愉的安乐，不由形体显现出来，惊惕的恐惧，欢欣的喜悦，不由心灵显现出来；你知道你所做的而不知道你为什么这样做，所以贵为天子，富有天下，却不免于祸患。"

无足说："财富对于人，无所不利，享尽天下的善美威势，至人也不能得到，贤人也不能企及，夹持别人的勇力而为自己的威势，掌握别人的智谋以为自己是明察，借着别人的德行以为自己是贤良，虽然不会享有国土而尊严却像君父。而且声色、滋味、权势对于人，不必学习心里就爱好它，不必模仿身体就感到安适。欲求、憎恶、避去、趋就，本来不必教导就会，这是人的本性。天下人虽然非议我，谁又不要富贵美色呢！"

知和说："智者所为，依百姓的需要而行事，不违反大众的原则，因此知足而不侵犯，顺任自然所以不贪求。不知足所以贪求，四处争夺而不自以为贪图；知足所以才辞让，舍弃天下的财物而不自以为清廉。清廉和贪得的实质，并不是受外物的迫使，反观内在禀性所导致。权势如天子而不以尊贵骄傲于人，富有天下而不以财货自诩于人。权衡祸患，反复思虑，认为有害于本性，所以推辞而不接受，并不是邀取名誉。尧舜做帝王而推辞，并不是对天下仁爱，而是不以华美而危害生命；善卷许由得到帝位却不接受，并不是假意辞让，而是不以政事损害自己。这些都是取他们所利的，舍弃他们所害的，而天下称赞他们贤明，这种称誉是可以当之无愧的，但他们并不是为了树立名声的。"

无足说："如果一定要固守名声，苦累形体弃绝甘美，俭约奉养来保持生命，这也就是长久病困而不死罢了。"

知和说："平均是福，多余是害，凡物没有不这样的，而财货更甚。现在的富人，充耳的是钟鼓管箫的声音，餍足于牛羊美酒的滋味，以刺激他的情意，遗忘他的事业，可以说是迷乱了；沉溺于盛气好像负重走上山坡，可以说是劳苦了；贪财而取怨，贪权而耗费精思，闲散则沉溺于嗜欲，身体充盈则意态骄满，可以说是疾病了；为了求富逐利，所以积财高于墙而不知足，并且贪求而不舍，可以说是取辱了；聚积财货而无所用，专意营求而不舍，满心烦恼，希求增多而不知止，可以说忧虑了；在家里就担心小偷的窃贼，到外面就畏惧盗寇的伤害，里面楼房严闭，外面不敢独行，可以说是畏惧了；这六种，是天下的大害，大家都遗忘而不知省察，等到祸患来临，想用尽心思竭尽钱财，只求一天的无事也不可得。所以从名来说看不到，从利来说得不着，缠绕身心去争求，岂不是迷惑么！"

说　　剑

〈说剑〉篇,写赵文王好剑,庄子往说之,论剑有三种:天子之剑,诸侯之剑,庶人之剑。劝文王当好天子之剑。本篇与庄子思想不相干,一般学者疑是纵横家所作。林希逸、韩愈、王夫之等都认为本篇是战国策士游谈。沈一贯《庄子通》说:"〈说剑〉一篇,全无意况,学非庄子学,文非庄子文。"所评甚是。罗根泽《诸子考索》谓:"这明是纵横家托之庄子而造出故事,编《庄子》书的只见是庄子的故事,遂拉来了。"罗说可信。按〈让王〉、〈盗跖〉、〈说剑〉、〈渔父〉四篇,自宋以来,多疑是赝品。然张成秋说:"此四篇之中,除〈说剑〉外,多有可与庄子思想相发明者,未可一概斥之为伪。"(《庄子篇目考》)张说为是。〈盗跖〉篇和〈胠箧〉篇颇相近,文风泼辣,语态激愤,批判性强烈,只是〈盗跖〉篇笔尖直指孔子,苏东坡等儒者读了受不了,所以特别挑剔出来。其实〈盗跖〉篇和〈胠箧〉篇一样,当然不是出于庄子本人之手,却是庄子后学的所作,所以仍属庄子学派的作品。〈渔父〉篇是庄派之作,〈让王〉篇可能是庄子后学所作(从文风和文义看来,〈盗跖〉与〈让王〉是不同的人所写),也可能是杨朱学派的作品。〈说剑〉篇则恐非庄子学派的作品。

一

昔趙文王①喜劍，劍士夾門②而客三千餘人，日夜相擊於前，死傷者歲百餘人，好之不厭。如是三年，國衰，諸侯謀之。

太子悝③患之，募左右曰："孰能說④王之意止劍士者，賜之千金。"左右曰："莊子當能。"

太子乃使人以千金奉莊子。莊子弗受，與使者俱，往見太子曰："太子何以教周，賜周千金？"

太子曰："聞夫子明聖，謹奉千金以幣從者⑤。夫子弗受，悝尚何敢言！"

莊子曰："聞太子所欲用周者，欲絕王之喜好也。使臣上說大王而逆王意，下不當太子，則身刑而死，周尚安所事金乎？使臣上說大王，下當太子，趙國何求而不得也！"

太子曰："然。吾王所見，唯劍士也。"

莊子曰："諾。周善為劍。"

太子曰："然吾王所見劍士，皆蓬頭突鬢⑥垂冠⑦，曼胡之纓⑧,短後之衣,瞋目而語難⑨,王乃說之。今夫子必儒服而見王,事必大逆。"

莊子曰:"請治劍服。"治劍服三日,乃見太子。太子乃與見王,王脫白刃待之。莊子入殿門不趨,見王不拜。王曰:"子欲何以教寡人,使太子先焉⑩?"曰:"臣聞大王喜劍,故以劍見王。"

王曰:"子之劍何能禁制⑪?"

曰:"臣之劍,十步一人,千里不留行⑫!"

王大悅之,曰:"天下無敵矣!"

莊子曰:"夫為劍者,示之以虛,開之以利⑬,後之以發,先之以至。願得試之。"

王曰:"夫子休就舍,待命設戲⑭請夫子。"

王乃校⑮劍士七日,死傷者六十餘人,得五六人,使奉劍於殿下,乃召莊子。王曰:"今日試使士敦劍⑯。"

莊子曰:"望之久矣。"

王曰:"夫子所御杖⑰,長短何如?"

曰:"臣子所奉皆可。然臣有三劍,唯王所用,請先言而後試。"

王曰:"願聞三劍。"

曰："有天子之劍,有諸侯之劍,有庶人之劍⑨。"

【注释】

① 赵文王：惠文王,名何,武灵王子(《释文》引司马彪说)。

马叙伦说："赵惠文王元年,为宋康王三十一年,是得与庄子相值。"(《庄子义证》)

② 夹门：拥门(林希逸《口义》)。

③ 太子悝：惠文王之后为孝成王丹,则此太子盖不立(俞樾说)。按这是寓说,不必求史实。

④ 说：通悦。

⑤ 币从者："币",赠的意思。"从者",指仆从。

宋人林希逸说："'以币从者',言以此为从者之奉也。犹今言犒从也。"

李钟豫说："赠人金帛,谓为犒赏仆从,是谦逊语。"(《语体庄子》)

⑥ 突鬓：鬓毛突出(成《疏》)。

⑦ 垂冠：低垂帽子,做出要斗的样子。

⑧ 曼胡之缨：粗实的冠缨。"曼",借为缦。古书注多引"曼"作"缦"(见马叙伦《义证》、刘文典《补注》、王叔岷《校释》)。"胡",与"粗"声近义通,司马训为"粗"可证(李勉《庄子分篇评注》)。"曼胡",坚固之意(吴汝纶《庄子点勘》)。

胡怀琛说："窃以为'曼'即今'鬘'字,'胡'即今'髯'字。谓其缨如鬘如胡也。"(《庄子集解补正》)案胡解可供参考。

⑨ 语难：有二说：一说语言困难,如陆德明说："勇士愤气积于心胸,言不流利。"(《释文》)一说语言相诘难,如林希逸说："欲斗

之时，以语相诘难。"当从后说。

　　近人陶鸿庆说："'语难'者，相语以所难也。《孟子·离娄篇》：'责难于君谓之恭。'赵注：'责以难为之事，使君勉之。'……此云'语难'，与责难文法同。"(《读庄札记》)

⑪ 使太子先焉："焉"字原缺。《御览》三四四引"先"下有"焉"字，文意较完，当从之（王叔岷《校释》）。

⑫ 禁制：指禁暴制敌。

⑬ 十步一人，千里不留行："千里不留行"，指所向无敌，行千里而不被阻留。李白《侠客行》："十步杀一人，千里不留行。"即用此文。

⑭ 开之以利：显示人以可乘之机。

⑮ 待命设戏：待设剑戏（成《疏》）。"戏"，比赛武术之会（胡怀琛说）。"命"下衍"令"字，当删。张君房本无"令"字（王孝鱼点校）。

⑯ 校：同较。指较量剑术以决胜负。

⑰ 敦剑：即治剑之意，亦即两相比较之意（郭嵩焘说）。"敦"，借为"对"（马叙伦《义证》）。高亨训"敦"为"比"，甚是。

⑱ 御杖："御"，用（成《疏》），持（王先谦说）。"杖"，指剑。

⑲ 有天子之剑，有诸侯之剑，有庶人之剑：三"之"字原缺。高山寺本三"剑"字上均有"之"字（王孝鱼点校）。有"之"字文意较完，且与下文"天子之剑"、"诸侯之剑"、"庶人之剑"一律（王叔岷《校释》），当据补。

【今译】

　　从前赵文王喜欢剑术，剑士聚集在门下为客的有三千多人,日夜在面前击剑,一年死伤百多人,依然喜好不厌。这样下去有三年,国势衰落,诸侯图谋攻取它。

太子悝感到忧虑,召募左右的人说:"谁能说服国王使他停止剑士的,我赐他千金。"左右说:"庄子可以做到。"

太子于是派人带千金进奉给庄子,庄子不接受,和使者一起去见太子说:"太子有什么指教,赐我千金?"

太子说:"听说先生圣明,诚谨地进奉千金赠给先生的仆从。先生不接受,我怎敢说!"

庄子说:"听说太子要用我是想断绝国王的喜好。假使我向上劝说大王而违逆了他的心意,下又不合太子的旨意,那就会遭刑戮而死,我要千金有什么用呢?假使我上能说服大王,下能合意太子,那么我向赵国要求什么会得不到呢?"

太子说:"对的,我的国王所接见的,只有剑士。"

庄子说:"好的。我很会使剑。"

太子说:"但是我国王所见的剑士,都是蓬头突发低垂帽子,粗实的冠缨,短后的上衣,怒目而出口相互责难,国王才喜欢他。现在先生一定要穿儒服去见国王,事情就不大妥当。"

庄子说:"请准备剑士的服装。"三天时间准备剑服,去见太子。太子就和他去见国王,国王抽出剑来等待他。

庄子进殿门不急走,见国王不下拜。国王说:"你有什么可以指教我,让太子先作介绍呢?"

回说:"我听说大王喜欢剑,所以用剑术来见大王。"

国王说:"你的剑法怎样禁制敌手?"

回说:"我的剑,十步取一人,千里无阻挡。"

国王非常高兴,说:"天下无敌了!"

庄子说:"用剑之道,先示人以虚空,给予可乘之机,发动在后,抢先击至。希望试试。"

国王说:"先生到馆舍休息,等我安排击剑比赛来请先生。"

于是国王使剑士较量技术七天,死伤了六十多人,选了五六个人,让他们奉剑侍立在殿下,于是召请庄子,国王说:"今天请和剑士对剑。"

庄子说:"盼望很久了。"

国王说:"先生所用的剑,长短怎么样?"

回说:"我所用的长短都可以。但是我有三种剑,任王选用,请先说然后再试。"

国王说:"希望听听哪三种剑。"

回说:"有天子的剑,有诸侯的剑,有庶人的剑。"

二

王曰:"天子之劍何如?"

曰:"天子之劍,以燕谿、石城爲鋒㊀,齊岱爲鍔㊁,晉衛爲脊㊂,周宋爲鐔㊃,韓魏爲夾㊄;包以四夷,裹以四時,繞以渤海,帶以恆山㊅;制以五行,論以刑德;開以陰陽,持以春夏,行以秋冬。此劍,直之無前,舉之無上,案之無下,運之無旁,上決浮雲,下絕地紀㊆。此劍一用,匡諸侯,天下服矣。此天子之劍也。"

文王芒然自失,曰:"諸侯之劍何如?"

曰:"諸侯之劍,以知勇士爲鋒,以清廉士爲鍔,以賢良士爲脊,以忠聖士爲鐔,以豪桀士爲夾。此劍,直之亦無前,舉之亦無上,案之亦無下,運之亦無旁;上法圓天以順三光㊇,下法方地以順四時,中和民意以安四鄉㊈。此劍一用,如雷霆之震也,四封之內,無不賓服而聽從君命者矣。此諸侯之劍也。"

王曰:"庶人之劍何如?"

曰:"庶人之劍,蓬頭突鬢垂冠,曼胡之纓,短後之衣,瞋目而語難。相擊於前，上斬頸領，下決肝肺。此庶人之劍，無異於鬥雞，一旦命已絕矣，無所用於國事。今大王有天子之位而好庶人之劍，臣竊爲大王薄之。」

王乃牽而上殿。宰人上食，王三環之⊕。莊子曰：「大王安坐定氣，劍事已畢奏矣。」

於是文王不出宮三月，劍士皆服斃其處也。

【注释】

㊀ 以燕溪、石城为锋："燕溪"，地名，在燕国。"石城"，在塞外（《释文》）。"锋"，指剑端。

㊁ 齐岱为锷："齐岱"，齐国岱山，即泰山。"锷"，剑刃（司马彪说）。

㊂ 晋卫为脊："卫"，各本作"魏"。下既言"韩魏"，此不得言"晋魏"。韩、赵、魏分晋，尤不当晋、魏并称。碧虚子《南华真经章句音义校本》，高山寺古抄本，并作"晋卫"。《书抄》百二十二、《类聚》军器部、《御览》三百四十四引同，今据《音义》本正（刘文典《庄子补正》）。按：马叙伦《义证》、于省吾《新证》、王叔岷《校释》均引证"魏"当作"卫"。"脊"，剑背。

㊃ 镡：剑口（《释文》）。

㊄ 夹：剑把。一本作"铗"（《释文》）。"夹"，即"铗"之借（王叔岷说）。

㊅ 带以恒山：俗本作"常山"。罗勉道《循本》"常"作"恒"，当从之。作"常"者，汉人避孝文帝讳改（王叔岷说）。

㊆ 地纪：地基。"纪"借为"基"（马叙伦说）。

⑧ 三光：指日、月、星三者之光。

⑨ 四乡：即四向，同四方。

⑩ 三环之：绕了三圈。

　　林希逸说："三环者，不坐而行，环所食之地三匝也。皆愧之意也。"

【今译】

　　赵王说："天子的剑是怎么样？"

　　回说："天子的剑，以燕溪、石城作剑端，齐国泰山作剑刃，晋国卫国作剑背，周朝宋国作剑口，韩国魏国作剑把，用四夷包着，用四时围着；以渤海为环绕，以恒山作系带；用五行来制衡，用刑德来论断；以阴阳为开合，以春夏来扶持，以秋冬来运作。这种剑，直往便没有东西可在它前面，举起便没有东西可在它上面，按低便没有东西可在它下面，挥动便没有东西可在它近旁，在上可断浮云，在下可绝地基。这种剑一旦使用，就可匡正诸侯，天下顺服了。这是天子的剑。"

　　文王茫然失神，说："诸侯的剑怎么样？"

　　回说："诸侯的剑，以知勇之士作剑端，以清廉之士作剑刃，以贤良之士作剑背，以忠贤之士作剑口，以豪杰之士作剑把。这种剑，直往也没有东西可在它前面，举起也没有东西可在它上面，按低也没有东西可在它下面，挥动也没有东西可在它近旁；在上效法圆天来顺应三光，在下效法方地来顺应四时，中间和睦民意来安顿四乡。这种剑一旦使用，像雷霆的震撼，四境之内，没有不归服而听从君主的命令了。这是诸侯的剑。"

国王说："庶人的剑怎么样？"

回说："庶人的剑，蓬头突发低垂帽子，粗实的缨冠，短后的上衣，怒目而出语责难。在前面互相击斗，上斩颈项，下刺肝肺。这是庶人的剑，和斗鸡没有什么不同，一旦丧命了，对国事就没有用处。现在大王拥有天子的位子却喜好庶人的剑，我替大王感到不值得。"

国王于是牵着他上殿，厨子上菜，国王绕着走了三圈。庄子说："大王安静坐下平定气息，关于剑的事我已经奏请完了。"

于是文王三个月不出宫，剑士都气愤地自杀在那里。

渔　　父

　　〈渔父〉篇,主旨阐扬"保真"思想,并批评儒家礼乐人伦的观念。孔子坐在林中杏坛,见一白眉被发渔父,渔父斥孔子"擅饰礼乐,选人伦",指责他"苦心劳形以危其真",教导孔子要"谨慎修身,保持本真,使人与物各还归自然"。渔父,为一隐逸型的有道者,取此二字作为篇名。

　　出自本篇的成语,有同类相从、同声相应、不拘于俗、分庭抗(伉)礼等。

一

孔子遊乎緇帷之林⊖,休坐乎杏壇⊜之上。弟子讀書,孔子絃歌鼓琴,奏曲未半。

有漁父者,下船而來,須眉交白⊜,被髮揄袂㊃,行原以上㊄,距㊅陸而止,左手據膝,右手持頤以聽。曲終而招子貢子路,二人俱對。

客指孔子曰:"彼何爲者也?"

子路對曰:"魯之君子也。"

客問其族。子路對曰:"族㊆孔氏。"

客曰:"孔氏者何治也?"

子路未應,子貢對曰:"孔氏者,性服忠信,身行仁義,飾禮樂,選人倫㊇,上以忠於世主,下以化於齊民㊈,將以利天下。此孔氏之所治也。"

又問曰:"有土之君與?"

子貢曰:"非也。"

"侯王之佐與?"

子貢曰:"非也。"

客乃笑而還，行言曰："仁則仁矣，恐不免其身；苦心勞形以危其眞。嗚呼，遠哉其分於道⊕也！"

子貢還，報孔子。孔子推琴而起曰："其聖人與！"乃下求之，至於澤畔，方將仗拏⊕而引其船，顧見孔子，還鄉⊕而立。孔子反走⊕，再拜而進。

客曰："子將何求？"

孔子曰："曩者先生有緒言⊕而去，丘不肖，未知所謂，竊待於下風⊕，幸聞咳唾之音⊕以卒相⊕丘也。"

客曰："嘻！甚矣子之好學也！"

孔子再拜而起曰："丘少而脩學，以至於今，六十九歲矣，無所得聞至敎，敢不虛心！"

客曰："同類相從，同聲相應，固天之理也。吾請釋吾之所有而經子之所以⊕。子之所以者，人事也。天子諸侯大夫庶人，此四者自正⊕，治之美也，四者離位而亂莫大焉。官治其職，人處其事⊕，乃無所陵⊕。故田荒室露，衣食不足，徵賦不屬⊕，妻妾不和，長少無序，庶人之憂也；能不勝任，官事不治，行不淸白，群下荒怠，功美不有，爵祿不持，大夫之憂也；延⊕無忠臣，國家昏亂，工技不巧，貢職不美，春秋後倫⊕，不順天子，諸侯之憂也；陰陽不和,寒暑不時,以傷庶物,諸侯暴亂,擅相攘伐,以殘民人,禮樂不節,財用窮匱,人倫不飭,百姓淫亂,天子之憂也㊷。今子既上無君侯有司之勢,而下無大臣職事之官,而擅飾禮樂,選人倫,以化齊民,不亦泰多事乎㊸。

"且人有八疵,事有四患,不可不察也。非其事而事之,謂之摠㊹;莫之顧而進之,謂之佞;希意道言,謂之諂;不擇是非而言,謂之諛;好言人之惡,謂之讒;析交離親,謂之賊;稱譽詐偽以敗惡人,謂之慝;不擇善否,兩容頰適㊺,偷拔㊻其所欲,謂之險。此八疵者,外以亂人,內以傷身,君子不友,明君不臣。所謂四患者:好經大事㊼,變更易常,以挂功名㊽,謂之叨㊾;專知擅事,侵人自用,謂之貪;見過不更,聞諫愈甚,謂之很㊿;人同於己則可,不同於己,雖善不善,謂之矜。此四患也。能去八疵,無行四患,而始可教已。"

【注释】

㊀ 缁帷之林:黑林名(《释文》引司马彪说)"缁帷",即黑帷,假托为地名。

㊁ 杏坛:泽中高处(司马说);杏木多生高台(福永光司说)。

㊂ 须眉交白:"须",本亦作"鬚"(《释文》)。"鬚"是"须"的俗字。"交",一本作"皎"(《释文》)。《阙误》引张君房本"交"作"皎"

④ 揄袂：扬袖。

⑤ 行原以上：溯水岸而上。

⑥ 距：至。

⑦ 族：姓氏。

⑧ 选人伦："选"，序，谓序列（李勉说）。

⑨ 齐民：齐等之民（《释文》引许慎说）；犹平民（《释文》引如淳说）。

⑩ 分于道：离于道。

⑪ 拏：桡，音余（司马彪说）；船篙（林希逸《口义》）。按即摇船的橹。

⑫ 还乡："还"，音旋，回舟。"乡"，音向，对面（刘凤苞说）。

⑬ 反走：退行数步而后进（林希逸说）。语见〈盗跖〉篇。

⑭ 绪言：余言，不尽之言（俞樾《庄子平议》）。

　　清人刘凤苞说："发其端曰'绪'，盖未竟其言而去也。"（《南华雪心编》）

⑮ 下风：训下方。语见〈在宥〉、〈天地〉、〈天运〉篇。

⑯ 咳唾之音："咳唾"，与〈徐无鬼〉篇"謦欬"同义，喻言笑。

⑰ 卒相：终以教助（林希逸说）。"卒"，终。"相"，助。

⑱ 经子之所以："经"，经营。"所以"，所做的事。《论语·为政篇》："视其所以。""以"，朱注："为。"

⑲ 自正：各任其职（林希逸说）。

⑳ 人处其事："处"，通行本作"忧"。依于省吾之说，据高山寺本改正。

　　于省吾说："高山寺卷子本'忧'作'处'。按作'处'者是也。今本作'忧'者,涉下'庶人之忧也'而误。《礼记·檀弓》:'何以处我。'注:'处,犹安也。'上言'官治其职',与'人处其事',相对为文。"

⑬ 陵:乱;侵犯。

⑭ 征赋不属:"不属",不继。

⑮ 廷:高山寺本作"朝"(王孝鱼点校)。

⑯ 春秋后伦:朝觐失序(林希逸说);春秋二季朝觐天子之礼不及序(李勉说)。按:"后"疑本作"复"。愎伦,即乖序。

⑰ 天子之忧也:"天子"下原衍"有司"二字,依马叙伦之说删去。

马叙伦说:"'有司',涉下句而误羡。"(《庄子义证》)

⑱ 不亦泰多事乎:"亦"字据高山寺本补,文意较完(刘文典、王叔岷校)。

⑲ 捴:滥(成《疏》)。

⑳ 两容颊适:指善恶两容均感适意。"颊",借为"兼"(章炳麟《解故》)。

近人陶鸿庆说:"'颊'当读为'夹'。'夹'亦'两'也。《说文》:'夹,持也,大铗二人。'《穆天子传》:'左右夹佩。'注:'左右两佩也。'是'夹'有两义。'夹适'与'两容'义同。"

㉑ 偷拔:盗取(福永光司说);"偷",暗。"拔",取(李勉说)。

㉒ 好经大事:喜经理国家大事(林希逸说)。

㉓ 以挂功名:"挂",与"卦"、"画"本字同。"挂功名"者,图功名,规画功名(章炳麟说)。

㉔ 叨:为"饕"之重文(马叙伦说)。

㉕ 很:言不听从(郭庆藩引《说文》)。

【今译】

　　孔子到缁帷树林去游玩，坐在杏坛上休息。弟子在读书，孔子唱歌弹琴，曲子弹不到一半。

　　有个渔父，撑船下来，须眉洁白，披发扬袖，溯岸而上，到陆地停住，左手按着膝盖，右手托着下巴来听歌，曲子终了便招呼子贡、子路，两人回应。

　　来客指着孔子说："他是做什么的？"

　　子路回答说："鲁国的君子。"

　　来客问姓氏。子路回答说："孔氏。"

　　来客说："孔氏研习什么？"

　　子路没有回应，子贡回答说："孔氏这人，性守忠信，实行仁义，修饰礼乐，整治人伦，对上效忠世主，对下敦化平民，作利于天下。这就是孔氏所研习的。"

　　又问说："是有土地的君主吗？"

　　子贡说："不是。"

　　问说："是侯王的辅佐吗？"

　　子贡说："不是。"

　　来客笑着往回走，边走边说："说仁算是仁，恐怕不能免于自身的祸患；劳苦心形以危害生命的本真。唉！他离道实在太远了！"

　　子贡回来，告诉孔子。孔子推开琴起身说："岂不是圣人么？"就走下去找他，到了河岸，渔父正拿着船篙撑开船,回头见到孔子,转身对面站着。孔子退行,再拜前进。

客人说:"你有什么事?"

孔子说:"刚才先生话没说完,我不敏,不能了解它的意思,我恭敬地在这里等着,希望听到高言美音,有助于我。"

客人说:"唉!你真是太好学了。"

孔子再拜起身说:"我自小就学习,直到现在,已经六十九岁了,没有听到过大道理,怎敢不虚心!"

客人说:"凡物同类便互相聚集,同声便互相应和,这是自然的道理。我愿意告诉我所知道的来帮助你所从事的。你所从事的,是人事。天子、诸侯、大夫、庶人,这四种人如果能各尽本分,这是治道的完美,这四种人离开本位就会产生莫大的混乱。官吏自任其职,人民各处其事,不相侵犯。所以田园荒芜,房屋破漏,衣食不足用,征赋没有缴纳,妻妾不和睦,长幼没有秩序,这是庶人的忧虑;能力不能胜任,官事不能办好,行为弄不清白,部下疏荒怠惰,功绩没有,爵禄不保,这是大夫的忧虑;朝廷没有忠臣,国家昏乱,工技不精巧,贡品不完美,春秋朝觐失序,不顺天子意,这是诸侯的忧虑;阴阳不调和,寒暑不顺时,伤害众物,诸侯暴乱,擅自互相攻伐,残害人民,礼乐没有节度,财用穷困匮乏,人伦不整饬,百姓淫乱,这是天子的忧虑。现在你既然在上没有君侯执政的权势，在下又没有大臣主事的官职，而擅自修饰礼乐，整治人伦，以教化人民，不是太多事了么！

"而且人有八种毛病，事有四种患害，不可以不明察。不是他该做的事去做，叫做'总'；人不理会而窃窃进言，叫做'佞'；迎合别人心意而引言，叫做'谄'，不辨是非来说话，叫做'谀'；喜欢说人的坏话，叫做"谗"；离间亲友，叫做'贼'；诈伪称誉而诋毁人，叫做'慝'；不辨善恶，两者兼容而适意，暗中盗取他所要的，叫做'险'。这八种毛病，对外扰乱别人，对内伤害自身，君子不和他做朋友，明君不用他做臣子。所谓四种患害是：喜欢办理大事，改变常理常情，以图功名，叫做'叨'；自恃聪明、擅自行事，侵犯他人而师心自用，叫做'贪'；见过不改，听人劝说更加为过，叫做'很'；别人的意见和自己相同就可以，如果和自己不相同，则意见虽好也以为不好，叫做'矜'。这是四种忧虑。能够去除八种毛病，不做四种患害，才可以受教。"

二

孔子愀然而叹，再拜而起曰："丘再逐於鲁，削迹於衛，伐樹於宋，圍於陳蔡。丘不知所失，而離⊖此四謗者何也？"

客悽然變容曰："甚矣子之難悟也！人有畏影惡迹而去之走者，舉足愈數⊜而迹愈多，走愈疾而影不離身，自以為尚遲，疾走不休，絕力而死。不知處陰以休影，處靜以息迹，愚亦甚矣！子審仁義之間，察同異之際，觀動靜之變，適受與之度，理好惡之情，和喜怒之節，而幾於不免矣。謹脩而身，慎守其眞，還以物與人⊜，則無所累矣。今不脩之身而求之人，不亦外乎！"

孔子愀然曰："請問何謂眞？"

客曰："眞者，精誠之至也。不精不誠，不能動人。故強哭者雖悲不哀，強怒者雖嚴不威，強親者雖笑不和。眞悲無聲而哀，眞怒未發而威，眞親未笑而和。眞在內者，神動於外，是所以貴眞也。其用於人理也，事親則慈孝，事君則忠貞，飲酒則歡樂，處喪則悲哀。忠貞以功為主，飲酒以樂為主，處喪以哀為主，事親以適為主，功成之美，無一其迹矣。事親以適，不論所以矣；飲酒以樂，不選其具矣；處喪以哀，無問其禮矣。禮者，世俗之所為也；眞者，所以受於天也，自然不可易也。故聖人法天貴眞，不拘於俗。愚者反此。不能法天而恤於人,不知貴眞,祿祿㊁而受變於俗,故不足。惜哉,子之蚤湛㊂於人僞而晚聞大道也。"

孔子又再拜而起曰:"今者丘得遇也,若天幸然。先生不羞而比之服役㊃,而身教之。敢問舍所在,請因受業而卒學大道。"

客曰:"吾聞之,可與往者與之,至於妙道;不可與往者,不知其道,愼勿與之,身乃無咎。子勉之!吾去子矣,吾去子矣!"乃刺船㊄而去,延緣葦間㊅。

顏淵還車,子路授綏,孔子不顧,待水波定,不聞拏音而後敢乘。

子路旁車而問曰:"由得爲役久矣,未嘗見夫子遇人如此其威也。萬乘之主,千乘之君,見夫子未嘗不分庭伉禮,夫子猶有倨傲之容。今漁父仗拏逆立㊆,而夫子曲要磬折㊇,言拜而應,得無太甚乎?門人皆怪夫子矣,漁人何以得此乎?"

孔子伏軾㊈而歎曰:"甚矣由之難化也!湛於禮義有間矣,而樸鄙之心至今未去。進,吾語汝!夫遇長不敬,失禮也;見賢不尊,不仁也。彼非至人,不能下人,下人不精，不得其眞，故長傷身。惜哉！不仁之於人也，禍莫大焉，而由獨擅之。且道者，萬物之所由也，庶物失之者死，得之者生，爲事逆之則敗，順之則成。故道之所在，聖人尊之。今漁父之於道，可謂有矣，吾敢不敬乎！"

【注释】

① 离：即罹，遭。成本作"罹"。

② 数：借为"速"。

③ 还以物与人：言以外物还之于人，而一归之自然（林希逸说）。即以物与人还之自然。

④ 禄禄：有数解：㈠ 作碌碌（宣颖说）。㈡ 当为"拘"谊，显示拘象之词。成《疏》以"禄禄"为"贵貌"，误之甚（详见刘师培《庄子斠补》）。㈢ 随从之貌。"禄"借为"逯"，《说文》曰："逯，随从也。"（奚侗说）兹从㈠说。

⑤ 湛：同沉，耽。

⑥ 比之服役：言比之之子（林希逸《口义》）；指比作服役的弟子。

⑦ 刺船：撑船。

⑧ 延缘苇间："延"，借为沿（马叙伦说）。"缘"，通沿。指沿着芦苇的河岸。

⑨ 逆立：对面立（林希逸说）。

⑩ 曲要磬折：弯腰鞠躬。"要"，通腰。《道藏》成玄英《疏》本作"腰"（王叔岷说）。

　　李勉说："'磬折'，喻其恭敬之态。磬成弯曲形，'磬折'其鞠躬如磬之弯。"

㊁ 轼：车前横木。

【今译】

　　孔子面有愧色而叹息，再拜而起说："我两次被逐出鲁国，在卫国被禁留而匿迹，在宋国遭受伐树的侮辱，围困在陈蔡。我不知犯有什么样的过失，为什么会遭受到这四种毁辱？"

　　客人悲伤变容说："你真是太难觉悟了！有人畏惧影子、憎恶脚迹想抛弃它而走，跑得越多而脚迹越多，跑得越快却影不离身，自以为还慢，快跑不停，弄得气力尽绝而死。不知道到阴暗的地方影子自然消失，静止下来脚印自然没有，真愚昧呀！你留神于仁义之间，明辨同异的分际，观察动静的变化，均衡取与的分寸，疏导好恶的情感，调和喜怒的节度，你几乎不免于祸了。你要谨慎修身，保持你的本真，使人与物各还归自然，那就没有累害了。现在你不修己身而求责别人，不是很疏陋么？"

　　孔子忧伤地说："请问什么是本真？"

　　客人说："本真乃是精诚的极致。不精不诚，就不能感动人。所以勉强哭泣的人虽然悲痛却不哀伤，勉强发怒的人虽然严厉却没有威势，勉强表示亲爱的人虽然笑脸却不感到和悦。真正的悲痛没有声音而哀伤，真正的愤怒没有发作而威严，真正的亲爱没有笑容而和悦。真性存于内心,使神色表现在外,这就是本真的可贵。将它用在人理上,事奉双亲则孝敬,事奉君主则忠贞,饮酒便欢乐,处丧便悲哀。忠贞以功名为主,饮酒以欢乐为主,处哀以悲哀为主,事亲以适意为主,功绩与成就在于效果圆满,而不必拘泥于具体事迹。事亲求安适,不必问用什么方法;饮酒求欢乐,不必挑选酒菜杯具;处丧为尽哀,不讲究礼仪。礼节是世俗所为的,真性是禀受于自然,自然是不可以改变的。所以圣人效法自然珍视本真,不拘于世俗。愚昧的人相反。不能够效法自然而忧虑人事,就不知道珍视本真,庸庸碌碌随世俗变迁,所以不能知足。可惜呀!你沉溺于人世的伪诈太早而听闻大道太晚了。"

孔子又再拜而起说:"我现在遇到先生,就像上天宠幸了我。先生不以为羞把我当作弟子,而亲身来教导。请问住在哪里,让我受业来学完大道。"

客人说:"我听说,可以共适大道的就结交他,终至体会妙道;不可与共适大道的,是不知其中的道理,那就不必与他交往,自身才没有灾祸。你自己勉励吧!我离开你了,我离开你了!"于是撑船而去,沿着芦苇的河岸。

颜渊倒转车子,子路交给车绳,孔子不看,直等到水面波纹定了,听不到摇船的声音才敢上车。

子路靠在车旁问说:"我在门下侍候很久了,从来没有见过先生对人这样尊敬。万乘的君主,千乘的国王,看到先生没有不平起平坐,先生还有高傲的容色。现在渔父拿着船篙站在对面,而先生弯腰鞠躬,说话时先拜再回应,不是太过分了吗?弟子们都怪先生了,渔人怎么值得这样对待呢?"

孔子扶着车轼感叹说:"子由真是难以教化啊!沉湎在礼义有一段时间了,可是粗鄙的心理到现在还没有去掉。过来,我告诉你!见到长者不恭敬,这是失礼;见到贤者不尊重,这是不仁。他要不是至人,就不能使人谦下,对人谦下不精诚,就不能保有本真,所以才会常常伤害自己。可惜啊!人要是不仁,祸患没有比这更大的了,而子由偏偏这样。而且大道乃是万物遵循的依据,众物失去它便死亡,获得它便生存,做事违逆它就会失败,顺应它就能成功。所以道的所在,圣人尊重它。现在渔父对于道,可以说体悟了,我敢不敬么!"

列　御　寇

〈列御寇〉篇，由十二章文字杂纂而成。各节间极其散乱意义不相关联。"列御寇"，即列子。取篇首三字为篇名。

本篇第一章，伯昏瞀人与列御寇对话，告诫列子不可炫智，勿"以外镇人心"。第二章，儒者缓的故事，评儒者的自以为是，赞有道之士的淳素自然。第三章，朱泙漫学屠龙而无所用其巧，至人则纯任自然，不用智巧。本章共三段，似各不相连。朱泙漫技成而无所用其巧，这则故事余文恐脱漏。后文"圣人以必不必"一段，另有所说，"以必不必"，指不固执一定的成见。"以不必必之"，是固执己见，为导致纷争的根源。"小夫之知……而不知大宁"一段，写小知不识大道。第四章，讥曹商卑己求禄，写庄子织屦为生，恬淡志远，有所不为。第五章，鲁哀公问颜阖，评孔子喜欢雕琢文饰，以支节为主旨，矫饰性情以夸示于民。第六章，"施于人而不忘"一小段，评施人望报的观念。第七章，"为外刑者"一小段，写真人能免于内外刑罚。第八章，写人心的变化多端。第九章，"正考父"一段，写态度的谦虚。"贼莫大乎德有心"一段，写用心机的是贼之大者,并批评"中德"。"穷有八极"一段,写人的穷困和通达之成因。第十章,有人向庄子炫耀得君主的赏赐,庄子警告他这如同龙颔取珠,总有遭殃的一日。第十一章,写庄子不仕。第十二章,记庄子将死,反对厚葬。

出自本篇的成语,有能者多劳、槁项黄馘、吮痈舐痔、国之贞干、厚貌深情、探骊得珠等。

一

列禦寇之齊,中道而反,遇伯昏瞀人㊀。伯昏瞀人曰:"奚方而反㊁?"

曰:"吾驚焉。"

曰:"惡乎驚?"

曰:"吾嘗食於十饗㊂,而五饗先饋。"

伯昏瞀人曰:"若是,則汝何爲驚已㊃?"

曰:"夫內誠不解㊄,形諜成光㊅,以外鎮㊆人心,使人輕乎貴老㊇,而𩐈其所患㊈。夫饗人特爲食羹之貨,無多餘之贏㊉,其爲利也薄,其爲權也輕,而猶若是,而況於萬乘之主乎!身勞於國而知盡於事,彼將任我以事而效我以功,吾是以驚。"

伯昏瞀人曰:"善哉觀乎㊀㊀!汝處已㊀㊁,人將保女矣㊀㊂!"

無幾何而往,則戶外之屨滿矣。伯昏瞀人北面而立,敦杖蹙之乎頤㊀㊃,立有間,不言而出。

賓者㊀㊄以告列子,列子提屨,跣㊀㊅而走,暨乎門,曰:

"先生既來，曾不發藥⊕乎？"

曰："已矣，吾固告汝曰人將保汝，果保汝矣。非汝能使人保汝，而汝不能使人無保汝也，而焉用之感豫出異也㊅！必且有感搖而本才㊆，又無謂也。與汝遊者又莫汝告也，彼所小言，盡人毒也。莫覺莫悟，何相孰也⊕！巧者勞而知者憂，無能者無所求，飽食而敖遊，汎若不繫之舟，虛而敖遊者也。"

【注释】

㊀ 伯昏瞀人：〈德充符〉篇作"伯昏无人"。

㊁ 奚方而反："方"字有数解：㈠"方"道（《释文》引李颐说）。问其所由中途反意（成玄英《疏》）；言在何所而回（林希逸《口义》）。㈡"方"，事，故。如金其源说："《易·复卦》：'后不省方'，注：'方，事也。'"（钱穆《纂笺》引）宣颖说："犹何故。"（《南华真经》）㈢"方"为"妨"省。《说文》："妨，害也。"（马叙伦《义证》）按后两说均可通。

㊂ 十餐："餐"，读曰"浆"，十家并卖浆（《释文》引司马彪说）。赵谏议本"餐"作"浆"，下同（王孝鱼点校）。

㊃ 已：同也、邪。

㊄ 内诚不解："诚"为情之假借字（丁展成《庄子音义释》）。内心情欲不纾解。

㊅ 形谍成光："谍"，动。"形谍"，形容举动。"成光"，有光仪（林希逸《口义》）。

孙诒让说:"'渫',当为'渫'之叚字。'内诚不解',谓诚积于中。'形渫成光',谓形宜渫于外有光仪也。"(《庄子札迻》)

⑦ 镇:服(成《疏》)。

⑧ 使人轻乎贵老:谓重御寇过于老人(《释文》)。

⑨ 鳌其所患:指招来祸患。

清人宣颖说:"'鳌',俗'鳌'字。《循本》云:'犹酿也。'言炫耀如此,乃酿祸之本也。"(《南华真经》)

王先谦说:"宣云:'鳌有酿意。'一说:'鳌'与'赍'同,犹'致'也。并通。"(《庄子集解》)

⑩ 无多余之赢:《列子》"多"字上有"无"字,今从之。言本钱有限所货之物甚微(刘凤苞《南华雪心编》)。"无"字原缺,依《阙误》引江南古藏本及文如海、张君房本补,据成《疏》亦当有"无"字(王孝鱼点校)。按:俞樾、马叙伦、王叔岷均以为不得有"无"字,皆误。"无多余之赢",言其赢利所余无多(林希逸注《列子》),正是下文"其为利也薄"的意思。当补"无"字为是。

⑪ 善哉观乎:好呀!会观察。

宣颖说:"赞其能反观。"

⑫ 汝处已:"已",音矣(刘凤苞说)。《阙误》引江南古藏本及李氏本俱音"纪"(王孝鱼点校)。成本"已"作人己之"己",非是(马叙伦说)。"汝处已",意思是你安处吧!

近人刘文典说:"此当以'女处已'绝句。《列子·黄帝篇》袭用此文,亦作'汝处已'。江南李氏本非,今不从。"(《庄子补正》)按刘凤苞、马叙伦、刘文典之说可从。

⑬ 人将保女矣:"保",聚守(郭象《注》);附(司马彪说)。"女",汝。

㉔ 敦仗蹙之乎颐：竖着杖抵着下巴。"敦"，竖（司马彪说）。

　　林希逸说："竖立其杖而拄之于颐。'蹙'，拄。"

㉕ 宾者：一本亦作"傧"。谓通客之人（《释文》）。

㉖ 跣：赤足。

㉗ 发药：指启导以药石之言（林希逸说）。

㉘ 而焉用之感豫出异也：你何必这样引人欢心而表现与众不同。

　　宣颖说："'而'，尔。'之'，此。何用此感人欢心自为表异乎。"

㉙ 必且有感摇而本才："感"读"撼"。（于省吾《新证》）。"而"，汝。"才"，一本作"性"（《释文》）。《列子·黄帝篇》作"且必有感也，摇而本身"。

　　许维遹说："'且必有感也'，'必'当'心'，形近致讹。缘心与本身相辅而行，心有所感，则必摇动其本身（本身犹言本性）。故上文谓'以外镇人心而鳌其所患'。所谓患者，即心为物所感，则本身遂有摇动之患。《庄子·列御寇》误与此同。"（杨伯峻《列子校释》引手抄本）

　　杨伯峻说："案：王（重民）说'本身犹本性'，是也。但《庄子》作'本才'，亦非误字。'才'读为《孟子·告子上》'非天之降才尔殊也'之'才'亦'性'也。"（《列子校释》）

㉚ 何相孰也："孰"，为"熟"之本字（陶鸿庆《札记》）。相习熟的意思。

【今译】

　　列御寇到齐国，中途回来，遇见伯昏瞀人。伯昏瞀人说："什么事情回来？"

回说："我感到惊骇。"

问说："为什么惊骇？"

回说："我曾在十家卖浆店饮食，而有五家先送给我。"

伯昏瞀人说："这样，那你为什么惊骇呢？"

回说："心中情欲不纾解，形容举动便有光仪，以这外貌镇服人心，使人对我比老者还要尊重，而招来祸患。卖浆人只是做些饮食买卖，没有多余的赢利，所得的也很少，权势也轻微，还这样对待我，何况是万乘的君主呢！身体劳瘁于国事而知能耗尽于政事，他要我担任职事而求我达成功效，所以我感到惊骇。"

伯昏瞀人说："你真会观察呀！你等着罢，人们会归向你了！"

不多时去看，门外的鞋子都摆满了。伯昏瞀人面北站着，竖着杖抵着下巴，站了一会儿，没有说话就走了。

接待宾客的人告诉列子，列子提起鞋，赤脚走出来，到了门口，说："先生既然来了，还不启导我吗？"

回说："算了，我已经告诉你说人们要归向你，果然归向你了。不是你能使人归向你，而是你不能使人不归向你，你何必这样招人欢心而表现与众不同呢！必定有什么摇动了你的本性，这又是没有办法的事。和你在一起的又不告诉你，他们那小巧的言语，尽是毒害人的。不能觉悟,怎能相习熟呢!智巧的人忧劳,不用智巧的人无所求,饱食而遨游,飘然像无所系的船只,虚心而遨游。"

二

郑人缓㊀也呻吟於㊁裘氏㊂之地。祇三年而缓爲儒,河潤九里㊃,澤及三族㊄,使其弟墨㊅。儒墨相與辯,其父助翟㊆。十年而緩自殺。其父夢之曰:"使而子爲墨者予也。闔嘗視其良㊇,既爲秋柏之實矣?"

夫造物者之報㊈人也,不報其人而報其人之天㊉。彼故使彼㊋。夫人㊌以己爲有以異於人以賤其親,齊人之井飲者相捽也㊍。故曰今之世皆緩也。自是,有德者以不知也㊎,而況有道者乎!古者謂之遁天之刑。

聖人安其所安,不安其所不安㊏;衆人安其所不安,不安其所安。

莊子曰:"知道易,勿言難。知而不言,所以之天也;知而言之,所以之人也;古之至人㊐,天而不人。"

【注释】

㊀ 緩:人名。

福永光司说:"'缓',儒者的象征(儒有缓的意味)。"(《庄子杂篇》)

㈡ 呻吟于:"呻吟",即诵读之声。"于"字原缺。《道藏》褚伯秀《义海纂微》本有"于"字,文意较完(王叔岷说),据补。

㈢ 裘氏:地名。"裘",儒服(《释文》引崔撰说)。

㈣ 河润九里:形容泽人广远。

㈤ 三族:指父族、母族、妻族。

㈥ 使其弟墨:使他的弟弟学墨学。

㈦ 翟:缓弟名。"翟",为墨翟的象征(福永光司说)。

㈧ 阖尝视其良:"良",或作"垠"音浪,冢(《释文》)。"阖"下原衍"胡字",《阙误》引文如海、成玄英、江南李氏本无"胡"字(马叙伦《义证》)。当据删。

马叙伦说:"案成玄英《疏》曰:'阖,何不也。'是成本无'胡'字。无者是。盖有一本作'胡'者,读者旁注'阖'下,传写误入正文也。"

王叔岷说:"陈碧虚《阙误》引文如海、成玄英、李氏诸本,并无'胡'字,当从之。'胡'犹'阖'也,疑一本'阖'作'胡',传写因并混入耳。"

㈨ 报:犹成(宣颖说);犹赋与。

㈩ 不报其人而报其人之天:不是赋与他人为,而是赋与他天性。

(十一) 彼故使彼:他的本性这样使他发展成为这样。"彼"是指本性或内在所具备的条件。

成玄英说:"彼翟者先有墨性,故成墨。"

林云铭说:"彼为墨者,亦本有为墨之根气,故为墨而墨成。"(《庄子因》)

⑫ 夫人：指缓（林希逸说）。
⑬ 齐人之井饮者相捽也："齐人"，一作齐人（成《疏》），一作齐民，众人（林云铭说）。"捽"，相争扭（林希逸说）。

　　陆德明说："言穿井之人，为己有造泉之功而捽饮者，不知泉之天然也。喻缓不知翟天然之墨而忿之。"（《释文》）
⑭ 自是，有德者以不知也：自以为是，在有德者看来是不智的。"不知"即不智。
⑮ 安其所安，不安其所不安："所安"，自然之理。"所不安"，人为（林希逸说）。意指安于自然，不安于人为。
⑯ 古之至人："至"字原缺。陈碧虚《阙误》引张君房本"古之"下有"至"字。当据补。

　　刘文典说："张本是也。《庄子》每言'古之至人'，下文'彼至人者，归精神乎无始'，亦言'至人'。"

【今译】

　　有个名缓的郑国人在裘氏的地方读书。只有三年便成了儒者。施惠九里，泽及三族，让他的弟弟学墨学。以儒墨的主张互相辩论，他的父亲帮助翟。十年后缓自杀了。他父亲梦见他说："让你的儿子成为墨者的是我。为什么不到我的坟墓去看看，上面种的秋柏已经结果子了？"

　　造物者赋予人，不是赋予他人为而是赋予他天性。他的天性这样使他发展成为这样。缓却以为自己和别人不同而轻侮他父亲，就像齐人掘井饮水〔以为自造泉水〕

而互相扭打一样。这样看来现在的人都像缓之流了。自以为是,在有德的人看来是不智的,何况在有道的人眼中呢!古时候认为这是违背自然的刑罚。

圣人安于自然,不安于人为;众人安于人为,不安于自然。

庄子说:"知道容易,不说出来困难。知道而不说,这是合于自然;知道而说出来,这是合于人为;古时候的至人,体合自然而不以人为扰民。"

三

朱泙漫㊀學屠龍於支離益㊁,單㊂千金之家,三年技成而無所用其巧。

聖人以必不必㊃,故無兵;衆人以不必必之,故多兵;順於兵,故行有求㊄。兵,恃之則亡㊅。

小夫㊆之知,不離苞苴竿牘㊇,敝精神乎蹇淺㊈,而欲兼濟道物㊉,太一形虛。若是者,迷惑于宇宙㊀㊀,形累不知太初。彼至人者,歸精神乎無始而甘瞑㊀㊁乎無何有之鄉。水流乎無形,發泄乎太清㊀㊂。悲哉乎!汝爲知在毫毛㊀㊃,而不知大寧㊀㊄!

【注释】

㈠ 朱泙漫：姓朱泙，名漫。

㈡ 支离益：姓支离，名益（成《疏》）。姓名疑是虚构。

　　俞樾说："支离，复姓，说在《人间世篇》。朱泙，亦复姓。《广韵·十虞》朱字注：'《庄子》有朱泙漫，郭《注》："朱泙，姓也。"'今象《注》无此文。"

㈢ 单：为"殚"省（马叙伦说）。《疏》："殚，尽也。"是成本正作"殚"。"单"即"殚"之借（王叔岷说）。

㈣ 以必不必：把必然的事视为不必然。说明心能的开放、不固执。

㈤ 顺于兵，故行有求：顺着纷争，所以有贪求的行为。"求"，心有贪求。（成《疏》）。

　　刘凤苞说："偏向争一边，动即营私。"

㈥ 兵，恃之则亡：《老子》三十一章有"兵者不祥之器"句。

㈦ 小夫：犹匹夫（成《疏》）。

㈧ 苞苴竿牍：应酬交际（李钟豫今译）。

　　成玄英说："'苞苴'，香草也。'竿牍'，竹简也。夫褰芳草以相赠，折简牍以相向者，斯盖俗中细务。"

　　林希逸说："'苞苴'，馈遗。'竿牍'，往来相问劳。"

㈨ 蹇浅：浅近。"蹇"，亦浅意。

㈩ 兼济道物："道"，赵谏议本作"导"（王孝鱼校）。

⑪ 迷惑于宇宙：为宇宙的形象所迷惑（李钟豫今译）。

⑫ 瞑：眠，古今字（俞樾说）。《释文》所出本、世德堂本"瞑"并作"冥"。"冥"乃"瞑"之借，"瞑"即古眠字（王叔岷说）。

㉓ 发泄乎太清：谓至人之精神发源于太清（李勉说）。

　　王先谦说："喻至人之自然流行。"

㉔ 知在毫毛：言所见者小（林希逸说）。

㉕ 大宁：大安，即无为自然之理（林希逸说）。

【今译】

　　朱泙漫向支离益学屠龙，耗尽千金的家产，三年学成技术却没有机会表现他的技巧。

　　圣人以必然的事而视为不必然，所以没有纷争；众人以不必然而视为必然，所以多纷争；顺着这纷争，所以有贪求的行为。纷争，依恃着它就会丧亡。

　　凡夫的心智，离不开应酬交际，劳弊精神于浅陋的事，还想要普济群生引导众物，以达到太一形虚的境界。像这样，却是为宇宙形象所迷惑，劳累形躯而不认识太初的境况。像那至人，精神归向于无始而沉湎于无何有之乡。就像水流于无形，动作纯任自然。可悲啊！你的心智拘泥在毫毛的小事上，而不知道大宁的境界。

四

　　宋人有曹商①者，為宋王②使秦。其往也，得車數乘；

王說之⑤,益車百乘。反於宋,見莊子曰:"夫處窮閭阨巷⑥,困窘織屨㊄,槁項黃馘㊅者,商之所短也;一悟萬乘之主而從車百乘者,商之所長也。"

莊子曰:"秦王有病召醫,破癰㊉潰痤㊇者得車一乘,舐痔者得車五乘,所治愈下,得車愈多。子豈治其痔邪,何得車之多也?子行矣!"

【注释】

① 曹商:姓曹,名商。
② 宋王:指宋偃王(司马《注》)。
③ 王说之:"王",指秦王。"说",音悦(《释文》)。"王说之"上当有"秦"字(陶鸿庆《札记》)。
④ 穷闾厄巷:"穷闾",偏僻的里巷。"厄",同隘,狭窄。
　　福永光司说:"即贫民街。"
⑤ 困窘织屨(jù):言贫匮而自织屨(林希逸说)。"屨",麻鞋。
⑥ 槁项黄馘(guó):"槁",干枯。"项",脖子。"馘",这里指脸。这句是形容人面黄肌瘦的样子(王力《古代汉语》)。
　　陆德明《释文》引:"'项',李云:'槁项,羸瘦貌。'司马云:'项槁立也。''黄馘',司马云:'谓面黄熟也。'"
　　林云铭说:"'槁项'者,项枯槁无肉。'黄馘'者,面黄悴消削。"
　　奚侗说:"'馘',疑'䭈'之误字。《说文》曰:'䭈,食不饱面黄起行也。'"(《庄子补注》)
⑦ 痈(yōng):红肿出脓的毒疮。

⑧ 痤：《御览》七三三引作"疽"（马叙伦说）。

【今译】

宋国有个叫曹商的，替宋王出使秦国。当他去时，获得车辆数乘，秦王喜欢他，增加车辆百乘。回到宋国，见了庄子说："住在穷里陋巷，窘困地织鞋度日，面黄肌瘦的样子，这是我所不及的；一旦见到万乘君主而随从车马百辆之多的，这是我的长处。"

庄子说："秦王有病召请医生，能够使毒疮溃散的可获得一乘车，舐痔疮的可获得五乘车，所医治的愈卑下，可得车辆愈多。你难道是医治痔疮吗？为什么得到这么多车辆呢？你去吧！"

五

魯哀公問乎顏闔曰："吾以仲尼爲貞幹㊀，國其有瘳乎？"

曰："殆哉圾乎㊁！仲尼方且飾羽而畫㊂，從事華辭，以支爲旨㊃，忍性以視民而不知不信㊄，受乎心，宰乎神㊅，夫何足以上民！彼宜女與？予頤與㊆？誤而可矣㊇。

今使民離實學僞,非所以視民也,爲後世慮,不若休之。難治也⑨。"

【注释】

① 贞干:犹云栋梁(林云铭说)。
② 圾乎:"圾",通岌,危。
③ 仲尼方且饰羽而画:指孔子好文饰。
④ 以支为旨:以枝节为主旨。
⑤ 忍性以视民而不知不信:矫饰性情以夸示于民而不知道自己不信实。

　　林云铭说:"'忍性',犹云矫性。'视',犹示。言矫饬其自然之性,而不自知其无实。"
⑥ 受乎心,宰乎神:承受于心,主宰于神。承上文忍性而不知不信,指以此而受于心、主于神。
⑦ 彼宜女与?予颐与:"彼",指仲尼。"与",欤。"颐",养。这句话是说:他适宜于你吗?让他安养人民吗?
⑧ 误而可矣:犹误而已矣;言必至于误(丁展成说)。
⑨ 难治也:指用孔子则难以图治。

【今译】

　　鲁哀公问颜阖说:"我把孔子当作栋梁,国家有救吗?"

　　回说:"危险啊!孔子喜欢雕琢文饰,从事华丽的文辞,以支节为主旨,矫饰性情以夸示于民而不知道自己不信实,这样承受在内心,主宰着精神,怎能领导人民呢!他适合于你吗?让他安养人民吗?那就一定要误人了。现在使人民脱离朴实而学虚伪,这不足以教示人民,替后世设想,不如算了。难以图治。"

六

施於人而不忘㊀,非天布㊁也。商賈不齒,雖以事齒之,神者弗齒。

【注释】

㊀ 施于人而不忘:有心于施政教(林希逸说)。
㊁ 非天布:不是自然的布施。

【今译】

惠施于人而不忘回报,这不是自然的布施。商贾都看轻他,虽然偶尔因事谈论到,神人却不齿。

七

爲外刑者,金與木㊀也;爲內刑者,動與過㊁也。宵人⊜之離⑭外刑者，金木訊㊄之；離內刑者，陰陽食之㊅。夫免乎外內之刑者，唯眞人能之。

【注释】

㊀ 金与木："金"，谓刀锯釜钺；"木"，谓捶楚桎梏（郭《注》）。
㊁ 动与过："动"，谓心之摇作；"过"，谓事之悔尤（林云铭说）。
㊂ 宵人：犹小人（俞樾说）。
㊃ 离：罹。
㊄ 讯：问罪。
㊅ 阴阳食之：指阴阳两气交错而剥蚀他。

【今译】

作为体外的刑罚，是刀斧和桎梏；内心的刑罚，是躁动和自责。小人遭受外刑，用刀斧桎梏来问罪；遭受内刑的，阴阳交错而剥蚀他。能够避免内外刑罚的，只有真人才可以做到。

八

孔子曰："凡人心險於山川，難於知天；天猶有春秋冬夏旦暮之期，人者厚貌深情。故有貌願而益㊀，有長若不肖，有順懁而達㊁，有堅而縵㊂，有緩而釬㊃。故其就義若渴者，其去義若熱。故君子遠使之而觀其忠，近使之而觀其敬，煩使之而觀其能，卒然問焉而觀其知，急與之期而觀其信㊄，委之以財而觀其仁，告之以危而觀其節，醉之以酒而觀其則㊅，雜之以處而觀其色。九徵至，不肖人得矣。"

【注释】

㊀ 貌愿而益："愿"，謹厚。"益"，通"溢"，骄溢。
㊁ 顺㦁而达：外貌圆顺而内心直达。

　　李勉说："'㦁'，与环通；环，圆。顺圆，谓圆顺随从。'达'，伸，直。言有外貌圆顺之人而内心则又刚直。"

㊂ 缦：慢之叚字（俞樾说）。
㊃ 烊：急（《释文》）；悍之叚字（俞樾说）。
㊄ 急与之期而观其信：给他急促的期限来观察他的信用。
㊅ 醉之以酒而观其则："则"，仪则（林希逸说）。《释文》所出本作"侧"，谓"或作则"。林希逸本正作"则"。

　　俞樾说："《释文》云：'侧，或作则。'当从之。'则'者，法则也。《国语·周语》曰：'威仪有则。既醉之后，威仪反反，威仪怭怭，是无则矣。'故曰'醉之以酒而观其则'。"

　　郭嵩焘说："'侧'，当为'则'。《诗》曰：'饮酒孔嘉，维其令仪。'所谓'则'也。"（郭庆藩《庄子集释》引）

【今译】

　　孔子说："人心比山川还要险恶，比知天还要困难；天还有春夏秋冬早晚的一定时期,人却是容貌淳厚心情深沉。所以有外貌谨厚而行为骄溢,有貌似长者而其实不肖,有外貌圆顺而内心刚直的,有看似坚实而内心怠慢,看似舒缓而内心急躁。所以他趋义急如饥渴,弃义急如避热。所以君子要让他到远处来观察他的忠诚,让他在近旁来观察他的敬慎,给他繁难的事情来观察他的才能,向他突然提出问题来观察他的心智,给他急促的期限来观察他的信用,将钱财委托给他来观察他的廉洁,告诉他危险的事来观察他的节操,让他酒醉来观察他的仪态,混杂相处来观察他的色态。九种征验得到验证,不肖的人就可以看得出来了。"

九

正考父㊀一命而傴,再命而僂,三命而俯㊁,循牆而走,孰敢不軌㊂!如而夫㊃者,一命而呂鉅㊄,再命而於車上儛㊅,三命而名諸父㊆,孰協唐許㊇!

賊莫大乎德有心㊈而心有睫㊉,及其有睫也而內視,內視而敗矣。凶德有五㊋,中德㊌爲首。何謂中德?中德也者,有以自好㊍也而吡㊎其所不爲者也。

窮有八極⑫,達有三必⑬,形有六府。美髯長大壯麗勇敢,八者俱過人也,因以是窮。緣循⑭,偃佒⑮,困畏不若人⑯,三者俱通達。智慧外通,勇動多怨,仁義多責。達生之情者傀⑰,達於知者肖⑱;達大命者隨⑲,達小命者遭⑳。

【注释】

㊀ 正考父:宋大夫。
　　成玄英说:"'考',成。'父',大。有考成大德而履正道,故号正考父。"
㊁ 一命而伛,再命而偻,三命而俯:古时以一命为士,二命为大夫,三命为卿。"伛",背曲;"偻",腰曲;"俯",身伏于地。言爵愈高而身愈下(林希逸《口义》)。
㊂ 循墙而走,孰敢不轨:"循墙而走",沿着墙走,形容行为谦虚。"孰敢不轨",人孰敢不以为法(林希逸说)。案:《左传》载正考父鼎铭曰:"一命而偻,再命而伛,三命而俯,循墙而走,莫余敢侮。"(马叙伦说)
㊃ 而夫:谓凡夫(郭《注》)。
㊄ 吕钜:骄矜之貌(林希逸说)。
　　郭嵩焘说:"《释文》:'吕钜,矫貌。'疑不当为矫。《方言》:'弞、吕,长也;东齐曰弞,宋鲁曰吕。'《说文》:'钜,大刚也。'亦通作'巨',大也。'吕钜',谓自高大,当为矜张之意。"
　　马叙伦说:"《后汉书·马援传》:'黠欲旅距'。'旅'为'膂'省,'吕'、'膂'古今字。李贤注曰:'旅距,不从之貌。'……'钜',借为倨。"

⑥ 儛:《说文》作"舞"。

⑦ 名诸父:"诸父",叔伯(成《疏》)。"名诸父",称呼叔伯的名号。

⑧ 孰协唐许:"协",同。"唐",唐尧;"许",许由。这话是说谁能同于唐尧许由的谦让。

⑨ 贼莫大乎德有心:最坏的事莫过于有心为德。

　　成玄英说:"役智劳虑,有心为德,此贼害之甚。"

⑩ 心有睫:谓以心为睫(俞樾说);按指心开如眼目。

　　林希逸说:"于其有心之中而又有思前算后之意,喻如心又开一眼。"

⑪ 凶德有五:谓心耳眼舌鼻。曰此五根,祸因此得,谓凶德(成《疏》)。

⑫ 中德:指心。

⑬ 自好:心中所好者自以为是(成《疏》);是非好恶的价值偏见(福永光司说)。

⑭ 呲:訾(郭《注》)。

⑮ 八极:指下文美、髯、长、大、壮、丽、勇、敢八端。

⑯ 三必:指下文缘循、偃佚、困畏三项。

⑰ 缘循:指缘物而顺其自然。

⑱ 偃佚:当为偃仰,犹言俯仰从人(郭嵩焘说)。

⑲ 困畏不若人:指懦弱谦下。

⑳ 傀:伟(《说文》);大。

㉑ 肖:小。

㉒ 随:顺之听自然(林希逸说)。

㉓ 遭:遇。指所遇安适。

【今译】

正考父一命为士而曲着背，再命为大夫而弯着腰，三命为卿而俯着身子，沿墙走路，像这样谁敢不效法！要是凡夫的话，一命为士就会自大起来，再命为大夫就会在车上舞蹈起来，三命为卿就要人称呼叔伯的名号了，谁能够做到唐尧许由的谦逊呢！

最坏的事莫过于有心为德而心开如眼目，到了心开如眼目而内心多思虑就败坏了。凶德有五种，以中德为首。什么叫做中德？所谓中德，便是自以为是而排斥他所认为不是的。

穷困有八种极端，通达有三项必然，形体有六个腑脏。美姿、有髯、身长、高大、强壮、华丽、勇迈、果敢，这八种都超过人，因受役使而穷困。顺物自然，随从人意，懦弱谦下，这三项都可遇事通达。智慧外露，勇猛浮动则多招怨，仁义则多责难。通达生命实情的就心胸广大，精通智巧的就心境狭小；通达大命的就是顺任自然，精通小命的就是所遇而安。

一〇

人有见宋王者，锡⊖车十乘，以其十乘骄穉⊜庄子。

庄子曰："河上有家貧恃緯蕭㊂而食者,其子沒於淵,得千金之珠。其父謂其子曰:'取石來鍛之㊃！夫千金之珠,必在九重之淵而驪龍㊄頷下,子能得珠者,必遭其睡也。使驪龍而寤,子尚奚微之有哉㊅！'今宋國之深,非直九重之淵也;宋王之猛,非直驪龍也;子能得車者,必遭其睡也。使宋王而寤,子爲鳌粉矣！"

【注释】

㊀ 锡：借为赐。

㊁ 稚（穉）：骄。

　　郭庆藩说："案'稚'亦骄也。（《集韵》：'稚,自骄矜貌。'）《管子·军令篇》：'工以雕文刻镂相稚。'君知章注：'稚,骄也。'王引之《经义述闻》云：'《诗载驰篇》："众稚且狂。"谓既骄且狂也。'"

㊂ 纬萧：编织芦苇。"纬",织；本或作"苇"。"萧",荻蒿（《释文》）。

㊃ 锻之：打碎它。

㊄ 骊龙：黑龙。

㊅ 尚奚微之有哉：还能剩下点什么呢。意即要被残食无遗。

【今译】

　　有人拜见宋王,宋王赏赐他车子十辆,他用这十辆车子向庄子夸耀。

庄子说:"河边有家贫穷人靠编织芦苇过生活,他的儿子潜入深渊里,得到千金的珠子。他的父亲对儿子说:'拿石头来碰碎它!这千金的珠子,一定是在九重深渊骊龙颔下,你能得到这珠子,一定是龙正在睡觉。等到龙醒来,你就要被残食无遗了!'现在宋国的深,不止于九重的深渊;宋王的凶猛,不止于骊龙;你能够得车子,一定是正逢他睡觉的时候。等到宋王醒来,你就要粉身碎骨了!"

一一

或聘於莊子。莊子應其使曰:"子見夫犧牛⊖乎?衣以文繡,食以芻菽㊁,及其牽而入於大廟,雖欲爲孤犢㊂,其可得乎!"

【注释】

⊖ 牺牛:祭祀用的牛。
㊁ 刍菽:草、豆。
㊂ 犊:小牛。

【今译】

有人来聘请庄子。庄子回答使者说:"你见过那祭祀的牛吗？披着纹彩锦绣，饲着刍草大豆，等到一朝牵入太庙里去，要想做只孤单的小牛，办得到么！"

一二

莊子將死，弟子欲厚葬之。莊子曰："吾以天地爲棺槨，以日月爲連璧，星辰爲珠璣，萬物爲齎送㊀。吾葬具豈不備邪？何以加此！"

弟子曰："吾恐烏鳶之食夫子也。"

莊子曰："在上爲烏鳶食，在下爲螻蟻食，奪彼與此，何其偏也！"

以不平平㊁，其平也不平；以不徵徵，其徵也不徵。明者唯爲之使㊂，神者徵之。夫明之不勝神也久矣，而愚者恃其所見入於人，其功外㊃也，不亦悲乎！"

【注释】

㊀ 齎(jī)：赠，送物给人。本或作"济"(《释文》)。齎送：指殉葬品。
㊁ 以不平平：以不平的方式来平等各物。
㊂ 明者唯为之使：自炫己明的被人支使。
　　成玄英说："自炫其明，为物驱使。"
㊃ 外：犹疏。《至乐》："其为形也外矣"，又云："其为形也疏矣"，

外、疏互文,外犹疏也(王叔岷《庄子校诠》)。

【今译】

　　庄子快要死的时候,弟子们想厚葬他。庄子说:"我用天地做棺椁,用日月做双璧,星辰做珠玑,万物做殉葬。我的葬礼还不够吗?还有什么比这更好的!"

　　弟子说:"我怕乌鸦老鹰吃了你呀!"

　　庄子说:"露天让乌鸦老鹰吃,土埋被蚂蚁吃,从乌鸦嘴里抢来给蚂蚁,为什么这样偏心呢!"用不平均的方式来平均,这种平均还是不能平均;用不征验的东西来作征验,这种征验也不能算作征验。自炫己明的被人役使,神全的人可以应合自然。炫耀明智的人早就不如神全的人了,而愚昧的人还依恃他的偏见沉溺于世俗,他的效果是背离原意的,不是可悲吗?

天　下

〈天下〉篇，为最早的一篇中国学术史；批评先秦各家学派的论著，以这一篇为最古。本篇保存了许多佚说，像宋钘、慎到、惠施、公孙龙等人的学说，在这里可以得到一个概略的了解。尤其是惠施的思想，他的著作已全无存留，幸赖本篇的评述保存了一些可贵的资料。

本篇一开头就标示了最高的学问乃是探讨宇宙、人生本原的学问（"道术"）。"内圣外王"为理想的人格形态。所谓"道术"，就是对于宇宙人生作全面性、整体性把握的学问。所谓"天人"、"神人"、"至人"、"圣人"，就是能对宇宙人生的变化及其根源意义作全面性、整体性体认的人。"天下之治方术者多矣"，各家各派各以所好而提出的意见，只是宇宙人生的局部，亦即是只见片面之真。"神人"、"至人"是能体认道的根本原理的人，而"君子"、邹鲁之士、搢绅先生则只是得道之余绪（宣颖说："君子止是道之余绪。"蒋锡昌说："君子谓儒家中有标准人格之人"）。"以仁为恩，以义为理，以礼为行，以乐为和，薰然慈仁，谓之君子。""其明而在数度者,旧法世传之史尚多有之。其在于《诗》、《书》、《礼》、《乐》者,邹鲁之士、搢绅先生多能明之。"这是论述儒家的部分。(梁启超说:"此论儒家也。道之本体,非言辞书册所能传,其所衍之条理,即'明而在数度者',则史官记焉而邹鲁之儒传之。")其后乃对墨翟、禽滑厘、宋钘、尹文、田骈、慎到、关尹、老聃、庄周、惠施各家观点,一一作评述。第二章,论墨翟、禽滑厘部分,叙述墨子提倡平等之爱、勤俭力行、利他精神,反对战争,反对王室的乐,反对贵贱上下等级的礼,以及提出薄葬的主张。赞墨子为救世能士,批评墨子学说太过严苛,难以实行。墨子的非乐、反厚葬,都是针对当时贵族奢侈靡费民财而发的,这里的批评,未能体会墨子的原义。第三章,论宋钘、尹文的部分,说他们提倡人类生活平等,要人去蔽、忍辱,反对战争,主张"禁攻寝兵",强调过着"情欲寡浅"——寡欲平和的生活。他们为求天下的安宁,日夜不休,和墨子一样是"救世之士"。第四章,论彭蒙、田骈、慎到部分。在《荀子·非十二子篇》上说慎到、田骈"尚法",侧重了他们具有法家思想的一面,这里则着重在叙述他们具有道家思想的一面。说他们以齐同万物为首要,这是无差别的平等主义思想,站在万物平等的立场,他们排除主观的知见活动。他们既然主张"齐万物以为首",说大道能包涵万物而无分辨,认识到对于万物的价值判断的相对性,而且去除自我中心、舍去主观是非之见,而"与物宛转",

这种学说和道家是相通的。所以说他们还"听闻过道的概要"。然而接着又批评他们不明大道。这显然是从庄周学派的观点所作的评点。慎到的"去己"、"块不失道"以及这一派的贵齐思想，和庄周思想是有距离的。庄子的"齐物"，是承认各人各物、各家各派都有同等的发言权，可涵容不同的价值内容（他所反对的是各家的自我中心及排他性）。而慎到、田骈一派的"齐物"，乃是建立一个客观标准的均齐，这个作为客观标准的道，自然也可能化为客观标准的法。这一客观标准的道或法的形式意义渐被注重，则成为一块然的存在。这是批评慎到之道为"非生人之行而至死人之理"的原理。既然有一个客观标准的道（或法）以资遵循，则个人的主观性必须去除，这就是慎到之所以要主张"弃知去己"。慎到的"去己"，和庄子的"无己"、"丧我"却不一样，庄子的"无己"或"丧我"，乃是去除形骸、智巧、嗜欲所困住的小我，扬弃世俗价值所拘系的小我，使自己从狭窄的局限性中提升出来，而成其为与广大宇宙相通的大我。这是庄周与慎到、田骈一派思想的差别处。第五章，论关尹、老聃的部分。论述这派"道"的哲学，认为他们能体认宇宙人生的根本原则，所以称赞他们为古之博大真人。叙述他们人生哲学时，强调了他们濡弱谦下的处世态度，赞美了他们"常宽于物，不削于人"的涵容心态。第六章，论述庄周的部分。写庄周"独与天地精神往来"，描绘了他那芒忽恣纵的心态，奔放不羁的性格,以及自由自在的精神生活。篇末一章,论惠施辩者部分。叙述惠施的"历物十事"与"辩者二十一事"。惠施认为万物流变不息,任何东西都不可能是永恒固定的状态,所以他由此得出"日方中方睨,物方生方死"等命题。他又认为任何东西都是相对的,事物之间没有绝对的区别,他强调万物有基本的相同点,掌握这相同点,夸张了这相同点,而得出"天与地卑,山与泽平"等命题。

出自本篇的成语,有万变不离其宗、一曲之士、内圣外王、栉风沐雨、强聒不舍、椎拍辊断、其应若响、变化无常、学富五车、大同小异等。特别是"内圣外王"的理想,由本篇首次提出。其后,这一崇高的人格为历代哲学家所追述,并普遍内化于历代中国知识分子。

一

天下之治方術㊀者多矣，皆以其有㊁爲不可加矣。古之所謂道術㊂者，果惡乎在？曰："無乎不在。"曰："神何由降？明何由出㊃？""聖有所生，王有所成，皆原於一㊄。"

不離於宗，謂之天人。不離於精，謂之神人。不離於眞，謂之至人。以天爲宗，以德爲本，以道爲門，兆㊅於變化，謂之聖人。以仁爲恩，以義爲理，以禮爲行，以樂爲和㊆，薰然慈仁，謂之君子。以法爲分，以名爲表，以參爲驗，以稽爲決㊇，其數一二三四是也㊈，百官以此相齒㊉，以事爲常㊋，以衣食爲主，以蕃息畜藏爲意㊌，老弱孤寡皆有以養，民之理也。

古之人其備㊍乎！配神明㊎，醇天地㊏，育萬物，和天下，澤及百姓，明於本數㊐，係於末度㊑，六通四辟㊒，小大精粗，其運無乎不在。其㊓明而在數度㊔者，舊法世傳之史，尙多有之。其在於《詩》《書》《禮》《樂》者，鄒魯之士㊕搢紳㊖先生，多能明之；——《詩》以道志，《書》以道事。《禮》以道行，《樂》以道和，《易》以道陰陽，《春秋》以道名分⑭。——其數散於天下而設於中國者，百家之學時或稱而道之。

天下大亂，賢聖不明，道德不一，天下多⑮得一察⑯焉以自好。譬如耳目鼻口，皆有所明，不能相通。猶百家衆技也，皆有所長，時有所用。雖然，不該不徧⑰，一曲⑱之士也。判天地之美，析萬物之理，察古人之全，寡能備於天地之美，稱神明之容。是故內聖外王之道⑲，闇而不明，鬱而不發，天下之人各爲其所欲焉以自爲方。悲夫，百家往而不反，必不合矣！後世之學者，不幸不見天地之純，古人之大體，道術將爲天下裂。

【注释】

㊀ 方术：指特定的学问，为道术的一部分。

　　林希逸说："方术，学术也。"（《南华真经口义》）

　　蒋锡昌说："'方术'者，乃庄子指曲士一察之道而言；如墨翟、宋鈃、惠施、公孙龙等所治之道，是也。"（《庄子哲学天下校释》）

㊁ 其有：谓所学（宣颖《南华经解》）。"有"，谓攻治所得（蒋锡昌说）。

㊂ 道术：指洞悉宇宙人生本原的学问。

㊃ 神何由降？明何由出："神"，灵妙。"明"，智慧。

　　林云铭说："'神'者，明之藏。'明'者，神之发。言道术之

极也。"(《庄子因》)

梁启超说:"神明犹言智慧。"(《诸子考释》内《庄子·天下篇释义》)

唐君毅说:"以神明言灵台灵府之心,尤庄子之所擅长。神与明之异,唯在'神'乃自其为心所直发而说,'明'则要在自其能照物而说,故明亦在神中。"(《中国哲学原论》,第47页)

⑤ 一:即道。

⑥ 兆:征兆,预端。

⑦ 以仁为恩,以义为理,以礼为行,以乐为和:以仁来施行恩惠,以义来建立条理,以礼来范围行动,以乐来调和性情(《中国哲学史资料选辑》中《庄子·天下》篇译文)。

曹础基说:"'以仁为恩'这以下六句说的'君子',指的是儒家。"(《庄子浅注》)

⑧ 以法为分,以名为表,以参为验,以稽为决:以法度为分守,以名号作标志,以比较为征验,以考稽作判断。

蒋锡昌说:"'分'即'分守'亦即职守,谓自己职分所当守也。'以法为分',言'百官'当以法制为自己职分之所当守也。'表'借为'标','以名为表',言'百官'以所陈之言论为自己做事之标准,俾使名实相符也。'参'借为'三','三'乃虚数,用为多谊,'以参为验',言'百官'治事,以多为验,所谓'孤证不信'也。'以稽为决',言'百官'治事,以考为定也。《天道》:'礼法,度数,形名,比详,治之末也。''以参为验'即为'比'之解释;盖'比'者,亦即以多数事物比而验之也。'以稽为决'即为'详'之解释;盖'详'者,亦即以严密考虑审而决之也。'以法为分,以名为表',言'百官'所办之事;'以参为验,以稽为决'，言'百官'办事之法。"

曹础基说："'以法为分'这以下六句说的，反映了法家的主张。"

⑨ 其数一二三四是也：好像数一二三四那样明白。"其"，犹若，如。"数"，等级之数。

马叙伦说："案'其'犹若也。详见《经传释词》。"（《庄子义证》）

林希逸说："其数一二三四，言纤悉历历明备也。"

⑩ 百官以此相齿：百官依这样相列序位。"齿"，序列。

蒋锡昌说："所谓'百官'，即《荀子》所谓'官人百吏'，乃各种小官之统称。"

⑪ 以事为常：以职事为常务。

曹础基说："'以事为常'这以下六句写的是平民的事。"

⑫ 以蕃息畜藏为意："蕃息"，即繁殖。"畜藏"，即蓄藏，"畜"，同蓄。"以"字原缺，"为意"两字原在"老弱孤寡"下，据陶鸿庆等之说移上。

陶鸿庆说："自'蕃息'以下，文有错乱。当云：'以蕃息畜藏为意，老弱孤寡皆有养，民之理也。''为意'二字，及'以'字，皆脱误在下。"（《读老庄札记》）

武延绪说："按'蕃'上疑亦当有'以'字。"（《庄子札记》）

蒋锡昌说："'为意'二字，当在'藏'字之下。此言'百官'所为之事，当以民之衣食为主，蕃息蓄藏为意。"

按：陶鸿庆等之说可从。日本高山寺藏古写本在"老弱孤寡"下正无"为意"二字，当依上两句文例改为"以蕃息畜藏为意"。

⑬ 备:完备。

　　蒋锡昌说:"'备',谓备有道术之全,而不限于一曲。"

⑭ 配神明:配合天地造化的灵妙。

　　蒋锡昌说:"'神明'者,即自然之称。言古之道人与自然为配合、与天地为一体。"

⑮ 醇天地:取法天地。"醇",借为准。

　　章炳麟说:"'醇'借为'准'。地官质人,壹其淳制。《释文》:'淳,音准。'是其例。《易》曰:'易与天地准。'配神明,准天地,二句意同。"(《庄子解故》)

⑯ 本数:本原,指道的根本。

　　褚伯秀说:"本数,即所谓'一'。"(《南华真经义海纂微》)

　　蒋锡昌说:"本数者,犹言度数之本,即天地是也。"

⑰ 末度:指法度,为道的末节。

⑱ 六通四辟:六合通达四时顺畅。"六",指六合,即四方上下。"四",指四时;一指空间,一指时间。"辟",同"阕"。"六通四辟"已见于〈天道〉篇。

⑲ 其:指上"古之所谓道术"而言(蒋锡昌说)。

⑳ 数度:指典章制度。

㉑ 邹鲁之士:指儒士。

　　蒋锡昌说:"邹鲁之士,盖统指儒家而言。"

　　马叙伦说:"陆德明曰:'邹,孔子父所封邑。'伦案《说文》曰:'聊,鲁下邑,孔子之乡。'则'邹'借为'聊',音同照纽。……或曰:《史记·孟子列传》:孟子驺人也。'驺'为'邹'之借字。此'邹'谓孟子生邑,则非也。"

㉒ 搢绅:"搢",笏。"绅",大带(成《疏》)。"搢绅",亦指儒士。

蒋锡昌说:"'搢绅'盖即'儒服'之一种。'搢绅先生'称儒家也。'搢绅先生'即'邹鲁之士','邹鲁之士'即上文'薰然慈仁,谓之君子'之'君子',皆儒家之称也。"

⑬ 《诗》以道志,《书》以道事,《礼》以道行,《乐》以道和,《易》以道阴阳,《春秋》以道名分:这六句马叙伦疑是古之注文。

马叙伦说:"'《诗》以道志'以下六句,疑古注文,传写误为正文。"

杨柳桥说:"马氏疑为注文,甚有理,但不妨文义,亦未据删。"

⑭ 多:一说作"各"。

严灵峰先生说:"按:'多'字疑当作'各',形近误也。下文:'天下之人各为其所欲焉以自为方',与此同意;下云:'耳、目、鼻、口,皆有所明,不能相通。'正明:'各得一察'之义;故云:'不该,不遍,一曲之士也。'郭《注》:'各信其偏见,而不能都举。'是郭所见本原亦作'各'也。"姑备一说。

⑮ 一察:一端之见。

王念孙说:"郭象断'天下多得一'为句。《释文》曰:'得一,偏得一术。'案:'天下得一察焉以自好',当作一句读。下文云:'天下之人各为其所欲焉以自为方',句法正与此同。'察',谓察其一端而不知其全体。下文云:'譬如耳目鼻口,皆有所明,不能相通。'即所谓'一察'也。"(《读书杂志余编》)

俞樾说:"今案郭读文不成义,当从王读。惟以'一察'为'察其一端',义亦未安。'察'当读为'际',一际,犹一边也。《广雅·释诂》:际、边并训方,是际与边同义。同其一际,即得其一边,正不知全体之谓。"(《诸子平议》内《庄子平议》)

梁启超说:"案:俞说是。《中庸》:'言其上下察也。'即上下际。下文'察古人之全'亦当读为'际'。'察'字与'判'字'析'字并举,皆言割裂天地之美万物之理古人之全,而仅得其一体。"

⑮ 不该不徧:"该",兼备。"徧",同"遍"。
⑯ 一曲:偏于一端,与上文"一察"同义,指只知道的一端而不明道的全体。
⑰ 内圣外王之道:梁启超说:"'内圣外王之道'一语,包举中国学术之全部,其旨归在于内足以资修养而外足以经世。"

【今译】

天下研究方术的人很多了,都认为自己所学的是无以复加、再好不过了。古时所谓的道术,到底在哪里?答说:"无所不在。"问说:"〔造化的〕灵妙从哪里降下?〔人类的〕智慧从哪里出现?"答说:"圣有所生,王有所成,都导源于'一'。"

不离于宗本,称为天人。不离于精微,称为神人。不离于真质,称为至人。以天然为宗主,以德为根本,以道为门径,预见变化的征兆,称为圣人。以仁来施行恩惠,以义来建立条理,以礼来规范行动,以乐来调和性情,表现温和仁慈,称为君子。以法度为分守,以名号作标准,以比较为征验,以考稽作决定,好像数一二三四那样明白,百官以这样相列序位,以职事为常务,以衣食为主要,以生产储藏为意念,使老弱孤寡都能得到抚养,这是养民的道理。

古时的圣人不是很完备吗？配合造化的灵妙，取法天地，养育万物，均调天下，泽及百姓，明白道的根本，贯通于法度，六合通达四时顺畅，大小精粗的事物，都无所不在地存在着它的作用。古代道术显明在典章制度的，旧时的法规、世代相传的史书上，还保存着很多。古时道术存在于《诗》、《书》、《礼》、《乐》的，邹鲁的学者和士绅先生们，大多能明晓——《诗》是用来表达心意的，《书》是用来传达政事的，《礼》是用来规范行为的，《乐》是用来调和性情的，《易》是用来探讨阴阳变化的，《春秋》是用来讲解名分的。——那些典章数度散布在天下而设施于中国的，百家学说时常称述它。

天下大乱的时候，圣贤隐晦，道德分歧，天下的人多各执一端以自耀。譬如耳目鼻口，都有它的功能，却不能互相通用。犹如百家众技一样，都有所长，时有所用。虽然这样，但不兼备又不周遍，只是偏于一端的人。他们割裂天地的纯美，离析万物的常理，分割古人道术的整体，很少能具备天地的纯美，相称神明的盛容。所以内圣外王之道，暗淡不明，抑郁不发，天下的人各尽所欲而自为方术。可悲啊！

百家往而不返，必定和道术不能相合了！后世的学者，不幸不能见到一种天地的纯美，古人道术的全貌，将要为天下所割裂。

二

不侈於後世，不靡㊀於萬物，不暉於數度㊁，以繩墨自矯㊂，而備世之急；古之道術有在於是者。墨翟㊃禽滑釐㊄聞其風而說之。爲之大過，已之大循㊅。作爲《非樂》，命之曰《節用》；生不歌，死無服。墨子氾愛兼利而非鬭，其道不怒；又好學而博，不異㊆，不與先王同，毀古之禮樂。

黃帝有《咸池》㊇，堯有《大章》，舜有《大韶》，禹有《大夏》，湯有《大濩》，文王有《辟雍》之樂，武王周公作《武》。古之喪禮，貴賤有儀，上下有等，天子棺椁七重，諸侯五重，大夫三重，士再重。今墨子獨生不歌，死不服，桐棺三寸而無椁，以爲法式。以此敎人，恐不愛人；以此自行，固不愛己。未敗墨子道㊈，雖然，歌而非歌，哭而非哭，樂而非樂，是果類乎㊉？其生也勤，其死也薄，其道大觳㊋；使人憂，使人悲，其行難爲也，恐其不可以爲聖人之道，反天下之心，天下不堪。墨子雖獨能任，奈天下何！離於天下，其去王也遠矣。

墨子稱道曰："昔者禹之湮⊖洪水，決江河而通四夷九州也，名川三百⊜，支川三千⊜，小者無數。禹親自操橐耜⊜而九雜⊜天下之川；腓無胈，脛⊛無毛，沐甚雨⊜，櫛疾風，置萬國。禹大聖也，而形勞天下也如此。"使後世之墨者，多以裘褐⊜為衣，以跂蹻⊜為服⊜，日夜不休，以自苦為極，曰："不能如此；非禹之道也，不足謂墨。"

相里勤⊜之弟子，五侯⊜之徒，南方之墨者苦獲、已齒⊜鄧陵子之屬，俱誦《墨經》⊜，而倍譎⊜不同，相謂別墨⊜；以堅白同異之辯相訾⊜，以觭偶⊜不仵⊜之辭相應；以巨子⊜為聖人，皆願為之尸⊜，冀得為其後世，至今不決。

墨翟、禽滑釐之意則是，其行則非也。將使後世之墨者，必自苦以腓無胈脛無毛，相進⊜而已矣。亂之上也，治之下也⊜。雖然，墨子真天下之好⊜也，將求之不得也，雖枯槁不舍也，才士也夫！

【注釋】

⊖ 靡：同"糜"，浪費。
⊜ 不暉于數度：不炫耀禮法。"暉"，同"輝"。

③ 以绳墨自矫:用规矩来勉励自己。"矫",厉(郭《注》)。

④ 墨翟:姓墨,鲁国人,稍后于孔子,提倡非攻、兼爱、非乐、节用的学说。《淮南子要略》:"墨子学儒者之业,受孔子之术,以为其礼烦扰而不说,厚葬靡财而贫民。"墨子学说站在平民的立场发言,打破差别、等级、特权。今存《墨子》一书,共五十三篇,为墨子及其学派所作。

⑤ 禽滑厘:墨子弟子(见《墨子·公输般篇》),初受业于子夏(见《史记·儒林传》),后学于墨子(见《吕氏春秋·当染篇》)。

⑥ 已之大循:"大",通太。"循"世德堂本作"顺"。"循",顺古通。这句有二解:㈠"已",读作"己",己之大顺,即太顺于己。㈡"已",即止。"大顺",作"太甚"解。已之太顺,即节止太甚。

林希逸说:"抑遏过甚,故曰:'已之大循。''已'者,抑遏之意也。"

林云铭说:"大循,一作大顺,犹太甚也。"

梁启超说:"'已',止也,即下文'明之不如其已'之已。'大顺'即太甚之意,'顺''甚'音近可通也。言应做之事做得太过分,应节止之事亦节止得太过分也。郭《注》云'不复度众所能。'成《疏》云:'适用己身自顺。'将'已'字读成'己'字,失之。"

⑦ 好学而博不异:有两种读法:一读"好学,而博不异",一读"好学而博,不异"。

㈠以"博不异"为句。如林希逸说:"博不异者,尚同。推广其说,以为博而主于尚同也。"如梁启超说:"博,普遍也。言一律平等无别异。"

㈡以"好学而博,不异"为句。如章炳麟说:"'又好学而博'为句,'不异'为句。言墨子不苟于立异。"王敔注:"不异,多喜庸众之言。"(见王夫之《庄子解》内)林云铭说:"不异,言不求异于人也。"

按:《墨子·贵义篇说》:"子墨子南游使卫,关中载书甚多。"可见墨子的"好学而博"。

⑧《咸池》:古乐名。下文:《大章》,《大韶》,《大夏》,《大濩》(hù),《辟雍》,《武》,都是各代古乐名。

⑨未败墨子道:有两种解释:㈠"败",作"毁"《(释文)》。指批评者(即〈天下〉篇作者)并无意败毁墨子学说。如宣颖说:"言我固论之如此,亦不足遂废其教也。"如章炳麟、马叙伦、蒋锡昌都持同一说法。㈡无败于墨子之道,指墨道虽苛,仍盛行于世不受影响。如马其昶说:"墨子薄葬,非人情,彼视人己一致,故未至遽败其道。"(《庄子故》)如王先谦说:"今墨之道,尚未败也。"《庄子集解》又如梁启超说:"'未败墨子道'者,言墨家者流,持之有故,言之成理,就墨言墨,诚不足以败其所道。"今译从㈡。

⑩果类乎:果真合于人情吗?

林希逸说:"类,近也。言如此果与人情相近乎。"

⑪觳(guè)薄,苛刻。

郭嵩焘说:"觳者,薄也。《史记·始皇本纪》:'虽监门之养,不觳于此矣。'言不薄于此也。墨子之道,自处以薄。郭象《注》:'觳,无润也。'解似迂曲。"(见郭庆藩《庄子集释》引)

⑫湮:塞,没(《释文》)。

⑬名川三百:世德堂本"川"误作"山"。据赵谏议本改正。

俞樾说:"'名山'当作'名川',字之误也。'名川''支川',

犹言大水小水。下文曰：'禹亲自操橐耜而九杂天下之川。'可见此文专以'川'言，不当言'山'也。

⑭ 支川三千："支川"，本或作支流（《释文》）。"三千"，与上文"三百"同，形容多数。

⑮ 橐（tuó）耜（sì）："橐"，盛土器。"耜"，锹，锄。

⑯ 九杂：汇合的意思。"九"，音鸠，本亦作"鸠"，即聚（见《释文》）。"杂"作"集"。

　　章炳麟说："'九'，当从别本'鸠'字之义，然作'九'者是故书。'杂'，借为'集'。"

　　蒋锡昌："'九'借为'勼'，《说文》：'聚也。'段注：《庄子》作'九'，今字则'鸠'行，而'勼'废矣。《说文》：'杂，五采相合也。'段注：'亦借为聚集字。'据此，则'九杂'即聚集。"

⑰ 腓（féi）无胈（bá）："腓"，小腿后面突出的筋肉，俗称腿肚子。"胈"，白肉。

　　《御览》八二引"腓"作"股"。

⑱ 胫（jìng）：从脚跟到膝的部分。

⑲ 甚雨：骤雨。崔譔本"甚"作"湛"，音淫。

　　郭庆藩说："案崔本'甚'作'湛'，是也。'湛'与'淫'同。《论衡·明雩篇》：'久雨为湛。''湛'即淫也。"

　　王叔岷先生说："《疏》：'赖骤雨而洒发'，疑成本作'骤雨'。刘子《新论知人篇》：'栉奔风，沐骤雨。'即本此文，亦作'骤雨'。"（《庄子校释》）按：今译作"骤雨"，与下句"疾风"相对为文。

⑳ 裘褐：粗衣。

㉑ 跂跷："跂"，同屐。"跷"，草鞋。

㊷ 服：用（林希逸说）。
㊸ 相里勤：姓相里，名勤，为南方墨派一首领。《韩非子·显学篇》说："自墨子之死也，有相里氏之墨，有相夫氏之墨，有邓陵氏之墨……墨离为三，取舍相反不同。"下文 邓陵子即韩非所说邓陵氏。
㊹ 五侯：人名。"五"，同伍。

　　孙诒让说："'五侯'，盖姓'五'；'五'与'伍'同。古书伍子胥多作'五'，非五人也。"
㊺ 苦获、已齿：人名。二人都是南方墨者重要人物。
㊻ 《墨经》：现存《墨子》书卷十有〈经上〉〈经下〉两篇。
㊼ 倍谲：背异。"倍"，背古通。
㊽ 相谓别墨：互相抵斥以为非墨家正统（梁启超说）。

　　蒋锡昌说："'相'者，乃各人互相之意；'相谓'者，乃各人互相谓各人之意。……'相谓'二字，胡适解为：'他们自己相称"别墨"。'推胡之意，似谓各'别墨'自己称自己；……非也。'别墨'犹言背墨，言与真墨分别相背之墨也。'别墨'二字本会有相非之意，故下文云：'以"坚""白""异"之辩相訾。'胡适谓'"别墨"犹言"新墨"'，亦非。'相谓别墨'言相里勤等互相斥他人为背墨也。"

　　严灵峰先生说："唐钺曰：'墨家三派，既然自称为"真墨"，当然呼他派为"别墨"。'蒋、唐二说并是也。按：《韩非子·显学篇》：'孔、墨之后，儒分为八，墨离为三，取舍相反而不同，而皆自谓真孔、墨。''取舍相反而不同'即此处之'倍谲不同'，'相訾'，如〈秋水〉篇：'尧、桀之自然而相非。''相谓别墨'，即互相攻讦对方为背师……'别墨'因为'背墨'之义无疑。胡说不可从。"

按:梁启超、蒋锡昌等之说为是,今人多从胡适之说,实误。

㊴ 以坚白同异之辩相訾:"訾",诋毁。"坚白""同异"为当时常辩论的主题。

梁启超说:"盖举当时常用之三个辩论题为例:一坚白问题,二同异问题,三奇偶问题。此三问题为战国中叶以后学者所最乐道,而其源皆出《墨经》。〈经上〉云:'坚白不相外也。'〈经下〉云'不坚白,说在无久与宇,坚白,说在因。'〈经说下〉:'无坚得白,必相盈也。'此《墨经》中之坚白说也。〈经上〉云:'同,异而俱之于一也。'又云:'同异交得知有无。'此《墨经》中之同异说也。〈经下〉云'一偏去而二。'《经说下》云:'二与一亡,不与一在。'此《墨经》中奇偶说也。后世之墨者,罕复厝意于节用非攻诸教理,但摭拾《墨经》中此类问题以相訾嗷,以致倍谲不同。"

㊵ 觭偶:即奇偶,亦为当时常辩论的主题。

㊶ 不仵:不合。"仵",同(《释文》);案:"仵"与"伍"同(陶鸿庆说)。

㊷ 巨子:向秀、崔譔本作"钜子"。"钜子",即墨派团体的首领。

梁启超说:"钜子姓名见于故书者有三:一、孟胜,二、田襄子,俱见《吕氏春秋·上德篇》。三、腹䵍,见《吕氏春秋·去私篇》。"

㊸ 尸:主。

㊹ 相进:相尚,相竞。

㊺ 乱之上也,治之下也:言乱天下之罪多,治天下之功少(宣

颖说)。

林希逸说:"言传墨子之道者,相尚为自苦之事,欲以此治天下,未见其治,必先能召乱也,故曰'乱之上也'。"

⑬ 天下之好:天下最美善的人。"好",含有特别赞美之意(蒋锡昌说)。

【今译】

不使后世奢侈,不浪费万物,不炫耀礼仪法度,用规矩来勉励自己,以备担当世间的急难;古来的道术有属于这方面的。墨翟、禽滑厘听到这种风尚就喜好。实行得太过分,节止得也太过分。作《非乐》,讲说《节用》;生时不作乐,死后无服饰。墨子主张博爱兼利而反对战争,他教人不恨怒;他又好学博闻,不求立异,也不和先王相同,毁弃古代的礼乐。

黄帝有《咸池》乐章,尧有《大章》乐章,舜有《大韶》乐章,禹有《大夏》乐章,汤有《大濩》乐章,文王有《辟雍》乐章,武王、周公作《武》乐。古代的丧礼,贵贱有仪则,上下有等差,天子的棺椁有七层,诸侯有五层,大夫有三层,士有两层。现在墨子独自主张生时不咏歌,死后无服饰,只用三寸的桐棺而没有外椁,作为标榜。用这个来教人,恐怕不是爱人的道理;用这个来自己实行,也实在不算是爱自己。虽然这样,但是并不影响墨子的学说,然而,当歌唱时却反对歌唱,当哭泣时却反对哭泣,当奏乐时却反对奏乐,这样果真合于人情吗?他生时勤劳,死后菲薄,他的学说太苛刻了;使人忧苦,使人悲愁,他的主张实行起来很困难,恐怕不能成为圣人之道,违反了天下人的心愿,天下的人不堪忍受。墨子虽然独自能担当,奈何天下人不能履行!背离了天下的人,距离王道也远了。

墨子称说:"从前禹的堵塞洪水,疏导江河而沟通四夷九州,大川三百,支流三千,小溪无数。禹亲自拿着盛土器和锄头而汇合天下的河川;腿肚子没有肉,小腿上没有毛,骤雨淋身,强风梳发,设置了万国。禹是大圣人,而为了天下,这般地劳苦。"所以使后代的墨者,多用羊皮粗布做衣裳,穿上木屐草鞋,日夜不息,以自苦为原则,说:"不能这样,就不是禹的道,不足称墨者。"

相里勤的弟子,伍侯的门徒,南方的墨者苦获、已齿、邓陵子一派,都诵读《墨经》,却背异不相同,互相斥称对方是"别墨",用"坚白""同异"的辩论互相诋毁,用"奇偶"不合的言辞互相对应;把钜子当作圣人,都愿意奉他为主师,希望继承他的事业,到现在还纷争不决。

墨翟、禽滑厘的心意是很好的,他们的做法却太过分了。这会使得后世的墨者,必定要劳苦自己到腿肚子没有肉、小腿上没有毛,以此互相竞逐罢了。这是扰乱天下的罪多,治理天下的功少。虽然这样,墨子真算是天下最美善的人了，这种人实在求不可得，他纵使弄得形容枯槁也不放弃自己的主张，真是救世才能之士啊！

三

不累於俗，不飾於物，不苟於人㊀，不忮於衆㊁，願天下之安寧以活民命，人我之養畢足而止，以此白心㊂，古之道術有在於是者。宋鈃㊃尹文㊄聞其風而悅之。作爲華山之冠㊅以自表，接萬物以別宥㊆爲始；語心之容，命之曰心之行㊇，以聏合驩㊈，以調海內，請欲置之以爲主㊉。見侮不辱，救民之鬭，禁攻寢兵，救世之戰。以此周行天下，上說下敎，雖天下不取，強聒而不舍㊋者也，故曰上下見厭而強見也㊌。

雖然，其爲人太多，其自爲太少；曰："請欲固㊍置五升之飯足矣。"先生恐不得飽，弟子雖飢，不忘天下㊎。日夜不休，曰："我必得活哉㊏！"圖傲乎㊐救世之士哉！曰："君子不爲苛察，不以身假物㊑。"以爲無益於天下者，明之不如已也。以禁攻寢兵爲外，以情欲寡淺㊒爲內，其小大精粗㊓，其行適至是而止。

【注释】

㈠ 不苟于人:"苟",今本误为"荀",据章炳麟之说改正。

　　章炳麟说:"'荀'者,'苟'之误。《说文叙》言'苟之字止句',是汉时俗书'苟''荀'相乱。下言'苛察'一本作'荀',亦其例也。"

　　刘师培说:"'不苟于人,不忮于众','苟''忮'并文,'苟'当作'苛'。下云:'君子不为苛察',旨与'不苛'适符。"(见刘著《庄子斠补》)

　　蒋锡昌说:"'荀'为'苟'讹,当正。人怀'为人''救世'之志,即可'不苟于人,不忮于众'矣。"

㈡ 不忮于众:不咈人情(林希逸说)。"忮",逆。

㈢ 白心:明白其心(崔譔《注》);表白心愿。

㈣ 宋钘(jiān):姓宋名钘,《孟子》作宋牼(见《告子篇》)。齐宣王时人,游稷下。《孟子》赵《注》、《荀子》杨《注》说是宋人。牼,钘古通,《庄子》作宋荣子。《汉书·艺文志》有《宋子》十八篇,今《宋子》已失传。《荀子正论》:"子宋子曰:明见侮之不辱,使人不斗"。正是宋钘的一种主张。

㈤ 尹文:姓尹名文,齐人,与宋钘俱游稷下(颜师古注引刘向说),曾游说齐湣王(见《吕氏春秋·正名篇》)。《汉书·艺文志》名家有《尹文子》上下篇。《尹文子·大道》上:"见侮不辱,见推不矜,禁暴息兵,救世之斗。"正是这学派的主张。

㈥ 华山之冠:以华山作为冠名。

　　陆德明说:"华山上下均平,作冠象之,表己心均平也。"

　　蒋锡昌说:"宋钘以华山之冠自表,似有提倡人类生活平等之意。"

梁启超说:"战国时人好作奇服以寄象征,如《鹖冠子》及屈原所谓'高余冠之岌岌'皆是。"

㈦ 别宥:即去囿,去除隔蔽。"宥"与"囿"通。

蒋锡昌说:"凡有所隔蔽而不能全见者曰'囿'。'宥'乃指各人智识上有所隔蔽而言。'别宥'之义,盖与《荀子》'解蔽',《吕氏春秋》'去宥'并同。'接万物以别宥为始'者,谓欲接近万物而识其真相,须以去蔽为始也。"

冯友兰说:"'接万物以别宥为始'。'别宥'就是《吕氏春秋》所说的'去宥'。'宥'同'囿',就是有成见、偏见。《吕氏春秋》有〈去宥篇〉,其内容可能就是宋钘、尹文在这一方面的思想,甚至可能就是从宋钘的著作《宋子》中抄下来的。"(《中国哲学史新编》第二册)

㈧ 语心之容,命之曰心之行:称心的宽容,名之为心的行为。"容",即宽容。"命",名。"心之行",心的活动。

张岱年说:'语心之容'。'容'是宽容的意思,过去解为状况,不符合原意。韩非说宋荣子的一个特点,就是宽容,'宋荣之宽'《韩非子·显学》。"(《中国哲学史史料学》)

蒋锡昌说:"宋钘于心之问题,颇为注重。㈠心为行之主,故欲为正当之行,必先存正当之心,如上文所谓'以此白心'是也。㈡行为心之表,故欲明正当之心,必先有正当之行,如上文所谓'作为华山之冠以自表'是也。㈢行之正当与否,决于心之正当与否;而心之正当与否,又决于'别宥'之能否得当,故'接万物以别宥为始'也。"

㈨ 以聏(ér)合驩:"聏",作柔和,亲昵称。以柔和〔的态度〕合〔他人的〕欢心。

⑩ 章炳麟说:"'聏',借为'而'。训'而'为'黏',其本字则当作'昵'。"
⑪ 请欲置之以为主:请求〔大家〕以心容万物为主导。"之",指心之容。"为主",为主导思想(曹础基说)。

宣颖说:"欲人皆以此心为上。"

马其昶说"置之以为主,置合骧之心以为行道之主也。"

徐复观先生说:"按'置之'的'之',指上述'心之行'而言。'置',安也。要求(请)安于心的容受万物之行,以为自己行为之主。"
⑫ 强聒而不舍:说个不停。
⑬ 上下见厌而强见也:人皆厌之,犹强欲自表见(宣颖说)。按:"强见",即强现,勉力表露其观点。
⑭ 固:借为姑(章炳麟说)。
⑮ 先生恐不得饱,弟子虽饥,不忘天下:"先生",指宋钘、尹文。"弟子",指宋、尹的弟子。郭《注》:"宋钘尹文称天下为先生,自称为弟子也。"误。这三句是〈天下〉篇作者对宋尹学派的评介,郭象误以为这三句话也是宋尹的主张(即误以为在上文"曰"的语句中)。

蒋锡昌说:"此言以仅置五升之饭,非特先生宋钘恐不得饱,即其弟子亦常在饥饿之中。"
⑯ 我心得活哉:"我",泛称。

蒋锡昌说:"上文:'愿天下之安宁以活民命。'此文即据该文而来。此宋钘自谓我民之命必得生活,盖彼勇于自信,以为天下如行其道,民命必活也。"
⑰ 图傲乎:高大之貌(郭《注》)。

马叙伦说:"'图'本作'㠪'。'㠪'为'乔'字之讹。读者少见'㠪'字,因改为'图'。'乔'为'䮗'省,即骄傲字。"

⑰ 不为苛察,不以身假物:不求苛刻计较,不以己身为外物所役。

林希逸说:'不为苛察','苛察'则非'别宥'矣,言不当有尔我之辩也。"

梁启超说:"不以身假物者,谓不肯将此身假借外物,犹言不为物役也。"

蒋锡昌说:"此即上文'不苛于人','不饰外物'之意。惟其不为苛察,故能不斗不战。惟其不以身假物,故能情欲寡浅,而共天下人我之养也。"

⑱ 情欲寡浅:"情欲寡浅"之说,乃对少数有财之人而发,非对多数无财之人而发。盖天下多数无财之人,不患情欲滋多,特患衣食不足;天下少数有财之人,不患衣食不足,特患情欲滋多。为君者情欲滋多,故外侵他国之地,内夺人民之财。为官吏豪富者情欲滋多,故皆剥削人民之利益,以供自己之享乐。其结果,则天下不得安宁,"人我之养"不得"毕足"。故"情欲寡浅",乃谓少数王公大人以及一切官吏豪富声色饮食宫室狗马等之情欲,当使寡浅;非谓多数穷苦人民粗衣淡饭之情欲,再使寡浅,以至冻饿而死也。由此观之,宋钘"情欲寡浅",即老子"无欲"之义,亦即墨子"节用"之义(蒋锡昌说)。

⑲ 小大精粗:"小",按指一身而言。"大",按指其救世之战而言。"精",按指心而言。"粗",按指行为而言(徐复观说)。

【今译】

不为世俗所牵累,不用外物来矫饰,不苛求于人,不违逆众情，希望天下安宁以保全人民的性命，人给我的基本奉养条件具备就够了，以这种观点来表白自己的心迹，古来的道术有属于这方面的。宋钘、尹文听到这种风尚就喜好。制作一种上下均平像华山那样的帽子来表示提倡人类生活的平等，应接万物以去除隔蔽为先；称道心的宽容，名之为心的活动，以柔和态度投合他人的欢心，借以调和海内，请求大家以这种主张作为主导思想。受到欺侮不以为辱，解救人民的争斗，禁防攻伐平息干戈用兵，解救世间的战争。本着这种意旨来周行天下，对上劝说诸侯，对下教育百姓，虽然天下的人并不接受，但他依然喋喋不停地劝说，所以说：上上下下的人都厌烦但仍勉力宣扬自己的观点。

然而，他们为别人做得太多，替自己打算太少；他们说："我们只请求有五升米的饭就够了。"宋、尹先生们不得饱，弟子们更是常在饥饿中，可是他们仍不忘天下人。他们日夜不休地为人民，他们说："我们大家必得活命呀！"高大的救世之士啊！他们说："君子不求苛刻计较，不使自己为外物所役。"认为对天下没有益处的，不如干脆停止不做。他们以止攻息兵为对外活动，以情欲寡浅为内在修养，他们学说的小大精粗，及其所行所为只不过如此而已。

四

公而不黨,易而無私⊖,決然無主⊜,趣物而不兩⊜,不顧於慮,不謀於知,於物無擇,與之俱往,古之道術有在於是者。彭蒙㉔田駢㉕慎到㉖聞其風而悅之。齊萬物以爲首㉗,曰:"天能覆之而不能載之,地能載之而不能覆之,大道能包之而不能辯之。"知萬物皆有所可,有所不可,故曰:"選則不徧,教則不至,道則無遺者矣㉘。"

是故慎到棄知去己,而緣不得已,泠汰㉙於物,以爲道理,曰:"知不知,將薄知而後鄰傷之者也㉚。"謑髁無任㉛,而笑天下之尚賢也;縱脱無行,而非天下之大聖。椎拍輐斷㉜,與物宛轉,舍是與非,苟可以免。不師知慮,不知前後,魏然㉝而已矣。推而後行,曳而後往,若飄風之還,若落羽之旋㉞,若磨石之隧㉟,全而無非,動靜無過,未嘗有罪。是何故?夫無知之物,無建己之患㊱;無用知之累,動靜不離於理,是以終身無譽。故曰:"至於若無知之物而已,無用賢聖,夫塊不失道。"豪桀相與笑之曰:"慎到之道,非生人之行而至死人之理,適得怪焉。"

田駢亦然,學於彭蒙,得不敎㊷焉。彭蒙之師曰:"古之道人,至於莫之是莫之非而已矣。其風窢然㊸,惡可而言?"常反人,不見觀㊹,而不免於魭斷㊺。其所謂道非道,而所言之韙㊻不免於非。彭蒙田駢慎到不知道。雖然,槩乎皆嘗有聞者也。

【注释】

㊀ 公而不党,易而无私:公正而不阿党,平易而无偏私(成《疏》)。

㊁ 决然无主:去私意而无所偏(林希逸说);谓排除主观的先入之见(梁启超说)。"决然",自然流动的样子(曹础基说)。

㊂ 趣物而不两:随物而趋不起两意。

　　蒋锡昌说:"趣物而不两,即将万物一视同仁,而不分别之意。"

㊃ 彭蒙:姓彭名蒙,齐之隐士,游稷下(成《疏》)。下文说田骈学于彭蒙,有关他的事迹已不可考。

㊄ 田骈:即陈骈,齐国人,《汉书·艺文志》道家有《田子》二十五篇,今已失传。《吕氏春秋·不二》云:"陈骈贵齐。"

㊅ 慎到:赵国人,《汉书·艺文志》有《慎子》四十二篇列在法家,今所传《慎子》五篇为后人辑本。根据《史记·孟子荀卿列传》及《田敬仲完世家》所载,田骈慎到都是稷下学士,列第为上大夫。

㊆ 齐万物以为首:言以齐物为根本义(梁启超说)。

　　徐复观先生说:"奚侗曰:'首借作道。'按奚说非是。上文述宋钘尹文之思想时谓'接万物以别宥为始','为始'犹'为首'，盖谓田骈、慎到，以齐万物为先之意。"

⑧ 选则不遍，教则不至，道则无遗者矣：选择就不能普遍，教诲就不能周全，顺道自然则无所遗漏。

　　蒋锡昌说："由我见以选某物，则必有所弃而致不遍焉，如由我见以教某物，则必有所遗而致不至焉，唯道任自然，方可包括一切而无遗。"

⑨ 泠汰：听放（郭《注》）。

　　林希逸说："泠汰，脱洒也。泠然而疏汰，于物无拘碍也。"

⑩ 知不知，将薄知而后邻伤之者也：〔强求〕知其所不知，势将为知所迫而结果会损伤自己。"薄"，通迫。"后"，或说"复"字之误。按《仪礼》之"后"字，武威出土《仪礼》简多作"复"字。"邻"为"躏"字之误。

　　林希逸说："薄，迫。"

　　孙诒让说："后，疑当为'复'，形近而误。"

　　武延绪说："'后'疑'复'字之讹。《注》：'而又邻伤焉。''又'即训'复'者，作后者，形近之讹。"

　　奚侗说："'鄰'为'躏'误，'鄰'或书作'隣'，与'磷'形近，犹〈马蹄〉篇'跮'误为'陆'也。《说文》：'躏，轹也。'"

　　梁启超说："此二语颇难解，大概谓，自以为知者实则不知耳。'薄'，即'薄而观之'之薄。'鄰'，读为'磨而不磷'之磷。迫近一物欲求知之，适所以伤之而已。"

　　蒋锡昌说："'鄰'为'躏'假。此言人欲知所不知，势将被知所迫，复被躏伤；下文所谓'用知之累'也。"

⑪ 谡（xǐ）髁（kē）无任："谡髁"，顺随的意思。"无任"，无所专任。

成玄英说:"'謑髁',不定貌。随物顺情,无的任用,物各自得。"

⑫ 椎(chuí)拍輐断:顺随旋转的意思。

林云铭说:"与物宛转之意。"

郭嵩焘说:"《释文》:'輐,圆也。'王云:'椎拍輐断,皆刑截者所用。'疑王说非也。'輐断'即下文'䰂断',郭象云:'䰂断,无圭角也。'"

徐复观先生说:"按《释名》:'椎,推也。''椎拍'犹言推附,即顺随之意。注家乃以刑罚之事释之,大谬。"(《中国人性论史》,第435页)

⑬ 魏然:古抄卷子本"魏"作"巍"。"魏"即"巍"之隶省。陈碧虚《音义》所出本作"巍"(王叔岷说)。

⑭ 若落羽之旋:"落"字原阙。成《疏》:"如落羽之旋。"按:依《疏》"羽"上当有"落"字,"落羽"与上"飘风",下"磨石"并文;因据成《疏》补(严灵峰《道家四子新编》,第843页)。

⑮ 隧:音遂,回(《释文》);转(成《疏》)。

⑯ 无建己之患:"建己"与"用知"文异谊同,皆好用私知之意(蒋锡昌说)。

⑰ 得不教:不言之教(宣颖说)。

林希逸说:"'得不教'者,言其初学之时,自相契合,不待教之而后能也。"

⑱ 窢(xù)然:"窢",寂(林云铭说)。

马叙伦说:"'窢'借为'侐'。《说文》:'侐,静也。'"

⑲ 常反人,不见观:常违反人意,不为人称赏。

蒋锡昌说:"'觀'疑'歡'字之误。常反天下之心,不为天下所欢。"

于省吾说:"《释文》:'见',一本作'聚'。高山寺卷子本作'取'。'觀'应读作'懽'。'不聚觀'即不取懽也。"

⑭ 鈗(yuán)断:无圭角(郭《注》)。谓其与物宛转(马其昶说)。

⑮ 韙(wěi):是(郭《注》)。

【今译】

　　公正而不阿党,平易而没有偏私,去除私意而没有主见,随物变化而不起两意,不怀心思,不出智谋,对于事物不带主观选择地顺随着,参与它的变化发展,古来的道术有属于这方面的。彭蒙、田骈、慎到听到这种风尚就喜好。以齐同万物为首要,说:"天能覆盖万物却不能承载,地能承载万物却不能覆盖,大道能包含万物却不能分辨,知道万物都有它适宜的地方,有它不适宜的地方,所以说选择就不能遍及,教诲就不能周全,顺着大道就无所遗漏了。"

　　所以慎到摒弃智巧、抛开己见,乃是由于不得已。听任于物,而作为他的道理,说:"强求知其所不知,就会为知所迫而结果损伤自己。"随物顺情无所专任,而讥笑天下的推崇贤能;放纵解脱不拘行迹,而非难天下的大圣。顺随旋转,与物推移变化,舍去是是非非,或可以免于世俗的累患。不运用智谋,不瞻前顾后,巍然独立罢了。推动而后前进,拖曳而后前往,像飘风的盘桓,像落羽的回旋,像磨石的运转,本性淳厚而不偏颇,动静适度而没有过失,这就不会有罪。这是为什么?像那没有知虑的东西,就没有标榜自己的忧患;没有利用智巧的系累,动静就不离开自然之理,因此终身没有毁誉。所以说:"达到像没有知虑的东西那样罢了,不需要圣贤,那土块也不失于道。"豪杰们互相讥笑他说:"慎到的学说,不是活人所能行而是死人的道理。适足使人觉得怪异罢了。"

田骈也是一样,求学于彭蒙,学到不言之教。彭蒙的老师说:"古来得道的人,达到不受是和非所左右的境界罢了。他的风教寂静无形,哪里可以用语言表达出来呢?"常违反人意,不为人所称赏,仍不免于随物宛转。他所说的道并不是真正的道,而所说的是不免于非。彭蒙、田骈、慎到并不真正明白大道。不过,他们都还听闻过道的概要。

五

以本⊖爲精,以物爲粗,以有積爲不足⊜,澹然獨與神明居,古之道術有在於是者。關尹⊜老聃㉔聞其風而悅之。建之以常無有㊄,主之以太一㊅,以濡弱㊆謙下爲表,以空虛不毀萬物爲實。

關尹曰："在己無居㈧,形物自著㈨。其動若水,其靜若鏡,其應若響。芴乎若亡㈩,寂乎若清。同焉者和,得焉者失㈦。未嘗先人而常隨人。"

老聃曰："知其雄,守其雌,爲天下谿㈠;知其白,守其辱,爲天下谷㈡。"人皆取先,己獨取後㈢,曰受天下之垢㈣;人皆取實,己獨取虛,無藏也故有餘㈤;其行身也,徐而不費,無爲也而笑巧㈥;人皆求福,己獨曲全㈦,曰苟免於咎。以深爲根,以約爲紀,曰堅則毁矣,銳則挫矣㈧。常寬於物㈨,不削於人㈩,雖未至極㈠,關尹老聃乎!古之博大眞人哉!

【注释】

㈠ 本:道(林希逸说)。

㈡ 以有积为不足:以储积为不足。

　　成玄英说:"贪而储积,心常不足。"

㈢ 关尹:《吕氏春秋·不二篇》称:"老聃贵柔,关尹贵清。"《汉书·艺文志》载道家《关尹子》九篇。《隋书》、《唐书·经籍志》都不录。这书已经丧失很久了。现存《关尹子》九篇,篇名叫〈一宇〉、〈二柱〉、〈三极〉、〈四符〉、〈五鉴〉、〈六匕〉、〈七釜〉、〈八筹〉、〈九药〉。书里很多类释氏和神仙方技等家的说法,所用的语词,并不是先秦道家所用的。显然是后世假托之作。〈天下〉篇把关尹老聃相提并论。其中"以本为精","与神明居",

常无有,主太一,谦下空虚,是他们两个人的共同性格。其单讲关尹的部分,其重点在虚己接物,独立清静(陈荣捷《战国道家》)。

④ 老聃:即今《老子》一书作者。

⑤ 常无有:即常"无"、常"有"。见于《老子》第一章及四十章。

⑥ 太一:指《吕氏春秋·大乐篇》说:"道也者,至精也。不可为形,不可为名。强为之名,谓之'太一'。"

⑦ 濡弱:柔弱。"柔弱"一词,见《老子》三十六章、七十六章、七十八章等。

⑧ 在己无居:无私主(林希逸说);即不偏执己意。

⑨ 形物自著:有形之物各自彰著。

⑩ 芴乎若亡:恍惚若无。"芴"与"惚"通。另一说"芴",通忽。忽然,水快流的样子。"亡",无。这句形容"其动若水"(曹础基说)。

⑪ 得焉者失:这句和《老子》四十四章:"多藏必厚亡",六十四章:"执者失之"同义。"得"有贪得之意,宣颖以"自得"为注,不妥。

⑫ 知其雄,守其雌,为天下谿:见《老子》二十八章。

⑬ 知其白,守其辱,为天下谷:见《老子》二十八章。今本《老子》"知其白"句下"守其辱"句上,衍"守其黑,为天下式。为天下式,常德不忒,复归于无极。知其荣"六句。这二十三个字为后人所加,当删去(详见易顺鼎《读老子札记》、马叙伦《覈定老子》)。"辱",即黥。

⑭ 人皆取先,己独取后:《老子》六十七章:"不敢为天下先"之意。

⑮ 受天下之垢:《老子》七十八章有"受国之垢"句。

⑯ 无藏也故有余：此下衍"岿然而有余"句，依刘文典、李勉之说删。

  刘文典说："案'无藏也故有余'，与下句'岿然而有余'，语意重复。"按刘说是。然刘氏谓"无藏也故有余"疑是下文"岿然而有余"之注，则非。《老子》七章："以其无私，故能成其私。"三十四章："以其终不自为大，故能成其大。"句法相同。"无藏"即老子"知足"或"虚"观念引申而来，正合老子思想。

  李勉说："'岿然而有余'，系解释上句之注辞，误入正文。"按李说是。今删去"岿然而有余"一句注，与上下文正以三句为一组而相对称。

⑰ 笑巧：笑人之巧（林云铭说）。"巧"，智巧；机巧。

⑱ 曲全：《老子》二十二章："曲则全。"

⑲ 坚则毁矣，锐则挫矣：《老子》七十六章有"坚强者死之徒"句，九章有"揣而锐之，不可长保"句，与此义相近。

⑳ 常宽于物："宽"下今本有"容"字。高山寺本无"容"（王孝鱼校），并依于省吾之说删。

  于省吾说："高山寺本无'容'字。按无'容'字是也。此与下句'不削于人'对文成义。"

㉑ 不削于人：不侵削于人（成《疏》）。

㉒ 虽未至极：通行本作"可谓至极"，依高山寺本、陈碧虚《庄子阙误改》。

  王叔岷先生说："王先谦云：'姚本"可谓"作"虽未"云：从李氏本改。'吴氏《点勘》从姚本改作'虽未'。案《古抄卷子本》'可谓至极'，作'虽未至于极'。陈碧虚《阙误》引江南李氏本、文如海本'可谓'亦并作'虽未'作'虽未'是。庄子之学出于老子,而不为老子所限,况关尹乎!关尹、老聃之道术虽博大,而偏重人事,尚有迹可寻,不可谓之至极。庄子道术,论人事而超人事,万物毕罗,其理不竭,应化无方,无可归属。乃可谓至极也。今传旧本'虽未'皆作'可谓',疑唐人崇老子者所改。"

【今译】

以根本的道为精微,以有形的物为粗杂,以储积为不足,恬淡地独与造化灵妙共处,古来道术有属于这方面的。关尹、老聃听到这种风尚就喜好。建立常无、常有的学说,归本于最高的'太一',以柔弱谦下为外表,以虚空成就万物为实质。

关尹说:"不偏执己意,有形之物各自彰著。动时如流水,静时如明镜,反应如回响。恍惚如无有,寂静如清虚。相同则和谐,贪得便有失。从不争先而常顺随别人。"

老聃说:"认识雄强,持守雌柔,成为天下的溪涧;认识明亮,持守暗昧,成为天下的山谷。"人人都争先,他独自居后,说:"承受天下的诟辱";人人都求实际,他独自守虚空,不敛藏反而有多余。他立身行事,宽缓而不费损精神,自然无为而嗤笑机巧;人人都求福,他独自委曲求全,说:"但求免除祸害。"以精深为根本,以要约为纲纪,说:"坚硬的就容易毁坏,锐利的就容易挫折。"常宽容待物,不侵削别人。虽然没有达到顶点,关尹、老聃,可算是古来博大真人呀!

六

芴漠㊀無形，變化無常，死與生與，天地並與，神明往與！芒乎何之，忽乎何適㊁，萬物畢羅，莫足以歸，古之道術有在於是者，莊周聞其風而悅之。以謬悠㊂之說，荒唐㊃之言，無端崖之辭，時恣縱而不儻㊄，不以觭見之也㊅。以天下為沈濁，不可與莊語㊆，以巵言㊇為曼衍㊈，以重言㊉為真，以寓言㊋為廣。獨與天地精神往來而不敖倪㊌於萬物，不譴是非㊍，以與世俗處。其書雖瓌瑋㊎而連犿㊏無傷也。其辭雖參差㊐而諔詭㊑可觀。彼其充實不可以已㊒，上與造物者遊，而下與外死生無終始者為友。其於本也，弘大而辟，深閎而肆㊓；其於宗也，可謂稠適而上遂㊔矣。雖然，其應於化而解於物也，其理不竭㊕，其來不蛻㊖，芒乎昧乎㊗，未之盡㊘者。

【注释】
㊀ 芴漠："芴"，通惚。恍惚茫昧之意。
㊁ 芒乎何之，忽乎何适："芒乎""忽乎"，同〈至乐〉篇"芒乎，芴

乎",形容恍惚茫昧的状貌。"何之""何适",即何去何处。

　　林希逸说:"'何之''何适',动而无迹也。"

㊂ 谬悠:虚远(成《疏》)。

㊃ 荒唐:谓广大无域畔(《释文》)。

㊄ 恣纵而不傥:"恣纵",犹放纵。放任而不偏党(成《疏》)。赵谏议本"傥"作"党"(王叔岷《校释》)。高亨谓"傥"借为谠,直言。

㊅ 不以觭见之也:其所见不主一端(林希逸《口义》);不以一端自见(宣颖说)。《道藏》罗勉道《循本》"觭"作"畸"。"觭""畸"并"奇"之借字(王叔岷《校释》)。

㊆ 庄语:犹大言(成《疏》);犹正论(王先谦《集解》)。

　　陆德明说:"'庄语',郭云:'庄,庄周也。'一云、'庄,端正也。'一本作'壮'。"按"庄"为严正之意,这里不当庄周之名。

㊇ 卮言:喻无心之言。语见〈寓言〉篇。

㊈ 曼衍:同漫衍。散漫流衍,不拘常规之意。语见〈齐物论〉、〈寓言〉篇。

㊉ 重言:为人所重之言。见〈寓言〉篇。

㊀ 寓言:寄寓他人他物的言论。见〈寓言〉篇。

㊁ 敖倪:即傲睨(梁启超说);犹骄矜。

㊂ 不谴是非:是非无所泥(林希逸说)。

㊃ 瑰(瓌)玮:奇伟(《释文》);弘壮(成《疏》)。

㊄ 连犿(fān):宛转貌(《释文》引李颐《注》);和同混融之意(林希逸说)。

㊅ 参差:或虚或实(成《疏》);或彼或此、或抑或扬,不可定(林希逸说)。

㊆ 諔(chù)诡:奇异(李颐说)。与〈齐物论〉篇"吊诡"同。

㊇ 彼其充实不可以已：他内心之情饱满，故禁不住而流露出来。"已"，止（曹础基说）。

㊈ 肆：纵放（林希逸说）；形容广阔无限制。

㊉ 稠适而上遂："稠"，音调，本亦作"调"（《释文》）。赵谏议本作"调"（王孝鱼校）。"稠适"，和适之意。"遂"，达（成《疏》）。

㊀ 其理不竭：他的道理是不穷尽的。

㊁ 其来不蜕："蜕"，通脱，离。"不蜕"，连绵不断（曹础基说）。

㊂ 芒乎昧乎："芒昧"，犹窈冥。言《庄子》的书，幽冥深远。

㊃ 未之尽：没有穷尽。

【今译】

　　恍惚茫昧而没有形迹，变化而没有常规，死呀生呀，与天地并存，与造化同往！浑然蒙昧到哪里去，飘飘忽忽往哪里走，包罗万物，不知归宿，古来道术有属于这方面的，庄周听到这种风尚就喜好它。以悠远的论说，广大的言论，没有限制的言辞，常放任而不拘执，不持一端之见。认为天下污浊，不能讲严正的话，用无心之言来推衍，引用重言使人觉得真实，运用寓言来推广道理。独自和天地精神往来而不傲视万物，不拘泥是非，和世俗相处。他的书虽然奇伟宛转叙说无伤道理。他的言辞虽然变化多端却特异可观。他内心之情饱满而不自主地流露，上与造物者同游，下与忘生死无终始分别的人做朋友。他以道为本，其精神领域弘大而开放，深远而广阔；他以天为宗，其精神境界可谓和谐切适而上达于最高点。虽然这样,他之顺应变化而解脱于物的束缚,他的道理是不穷尽的,源流连绵不断,幽冥深远,没有穷尽。

七

惠施多方㊀,其書五車㊁,其道舛駁㊂,其言也不中㊃。厤物之意㊄,曰:"至大無外,謂之大一;至小無內,謂之小一㊅。無厚,不可積也,其大千里㊆。天與地卑,山與澤平㊇。日方中方睨,物方生方死㊈。大同而與小同異,此之謂小同異;萬物畢同畢異,此之謂大同異㊉。南方無窮而有窮㊋,今日適越而昔來㊌。連環可解也㊍。我知天下之中央,燕之北越之南是也㊎。氾愛萬物,天地一體也。"

【注释】

㊀ 惠施多方:"多方",即多方术,指惠施的学术广博多方面。"惠施多方"以下的文字,有人疑是另属一篇。

　　王叔岷先生说:"《北齐书·杜弼传》称弼注《庄子·惠施篇》,今考〈天下〉篇'惠施多方'以下一章,专论惠子之学说,与上文不必相连,旧必另为一篇,杜弼所注〈惠施〉篇,疑即指此,或存《庄》书之旧,今本盖郭氏合之也。"(《庄子·校释自序》)按:叶国庆(《庄子研究》)、张成秋(《庄子篇目考》)等也认为"惠施多方"以下当别属一篇。徐复观持异议。

徐复观先生说:"〈天下〉篇后面所述惠施一大段,今人每谓这应另为一篇。但只要想到庄子与惠施的交谊之厚;想到〈逍遥游〉、〈德充符〉、〈秋水〉诸篇,皆以与惠施之问答终篇,则〈天下〉篇若为《庄子》一书的自叙,其以惠施终篇,并结以'悲夫'二字,以深致惋惜之情。"(《中国人性论史》,第360页)案:徐说有理。

㈡ 其书五车:"其书",一说指他的藏书,另一说指惠施自己的著作(如林希逸说:"言其所著书";刘凤苞说:"著书极多"),兹从后说。"五车"是形容数量之多。

㈢ 舛(chuǎn)驳:乖杂。"舛",乖。"驳",色杂不同。(《文选》左太冲《魏都赋》注引司马彪说)。

㈣ 不中:指不当(林希逸说)。

㈤ 历物之意:即究析事物之理。"厤",古"历"字。本亦作"历"(《释文》)。

  梁启超说:"'历',盖含分析量度之意。'历物之意'者,谓析数物理之大概。"

  汪奠基说:"历物之意是要把科学观察的成果,提高到宇宙万象变异的认识上来进一步辩说其世界意义的意思。"(《中国逻辑思想史料分析》第五章〈惠施的名辩思想〉)

㈥ 至大无外,谓之大一;至小无内,谓之小一:大到极点而没有外围的,叫做大一;小到极点而没有内核的,叫做小一(《中国哲学史资料选集》《庄子》今译)。"至大无外",形容无穷大的整体空间。"至小无内",指无穷小的空间单位。

  蒋锡昌说:"'无外',言无物可居其外。犹〈秋水〉篇所谓'至大不可围也'。'无内',言无物可居其内,适与'无外'相反。'大一',即理想上最大之一个单位。此指'六合',或'宇',或今人所谓'空间'而言。'小一',即理想上最小的一个单位。此指近于今人所谓'分子'之体积而言。"

郭沫若说:"'大一'是指无穷大的宇宙,然使细分以至于微末,终可以达到无可再分的一个微末的质点。'小一'便指这种质点而言。"(见其《文集》第十卷《惠施的性格与思想》)

冯友兰说:"真正大的东西('大一')应该'无外',即无限大;真正小的东西('小一')应该'无内',即无限小。"(《中国哲学史新编》第十一章《惠施公孙龙及其他辩者》下引同)

㈦ 无厚,不可积也,其大千里:"无厚"即形容面至薄,薄到无可再累积于其上。由面而成体,则可扩展至于千里大。

林希逸说:"'无厚',至薄也,不可积者,积则厚矣。积之不已,其大可至于千里。"

蒋锡昌说:"'不可积'者,言其体积薄至'小之微';或仅有一粒'分子'之厚,不可再有一粒'分子'加积其上也。此意乃根据上条'至小无内,谓之小一'而来。'其大千里',言由无数一粒'分子'之厚所成之平面,可展至其大千里也。"

郭沫若说:"无厚,便是没有 dimension。但是这没有 dimension 的说法,只是在分析而非聚积的状态下所言,若使积聚,则虽'小一'也可至于无穷。"

汪奠基说:"'无厚'本邓析的学说,惜其论证残佚无传。惠施距邓析不及二百年,这种有关形数的科学论辩,可能还是很新鲜的。按题旨的本义看,惠施是从'小一'的概念存在,来肯定宇宙有'无厚'的存在。由于'小一'的定义的认识,所以推断'无厚'的性质就是'不能堆积起来'的特征。但是'小一'

⑧ 天与地卑，山与泽平：《荀子·不苟篇》作"山渊平，天地比"。这是由于立足点的不同，而得出不同的判断。从我们常识世界来看，天与地、山与泽，有高低之分，但从一个无穷大的宇宙空间来看，则无甚分别。这命题要在说明高低只是相对的。

胡适说："惠施空间，似乎含有地圆和地动的道理……如'天与地卑，山与泽平'，更明显了。地圆旋转，故上面有天，下面还有天；上面有泽，下面还有山。"（《中国古代哲学史》第八编第四章〈惠施〉下引同）姑备一说。

严灵峰先生说："如果从近代物理学的观点看来，整个宇宙的空间中，高、低和上、下都是相对的。地球与太阳之均衡运动，原非日悬中天，地居天下。以几何学之定理言之，两点之间，可连一直线；在山、泽之间连一直线，则山、泽自平了。这也是说明同、异之相对性的。"（《老庄研究》丁编附录〈惠施等辩者历物命题试解〉）

郭沫若说："天地山泽，在外形上虽有高低之分，就质点的'小一'而言，则同是'无厚'，所以山渊平而天地比。这条正破旧有观念天尊地卑之说，所寓革命的精神非小！匡章说惠施之学'去尊'，而怪他王齐，荀子说他'不是礼义'，我们可以揣想惠施必是个无神论者或无治论者。"按：郭说引申其哲学意义。

⑨ 日方中方睨（nì），物方生方死：这是从时间长流的观点来看，无物不变、无时不动。

蒋锡昌说："按普通以为日之中与睨、物之生与死皆有一个停留之单位，而可分割为片断。惠施则以为真正之时间是永在移动；真正之物体，是永在变动。故谓日方正中，便已西斜；物方生出，便已死去。"

冯友兰说："太阳刚才到正中，同时也就开始西斜，但是总有一个时候是中日。人的身体是经常在新陈代谢之中。在他的身体中，经常有死亡的东西，也有新生的东西，在他生存的时候，就伏有死亡的根源；但是总有一个时期，他是生存而不是死亡。惠施的好朋友，庄子，明确地说，既然事物经常在变动中，那就不可能有相对的稳定性；既然事物的性质都是相对的，事物之间也就没有分别。惠施没有明确地这样说。但是惠施也没有明确地肯定，事物的相对性中存在着绝对性。"按：冯说乃对惠施观点作批评。

⑪ 大同而与小同异，此之谓小同异；万物毕同毕异，此之谓大同异：大同和小同相差异，这个叫做小同异；万物完全相同，也完全相异，这个叫做大同异（《中国哲学史资料选辑》今译）。

胡适说："惠施说：'大同而与小同异，此之谓小同异。'例如：松与柏是'大同'，松与蔷薇花是'小同'，这都是'小同异'。一切科学的分类，只是这种'小同异'。从哲学一方面看来，便是惠施所说：'万物毕同毕异'。怎么说'万物毕异'呢？原来万物各有一个'自相'。例如：一个胎里生不出两个完全同样的弟兄；一根树上生不出两朵完全一样的花；一朵花上找不出两个完全同样的花瓣，一个模子里铸不出两个完全同样的铜钱。这便是万物的'自相'。有自相所以'万物毕异'。但是万物虽然各有'自相'，却又都有一些'共相'。例如：男女虽有别，却同是人；人与禽兽虽有别，却同是动物；动物与植物虽有别，却同是生物；……这便是万物的'共相'。有共相，故万物可说'毕同'。毕同毕异，'此之谓大同异'。可见一切同异都不是绝对的区别。"

冯友兰说："惠施这个论断，就逻辑的意义说，接触到类和种属的关系问题。每类事物都有共同的性质；这是'大同'。每类事物中不同的种属又各有自己的共同的性质，这是'小同'。从类上推去，万物同属于一大类，都有共同的性质，所以说是'毕同'。从种属下推去，以至于各个的个体东西。各个东西又都是自己的特点，不能完全相同，所以说是'毕异'。这些论点，同样表明事物之间的差别是相对的，不是绝对的，词和概念之间的差别也是相对的，不是绝对的。照这样解释，这里所谓的'同'是后期墨家所谓'类同'。"

⑦ 南方无穷而有穷：这也是从空间的相对性而言的。

胡适说："当时的学者，不但知道地是动的，并且知道地是圆的。如《周髀算经》说：'日运行处极北，北方日中，南方夜半。日在极东，东方日中，西方夜半。日在极南，南方日中，北方夜半。日在极西，西方日中，东方夜半。'这虽说日动而地不动，但似含有地圆的道理。又如：《大戴礼记·天员篇》辩'天圆地方'之说，说：'如诚天圆而地方，则是四角之不揜也。'这分明是说地圆的。……说：'南方无穷而有穷。'因为地圆，所以南方可以说有穷，可以说无穷，是地的真形；南方有穷，是实际上的假定。"

范寿康先生说："南方是无穷的，又是有穷的。从普通人的眼光讲，这是无穷的。但从至大无外的观点看，却是有穷的。"(《中国哲学史纲要》第一编第五章〈名家〉)

汪奠基说："'南方无穷'是古代辩者所持的一种辩论。《墨子·经说下》有：'南者有穷则可尽，无穷则不可尽。'《荀子·正名篇》亦有："假之有人而欲南无多，而恶北无寡，岂为夫南者之不可尽也，离南行而北走也哉。'对于惠施来说，墨、荀两解，只是从概念的单一名字作出答案，并没有解决惠施的问题。惠施所立的辩题是'无穷而有穷'。这里的联词'而'字是辩题的本质所在。同一南方，谓之无穷而又有穷，则其辩证意义是说：距离无限的可分性之毕异的存在，实有其不可分的有限性之毕同的多点存在。惠施自己的论证如何解释，不得而知；但是就所谓合同异的逻辑推论来说……我们必须注意到惠施的推论，可能不自觉地运用了古代几何学上所谓'穷举法'，或类似'归谬法'之类的推演方法；否则，所谓'无穷而有穷'的辩论，是不会使墨、荀诸家先后作为敌论，来加以逻辑的反驳的。……由于战国时代，特别是墨辩科学取盛的时代，学者对圆方平直等比的演算知识，早已大大推进了一步。例如差数可以取尽的古代数学思想，我们从惠施论空间观念的辩题中，确已感到有些反映的迹象，这是值得我们注意的问题。如果能进一步找到某些论证的材料，对惠施历物的科学认识，当更有其逻辑的历史意义。"

㊂ 今日适越而昔来：今天到越地而昨天已来到。这是就时间的相对性而言的。

胡适说："'今日适越而昔来'，即是《周髀算经》所说'东方日中，西于夜半；西方日中，东于夜半'的道理。我今天晚上到越，在四川西部的人便要说我'昨天'到越了。

汪奠基说："原论题的条件说法，基本上是符合当时天文科学的某些假设的。譬如任取一条以'日在西极'的论点来说,如果日在西极,则东方人今日适越,而在西方人即谓之昨日起程了。惠施在这里正是要以时间的相对性来证明它与空间运动的相对性是必然联系的。今天虽然没有得到惠施的直接解释,但本题的科学意义则是可以肯定的。"案:胡汪两说,乃从科学的观点来作解释。

蒋锡昌说:"真正之时间,永在移动,绝不可分割为'今日'之一段,使稍停留片刻。如吾人刚说'今日(上午十时十分)到越',则此所谓'今日'者,已早成过去而为'昔来'矣。"

唐君毅说:"惠施十事中之'今日适越而昔来',言今昔无异;……其理由何在,今不能详考。盖皆不外谓于同一之'实',可以'今'说之者,换一观点,亦可以'昔'说之;……缘此以观一切万物之差异,即亦皆属天地之一体,同在大一中;而自此天地之一体或大一上看,则一切差异亦成无差异矣。"(《中国哲学原论》第一四九页)

冯友兰说:"'今日适越而昔来。'这一条辩论也必有当时科学知识的根据,但是无可考了。专从字面上讲,这是说'今'、'昔'是相对的。今天所谓昔,正是昨天所谓今,今天所谓今,明天就成为昔。'今'、'昔'自身的同一都包涵有差别。因此今昔也是相对的;这两个对立面是可以互相转化的。这个命题,照另一种解释,是说今昔是联系在一起的,没有昔,也就没有今,昔日不出发,今天也无从适越。"按蒋、唐、冯诸说,乃从哲学的观点来作解释。

㊂ 连环可解也:连环可以解开,乃就事物变动长流观点而立论的,这命题属上文"物方生方死"一类。

蒋锡昌说:"连环成后,终有毁日。唯常人所见者,只见一旦之毁,不见逐渐之毁。吾人假定自连环初成之时,至一旦毁坏之时,总名此整个之过程为'解'(解即毁也);是连环自成之后,即无时不在'解'之过程之中,故曰'可解'也。"

冯友兰说:"连环是不可解的,但是当它毁坏的时候,自然就解了。事物自身的同一都包涵有差别。连环存在的时候,也就是它开始毁坏的时候,也就是它开始解的时候。当时有个有名的关于连环的故事。据说,有一个外国的使臣给齐威王后一个玉连环,请她解开。齐威王后拿了一把锤子,把玉连环打碎,向使臣说:连环解开了。惠施的这个辩论,也说明,解与不可解也是相对的,有条件的。"

㈣ 我知天下之中央,燕之北越之南是也:这命题说明南的方位只是相对的,从无穷的太空来看,根本失去定位的据点。

胡适说:"燕在北,越在南。因为地是圆的,所以无论哪一点,无论是北国之北,南国之南,都可说是中央。"

汪奠基说:"旧注司马彪对本题的解释:'燕之去越有数(限),而南北之远无穷;由无穷观有数,则燕、越之间未始有分也。天下无方,故所在为中;循环无端,故所在为始也。'这话是合于惠施相对的见解的;因为空间有无穷的方位的相对存在,所以中央点原无绝对的位置,从越、燕相袭与南北相对的无穷而有穷言之,则中央定点当有所在。惠施向称博学多方者,他的辩察理想,在这里的科学意义,似乎已超出了地平直线的假设。战国如邹衍一派的大九洲之说,可能与惠施这类辩题都有过具体的分辩,惜两说皆遗佚,今无可考者。历史上论无穷分割的诡辩理论,对真正数学科学都发生过很大的作用。惠施的相对主义思想和无穷论的辩证,对于战国或者秦、汉间的谈天者,可能间接给了某些思想认识上的帮助。"

【今译】

惠施的学术广博多方面,他的著书有五车之多,他讲的道理很驳杂,言辞也不当。究析事物之理,说:"大到极点而没有外围的,叫做'太一';小到极点而没有内核的,叫做'小一'。没有厚度,不可累积,但可扩展到千里大。天和地一样低,山和泽一样平。太阳刚正中就偏斜,万物即起即灭。大同和小同相差异,这个叫做'小同异';万物完全相同也完全相异,这个叫做'大同异'。南方没有穷尽却有穷尽,今天到越地而昨天已来到。连环可以解开。我知道天下的中央,在燕的北方越的南方。普爱万物,天地是一个整体。"

八

惠施以此爲大,觀於天下而曉辯者,天下之辯者相與樂之。卵有毛㊀;雞三足㊁;郢有天下㊂;犬可以爲羊㊃;馬有卵㊄;丁子有尾㊅;火不熱㊆;山出口㊇;輪不碾地㊈;目不見㊉;指不至,至不絕㊋;龜長於蛇㊌;矩不方,規不可以爲圓㊍;鑿不圍枘㊎;飛鳥之景未嘗動也㊏;鏃矢之疾而有不行不止之時⑫;狗非犬⑬;黃馬驪牛三⑭;白狗黑⑮;孤駒未嘗有母⑯;一尺之捶,日取其半,萬世不竭⑰。辯者以此與惠施相應,終身無窮。

桓團⑱公孫龍⑲辯者之徒,飾人之心,易人之意,能勝人之口,不能服人之心,辯者之囿也。惠施日以其知與人之辯,特與天下之辯者爲怪⑳,此其柢也㉑。

然惠施之口談,自以爲最賢,曰天地其壯乎!施存雄而無術。南方有倚人㉒焉曰黃繚㉓,問天地所以不墜不陷,風雨雷霆之故。惠施不辭而應,不慮而對,徧爲萬物說,說而不休,多而無已,猶以爲寡,益之以怪。以反人爲實,而欲以勝人爲名,是以與衆不適也。弱於德,強於物,其塗隩矣㉔。由天地之道觀惠施之能,其猶一蚊一虻之勞者也。其於物也何庸㉕!夫充一尙可,曰愈貴道,幾矣㉖!惠施不能以此自寧,散於萬物而不厭,卒以善辯爲名。惜乎!惠施之才,駘蕩而不得,逐萬物而不反,是窮響以聲,形與影競走也。悲夫!

【注释】

㊀ 卵有毛:意即卵含有成为羽毛动物的可能性。从生物学的观点来说,每一物的成长乃是由潜能(Potentiality)到现实(Actuality)的过程。

　　胡适说:"'卵有毛'这条含有一个生物学的重要问题。……生物进化的前一级,便含有后一级的'可能性'。故可说:'卵有毛'。例如:鸡卵中已含有鸡形;若卵无毛,何以能成有毛的鸡呢?"

　　汪奠基说:"'旧注谓'胎卵来生而有毛羽之性',是用'毛羽性'释'有毛',较原文词意易于理解。从毛羽类动物的卵生变化之共相来看,本题可能概括当时生物科学方面某些演化思想的假设命题。《庄子·至乐篇》曾记载过'种有几'的生物变进说,《寓言篇》里也有'万物皆种也,以不同形相禅'的科学概念。我们不能否认,这里确实有些模糊的进化思想。所谓'以不同形相禅'在当时的认识,只能是一种经验或直观的假设。但是理论上合起'卵有毛'来说,确实具有自然的转化的思想。又历物论题所讲的'物方生方死'之时间连续的概念与本题所含的不同形相禅的概念,都反映了惠施对物自身生长过程所有同异变化的观察和认识。"

㊁ 鸡三足:鸡足之"实"为二,鸡足之"名"(概念)为一,合名与实为三。

　　汪奠基说:"本题惠施怎样解释不知道,但在《公孙龙子·通变》却另有所论证。他说:'谓鸡足,一;数足,二;二而一,故三。谓牛羊足,一;数足,四;四而一,故五。牛羊足五,鸡足三。'这完全是概念意象上的诡辞。"

㊂ 郢有天下:"郢",为楚国首都,在今湖北江陵县北的纪南城。"郢"小"天下"大,"郢"为天下的一部分,就整体空间之不可分割性而言,可说"郢有天下"。这命题是从"毕同"的观点而

发的。

汪奠基说："就惠施的辩题来说，可能是从空间属性的范畴提出的问题。'郢都'是'天下'的属性之一，名字上虽异于'天下'之是，而概念上则实为其属性之是。谓'郢有天下'，正是从合同异的共相说的。惠施的论证没有保留下来，我们只能根据历物论的空间观念来考察。如果按照空间具有无穷分割的可能性来说，惠施的辩题并非以小概大，而是要论证同质性的小大，仍为同一性的属性存在。由'郢有天下'，正可以证泛爱一体的天下观。"

㈣ 犬可以为羊：犬羊同属四足动物，这命题是从共相来立论的。

㈤ 马有卵：这命题和上条同属一类的诡辩。从常识看，马是胎生动物而异于鸟为卵生动物。然胎生动物和卵生动物同属动物，从万物"毕同"的观念而论说"马有卵"。〈则阳〉篇"合异以为同"与〈德充符〉"自其同者视之，万物皆一也"。和这命题观点接近（福永光司说）。

汪奠基说："本题指出物类中具有内外形质的变化，但可以有离形而言名的同一性。《荀子·不苟篇》有'钩有须'，或亦作'妪有须'，同本题基本相合。古人相信无形的化生……旧注谓动物始生于胎卵，马生于胎卵的机变，而马又有胎卵以生马，故曰'马有卵'。但此就生理之出于机的共相而言，对于现实的马与卵生动物，则为两不同概念。如果强不同以名为同一性的表现，则是无与于名字代表的真实对象，而为形而上学的诡辩了。"

㈥ 丁子有尾：楚人呼虾蟆为丁子（成《疏》）。虾蟆乃由幼虫蝌蚪变化育成，而蝌蚪有尾，故说虾蟆有尾。

汪奠基说："本题辩说的理由,是谓虾蟆方有尾方无尾的转化过程,就是他离形化生与有无共相的表现,换句话说;对于丁子化生的表现说,谓之有尾的丁子,而无尾的虾蟆即在;谓之无尾的虾蟆,而有尾的丁子亦存。两相毕同毕异,相反相生。但这里只是讲化生过程的情况,如果只抓住这一'有无'转化的过程,来混同虾蟆与蝌蚪两个不同的现实,则在逻辑上就是名实不符,在语言上亦有'不喻之患'。"

㈦ 火不热:热是人的主观感觉。如被石头碰到,痛在人而不在石。

汪奠基说、"从知觉上说,觉火则知热;从概念上说,知火之名,并不觉有火之热。"

冯友兰说:"'火不热',可从认识论及本体论两方面说,从本体论方面说,火之共相只是火,热之共相只是热,二者绝对非一。具体的火虽有热之性质,而火非即是热。若从认识论方面说,则可以说火之热乃由于人的感觉,热是主观的,在我而不在火。"

㈧ 山出口:旧注"山名出自人口"(成《疏》),乃望文生义。或说"空谷传声"(宣颖《注》),恐非。本命题不知何解。姑从汪说。

汪奠基说:"此题应与"山渊平'合看,两题表示为正反同证。从'口'的共相或名字来说,山有要隘处称山口或关口;河有出纳处称河口或港口;海岸有交通处称海口或岸口。又从山的无限变迁之毕同的概念而言,曰'山渊平';从山的变动过程所有毕异的概念而言,曰'山出口';即谓山有谷壑险夷的现象。旧注有引《荀子·勤学篇》'入乎耳,出乎口'来作论证者,似于原题所辩乃为合同异的正反相之说未得其解。或更有以

'火山'、'涌泉'为'口喷'现象的,故曰'出口'。似亦非正解。"

⑨ 轮不蹍地:"轮"谓全体之"轮"。其蹍地之"轮",不过为'轮'之一点。全体之"轮",绝不能同时蹍地。故曰"轮不蹍地"(蒋锡昌说)。这命题解者颇纷歧。有以为属公孙龙派论点,有以为属惠施派论点。

冯友兰说:"'轮不蹍地',可以说,轮之所蹍者,地之一小部分而已。碾地的只是车轮与地相接触的那一小部分。地的一部分非地,轮的一部分非轮,犹白马非马。也可以说,碾地之轮,乃具体的轮;其所碾之地,乃具体的地。至于轮之共相则不蹍地;地之共相亦不为轮所碾。"

汪奠基说:"旧注有成玄英的解释很好,他说:'夫车之运动,轮转不停,前跡已过,后涂未至,徐却前后,更无碾时。是以轮虽运行,竟不碾于地也。'这是符合惠施派无限分割的理论的说法。过去有人曾引希腊诡辩者芝诺的论证来说明,实际上两家的说法正相反。芝诺是要证明无穷分割为运动的不可能,所以他运用归谬法,先设其可能,因而假定善走者终不能追过前行的龟走。但事实上善走者确可追过龟,所以说距离的无穷分割是虚伪的,不可能的。惠施则不然,他是由无穷分割出发,而承认其可能的。他以为感觉所见的碾地之轮,只是全轮一端的至小之一端,至小一端与车行的直线上至小一端之合,皆是至小无内的一点,对于全轮与全行线来说,直是'不碾地'的时间速度之运动转变,并无碾不碾的绝对不同性。无疑惠施派想从空间时间的无穷分割来排斥实有的差异性,这当然是诡辩的分析方法,他虽然在运动意义上肯定了无限的理论意义,但对于客观事物的逻辑说,却陷入了主观假设不可论证的谬误。"

⑪ 目不见：原意不详。通常解释：仅目不足见，人之能见，须靠目及光与精神作用。

　　胡适说："目不见，若没有能知觉的心神，虽有火也不觉热，虽有眼也不能见物。"

　　郭沫若说："'目不见'——目所见者只是物的返光，而非物的本体。"

　　冯友兰说："'目不见'，公孙龙子说：'白以目以火见，而火不见，则火与目不见，而神见，神不见而见离'（公孙龙子《坚白论》）。人之能有见，须有目及光及精神作用。有此三者，人才能有见，若只目则不能见。这是就认识论方面说。若就本体论方面说，则目之共相是目，火之共相自是火，神之共相自是神，见之共相自是见。四者皆离，不能混之为一。"

　　汪奠基说："此为惠施的辩题，《墨经下》派及公孙龙亦各有所推阐。《墨经说下》曰：'知以目见，而目以火见，而火不见。'……此外儒家、道家皆有类似说法：'视而不见'、'视之不见'等等，都没有特殊的论证，可能与本题并非同一辩论性质。墨派与公孙龙的例证说明了他们对辩题的具体意见，即是说，他们都认为任何客观对象的知识，都要有对象的感觉，有光（火），有智慧抽象，才能有思想概念的认识，否则，虽有感觉（目光）亦将与对象现象相离。所以对名实概念来说，如果只靠眼看，结果对于思想智慧说，只有'目不见'的情况了。惠施的意思，正是说共相概念是不可见的。公孙龙的论证，则从神之见而见离的观点来指出'不见'的绝对意义。这与惠施所指的共相概念是有区别的。"

㉕ 指不至，至不绝：指事不能达到物的实际，即使达到也不能绝对的穷尽。

　　胡适说："最难解的是'指不至，至不绝。'我们先须考定'指'字的意义。公孙龙子的〈指物篇〉用了许多'指'字，仔细看来，似乎'指'字都是说物体的种种表德，如形色等等。……这条的'指'字也作物的表德解。我们知物，只须知物的形色等等表德。并不到物的本体，也并不用到物的本体。即使要想知物的本体，也是枉然，至多不过从这一层物指进到那一层物指罢了。例如我们知水，只是知水的性质。化学家更进一层。说水是氢氧二气做的，其实还只是知道氢气氧气的重量作用等等物指。即使更进一层，到了氢气氧气的原子或电子。还只是知道原子电子的性质作用，终竟不知原子电子的本体。这就是'指不至，至不绝。'正如算学上的无穷级数，再也不会完的。"

　　汪奠基说："旧注认此题为公孙龙《指物论》的说法，我们不赞成这样看。许多人引《列子·仲尼篇》'有指不至，有物不尽'……硬把原文改读为'指不至，物不绝'。实际上引文与改读皆非一事。根据张湛注释，直接认为是惠施的学说，并没有什么困难问题。所谓'指不至，至不绝'就是历物第一题论无外无内的大一小一之不可感相的抽象说法。'指'就是'指事'的'指'，《说文解字》以'视而可识，察而见意'来释指事，我们借此可以了解所谓'指不至，至不绝'者，乃谓无穷大或无穷小是视察不到的；即今到了，也达不到绝对的穷尽。"

㉖ 龟长于蛇：这命题和〈齐物论〉："天下莫大于秋毫之末，而大山为小；若寿于殇子，而彭祖为夭"相同性质的论辩，旨在说明长

短大小的相对性而无绝对性。

杨氏说:"庄周曾这样说过:'天下莫大于秋毫之末,而太山为小;莫寿于殇子,而彭祖为夭。'这话的意思就是:从俗流的看法,当然是秋毫之末为小,而太山为大;殇子为夭,而彭祖为寿。但从道的观点看,说太山为大吗?然大之中更有大,所以太山只能说是小。同样的,而彭祖也只能说是夭。说秋毫之末为小吗?然小之中更有小,所以秋毫之末也可以说是大。同样的,殇子也可以说是寿。于是说来,无论物也好,人也好,只不过是这自然整体中之'方生方死,方死方生'的一分子,但并无所谓大小寿夭之分。

"'龟长于蛇'一论题就是根据这意思而起:从俗流的看法,自是蛇长龟短;但从道的观点,说蛇长吗?然长之中更有长,所以蛇只能说短。说龟短吗?然短之中更有短,所以龟也可以说是长。因而这一论题,也是论证万物并无大小长短之分,而只不过是整体中之一流转的分子,只是一个'一'。"(《中国古代思想史》)

汪奠基说:"本题原有论证不可考。但从《墨经下》所说的'异类不比,说在量'的逻辑原则来看,好像犯了不可比的错误。实际上惠施可能正是取'说在量'的条件。龟圆蛇长是形量的差异,长于蛇之龟和短于龟之蛇,并非绝对有无的形量,因此个别的龟蛇长短只是相对的差异。"

㊂ 矩不方,规不可以为圆:绝对的方是方的共相;绝对的圆是圆的共相。事实上的个体的方物或圆物,都不是绝对的方或圆。就个体的矩与规说,也不是绝对的方或圆。所以若与方及圆的共相比,也可以说:"矩不方,规不可以为圆。"(冯友兰说)

㉔ 凿不围枘：就个体的独特性而言，世界上没有哪两个个体是完全绝对相合的。

冯友兰说："凿有孔，枘是孔中之木。具体的凿和具体的枘总不能完全相合，所以也可以说'凿不围枘'。或者说，围枘的是事实上个体的凿；至于凿之共相，则不围枘。"

㉕ 飞鸟之景未尝动也：这条辩论，用形而上学的观点解释运动。它认为若果把一个运动所经过的时间及空间加以分割，分成许多点，把空间的点与时间上的点一一相当地配合起来，就可见飞鸟之影在某一时间还是停留在某一空间的点上，所以是"未尝动也"（冯说）。

㉖ 镞（zú）矢之疾而有不行不止之时：这个辩论认识到运动就是一个物体于同一时间在一个地方又不在一个地方。就其在一个地方说，它是"不行"；就其不在一个地方说，它是"不止"（冯说）。

汪奠基说："本题为说明动静相对的一体论。从时间上说明同一动体有不同时间的表现。……如果以镞矢应声而至的每一矢之疾来说，就是不止之时；以每前一镞矢与后一镞矢最快的时间间隔来说，就是不行之时；再合起整个共相之时来说，所有镞矢经过的时间为不止的动体表现，而所有未经过的时间，则对于镞矢之动而言为静止的不行之时。

"又按此辩题与希腊芝诺所谓'离弦的飞箭，当永为静止'的诡辩亦完全不同。过去有人误以芝诺所谓箭在每一时间内仅能占一个位置的话，来曲解惠施派的辩题，实际上，两者并非同一动静相对的说法。芝诺始终是在证明运动的矛盾不合理，而惠施派则在论不行不止的相对存在。"

⑰ 狗非犬：邵晋涵云："犬子生而长毛未成者为狗。"狗为犬之一部，非全等于犬，所以说，狗非犬（范寿康说）。

杨氏说："据《礼记·曲礼疏》中这样说：'通而言之，狗犬通名；若分而言之，则大者为犬，小者为狗。'又据《尔雅》上说：狗是'犬未成豪'的。从这两个说法，都说明大犬为犬，小犬则为狗。既如是，则'狗非犬'，亦即'小犬非犬'。"

汪奠基说："这是名字定义问题。意谓：如果概念上名实不可离，则狗名狗实，犬名犬形，而谓狗非犬为合理的。……这种辩论，《墨经下》派的辩者对它作过逻辑的解答。首先从肯定'狗，犬也'的定义出发，指出：知狗而自谓不知犬，过也。说在重。'因为'二名一实，重同也'。重同则谓'狗为犬'可也。这正是墨家实事求是的简单逻辑说话。"

⑱ 黄马骊牛三：黄马与骊（黑）牛，只是二；加上称谓这黄马骊牛——即加上黄马骊牛的概念，就是三。这和"鸡三足"是同类性质的命题。

司马彪说："牛马以二为三：曰牛，曰马，曰牛马，形之三也。曰黄，曰骊，曰黄骊，色之三也。曰黄马，曰骊牛，曰黄马骊牛，形与色为三也。"

⑲ 白狗黑：《经典释文》引马司彪说："白狗黑目，亦可为黑狗。"说白狗是白的，是就毛说，因其所白而白之。若就其眼说，因其所黑而黑了，则白狗也可说是黑的（冯说）。另一解：盖谓狗虽有白黑色的不同，但从共相的"狗"与"颜色"的概念来看是相同的：因为同为狗，同为色，故曰白狗黑也可。这里正好是取大同异而无视小同异的错误判断（汪奠基说）。两解都可通。

⑳ 孤驹未尝有母：这是论名号的问题。"孤驹"的意义，就是无母

之驹,这命题视"孤"与"未尝有母"为异名同义。

⑬ 一尺之捶,日取其半,万世不竭:这是说物质可以无限分割。"一尺之捶",今天取其一半,明天取其一半的一半,后天再取其一半的一半的一半,如是"日取其半",总有一半留下,所以"万世不竭"。一尺之捶是一有限的物体,但它却是由无限小的单位组成的,因此可以无限分割(冯说)。

⑭ 桓团:姓桓,名团,赵国辩士。

⑮ 公孙龙:赵人,曾为平原君客,其生年约与孟子、惠施、庄子、邹衍诸人同时。《汉书·艺文志》著录《公孙龙子》十四篇,原注"赵人"。现存六篇,其八篇《四库全书总目提要》以为亡于宋时。公孙龙的坚白异同之论,从当时一直到汉初,发生了很大的影响,也引起了很多的批评。因为他以专决于名的方法来正名实,事实上,是把常识上的名实关系都破坏了,这便引起人对客观世界认识上的混乱。庄子常是把当时的辩者混淆在一起说。他对惠施的批评,几乎也可以用到公孙龙方面。他是以超知忘言的态度来批评这些执名以争实的人(以上引自徐复观《公孙龙子讲疏序》,第10至12页)。

⑯ 为怪:指为怪说。

⑰ 此其柢也:"柢",大略。

　　俞樾说:"'柢'与'氐'通。《史记·秦始皇纪》'大氐尽畔秦吏',《正义》曰:'氐,犹略也。''此其柢也',犹云此其略也。"

⑱ 倚人:"倚"本作"畸"(《释文》)。案"倚"当为"奇","倚人",异人(郭庆藩说)。

⑲ 黄缭(liáo):姓黄名缭。楚人,辩士。《战国策》载魏王使惠子于楚,楚中善辩者黄缭辈争为诘难(清徐廷槐说)。

㉘ 其涂隩矣：谓其道深（李颐《注》）。他走的道路是曲折的（依 B. Watson 英译本译）。

㉙ 庸：同功、用。

㉚ 夫充一尚可，曰愈贵道，几矣：发挥一技之长还可以称能，可以这样说："如果他能尊重道，那就差不多了。"（《选辑》今译）按"充一"的"一"，指一端、一技，不是指道。

　　林希逸说："'充'，足也。若但以一人之私见而自足，犹可。"

　　宣颖说："由充一而愈尊夫道，庶几矣。"

　　陈寿昌说："夫使不囿于一，其才尚堪造就，益贵道术，则庶几矣。"

【今译】

　　惠施以为这些是最大的道理，显耀于天下而晓示于辩者，天下的辩者也都喜欢这学说："卵中有毛；鸡有三只脚；楚国郢包有天下；犬可以是羊；马有卵；虾蟆有尾巴；火是不热的；山是有口的；车轮不着地；眼睛不能看见东西；指事不能达到物的实际，即使达到也不能绝对的穷尽；乌龟比蛇长；用矩画出来的并不方，用圆画出来的并不圆；凿孔不围绕孔内的枘木；飞鸟的影子不曾移动；箭镞发射的疾速却有不前进不停止的时候；狗不是犬；黄马骊牛是三个；白狗是黑的；孤驹未曾有母；一尺长的杖，每天取去它的一半，万世都取不尽。"辩者用这些论题和惠施相对应，终身没有穷尽。

桓团和公孙龙都是辩者一类的人，迷惑人心，改变人的看法，能够胜过人的口舌，却不能折服人的心，这是辩者的局限。惠施天天运用他的机智和人辩论，独自和天下的辩者创造怪说，这就是他们的概略情形。

然而惠施的口辩，自以为最能干，说："天地伟大么！"惠施有雄心而不知道术。南方有个名叫黄缭的奇人，问天地所以不坠不陷，以及风雨雷霆的原因。惠施不加推辞而回应，不加思虑而对答，遍说万物，说个不停，多得不穷尽，还以为说得少，更加上一些怪说。他用违反人的常理做为实情，要来胜过人求名声，因此和众人不适调。弱于德的修养，强于物的究析，他走的道路是曲折的。由天地的大道来看惠施的才能，他就像一只蚊虫那样徒劳。对于万物有什么用！他发挥一技之长还可以，要是说能进一步尊重大道，那就差不多了！惠施不能够自安于道，分散心思于万物而不厌倦，终而以善辩成名。可惜呀！惠施的才能，放荡而无所得，追逐万物而不回头，这是用声音来止住回响，形体和影子竞走，可悲呀！

本书主要参考书

郭　象	庄子注	周拱辰	南华真经影史
陆德明	经典释文庄子音义	姚　鼐	庄子章义
成玄英	庄子疏	王念孙	庄子杂志
吕惠卿	庄子义	方　潜	南华经解
陈景元	南华真经章句音义	王闿运	庄子内篇注
王元泽	南华真经新传	俞　樾	庄子平议
林希逸	南华真经口义	刘凤苞	南华雪心编
褚伯秀	南华真经义海纂微	陈寿昌	南华真经正义
罗勉道	南华真经循本	马其昶	庄子故
焦　竑	庄子翼	孙诒让	庄子札迻
陈　深	庄子品节	郭庆藩	庄子集释
释德清	庄子内篇注	吴汝纶	庄子点勘
方以智	药地炮庄	王先谦	庄子集解
林云铭	庄子因	章炳麟	庄子解故
王夫之	庄子解	陶鸿庆	读庄子札记
宣　颖	南华经解	刘师培	庄子斠补
徐廷槐	南华简钞	林　纾	庄子浅说
浦起龙	庄子钞	武延绪	庄子札记
王懋竑	庄子存校	奚　侗	庄子补注
胡文英	庄子独见	朱桂曜	庄子内篇证补

马叙伦	庄子义证		出版社印）
丁展成	庄子音义绎	关　锋	庄子内篇译解和批判
蒋锡昌	庄子哲学	严灵峰	道家四子新编（台湾商务
刘文典	庄子补正		印书馆）
王叔岷	庄子校释	李钟豫	语体庄子
胡怀琛	庄子集解补正	陈启天	庄子浅说
高　亨	庄子新笺	张成秋	庄子篇目考
于省吾	庄子新证	李　勉	庄子总论及分篇评注
杨树达	庄子拾遗	黄锦鋐	新译庄子读本
王治心	庄子研究及注释	福永光司	庄子（日本朝日新闻社
叶玉麟	白话庄子读本		新订中国古典选丛书）
曹受坤	庄子哲学	金谷治	庄子（日本岩波书店　岩
张默生	庄子新释		波文库）
闻一多	庄子内篇校释	曹础基	庄子浅注（北京中华书局）
刘　武	庄子集解内篇补正	王叔岷	庄子校诠
钱　穆	庄子纂笺（香港东南印务	杨柳桥	庄子译诂

图书在版编目(CIP)数据

庄子今注今译 / 陈鼓应注译. —修订本. —北京：商务印书馆，2007
(2021.7 重印)
(道典诠释书系)
ISBN 978-7-100-04271-0

Ⅰ. ①庄… Ⅱ. ①陈… Ⅲ. ①道家 ②庄子—注释 ③庄子—译文
Ⅳ. ①B223.1

中国版本图书馆 CIP 数据核字(2004)第 034926 号

权利保留，侵权必究。

庄 子 今 注 今 译（全两册）

（最新修订版）

陈鼓应　注译

商 务 印 书 馆 出 版
（北京王府井大街36号　邮政编码100710）
商 务 印 书 馆 发 行
北京艺辉伊航图文有限公司印刷
ISBN 978-7-100-04271-0

2007 年 7 月第 1 版　　开本 880×1230 1/32
2021 年 7 月北京第 10 次印刷　印张 33⅛
定价：117.00 元